2024-2025

# まるわかり！

# データブック 大学編入

中央ゼミナール
ステップアップサポート部編集

# はじめに

　中央ゼミナールでは、大学編入について正しい知識と理解を持っていただくことを目的に、1989年（平成元年）から全国大学の協力を得て、大学編入に関する本を制作してきました。2016年からは、試験内容に関する文章部分については、当校のホームページ上で皆さんに読んでいただき、編入試験のデータ部分を書籍の形態で気軽に持ち歩けるようにしました。それがこの『まるわかり大学編入データブック』です。

　大学編入は、現状に満足できない、自分を変えたいと望む多くの人にとって、夢を実現できる可能性のある試験です。しかし一方で、同じ大学内でも学部学科で実施の有無や受験資格、試験内容、受け入れ形態などが異なるなど、状況把握が難しい試験です。また、合格者数も最低3年分のデータを確認しないと、実際の状況を把握できないのが現状です。まずは情報収集です。

　この本を手にされた皆さんが、大学編入に関する正確な情報を入手して、それをスタートに、大学編入へのチャレンジに成功し、さらには自己実現されることを、心から願っています。

学校法人　羽場学園　専修学校　中央ゼミナール

ステップアップサポート部　部長　粕谷裕一

# CONTENTS

## ··· データを見る際の注意事項 ···

● 掲載しているデータは、令和5年度（令和4年4月～令和5年3月）実施のものです（DATA 02は令和6年度情報）。

● 令和6年度以降の情報については、各大学のホームページでご確認いただくか、大学に直接お問い合わせください。

## ··· DATA 01 の見方 ···

● このデータは令和 5 年度編入試験要綱（令和 4 年 4 月〜令和 5 年 3 月実施分）をもとに作成しています。令和 6 年度以降変更になることがあります。

● 受験資格、選考方法欄は一般編入に関する情報を掲載しました。

● 私立大学については、内部編入のみ実施している場合、3 年以上実施がない場合は掲載していません。令和 6 年度の実施有無は、DATA 02 も併せてご覧下さい。

● 通信教育課程への編入学情報は掲載していません。

● コース欄の（　）内は、専攻・領域・専修などを表します。

● 受験資格欄は、一般編入の受験資格を表しています。その他の編入選抜がある場合は備考欄に記載しました。

● 大学在学者で退学者あるいは修了者のみ受験可能な場合は、備考欄に記載しました。

● 専門士からの編入学は、要綱に受験資格有りと明記されている場合のみ記載しました。

● 語学検定試験の結果を提出する必要がある場合は、外部試験欄に○印を記載しました。出願資格に規程がある場合は、具体的基準あり、と記載しています。

● 試験科目が論文の場合、専門科目欄に○印を入れてあります。内容が専門的なものでも、募集要綱に小論文と記載されている場合、小論文欄に○印が入っています。

● 合格状況欄の "ー" は当該年度募集なし、△印は人数非公表、×印は募集停止、空欄は実施なしを表します。

● 備考欄の○○単位以上は、出願に必要な単位数として「3 年次編入 → 62 単位以上、2 年次編入 → 31 単位以上」以外の単位数が規定されている場合にのみ記載しています。

● 単位内容に規定のあるものは、具体的規定ありと記載しています。

略記　英…英語、独…ドイツ語、仏…フランス語、露…ロシア語、中…中国語、
　　　韓…韓国語、朝…朝鮮語、西…スペイン語、伊…イタリア語、小…小論文、
　　　面…面接、書…書類審査、選…選択

# 国立

| 大学名 | 学部 | 学科 | 専攻・コース | 編入年次 | 大1 | 大2 | 学士 | 短大 | 高専 | 専門 | 試験日 | 出願期間 | 外国語筆記 | 外部試験 | 専門科目 | 小論文 | 面接 | 口頭試問 | 専門科目以外の科目 | その他の注意事項 | R3志願者 | R3合格者 | R4志願者 | R4合格者 | R5志願者 | R5合格者 | 備考 特に記載がない場合は、大学在学生3年次は62単位以上、2年次は31単位以上取得見込み |
|---|---|---|---|---|---|---|---|---|---|---|---|---|---|---|---|---|---|---|---|---|---|---|---|---|---|---|---|
| 旭川医科 | 医 | 医 | | 2 | | ● | | | | | 8/27、9/23 | 7/27～8/4 | 英 | | | | ● | | 生命科学 | | 110 | 13 | 140 | 10 | 147 | 10 | 医学部医学科在卒者出願不可。要推薦書。国際医療人枠・地域枠あり |
| | | 看護 | | | | | | | | | | | | | | | | | | 実施なし | | | | | | | |
| 小樽商科 | 商(昼間・夜間主) | 経済 | | 3 | | ● | ● | ● | ● | ● | 10/15、10/16 | 9/5～9/12 | | ● | | | ● | | 英語又は数学 | | 20 (7) | 6 (3) | 28 (7) | 4 (3) | 24 (6) | 1 (1) | R7より募集停止。( )は夜間主コースで外数 |
| | | 商 | | 3 | | ● | ● | ● | ● | | | | | ● | | | ● | | 英語又は数学 | | | | | | | | |
| | | 社会情報 | | 3 | | ● | ● | ● | ● | | | | | | | ※● | ● | | 英語又は数学 ※オペレーションズリサーチ | | | | | | | | |
| | | 企業法 | | 3 | | ● | ● | ● | ● | | | | 英 | | ※● | ● | | ※法律問題 | | | | | | | | |
| 帯広畜産 | 畜産 | 共同獣医学 | | | | | | | | | | | | | | | | | | 実施なし | | | | | | | |
| | | 畜産科学 | | 3 | | ● | ● | ● | ● | | 9/29 | 8/3～8/12 | 英 | | | | ● | | TOEIC任意提出 | | 21 | 11 | 12 | 10 | 10 | 9 | R4.5はTOEIC任意、英語筆記実施。R6から英語→TOEIC |
| 北見工業 | 工 | 地球環境工 | エネルギー総合工学 | 3 | | ● | ● | ● | ● | ● | 6/22 11/10 | 5/31～6/6 10/12～10/18 | | ● | | | ● | | 数学 | TOEIC | 16 | 9 | 11 | 6 | 13 | 9 | 別途公募推薦(書・面<面接は免除の場合あり>)、社会人編入実施で内数。2次募集は定員補充状況により実施で9月HP告知。R5は両学科とも実施 |
| | | | 環境防災工学 | 3 | | ● | ● | ● | ● | | | | | ● | | | ● | | | | | | | | | | |
| | | | 先端材料物質工学 | 3 | | ● | ● | ● | ● | | | | | ● | | | ● | | | | | | | | | | |
| | | | 地域マネジメント工学 | 3 | | ● | ● | ● | ● | | | | | ● | | | ● | | | | | | | | | | |
| | | 地域未来デザイン工 | 機械知能・生体工学 | 3 | | ● | ● | ● | ● | | | | | ● | | | ● | | | | 23 | 9 | 31 | 13 | 26 | 11 | |
| | | | 情報デザイン・コミュニケーション工学 | 3 | | ● | ● | ● | ● | | | | | ● | | | ● | | | | | | | | | | |
| | | | 社会インフラ工学 | 3 | | ● | ● | ● | ● | | | | | ● | | | ● | | | | | | | | | | |
| | | | バイオ食品工学 | 3 | | ● | ● | ● | ● | | | | | ● | | | ● | | | | | | | | | | |
| | | | 地域マネジメント工学 | 3 | | ● | ● | ● | ● | | | | | ● | | | ● | | | | | | | | | | |
| 北海道 | 文 | 人文科 | | | | | | | | | | | | | | | | | | 実施なし | | | | | | | |
| | 教育 | 教育 | | 3 | | ● | ● | ● | ● | | 11/20 | 10/14～10/21 | 英 | ● | | | ● | | | | △ | △ | △ | △ | △ | △ | |
| | 法 | 法 | | 2 | ● | ● | ● | ● | ● | | 11/5 | 10/3～10/5 | 英 | | ● | | | | | | 119 | 10 | 120 | 10 | 135 | 10 | 大学在学者2年次32単位以上、大学在学者3年次42単位以上。2・3年次併願者は専・小両試 |
| | | | | 3 | | ● | ● | ● | ● | | | | 英 | | ※● | | | | ※法学・政治学基礎 | | 60 | 10 | 67 | 11 | 60 | 10 | |
| | 経済 | 経済 | | | | | | | | | | | | | | | | | | 実施なし | | | | | | | |
| | | 経営 | | | | | | | | | | | | | | | | | | 実施なし | | | | | | | |
| | 薬 | | | | | | | | | | | | | | | | | | | 実施なし | | | | | | | |
| | 工 | 応用理工系 | 応用物理工学 | 3 | | | ● | | ● | | 8/16、8/17 | 7/6～7/13 | | ● | | | ● | | 数学・物理・化学 学士は就学状況によって試験(数学・物理・化学)を免除する場合がある | TOEIC又はTOEFLの換算 | 98 (0) | 32 (0) | △ | △ | △ | △ | 高専卒業(見込)者は一般選抜(選考方法は左記)と特別選抜(推薦。書・小・面<学力試問含む>)で出身学校長を経由して出願。学士は2・3年次で選考方法は左記。学士は( )外数 |
| | | | 応用化学 | 3 | | | ● | | ● | | | | | ● | | | ● | | | | | | | | | | |
| | | | 応用マテリアル工学 | 3 | | | ● | | ● | | | | | ● | | | ● | | | | | | | | | | |
| | | 情報エレクトロニクス | 情報理工学 | 3 | | | ● | | ● | | | | | ● | | | ● | | | | | | | | | | |
| | | | 電気電子工学 | 3 | | | ● | | ● | | | | | ● | | | ● | | | | | | | | | | |
| | | | 生体情報 | 3 | | | ● | | ● | | | | | ● | | | ● | | | | | | | | | | |
| | | | メディアネットワーク | 3 | | | ● | | ● | | | | | ● | | | ● | | | | | | | | | | |
| | | | 電気制御システム | 3 | | | ● | | ● | | | | | ● | | | ● | | | | | | | | | | |
| | | 機械知能工 | 機械情報 | 3 | | | ● | | ● | | | | | ● | | | ● | | | | | | | | | | |
| | | | 機械システム | 3 | | | ● | | ● | | | | | ● | | | ● | | | | | | | | | | |
| | | 環境社会工 | 社会基盤学 | 3 | | | ● | | ● | | | | | ● | | | ● | | | | | | | | | | |
| | | | 国土政策学 | 3 | | | ● | | ● | | | | | ● | | | ● | | | | | | | | | | |
| | | | 建築都市 | 3 | | | ● | | ● | | | | | ● | | | ● | | | | | | | | | | |
| | | | 環境工学 | 3 | | | ● | | ● | | | | | ● | | | ● | | | | | | | | | | |
| | | | 資源循環システム | 3 | | | ● | | ● | | | | | ● | | | ● | | | | | | | | | | |

| 大学名 | 学部 | 学科 | 専攻・コース | 編入年次 | 大1 | 大2 | 学士 | 短大 | 高専 | 専門 | 試験日 | 出願期間 | 外国語筆記 | 外部試験 | 専門科目 | 小論文 | 面接 | 口頭試問 | 専門科目以外の科目 | その他の注意事項 | R3志願者 | R3合格者 | R4志願者 | R4合格者 | R5志願者 | R5合格者 | 備考 |
|---|---|---|---|---|---|---|---|---|---|---|---|---|---|---|---|---|---|---|---|---|---|---|---|---|---|---|---|
| | 理 | 物理 | 物理 | 3 | | ● | ● | ● | ● | ● | 8/26 | 6/27~7/1 | | | ● | | | ● | | | △ | △ | △ | △ | △ | △ | |
| | | 数 | | 3 | | ● | ● | ● | ● | ● | | | | | ● | | | ● | | | △ | △ | △ | △ | △ | △ | |
| | | 化 | | | | | | | | | | | | | | | | | | | | | | | | | 実施なし |
| | | 地球惑星科 | | 3 | | ● | ● | ● | ● | ● | | | | | | | | ※● | | ※筆答試験(英・数)含む | △ | △ | △ | △ | △ | △ | |
| | | 生物科 | | | | | | | | | | | | | | | | | | | | | | | | | 実施なし |
| | 農 | | | | | | | | | | | | | | | | | | | | | | | | | | 実施なし |
| | 医 | 医 | | 2 | | | ● | | | | 8/21、10/2 | 7/19~7/27 | | ● | | | ● | | 1次:生命科学総合問題、2次:課題論文・面接 | TOEIC又はTOEFLで具体的基準あり | 63 | 5 | 104 | 5 | 103 | 6 | 医学部医学科在卒者は出願不可 |
| | | 保健 | 看護 | | | | | | | | | | | | | | | | | | | | | | | | 実施なし |
| | 歯 | | | | | | | | | | | | | | | | | | | | | | | | | | 実施なし |
| | 獣医 | | | | | | | | | | | | | | | | | | | | | | | | | | 実施なし |
| | 水産 | | | | | | | | | | | | | | | | | | | | | | | | | | 実施なし |
| 北海道教育(札幌校) | 教育 | 教員養成課程 | 学校教育(教育学) | | | | | | | | 11/26、27 | 11/1~11/8 | | | | | | | | | − | − | − | − | − | − | 単位認定状況により編入年次決定 |
| | | | 学校教育(教育心理学) | 2・3 | | ● | ● | ● | ● | | | | | | *● | | ● | | *英語含む | 3 | 2 | 2 | 1 | 0 | 0 | |
| | | | 特別支援教育 | 2・3 | | ● | ● | ● | ● | | | | | | | ● | ● | | | 1 | 0 | 1 | 1 | 6 | 0 | |
| | | | 言語・社会教育(国語教育) | 2・3 | | ● | ● | ● | ● | | | | | | ● | | ● | | | 1 | 0 | 3 | 0 | 1 | 0 | |
| | | | 言語・社会教育(社会科教育) | 2・3 | | ● | ● | ● | ● | | | | | | *● | | ● | | *英文和訳含む | 0 | 0 | 0 | 0 | 0 | 0 | |
| | | | 言語・社会教育(英語教育) | 2・3 | | ● | ● | ● | ● | | | | | | ● | | ● | | | 1 | 0 | 0 | 0 | 1 | 0 | |
| | | | 理数教育(算数・数学教育) | 2・3 | | ● | ● | ● | ● | | | | | | ● | | ● | | | 2 | 0 | 1 | 0 | 2 | 0 | |
| | | | 理数教育(理科教育) | 2・3 | | ● | ● | ● | ● | | | | | | *● | | ● | | *物理・化学・生物・地学から1(志望領域) | 0 | 0 | 1 | 0 | 0 | 0 | |
| | | | 生活創造教育(総合技術教育) | 2・3 | | ● | ● | ● | ● | | | | | | | ● | ● | | | 0 | 0 | 0 | 0 | 0 | 0 | |
| | | | 生活創造教育(家庭科教育) | 2・3 | | ● | ● | ● | ● | | | | | | | ● | ● | | | − | − | − | − | − | − | |
| | | | 芸術体育教育(図画工作・美術教育) | 2・3 | | ● | ● | ● | ● | | | | | | | | ● | | 実技 | 1 | 0 | 1 | 1 | 0 | 0 | |
| | | | 芸術体育教育(音楽教育) | 2・3 | | ● | ● | ● | ● | | | | | | | | ● | | 実技 | 3 | 0 | 0 | 0 | 0 | 0 | |
| | | | 芸術体育教育(保健体育教育) | 2・3 | | ● | ● | ● | ● | | | | | | | | ● | | 実技 | 1 | 1 | 1 | 0 | 1 | 0 | |
| | | | 特別支援 | | | | | | | | | | | | | | | | | − | − | − | − | − | − | |
| (旭川校) | 教育 | 教員養成課程 | 教育発達 | 2・3 | | ● | ● | ● | ● | | 11/26、27 | 11/1~11/8 | | | | | | ● | | | 2 | 1 | 2 | 0 | 1 | 1 | 単位認定状況により編入年次決定 |
| | | | 国語教育 | 2・3 | | ● | ● | ● | ● | | | | | | | ※ | | ● | ※書道分野は小論文に代えて実技 | 3 | 1 | 0 | 0 | 1 | 1 | |
| | | | 英語教育 | 2・3 | | ● | ● | ● | ● | | | | | | | | | ● | | 1 | 0 | 0 | 0 | 0 | 0 | |
| | | | 社会科教育 | 2・3 | | ● | ● | ● | ● | | | | | | | | | ● | | 1 | 1 | 2 | 0 | 1 | 0 | |
| | | | 数学教育 | 2・3 | | ● | ● | ● | ● | | | | | | ● | | | ● | | 1 | 0 | 2 | 2 | 1 | 0 | |
| | | | 理科教育 | 2・3 | | ● | ● | ● | ● | | | | | | | | | ● | | 3 | 0 | 1 | 0 | 0 | 0 | |
| | | | 生活・技術教育 | 2・3 | | ● | ● | ● | ● | | | | | | | | | ● | | − | − | − | − | 2 | 0 | |
| | | | 芸術・保健体育教育 | 2・3 | | ● | ● | ● | ● | | | | | | | | | ● | 実技(美術分野のみ) | 0 | 0 | 0 | 0 | 0 | 0 | |
| (釧路校) | 教育 | 教員養成課程 | 地域学校教育実践 | 2・3 | | ● | ● | ● | ● | | 11/26、27 | 11/1~11/8 | | | | | | ● | | | 4 | 4 | 5 | 1 | 6 | 4 | 単位認定状況により編入年次決定 |
| (函館校) | 教育 | 国際地域 | 地域協働 | 2・3 | | ● | ● | ● | ● | | | | | | | | ● | ● | | | 8 | 4 | 10 | 4 | 5 | 2 | 単位認定状況により編入年次決定 |
| | | | 地域教育 | 2・3 | | ● | ● | ● | ● | | | | | | | | ● | ● | | | 1 | 1 | − | − | − | − | |

— 6 —

| 大学名 | 学部 | 学科 | 専攻・コース | 編入年次 | 大1 | 大2 | 学士 | 短大 | 高専 | 専門 | 試験日 | 出願期間 | 外国語筆記 | 外部試験 | 専門科目 | 小論文 | 面接 | 口頭試問 | 専門科目以外の科目 | その他の注意事項 | R3志願者 | R3合格者 | R4志願者 | R4合格者 | R5志願者 | R5合格者 | 備考（特に記載がない場合は、大学在学3年次は62単位以上、2年次は31単位以上取得見込み） |
|---|---|---|---|---|---|---|---|---|---|---|---|---|---|---|---|---|---|---|---|---|---|---|---|---|---|---|---|
| (岩見沢校) | 教育 | 芸術・スポーツ文化 | 芸術・スポーツビジネス | 2・3 | | ● | ● | ● | ● | | 11/26.27 | 11/1~11/8 | | | | | | ● | | | 0 | 0 | 1 | 1 | 0 | 0 | 単位認定状況により編入年次決定 |
| | | | 美術文化 | 2・3 | | ● | ● | ● | ● | | | | | | | | *● | | 分野により実技に代えて小論 | *分野により作品審査含む | 1 | 1 | 0 | 0 | 0 | 0 | |
| | | | スポーツ文化 | 2・3 | | ● | ● | ● | ● | | | | | | | | ● | ● | 実技 | | 1 | 1 | 1 | 1 | 1 | 0 | |
| | | | 音楽文化 | | | | | | | | | | | | | | | | | | — | — | — | — | — | — | |
| 室蘭工業 | 理工(昼間) | 創造工 | 建築土木工学(建築学) | 3 | | ● | ● | ● | ● | ● | 7/2 | 6/9~6/15 | | ● | ● | | ● | | | TOEIC | 33(9) | 18(7) | 55(8) | 29(6) | 38(14) | 22(12) | 大学在学者70単位以上。別途公募推薦編入実施(書類審査・面接<口頭試問含む>)で( )外数。1次募集の定員充足状況により2次募集実施でR4実施ありR5実施なし。R5より英語筆記試験に代えてTOEIC提出 |
| | | | 建築土木工学(土木工学) | 3 | | ● | ● | ● | ● | ● | | | | ● | ● | | ● | | | | | | | | | | |
| | | | 機械ロボット工学 | 3 | | ● | ● | ● | ● | ● | | | | ● | ● | | ● | | 数学 | | | | | | | | |
| | | | 航空宇宙工学 | 3 | | ● | ● | ● | ● | ● | | | | ● | ● | | ● | | 数学 | | | | | | | | |
| | | | 電気電子工学 | 3 | | ● | ● | ● | ● | ● | | | | ● | ● | | ● | | 数学 | | | | | | | | |
| | | システム理化 | 物理物質システム | 3 | | ● | ● | ● | ● | ● | | | | | ※● | | ● | | ※物理学 | | 24(12) | 12(12) | 51(8) | 20(8) | 21(13) | 10(10) | |
| | | | 化学生物システム | 3 | | ● | ● | ● | ● | ● | | | | | ※● | | ● | | ※基礎化学 | | | | | | | | |
| | | | 数理情報システム | 3 | | ● | ● | ● | ● | ● | | | | | ※● | | ● | | ※数学 | | | | | | | | |
| | 理工(夜間主) | 創造工 | 機械系 | 3 | ● | ● | ● | ● | ● | ● | | | | | | | ● | | 数学 | | 0(0) | 0(0) | 0(0) | 0(0) | 1(0) | 1(0) | |
| | | | 電気系 | 3 | ● | ● | ● | ● | ● | ● | | | | | | | ● | | 数学 | | | | | | | | |
| 弘前 | 人文社会科 | | | | | | | | | | | | | | | | | | | | | | | | | | 実施なし |
| | 教育 | | | | | | | | | | | | | | | | | | | | | | | | | | 実施なし |
| | 理工 | 数物科 | | 3 | | ● | ● | | ● | | 8/20 | 7/4~7/8 | | | | | ● | | | | 1(0) | 1(0) | 2(1) | 0(1) | 6(1) | 0(0) | 大学在学者67単位以上、別途公募推薦編入実施(書類審査・面接)で( )外数 |
| | | 物質創成化 | | 3 | | ● | ● | | ● | | | | | | | | ● | | | | 2(0) | 1(0) | 6(0) | 1(0) | 6(1) | 0(1) | |
| | | 地球環境防災 | | 3 | | ● | ● | | ● | | | | | | | | ● | | | | 1(0) | 1(0) | 3(1) | 1(1) | 6(1) | 0(0) | |
| | | 電子情報工 | | 3 | | ● | ● | | ● | | | | | | | | ● | | | | 4(1) | 0(0) | 8(5) | 0(3) | 5(0) | 0(0) | |
| | | 機械科 | | 3 | | ● | ● | | ● | | | | | | | | ● | | | | 5(0) | 3(0) | 14(1) | 2(0) | 10(7) | 0(5) | |
| | | 自然エネルギー | | 3 | | ● | ● | | ● | | | | | | | | ● | | | | 1(0) | 0(0) | 4(0) | 2(0) | 2(0) | 2(0) | |
| | 農学生命科 | 生物 | | 3 | | ● | ● | | ● | | 8/23 | 7/4~7/8 | | | | ● | ● | | | | 2 | 0 | 5 | 2 | 4 | 1* | *農山村環境コースのみ |
| | | 分子生命科 | | 3 | | ● | ● | | ● | | | | | | | ● | ● | | | | 4 | 0 | 7 | 1 | 9 | 1 | |
| | | 食料資源 | | 3 | | ● | ● | | ● | | | | | | | ● | ● | | | | 4 | 1 | 8 | 0 | 3 | 1 | |
| | | 国際園芸農 | | 3 | | ● | ● | | ● | | | | | | | ● | ● | | | | 3 | 1 | 4 | 1 | 5 | 0 | |
| | | 地域環境工* | | 3 | | ● | ● | | ● | | | | | | | ● | ● | | | | 0 | 0 | 0 | 0 | 0 | 0 | |
| | 医 | 医 | | 2 | | | ● | | | | 11/27.12/18 | 10/31~11/4 | | | | ● | | | 基礎自然科学・数学 | TOEFL-iBT | 205 | 20 | 251 | 20 | 209 | 20 | 医学部医学科卒業者は出願不可。卒業後臨床研修に条件あり |
| | | 保健 | 看護学 | 3 | | ● | ● | | | | 8/24 | 8/1~8/5 | 英 | | | | ● | | | | 3 | 1 | 2 | 1 | 3 | 1 | 各専攻関係学科出身者。*指定科目修得(見込)者のみ |
| | | | 放射線技術科学 | 3 | | ● | ● | | | | | | 英 | | | | ● | | | | 1 | 0 | 1 | 0 | 3 | 0 | |
| | | | 検査技術科学 | 3 | | *● | *● | | *● | | | | 英 | | | | ● | | | | 8 | 2 | 3 | 1 | 1 | 0 | |
| | | | 理学療法学 | 3 | | | ● | | | | | | 英 | | | | ● | | | | 0 | 0 | 1 | 1 | 1 | 0 | |
| | | | 作業療法学 | 3 | | | ● | | | | | | | | | | ※● | ● | ※専門論述 | | 0 | 0 | 0 | 0 | 0 | 0 | |
| | | 心理支援科 | | | | | | | | | | | | | | | | | | | | | | | | | | R2新設で実施なし |
| 岩手 | 教育 | | | | | | | | | | | | | | | | | | | | | | | | | | 実施なし |
| | 人文社会科 | 人間文化課程 | | 3 | | ● | ● | ● | | | 10/11 | 9/6~9/8 | | ● | | | ● | | | TOEFL-ITP受験。基準以上提出者は免除 | 42(1) | 14(0) | 41(2) | 12(0) | 42(1) | 11(0) | 別途社会人編入実施で( )外数 |
| | | 地域政策課程 | | 3 | | ● | ● | ● | | | | | | ● | | | ● | | | | 22 | 6 | 25 | 5 | 10 | 3 | |
| | 理工 | 化学・生命 | 化学 | 3 | | ● | ● | | ● | | 6/17 | 5/31~6/2 | | ● | | | ● | | | TOEIC(IP可) | 4 | 0 | 0 | 0 | 3 | 1 | 大学在学者64単位以上。原則として関連学科出身者で関連学科以外は出願前に問合せ |
| | | | 生命 | 3 | | ● | ● | | ● | | | | | ● | | | ● | | | | 3 | 2 | 2 | 2 | 2 | 0 | |
| | | 物理・材料 | 数理・物理 | 3 | | ● | ● | | ● | | | | | ● | | | ● | | 数学 | | 1 | 0 | 2 | 1 | 1 | 0 | |
| | | 理工 | マテリアル | 3 | | ● | ● | | ● | | | | | ● | | | ● | | | | 0 | 0 | 2 | 2 | 2 | 2 | |

| 大学名 | 学部 | 学科 | 専攻・コース | 編入年次 | 大1 | 大2 | 学士 | 短大 | 高専 | 専門 | 試験日 | 出願期間 | 外国語筆記 | 外部試験 | 専門科目 | 小論文 | 面接 | 口頭試問 | 専門科目以外の科目 | その他の注意事項 | R3志願者 | R3合格者 | R4志願者 | R4合格者 | R5志願者 | R5合格者 | 備考 特に記載がない場合は、大学在学生3年次は62単位以上、2年次は31単位以上取得見込み |
|---|---|---|---|---|---|---|---|---|---|---|---|---|---|---|---|---|---|---|---|---|---|---|---|---|---|---|---|
| | | システム創成工 | 電気電子通信 | 3 | | ● | ● | ● | ● | ● | | | | ● | ● | | ● | | | | 8 | 4 | 5 | 2 | 10 | 6 | |
| | | | 知能・メディア情報 | 3 | | ● | ● | ● | ● | ● | | | | ● | ● | | ● | | 情報数学 | | 5 | 1 | 13 | 5 | 8 | 2 | |
| | | | 機械科学 | 3 | | ● | ● | ● | ● | ● | | | | | ● | | ● | | 数学 | | 9 | 5 | 10 | 6 | 17 | 6 | |
| | | | 社会基盤・環境 | 3 | | ● | ● | ● | ● | ● | | | | ● | ● | | | ● | | | 4 | 4 | 9 | 3 | 6 | 3 | |
| | 農 | 植物生命科 | | 3 | | ● | ● | ● | ● | ● | 6/24 | 5/30~6/1 | | | ※● | | ● | | ※専門 | | 4 | 0 | 2 | 1 | 2 | 0 | 原則として指定分野専攻者 |
| | | 応用生物化 | | 3 | | ● | ● | ● | ● | ● | | | | | ※● | | ● | | | | 6 | 0 | 1 | 0 | 5 | 2 | |
| | | 食料生産環境 | 農村地域デザイン学 | 3 | | ● | ● | ● | ● | ● | | | | | ※● | | ● | | | | 1 | 1 | 1 | 0 | 1 | 1 | |
| | | | 食産業システム学 | 3 | | ● | ● | ● | ● | ● | | | | | ※● | | ● | | | | 2 | 0 | 1 | 1 | 1 | 0 | |
| | | | 水産システム学 | 3 | | ● | ● | ● | ● | ● | | | | | ※● | | ● | | | | 2 | 1 | 0 | 0 | 1 | 0 | |
| | | 動物科 | | 3 | | ● | ● | ● | ● | ● | | | | | ※● | | ● | | | | 2 | 0 | 0 | 0 | 1 | 0 | |
| | | 森林科 | | | | | | | | | | | | | | | | | | | | | | | | | 実施なし |
| | | 共同獣医 | | | | | | | | | | | | | | | | | | | | | | | | | 実施なし |
| 東北 | 文 | | | | | | | | | | | | | | | | | | | | | | | | | | 実施なし |
| | 教育 | | | | | | | | | | | | | | | | | | | | | | | | | | 実施なし |
| | 法 | | | | | | | | | | | | | | | | | | | | | | | | | | 実施なし |
| | 経済 | 経済 | | 3 | | ● | ● | ● | ● | ● | 11/17 | 9/27~10/7 | | | ● | *● | | | *経済数学・「経済学又は経営学」 | TOEICで1次選抜 | 56 | 2 | 81 | 3 | △ | 5 | 専門士は要事前審査(8/22~9/2) |
| | | 経営 | | 3 | | ● | ● | ● | ● | ● | | | | | ● | *● | | | 経済学又は経営学 | | | | | | | | |
| | 医 | | | | | | | | | | | | | | | | | | | | | | | | | | 実施なし |
| | 歯 | | | | | | | | | | | | | | | | | | | | | | | | | | 実施なし |
| | 理 | 数 | | 2 | | | | | ● | | 9/2 | 7/14~7/20 | 英 | | ● | | ● | | | | △ | 0 | | | | | R6より物理、宇宙地球物理、生物の3学科は募集停止 |
| | | 生物 | | 2 | | | | | ● | | 9/1 | | 英 | | ● | | ● | | | | △ | 1 | | | | | |
| | | 地球科学系 | | 2 | | | | | | ● | 9/1 | | *英 | | | | ● | | *地球科学についての英文 | | △ | 1 | | | | | |
| | | 物理 | | 3 | | | | | | ● | 9/1、2 | | | | | ● | ● | | | 1次:筆記、2次:面接(筆記合格者のみ) | △ | 0 | △ | △ | △ | △ | |
| | | 宇宙地球物理 | | 3 | | | | | | ● | 9/1、2 | | | | | | ● | | 物理学 | | △ | 0 | | | | | |
| | | 化 | | 3 | | | | | | ● | 9/1 | | | | | ● | ● | | | | △ | 1 | | | | | |
| | 薬 | | | | | | | | | | | | | | | | | | | | | | | | | | 実施なし |
| | 工 | 機械知能・航空工 | | 3 | | | | ● | ● | | 8/23、8/24 | 6/13~6/17 | | | ● | | | ● | 数学・物理・化学 | TOEIC又はTOEFLの換算 | 69 | 33 | 89 | 38 | 80 | 35 | 短大は工学系のみ 専門試験を行わない学科・コースは在学中の成績により判定 |
| | | 電気情報物理工 | 電気・情報関係 | 3 | | | | ● | ● | | | | | | ● | | | ● | | | | | | | | | |
| | | | 応用物理学 | 3 | | | | ● | ● | | | | | | ● | | | ● | | | | | | | | | |
| | | 化学・バイオ工 | | 3 | | | | ● | ● | | | | | | ● | | | ● | | | | | | | | | |
| | | 材料科学総合 | | 3 | | | | ● | ● | | | | | | ● | | | ● | | | | | | | | | |
| | | 建築・社会環境工 | 土木関係 | 3 | | | | ● | ● | | | | | | ● | | ● | | | | | | | | | | |
| | | | 建築関係 | 3 | | | | ● | ● | | | | | | ● | | ● | | | | | | | | | | |
| | 農 | | | | | | | | | | | | | | | | | | | | | | | | | | 実施なし |
| 宮城教育 | 教育 | | | | | | | | | | | | | | | | | | | | | | | | | | 実施なし |

| 大学名 | 学部 | 学科 | 専攻・コース | 編入年次 | 大1 | 大2 | 学士 | 短大 | 高専 | 専門 | 試験日 | 出願期間 | 外国語筆記 | 外部試験 | 専門科目 | 小論文 | 面接 | 口頭試問 | 専門科目以外の科目 | その他の注意事項 | R3志願者 | R3合格者 | R4志願者 | R4合格者 | R5志願者 | R5合格者 | 備考 |
|---|---|---|---|---|---|---|---|---|---|---|---|---|---|---|---|---|---|---|---|---|---|---|---|---|---|---|---|
| 秋田 | 教育文化 | 学校教育 | 教育実践 | 2 | | • | • | • | • | • | 9/14 | 8/15~8/18 | 英 | | | • | • | | | | 8 | 3 | 7 | 0 | 2 | 1 | 学校教育課程は特別支援教育コースを除く各コース希望者は入学前の取得単位状況により3年次になることがある |
| | | | 英語教育 | 2 | | • | • | • | • | • | | | 英 | | | *• | • | | *英文 | 面接に英語含む | 1 | 0 | 2 | 0 | 3 | 2 | |
| | | | 理数教育 | 2 | | • | • | • | • | • | | | 英 | | | | • | | 数又は「物・化・生・地から2」 | | 2 | 0 | 2 | 0 | 0 | 0 | |
| | | | 特別支援教育 | 2 | | • | • | • | • | • | | | 英 | | | • | • | | | | 2 | 0 | 2 | 0 | 2 | 0 | |
| | | | こども発達 | 2 | | • | • | • | • | • | | | 英 | | | • | • | | | | 0 | 0 | 3 | 1 | 0 | 0 | |
| | | 地域文化 | 地域社会 | 2 | | • | • | • | • | • | | | 英 | | | • | • | | | | | | | | | | 地域文化は一括募集で入学後にコース決定 |
| | | | 心理実践 | 2 | | • | • | • | • | • | | | 英 | | | • | • | | | | 5 | 3 | 4 | 2 | 3 | 0 | |
| | | | 国際文化 | 2 | | • | • | • | • | • | | | 英 | | | • | • | | | | | | | | | | |
| | 理工 | 物質科 | 応用化学 | 3 | | | • | • | • | • | 6/20 | 6/3~6/9 | | • | | | | • | 数学 | TOEIC | 6 | 3 | 6 | 5 | 5 | 3 | 大学在学者64単位以上。出身学科の指定あり専門士及び材料理工学コース、数理科学コース、高等学校専攻科修了(見込)者は要問合せ。別途社会人編入(書・面)実施。合格状況R3・4は推薦・社会人含む |
| | | | 材料理工学* | 3 | | | • | • | • | | | | | • | | | | • | | | 0 | 0 | 1 | 1 | 1 | 0 | |
| | | 数理・電気電子情報 | 数理科学 | 3 | | | • | • | • | | | | | • | | | | • | | | 0 | 0 | 0 | 0 | 0 | 0 | |
| | | | 電気電子工学* | 3 | | | • | • | • | | | | | • | | | | • | | | 11 | 10 | 13 | 10 | 14 | 7 | |
| | | | 人間情報工学 | 3 | | | • | • | • | | | | | • | | | | • | | | 6 | 4 | 9 | 4 | 6 | 2 | |
| | | システムデザイン工 | 機械工学 | 3 | | | • | • | • | | | | | • | | | | • | | | 5 | 3 | 18 | 7 | 16 | 6 | |
| | | | 土木環境工学* | 3 | | | • | • | • | | | | | • | | | | • | | | 3 | 3 | 9 | 9 | 8 | 7 | |
| | | 生命科 | | | | | | | | | | | | | | | | | | | | | | | | | 実施なし |
| | 国際資源 | | | | | | | | | | | | | | | | | | | | | | | | | | 実施なし |
| | 医 | 医 | | 2 | | | • | | | | 11/24、11/25 | 9/8~9/16 | | | | • | • | | 生命科学 | 1次は書類選抜 | 126 | 7 | 111 | 6 | 127 | 7 | 医学部医学科卒者出願不可 要推薦書 |
| | | 保健 | 看護学 | 3 | | | | • | | • | 8/25 | 7/26~8/1 | | | | | • | | | TOEICで具体的基準あり | 0 | 0 | 0 | 0 | 1 | 0 | 専攻関係学科卒業(見込)者のみ |
| | | | 理学療法学 | 3 | | | | • | | • | | | | | | | • | | | | 1 | 0 | 0 | 0 | 0 | 0 | |
| | | | 作業療法学 | 3 | | | | • | | • | | | | | | • | • | | | | 0 | 0 | 0 | 0 | 0 | 0 | |
| 山形 | 人文社会科 | 人文社会科 | 人間文化 | 3 | • | • | • | • | • | | 10/29 | 10/3~10/7 | | | | | | • | | | 51 | 9 | 32 | 8 | 47 | 9 | R5より選抜方法変更あり。R6より人間文化コースでTOEIC又はTOEFLの提出 |
| | | | グローバル・スタディーズ | 3 | • | • | • | • | • | | | | 選 | | | | | • | 選:英・独・仏・露・中から1 | | 29 | 7 | 21 | 7 | 24 | 6 | |
| | | | 総合法律 | 3 | • | • | • | • | • | | | | | | | • | | • | | | 67 | 12 | 49 | 13 | 47 | 13 | |
| | | | 地域公共政策 | 3 | • | • | • | • | • | | | | | | | • | | • | | | | | | | | | |
| | | | 経済・マネジメント | 3 | • | • | • | • | • | | | | | | | • | | • | | | | | | | | | |
| | 地域教育文化 | | | | | | | | | | | | | | | | | | | | | | | | | 実施なし |
| | 理 | | | | | | | | | | | | | | | | | | | | | | | | | 実施なし |
| | 医 | 医 | | | | | | | | | | | | | | | | | | | | | | | | 実施なし |
| | | 看護 | | 3 | | | | • | | • | 8/24 | 7/19~7/26 | 英 | | | | • | | | | 3 | 1 | 11 | 4 | 11 | 0 | 看護系卒業(見込)者のみ |
| | 工(昼間) | 高分子・有機材料工 | | | | | | | | | 6/25 | 6/6~6/10 | | | | | | | | | 6 | 3 | 3 | 0 | × | × | *短大は理工系、高専は工業に関する学科卒業(見込)者のみ出願可。R5より高分子・有機材料工及び化学バイオ工学科で募集停止 |
| | | 化学・バイオ工 | 応用化学・化学工学 | | | | | | | | | | | | | | | | | | 6 | 3 | 5 | 2 | × | × | |
| | | | バイオ化学工学 | | | | | | | | | | | | | | | | | | 1 | 0 | 2 | 1 | × | × | |
| | | 情報・エレクトロニクス | 情報・知能 | 3 | • | • | *• | *• | • | | | | | | | | | • | | | 8 | 2 | 10 | 4 | 23 | 3 | |
| | | | 電機・電子通信 | 3 | • | • | *• | *• | • | | | | | | | | | • | | | 6 | 2 | 9 | 4 | 17 | 7 | |
| | | 機械システム工 | | 3 | • | • | *• | *• | • | | | | | | | | | • | | | 6 | 3 | 7 | 2 | 9 | 3 | |
| | | 建築・デザイン | | 3 | • | • | *• | *• | • | | | | | | | | | • | | | 5 | 1 | 5 | 2 | 10 | 5 | |
| | 工(フレックス) | システム創成工 | | - | | | | | | | | | | | | | | | | | | | | | | | 実施なし |
| | 農 | 食料生命環境 | | 3 | • | • | • | • | • | | 7/9 | 5/30~6/3 | | | | • | • | • | TOEIC又はTOEFL | | △ | △ | △ | △ | △ | △ | 大学在学者一般教育科目23単位、英語2単位を含む65単位以上 |

| 大学名 | 学部 | 学科 | 専攻・コース | 編入年次 | 大1 | 大2 | 学士 | 短大 | 高専 | 専門 | 試験日 | 出願期間 | 外国語筆記 | 外部試験 | 専門科目 | 小論文 | 面接 | 口頭試問 | 専門科目以外の科目 | その他の注意事項 | R3志願者 | R3合格者 | R4志願者 | R4合格者 | R5志願者 | R5合格者 | 備考（特に記載がない場合は、大学在学生3年次は62単位以上、2年次は31単位以上取得見込み） |
|---|---|---|---|---|---|---|---|---|---|---|---|---|---|---|---|---|---|---|---|---|---|---|---|---|---|---|---|
| 福島 | 人文社会学群 | 人間発達文化学類 | A系(教育実践、心理学・幼児教育、特別支援・生活科学) | 3 | | ● | ● | ● | ● | ● | 9/15 | 8/18~8/23 | 英 | | | | ● | ● | | | 25 | 4 | 14 | 5 | 22 | 5 | コースは入学手続きの際決定。別途学士入学実施で編入と同じ。実績に含む |
| | | | B系(人文科学、数理自然科学) | 3 | | ● | ● | ● | ● | ● | | | 英 | | | | ● | ● | | | 35 | 6 | 18 | 6 | 19 | 6 | |
| | | | C系(芸術・表現、スポーツ健康科学) | 3 | | ● | ● | ● | ● | ● | | | 英 | | | | ● | ● | | | 9 | 4 | 3 | 4 | 4 | 3 | |
| | | 行政政策学類 | 地域政策と法 | 3 | | ● | ● | ● | ● | ● | 10/19 | 9/21~9/27 | 英 | | | | | ● | | | 44 | 16 | 18 | 12 | 41 | 15 | |
| | | | 地域社会と文化 | 3 | | ● | ● | ● | ● | ● | | | 英 | | | | | ● | | | | | | | | | |
| | | 経済経営学類 | 経済学 | 3 | | ● | ● | ● | ● | ● | 10/22 | 9/16~9/22 | 英 | | ●* | | | | | *近代経済学系・マルクス経済学系・経営・簿記から1 | 47(2) | 18(0) | 65(0) | 16(0) | 56(3) | 15(3) | コースは入学後決定。別途学士入学(編入と同じ、実績に含む)。高専卒業見込対象公募推薦編入(書・面)実施で( )外数 |
| | | | 経営学 | 3 | | ● | ● | ● | ● | ● | | | 英 | | ●* | | | | | | | | | | | | |
| | 理工学群 | 共生システム理工学類 | | 3 | | | | | ● | | 6/22 | 6/6~6/9 | | | | | | ● | | | 1 | 1 | 5 | 3 | 6 | 6 | 公募推薦編入のみ。卒業見込者のみ。コースは入学後決定 |
| | 農学群 | 食農学類 | | | | | | | | | | | | | | | | | | | | | | | | | 実施なし |
| 茨城 | 人文社会科 | | | | | | | | | | | | | | | | | | | | | | | | | | 実施なし |
| | 教育 | 学校教育教員養成 | | | | | | | | | | | | | | | | | | | | | | | | | 実施なし |
| | | 養護教諭養成 | | 3 | | ● | ● | ● | ● | ● | 7/2 | 6/13~6/17 | | | | ● | | ● | | | 5 | 2 | 13 | 3 | 8 | 2 | |
| | 理 | 理 | 数学・情報数理 | 3 | | ● | ● | ● | ● | ● | 6/25 | 5/30~6/3 | | | ※● | | ● | | ※数学 | | 4 | 1 | 9 | 3 | 17 | 2 | |
| | | | 物理学 | 3 | | ● | ● | ● | ● | ● | | | | | ● | | ● | | | | 4 | 1 | 6 | 1 | 4 | 0 | |
| | | | 化学 | 3 | | ● | ● | ● | ● | ● | | | | | ● | | ● | | | | 5 | 2 | 0 | 0 | 10 | 2 | |
| | | | 生物科学 | 3 | | ● | ● | ● | ● | ● | | | | | ● | | ● | | | | 4 | 1 | 6 | 1 | 4 | 1 | |
| | | | 地球環境科学 | 3 | | ● | ● | ● | ● | ● | | | | | | | | ● | 数学・物理・化学・生物・地学から1 | | 2 | 0 | 2 | 1 | 6 | 1 | 地球科学技術者養成プログラムを除く |
| | | | 学際理学 | 3 | | ● | ● | ● | ● | ● | | | | | | | | ● | 数学・物理・化学・生物・地学から1 | | 1 | 0 | 1 | 0 | 0 | 0 | |
| | 工(昼間) | 機械システム工 | | 3 | | ● | ● | ● | ● | ● | 6/4 | 5/23~5/27 | | ● | | ● | | | 数学 | TOEIC又はTOEFL | 5(3) | 2(3) | 12(11) | 2(7) | 17(13) | 5(7) | 別途公募推薦編入実施(書・面)で、( )外数 |
| | | 電気電子システム工 | | 3 | | ● | ● | ● | ● | ● | | | | ● | | ● | | | 数学 | | 10(3) | 3(3) | 10(4) | 4(3) | 12(2) | 4(2) | |
| | | 物質科学工 | | 3 | | ● | ● | ● | ● | ● | | | | ● | *● | | | | 数学、*化・物・生から2 | | 5(1) | 2(1) | 2(1) | 0(1) | 2(2) | 2(2) | |
| | | 情報工 | | 3 | | ● | ● | ● | ● | ● | | | | ● | | ● | | | 数学 | | 17(7) | 3(4) | 11(2) | 3(2) | 14(3) | 3(2) | |
| | | 都市システム工 | | 3 | | ● | ● | ● | ● | ● | | | | ● | | ● | | | 数学 | | 4(4) | 1(2) | 6(2) | 2(2) | 1(1) | 0(1) | |
| | 工(フレックス) | 機械システム工 | | | | | | | | | | | | | | | | | | | | | | | | | 実施なし |
| | 農 | 食生命科 | バイオサイエンス | 3 | | ● | ● | ● | ● | | 6/25 | 5/30~6/3 | | | ● | | | *● | | TOEIC | 14 | 3 | 2 | 1 | 5 | 3 | *生・化・数各1問から2問 |
| | | 地域総合農 | 農業科学 | 3 | | ● | ● | ● | ● | | | | | | ● | | | *● | | | 11 | 4 | 13 | 5 | 4 | 2 | *生・化・数・地・物・経済学・社会学各1問から3問 |
| | | | 地域共生 | 3 | | ● | ● | ● | ● | | | | | | ● | | | *● | | | | | | | | | |
| 筑波 | 人文・文化学群 | | | | | | | | | | | | | | | | | | | | | | | | | | 実施なし |
| | 人間学群 | | | | | | | | | | | | | | | | | | | | | | | | | | 実施なし |
| | 社会・国際学群 | 社会学類 | 社会学 | 3 | | ● | ● | ● | ● | ● | 11/29、11/30 | 11/1~11/8 | 英 | | ● | | ● | | | | 78 | 15 | 120 | 11 | 72 | 12 | |
| | | | 法学 | 3 | | ● | ● | ● | ● | ● | | | 英 | | ● | | ● | | | | | | | | | | |
| | | | 政治学 | 3 | | ● | ● | ● | ● | ● | | | 英 | | ● | | ● | | | | | | | | | | |
| | | | 経済学 | 3 | | ● | ● | ● | ● | ● | | | 英 | | ● | | ● | | | | | | | | | | |
| | | 国際総合学類 | | | | | | | | | | | | | | | | | | | | | | | | | 実施なし |

| 大学名 | 学部 | 学科 | 専攻・コース | 編入年次 | 大1 | 大2 | 学士 | 短大 | 高専 | 専門 | 試験日 | 出願期間 | 外国語筆記 | 外部試験 | 専門科目 | 小論文 | 面接 | 口頭試問 | 専門科目以外の科目 | その他の注意事項 | R3志願者 | R3合格者 | R4志願者 | R4合格者 | R5志願者 | R5合格者 | 備考（特に記載がない場合は、大学在学3年次は62単位以上、2年次は31単位以上取得見込み） |
|---|---|---|---|---|---|---|---|---|---|---|---|---|---|---|---|---|---|---|---|---|---|---|---|---|---|---|---|
| | 生命環境学群 | 生物学類 | | 3 | | ● | ● | ● | ● | ● | 7/9, 7/10 | 6/1~6/7 | | ● | ● | | ● | | | TOEIC又はTOEFLを換算。当日持参 | 17 | 2 | 20 | 2 | 15 | 5 | |
| | | 生物資源学類 | | 3 | | ● | ● | ● | ● | ● | | | | ● | ※● | | ● | | ※生・化・数・経済から2 | | 21 | 6 | 32 | 12 | 32 | 11 | |
| | | 地球学類 | | 3 | | ● | ● | ● | ● | ● | | | | ● | ● | | ● | | | | 5 | 2 | 4 | 2 | 4 | 1 | |
| | 理工学群 | 数学類 | | 3 | | ● | ● | ● | ● | ● | | | | ● | ● | | ● | | | | 3 | 1 | 7 | 0 | 11 | 2 | |
| | | 物理学類 | | 3 | | ● | ● | ● | ● | ● | | | | ● | ● | | ● | | | | 9 | 3 | 13 | 4 | 19 | 2 | |
| | | 化学類 | | 3 | | ● | ● | ● | ● | ● | | | | ● | ● | | ● | | | | 3 | 2 | 11 | 7 | 21 | 6 | |
| | | 応用理工学類 | | 3 | | ● | ● | ● | ● | ● | | | | ● | ※● | | ● | | ※数、物2・化2の計4題から2 | | 32 | 19 | 40 | 20 | 39 | 21 | |
| | | 工学システム学類 | | 3 | | ● | ● | ● | ● | ● | | | | ● | ※● | | ● | | ※数学・物理 | | 45 | 11 | 61 | 12 | 53 | 10 | |
| | | 社会工学類 | | 3 | | ● | ● | ● | ● | ● | | | | ● | ※● | | ● | | ※数学 | | 23 | 8 | 28 | 9 | 36 | 6 | |
| | 情報学群 | 情報科学類 | | 3 | | ● | ● | ● | ● | ● | 7/9 | | | ● | ※● | | ● | | ※数学・情報基礎 | | 83 | 20 | 111 | 16 | 138 | 19 | 情報メディア創成との併願可 |
| | | 情報メディア創成学類 | | 3 | | ● | ● | ● | ● | ● | | | | ● | ※● | | ● | | ※数学・情報基礎 | | 36 | 13 | 51 | 12 | 91 | 14 | 情報科学との併願可 |
| | | 知識情報・図書館学類 | | 3 | | ● | ● | ● | ● | ● | | | | | | | | ● | 学習計画書 | | 44 | 14 | 38 | 16 | 31 | 14 | |
| | 医学群 | 医学類 | | 2 | ● | ● | | | | | 7/9. 10 | | 英 | | | | | ※● | 数・化・生物 | ※適性試験 | 109 | 7 | 113 | 9 | 103 | 6 | 医学履修課程在卒(見込)者を除く |
| | | 看護学類 | | 3 | | | | ● | | ● | | | | | ※ | ● | ● | | ※英語含む | | 25 | 10 | 16 | 10 | 20 | 10 | 3年制の関係学科卒(見込)者で、看護師免許取得者又は国家試験受験資格を有する者 |
| | | 医療科学類 | 医療科学 | 3 | | | | *● | | *● | 7/9 | | | | | | | ※● | | | 5 | 1 | 2 | 0 | 2 | 1 | *3年制の衛生技術関係学科卒(見込)者で、臨床検査技師免許取得者又は国家試験受験資格を有する者 |
| | | | 国際医療科学 | 3 | | ● | ● | ● | ● | ● | | | | ● | | | ● | | | TOEIC又はTOEFL | | | | | | | |
| | 体育専門学群 | | | | | | | | | | | | | | | | | | | | | | | | | | 実施なし |
| | 芸術専門学群 | | | | | | | | | | | | | | | | | | | | | | | | | | 実施なし |
| 筑波技術 | 産業技術 | | | | | | | | | | | | | | | | | | | | — | — | — | — | — | — | 実施なし |
| | 保健科 | 保健 | 理学療法学 | 2 | | ● | ● | ● | ● | ● | 10/15 1/21 | 9/26~10/3 1/4~1/11 | | | | | | *● | *適性検査(運動)を含む | | 0 | 0 | 2 | 1 | 0 | 0 | 視覚に障害がある者(具体的規定あり) |
| | | | 鍼灸学 | 2・3 | | ● | ● | ● | ● | ● | | | | | | | | ● | | | 3 | 3 | 1 | 1 | 2 | 2 | 視覚に障害がある者(具体的規定あり)。3年次は左記資格に加えて修業年限3年の短大、専修学校、特別支援学校の高等部専攻科の関係学科を卒業・修了(見込)者で免許・資格等具体的規定あり |
| | 情報システム | 情報システム | | | | | | | | | | | | | | | | | | | | | | | | | 実施なし |
| 宇都宮 | 農 | 生物資源科 | | 3 | | ● | ● | ● | ● | ● | 6/16 | 5/23~5/26 | | ● | | | | ● | 生2・化1から2 | TOEICを換算 | 3 | 1 | 9 | 4 | 3 | 2 | |
| | | 応用生命化 | | 3 | | ● | ● | ● | ● | ● | | | | ● | | | | ● | 化学 | | 6 | 3 | 3 | 1 | 4 | 1 | |
| | | 農業環境工 | | 3 | | ● | ● | ● | ● | ● | | | | ● | | | | ● | 数学 | | 4 | 0 | 0 | 0 | 3 | 1 | |
| | | 農業経済 | | 3 | | ● | ● | ● | ● | ● | | | | ● | | | ● | | | | 3 | 2 | 8 | 3 | 6 | 3 | |
| | | 森林科 | | 3 | | ● | ● | ● | ● | ● | | | | ● | | | ● | | | | 2 | 2 | 1 | 1 | 4 | 4 | |
| | 工 | 基盤工 | 物質環境化学 | 3 | | | | | | | 7/5 | 6/6~6/9 | | | | | | | | | (6) | (6) | (2) | (2) | 6 | 6 | 別途公募推薦編入実施(書・口)で( )外数。物質環境化学は推薦のみで別日程。R3より改組学科で実施 |
| | | | 機械システム工学 | 3 | | ● | ● | ● | ● | ● | | | | ● | | | | ● | 数学 | | 7 | 2 | 11 | 3 | 14 | 2 | |
| | | | 情報電子オプティクス(電気電子) | 3 | | ● | ● | ● | ● | ● | | | | ● | | | | ● | | | 13 (3) | 4 (3) | 30 | 11 | 45 | 19 | |
| | | | 情報電子オプティクス(情報科学) | 3 | | ● | ● | ● | ● | ● | | | | ● | | | | ● | 数学・物理 | | 15 (2) | 5 (2) | | | | | |

| 大学名 | 学部 | 学科 | 専攻・コース | 編入年次 | 大1 | 大2 | 学士 | 短大 | 高専 | 専門 | 試験日 | 出願期間 | 外国語筆記 | 外部試験 | 専門科目 | 小論文 | 面接 | 口頭試問 | 専門科目以外の科目 | その他の注意事項 | R3志願者 | R3合格者 | R4志願者 | R4合格者 | R5志願者 | R5合格者 | 備考（特に記載がない場合は、大学在学生3年次は62単位以上、2年次は31単位以上取得見込み） |
|---|---|---|---|---|---|---|---|---|---|---|---|---|---|---|---|---|---|---|---|---|---|---|---|---|---|---|---|
| | 共同教育 | | | | | | | | | | | | | | | | | | | | | | | | | | 実施なし。欠員募集 |
| | 国際 | 国際 | | 3 | | • | • | • | • | • | 9/28 | 8/30~9/2 | | • | • | | | • | | 外部スコアに具体的基準あり | 36 | 10 | 40 | 10 | 21 | 10 | |
| | 地域デザイン科学 | 建築都市デザイン | | 3 | • | • | • | • | • | • | 7/5 | 6/6~6/9 | | • | •* | | • | | *建築基礎 | TOEIC | 4 | 1 | 10 | 2 | 12 | 5 | 一般のみ |
| | | 社会基盤デザイン | | 3 | | | | | | • | 5/24 | 5/9~5/12 | | | | | | • | | | 2 | 2 | 4 | 4 | 4 | 3 | 推薦のみ |
| | | コミュニティデザイン | | | | | | | | | | | | | | | | | | | | | | | | | 実施なし |
| 群馬 | 共同教育 | | | | | | | | | | | | | | | | | | | | | | | | | | 実施なし |
| | 理工 | 化学・生物化 | | | | | | | | | | | | | | | | | | | 24 | 16 | 29 | 16 | × | × | R5より改組。物質・環境類、電子機械類の2学科で募集となる |
| | | 機械知能システム理工 | | | | | | | | | | | | | | | | | | | 10 | 7 | 19 | 10 | × | × | |
| | | 環境創生理工 | 環境エネルギー | | | | | | | | | | | | | | | | | | 3 | 0 | 5 | 2 | × | × | |
| | | | 社会基盤・防災 | | | | | | | | | | | | | | | | | | 4 | 4 | 4 | 3 | × | × | |
| | | 電子情報理工 | 電気電子 | | | | | | | | | | | | | | | | | | 23 | 16 | 25 | 14 | × | × | |
| | | | 情報科学 | | | | | | | | | | | | | | | | | | 11 | 9 | 22 | 10 | × | × | |
| | | 物質・環境類 | | 3 | • | • | • | • | • | • | 6/3 | 5/13~5/19 | | | | | | • | | | — | — | — | — | 30(5) | 17(5) | 合格実績( )は公募推薦編入で外数 |
| | | 電子・機械類 | | 3 | • | • | • | • | • | • | | | | | | | | • | | | — | — | — | — | 49(8) | 22(5) | |
| | | 総合理工（フレックス） | | | | | | | | | | | | | | | | | | | | | | | | | 実施なし |
| | 社会情報 | 社会情報 | | | | | | | | | | | | | | | | | | | 92 | 25 | 56 | 24 | × | × | R5より改組情報学部で実施 |
| | 情報 | 情報 | | 3 | • | • | • | • | • | • | 7/16 | 6/27~7/1 | | ※• | | *• | • | | | TOEIC、TOEFL、英検等具体的基準あり | *文系型と理系型いずれか選択 | — | — | — | — | 67 | 10 | R3新設、R5より募集開始。※英語・数学・統計・情報処理の指定のいずれかの資格・要件を満たす者（社会人除く）。別途社会人編入実施に実績に含む |
| | 医 | 医 | | 2 | • | • | | | | | 8/28、10/2 | 7/25~7/28 | | | | ※• | • | | | ※英語と自然科学を含む場合あり | 210 | 19 | 221 | 15 | 222 | 15 | 医学部医学科在卒者は出願不可。具体的な修得科目・単位数あり |
| | | 保健 | 看護学 | 3 | | | | | | | 9/7 | 7/25~7/28 | 英 | | • | | • | | | | 2 | 0 | 3 | 0 | 1 | 0 | 各専攻国家試験受験資格を有する者 |
| | | | 検査技術科学 | 3 | | • | • | • | • | • | | | 英 | | • | | • | | | | 1 | 0 | 6 | 0 | 0 | 0 | |
| | | | 理学療法学 | 3 | | • | • | • | • | • | | | 英 | | • | | • | | | | 0 | 0 | 1 | 0 | 0 | 0 | |
| | | | 作業療法学 | 3 | | • | • | • | • | • | | | 英 | | • | | • | | | | 0 | 0 | 0 | 0 | 1 | 0 | |
| 埼玉 | 教養 | 教養 | グローバルガバナンス(国際関係論) | 3 | • | • | • | • | • | • | 11/12、11/13 | 10/3~10/11 | 英 | | | | • | | | | 21(2) | 5(1) | 13(2) | 5(0) | | | 大学在学者62単位以上で出願時に31単位以上修得済みであること。別途社会人編入実施で( )外数 |
| | | | グローバルガバナンス(国際開発論) | 3 | • | • | • | • | • | • | | | 英 | | | | • | | | | | | | | | | |
| | | | 現代社会(社会コミュニケーション) | 3 | • | • | • | • | • | • | | | 英 | | | • | • | | | | 36(4) | 6(2) | 29(2) | 7(0) | | | |
| | | | 現代社会(地理学文化人類学) | 3 | • | • | • | • | • | • | | | 英 | | | | • | | | | | | | | | | |
| | | | 哲学歴史(哲学) | 3 | • | • | • | • | • | • | | | 英 | | | | • | | | | | | | | | | |
| | | | 哲学歴史(芸術論) | 3 | • | • | • | • | • | • | | | 英 | | | | • | | | | 16(2) | 5(1) | 17(6) | 5(2) | | | |
| | | | 哲学歴史(歴史学) | 3 | • | • | • | • | • | • | | | | | | *• | • | | *外国語問題含む | | | | | | 101(10) | 26(4) | |
| | | | ヨーロッパ・アメリカ文化(ヨーロッパ文化) | 3 | • | • | • | • | • | • | | | 選 | • | | | • | | | 選:英・独・仏・露から1 | 25(2) | 6(1) | 18(1) | 6(0) | | | |
| | | | ヨーロッパ・アメリカ文化(アメリカ研究) | 3 | • | • | • | • | • | • | | | | | | ※• | • | | | ※英文を読み論述 | | | | | | | |
| | | | 日本・アジア文化(日本文化) | 3 | • | • | • | • | • | • | | | | | | ※• | • | | 現代文 | ※専門への関心について記述 | 20(2) | 6(0) | 22(0) | 6(0) | | | |
| | | | 日本・アジア文化(東アジア文化) | 3 | • | • | • | • | • | • | | | | | | ※• | • | | | | | | | | | | |
| | 教育 | | | | | | | | | | | | | | | | | | | | | | | | | | 実施なし |

| 大学名 | 学部 | 学科 | 専攻・コース | 編入年次 | 大1 | 大2 | 学士 | 短大 | 高専 | 専門 | 試験日 | 出願期間 | 外国語筆記 | 外部試験 | 専門科目 | 小論文 | 面接 | 口頭試問 | 専門科目以外の科目 | その他の注意事項 | R3志願者 | R3合格者 | R4志願者 | R4合格者 | R5志願者 | R5合格者 | 備考<br>特に記載がない場合は、大学在学生3年次は62単位以上、2年次は31単位以上取得見込み |
|---|---|---|---|---|---|---|---|---|---|---|---|---|---|---|---|---|---|---|---|---|---|---|---|---|---|---|---|
| | 経済(昼間) | 経済分析 | | 3 | *● | ● | ● | ● | ● | ● | 11/19 | 10/3~10/11 | ● | | | | | ● | | TOEIC・TOEFL等 | 22 | 4 | 31 | 3 | 17 | 5 | *在学者は修了見込者 |
| | | 国際ビジネスと社会発展 | | 3 | *● | ● | ● | ● | ● | | | | ● | | | | | ● | | | 20 | 2 | 18 | 2 | 15 | 2 | |
| | | 経営イノベーション | | 3 | *● | ● | ● | ● | ● | | | | ● | | | | | ● | | | 32 | 5 | 34 | 5 | 29 | 3 | |
| | | 法と公共政策 | | 3 | *● | ● | ● | ● | ● | | | | ● | | | | | ● | | | 7 | 2 | 6 | 1 | 3 | 0 | |
| | 経済(夜間主) | | | | | | | | | | | | | | | | | | | | | | | | | | 実施なし |
| | 理 | | | | | | | | | | | | | | | | | | | | | | | | | | 実施なし |
| | 工 | 機械工学・システムデザイン | | 3 | | ● | ● | ● | ● | ● | 7/16 | 6/20~6/24 | | | | | | ● | 数学(微積・線形・常微分方程式) | | 44 | 2 | 45 | 5 | 32 | 7 | |
| | | 電気電子物理工 | | 3 | | ● | ● | ● | ● | ● | | | | | | | | ● | | | 35 | 2 | 27 | 2 | 26 | 3 | |
| | | 環境社会デザイン | | 3 | | ● | ● | ● | ● | ● | | | | | | | | ● | | | 21 | 5 | 30 | 5 | 28 | 6 | |
| | | 情報工 | | | | | | | | | | | | | | | | | | | | | | | | | 実施なし |
| | | 応用化学 | | | | | | | | | | | | | | | | | | | | | | | | | 実施なし |
| 千葉 | 文 | 人文 | 行動科学 | 3 | | ● | ● | ● | | | 10/22 | 10/3~10/5 | | | | | | ● | ※必要な外国語含む | | 56 | 12 | 54 | 9 | 51 | 9 | |
| | | | 歴史学 | 3 | | ● | ● | ● | | | | | | | | | | ● | | 出願時に論文提出 | | | | | | | |
| | | | 日本・ユーラシア文化 | 3 | | ● | ● | ● | | | | | | | | | ※● | | | | | | | | | | |
| | | | 国際言語文化学 | 3 | | ● | ● | ● | | | | | | | | | | ● | | 出願時に論文提出 | | | | | | | |
| | 教育 | | | | | | | | | | | | | | | | | | | | | | | | | | 実施なし |
| | 法政経 | | | | | | | | | | | | | | | | | | | | | | | | | | 実施なし |
| | 理 | | | | | | | | | | | | | | | | | | | | | | | | | | 実施なし |
| | 薬 | | | | | | | | | | | | | | | | | | | | | | | | | | 実施なし |
| | 工 | 総合工 | 建築学 | 3 | | ● | ● | ● | | | 5/28 | 4/25~4/27 | | | | | | ● | 自己アピール文。コースにより提出物あり | 大学在学者・短大は理工系で、建築学又はデザインコースは住居系及び芸術系含む。左記選考方法は自己推薦で、学校推薦は高専・理工系短大を対象で書・面(口頭試問含む)。自己アピール文に任意で英語外部検定試験結果を記載可　合格状況( )は学校推薦外数 | 2(10) | 1(6) | 5(6) | 0(6) | 9 | 7 | |
| | | | 都市工学 | 3 | | ● | ● | ● | | | | | | | | | | ● | | | 2(8) | 0(6) | 5(3) | 4(3) | 10 | 5 | |
| | | | デザイン | 3 | | ● | ● | ● | | | | | | | | | | ● | | | 10(4) | 0(4) | 8(2) | 5(1) | 15 | 7 | |
| | | | 機械工学 | 3 | | ● | ● | ● | | | | | | | | | | ● | | | 3(18) | 0(15) | 3(17) | 0(15) | 18 | 13 | |
| | | | 医工学 | 3 | | ● | ● | ● | | | | | | | | | | ● | | | 6(5) | 1(5) | 3(8) | 2(8) | 16 | 10 | |
| | | | 電気電子工学 | 3 | | ● | ● | ● | | | | | | | | | | ● | | | 5(14) | 1(10) | 2(4) | 0(2) | 14 | 9 | |
| | | | 物質科学 | 3 | | ● | ● | ● | | | | | | | | | | ● | | | 0(0) | 0(0) | 0(2) | 0(0) | 1 | 1 | |
| | | | 共生応用工学 | 3 | | ● | ● | ● | | | | | | | | | | ● | | | 3(7) | 0(5) | 2(5) | 0(5) | 5 | 3 | |
| | | | 情報工学 | 3 | | ● | ● | ● | | | | | | | | | | ● | | | 3(10) | 0(8) | 4(11) | 0(4) | 16 | 10 | |
| | 医 | 医 | | | | | | | | | | | | | | | | | | | | | | | | | 実施なし |
| | 看護 | 看護 | | | | | | | | | | | | | | | | | | | 0 | 0 | × | × | × | × | R4より募集停止 |
| | 園芸 | | | | | | | | | | | | | | | | | | | | | | | | | | 実施なし |
| | 国際教養 | | | | | | | | | | | | | | | | | | | | | | | | | | 実施なし |
| お茶の水女子 | 文教育 | 人文科 | | | | | | | | | | | | | | | | | | | | | | | | | 実施なし |
| | | 言語文化 | 日本語・日本文学 | 3 | | ● | ● | ● | | | 10/1、10/26 | 9/6~9/8 | | | ● | | ● | ● | | 外国語検定スコア任意提出 | 5(0) | 0(0) | 6(1) | 0(0) | 7(0) | 0(0) | 別途社会人編入実施で( )外数 |
| | | | 中国語圏言語文化 | 3 | | ● | ● | ● | | | | | ※中 | | ● | | ● | | ※現代中国語・古典中国語 | | 1(0) | 1(0) | 3(0) | 2(0) | 4(0) | 3(0) | |
| | | | 英語圏言語文化 | 3 | | ● | ● | ● | | | | | 英 | ● | | | | ● | | | 14(1) | 3(0) | 11(1) | 2(0) | 8(1) | 2(1) | |
| | | | 仏語圏言語文化 | 3 | | ● | ● | ● | | | | | 仏 | ● | | | | ● | | | 3(1) | 1(0) | 1(1) | 1(0) | 0(0) | 0(0) | |
| | | 人間社会科 | 社会学 | 3 | | ● | ● | ● | | | | | | | | ● | ※● | | ※英語含む | 20(0) | 4(0) | 29(0) | 4(0) | 16(0) | 2(0) | |
| | | | 教育科学 | 3 | | ● | ● | ● | | | | | | | | ● | ● | | | 10(1) | 2(0) | 9(1) | 2(0) | 7(1) | 0(0) | |
| | | | 子ども学 | 3 | | ● | ● | ● | | | | | | | | ● | ※● | | | 4(2) | 1(0) | 6(0) | 0(0) | 4(1) | 2(0) | |
| | | 芸術・表現行動 | | | | | | | | | | | | | | | | | | | | | | | | | 実施なし |
| | | グローバル文化学環 | | | | | | | | | | | | | | | | | | | | | | | | | 実施なし |

| 大学名 | 学部 | 学科 | 専攻・コース | 編入年次 | 大1 | 大2 | 学士 | 短大 | 高専 | 専門 | 試験日 | 出願期間 | 外国語筆記 | 外部試験 | 専門科目 | 小論文 | 面接 | 口頭試問 | 専門科目以外の科目 | その他の注意事項 | R3志願者 | R3合格者 | R4志願者 | R4合格者 | R5志願者 | R5合格者 | 備考（特に記載がない場合は、大学在学生3年次は62単位以上、2年次は31単位以上取得見込み） |
|---|---|---|---|---|---|---|---|---|---|---|---|---|---|---|---|---|---|---|---|---|---|---|---|---|---|---|---|
| | 生活科 | 食物栄養 | | | | | | | | | | | | | | | | | | | | | | | | | 実施なし |
| | | 人間・環境科 | | 3 | | ● | ● | ● | ● | | 6/29 | 6/6~6/8 | | ● | ※● | | | | ※自然科学基礎 | TOEFL、TOEICいずれか提出（物理学科除く） | 8(0) | 2(0) | 3(0) | 0(0) | 3(0) | 1(0) | 別途社会人編入実施で( )外数 |
| | | 人間生活 | 生活社会科学 | 3 | | ● | ● | ● | ● | | 10/1、10/26 | 9/6~9/8 | | ● | ※● | | | | ※社会科学基礎 | | 21(1) | 3(1) | 14(0) | 3(0) | 6(1) | 4(0) | |
| | | | 生活文化学 | 3 | | ● | ● | ● | ● | | | | | ● | ※● | | | | ※人文科学基礎 | | 6(1) | 1(0) | 1(0) | 0(0) | 2(0) | 0(0) | |
| | | 心理 | | 3 | | ● | ● | ● | ● | | | | | ● | ※● | | | | ※心理学基礎 | | 35(3) | 2(1) | 22(5) | 4(0) | 27(1) | 3(0) | |
| | 理 | 数 | | 3 | | ● | ● | ● | ● | | 6/29 | 6/6~6/8 | | ● | | | | | | | 2(1) | 2(0) | 1(0) | 0(0) | 4(0) | 3(0) | |
| | | 化 | | 3 | | ● | ● | ● | ● | | | | | ● | | | | | | | 5(0) | 0(0) | 8(0) | 2(0) | 7(0) | 1(0) | |
| | | 物理 | | 3 | | ● | ● | ● | ● | | | | | ● | ※● | | | | ※数学・物理 | | 0(0) | 0(0) | 4(0) | 2(0) | 3(0) | 2(0) | |
| | | 生物 | | 3 | | ● | ● | ● | ● | | | | | ● | | | ● | | | | 4(0) | 2(0) | 7(0) | 1(0) | 3(0) | 1(0) | |
| | | 情報科 | | 3 | | ● | ● | ● | ● | | | | | ● | ※● | | | | ※数学・情報 | | 6(0) | 1(0) | 8(0) | 4(0) | 4(0) | 1(0) | |
| | 共創工 | | | | | | | | | | | | | | | | | | | | | | | | | | R6新設学部 |
| 電気通信 | 情報理工学域 | Ⅰ類(情報系) | | 3 | ● | ● | ● | ● | ● | ● | 6/23、6/24 | 6/13~6/15 | 英 | | | | | | 数学、物理又は化学 | | 25(11) | 11(6) | 37(10) | 11(6) | 67(13) | 15(6) | 別途公募推薦編入実施（書面（専門基礎含む））。( )は推薦で外数 |
| | | Ⅱ類(融合系) | | 3 | ● | ● | ● | ● | ● | ● | | | 英 | | | | | | 数学、物理又は化学 | | 36(12) | 10(6) | 41(15) | 10(7) | 50(12) | 10(7) | |
| | | Ⅲ類(理工系) | | 3 | ● | ● | ● | ● | ● | ● | | | 英 | | | | | ● | | | 23(7) | 13(5) | 35(15) | 15(7) | 17(6) | 12(3) | |
| | 先端工学基礎 | 夜間主 | | 3 | ● | ● | ● | ● | ● | | 11/24、11/25 | 11/4~11/8 | | | | | | ● | 総合問題（英文含む場合もあり） | | 8 | 4 | 11 | 4 | 14 | 4 | 社会人及び夜間の修学を必要とする者対象 |
| 東京 | 法 | 第1類 | 法学総合 | 3 | | ● | | | | | 11/24、1/5 | 10/3~10/7 | 選 | | | | ● | | 選:英・独・仏から1 | | 10 | 0 | 5 | 1 | 10 | 1 | 小論文は広く社会・人文科学にかかわる総合的な主題 |
| | | 第2類 | 法律プロフェッション | 3 | | ● | | | | | | | 選 | | | | ● | | | | | | | | | | |
| | | 第3類 | 政治 | 3 | | ● | | | | | | | 選 | | | | ● | | | | | | | | | | |
| | 経済 | | | | | | | | | | | | | | | | | | | | | | | | | | 実施なし |
| | 文 | 人文 | 哲学 | 3 | | ● | | | | | 1/21、2/3 | 10/10~10/17 | 選 | | ● | ● | ● | | 選:英・独・仏から2 | | | | | | | | 合格状況は、本学卒業生を含む。*印は実施なしの学科、**印はR4・R5実施なしの学科 |
| | | | 中国思想文化学 | 3 | | ● | | | | | | | 英 | | ● | ● | ● | | 中国語 | | | | | | | | |
| | | | インド哲学仏教学 | 3 | | ● | | | | | | | 英 | | ● | ● | ● | | 独・仏・中から1 | | | | | | | | |
| | | | 倫理学 | 3 | | ● | | | | | | | 選 | | ● | ● | ● | | 選:英・独・仏から2 | | | | | | | | |
| | | | 宗教学宗教史学 | 3 | | ● | | | | | | | 選 | | ● | ● | ● | | 選:英・独・仏・露・伊・中・西・韓から2 | | | | | | | | |
| | | | 美学芸術学 | 3 | | ● | | | | | | | 選 | | ● | ● | ● | | 選:英・独・仏・露・伊・中・西・韓から2 | | | | | | | | |
| | | | イスラム学 | 3 | | ● | | | | | | | 英 | | ● | ● | ● | | 独・仏・露・伊・中・西から1 | | | | | | | | |
| | | | *日本史学 | | | | | | | | | | | | | | | | | | | | | | | | |
| | | | *東洋史学 | | | | | | | | | | | | | | | | | | | | | | | | |
| | | | *考古学 | | | | | | | | | | | | | | | | | | | | | | | | |
| | | | 美術史学 | 3 | | ● | | | | | | | 選 | | ● | ● | ● | | 選:英・独・仏・伊・中・西から2 | | 44 | 5 | 42 | 8 | 29 | 4 | |
| | | | *西洋史学 | | | | | | | | | | | | | | | | | | | | | | | | |
| | | | **言語学 | 3 | | ● | | | | | | | 英 | | ● | ● | ● | | 独・仏・露・伊・中・西・韓から2 | | | | | | | | |
| | | | *日本語日本文学 | | | | | | | | | | | | | | | | | | | | | | | | |
| | | | 中国語中国文学 | 3 | | ● | | | | | | | 英 | | ● | ● | ● | | 中国語 | | | | | | | | |

| 大学名 | 学部 | 学科 | 専攻・コース | 編入年次 | 大1 | 大2 | 学士 | 短大 | 高専 | 専門 | 試験日 | 出願期間 | 外国語筆記 | 外部試験 | 専門科目 | 小論文 | 面接 | 口頭試問 | 専門科目以外の科目 | その他の注意事項 | R3志願者 | R3合格者 | R4志願者 | R4合格者 | R5志願者 | R5合格者 | 備考 特に記載がない場合は、大学在学生3年次は62単位以上、2年次は31単位以上取得見込み |
|---|---|---|---|---|---|---|---|---|---|---|---|---|---|---|---|---|---|---|---|---|---|---|---|---|---|---|---|
| | | | インド語インド文学 | 3 | | | ● | | | | | | 英 | | ● | ● | | ● | 独・仏から1 | | | | | | | | |
| | | | **英語英米文学 | 3 | | | ● | | | | | | 英 | | ● | ● | | ● | 独・仏・露・伊・中・西・韓から2 | | | | | | | | |
| | | | ドイツ語ドイツ文学 | 3 | | | ● | | | | | | 独 | | ● | ● | | ● | 英・仏・露・伊・西から1 | | | | | | | | |
| | | | フランス語フランス文学 | 3 | | | ● | | | | | | 仏 | | ● | ● | | ● | 英・独・露・伊・西から1 | | | | | | | | |
| | | | スラブ語スラブ文学 | 3 | | | ● | | | | | | 露 | | ● | ● | | ● | 英・独・仏・伊・西から1 | | | | | | | | |
| | | | 南欧語南欧文学 | 3 | | | ● | | | | | | 伊 | | ● | ● | | ● | 英・独・仏・露・西から1 | | | | | | | | |
| | | | 現代文芸論 | 3 | | | ● | | | | | | 選 | | ● | ● | | ● | 選：英・独・仏・露・伊・西から2 | | | | | | | | |
| | | | 西洋古典学 | 3 | | | ● | | | | | | 英 | | ● | ● | | ● | 独・仏・露・伊・西から1 | | | | | | | | |
| | | | *社会学 | | | | | | | | | | | | | | | | | | | | | | | | | |
| | | | *心理学 | | | | | | | | | | | | | | | | | | | | | | | | | |
| | | | *社会心理学 | | | | | | | | | | | | | | | | | | | | | | | | | |
| | 教育 | | | | | | | | | | | | | | | | | | | 同大出身者のみ少数実施 | | | | | | | |
| | 教養 | | | | | | | | | | | | | | | | | | | 実施なし | | | | | | | |
| | 理 | | | | | | | | | | | | | | | | | | | 同大出身者のみ少数実施 | | | | | | | |
| | 医 | | | | | | | | | | | | | | | | | | | 実施なし | | | | | | | |
| | 薬 | | | | | | | | | | | | | | | | | | | 同大出身者のみ少数実施 | | | | | | | |
| | 工 | 社会基盤 | | 3 | | | | | | ● | 7/3、7/15 | 5/9~13 | 英 | | | | | ● | 数学 | TOEFL等任意提出 | | | | | | | 出身学校長の推薦書が必要。編入生は3年以上在学。理科は物理3問・化学3問の計6問中より3問選択。志望学科に応じて選択の制限有り。 |
| | | 建築 | | 3 | | | | | | ● | | | 英 | | | | | ● | 数学 | | | | | | | | ※1 物理分野科目2問以上選択 |
| | | 都市工 | | 3 | | | | | | ● | | | 英 | | | | | ● | 数学 | | | | | | | | ※2 物理分野科目のみ3問 |
| | | システム創成 | | 3 | | | | | | ● | | | 英 | | | | | ● | 数学 | | | | | | | | ※3 分野問わず3問 |
| | | 機械工 | | 3 | | | | | | ● | | | 英 | | | | | ● | 数学・※1 | | | | | | | | ※4 化学分野科目2問以上 |
| | | 機械情報工 | | 3 | | | | | | ● | | | 英 | | | | | ● | 数学・※1 | | | | | | | | |
| | | 航空宇宙工 | | 3 | | | | | | ● | | | 英 | | | | | ● | 数学・※2 | | | | | | | | |
| | | 精密工 | | 3 | | | | | | ● | | | 英 | | | | | ● | 数学・※1 | | | | | | | | |
| | | 電子情報工 | | 3 | | | | | | ● | | | 英 | | | | | ● | 数学・※1 | | 79 | 20 | 68 | 20 | 75 | 20 | |
| | | 電気電子工 | | 3 | | | | | | ● | | | 英 | | | | | ● | 数学・※1 | | | | | | | | |
| | | 物理工 | | 3 | | | | | | ● | | | 英 | | | | | ● | 数学・※2 | | | | | | | | |
| | | 計数工 | | 3 | | | | | | ● | | | 英 | | | | | ● | 数学・※2 | | | | | | | | |
| | | マテリアル工 | | 3 | | | | | | ● | | | 英 | | | | | ● | 数学・※3 | | | | | | | | |
| | | 応用化 | | 3 | | | | | | ● | | | 英 | | | | | ● | 数学・※4 | | | | | | | | |
| | | 化学システム工 | | 3 | | | | | | ● | | | 英 | | | | | ● | 数学・※3 | | | | | | | | |
| | | 化学生命工 | | 3 | | | | | | ● | | | 英 | | | | | ● | 数学・※4 | | | | | | | | |
| | 農 | | | | | | | | | | | | | | | | | | | 実施なし | | | | | | | |
| 東京医科歯科大 | 医 | 保健衛生 | | | | | | | | | | | | | | | | | | 実施なし | | | | | | | |
| | | 医 | | 2 | | | ● | | | | 6/8、7/13 | 5/23~5/27 | | ● | | | | ● | 自然科学総合問題（英語により出題する場合がある） | TOEFL提出で基準あり | 58 | 5 | 53 | 6 | 55 | 5 | 医学履修課程卒業（見込）者は出願不可。要推薦書 |

| 大学名 | 学部 | 学科 | 専攻・コース | 編入年次 | 大1 | 大2 | 学士 | 短大 | 高専 | 専門 | 試験日 | 出願期間 | 外国語筆記 | 外部試験 | 専門科目 | 小論文 | 面接 | 口頭試問 | 専門科目以外の科目 | その他の注意事項 | R3志願者 | R3合格者 | R4志願者 | R4合格者 | R5志願者 | R5合格者 | 備考（特に記載がない場合は、大学在学生3年次は62単位以上、2年次は31単位以上取得見込み） |
|---|---|---|---|---|---|---|---|---|---|---|---|---|---|---|---|---|---|---|---|---|---|---|---|---|---|---|---|
| | 歯 | 歯 | | | | | | | | | | | | | | | | | | | | | | | | | 実施なし |
| | | 口腔保健 | 口腔保健工学 | 2 | | | ● | ● | ● | ● | 9/6 予備日：9/7 | 8/1~8/5 | 英 | | | | ● | ● | 実技 | | 0 | 0 | 2 | 2 | 3 | 2 | 専門士は歯科技工士養成校出身者のみ |
| | | | 口腔保健衛生学 | | | | | | | | | | | | | | | | | | | | | | | | 実施なし |
| 東京外国語 | 言語文化 | 言語文化 | | 3 | | *● | ● | ● | ● | ● | 10/29 | 8/22~8/25 | ※● | ● | | | | ● | ※専攻言語（知識含む） | 指定された外部試験成績を提出（英語は4技能） | 82 | 11 | 59 | 11 | 47 | 11 | *修了（見込）者 |
| | 国際社会 | 国際社会 | 地域社会研究 | 3 | | *● | ● | ● | ● | ● | | | ※● | ● | | *● | | ● | ※専攻言語 *専門（共通問題）は英語で出題。日本語で解答 | 言語検定試験等の成績を任意で提出可 | 23 | 8 | 17 | 3 | 18 | 5 | *修了（見込）者 |
| | | | 現代世界論 | 3 | | *● | ● | ● | ● | ● | | | ※● | ● | | *● | | ● | | | 21 | 2 | 15 | 3 | 10 | 2 | |
| | | | 国際関係 | 3 | | *● | ● | ● | ● | ● | | | ※● | ● | | *● | | ● | | | 32 | 1 | 21 | 4 | 20 | 2 | |
| | 国際日本 | 国際日本 | | 3 | | ● | ● | ● | ● | ● | 5-6月 | 3/1~5/8 | | | | | ● | ※● | ※英語と日本語 | | | | 4 | 3 | 2 | 0 | R5秋入学。海外の大学等卒（見込）者又は日本での初・中等教育経験4年以下の者。英語レベル規定あり |
| 東京海洋 | 海洋工 | 海事システム工 | | 2・3 | ● | ● | ● | ● | | | 6/10 | 5/23~5/27 | 英 | | | | | | 数学 | TOEIC等で具体的基準あり | 10(7) | 4(7) | 5(3) | 0(3) | 4(2) | 0(2) | 希望する資格・高専での出身コース等により年次異なる。別途公募推薦実施（書・小・面）で（ ）外数 |
| | | 海洋電子機械工 | 機関システム工学 | 2・3 | ● | ● | ● | ● | | | | | 英 | | | | | | | | 0(1) | 0(1) | 3(3) | 1(3) | 0(7) | 0(7) | |
| | | | 制御システム工学 | 3 | ● | ● | ● | ● | | | | | 英 | | | | | | | | 8(1) | 4(1) | 2(1) | 0(1) | 7(0) | 1(0) | |
| | | 流通情報工 | | 3 | ● | ● | ● | ● | | | | | 英 | | | | | | | | 10(0) | 4(0) | 11(2) | 2(1) | 8(2) | 3(2) | |
| | 海洋生命科 | 食品生産科 | | 3 | ● | ● | ● | ● | | | 9/30 | 9/1~9/7 | 英 | | | | ● | | 数学、物理又は化学 | TOEIC等で具体的基準有り | 9(2) | 4(2) | 15(3) | 5(3) | 11(2) | 4(2) | 別途公募推薦実施（書・小・面）で、（ ）外数。R6より受験時期に変更有 |
| | | 海洋生物資源 | | | | | | | | | | | | | | | | | | | | | | | | | 実施なし |
| | | 海洋政策文化 | | | | | | | | | | | | | | | | | | | | | | | | | 実施なし |
| | 海洋資源環境 | | | | | | | | | | | | | | | | | | | | | | | | | | 実施なし |
| 東京学芸 | 教育 | | | | | | | | | | | | | | | | | | | | | | | | | | R6は家庭科教育で実施 |
| 東京藝術 | 美術 | | | | | | | | | | | | | | | | | | | | | | | | | | 実施なし |
| | 音楽 | | | | | | | | | | | | | | | | | | | | | | | | | | 実施なし |
| 東京工業 | 理 | 数学 | | 2 | | | | ● | ● | | 7/13~7/15 | 8/23、8/24 | 英 | | | | | ● | 数・物・化 | | 3 | 0 | 1 | 0 | 2 | 1 | |
| | | 物理学 | | 2 | | | | ● | ● | | | | 英 | | | | | ● | | | 2 | 1 | 1 | 0 | 1 | 0 | |
| | | 化学 | | 3 | | | | ● | ● | | | | 英 | | | | | ● | | | 0 | 0 | 0 | 0 | 0 | 0 | |
| | | 地球惑星科学 | | 2 | | | | ● | ● | | | | 英 | | | | | ● | | | 1 | 1 | 0 | 0 | 0 | 0 | |
| | 工 | 機械 | | 3 | | | | ● | ● | | | | 英 | | | | | ● | | | 8 | 4 | 12 | 5 | 16 | 4 | |
| | | システム制御 | | 3 | | | | ● | ● | | | | 英 | | | | | ● | | | 7 | 2 | 1 | 0 | 4 | 1 | |
| | | 電気電子 | | 3 | | | | ● | ● | | | | 英 | | | | | ● | | | 5 | 4 | 8 | 4 | 10 | 5 | |
| | | 情報通信 | | 3 | | | | ● | ● | | | | 英 | | | | | ● | | | 1 | 0 | 5 | 2 | 2 | 1 | |
| | | 経営工学 | | 3 | | | | ● | ● | | | | 英 | | | | | ● | | | 5 | 1 | 2 | 0 | 2 | 1 | |
| | 物質理工 | 材料 | | 3 | | | | ● | ● | | | | 英 | | | | | ● | | | 7 | 3 | 6 | 4 | 4 | 2 | |
| | | 応用化学 | | 3 | | | | ● | ● | | | | 英 | | | | | ● | | | 4 | 2 | 4 | 2 | 6 | 2 | |
| | 情報理工 | 数理・計算科学 | | 2 | | | | ● | ● | | | | 英 | | | | | ● | | | 9 | 2 | 1 | 0 | 4 | 1 | |
| | | 情報工学 | | 3 | | | | ● | ● | | | | 英 | | | | | ● | | | 15 | 2 | 13 | 3 | 15 | 3 | |
| | 生命理工 | 生命理工 | | 3 | | | | ● | ● | | | | 英 | | | | | ● | | | 0(15) | 0(9) | 1(20) | 0(12) | | 1 0 | 別途特別入試実施（書・面（基礎学力（特に化学）・英語等の口頭試問）で要学長推薦書、合格状況（ ）外数 |
| | 環境・社会理工 | 建築学 | | 2 | | | | ● | ● | | | | 英 | | | | ※● | | ※設計製図作品持参 | | 0 | 0 | 1 | 1 | 0 | 0 | |
| | | 土木・環境工学 | | 3 | | | | ● | ● | | | | 英 | | | | | ● | | | 2 | 0 | 1 | 1 | 1 | 0 | |
| | | 融合理工学 | | 3 | | | | ● | ● | | | | 英 | | | | | ● | | | 0 | 0 | 2 | 1 | 0 | 0 | |

| 大学名 | 学部 | 学科 | 専攻・コース | 編入年次 | 大1 | 大2 | 学士 | 短大 | 高専 | 専門 | 試験日 | 出願期間 | 外国語筆記 | 外部試験 | 専門科目 | 小論文 | 面接 | 口頭試問 | 専門科目以外の科目 | その他の注意事項 | R3志願者 | R3合格者 | R4志願者 | R4合格者 | R5志願者 | R5合格者 | 備考 |
|---|---|---|---|---|---|---|---|---|---|---|---|---|---|---|---|---|---|---|---|---|---|---|---|---|---|---|---|
| 東京農工 | 農 | 生物生産 | | 3 | ● | ● | ● | ● | | ● | 9/22 | 8/29~9/2 | | ● | | | | ● | 化学、生物 | TOEFL又はTOEIC | 3 | 0 | 4 | 3 | 4 | 2 | |
| | | 応用生物科 | | 3 | ● | ● | ● | ● | | ● | | | | ● | | | | ● | | | 6 | 0 | 15 | 3 | 6 | 2 | |
| | | 環境資源科 | | 3 | ● | ● | ● | ● | | ● | | | | ● | | | | ● | | | 2 | 0 | 3 | 0 | 2 | 1 | |
| | | 地域生態システム | | 3 | ● | ● | ● | ● | | ● | | | | ● | | | | ● | | | 1 | 0 | 3 | 1 | 1 | 0 | R6より筆記試験に代えて、プレゼンとなる |
| | | 共同獣医 | | | | | | | | | | | | | | | | | | | | | | | | | 実施なし |
| | 工 | 生命工 | | 3 | ● | ● | ● | ● | | ● | 7/7、7/8 | 6/15~6/21 | 英 | | | | | ● | 物又は化、数 | 大学在学者48単位以上。高専卒業(見込)者は募集学科により出願できる出身学科の指定あり。別途高専卒業見込者の公募推薦編入(書・面〈口述又は基礎学力テストを行う場合あり〉)。社会人編入実施、R3より改組学科で実施、合格状況は旧学科計、()は推薦外数 | 28(7) | 12(7) | 18(13) | 4(8) | 27 | 14 | |
| | | 応用化 | | 3 | ● | ● | ● | ● | | ● | | | 英 | | | | | ● | 物・化・数 | | 16(5) | 5(5) | 12(7) | 5(5) | 15 | 10 | |
| | | 機械システム工 | | 3 | ● | ● | ● | ● | | ● | | | 英 | | | | ● | | 物・数 | | 69(18) | 15(13) | 77(15) | 12(11) | 73 | 36 | |
| | | 生体医用システム工 | | 3 | ● | ● | ● | ● | | ● | | | 英 | | | | | ● | 物・数 | | 18(2) | 7(1) | 27(8) | 8(7) | 25 | 8 | |
| | | 化学物理工 | | 3 | ● | ● | ● | ● | | ● | | | 英 | | | | | ● | 物又は化、数 | | 7(4) | 5(3) | 9(5) | 5(5) | 9 | 7 | |
| | | 知能情報システム工 | | 3 | ● | ● | ● | ● | | ● | | | 英 | | ● | | | ● | 物・数 | | 55(19) | 13(16) | 59(19) | 24(13) | 81 | 39 | |
| 一橋 | 商 | | | | | | | | | | | | | | | | | | | | | | | | | | 同大学出身者のみ実施 |
| | 経済 | | | | | | | | | | | | | | | | | | | | | | | | | | |
| | 法 | | | | | | | | | | | | | | | | | | | | | | | | | | |
| | 社会 | | | | | | | | | | | | | | | | | | | | | | | | | | |
| | ソーシャル・データサイエンス | | | | | | | | | | | | | | | | | | | | | | | | | | |
| 横浜国立 | 教育 | | | | | | | | | | | | | | | | | | | | | | | | | | 実施なし |
| | 経済 | 経済 | | 3 | ● | ● | ● | ● | | | 11/21 | 9/2~9/8 | | ● | | | * | ● | *経済学I(経済原論,経済史,経済政策)又は経済学II(マクロ,ミクロ,経済数学) | TOEIC・TOEFLで具体的基準あり | 93(4) | 14(2) | 196(2) | 15(0) | 136(2) | 15(1) | 別途社会人編入実施で()外数。社会人のみ口述試験あり |
| | 経営 | 経営 | | | | | | | | | | | | | | | | | | | | | | | | | 実施なし |
| | 理工 | 機械・材料・海洋系 | 機械工学 | 3 | | | | | | ● | 7/2 | 5/13~5/19 | ● | ● | | | ● | | 数・物 | TOEFL-iBT又はTOEIC ※数・理・英等基礎知識含む(プログラムにより異なる) | 11 | 4 | 17 | 5 | 8 | 2 | 左記()内は教育プログラム名(EP)。要推薦書 |
| | | | 材料工学 | | | | | | | | | | | | | | | | | | — | — | — | — | — | — | |
| | | | 海洋空間のシステムデザイン | | | | | | | | | | | | | | | | | | — | — | — | — | — | — | |
| | | 化学・生命系 | 化学 | 3 | | | | | | ● | | | ● | ● | | | | ※● | 数・物・化 | | 4 | 3 | 2 | 1 | 3 | 2 | |
| | | | 化学応用 | 3 | | | | | | ● | | | ● | ● | | | | ※● | | | 0 | 0 | 2 | 1 | 2 | 1 | |
| | | | バイオ | | | | | | | | | | | | | | | | | | | | | | | | | |
| | | 数物・電子情報系 | 電子情報システム | 3 | | | | | | ● | | | ● | ● | | | | ※● | 数・物 | | 26 | 8 | 24 | 9 | 17 | 6 | |
| | | | 情報工学 | 3 | | | | | | ● | | | ● | ● | | | | ※● | 数・物 | | 14 | 2 | 15 | 4 | 8 | 4 | |
| | | | 数理科学 | | | | | | | | | | | | | | | | | | — | — | — | — | — | — | |
| | | | 物理工学 | | | | | | | | | | | | | | | | | | — | — | — | — | — | — | |
| | 都市科 | 建築 | | 2 | | | | | | ● | 7/2 | 5/13~5/19 | | | | | ● | | | 建設設計作品持参 | 4 | 2 | 7 | 6 | 6 | 3 | 要推薦書 |
| | | 都市基盤 | | 3 | | | | | | ● | | | | | | | ● | ※● | | ※数・物基礎含む | 20 | 5 | 16 | 6 | 21 | 8 | 要推薦書 |
| | | 環境リスク共生 | | | | | | | | | | | | | | | | | | | | | | | | | 実施なし |
| | | 都市社会共生 | | | | | | | | | | | | | | | | | | | | | | | | | 実施なし |

特に記載がない場合は、大学在学生3年次は62単位以上、2年次は31単位以上取得見込み

| 大学名 | 学部 | 学科 | 専攻・コース | 編入年次 | 大1 | 大2 | 学士 | 短大 | 高専 | 専門 | 試験日 | 出願期間 | 外国語筆記 | 外部試験 | 専門科目 | 小論文 | 面接 | 口頭試問 | 専門科目以外の科目 | その他の注意事項 | R3志願者 | R3合格者 | R4志願者 | R4合格者 | R5志願者 | R5合格者 | 備考<br>特に記載がない場合は、大学在学生3年次は62単位以上、2年次は31単位以上取得見込み |
|---|---|---|---|---|---|---|---|---|---|---|---|---|---|---|---|---|---|---|---|---|---|---|---|---|---|---|---|
| 長岡技術科学 | 工 | 機械創造工 | | 3 | | | | ● | ● | ● | 6/25.6/26 | 4/26~5/9 | 英 | | ● | | ● | | 国語・数学・応用数学 | | 77(55) | 42(54) | 153(76) | 40(59) | 105(59) | 46(56) | 別途公募推薦[書・面[面は外国人留学生のみ]]。社会人編入実施。合格状況に社会人・第二志望含む。( )は推薦で外数 |
| | | 電気電子情報工 | | 3 | | | | ● | ● | ● | | | 英 | | ● | | ● | | | | 104(56) | 48(55) | 120(72) | 44(55) | 106(59) | 40(56) | |
| | | 物質材料工 | | 3 | | | | ● | ● | ● | | | 英 | | ● | | ● | | | | 56(13) | 43(14) | 77(25) | 20(27) | 36(14) | 36(21) | |
| | | 環境社会基盤工 | | 3 | | | | ● | ● | ● | | | 英 | | ● | | ● | | | | 60(29) | 28(28) | 79(36) | 27(36) | 56(33) | 28(30) | |
| | | 生物機能工 | | 3 | | | | ● | ● | ● | | | 英 | | ● | | ● | | | | 41(15) | 39(15) | 51(30) | 25(28) | 52(35) | 19(31) | |
| | | 情報・経営システム工 | | 3 | | | | ● | ● | ● | | | 英 | | ● | | ● | | | | 30(12) | 20(12) | 49(25) | 18(19) | 34(14) | 20(19) | |
| 上越教育 | 学校教育 | | | | | | | | | | | | | | | | | | | | | | | | | | 実施なし |
| 新潟 | 人文 | 人文 | 心理・人間学 | 3 | * | ● | ● | ● | ● | | 10/22 | 9/13~9/15 | 選 | | ● | | ● | | 選:英・独・仏・露・中・朝から1 | | | | 22 | 7 | 23 | 7 | *修了(見込)者。R2(編入はR4)より5専攻→3専攻に改組 |
| | | | 社会文化学 | 3 | * | ● | ● | ● | ● | | | | 選 | | ● | | ● | | | | | | | | | | |
| | | | 言語文化学 | 3 | * | ● | ● | ● | ● | | | | 選 | | ● | | ● | | | | | | | | | | |
| | | | 日本・アジア言語文化学 | 3 | * | ● | ● | ● | ● | | | | 選 | | ● | | ● | | | | 39 | 9 | — | — | — | — | |
| | | | 西洋言語文化学 | 3 | * | ● | ● | ● | ● | | | | 選 | | ● | | ● | | | | | | — | — | — | — | |
| | | | メディア・表現文化学 | 3 | * | ● | ● | ● | ● | | | | 選 | | ● | | ● | | | | | | — | — | — | — | |
| | 教育 | | | | | | | | | | | | | | | | | | | | | | | | | | 実施なし |
| | 法 | 法 | | 3 | * | ● | ● | ● | ● | | 12/17 | 11/21~11/24 | 選 | | ● | | ● | | 選:英・独・仏・中から1 | | | | 17 | 5 | 23 | 7 | *修了(見込)者 |
| | 経済科 | 総合経済 | | 3 | * | ● | ● | ● | ● | | 11/19 | 11/1~11/4 | | ● | ※● | | ● | | ※経済・経営・学際日本学から2 | TOEIC(IP可)又はTOEFLを換算 | 86 | 21 | 44 | 15 | 47 | 16 | *修了(見込)者。R4より改組 |
| | 理 | 理 | 数学 | 3 | * | ● | ● | ● | ● | | 9/6 | 7/25~7/29 | | | ● | | ● | | ※TOEIC又はTOEFL | | 11 | 3 | 17 | 9 | 8 | 4 | *修了(見込)者 |
| | | | 物理学 | 3 | * | ● | ● | ● | ● | | | | | | ● | | ● | | | | 11 | 6 | 7 | 4 | 10 | 4 | |
| | | | 化学 | 3 | * | ● | ● | ● | ● | | | | | | ● | | ● | | | | 2 | 1 | 5 | 0 | 9 | 2 | |
| | | | 生物学 | 3 | * | ● | ● | ● | ● | | | | | ※● | ● | | ● | | | | 3 | 1 | 4 | 1 | 5 | 1 | |
| | | | 地質科学 | 3 | * | ● | ● | ● | ● | | | | | | ● | | | ● | | | 3 | 1 | 1 | 0 | 4 | 4 | |
| | | | 自然環境科学 | 3 | * | ● | ● | ● | ● | | | | | ※● | | ● | ● | | 数学 | | 0 | 0 | 0 | 0 | 2 | 0 | |
| | | | フィールド科学人材構成 | 3 | * | ● | ● | ● | ● | | | | | ※● | | ● | ● | | | | 0 | 0 | 0 | 0 | 1 | 0 | |
| | 工 | 工 | 機械システム工学 | 3 | * | ● | ● | ● | ● | | 7/9 | 6/20~6/22 | | | ● | | ● | | TOEIC又はTOEFL | | 9(0) | 2(0) | 19(5) | 7(2) | 28(7) | 5(3) | *修了(見込)者。別途公募推薦編入実施(書・面<書・基礎学力試問含む>)で外数 |
| | | | 社会基盤工学 | 3 | * | ● | ● | ● | ● | | | | | | ● | | ● | | | | 8(1) | 2(1) | 11(4) | 2(3) | 9(1) | 3(1) | |
| | | | 電子情報通信 | 3 | * | ● | ● | ● | ● | | | | | | ● | | ● | | | | 34(3) | 3(3) | 20(2) | 6(2) | 35(3) | 14(3) | |
| | | | 知能情報システム | 3 | * | ● | ● | ● | ● | | | | | | ● | | ● | | | | 22(5) | 5(1) | 18(3) | 6(2) | 23(5) | 5(1) | |
| | | | 化学システム工学 | 3 | * | ● | ● | ● | ● | | | | | | ● | | ● | | | | 2(0) | 1(0) | 7(2) | 4(2) | 12(2) | 4(2) | |
| | | | 材料科学 | 3 | * | ● | ● | ● | ● | | | | | | ● | | ● | | | | 2(0) | 1(0) | 6(2) | 2(2) | 3(3) | 0(3) | |
| | | | 建築学 | 3 | * | ● | ● | ● | ● | | | | | | ● | | ● | | | | 14(5) | 3(1) | 4(0) | 3(0) | 9(0) | 3(0) | |
| | | | 人間支援感性科学 | 3 | * | ● | ● | ● | ● | | | | | | ● | | ● | | | | 7(2) | 1(2) | 6(3) | 2(2) | 7(2) | 2(2) | |
| | | | 協創経営 | 3 | * | ● | ● | ● | ● | | | | | | ● | | ● | | | | 8(1) | 5(1) | 3(1) | 0(1) | 2(1) | 0(1) | |
| | 農 | 農 | 応用生命科学 | 3 | * | ● | ● | ● | ● | | 7/2 | 6/9~6/13 | | | ● | | | ● | ※化学・生物基礎 | TOEIC又はTOEFL | | | | | | | *修了(見込)者。 |
| | | | 生物資源科学 | 3 | * | ● | ● | ● | ● | | | | | | ● | | ● | ● | | | 33 | 11 | 30 | 16 | 19 | 12 | |
| | | | 流域環境学 | 3 | * | ● | ● | ● | ● | | | | | | ● | | ● | ● | | | | | | | | | |
| | | | フィールド科学人材育成 | 3 | * | ● | ● | ● | ● | | | | | | ● | | ● | | | | | | | | | | |
| | | | 食品科学 | | | | | | | | | | | | | | | | | | | | | | | | | 実施なし |
| | 医 | 医 | | | | | | | | ● | | | | | | | | | | | | 105 | 4 | × | × | × | × | R4より募集停止 |
| | | 保健 | 看護学 | 3 | | | ● | ● | ● | | 8/23 | 7/14~7/20 | 英 | | ● | | ● | | | | 40 | 6 | 10 | 3 | 16 | 12 | 専攻別関係学科卒業(見込)者で専攻別関係国家試験合格者又は受験資格取得(見込)者。R6より要TOEIC |
| | | | 放射線技術科学 | 3 | | | | ● | ● | | | | 英 | | ● | | ● | | | | 5 | 2 | 5 | 5 | 5 | 5 | |
| | | | 検査技術科学 | 3 | | | | ● | ● | | | | 英 | | ● | | ● | | | | 9 | 5 | 5 | 5 | 3 | 2 | |

| 大学名 | 学部 | 学科 | 専攻・コース | 編入年次 | 大1 | 大2 | 学士 | 短大 | 高専 | 専門 | 試験日 | 出願期間 | 外国語筆記 | 外部試験 | 専門科目 | 小論文 | 面接 | 口頭試問 | 専門科目以外の科目 | その他の注意事項 | R3志願者 | R3合格者 | R4志願者 | R4合格者 | R5志願者 | R5合格者 | 備考 |
|---|---|---|---|---|---|---|---|---|---|---|---|---|---|---|---|---|---|---|---|---|---|---|---|---|---|---|---|
| | 歯 | 歯 | | 2 | *● | | ● | | | | 10/8 | 8/31~9/2 | | | | | ● | ● | | 課題作文提出 | 35 | 6 | 43 | 5 | 48 | 5 | 歯学関連学科在卒者は出願不可 取得単位に具体的規定あり。*1年次修了以上 |
| | | 口腔生命福祉 | | 3 | | | | ● | ● | | | | | | | | ● | ● | | | 3 | 3 | 6 | 6 | 6 | 5 | 歯科衛生関係学科卒(見込)で歯科衛生士試験合格者又は取得(見込)者 |
| | 創成 | | | | | | | | | | | | | | | | | | | | | | | | | | 実施なし |
| 富山 | 人文 | 人文 | 哲学・人間学 | 3 | | ● | ● | ● | ● | ● | 10/26 | 9/7~9/13 | 選 | | | | ● | | 選:英・独・仏・露・中・朝から1 | | 35 | 10 | 41 | 11 | 28 | 11 | 専門・高校等専攻終了者は事前審査あり |
| | | | 言語学 | 3 | | ● | ● | ● | ● | ● | | | 選 | | | | ● | | | | | | | | | | |
| | | | 心理学 | 3 | | ● | ● | ● | ● | ● | | | 選 | | | | ● | | | | | | | | | | |
| | | | 歴史文化 | 3 | | ● | ● | ● | ● | ● | | | 選 | | | | ● | | | | | | | | | | |
| | | | 社会文化 | 3 | | ● | ● | ● | ● | ● | | | 選 | | | | ● | | | | | | | | | | |
| | | | 東アジア言語文化 | 3 | | ● | ● | ● | ● | ● | | | 選 | | | | ● | | | | | | | | | | |
| | | | 英米言語文化 | 3 | | ● | ● | ● | ● | ● | | | 選 | | | | ● | | | | | | | | | | |
| | | | ヨーロッパ言語文化 | 3 | | ● | ● | ● | ● | ● | | | 選 | | | | ● | | | | | | | | | | |
| | 人間発達科 | | | | | | | | | | | | | | | | | | | | | | | | | | 実施なし |
| | 経済 | 経済・昼間主 | | 3 | | ● | ● | ● | ● | ● | 11/30 | 10/17~10/21 | 英 | | | | ● | ● | | | 28 | 7 | 30 | 6 | 17 | 6 | 専門・高校等専攻科修了者は事前審査あり |
| | | 経営・昼間主 | | 3 | | ● | ● | ● | ● | ● | | | 英 | | | | ● | ● | | | 20 | 5 | 16 | 6 | 23 | 5 | |
| | | 経営法・昼間主 | | 3 | | ● | ● | ● | ● | ● | | | 英 | | | | ● | ● | | | 6 | 3 | 6 | 2 | 3 | 3 | |
| | | 夜間主 | | | | | | | | | | | | | | | | | | | | | | | | | 実施なし |
| | 理 | 数 | | | | | | | | | | | | | | | | | | | | | | | | | 実施なし |
| | | 物理 | | 3 | | ● | ● | ● | ● | ● | 6/1 | 5/16~5/20 | | | | | | ● | ※専門含む | | 1 | 1 | 2 | 1 | 3 | 2 | 専門士及び高等学科等専攻科修了者は資格審査あり |
| | | 化 | | 3 | | ● | ● | ● | ● | ● | | | | | ※ | ● | ● | | | | 1 | 1 | 5 | 1 | 3 | 1 | |
| | | 生物 | | 3 | | ● | ● | ● | ● | ● | | | | | ※ | ● | ● | | | | 4 | 1 | 8 | 1 | 6 | 1 | |
| | | 生物圏環境科 | | 3 | | ● | ● | ● | ● | ● | | | | | | | | ● | | | 5 | 1 | 4 | 1 | 1 | 1 | |
| | 工 | 工 | 電気電子工学 | 3 | | ● | ● | ● | ● | ● | 7/6 | 6/13~6/17 | | | | ● | ● | ● | 数学 | TOEIC又はTOEFL | 7(1) | 2(1) | 8(1) | 4(0) | 8(1) | 4(0) | 別途公募推薦実施で( )外数。専門士は要問合せ(生命工学で1名合格) |
| | | | 知能情報工学 | 3 | | ● | ● | ● | ● | ● | | | | | | ● | ● | | | | 6(2) | 3(2) | 6(1) | 4(1) | 23(3) | 6(2) | |
| | | | 機械工学 | 3 | | ● | ● | ● | ● | ● | | | | | | ● | ● | ● | 数学 | | 2(3) | 1(3) | 13(2) | 5(2) | 9(2) | 4(2) | |
| | | | 生命工学 | 3 | | ● | ● | ● | ● | ● | | | | | | ● | ● | | | | 5(0) | 1(0) | 2(1) | 2(1) | 2(0) | 2(0) | |
| | | | 応用化学 | 3 | | ● | ● | ● | ● | ● | | | | | | ● | ● | | | | 0(0) | 0(0) | 4(0) | 2(0) | 2(0) | 2(0) | |
| | 都市デザイン | 都市・交通デザイン | | 3 | | ● | ● | ● | ● | ● | 6/1 | 5/16~5/20 | | | | | | *● | *数・物・専門 | | 5 | 3 | 6 | 3 | 2 | 2 | 専門士・高校等専攻科修了者は要資格審査 |
| | | 材料デザイン工 | | 3 | | ● | ● | ● | ● | ● | | | | | | | | *● | | | 5 | 4 | 6 | 3 | 2 | 2 | |
| | | 地球システム科 | | | | | | | | | | | | | | | | | | | | | | | | | 実施なし |
| | 医 | 医 | | 2 | | | ● | | | | 9/4,11/6 | 7/25~7/29 | | | | | | | 総合試験(英語含む) | | 220 | 5 | 229 | 8 | 206 | 5 | 医学を履修する課程卒業(見込)者は出願不可 |
| | | 看護 | | 3 | | | | ● | | *● | 8/1 | 7/4~7/8 | | | | ● | ● | | | TOIC又はTOEFLで具体的基準あり | 30 | 10 | 22 | 6 | 4 | 2 | *3年課程に限る。R5より専門なしに |
| | 薬 | | | | | | | | | | | | | | | | | | | | | | | | | | 実施なし |
| | 芸術文化 | | | | | | | | | | | | | | | | | | | | | | | | | | 実施なし |
| 金沢 | 人間社会学域 | 法学類 | | 3 | | ● | ● | ● | ● | ● | 2/4 | 1/16~1/19 | | | | ● | ● | | | TOEICほかで基準あり | 12 | 8 | 21 | 9 | — | — | 大学在学者60単位以上。編入学生は総合法学B コースに所属、法学検定試験ベーシック〈基礎〉コース以上に合格している者。R6より募集停止 |
| | | 人文学類 | | | | | | | | | | | | | | | | | | | | | | | | | 実施なし |
| | | 経済学類 | | | | | | | | | | | | | | | | | | | | | | | | | 実施なし |
| | | 学校教育学類 | | | | | | | | | | | | | | | | | | | | | | | | | 実施なし |
| | | 地域創造学類 | | | | | | | | | | | | | | | | | | | | | | | | | 実施なし |
| | | 国際学類 | | | | | | | | | | | | | | | | | | | | | | | | | 実施なし |

| 大学名 | 学部 | 学科 | 専攻・コース | 編入年次 | 大1 | 大2 | 学士 | 短大 | 高専 | 専門 | 試験日 | 出願期間 | 外国語筆記 | 外部試験 | 専門科目 | 小論文 | 面接 | 口頭試問 | 専門科目以外の科目 | その他の注意事項 | R3志願者 | R3合格者 | R4志願者 | R4合格者 | R5志願者 | R5合格者 | 備考（特に記載がない場合は、大学在学生3年次は62単位以上、2年次は31単位以上取得見込み） |
|---|---|---|---|---|---|---|---|---|---|---|---|---|---|---|---|---|---|---|---|---|---|---|---|---|---|---|---|
| | 理工学域 | 数物科学類 | | 3 | | ● | ● | ● | ● | ● | 5/28 | 5/9~5/13 | | | ● | | | ● | | | 20 | 8 | 27 | 8 | 24 | 11 | |
| | | 物質化学類 | | 3 | | ● | ● | ● | ● | ● | | | | | ● | | | ● | | TOEIC又はTOEFLを当日持参 | 11 | 5 | 13 | 7 | 15 | 7 | *特別選抜（推薦）も実施で、理工系のみ |
| | | 機械工学類 | 機械創造 | 3 | | *● | *● | *● | *● | *● | | | | | ● | | | ● | | | 28 | 9 | 21 | 15 | 15 | 13 | |
| | | | 機械数理 | 3 | | *● | *● | *● | *● | *● | | | | | ● | | | ● | | | | | | | | | |
| | | | エネルギー機械 | 3 | | *● | *● | *● | *● | *● | | | | | ● | | | ● | | | | | | | | | |
| | | フロンティア工学類 | | 3 | | *● | *● | *● | *● | *● | | | | | ● | | | ● | | | | 5 | 9 | 9 | 12 | 6 | |
| | | 電子情報通信学類 | 電気電子 | 3 | | *● | *● | *● | *● | *● | | | | | ● | | | ● | | | | 7 | 9 | 7 | 17 | 7 | |
| | | | 情報通信 | 3 | | *● | *● | *● | *● | *● | | | | | ● | | | ● | | | | | | | | | |
| | | 地球社会基盤学類 | 地球惑星科学 | 3 | | ● | ● | ● | ● | ● | | | | | ● | | | ● | | | 11 | 9 | 9 | 9 | 12 | 8 | |
| | | | 土木防災 | 3 | | *● | *● | ● | ● | ● | | | | | ● | | | ● | | | | | | | | | |
| | | | 環境都市 | 3 | | *● | *● | ● | ● | ● | | | | | ● | | | ● | | | | | | | | | |
| | | 生命理工学類 | 生命システム | 3 | | ● | ● | ● | ● | ● | | | | | ● | | | ● | | | 6 | 2 | 6 | 4 | 4 | 3 | |
| | | | 海洋生物資源 | 3 | | ● | ● | ● | ● | | | | | | ● | | | ● | | | | | | | | | |
| | | | バイオ工学 | | | | | | | | | | | | | | | | | | | | | | | | 実施なし |
| | 医薬保健学域 | 医学類 | | 2 | | | ● | | | | 9/22、10/21 | 8/22~8/26 | | | ● | | | ● | 生命科学 | TOEFL-iBT | 189 | 5 | 71 | 5 | 47 | 5 | 医学部医学科在卒者は出願不可 |
| | | 保健学類 | 看護学 | 3 | | | | ● | | ● | 8/30 | 7/11~7/15 | 英 | | | ● | ● | | | | 13 | 10 | 18 | 10 | 8 | 4 | 専門別関係学科卒業（見込）者で関連免許取得（見込）者。 |
| | | | 診療放射線技術学 | 3 | | | | *● | | ● | | | 英 | | | ● | ● | | | | *関係学科以外でも出願可。 | 4 | 2 | 12 | 5 | 10 | 3 | ※指定学科あり。R7より看護、診療放射線技術、検査技術で募集停止 |
| | | | 検査技術科学 | 3 | | | | | | ● | | | 英 | | | ● | ● | | | | 2 | 2 | 6 | 4 | 3 | 2 | |
| | | | 理学療法学 | 3 | | | | ※● | | | | | 英 | | | ● | ● | | | | 0 | 0 | 1 | 1 | 0 | 0 | |
| | | | 作業療法学 | 3 | | | | ※● | | | | | 英 | | | ● | ● | | | | 1 | 1 | 1 | 1 | 0 | 0 | |
| | | 薬学類 | | | | | | | | | | | | | | | | | | | | | | | | 実施なし |
| | | 創薬科学類 | | | | | | | | | | | | | | | | | | | | | | | | 実施なし |
| | 融合学域 | 先導学類 | | - | | | | | | | 6/18 | 5/30~6/3 | | | ● | | | ● | | TOEIC又はTOEFL | | | | | 11 | 10 | R5より編入実施。別途社会人編入実施 |
| 福井 | 教育 | | | | | | | | | | | | | | | | | | | | | | | | | 実施なし |
| | 工 | 機械・システム工 | 機械工学 | 3 | | ● | ● | ● | ● | ● | 7/9 | 6/17~6/24 | | | | | | ● | 数学 | ※必要に応じて実施 | 13(1) | 7(1) | 19 | 6 | 36(2) | 7(2) | 別途公募推薦編入（学校推薦・自己推薦・地域貢献枠推薦）実施（書・面〈口述含む〉）で同系列出身者のみ。（ ）は推薦で外数。R3までは要TOEIC |
| | | | ロボティクス | 3 | | ● | ● | ● | ● | ● | | | | | | | | ● | 数学 | | 3(1) | 2(0) | 14(1) | 4(1) | 11 | 2 | |
| | | | 原子力安全工学 | 3 | | ● | ● | ● | ● | ● | | | | | | | | ● | 数学 | | 1(0) | 1(0) | 1(1) | 1(1) | 4(3) | 4(3) | |
| | | 電気電子情報工 | 電子物性工学 | 3 | | ● | ● | ● | ● | ● | | | | | | | | ● | 数・物 | | 12(2) | 2(2) | 15(2) | 7(2) | 8(4) | 5(3) | |
| | | | 電気通信システム工学 | 3 | | ● | ● | ● | ● | ● | | | | | | | | ● | 数・物 | | 12(2) | 2(2) | | | | | |
| | | | 情報工学 | 3 | | ● | ● | ● | ● | ● | | | | | | | ● | | ※数学 | | 17(3) | 7(3) | 21(4) | 7(4) | 19(3) | 11(2) | |
| | | 建築・都市環境工 | | 3 | | ● | ● | ● | ● | ● | | | 英 | | | | | ● | 数学 | | 17(3) | 10(2) | 33(8) | 9(3) | 21(2) | 9(2) | |
| | | 物質・生命化 | | 3 | | ● | ● | ● | ● | ● | | | | | | | | ● | | | 10(1) | 4(1) | 6(4) | 1(4) | 9 | 3 | |
| | | 応用物理 | | 3 | | ● | ● | ● | ● | ● | | | | | | | | ● | | | 0(0) | 0(0) | 1(0) | 1(0) | 0 | 0 | |
| | 医 | 医 | | 2 | | | ● | | | | 9/10、11/5 | 7/25~7/29 | | | | | | ● | 自然科学総合（生命科学を含む自然科学〈英語含む〉から出題） | | 199 | 5 | 230 | 6 | 224 | 9 | 医学部医学科在卒者は出願不可 |
| | | 看護 | | | | | | | | | | | | | | | | | | | | | | | | | 実施なし |
| | 国際地域 | | | | | | | | | | | | | | | | | | | | | | | | | | 実施なし |
| 山梨 | 教育 | 学校教育 | 障害児教育 | 3 | | | | | | | | | | | | ※● | | ● | ※専門に関する内容 | | 3 | 1 | — | — | — | — | 欠員募集で年度により募集コース異なる。R5は募集なし |
| | | | 科学教育 | 3 | | ● | ● | ● | ● | ● | | | | | | ※● | | ● | | | 2 | 1 | 0 | 0 | — | — | |
| | | | 芸術身体教育 | 3 | | ● | ● | ● | ● | | | | | | | ※● | | *● | *資料提出可 | | 1 | 0 | 1 | 1 | — | — | |
| | | | 生活社会教育 | 3 | | ● | ● | ● | ● | | | | | | | ※● | | ● | | | — | — | — | — | — | — | |
| | | | 言語教育 | | | | | | | | | | | | | | | | | | | | | | | | | 実施なし |
| | | | 幼小発達教育 | | | | | | | | | | | | | | | | | | | | | | | | | 実施なし |

| 大学名 | 学部 | 学科 | 専攻・コース | 編入年次 | 大1 | 大2 | 学士 | 短大 | 高専 | 専門 | 試験日 | 出願期間 | 外国語筆記 | 外部試験 | 専門科目 | 小論文 | 面接 | 口頭試問 | 専門科目以外の科目 | その他の注意事項 | R3志願者 | R3合格者 | R4志願者 | R4合格者 | R5志願者 | R5合格者 | 備考 |
|---|---|---|---|---|---|---|---|---|---|---|---|---|---|---|---|---|---|---|---|---|---|---|---|---|---|---|---|
| | 工 | 機械工 | | 3 | | ● | | ● | ● | | 6/11 | 5/23~5/30 | | | ● | | | ● | | | 24 | 12 | 18 | 12 | 27 | 12 | 関連学科出身者のみ。大学在学者80単位以上。 |
| | | 電気電子工 | | 3 | | ● | | ● | ● | | | | | | ● | | | ● | | | 8 | 2 | 16 | 8 | 13 | 9 | 別途、土木環境工学科、先端材料理工学科で、工房推薦編入実施で、実績は( )外数 |
| | | コンピュータ理工 | | 3 | | ● | | ● | ● | | | | | | ● | | | ● | | | 19 | 8 | 15 | 8 | 17 | 8 | |
| | | メカトロニクス工 | | 3 | | ● | | ● | ● | | | | | | ● | | | ● | | | 0 | 0 | 0 | 0 | 3 | 2 | |
| | | 土木環境工 | | 3 | | ● | | ● | ● | | | | | | ● | | | ● | | | 7(2) | 2(2) | 7(1) | 2(1) | 12 | 3 | |
| | | 応用化 | | 3 | | ● | | ● | ● | | | | | | | | | ※● | ※化学英語を含む | | 3 | 3 | 8 | 4 | 10 | 5 | |
| | | 先端材料理工 | | 3 | | ● | | ● | ● | | | | | | | | | ● | | | 2(0) | 2(0) | 4(0) | 4(0) | 6 | 5 | |
| | 医 | | | | | | | | | | | | | | | | | | | | | | | | | | 実施なし |
| | 生命環境 | | | | | | | | | | | | | | | | | | | | | | | | | | 実施なし |
| 信州 | 人文 | 人文 | | 3 | | ● | ● | ● | ● | | 10/22 | 9/2~9/9 | ● | ※● | | | ● | | ※専門分野ごとの試験 | TOEIC又はTOEFL | 37 | 3 | 17 | 5 | 22 | 5 | |
| | 教育 | | | | | | | | | | | | | | | | | | | | | | | | | | 実施なし |
| | 経法 | 応用経済 | | 2 | ● | ● | ● | ● | ● | | 11/26 | 11/1~11/7 | | | | | ● | | 自己申告書 | | 16 | 1 | 15 | 0 | 4 | 1 | 最終出身校における成績要件あり |
| | | 総合法律 | | 2 | ● | ● | ● | ● | ● | | | | | | | | ● | | | | 10 | 0 | 8 | 1 | 9 | 0 | |
| | 理 | 数 | | 3 | | ● | ● | ● | ● | | 6/3 | 5/9~5/13 | 英 | | ● | | ● | | | | 3 | 1 | 4 | 2 | 5 | 2 | 専門士及び高校専攻科修了者は要出願資格確認 |
| | | 理 | 物理学 | 3 | | ● | ● | ● | ● | | | | 英 | | ● | | ● | | | | 1 | 0 | 1 | 0 | 2 | 1 | |
| | | | 化学 | 3 | | ● | ● | ● | ● | | | | 英 | | ● | | ● | | | | 1 | 0 | 0 | 0 | 0 | 0 | |
| | | | 地球学 | 3 | | ● | ● | ● | ● | | | | 英 | | | | ● | | 物・化・地から1 | | 2 | 1 | 0 | 0 | 0 | 0 | |
| | | | 生物学 | 3 | | ● | ● | ● | ● | | | | 英 | ● | | | ● | | | | 3 | 0 | 3 | 0 | 3 | 1 | |
| | | | 物質循環学 | 3 | | ● | ● | ● | ● | | | | 英 | | | | ● | | 生・化・地から1 | | 1 | 1 | 1 | 1 | 2 | 1 | |
| | 医 | 医 | | | | | | | | | | | | | | | | | | | | | | | | | 実施なし |
| | | 保健 | 看護学 | 3 | | | ● | | ● | | 8/23 | 7/25~7/29 | 英 | ● | | | ● | 専門は英語での出題を含むことがある | | 5 | 1 | 12 | 0 | 6 | 1 | 専攻関係学科卒業(見込)者。検査技術は臨床検査技師国家試験合格者又は受験資格取得(見込)者で指定科目修得(見込)者 |
| | | | 検査技術科学 | 3 | | | ● | | ● | | | | | ● | | | ● | | | 3 | 0 | | | | | |
| | | | 理学療法学 | 3 | | | ● | | ● | | | | | ● | | | ● | | | 0 | 0 | | | | | |
| | | | 作業療法学 | 3 | | | ● | | ● | | | | | ● | | | ● | | | 0 | 0 | | | | | |
| | 工 | 物質化 | | 3 | | ● | ● | ● | ● | | 6/3 | 5/9~5/13 | | | | | ※● | | ※英・化を含む | | 11(8) | 1(2) | 8(2) | 2(1) | 5(2) | 3(1) | 同系統学科出身者が原則(水環境・土木工除く)。別途公募推薦編入実施(書・面〈口頭試問含む〉)で、( )外数 |
| | | 電子情報システム工 | | 3 | | ● | ● | ● | ● | | | | | | | | ● | | 数学 | | 36(9) | 12(6) | 34(10) | 10(4) | 40(6) | 11(4) | |
| | | 水環境・土木工 | | 3 | | ● | ● | ● | ● | | | | | | | | ※● | | ※数学含む | | 14(5) | 1(5) | 21(9) | 2(5) | 8(7) | 4(4) | |
| | | 機械システム工 | | 3 | | ● | ● | ● | ● | | | | | | | | ● | | 数学 | | 22(13) | 1(13) | 21(10) | 3(4) | 31(2) | 2(5) | |
| | | 建築 | | 3 | | ● | ● | ● | ● | | | | | | | | ● | | スケッチ | | 11(12) | 2(3) | 12(6) | 2(2) | 9(2) | 1(2) | |
| | 農 | 農学生命科 | 生命機能科学 | 3 | | ● | ● | ● | ● | | 7/6 | 6/6~6/10 | | | | ● | ● | | | | 29 | 8 | 31 | 8 | 36 | 9 | |
| | | | 動物資源生命科学 | 3 | | ● | ● | ● | ● | | | | | | | ● | ● | | | | | | | | | | |
| | | | 植物資源科学 | 3 | | ● | ● | ● | ● | | | | | | | ● | ● | | | | | | | | | | |
| | | | 森林・環境共生学 | 3 | | ● | ● | ● | ● | | | | | | | ● | ● | | | | | | | | | | |
| | 繊維 | 先進繊維・感性工 | 先進繊維工学 | 3 | | ● | ● | ● | ● | | 5/31 | 5/9~5/13 | | | | | ※● | | ※英・数・物 | | 1 | 0 | 2 | 2 | 3 | 1 | 同系統学科出身者が望ましい |
| | | | 感性工学 | 3 | | ● | ● | ● | ● | | | | | | | | ※● | | ※英・数・物・化 | | 3 | 2 | 4 | 1 | 9 | 5 | |
| | | 機械・ロボット | 機能機械学 | 3 | | ● | ● | ● | ● | | | | | | | | ※● | | ※英・数・専 | | 5 | 3 | 5 | 1 | 3 | 1 | |
| | | | バイオエンジニアリング | 3 | | ● | ● | ● | ● | | | | | | | | ※● | | ※英・数・物 | | 3 | 3 | 3 | 2 | 2 | 1 | |
| | | 化学・材料 | | 3 | | ● | ● | ● | ● | | | | | | | | ※● | | ※英・化 | | 17 | 5 | 5 | 4 | 11 | 6 | |
| | | 応用生物科 | | 3 | | ● | ● | ● | ● | | | | | | | | ※● | | ※英・化・生 | | 3 | 2 | 6 | 1 | 6 | 2 | |

| 大学名 | 学部 | 学科 | 専攻・コース | 編入年次 | 大1 | 大2 | 学士 | 短大 | 高専 | 専門 | 試験日 | 出願期間 | 外国語筆記 | 外部試験 | 専門科目 | 小論文 | 面接 | 口頭試問 | 専門科目以外の科目 | その他の注意事項 | R3志願者 | R3合格者 | R4志願者 | R4合格者 | R5志願者 | R5合格者 | 備考（特に記載がない場合は、大学在学中3年次は62単位以上、2年次は31単位以上取得見込み） |
|---|---|---|---|---|---|---|---|---|---|---|---|---|---|---|---|---|---|---|---|---|---|---|---|---|---|---|---|
| 岐阜 | 工 | 社会基盤工 | 環境 | 3 | | ● | ● | ● | ● | ● | 6/18 | 6/2~6/6 | | ● | ● | | | ● | 数 | TOEIC又はTOEFL | 4(4) | 1(4) | 7(3) | 5(2) | 7 | 5 | 別途公募推薦編入実施(書・面〈口頭試問含む〉)で( )外数 |
| | | | 防災 | 3 | | ● | ● | ● | ● | ● | | | | ● | ● | | | ● | 数 | | 7(3) | 5(3) | 6(8) | 3(3) | 2 | 2 | |
| | | 機械工 | 機械 | 3 | | ● | ● | ● | ● | ● | | | | ● | ● | | | ● | 数 | | 13(5) | 4(4) | 11(6) | 5(5) | 10 | 6 | |
| | | | 知能機械 | 3 | | ● | ● | ● | ● | ● | | | | ● | ● | | | ● | 数 | | 5(1) | 1(1) | 7(2) | 5(1) | 1 | 1 | |
| | | 化学・生命工 | 物質化学 | 3 | | ● | ● | ● | ● | ● | | | | ● | ● | | | ● | | | 4(0) | 2(0) | 1(1) | 0(1) | 4 | 1 | |
| | | | 生命化学 | 3 | | ● | ● | ● | ● | ● | | | | ● | ● | | | ● | | | 1(0) | 1(0) | 3(1) | 2(0) | 1 | 0 | |
| | | 電気電子・情報工 | 電気電子 | 3 | | ● | ● | ● | ● | ● | | | | ● | ● | | | ● | 数 | | 13(3) | 1(1) | 7(4) | 3(1) | 12 | 3 | |
| | | | 情報 | 3 | | ● | ● | ● | ● | ● | | | | ● | ● | | | ● | 数 | | 23(3) | 5(3) | 11(2) | 4(2) | 17 | 3 | |
| | | | 応用物理 | 3 | | ● | ● | ● | ● | | | | | ● | ● | | | ● | 数 | | 2(0) | 1(0) | 3(1) | 2(1) | 8 | 2 | |
| | 応用生物科 | 共同獣医 | | | | | | | | | | | | | | | | | | | | | | | | 実施なし |
| | | 応用生命科学 | | 3 | | ● | ● | ● | ● | ● | 6/14 | 5/27/5/31 | | | | ※● | ● | | ※専門含む | | 17 | 6 | 12 | 6 | 11 | 5 | |
| | | 生産環境科学 | | 3 | | ● | ● | ● | ● | ● | | | | | | ※● | ● | | | | 12 | 5 | 17 | 5 | 18 | 5 | |
| | 医 | 医 | | | | | | | | | | | | | | | | | | | | | | | | 実施なし |
| | | 看護 | | | | | | | | | | | | | | | | | | | | | | | | 実施なし |
| | 地域科 | 地域政策 | | 3 | | ● | ● | ● | ● | ● | 11/12 | 10/4~10/7 | 英 | | | | ● | ● | | | 42 | 11 | 22 | 11 | 30 | 12 | |
| | | 地域文化 | | 3 | | ● | ● | ● | ● | | | | 英 | | | | ● | ● | | | | | | | | | |
| | 教育 | | | | | | | | | | | | | | | | | | | | | | | | | 実施なし |
| | 社会システム経営学環 | | | | | | | | | | | | | | | | | | | | | | | | | 実施なし |
| 静岡 | 人文社会科(昼間) | 社会 | | 3 | | ● | ● | ● | ● | ● | 11/26 | 10/24~10/28 | | | ● | ● | | ● | | TOEIC(社会人除く) | 7(0) | 2(0) | 6 | 0 | 9(0) | 1(0) | 社会学科R5は歴史学・考古学・心理学コースのみ。R6は法学科(社会人)のみの募集。別途社会人編入実施で( )外数 |
| | | 法 | | 3 | | ● | ● | ● | ● | ● | | | | | | | ● | ● | | | (2) | (1) | (1) | (1) | (0) | (1) | |
| | | 経済 | | 3 | | ● | ● | ● | ● | ● | | | | | ● | ● | | ● | | TOEIC | 17 | 2 | 34 | 1 | 18 | 3 | |
| | | 言語文化 | | | | | | | | | | | | | | | | | | | — | — | — | — | — | — | 実施なし |
| | 人文社会科(夜間主) | 法 | | 3 | | ● | ● | ● | ● | ● | | | | | | | ● | ● | | | 2 | 1 | 8 | 4 | 2 | 2 | 社会人編入のみ実施 |
| | | 経済 | | 3 | | ● | ● | ● | ● | ● | | | | | | | ● | ● | | | 7 | 1 | 4 | 2 | 1 | 0 | |
| | 教育 | | | | | | | | | | | | | | | | | | | | | | | | | 実施なし |
| | 情報 | 情報科 | | 3 | | ● | ● | *● | ● | *● | 6/2 | 5/12~5/19 | 英 | | ● | | | | 数学 | | 16(4) | 6(3) | 11(3) | 4(1) | 20(3) | 5(2) | 関連学科出身者。*理工系。別途公募推薦編入実施(書・面〈口頭試問含む〉)で( )外数 |
| | | 行動情報 | | | | | | | | | | | | | | | | | | | | | | | | | 実施なし |
| | | 情報社会 | | | | | | | | | | | | | | | | | | | | | | | | | 実施なし |
| | 理 | | | | | | | | | | | | | | | | | | | | | | | | | | 実施なし |
| | 農 | 生物資源科 | | 3 | | ● | ● | ● | ● | | 6/16 | 5/23~5/27 | | | | ● | ● | | 物・化・生から2 | TOEIC | 15(3) | 6(1) | 11 | 7 | 13(1) | 7(0) | 別途農業大学校推薦実施で( )外数 |
| | | 応用生命科 | | 3 | | ● | ● | ● | ● | | | | | | | ● | ● | | 生物・化学 | | 16 | 4 | 7 | 3 | 9 | 4 | |
| | 工 | 機械工 | | 3 | | ● | ● | ● | ● | | 6/27、6/28 | 5/23~5/27 | | | ● | ● | | ● | 物理・数学 | TOEIC | 8(9) | 1(3) | 9(7) | 2(0) | 11(0) | 0(0) | 別途公募推薦編入実施(書・面〈口頭試問含む〉)、電気電子工は筆記含む〈左記〉)実施で( )外数 |
| | | 電気電子工 | | 3 | | ● | ● | ● | ● | | | | | | | | *● | ● | | *面接の参考とする | 0(1) | 0(1) | (1) | (1) | (1) | (0) | |
| | | 電子物質科 | | 3 | | | | | ● | ● | | | | | | | | ● | | | 0(0) | 0(0) | (0) | (0) | (0) | (0) | |
| | | 化学バイオ工 | | | | | | | | | | | | | | | | | | | | | | | | | 実施なし |
| | | 数理システム工 | | | | | | | | | | | | | | | | | | | | | | | | | 実施なし |
| | グローバル共創科 | | | | | | | | | | | | | | | | | | | | | | | | | | R5新設学部 |
| 浜松医科 | 医 | 医 | | 2 | | | | ● | | | 9/3、10/22 | 8/1~8/10 | 英 | | | | ● | ● | 生命科学(生物・物理・化学) | | 89 | 6 | 110 | 5 | 93 | 8 | 医学部医学科卒業者は出願不可、要推薦書。合格者には追加合格者を含む |
| | | 看護 | | 3 | | | ● | ● | | ● | 9/3 | 7/27~8/5 | 英 | | ● | | ● | | | | 22 | 6 | 16 | 4 | 15 | 5 | 看護系のみ |

備考：特に記載がない場合は、大学在学3年次は62単位以上、2年次は31単位以上取得見込み

| 大学名 | 学部 | 学科 | 専攻・コース | 編入年次 | 大1 | 大2 | 学士 | 短大 | 高専 | 専門 | 試験日 | 出願期間 | 外国語筆記 | 外部試験 | 専門科目 | 小論文 | 面接 | 口頭試問 | 専門科目以外の科目 | その他の注意事項 | R3志願者 | R3合格者 | R4志願者 | R4合格者 | R5志願者 | R5合格者 | 備考 |
|---|---|---|---|---|---|---|---|---|---|---|---|---|---|---|---|---|---|---|---|---|---|---|---|---|---|---|---|
| 愛知教育 | 教育 | 学校教員養成 | 幼児教育 | | | | | | | | | | | | | | | | | | | | | | | | 実施なし |
| | | | 義務教育(ICT活用支援) | 2 | | | | | ● | | 5/28 2/4 | 5/6~13 1/18~1/25 | | ● | ● | | | *● | 数学 | TOEIC(IP可)又はTOEFL *集団。教科に関する内容及び教職への意欲・適性など | | | 3 | 2 | 1 | 0 | 左記以外の専修では実施なし |
| | | | 義務教育(算数・数学) | 2 | | | | | ● | | | | | | ● | | ● | *● | | | | | 0 | 0 | 0 | 0 | |
| | | | 義務教育(理科) | 2 | | | | | ● | | | | | | ● | | ● | *● | | | | | 3 | 3 | 2 | 2 | |
| | | | 義務教育(ものづくり・技術) | 2 | | | | | ● | | | | | | ● | | ● | *● | | | | | 0 | 0 | 0 | 0 | |
| | | | 高等学校教育(数学) | 2 | | | | | ● | | | | | | ● | | ● | *● | | | | | 3 | 3 | 3 | 3 | |
| | | | 高等学校教育(理科) | 2 | | | | | ● | | | | | | ● | | ● | *● | | | | | 1 | 1 | 3 | 3 | |
| | | | 特別支援教育 | | | | | | | | | | | | | | | | | | | | | | | | | 実施なし |
| | | | 養護教育 | | | | | | | | | | | | | | | | | | | | | | | | | 実施なし |
| | | 教育支援専門職養成 | 心理 | | | | | | | | | | | | | | | | | | | | | | | | 実施なし |
| | | | 福祉 | | | | | | | | | | | | | | | | | | | | | | | | | 実施なし |
| | | | 教育ガバナンス | | | | | | | | | | | | | | | | | | | | | | | | | 実施なし |
| 豊橋技術科学 | 工 | 機械工学 | | 3 | ● | ● | ● | ● | ● | ● | 6/25 | 4/25~5/10 | 英 | | ● | | | | 国語・応用数学 | | 132(102) | 39(72) | 106(77) | 40(72) | 132(115) | 44(75) | 大学在学者65単位以上。別途公募推薦編入(書)、GAC編入・社会人編入実施。( )は推薦で外数、社会人・第2志望含む、GAC除く |
| | | 電気・電子情報工学 | | 3 | ● | ● | ● | ● | ● | ● | | | 英 | | ● | | | | | | 90(34) | 65(46) | 122(70) | 32(68) | 105(63) | 44(75) | |
| | | 情報・知能工学 | | 3 | ● | ● | ● | ● | ● | ● | | | 英 | | ● | | | | | | 122(86) | 33(59) | 205(94) | 36(64) | 177(94) | 33(67) | |
| | | 応用化学・生命工学 | | 3 | ● | ● | ● | ● | ● | ● | | | 英 | | | | ● | ● | | | 59(19) | 49(20) | 93(41) | 34(38) | 62(45) | 28(42) | |
| | | 建築・都市システム学 | | 3 | ● | ● | ● | ● | ● | ● | | | 英 | | ● | | | | | | 56(38) | 32(30) | 89(48) | 34(33) | 95(57) | 26(37) | |
| 名古屋 | 文 | 人文 | 文芸言語学 | 3 | ● | ● | ● | | ● | ● | 8/31 9/28 | 8/1~8/5 | 選 | | | ● | | | 選:英・独・仏・中から1 | | 101 | 11 | 81 | 7 | 101 | 11 | 専門士及び高校等専攻科修了者は要事前審査。4コース21分野で募集。合格者数欄は入学者数 |
| | | | 哲学倫理学 | 3 | ● | ● | ● | | ● | ● | | | 選 | | | ● | | | | | | | | | | | |
| | | | 歴史学・人類学 | 3 | ● | ● | ● | | ● | ● | | | 選 | | | ● | | | | | | | | | | | |
| | | | 環境行動学 | 3 | ● | ● | ● | | ● | ● | | | 選 | | | ● | | | | | | | | | | | |
| | 教育 | 人間発達科 | | 3 | ● | ● | ● | | ● | ● | 10/25 11/4 | 9/28~10/4 | 英 | | | ※● | ● | | ※専門基礎 | | 77 | 10 | 48 | 7 | 77 | 10 | 合格者数欄は入学者数 |
| | 法 | 法律・政治 | | 3 | ● | ● | ● | | ● | ● | 10/19 11/2 | 10/3~10/7 | 英 | | | ● | ● | | | | 77 | 9 | 71 | 10 | 77 | 7 | 大学在学者52単位以上。合格者数欄は入学者数、R3は合格者数 |
| | 経済 | 経済 | | 3 | ● | ● | ● | | ● | ● | 11/1 | 10/11~10/14 | | | | ● | ● | | | TOEIC又はTOEFLで基準あり | 76 | 8 | 108 | 8 | 76 | 8 | 大学在学者56単位以上。合格者数欄は入学者数 |
| | | 経営 | | 3 | ● | ● | ● | | ● | ● | | | | | | ● | ● | | | | | | | | | | |
| | 理 | | | | | | | | | | | | | | | | | | | | | | | | | 実施なし |
| | 工 | 化学生命工 | | 3 | | | ● | | | | 8/3 8/4 | 7/1~7/7 | | | | ● | ● | ● | 数学・物理・化学 | TOEIC又はTOEFL | 8 | 4 | 6 | 3 | 5 | 4 | 学士は欠員募集で年度により異なり、実績に含まず |
| | | 物理工 | | 3 | | | ● | | | | | | | | | ● | ● | ● | | | 0 | 0 | 0 | 0 | 2 | 2 | |
| | | マテリアル工 | | 3 | | | ● | | | | | | | | | ● | ● | ● | | | 3 | 3 | 4 | 4 | 6 | 3 | |
| | | 電気電子情報工 | | 3 | | | ● | | | | | | | | | ● | ● | | | | 13 | 6 | 21 | 6 | 24 | 6 | |
| | | 機械・航空宇宙工 | | 3 | | | ● | | | | | | | | | ● | ● | | | | 16 | 6 | 18 | 6 | 23 | 6 | |
| | | エネルギー理工 | | 3 | | | | ● | | | | | | | | ● | ● | | | | 2 | 1 | 3 | 2 | 3 | 2 | |
| | | 環境土木・建築 | 環境土木工学 | 3 | | | ● | | | | | | | | | ● | ● | | | | 7 | 4 | 4 | 3 | 11 | 3 | |
| | | | 建築学 | 3 | | | ● | | | | | | | | | ● | ● | | | | | | | | | | |
| | 農 | | | | | | | | | | | | | | | | | | | | | | | | | 実施なし |
| | 情報 | 自然情報 | | 3 | ● | ● | ● | ● | ● | ● | 8/18 8/19 | 7/13~7/19 | | | | ● | ● | ● | 数学 | TOEIC又はTOEFL等 | | 2 | | 4 | | 4 | |
| | | 人間・社会情報 | | 3 | ● | ● | ● | ● | ● | ● | | | | | | ● | ● | ● | | | 61 | 5 | 57 | 4 | 49 | 3 | |
| | | コンピュータ科 | | 3 | ● | ● | ● | ● | ● | ● | | | | | | | ● | ● | 数学 | | | 3 | | 2 | | 3 | |
| | 医 | 医 | | 2 | | | ● | | | | 7/28 8/25 | 6/22~6/28 | 英 | | | | ● | ● | 生命科学を中心とする自然科学 | | 111 | 5 | 70 | 4 | 111 | 5 | 医学部医学科在学者は出願不可。具体的な修得科目及び単位数規定あり |
| | | 保健 | | | | | | | | | | | | | | | | | | | | | | | | | 実施なし |

| 大学名 | 学部 | 学科 | 専攻・コース | 編入年次 | 大1 | 大2 | 学士 | 短大 | 高専 | 専門 | 試験日 | 出願期間 | 外国語筆記 | 外部試験 | 専門科目 | 小論文 | 面接 | 口頭試問 | 専門科目以外の科目 | その他の注意事項 | R3志願者 | R3合格者 | R4志願者 | R4合格者 | R5志願者 | R5合格者 | 備考 特に記載がない場合は、大学在学生3年次は62単位以上、2年次は31単位以上取得見込み |
|---|---|---|---|---|---|---|---|---|---|---|---|---|---|---|---|---|---|---|---|---|---|---|---|---|---|---|---|
| 名古屋工業 | 工(1部) | 物理工 | | 3 | ● | ● | ● | ● | ● | | 6/23,24 | 5/23~5/27 | 英 | | ● | | ● | | 数学・「物理又は化学」 | | 4 | 1 | 4 | 1 | 4 | 2 | |
| | | 生命・応用化 | | 3 | ● | ● | ● | ● | ● | | | | 英 | | ● | | ● | | | | 4 | 1 | 7 | 1 | 4 | 1 | |
| | | 電気・機械工 | 電気電子 | 3 | ● | ● | ● | ● | ● | | | | 英 | | ● | | ● | | | | 24 | 7 | 26 | 6 | 21 | 6 | |
| | | | 機械工学 | 3 | ● | ● | ● | ● | ● | | | | 英 | | ● | | ● | | 数学・物理 | | 6 | 3 | 7 | 3 | 10 | 3 | |
| | | 情報工 | | 3 | ● | ● | ● | ● | ● | | | | 英 | | ● | | ● | | | | 14 | 5 | 14 | 4 | 15 | 6 | |
| | | 社会工 | | 3 | ● | ● | ● | ● | ● | | | | 英 | | ● | | ● | | 数学・「物理又は化学」 | | 13 | 3 | 8 | 2 | 11 | 4 | |
| | 工(2部) | | | | | | | | | | | | | | | | | | | | | | | | | | 実施なし |
| 三重 | 人文 | 文化 | | 3 | | ● | ● | ● | ● | | 11/12,13 | 10/3~10/6 | 選 | | | ● | ● | | 選:英・独・仏・中から1 | | 29 | 10 | 20 | 7 | 21 | 8 | 大学在学者52単位以上。別途法律経済学科で公募推薦編入実施(書・面)で( )外数。専門士は要事前問合せ。 |
| | | 法律経済 | | 3 | | ● | ● | ● | ● | | | | | | | | ● | | 論述試験 | R6より要TOEIC | 79(25) | 11(7) | 89(3) | 14(1) | 78 | 15 | 別途社会人編入実施で合格状況に含む |
| | 教育 | | | | | | | | | | | | | | | | | | | | | | | | | | 実施なし |
| | 工 | 総合工 | 機械工 | 3 | | ● | ● | ● | ● | | 6/29 | 6/6~6/14 | | | | ● | | ● | 数学 | 例年はTOEIC。R4・R5はなし | 42(1) | 16(1) | 43(1) | 15(1) | 49(4) | 12(4) | 大学在学者は出願時迄に原則として30単位以上。別途公募推薦編入実施(書・面)で( )外数 |
| | | | 電気電子工 | 3 | | ● | ● | ● | ● | | | | | | | ● | ● | ● | | TOEIC | 25(3) | 15(3) | 34(6) | 11(6) | 33(5) | 14(5) | |
| | | | 建築工 | 3 | | ● | ● | ● | ● | | | | | | | ● | | ● | | TOEIC | 40 | 13 | 33 | 13 | 47 | 12 | |
| | | | 情報工 | | | | | | | | | | | | | | | | | | | | | | | | 実施なし |
| | | | 総合工 | | | | | | | | | | | | | | | | | | | | | | | | 実施なし |
| | | | 応用化 | | | | | | | | | | | | | | | | | | | | | | | | 実施なし |
| | 生物資源 | 資源循環 | | 3 | | ● | ● | ● | ● | | 6/10 | 5/12~5/18 | ● | | | | | ● | TOEIC | | 2 | 1 | 5 | 5 | 2 | 1 | |
| | | 共生環境 | | 3 | | ● | ● | ● | ● | | | | ● | | | | | ● | | | 3 | 2 | 5 | 5 | 3 | 0 | |
| | | 生物圏生命科 | | 3 | | ● | ● | ● | ● | | | | ● | | | | | ● | | | 10 | 1 | 7 | 2 | 6 | 1 | |
| | | 海洋生物資源 | | 3 | | ● | ● | ● | ● | | | | ● | ● | | | | ● | | | 3 | 0 | 1 | 0 | 3 | 0 | |
| | 医 | 医 | | | | | | | | | | | | | | | | | | | | | | | | | 実施なし |
| | | 看護 | | 3 | | ● | ● | ● | ● | | 8/19 | 7/12~7/15 | | | ● | ● | ● | | TOEICで基準あり | | 0 | 0 | 2 | 2 | 1 | 0 | 看護系のみ |
| 滋賀 | 教育 | | | | | | | | | | | | | | | | | | | | | | | | | | 実施なし |
| | 経済(昼間主/夜間主) | 経済 | | 3 | | ● | ● | ● | ● | | 10/15 | 8/22~8/26 | ● | | | | ● | | TOEIC | | 37 | 8 | 14 | 8 | 25 | 11 | 現に3年次以降に進級している(見込)者。夜間主実施なし。志願者数は第1志望、合格者数に第2志望含む |
| | | ファイナンス | | 3 | | ● | ● | ● | ● | | | | ● | | | | ● | | | | 12 | 5 | 6 | 4 | 9 | 4 | |
| | | 企業経営 | | 3 | | ● | ● | ● | ● | | | | ● | | | | ● | | | | 32 | 7 | 45 | 7 | 29 | 8 | |
| | | 会計情報 | | 3 | | ● | ● | ● | ● | | | | ● | | | | ● | | | | 10 | 4 | 4 | 3 | 10 | 3 | |
| | | 社会システム | | 3 | | ● | ● | ● | ● | | | | ● | | | | ● | | | | 10 | 5 | 7 | 7 | 12 | 5 | |
| | | 情報管理 | | | | | | | | | | | | | | | | | | | | | | | | | | 実施なし |
| | データサイエンス | | | | | | | | | | | | | | | | | | | | | | | | | | 実施なし |
| 滋賀医科 | 医 | 医 | | 2 | | ● | | | | | 9/24,10/25 | 8/22~8/26 | 英 | | | ※●| ● | | 総合問題(物化生統計)※Ⅰ:自然科学の資料に関する論述。Ⅱ:医学医療の社会的役割 | | 321 | 15 | 330 | 16 | 333 | 19 | 医学部医学科在卒者は出願不可 |
| | | 看護 | | 3 | | | ● | ● | ● | | | | 英 | | ● | | ● | | | | 6 | 0 | × | × | × | × | R4より募集停止 |

— 24 —

| 大学名 | 学部 | 学科 | 専攻・コース | 編入年次 | 大1 | 大2 | 学士 | 短大 | 高専 | 専門 | 試験日 | 出願期間 | 外国語筆記 | 外部試験 | 専門科目 | 小論文 | 面接 | 口頭試問 | 専門科目以外の科目 | その他の注意事項 | R3志願者 | R3合格者 | R4志願者 | R4合格者 | R5志願者 | R5合格者 | 備考 特に記載がない場合は、大学在学生3年次は62単位以上、2年次は31単位以上取得見込み |
|---|---|---|---|---|---|---|---|---|---|---|---|---|---|---|---|---|---|---|---|---|---|---|---|---|---|---|---|
| 京都 | 文 | 人文 哲学基礎文化学系 | (哲学) | | | | | | | | 2/28 | 2/7～2/13 | | | | | | | | | — | — | — | — | — | — | |
| | | | (西洋哲学史) | | | | | | | | | | | | | | | | | | — | — | — | — | — | — | |
| | | | (日本哲学史) | | | | | | | | | | | | | | | | | | — | — | — | — | — | — | |
| | | | (倫理学) | | | | | | | | | | | | | | | | | | — | — | — | — | — | — | |
| | | | (宗教学) | | | | | | | | | | | | | | | | | | — | — | — | — | — | — | |
| | | | (ｷﾘｽﾄ教学) | | | | | | | | | | | | | | | | | | — | — | — | — | — | — | |
| | | | (美学美術史学) | | | | | | | | | | | | | | | | | | — | — | — | — | — | — | |
| | | 人文 東洋文化学系 | (国語学国文学) | | | | | | | | | | | | | | | | | | — | — | — | — | — | — | |
| | | | (中国語学中国文学) | | | | | | | | | | | | | | | | | | — | — | — | — | — | — | |
| | | | (中国哲学史) | | | | | | | | | | | | | | | | | | — | — | — | — | — | — | |
| | | | (ｲﾝﾄﾞ古典学) | | | | | | | | | | | | | | | | | | — | — | — | — | — | — | |
| | | | (仏教学) | | | | | | | | | | | | | | | | | | — | — | — | — | — | — | |
| | | 人文 西洋文化学系 | (西洋古典学) | 3 | | | ● | | | | | | 英 | | ● | | | ● | | | △ | 2 | △ | △ | △ | △ | |
| | | | (ｽﾗｳﾞ語学ｽﾗｳﾞ文学) | 3 | | | ● | | | | | | 英 | | ● | | | ● | | | | | | | | | |
| | | | (ﾄﾞｲﾂ語学ﾄﾞｲﾂ文学) | 3 | | | ● | | | | | | 英 | | ● | | | ● | | | | | | | | | |
| | | | (ｲﾀﾘｱ語学ｲﾀﾘｱ文学) | 3 | | | ● | | | | | | 英 | | ● | | | ● | | | | | | | | | |
| | | | (英語学英文学) | | | | | | | | | | | | | | | | | | — | — | — | — | — | — | |
| | | | (ｱﾒﾘｶ文学) | | | | | | | | | | | | | | | | | | — | — | — | — | — | — | |
| | | | (ﾌﾗﾝｽ語学ﾌﾗﾝｽ文学) | | | | | | | | | | | | | | | | | | — | — | — | — | — | — | |
| | | 人文 歴史基礎文化学系 | (日本史学) | | | | | | | | | | | | | | | | | | — | — | — | — | — | — | |
| | | | (東洋史学) | | | | | | | | | | | | | | | | | | — | — | — | — | — | — | |
| | | | (西南ｱｼﾞｱ史学) | | | | | | | | | | | | | | | | | | — | — | — | — | — | — | |
| | | | (西洋史学) | | | | | | | | | | | | | | | | | | — | — | — | — | — | — | |
| | | | (考古学) | | | | | | | | | | | | | | | | | | — | — | — | — | — | — | |
| | | 人文 行動・環境文化学系 | (心理学) | | | | | | | | | | | | | | | | | | — | — | — | — | — | — | |
| | | | (言語学) | | | | | | | | | | | | | | | | | | — | — | — | — | — | — | |
| | | | (社会学) | | | | | | | | | | | | | | | | | | — | — | — | — | — | — | |
| | | | (地理学) | | | | | | | | | | | | | | | | | | — | — | — | — | — | — | |
| | | 人文 基礎現代文化学系 | (科学哲学科学史) | | | | | | | | | | | | | | | | | | — | — | — | — | — | — | |
| | | | (ﾒﾃﾞｨｱ文化学) | | | | | | | | | | | | | | | | | | — | — | — | — | — | — | |
| | | | (現代史学) | | | | | | | | | | | | | | | | | | — | — | — | — | — | — | |
| | 教育 | 教育科 | | 3 | | | ● | | | | 8/30、9/13～9/15 | 8/8～8/12 | 選 | | ● | | ● | | 選:英・独・仏から1 | | 19 | 8 | 15 | 9 | △ | △ | 合格者数欄は入学者数 |
| | 法 | | | 3 | | ● | ● | ● | ● | | 10/29 | 9/21～9/27 | | ※● | *● | | | | *社会科学又は人文科学に関する問題 | ※書類審査にTOEFL含む | △ | 5 | 52 | 4 | 47 | 4 | 大学在学者56単位以上。法学・政治学学士は出願不可 |
| | 経済 | 経済経営 | | 3 | | ● | ● | ● | ● | | 11/8 | 10/7～10/12 | | | ● | | | ※● | TOEFLのみ ※オンライン | | 44 | 4 | 28 | 4 | 14 | 2 | 大学在学者出願時56単位習得済(見込不可)。TOEFL成績による1次選考合格者のみ2次試験 |
| | 工 | 地球工 | | 2 | | | | | ● | | 8/30、8/31 | 6/23～7/4 | | ● | | | ● | | 数学・物理・化学 | TOEFLのみ | 2 | 1 | 2 | 0 | 3 | 0 | |
| | | 建築 | | 2 | | | | | ● | | | | | ● | | | ● | | | | 1 | 0 | 1 | 0 | 1 | 1 | |
| | | 物理工 | | 2 | | | | | ● | | | | | ● | | | ● | | | | 1 | 1 | 3 | 1 | 5 | 2 | |
| | | 電気電子工 | | 2 | | | | | ● | | | | | ● | | | ● | | | | 3 | 1 | 5 | 2 | 3 | 2 | |
| | | 情報 | | 2 | | | | | ● | | | | | ● | | | ● | | | | 11 | 4 | 6 | 2 | 4 | 1 | |
| | | 工業化 | | 2 | | | | | ● | | | | | ● | | | ● | | | | 3 | 2 | 0 | 0 | 2 | 1 | |
| | 理 | | | | | | | | | | | | | | | | | | | | | | | | | | 同大出身者のみ |
| | 農 | | | | | | | | | | | | | | | | | | | | | | | | | | 同大出身者のみ |

| 大学名 | 学部 | 学科 | 専攻・コース | 編入年次 | 大1 | 大2 | 学士 | 短大 | 高専 | 専門 | 試験日 | 出願期間 | 外国語筆記 | 外部試験 | 専門科目 | 小論文 | 面接 | 口頭試問 | 専門科目以外の科目 | その他の注意事項 | R3志願者 | R3合格者 | R4志願者 | R4合格者 | R5志願者 | R5合格者 | 備考 特に記載がない場合は、大学在学生3年次は62単位以上、2年次は31単位以上取得見込み |
|---|---|---|---|---|---|---|---|---|---|---|---|---|---|---|---|---|---|---|---|---|---|---|---|---|---|---|---|
| | 医 | 医 | | | | | | | | | | | | | | | | | | | | | | | | | 実施なし |
| | | 人間健康科 | 先端看護科学 | 2 | | | ● | | | | 8/19 | 6/21~6/24 | | ● | | ● | ● | | | TOEFL又はTOEIC | 26 | 6 | 10 | 3 | △ | 3 | すでに取得している国家資格と同一のコース(講座)への出願不可 |
| | | | 先端リハビリテーション科学(理学療法学) | 2 | | | ● | | | | | | | ● | | ● | ● | | | | 7 | 1 | 2 | 0 | △ | 2 | |
| | | | 先端リハビリテーション科学(作業療法学) | 2 | | | ● | | | | | | | ● | | ● | ● | | | | 2 | 1 | 2 | 1 | △ | 0 | |
| | 薬 | | | | | | | | | | | | | | | | | | | | | | | | | | 同大出身者のみ |
| | 総合人間 | | | | | | | | | | | | | | | | | | | | | | | | | | 同大出身者のみ |
| 京都教育 | 教育 | | | | | | | | | | | | | | | | | | | | | | | | | | 実施なし |
| 京都工芸繊維 | 工芸科 | 応用生物学域 | 応用生物学 | 3 | ● | ● | ● | ● | ● | ● | 7/2 | 5/6~5/13 | | ● | | | | | 生物 | TOEIC | 15(1) | 4(1) | 19(1) | 5(1) | 6(4) | 4(3) | 一般プログラム・地域創生Tech Programあり。 |
| | | 物質・材料科学域 | 応用化学 | 3 | ● | ● | ● | ● | ● | ● | | | | ● | | | ● | | 化学又は物理 | | 31(4) | 11(4) | 41(4) | 14(4) | 32(3) | 13(3) | 別途左記課程で高専関連学科卒見込者対象の公募推薦編入(書・面<専門に関する口述試験含む>)実施で合格状況は( )外数 |
| | | 設計工学域 | 電子システム工学 | 3 | ● | ● | ● | ● | ● | ● | | | | ● | ● | | | | 数学・物理 | | 17(3) | 2(3) | 27(2) | 6(2) | 10(3) | 3(3) | |
| | | | 情報工学 | 3 | ● | ● | ● | ● | ● | ● | | | | ● | ● | | | | 数学 | | 31(10) | 5(5) | 65(4) | 8(4) | 24(5) | 3(4) | |
| | | | 機械工学 | 3 | ● | ● | ● | ● | ● | ● | | | | ● | ● | | | | 数学・物理 | | 11(9) | 1(5) | 23(7) | 5(5) | 11(5) | 5(4) | |
| | | デザイン科学域 | デザイン・建築学 | 3 | ● | ● | ● | ● | ● | ● | | | | ● | ● | | | | 数学・「論述又は実技」 | | 63(7) | 14(3) | 75(8) | 12(2) | 48(4) | 11(3) | |
| 大阪 | 文 | 人文 | 哲学・思想文化学 | 3 | | | ● | | | | 3/1 | 1/16~1/18 (持ち込みの場合は1/19) | 選 | ● | | | | | 選:英・独・仏・中・露・朝・西・伊から2 | | | | | | | | 願書提出までに志望する専修の大阪大学文学部教員の面接を受けておくこと。専門職大学可。倫理学、R4は人文地理学募集なし、R5は考古学募集なし |
| | | | 倫理学 | 3 | | | ● | | | | | | 選 | ● | | | | | | | | | | | | | |
| | | | 中国哲学 | 3 | | | ● | | | | | | 選 | ● | | | | | | | | | | | | | |
| | | | インド哲学 | 3 | | | ● | | | | | | 選 | ● | | | | | | | | | | | | | |
| | | | 日本史学 | 3 | | | ● | | | | | | 選 | ● | | | | | | | | | | | | | |
| | | | 東洋史学 | 3 | | | ● | | | | | | 選 | ● | | | | | | | | | | | | | |
| | | | 西洋史学 | 3 | | | ● | | | | | | 選 | ● | | | | | | | | | | | | | |
| | | | 考古学 | 3 | | | ● | | | | | | 選 | ● | | | | | | | | | | | | | |
| | | | 日本学 | 3 | | | ● | | | | | | 選 | ● | | | | | | | | | | | | | |
| | | | 人文地理学 | 3 | | | ● | | | | | | 選 | ● | | | | | | | | | | | | | |
| | | | 日本語学 | 3 | | | ● | | | | | | 選 | ● | | | | | | | | | | | | | |
| | | | 日本文学・国語学 | 3 | | | ● | | | | | | 選 | ● | | | | | | | | | | | | | |
| | | | 比較文学 | 3 | | | ● | | | | | | 選 | ● | | | | | | | 2 | 0 | 2 | 0 | 0 | 0 | |
| | | | 中国文学 | 3 | | | ● | | | | | | 中 | ● | | | | | 英・独・仏・露・朝・西・伊から1 | | | | | | | | | |
| | | | 英米文学・英語学 | 3 | | | ● | | | | | | 英 | ● | | | | | 独・仏・中・露・朝・西・伊から1 | | | | | | | | | |
| | | | ドイツ文学 | 3 | | | ● | | | | | | 独 | ● | | | | | 英・仏・中・露・朝・西・伊から1 | | | | | | | | | |
| | | | フランス文学 | 3 | | | ● | | | | | | 仏 | ● | | | | | 英・仏・中・露・朝・西・伊から1 | | | | | | | | | |
| | | | 美学・文芸学 | 3 | | | ● | | | | | | 選 | ● | | | | | 選:英・独・仏・中・露・朝・西・伊から2 | | | | | | | | | |
| | | | 音楽学・演劇学 | 3 | | | ● | | | | | | 選 | ● | | | | | | | | | | | | | |
| | | | 美術史学 | 3 | | | ● | | | | | | 選 | ● | | | | | | | | | | | | | |

| 大学名 | 学部 | 学科 | 専攻・コース | 編入年次 | 大1 | 大2 | 学士 | 短大 | 高専 | 専門 | 試験日 | 出願期間 | 外国語筆記 | 外部試験 | 専門科目 | 小論文 | 面接 | 口頭試問 | 専門科目以外の科目 | その他の注意事項 | R3志願者 | R3合格者 | R4志願者 | R4合格者 | R5志願者 | R5合格者 | 備考 |
|---|---|---|---|---|---|---|---|---|---|---|---|---|---|---|---|---|---|---|---|---|---|---|---|---|---|---|---|
| | 外国語 | 外国語 | 中国語 | 3 | | ● | ● | ● | ● | ● | 11/19 | 10/12~10/18 | ※ | | | | | ● | ※専攻言語 | | 20 | 5 | 23 | 1 | 17 | 3 | 志願する言語の専攻後科目(実習)に相当する授業科目の単位を16単位以上修得(見込)者のみ(20単位修得していることが望ましい)出願資格予備審査あり |
| | | | 朝鮮語 | 3 | | ● | ● | ● | ● | ● | | | ※ | | | | | ● | | | | | | | | | |
| | | | モンゴル語 | 3 | | ● | ● | ● | ● | ● | | | ※ | | | | | ● | | | | | | | | | |
| | | | インドネシア語 | 3 | | ● | ● | ● | ● | ● | | | ※ | | | | | ● | | | | | | | | | |
| | | | フィリピン語 | 3 | | ● | ● | ● | ● | ● | | | ※ | | | | | ● | | | | | | | | | |
| | | | タイ語 | 3 | | ● | ● | ● | ● | ● | | | ※ | | | | | ● | | | | | | | | | |
| | | | ベトナム語 | 3 | | ● | ● | ● | ● | ● | | | ※ | | | | | ● | | | | | | | | | |
| | | | ビルマ語 | 3 | | ● | ● | ● | ● | ● | | | ※ | | | | | ● | | | | | | | | | |
| | | | ヒンディー語 | 3 | | ● | ● | ● | ● | ● | | | ※ | | | | | ● | | | | | | | | | |
| | | | ウルドゥー語 | 3 | | ● | ● | ● | ● | ● | | | ※ | | | | | ● | | | | | | | | | |
| | | | アラビア語 | 3 | | ● | ● | ● | ● | ● | | | ※ | | | | | ● | | | | | | | | | |
| | | | ペルシア語 | 3 | | ● | ● | ● | ● | ● | | | ※ | | | | | ● | | | | | | | | | |
| | | | トルコ語 | 3 | | ● | ● | ● | ● | ● | | | ※ | | | | | ● | | | | | | | | | |
| | | | スワヒリ語 | 3 | | ● | ● | ● | ● | ● | | | ※ | | | | | ● | | | | | | | | | |
| | | | ロシア語 | 3 | | ● | ● | ● | ● | ● | | | ※ | | | | | ● | | | | | | | | | |
| | | | ハンガリー語 | 3 | | ● | ● | ● | ● | ● | | | ※ | | | | | ● | | | | | | | | | |
| | | | デンマーク語 | 3 | | ● | ● | ● | ● | ● | | | ※ | | | | | ● | | | | | | | | | |
| | | | スウェーデン語 | 3 | | ● | ● | ● | ● | ● | | | ※ | | | | | ● | | | | | | | | | |
| | | | ドイツ語 | 3 | | ● | ● | ● | ● | ● | | | ※ | | | | | ● | | | | | | | | | |
| | | | 英語 | 3 | | ● | ● | ● | ● | ● | | | | ● | | ※● | | | ※英語による | TOEFL又はIELTS | | | | | | | |
| | | | フランス語 | 3 | | ● | ● | ● | ● | ● | | | ※ | | | | | ● | ※専攻言語 | | | | | | | | |
| | | | イタリア語 | 3 | | ● | ● | ● | ● | ● | | | ※ | | | | | ● | | | | | | | | | |
| | | | スペイン語 | 3 | | ● | ● | ● | ● | ● | | | ※ | | | | | ● | | | | | | | | | |
| | | | ポルトガル語 | 3 | | ● | ● | ● | ● | ● | | | ※ | | | | | ● | | | | | | | | | |
| | | | 日本語 | 3 | | ● | ● | ● | ● | ● | | | ※ | | *● | | | | ※25言語から1つ選択 | | | | | | | | 出願時に専攻言語を選ぶ必要あり。*専攻言語「英語」志願者は、英語による小論文およびTOEFLまたはIELTSを提出 |
| | 人間科 | 人間科 | 行動学 | 3 | | ● | ● | ● | | | 11/7 | 8/29~9/1 | | ● | ● | ● | ● | | TOEICほか(4技能)を提出 | | 34 | 10 | 43 | 10 | 46 | 10 | 修得見込者は出願時に外国語4単位を含む31単位以上修得済。専門職大学(短大)可 |
| | | | 社会学 | 3 | | ● | ● | ● | | | | | | ● | ● | ● | ● | | | | | | | | | | |
| | | | 教育学 | 3 | | ● | ● | ● | | | | | | ● | ● | ● | ● | | | | | | | | | | |
| | | | 共生学 | 3 | | ● | ● | ● | | | | | | ● | ● | ● | ● | | | | | | | | | | |
| | 法 | 法 | | 3 | | ● | ● | ● | ● | ● | 10/29 | 8/30~9/2 | 英 | | | ※● | | | ※社会科学 | | 40 | 3 | 35 | 3 | 27 | 2 | 大学在学者32単位以上。専門職大学(短大)可 |
| | | 国際公共政策 | | | | | | | | | | | | | | | | | | | | | | | | | 実施なし |
| | 経済 | 経済・経営 | | 3 | | ● | ● | ● | ● | | 11/12 | 10/3~10/7 | | ● | | ※● | | | ※マクロ・ミクロ・経済史・会計・統計から4 | TOEIC、TOEFL等 | 79 | 11 | 71 | 10 | 51 | 10 | 専門職大学(短大)可 |
| | 理 | 数 | | | | | | ● | | | 1月下旬~2月中旬 | 12/1、12/2 | | | | | | | | | 0 | 0 | 0 | 0 | 0 | 0 | 学士入学。志願者がある場合のみ実施で要問合せ。選考方法は本人のみに通知。編入年次など詳細は非公表 |
| | | 物理 | | | | | | ● | | | | | | | | | | | | | | | | | | | |
| | | 化 | | | | | | ● | | | | | | | | | | | | | | | | | | | |
| | | 生物科 | | | | | | ● | | | | | | | | | | | | | | | | | | | |
| | 工 | 応用自然科 | | 3 | | | | | ● | | 8/18、8/19 | 6/7~6/10 | 英 | | ※● | | | ● | 数学 ※専門基礎 | | 98 | 35 | 89 | 35 | 100 | 28 | |
| | | 応用理工 | | 3 | | | | | ● | | | | 英 | | ※● | | | | *建築工学科目志望者はポートフォリオ持参 | | | | | | | | |
| | | 電子情報工 | | 3 | | | | | ● | | | | 英 | | ※● | | | | | | | | | | | | |
| | | 環境・エネルギー工 | | 3 | | | | | ● | | | | 英 | | ※● | | | | | | | | | | | | |
| | | 地球総合工 | | 3 | | | | | ● | | | | 英 | | ※● | | | *● | | | | | | | | | |

| 大学名 | 学部 | 学科 | 専攻・コース | 編入年次 | 大1 | 大2 | 学士 | 短大 | 高専 | 専門 | 試験日 | 出願期間 | 外国語筆記 | 外部試験 | 専門科目 | 小論文 | 面接 | 口頭試問 | 専門科目以外の科目 | その他の注意事項 | R3志願者 | R3合格者 | R4志願者 | R4合格者 | R5志願者 | R5合格者 | 備考 特に記載がない場合は、大学在学生3年次は62単位以上、2年次は31単位以上取得見込み |
|---|---|---|---|---|---|---|---|---|---|---|---|---|---|---|---|---|---|---|---|---|---|---|---|---|---|---|---|
| | 基礎工 | 電子物理科 | エレクトロニクス | 3 | | | | | ● | | 7/9 | 6/6~6/7 | 英 | | ● | | | ● | 数学・物理 | | 4 | 1 | | | | | 出身高専経由のみで出願可。R6より、英語に代えてTOEIC又はTOEFL |
| | | | 物性物理科学 | 3 | | | | | ● | | | | 英 | | | | | ● | 数学・物理 | | 2 | 1 | | | | | |
| | | 化学応用科 | 合成化学 | 3 | | | | | ● | | | | 英 | | | | | ● | 数学・物理 | | 6 | 2 | | | | | |
| | | | 化学工学 | 3 | | | | | ● | | | | 英 | | | | | ● | 数学・物理 | | 3 | 2 | | | | | |
| | | システム科 | 機械科学 | 3 | | | | | ● | | | | 英 | | ● | | | ● | 数学 | | 17 | 8 | 62 | 23 | 71 | 30 | |
| | | | 知能システム学 | 3 | | | | | ● | | | | 英 | | ● | | | ● | 数学・物理 | | 20 | 6 | | | | | |
| | | | 生物工学 | 3 | | | | | ● | | | | 英 | | | | | ● | 数学・物理 | | 1 | 1 | | | | | |
| | | 情報科 | 計算機科学 | 3 | | | | | ● | | | | 英 | | | | | ● | 数学・物理 | | 5 | 2 | | | | | |
| | | | ソフトウェア科学 | 3 | | | | | ● | | | | 英 | | | | | ● | 数学・物理 | | 9 | 4 | | | | | |
| | | | 数理科学 | 3 | | | | | ● | | | | 英 | | | | | ● | 数学・物理 | | 8 | 4 | | | | | |
| | 医 | 医 | | 2 | | | ● | | | | 7/2、7/23 | 5/30~6/3 | | ● | | ● | ● | | 生命科学・物理・化学 | TOEIC又はTOEFL | 144 | 10 | 101 | 10 | 100 | 10 | 医学部医学科在卒者は出願不可 |
| | | 保健 | 看護学 | | | | | | | | | | | | | | | | | | 6 | 0 | 3 | 0 | × | × | R5より募集停止 |
| | | | 放射線技術科学 | | | | | | | | | | | | | | | | | | | | | | | | |
| | | | 検査技術科学 | | | | | | | | | | | | | | | | | | | | | | | | |
| | 歯 | | | | | | | | | | | | | | | | | | | | | | | | | 実施なし |
| | 薬 | | | | | | | | | | | | | | | | | | | | | | | | | 実施なし |
| 大阪教育 | 教育(昼間) | | | | | | | | | | | | | | | | | | | | | | | | | 実施なし |
| | 教育(夜間) | 初等教育教員養成 | 小学校教育(夜間5年) | 3 | | ● | ● | ※● | ● | ●● | 2/11 | 12/15~12/20 | | | | | ● | ● | | ※小学校教諭二種、幼稚園教諭二種又は中学校教諭二種免許状のいずれかを取得(見込)者。*小学校教諭二種免許取得(見込)者。R4まで公募推薦編入実施し、( )は推薦で外数 | 31(6) | 22(6) | 34(1) | 27(1) | 35 | 25 | |
| 神戸 | 文 | 人文 | 哲学 | 3 | ● | ● | ● | ● | | 9/16 | 8/19~8/23 | | | | | | | 指定する言語検定試験の成績 | R3は哲学・東洋史学の2専修。R4は哲学・中国文学・東洋史学の3専修。R5は中国文学、仏文学、東洋史学の3専修で募集。同大在学者要受験許可書 | 4 | 2 | 3 | 1 | 5 | 1 | |
| | | | 国文学 | | | | | | | | | | | | | | | | | | | | | | | | |
| | | | 英米文学 | | | | | | | | | | | | | | | | | | | | | | | | |
| | | | 中国文学 | 3 | ● | ● | ● | ● | | | | | | | ● | ● | | | | | | | | | | |
| | | | ドイツ文学 | | | | | | | | | | | | | | | | | | | | | | | | |
| | | | フランス文学 | 3 | ● | ● | ● | ● | | | | | | | ● | ● | | | | | | | | | | |
| | | | 日本史学 | | | | | | | | | | | | | | | | | | | | | | | | |
| | | | 東洋史学 | 3 | ● | ● | ● | ● | | | | | | | ● | ● | ● | | | | | | | | | |
| | | | 西洋史学 | | | | | | | | | | | | | | | | | | | | | | | | |
| | | | 心理学 | | | | | | | | | | | | | | | | | | | | | | | | |
| | | | 言語学 | | | | | | | | | | | | | | | | | | | | | | | | |
| | | | 芸術学 | | | | | | | | | | | | | | | | | | | | | | | | |
| | | | 社会学 | | | | | | | | | | | | | | | | | | | | | | | | |
| | | | 美術史学 | | | | | | | | | | | | | | | | | | | | | | | | |
| | | | 地理学 | | | | | | | | | | | | | | | | | | | | | | | | |
| | 国際人間科 | 発達コミュニティ | 社会エンパワメント | 3 | ● | ● | ● | ● | ● | 10/15 | 8/17~8/22 | | ● | ● | | | ● | | TOEFL | 11 | 2 | 15 | 2 | 6 | 1 | |
| | | | 心の探究 | 3 | ● | ● | ● | ● | ● | | | | ● | ※● | | | ● | ※心理学 | | | | | | | | |
| | | | アクティブライフ | 3 | ● | ● | ● | ● | ● | | | | ● | ● | | | ※● | ※プレゼン | | | | | | | | |
| | | | ミュージックコミュニケーション | 3 | ● | ● | ● | ● | ● | | | | ● | ● | | | ※● | ※実技含む | | | | | | | | |
| | | | アートコミュニケーション | 3 | ● | ● | ● | ● | ● | | | | ● | ● | | | ● | | | | | | | | | |
| | | 環境共生 | 環境自然科学 | 3 | ● | ● | ● | ● | ● | | | | ● | | | | ● | | 提出書類による1次選考合格者のみ2次受験可能 | 6 | 2 | 7 | 3 | 7 | 2 | |
| | | | 環境数理学 | 3 | ● | ● | ● | ● | ● | | | | ● | | | | ● | | | | | | | | | |
| | | | 生活共生科学 | 3 | ● | ● | ● | ● | ● | | | | ● | | | | ● | | | | | | | | | |
| | | | 社会共生科学 | 3 | ● | ● | ● | ● | ● | | | | ● | | | | ● | | | | | | | | | |
| | | 子ども教育 | 学校教育学 | 3 | ● | ● | ● | ● | ● | | | | ● | | | | ● | | | 3 | 0 | 1 | 0 | 1 | 0 | |
| | | | 乳幼児教育学 | 3 | ● | ● | ● | ● | ● | | | | ● | | | | ● | | | | | | | | | |
| | | グローバル文化 | | | | | | | | | | | | | | | | | | | | | | | | | 実施なし |

| 大学名 | 学部 | 学科 | 専攻・コース | 編入年次 | 大1 | 大2 | 学士 | 短大 | 高専 | 専門 | 試験日 | 出願期間 | 外国語筆記 | 外部試験 | 専門科目 | 小論文 | 面接 | 口頭試問 | 専門科目以外の科目 | その他の注意事項 | R3志願者 | R3合格者 | R4志願者 | R4合格者 | R5志願者 | R5合格者 | 備考 |
|---|---|---|---|---|---|---|---|---|---|---|---|---|---|---|---|---|---|---|---|---|---|---|---|---|---|---|---|
| | 法 | 法律 | | 3 | | ● | ● | ● | ● | | 11/3 | 9/2~9/8 | | ● | | *● | | | *法学概論・一般教養 | TOEFL又はTOEICで基準あり | 69 | 19 | 83 | 18 | 76 | 20 | |
| | 経済 | 経済 | | 3 | | *● | ● | ● | ● | | 11/3 | 9/20~9/27 | | ● | | ● | | | 数学 | TOEIC | 132 | 21 | 96 | 20 | 70 | 20 | *修了(見込)者 |
| | 経営 | 経営 | | 3 | | ● | ● | ● | ● | | 11/3 | 9/30~10/6 | | ● | | *● | | | *経営・会計・マーケティング・経済から1 | TOEFL又はTOEIC等 | 95 | 20 | 122 | 20 | 94 | 20 | |
| | 理 | 数 | | 3 | | ● | ● | ● | ● | ● | 7/2, 7/3 | 5/30~6/2 | 英 | | ● | | | ※● | | ※ゼミ形式 | 21 | 10 | 30 | 10 | 38 | 13 | |
| | | 物理 | | 3 | | ● | ● | ● | ● | ● | | | | | ● | | ● | | | TOEIC | 19 | 8 | 22 | 9 | 16 | 7 | |
| | | 化 | | 3 | | ● | ● | ● | ● | ● | | | | | ● | | ● | | | TOEIC | 13 | 8 | 22 | 7 | 20 | 7 | |
| | | 生物 | | 3 | | ● | ● | ● | ● | ● | | | | | ● | | ● | | | TOEIC | 15 | 5 | 23 | 5 | 19 | 5 | |
| | | 惑星 | | 3 | | | ● | | | | | | | | ● | | | ※● | ※数物英基礎含む | TOEIC | 3 | 2 | 5 | 2 | 4 | 2 | 志望動機および自己アピール・事前課題レポートあり |
| | 工 | 建築 | | 3 | | ● | ● | ● | ● | ● | 8/18 | 6/27~6/30 | | | ● | | | ● | 数・物・スケッチ | TOEIC | 130 | 19 | 111 | 22 | 102 | 28 | R5より出願資格・試験科目に変更有 |
| | | 市民工 | | 3 | | ● | ● | ● | ● | ● | | | | | ● | | | ● | 数学・物理 | | | | | | | | |
| | | 電気電子工 | | 3 | | ● | ● | ● | ● | ● | | | | | ● | | | ● | 数学・物理 | | | | | | | | |
| | | 機械工 | | 3 | | ● | ● | ● | ● | ● | | | | | ● | | | ● | 数学・物理 | | | | | | | | |
| | | 情報知能工 | | 3 | | ● | ● | ● | ● | ● | | | | | ● | | | ● | 数学・物理 | | | | | | | | |
| | | 応用化 | | 3 | | ● | ● | ● | ● | ● | | | | | ● | | | ● | 数・物・化 | | | | | | | | |
| | 農 | 食料環境システム | | 3 | | ● | ● | ● | ● | ● | 8/19 | 7/1~7/7 | | ● | | | | | 総合問題 | TOEFL-ITPを当日実施(R6よりTOEIC提出) | 1 | 0 | 11 | 2 | 8 | 1 | |
| | | 資源生命科 | | 3 | | ● | ● | ● | ● | ● | | | | | ● | | | | | | 13 | 1 | 12 | 3 | 6 | 1 | |
| | | 生命機能科 | | 3 | | ● | ● | ● | ● | ● | | | | | ● | | | | | | 32 | 3 | 26 | 5 | 7 | 0 | |
| | 医 | 医 | | 2 | | | ● | | | | 8/2, 9/2 | 7/5~7/11 | | | | | ※● | ※● | 生命科学と英語の総合問題 | ※研究業績等提出 | 86 | 7 | 96 | 6 | 86 | 7 | |
| | | 保健 | | | | | | | | | | | | | | | | | | | | | | | | | 実施なし |
| | 海事科 | グローバル輸送科 | 航海マネジメント | | | | | | | | | | | | | | | | | | 0(2) | 0(1) | 2(5) | 1(1) | × | × | R5より海洋政策科学部にて実施のため募集停止。( )は高専出身者の公募推薦編入 |
| | | | ロジスティクス | | | | | | | | | | | | | | | | | | 3(2) | 2(1) | 5(2) | 2(2) | × | × | |
| | | 海洋安全システム科 | | | | | | | | | | | | | | | | | | | 3(0) | 0(0) | 2(0) | 0(0) | × | × | |
| | | マリンエンジニアリング | 機関マネジメント | | | | | | | | | | | | | | | | | | 2(2) | 1(2) | 2(5) | 0(4) | × | × | |
| | | | メカトロニクス | | | | | | | | | | | | | | | | | | 8(2) | 4(1) | 6(2) | 0(1) | × | × | |
| | 海洋政策科 | 海洋政策科 | 海洋基礎科学 | 3 | | ● | ● | ● | ● | ● | 7/2 | 6/7~6/13 | | ● | | | | | 数学・物理 | TOEIC又はTOEFL | — | — | — | — | 2(2) | 1(1) | R3新設学部でR5より編入実施。高等専門学校商船学科をR5年9月卒業見込者はR6年4月入学。別途高専出身者の公募推薦編入実施(書・小・面・口述)で( )外数 |
| | | | 海洋応用科学 | 3 | | ● | ● | ● | ● | ● | | | | ● | | | | | | | — | — | — | — | 9(5) | 2(5) | |
| | | | 海洋ガバナンス | 3 | | ● | ● | ● | ● | ● | | | | ● | | | | | | | — | — | — | — | 2(2) | 1(1) | |
| | | | 海技ライセンス | 3 | | ● | ● | ● | ● | ● | | | | ● | | | | | | | — | — | — | — | 2(5) | 1(3) | |
| 兵庫教育 | 学校教育 | | | | | | | | | | | | | | | | | | | | | | | | | | 実施なし |
| 奈良教育 | 教育 | | | | | | | | | | | | | | | | | | | | | | | | | | 実施なし |
| 奈良女子 | 文 | 人文社会 | 古代文化学 | 3 | | ● | ● | ● | ● | ● | 11/12 | 10/17~10/20 | 選 | ※● | ● | | | ● | 現代国語 選:英・独・仏・中から1 | ※選で英語選択者は英語筆記に代えてTOEIC又はTOEFL | 1 | 0 | 1 | 1 | 2 | 1 | |
| | | | 歴史学 | 3 | | ● | ● | ● | ● | ● | | | 選 | ※● | ● | | | ● | | | 7 | 4 | 1 | 1 | 1 | 1 | |
| | | | 社会情報学 | 3 | | ● | ● | ● | ● | ● | | | 選 | ※● | ● | | | ● | | | 3 | 1 | 8 | 3 | 5 | 2 | |
| | | | 地域環境学 | 3 | | ● | ● | ● | ● | ● | | | 選 | ※● | ● | | | ● | | | 1 | 1 | 3 | 3 | 3 | 2 | |
| | | | 文化メディア学 | 3 | | ● | ● | ● | ● | ● | | | 選 | ※● | ● | | | ● | | | 0 | 0 | 9 | 3 | 3 | 0 | |
| | | 言語文化 | 日本・アジア言語文化 | 3 | | ● | ● | ● | ● | ● | | | 選 | ※● | ● | | | ● | | | 3 | 0 | 2 | 0 | 0 | 0 | |
| | | | ヨーロッパ・アメリカ言語文化 | 3 | | ● | ● | ● | ● | ● | | | 選 | ※● | ● | | | ● | | | 8 | 5 | 12 | 3 | 9 | 2 | |
| | | 人間科 | 教育学・人間学 | 3 | | ● | ● | ● | ● | ● | | | 選 | ※● | ● | | | ● | | | 2 | 1 | 4 | 0 | 3 | 0 | |
| | | | 心理学 | 3 | | ● | ● | ● | ● | ● | | | 選 | ※● | ● | | | ● | | | 6 | 1 | 11 | 2 | 9 | 1 | |

備考（表頭）：特に記載がない場合は、大学在学生3年次は62単位以上、2年次は31単位以上取得見込み

| 大学名 | 学部 | 学科 | 専攻・コース | 編入年次 | 大1 | 大2 | 学士 | 短大 | 高専 | 専門 | 試験日 | 出願期間 | 外国語筆記 | 外部試験 | 専門科目 | 小論文 | 面接 | 口頭試問 | 専門科目以外の科目 | その他の注意事項 | R3志願者 | R3合格者 | R4志願者 | R4合格者 | R5志願者 | R5合格者 | 備考 特に記載がない場合は、大学在学生3年次は62単位以上、2年次は31単位以上取得見込み |
|---|---|---|---|---|---|---|---|---|---|---|---|---|---|---|---|---|---|---|---|---|---|---|---|---|---|---|---|
| | 理 | 数物科 | 数学 | 3 | | ● | ● | ● | ● | ● | 6/11 | 5/23~5/26 | | | ● | | | ● | | | 6 | 4 | 2 | 2 | 6 | 3 | 別途化学生物環境学科化学コースで公募推薦編入実施(書・面〈口頭試問含む〉)で( )外数 |
| | | | 物理学 | 3 | | ● | ● | ● | ● | ● | | | | | | | | ● | 数学 | | 1 | 0 | 2 | 1 | 1 | 0 | |
| | | | 数物連携 | 3 | | ● | ● | ● | ● | ● | | | | | | | | ● | 数学 | | 0 | 0 | 1 | 0 | 0 | 0 | |
| | | 化学生物環境 | 化学 | 3 | | ● | ● | ● | ● | ● | | | | | | ● | | ● | | | 3(2) | 0(2) | 8(2) | 0(2) | 2(4) | 0(4) | |
| | | | 生物科学 | 3 | | ● | ● | ● | ● | ● | | | 英 | | ● | | | | | | 4 | 1 | 8 | 2 | 6 | 2 | |
| | | | 環境科学 | 3 | | ● | ● | ● | ● | ● | | | | | | | | ● | 数学 | | 2 | 2 | 6 | 3 | 2 | 1 | |
| | 生活環境 | 心身健康 | 生活健康学 | 3 | | ● | ● | ● | ● | ● | 6/11 | 5/23~5/26 | 英 | | | ● | ● | | | | 4 | 3 | 1 | 0 | 3 | 3 | |
| | | | スポーツ健康科学 | 3 | | ● | ● | ● | ● | ● | | | 英 | | | ● | ● | | | | 2 | 2 | 1 | 1 | 1 | 1 | |
| | | | 臨床心理学 | 3 | | ● | ● | ● | ● | ● | | | 英 | | | ● | ● | | | | 8 | 2 | 5 | 1 | 3 | 0 | |
| | | 情報衣環境 | 衣環境学 | 3 | | ● | ● | ● | ● | ● | | | 英 | | | | ● | | | | 2 | 0 | 1 | 1 | 0 | 0 | |
| | | | 生活情報通信科学 | 3 | | ● | ● | ● | ● | ● | | | 英 | | | | ● | | | | 7 | 4 | 1 | 1 | 3 | 2 | |
| | | | 住環境 | 3 | | ● | ● | ● | ● | ● | | | 英 | | | | ● | | | | 6 | 2 | 6 | 3 | 9 | 3 | |
| | | | 生活文化 | 3 | | ● | ● | ● | ● | ● | | | 英 | | | | ● | | | | 9 | 1 | 3 | 1 | 3 | 0 | |
| | | | 食物栄養 | | | | | | | | | | | | | | | | | | | | | | | | 実施なし |
| | 工 | | | | | | | | | | | | | | | | | | | | | | | | | | R6より編入実施予定 |
| 和歌山 | 経済 | 経済 | | 3 | | ● | ● | ● | ● | ● | 8/22 | 7/25~7/27 | | ● | | ● | ● | | | TOEIC | 17(17) | 5(5) | 30(18) | 9(5) | 32(11) | 8(5) | 別途公募推薦編入実施(書・面)で( )外数 |
| | システム工 | システム工 | 機械電子制御 | 3 | | ● | ● | ● | ● | ● | 7/2 | 6/13~6/15 | | | | | | ● | 数学・物理 | | 49(8) | 18(6) | 56(16) | 17(8) | 65(13) | 14(4) | 別途公募推薦編入(学校推薦・自己推薦)実施(書・面〈口頭試問含む〉)で( )外数 |
| | | | 電気電子工学 | 3 | | ● | ● | ● | ● | ● | | | | | | | | ● | 数学・物理 | | | | | | | | |
| | | | 材料工学 | 3 | | ● | ● | ● | ● | ● | | | | | | | | ● | 数学・物理 | | | | | | | | |
| | | | 化学 | 3 | | ● | ● | ● | ● | ● | | | | | | ● | | ● | 数学 | | | | | | | | |
| | | | 知能情報学 | 3 | | ● | ● | ● | ● | ● | | | | | | | ※● | | ※情報処理、数学 | | | | | | | | |
| | | | ネットワーク情報学 | 3 | | ● | ● | ● | ● | ● | | | | | | | ※● | | ※情報処理、数学 | | | | | | | | |
| | | | 環境科学 | 3 | | ● | ● | ● | ● | ● | | | | | | | | ● | 数学 | | | | | | | | |
| | | | 環境デザイン | 3 | | ● | ● | ● | ● | ● | | | | | | ● | | ● | 数学 | | | | | | | | |
| | | | メディアデザイン | 3 | | ● | ● | ● | ● | ● | | | | | | | ※● | ● | ※情報処理、数学 | | | | | | | | |
| | | | 社会情報学 | 3 | | ● | ● | ● | ● | ● | | | | | | | ※● | ● | ※情報処理、数学 | | | | | | | | |
| | 教育 | | | | | | | | | | | | | | | | | | | | | | | | | | 実施なし |
| | 観光 | | | | | | | | | | | | | | | | | | | | | | | | | | 実施なし |
| 鳥取 | 地域 | | | | | | | | | | | | | | | | | | | | | | | | | | 実施なし |
| | 農 | 生命環境農 | 国際乾燥地農学 | 3 | | ● | ● | ● | ● | *● | 11/19 | 10/11~10/14 | | | ● | | | ● | | TOEIC | 0 | 0 | △ | △ | △ | △ | *農業大学校含む。要事前相談 |
| | | | 里地里山環境管理学 | 3 | | ● | ● | ● | ● | *● | | | | | ● | | | ● | | | 0 | 0 | | | | | |
| | | | 植物菌類生産科学 | 3 | | ● | ● | ● | ● | *● | | | | | ● | | | ● | | | 1 | 0 | | | | | |
| | | | 農芸化学 | 3 | | ● | ● | ● | ● | *● | | | | | ● | | | ● | | | 1 | 0 | | | | | |
| | | 共同獣医 | | | | | | | | | | | | | | | | | | | | | | | | | 実施なし |
| | 工 | | | | | | | | | | | | | | | | | | | | | | | | | | 実施なし |
| | 医 | 医 | | 2 | | | ● | | | | 7/2 | 6/6~6/17 | 英 | | | | | ● | 基礎科学 課題論文 | | △ | △ | △ | △ | △ | △ | 医学部医学科在卒者は出願不可 地域枠のみで出身地域等の条件有 |
| | | 生命科 | | | | | | | | | | | | | | | | | | | | | | | | | 実施なし |
| | | 保健 | | | | | | | | | | | | | | | | | | | | | | | | | 実施なし |

| 大学名 | 学部 | 学科 | 専攻・コース | 編入年次 | 大1 | 大2 | 学士 | 短大 | 高専 | 専門 | 試験日 | 出願期間 | 外国語筆記 | 外部試験 | 専門科目 | 小論文 | 面接 | 口頭試問 | 専門科目以外の科目 | その他の注意事項 | R3志願者 | R3合格者 | R4志願者 | R4合格者 | R5志願者 | R5合格者 | 備考 特に記載がない場合は、大学在学3年次は62単位以上、2年次は31単位以上取得見込み |
|---|---|---|---|---|---|---|---|---|---|---|---|---|---|---|---|---|---|---|---|---|---|---|---|---|---|---|---|
| 島根 | 法文 | 法経 | 法学 | 3 | | ● | ● | ● | ● | ● | 11/26 | 10/19~10/25 | | | | | ● | ● | | | 21 | 6 | 20 | 6 | 25 | 6 | |
| | | | 経済学 | 3 | | ● | ● | ● | ● | ● | | | | | | | ● | ● | | | | | | | | | |
| | | | 司法特別 | 3 | | ● | ● | ● | ● | ● | | | | | | | ● | ● | | | | | | | | | |
| | | 社会文化 | 現代社会 | 3 | | ● | ● | ● | ● | ● | | | 選 | | ● | | ● | | 選:英独仏中から1 | | 8 | 2 | 2 | 1 | 2 | 2 | 別途社会人編入実施(書小専面) |
| | | | 歴史と考古学 | 3 | | ● | ● | ● | ● | ● | | | 選 | | ● | | ● | | | | | | | | | | |
| | | 言語文化 | 日本言語文化 | 3 | | ● | ● | ● | ● | ● | | | 選 | | ● | | ● | | | | | | | | | | |
| | | | 中国言語文化 | 3 | | ● | ● | ● | ● | ● | | | 中 | | ● | | ● | | | | | | | | | | |
| | | | 英米言語文化 | 3 | | ● | ● | ● | ● | ● | | | 英 | | ● | | ● | | | | 10 | 4 | 11 | 5 | 11 | 4 | |
| | | | ドイツ言語文化 | 3 | | ● | ● | ● | ● | ● | | | 選 | | ● | | ● | | | | | | | | | | |
| | | | フランス言語文化 | 3 | | ● | ● | ● | ● | ● | | | 選 | | ● | | ● | | | | | | | | | | |
| | | | 哲学・芸術・文化交流 | 3 | | ● | ● | ● | ● | ● | | | 選 | | ● | | ● | | | | | | | | | | |
| | 教育 | | | | | | | | | | | | | | | | | | | | | | | | | | 実施なし |
| | 総合理工 | 物理・マテリアル工 | | 3 | | ● | ● | ● | ● | ● | 9/1 | 8/1~8/5 | | | | | | ※● | ※プレゼン | | 0 | 0 | 1 | 0 | 0 | 0 | 別途、物質化・知能情報デザイン・建築デザインで公募推薦編入実施(書・面、社会人可)で( )は外数 |
| | | 物質化 | | 3 | | ● | ● | ● | ● | ● | | | | | ● | | | ※● | ※化学 | | 2(0) | 2(0) | 11(3) | 1(3) | 4(2) | 1(2) | |
| | | 地球科 | | 3 | | ● | ● | ● | ● | ● | | | | | ● | | | ※● | ※地学・英語 | | 0 | 0 | 1 | 0 | 0 | 0 | |
| | | 数理科 | | 3 | | ● | ● | ● | ● | ● | | | | | ● | | | ※● | ※数学 | | 5 | 3 | 4 | 3 | 3 | 2 | |
| | | 知能情報デザイン | | 3 | | ● | ● | ● | ● | ● | | | | | ※● | | | ※● | ※情報科学 | | 13(1) | 4(0) | 23(4) | 1(3) | 15(15) | 1(5) | |
| | | 機械・電気電子工 | | 3 | | ● | ● | ● | ● | ● | | | | | | | | ● | | | 11 | 6 | 54 | 14 | 33 | 10 | |
| | | 建築デザイン | | 3 | | ● | ● | ● | ● | ● | | | | | | | | ● | | | 9(2) | 3(2) | 21(4) | 2(4) | 13(7) | 2(3) | |
| | 生物資源科 | 生命科 | | 3 | | ● | ● | ● | ● | ● | 6/11 | 5/11~5/20 | | | | | | ● | 面接試問はR3~5はオンライン | | 7(2) | 1(1) | 8(2) | 4(0) | 3 | 3 | R3・4は別途公募推薦編入実施(書・面<口頭試問含む>)で( )外数 |
| | | 農林生産 | | 3 | | ● | ● | ● | ● | ● | | | | | | | | ● | | | 13(13) | 5(8) | 11(10) | 6(5) | 16 | 11 | |
| | | 環境共生科 | | 3 | | ● | ● | ● | ● | ● | | | | | | | | ● | | | 8(1) | 3(1) | 4(2) | 1(2) | 7 | 6 | |
| | 医 | 医 | | 2.3 | | | ● | | | *● | 8/27 | 7/19~7/22 | 英 | ● | | | ● | | | 自然科学総合問題(化学・生物など) | TOEICで基準あり | 32(21) | 5(5) | 53(50) | 5(6) | 35(45) | 9(6) | 地域枠あり。医学部医学科在卒者は出願不可。*修業年限4年以上の他文部科学大臣が定める基準を満たす者に限る(大学校も可)。R2より2.3年次募集で3年次は歯科医師、獣医師、薬剤師の何れかの免許取得(見込)者で実績は( )外数 |
| | 医 | 看護 | | | | | | | | | | | | | | | | | | | | | | | | | 実施なし |
| | 材料エネルギー | | | | | | | | | | | | | | | | | | | | | | | | | | R5新設学部 |
| | 人間科 | | | | | | | | | | | | | | | | | | | | | | | | | | 実施なし |
| 岡山 | 文 | 人文 | | | | | | | | | | | | | | | | | | | | | | | | | 実施なし |
| | 教育 | | | | | | | | | | | | | | | | | | | | | | | | | | 実施なし |
| | 法 | 法(昼・夜) | | | | | | | | | | | | | | | | | | | | | | | | | | 実施なし |
| | 経済 | 経済(昼・夜) | | | | | | | | | | | | | | | | | | | | | | | | | | 実施なし |
| | 理 | 数 | | 3 | | ● | ● | ● | ● | ● | 7/3 | 6/6~6/14 | | | | ● | | *● | *英語含む場合あり | | 12 | 8 | 15 | 10 | 15 | 10 | 別途公募推薦編入実施(書・面<口頭試問含む>) |
| | | 物理 | | 3 | | ● | ● | ● | ● | ● | | | | | | | | *● | | | 11 | 8 | 7 | 6 | 9 | 5 | |
| | | 化 | | 3 | | ● | ● | ● | ● | ● | | | | | | | | *● | | | 10 | 8 | 18 | 9 | 13 | 7 | |
| | | 生物 | | 3 | | ● | ● | ● | ● | ● | | | | ● | | | | *● | TOEIC等。*英語含む | | 8 | 7 | 12 | 7 | 16 | 9 | |
| | | 地球科 | | 3 | | ● | ● | ● | ● | ● | | | | | | | | *● | *物又は化、数、英を含む | | 5 | 3 | 5 | 3 | 9 | 5 | |

| 大学名 | 学部 | 学科 | 専攻・コース | 編入年次 | 大1 | 大2 | 学士 | 短大 | 高専 | 専門 | 試験日 | 出願期間 | 外国語筆記 | 外部試験 | 専門科目 | 小論文 | 面接 | 口頭試問 | 専門科目以外の科目 | その他の注意事項 | R3志願者 | R3合格者 | R4志願者 | R4合格者 | R5志願者 | R5合格者 | 備考（特に記載がない場合は、大学在学生3年次は62単位以上、2年次は31単位以上取得見込み） |
|---|---|---|---|---|---|---|---|---|---|---|---|---|---|---|---|---|---|---|---|---|---|---|---|---|---|---|---|
| | 工 | 機械システム系 | 機械工学 | | | | | | | | | | | | | | | | | | 51(8) | 17(6) | 48(9) | 14(7) | — | — | R3より改組。R5編入試験は新組織にて募集。( )は公募推薦で外数 |
| | | | システム工学 | | | | | | | | | | | | | | | | | | | | | | | | |
| | | 電気通信系 | エネルギー・制御 | | | | | | | | | | | | | | | | | | 26(7) | 8(5) | 24(8) | 2(7) | — | — | |
| | | | 知能エレクトロニクス | | | | | | | | | | | | | | | | | | | | | | | | |
| | | | ネットワーク工学 | | | | | | | | | | | | | | | | | | | | | | | | |
| | | 情報系 | 計算機工学 | | | | | | | | | | | | | | | | | | 25(5) | 5(0) | 29(2) | 5(2) | — | — | |
| | | | 知能ソフトウェア | | | | | | | | | | | | | | | | | | | | | | | | |
| | | 化学生命系 | 材料・プロセス | | | | | | | | | | | | | | | | | | 23(6) | 4(6) | 35(6) | 6(5) | — | — | |
| | | | 合成化学 | | | | | | | | | | | | | | | | | | | | | | | | |
| | | | 生命工学 | | | | | | | | | | | | | | | | | | | | | | | | |
| | 工 | 機械システム系 | 機械工学 | 3 | | ● | ● | ● | ● | ● | 6/18 | 5/23~5/26 | | | | | | ● | 数学・物理 | | — | — | 35 | 21 | | | |
| | | | ロボティクス・知能システム | 3 | | ● | ● | ● | ● | ● | | | | | | | | ● | | | — | — | 37 | 16 | | | |
| | | 都市・社会基盤系 | 都市環境創成 | 3 | | ● | ● | ● | ● | ● | | | | | | | | ● | | | — | — | 12 | 6 | | | |
| | | | 環境マネジメント | 3 | | ● | ● | ● | ● | ● | | | | | | | | ● | | | — | — | 3 | 2 | | | |
| | | 情報・電気・数理・データサイエンス系 | 情報工学 | 3 | | ● | ● | ● | ● | ● | | | 英 | | ● | | | ● | 数学 | | | | 30 | 9 | | | |
| | | | ネットワーク工学 | 3 | | ● | ● | ● | ● | ● | | | | | | | | ● | *英 | *英・数・物を含む | | | 6 | 2 | | | |
| | | | エネルギー・エレクトロニクス | 3 | | ● | ● | ● | ● | ● | | | | | | | | ● | *英 | *英・数・物を含む | | | 19 | 8 | | | |
| | | | 数理データサイエンス | 3 | | ● | ● | ● | ● | ● | | | | | | | | ● | *英 数学 | *数学及び英語 | | | 5 | 3 | | | |
| | | 化学・生命系 | 応用化学 | 3 | | ● | ● | ● | ● | ● | | | | | | | | ● | *英 | *英、化含む | | | 19 | 6 | | | |
| | | | 生命工学 | 3 | | ● | ● | ● | ● | ● | | | | | | | | ● | *英 | | | | 11 | 5 | | | |
| | 医 | 医 | | 2 | | | ● | | | | 7/2 | 5/2~5/13 | *英 | ● | | ● | | ● | 生物 *科学英語 課題作文提出 | TOEFLで出願基準と一次選抜あり | 63 | 7 | 49 | 6 | △ | △ | 医学部医学科在卒者は出願不可。取得単位に具体的規定あり。要推薦書 |
| | | 保健 | | | | | | | | | | | | | | | | | | | | | | | | | 実施なし |
| | 歯 | 歯 | | 2 | | | ● | | | | 6/25 | 5/6~5/12 | | | | ※● | ● | | ※英文資料を用いることがある | 出願書類による一次選抜あり。要推薦書 | 23 | 5 | 36 | 5 | 44 | 5 | |
| | 薬 | | | | | | | | | | | | | | | | | | | | | | | | | | 実施なし |
| | 農 | | | | | | | | | | | | | | | | | | | | | | | | | | 実施なし |
| 広島 | 総合科 | 総合科 | | | | | | | | | | | | | | | | | | | | | | | | | 実施なし |
| | 文 | 人文 | 西洋哲学 | 3 | | ● | ● | ● | ● | ● | 10/15 | 9/8~9/14 | 選 | | ● | | ● | | 選:英・独・仏から2 | | | | 2 | 0 | 1 | 0 | 大学在学者64単位以上 |
| | | | インド哲学・仏教学 | 3 | | ● | ● | ● | ● | ● | | | 英 | | ● | | ● | | | | | | 0 | 0 | 1 | 1 | |
| | | | 倫理学 | 3 | | ● | ● | ● | ● | ● | | | 英 | | ● | | ● | | | | | | 11 | 2 | 1 | 1 | |
| | | | 中国思想文化学 | 3 | | ● | ● | ● | ● | ● | | | 中 | | *● | | ● | | *漢文含む | | | | 0 | 0 | 1 | 0 | |
| | | | 日本史学 | 3 | | ● | ● | ● | ● | ● | | | | | ● | | ● | | | | | | 5 | 3 | 4 | 1 | |
| | | | 東洋史学 | 3 | | ● | ● | ● | ● | ● | | | 英 | | ● | | ● | | | | | | 5 | 3 | 2 | 0 | |
| | | | 西洋史学 | 3 | | ● | ● | ● | ● | ● | | | 選 | | ● | | ● | | 選:英・独・仏から2 | | 37 | 10 | 1 | 0 | 1 | 0 | |
| | | | 地理学 | 3 | | ● | ● | ● | ● | ● | | | 英 | | ● | | ● | | | | | | 3 | 0 | 0 | 0 | |
| | | | 考古学 | 3 | | ● | ● | ● | ● | ● | | | 英 | | ● | | ● | | | | | | 4 | 0 | 0 | 0 | |
| | | | 文化財学 | 3 | | ● | ● | ● | ● | ● | | | | | ● | | ● | | | | | | 2 | 0 | 1 | 0 | |
| | | | 日本文学語学 | 3 | | ● | ● | ● | ● | ● | | | | | ● | | ● | | | | | | 7 | 0 | 2 | 0 | |
| | | | 中国文学語学 | 3 | | ● | ● | ● | ● | ● | | | 中 | | ● | | ● | | | | | | 2 | 2 | 0 | 0 | |
| | | | 英米文学語学 | 3 | | ● | ● | ● | ● | ● | | | 英 | | ● | | ● | | | | | | 7 | 0 | 2 | 0 | |
| | | | ドイツ文学語学 | 3 | | ● | ● | ● | ● | ● | | | 独 | | ● | | ● | | | | | | 0 | 0 | 1 | 1 | |
| | | | フランス文学語学 | 3 | | ● | ● | ● | ● | ● | | | 仏 | | ● | | ● | | | | | | 0 | 0 | 0 | 0 | |
| | | | 言語学 | 3 | | ● | ● | ● | ● | ● | | | 英 | | *● | | ● | | *英語含む | | | | 2 | 0 | 2 | 2 | |

| 大学名 | 学部 | 学科 | 専攻・コース | 編入年次 | 大1 | 大2 | 学士 | 短大 | 高専 | 専門 | 試験日 | 出願期間 | 外国語筆記 | 外部試験 | 専門科目 | 小論文 | 面接 | 口頭試問 | 専門科目以外の科目 | その他の注意事項 | R3志願者 | R3合格者 | R4志願者 | R4合格者 | R5志願者 | R5合格者 | 備考 特に記載がない場合は、大学在学生3次では62単位以上、2年次は31単位以上取得見込み |
|---|---|---|---|---|---|---|---|---|---|---|---|---|---|---|---|---|---|---|---|---|---|---|---|---|---|---|---|
| | 教育 | 第一類 | | | | | | | | | | | | | | | | | | | | | | | | | 大学在学者64単位以上。第二類(科学文化教育系)技術・情報系コースで募集、他は募集なし |
| | | 第二類 | | 3 | ● | ● | ● | ● | ● | | 6/2 | 5/6〜5/12 | | | | | | *● | | *英・数・技術〈情報〉含む | 4 | 3 | 9 | 2 | 6 | 2 | |
| | | 第三類 | | | | | | | | | | | | | | | | | | | | | | | | | |
| | | 第四類 | | | | | | | | | | | | | | | | | | | | | | | | | |
| | | 第五類 | | | | | | | | | | | | | | | | | | | | | | | | | |
| | 法 | 法 | 昼間 | 3 | ● | ● | ● | ● | ● | | 11/19 | 10/1〜10/7 | 英 | ※● | | ● | | ● | | ※任意提出 | 24 | 5 | 33 | 9 | 23 | 2 | 大学在学者外国語4単位含む 52単位以上 |
| | | | 夜間主 | 3 | ● | ● | ● | ● | ● | | | | 英 | ※● | | ● | | ● | | | 16 | 9 | 17 | 6 | 14 | 0 | |
| | 経済 | 経済 | 昼 | 3 | ● | ● | ● | ● | ● | | 11/19、20 | 10/1〜10/7 | 英 | ※● | | | *● | | | ※専門は数学含む | *専・英・数含む | 10(2) | 2(2) | 8(4) | 2(1) | 9(8) | 1(4) | 別途昼間コースで公募推薦編入実施(書・口述)で( )外数 |
| | | | 夜間主 | 3 | ● | ● | ● | ● | ● | | | | 英 | ※● | | | *● | | | | 7 | 3 | 11 | 5 | 8 | 1 | |
| | 理 | 数 | | 3 | ● | ● | ● | ● | ● | | 9/1 | 7/14〜7/28 | | | ● | | ● | | | | 17 | 4 | 13 | 4 | 14 | 3 | 大学在学者数学科は64単位以上、その他は自然科学系実験、実習等(学科により異なる)含む70単位(地球惑星システムは64単位)以上、不明な場合は要問合せ |
| | | 物理 | | 3 | ● | ● | ● | ● | ● | | | | | ● | | | ● | | *英語含む | TOEIC | 4 | 3 | 3 | 0 | 6 | 2 | |
| | | 化 | | 3 | ● | ● | ● | ● | ● | | | | | ● | | | ● | | | | 2 | 0 | 5 | 4 | 7 | 4 | |
| | | 生物科 | | 3 | ● | ● | ● | ● | ● | | | | | ● | | | ● | | | | 3 | 0 | 10 | 0 | 7 | 0 | |
| | | 地球惑星システム | | 3 | ● | ● | ● | ● | ● | | | | | ● | | | ● | | | | 3 | 0 | 0 | 0 | 0 | 0 | |
| | 医 | 医 | | | | | | | | | | | | | | | | | | | | | | | | | 実施なし |
| | | 保健 | | | | | | | | | | | | | | | | | | | | | | | | | 実施なし |
| | 薬 | | | | | | | | | | | | | | | | | | | | | | | | | | 実施なし |
| | 歯 | | | | | | | | | | | | | | | | | | | | | | | | | | 実施なし |
| | 工 | 第一類 | | 3 | ● | ● | ● | ● | ● | ● | 6/18 | 5/30〜6/3 | | ● | ※● | | *● | | ※数・物 | TOEIC等 *専門、数学含む | 17 | 2 | 25 | 11 | 47 | 11 | |
| | | 第二類 | | 3 | ● | ● | ● | ● | ● | | | | | ● | | | *● | | | | 14 | 0 | 22 | 7 | 23 | 6 | |
| | | 第三類 | | 3 | ● | ● | ● | ● | ● | | | | | ● | | | *● | | | | 5 | 4 | 11 | 9 | 22 | 5 | |
| | | 第四類 | | 3 | ● | ● | ● | ● | ● | | | | | ● | | | *● | | | | 17 | 6 | 21 | 9 | 22 | 7 | |
| | 生物生産 | 生物生産 | 水圏統合科学 | 3 | ● | ● | ● | ● | ● | | 6/18 | 5/27〜6/2 | | ● | | | *● | | 総合問題(専門分野を学ぶための基礎学力、文章表現力等) | TOEIC等 *専門基礎知識含む | 13 | 10 | 13 | 10 | 21 | 11 | |
| | | | 応用動植物科学 | 3 | ● | ● | ● | ● | ● | | | | | ● | | | *● | | | | | | | | | | |
| | | | 食品科学 | 3 | ● | ● | ● | ● | ● | | | | | ● | | | *● | | | | | | | | | | |
| | | | 分子農学生命科学 | 3 | ● | ● | ● | ● | ● | | | | | ● | | | *● | | | | | | | | | | |
| | 情報科 | 情報科 | | 3 | ● | ● | ● | ● | ● | | 6/18 | 5/24〜6/2 | | ● | ● | | ● | | 数学 | TOEIC等 | 17 | 5 | 22 | 5 | 34 | 6 | 大学在学者68単位以上 |
| 山口 | 人文 | | | | | | | | | | | | | | | | | | | | | | | | | | 実施なし |
| | 経済 | | | | | | | | | | | | | | | | | | | | | | | | | | 実施なし |
| | 教育 | | | | | | | | | | | | | | | | | | | | | | | | | | 実施なし |
| | 理 | | | | | | | | | | | | | | | | | | | | | | | | | | 実施なし |
| | 農 | | | | | | | | | | | | | | | | | | | | | | | | | | 実施なし |
| | 共同獣医 | | | | | | | | | | | | | | | | | | | | | | | | | | 実施なし |
| | 医 | 医 | | 2 | | | ● | | | | 10/2、11/13 | 8/29〜9/1 | | | ※● | | ● | | 自然科学(主に生物学) | ※英語含む | 256 | 14 | 291 | 11 | 264 | 11 | 医学部医学科在卒者は出願不可。地域枠あり要推薦書・自己推薦書 |
| | | 保健 | 看護学 | 3 | | | | | | ● | 9/7 | 8/22〜8/25 | 英 | | ● | | ● | | | | 3 | 1 | 8 | 0 | 4 | 0 | 関係国家試験合格者又は受験資格取得(見込)者のみ |
| | | | 検査技術科学 | 3 | | | | | | ● | | | 英 | | ● | | ● | | | | 0 | 0 | 2 | 0 | 0 | 0 | |
| | 工 | 機械工 | | 3 | ● | ● | ● | | ● | | 6/4 | 5/16〜5/19 | | ● | | | ● | | 数学 | TOEIC又はTOEFL | 6 | 2 | 25 | 12 | 34 | 11 | 別途学士編入(書・面)、公募推薦編入(応用化・電気電子工・感性デザイン工・循環環境工、書・面(感性デザイン工はプレゼンあり))実施、( )は推薦で外数、学士含む |
| | | 応用化 | | 3 | ● | ● | ● | | ● | | | | | ● | | | ● | | | | 5 | 2 | 5 | 2 | 10 | 3 | |
| | | 社会建設工 | | 3 | ● | ● | ● | | ● | | | | | | | | ● | | | | 1 | 0 | 6 | 5 | 7 | 4 | |
| | | 電気電子工 | | 3 | ● | ● | ● | | ● | | | | | ● | | | ● | | | | 4 | 4 | 20(1) | 13(1) | 26 | 13 | |
| | | 知能情報工 | | 3 | ● | ● | ● | | ● | | | | | ● | | | ● | | 数学 | | 13 | 7 | 33 | 6 | 32 | 5 | |
| | | 感性デザイン工 | | 3 | ● | ● | | | ● | | | | | ● | | | ● | | 数学 | | 4 | 1 | 4(1) | 2(0) | 10 | 6 | |
| | | 循環環境工 | | 3 | ● | ● | ● | | ● | | | | | ● | | | ● | | | | 4 | 2 | 6(1) | 5(1) | 5 | 3 | |
| | 国際総合科 | | | | | | | | | | | | | | | | | | | | | | | | | | 実施なし |

| 大学名 | 学部 | 学科 | 専攻・コース | 編入年次 | 大1 | 大2 | 学士 | 短大 | 高専 | 専門 | 試験日 | 出願期間 | 外国語筆記 | 外部試験 | 専門科目 | 小論文 | 面接 | 口頭試問 | 専門科目以外の科目 | その他の注意事項 | R3志願者 | R3合格者 | R4志願者 | R4合格者 | R5志願者 | R5合格者 | 備考 特に記載がない場合は、大学在学生3年次は62単位以上、2年次は31単位以上取得見込み |
|---|---|---|---|---|---|---|---|---|---|---|---|---|---|---|---|---|---|---|---|---|---|---|---|---|---|---|---|
| 徳島 | 総合科 | | | | | | | | | | | | | | | | | | | | | | | | | | 実施なし |
| | 理工 | (昼間) | 社会基盤デザイン | 3 | | ● | ● | ● | ● | ● | 6/23 | 6/13~6/15 | | ● | ● | | | | 数学 | TOEIC又はTOEFL | 4 | 1 | 4 | 4 | 9 | 5 | 要受験許可可。別途公募推薦編入実施(書・面(数・英・専等の口統試問含む))で社会人含む |
| | | | 機械科学 | 3 | | ● | ● | ● | ● | ● | | | | ● | ● | | | | 数学 | | 5 | 3 | 6 | 3 | 14 | 8 | |
| | | | 応用化学システム | 3 | | ● | ● | ● | ● | ● | | | | ● | ● | | ● | | | | 7 | 5 | 3 | 3 | 11 | 5 | |
| | | | 電気電子システム | 3 | | ● | ● | ● | ● | ● | | | | ● | ● | | ● | | 数学 | | 9 | 7 | 28 | 15 | 18 | 14 | |
| | | | 情報光システム | 3 | | ● | ● | ● | ● | ● | | | | ● | | | ● | | 数学 | | 15 | 11 | 38 | 15 | 44 | 15 | |
| | | | 応用理数(数理科学) | 3 | | ● | ● | ● | ● | ● | | | | ● | | | ● | | 数学 | | 1 | 0 | 1 | 1 | 4 | 1 | |
| | | | 応用理数(自然科学) | 3 | | ● | ● | ● | ● | ● | | | | ● | | | ● | | 数学又は化学 | | 2 | 1 | 3 | 2 | 3 | 3 | |
| | | (夜間主) | | | | | | | | | | | | | | | | | | | | | | | | | 実施なし |
| | 医 | 医 | | | | | | | | | | | | | | | | | | | | | | | | | 実施なし |
| | | 医科栄養 | | | | | | | | | | | | | | | | | | | | | | | | | 実施なし |
| | | 保健 | 看護学 | 3 | | | ● | ● | | ● | 8/9 | 6/13~6/20 | 英 | | ● | | | ● | | | 11 | 2 | 8 | 5 | 8 | 1 | 専攻別関係学科在卒(見込)者のみ。検査技術科学は指定科目修得(見込)者。*3年以上。R7より要TOEIC |
| | | | 放射線技術科学 | 3 | | | | | ● | ● | | | 英 | | | | | ● | | | 0 | 0 | 1 | 0 | 2 | 0 | |
| | | | 検査技術科学 | 3 | | | ● | | | *● | | | 英 | | | ● | | ● | | | 2 | 2 | 0 | 0 | 1 | 1 | |
| | 歯 | 歯 | | 2 | | | ● | | | | 7/3.7/31 | 5/16~5/27 | | | | | ● | ● | 数・「物・化・生から2」の基礎 | | 10 | 3 | 13 | 1 | 9(11) | 2(2) | 左記日程にてR4-10月(2年次後期)R5-4月(2年次)を同時募集。()はR4-10月入学で外数。R6以降は2年次4月入学に統一 |
| | | 口腔保健 | | | | | | | | | | | | | | | | | | | | | | | | | 実施なし |
| | 薬 | | | | | | | | | | | | | | | | | | | | | | | | | | 実施なし |
| | 生物資源産業 | 生物資源産業 | | 2 | ● | ● | ● | ● | ● | | 9/5 | 8/1~8/5 | | | | | | *● | *化・生 | | 6 | 2 | 11 | 2 | 11 | 2 | 大学在学者33単位以上。R6より3年次編入に変更 |
| 鳴門教育 | 学校教育 | | | | | | | | | | | | | | | | | | | | | | | | | | 実施なし。欠員募集 |
| 香川 | 教育 | 学校教育教員養成 | 幼児教育 | 3 | | ● | ● | ● | ● | ● | 9/8 | 8/19~8/25 | | | | ● | | ● | | | 1 | 1 | 4 | 2 | 3 | 2 | 幼児教育コースは小学校教諭又は幼稚園教諭の普通免許状を有し、かつ保育士の有資格(見込)者。小学校教育コース、中学校教育コースは小・中・高いずれかの普通免許状を有する(見込)者又は単位取得中の者が望ましい |
| | | | 小学校教育(特別支援教育) | 3 | | ● | ● | ● | ● | ● | | | | | | ● | | ● | | | 10 | 3 | 10 | 3 | 7 | 3 | |
| | | | 小学校教育(理科) | 3 | | ● | ● | ● | ● | ● | | | | | | ● | | ● | | | | | | | | | |
| | | | 小学校教育(美術) | 3 | | ● | ● | ● | ● | ● | | | | | | ● | | ● | | | | | | | | | |
| | | | 小学校教育(保健体育) | 3 | | ● | ● | ● | ● | ● | | | | | | ● | | ● | | | | | | | | | |
| | | | 小学校教育(技術) | 3 | | ● | ● | ● | ● | ● | | | | | | ● | | ● | | | | | | | | | |
| | | | 中学校教育(理科) | 3 | | ● | ● | ● | ● | ● | | | | | | ● | | ● | | | 7 | 3 | 8 | 3 | 8 | 4 | |
| | | | 中学校教育(美術) | 3 | | ● | ● | ● | ● | ● | | | | | | ● | | ● | | | | | | | | | |
| | | | 中学校教育(保健体育) | 3 | | ● | ● | ● | ● | ● | | | | | | ● | | ● | | | | | | | | | |
| | | | 中学校教育(技術) | 3 | | ● | ● | ● | ● | ● | | | | | | ● | | ● | | | | | | | | | |
| | | | 人間発達環境 | | | | | | | | | | | | | | | | | | | | | | | | | 実施なし |
| | 法 | 法 | 昼間 | 3 | | ● | ● | ● | ● | ● | 9/8 | 8/19~8/25 | 英 | | | ※● | | ● | ※社会科学関連問題 | | 34 | 12 | 29 | 10 | 26 | 11 | 夜間主は社会人編入のみ実施(要件あり) |
| | | | 夜間主 | 3 | | ● | ● | ● | ● | ● | 1/21 | 12/5~12/9 | | | | ● | ● | ● | | | 7 | 5 | 1 | 1 | 3 | 2 | |
| | 経済(昼間/夜間主) | 経済 | 昼間 | 3 | | ● | ● | ● | ● | ● | 9/8 | 8/19~8/25 | 英 | | ● | | | ● | | | 82 | 20 | 39 | 20 | 22 | 11 | |
| | | | 夜間主 | | | | | | | | | | | | | | | | | | | | | | | | | 実施なし |
| | 創造工 | 創造工 | 造形・メディアデザイン | 3 | | ● | ● | ● | ● | | 6/4 | 5/6~5/12 | | ● | ● | | | ● | 数学 | TOEIC又はTOEFL | 3 | 3 | 8 | 5 | 9 | 5 | 別途公募推薦編入(書・面(口頭試問含む))実施で実績に含む |
| | | | 建築・都市環境 | 3 | | ● | ● | ● | ● | | | | | ● | ● | | | ● | | | 7 | 4 | 10 | 7 | 11 | 6 | |
| | | | 防災・危機管理 | 3 | | ● | ● | ● | ● | | | | | ● | ● | | | ● | | | 0 | 0 | 4 | 3 | 2 | 1 | |
| | | | 情報システム・セキュリティ | 3 | | ● | ● | ● | ● | | | | | ● | ● | | | ● | | | 11 | 6 | 15 | 7 | 33 | 10 | |
| | | | 情報通信 | 3 | | ● | ● | ● | ● | | | | | ● | ● | | | ● | | | 5 | 3 | 10 | 5 | 13 | 6 | |
| | | | 機械システム | 3 | | ● | ● | ● | ● | | | | | ● | ● | | | ● | | | 12 | 5 | 5 | 3 | 21 | 5 | |
| | | | 先端マテリアル科学 | 3 | | ● | ● | ● | ● | | | | | ● | ● | | | ● | | | 1 | 0 | 4 | 4 | 6 | 5 | |

| 大学名 | 学部 | 学科 | 専攻・コース | 編入年次 | 大1 | 大2 | 学士 | 短大 | 高専 | 専門 | 試験日 | 出願期間 | 外国語筆記 | 外部試験 | 専門科目 | 小論文 | 面接 | 口頭試問 | 専門科目以外の科目 | その他の注意事項 | R3志願者 | R3合格者 | R4志願者 | R4合格者 | R5志願者 | R5合格者 | 備考（特に記載がない場合は、大学在学3年次は62単位以上、2年次は31単位以上取得見込み） |
|---|---|---|---|---|---|---|---|---|---|---|---|---|---|---|---|---|---|---|---|---|---|---|---|---|---|---|---|
| | 農 | 応用生物科 | | 3 | | ● | ● | ● | ● | ● | 6/16 | 5/11~5/20 | | ※● | | | *● | | ※科学的基礎知識(英語含む)と論理的思考力 | *専門的素養含む | 7 | 4 | 10 | 6 | 5 | 2 | |
| | 医 | 医 | | 2 | | | ● | ● | | *● | 6/4、7/3 | 5/9~5/20 | | | | ● | | | 自然科学総合(生・化・物) | TOEICで具体的基準有り | 88 | 6 | 80 | 11 | 89 | 9 | 医学部医学科在卒者は出願不可。*修業年限4年以上。1次合格者は「自己推薦書」「研究課題・論文リスト」提出 |
| | | 看護 | | 3 | | | | ● | ● | *● | | | 英 | | | ※ | ● | ● | ※専門 | | 14 | 8 | — | — | — | — | 看護系学科卒業(見込)者のみ。*3年以上、R4~6は定員充足により実施せず |
| | | 臨床心理 | | | | | | | | | | | | | | | | | | 実施なし | | | | | | | |
| 愛媛 | 法文 | 人文社会(昼間主・夜間主) | 法学・政策学 | 3 | | ● | ● | ● | ● | ● | 10/16 | 9/22~9/28 | | | | ● | ● | | | TOEIC | 48(73) | 14(27) | 26(42) | 14(25) | 30(34) | 10(22) | 要受験許可書。専門士は要事前確認。夜間主(グローバルスタディーズ募集なし)合格状況は( )外数 |
| | | | グローバルスタディーズ | 3 | | ● | ● | ● | ● | ● | | | | | | ● | ● | | | | | | | | | | |
| | | | 人文学 | 3 | | ● | ● | ● | ● | | | | | | | ● | ● | | | | | | | | | | |
| | 教育 | 学校教育教員養成 | 初等教育(小学校) | 2 | ● | ● | ● | ● | ● | ● | 1/28 | 12/12~12/16 | | | | ● | ● | | | | 12 | 3 | 14 | 7 | 11 | 3 | 大学在学者31単位以上で受験許可書。専門士・高校等専攻科修了者は要事前確認 |
| | | | 初等教育(幼年教育) | 2 | ● | ● | ● | ● | | | | | | | | ● | ※● | | ※実技含む | | 0 | 0 | — | — | — | — | |
| | | | 中等教育(理科教育) | 2 | ● | ● | ● | ● | | | | | | | | ● | ● | ● | | | 2 | 0 | 2 | 1 | — | — | |
| | | | 中等教育(音楽教育) | 2 | ● | ● | ● | ● | | | | | | | ※● | ● | ● | | ※実技含む | | 0 | 0 | — | — | — | — | |
| | | | 中等教育(技術教育) | 2 | ● | ● | ● | ● | | | | | | | | ● | ● | ● | ※実技含む | | — | — | 0 | 0 | — | — | |
| | | 特別支援教育教員養成 | | 2 | ● | ● | ● | ● | | | | | | | | ● | ● | | | | — | — | 6 | 2 | 2 | 1 | |
| | 社会共創 | | | | | | | | | | | | | | | | | | | 実施なし | | | | | | | |
| | 工 | 工 | 機械工学 | 3 | | ● | ● | ● | ● | ● | 5/21 | 4/25~5/6 | ● | | ● | | ● | | 数学 | TOEIC又はTOEFL | 9(2) | 1(0) | 4(1) | 1(1) | 3(1) | 1(1) | 要受験許可書。別途全コースで公募推薦編入実施(書・面)。( )は推薦で外数 |
| | | | 知能システム学 | 3 | | ● | ● | ● | ● | ● | | | ● | | ● | | ● | | | | 4(3) | 1(2) | 0(0) | 0(0) | 1(1) | 0(1) | |
| | | | 電気電子工学 | 3 | | ● | ● | ● | ● | ● | | | ● | | ● | | ● | | | | 7(3) | 3(2) | 19(0) | 7(0) | 3(0) | 0(0) | |
| | | | コンピューター科学 | 3 | | ● | ● | ● | ● | ● | | | ● | | ● | | ● | | | | 7(2) | 1(1) | 7(2) | 1(0) | 6(0) | 0(0) | |
| | | | 応用情報工学 | 3 | | ● | ● | ● | ● | ● | | | ● | | ● | | ● | | | | 5(2) | 1(1) | 5(0) | 3(0) | 4(0) | 2(0) | |
| | | | 材料デザイン工学 | 3 | | ● | ● | ● | ● | ● | | | ● | | ● | | ● | | | | 2(0) | 2(0) | 2(0) | 1(0) | 1(1) | 1(1) | |
| | | | 化学・生命科学 | 3 | | ● | ● | ● | ● | ● | | | ● | | ● | | ● | | | | 1(0) | 1(0) | 4(0) | 3(0) | 3(1) | 1(1) | |
| | | | 社会基盤工学 | 3 | | ● | ● | ● | ● | ● | | | ● | | ● | | ● | | | | 3(0) | 0(0) | 0(0) | 1(0) | 1(4) | 0(4) | |
| | | | 社会デザイン | 3 | | ● | ● | ● | ● | ● | | | ● | | ● | | ● | | | | 1(0) | 0(0) | 1(1) | 0(0) | 1(0) | 1(0) | |
| | 理 | 理 | 数学・数理情報 | 2 | ● | ● | ● | ● | ● | | 10/15 | 9/22~9/29 | | | | ● | ● | | | | — | — | 4 | 1 | 3 | 1 | 専門士及び高校等専攻科修了者は要事前確認。欠員募集でR3は実施なし。R6よりTOEIC提出 |
| | | | 物理学 | 2 | ● | ● | ● | ● | ● | | | | | | | ● | ● | | | | — | — | 1 | 0 | 6 | 3 | |
| | | | 化学 | 2 | ● | ● | ● | ● | ● | | | | | | | ● | ● | | | | — | — | 2 | 0 | 3 | 0 | |
| | | | 生物学 | 2 | ● | ● | ● | ● | ● | | | | | | | ● | ● | | | | — | — | 4 | 0 | 4 | 2 | |
| | | | 地学 | 2 | ● | ● | ● | ● | ● | | | | | | | ● | ● | | | | — | — | 2 | 2 | 5 | 2 | |
| | 農 | 食料生産 | 農業生産学 | 3 | | ● | ● | ● | ● | ● | <3年次>7/2 <2年次>11/20 | <3年次>5/23~5/30 <2年次>11/1~11/7 | | | | | ※● | | ※英・専 | 大学在学者2年次33単位以上、3年次62単位以上。( )の学科は2年次で外数。専門士・高校等専攻科修了者は要事前確認 | 11 | 2 | 9 | 2 | 10 | 2 | |
| | | | 植物工場システム学 | 3 | | ● | ● | ● | ● | ● | | | | | | | ● | | ※生・化・物から1 | | 4(6) | 2(1) | 7 | 3 | 1 | 1 | |
| | | | 食料生産経営学 | 2・3 | ● | ● | ● | ● | ● | | | | | | | ※● | ● | ※食料・農業問題 | | | 6(4) | 3(1) | 13(9) | 3(1) | 7 | 3 | |
| | | 生命機能 | 応用生命化学 | 3 | | ● | ● | ● | ● | ● | | | 英 | | | | ※● | | ※生・化 | | 8 | 3 | 7 | 3 | 7 | 2 | |
| | | 生物環境 | 森林資源学 | 3 | | ● | ● | ● | ● | | | | | | | | ※● | | ※科学 | | 1 | 0 | 4 | 1 | 1(2) | 1(1) | |
| | | | 地域環境工学 | 2・3 | ● | ● | ● | ● | ● | | | | | | | | ※● | | ※英・数・理 | | 2(4) | 0(2) | 2(4) | 0(1) | 2 | 1 | |
| | | | 環境保全学 | 3 | | ● | ● | ● | ● | | | | | | | | ※● | | ※英・数 | | 4 | 0 | 1 | 1 | 6 | 4 | |
| | 医 | 医 | | 2 | | | ● | ● | | | 7/23,8/29.30 | 6/27~7/1 | | | | ● | ● | | 自然科学総合問題 | ※プレゼン後討論。TOEIC | 110 | 10 | 109 | 6 | 80 | 5 | 医学部医学科在卒者は出願不可。要推薦書・自己推薦書 |
| | | 看護 | | 3 | | | | ● | ● | | 9/3 | 7/25~8/1 | | | | ● | ● | ● | | TOEIC | 26 | 12 | 10 | 8 | 1 | 1 | 看護師免許取得(見込)者で看護系学科卒業(見込)者のみ。2次募集あり |

| 大学名 | 学部 | 学科 | 専攻・コース | 編入年次 | 大1 | 大2 | 学士 | 短大 | 高専 | 専門 | 試験日 | 出願期間 | 外国語筆記 | 外部試験 | 専門科目 | 小論文 | 面接 | 口頭試問 | 専門科目以外の科目 | その他の注意事項 | R3志願者 | R3合格者 | R4志願者 | R4合格者 | R5志願者 | R5合格者 | 備考 特に記載がない場合は、大学の在学生3年次は62単位以上、2年次は31単位以上取得見込み |
|---|---|---|---|---|---|---|---|---|---|---|---|---|---|---|---|---|---|---|---|---|---|---|---|---|---|---|---|
| 高知 | 人文社会科 | 人文社会科 | 人文科学 | 3 | | ● | ● | ● | ● | ● | 9/12 | 8/23~8/25 | | | | | ● | ● | | | 17 | 6 | 21 | 5 | 9 | 3 | 専門士は要事前確認 |
| | | | 国際社会 | 3 | | ● | ● | ● | ● | ● | | | | | | | | ● | | | 10 | 2 | 15 | 4 | 10 | 3 | |
| | | | 社会科学 | 3 | | ● | ● | ● | ● | ● | | | | | | | ● | ● | | | 9 | 2 | 10 | 2 | 9 | 2 | |
| | 教育 | | | | | | | | | | | | | | | | | | | | | | | | | | 欠員募集のみで11月下旬詳細決定 |
| | 理工 | 数学物理 | 数学 | 3 | | ● | ● | ● | ● | ● | 9/12 | 8/23~8/25 | | | ● | | | ● | | | | | 2 | 0 | 0 | 0 | 専門士は要事前確認 |
| | | | 物理科学 | 3 | | ● | ● | ● | ● | ● | | | | | | | | ● | 物理又は化学 | | 6 | 1 | 4 | 2 | 1 | 1 | |
| | | 情報科 | | 3 | | ● | ● | ● | ● | ● | | | | | | | | ● | 情報科学及び関連数学 | | 10 | 3 | 23 | 2 | 14 | 2 | |
| | | 生物科 | | 3 | | ● | ● | ● | ● | ● | | | | | | | | ● | 生物 | | 1 | 0 | 10 | 1 | 5 | 2 | |
| | | 化学生命理工 | | 3 | | ● | ● | ● | ● | ● | | | | | | | | ※● | ※科学・生物学 | | 3 | 2 | 10 | 2 | 2 | 0 | |
| | | 地球環境防災 | | 3 | | ● | ● | ● | ● | ● | | | | | | | | ※● | ※物理・地学・防災工学から1 | | 6 | 3 | 9 | 3 | 6 | 3 | |
| | 農林海洋科 | 農林資源環境科 | 暖地農学 | 3 | | ● | ● | ● | ● | ● | | | | | | | | ※● | | | — | — | — | — | 5 | 3 | R5より実施 |
| | | | 自然環境学 | | | | | | | | | | | | | | | | | | | | | | | | 実施なし |
| | | | 森林科学 | | | | | | | | | | | | | | | | | | | | | | | | 実施なし |
| | | | 生産環境管理学 | | | | | | | | | | | | | | | | | | | | | | | | 実施なし |
| | | | 農芸化 | | | | | | | | | | | | | | | | | | | | | | | | 実施なし |
| | | 海洋資源科 | 海洋生物生産学 | | | | | | | | | | | | | | | | | | | | | | | | 実施なし |
| | | | 海底資源環境学 | | | | | | | | | | | | | | | | | | | | | | | | 実施なし |
| | | | 海洋生命科学 | | | | | | | | | | | | | | | | | | | | | | | | 実施なし |
| | 医 | 医 | | 2 | | ● | ● | ● | ● | ● | 7/2, 8/25, 26 | 6/13~6/16 | | | | ● | | ● | 総合問題(数・物・化・生含む) | グループワークあり。TOEIC等 | 154 | 8 | 111 | 7 | 42 | 6 | 医学部医学科在卒・退学者は出願不可。過去に学術論文を執筆したことがある者のみ |
| | | 看護 | | 3 | | | | ● | | ● | 8/18 | 7/25~7/27 | | | | | | ● | 総合問題(看護学及び保健医療・福祉に関する問題、英文読解含む) | | 29 | 12 | 21 | 13 | 23 | 12 | 看護系のみ |
| | 地域協働 | | | | | | | | | | | | | | | | | | | | | | | | | 実施なし |
| 九州 | 文 | 人文-哲学 | 哲学・哲学史 | 3 | | ● | | | | | 9/1 | 7/25~8/4 | 選 | | ● | | | ● | 選:英・独・仏から1 | | 3 | 0 | 2 | 1 | △ | △ | R3は美学・美術史、西洋史、心理学、比較宗教学、社会学・地域社会学で募集なし R4は日本史学、西洋史学、国語・国文学、心理学、社会学・地域社会福祉学で募集なし R5は考古学、西洋史学、国語学・国文学、社会学・地域福祉社会学で募集なし |
| | | | 倫理学 | 3 | | ● | | | | | | | 選 | | ● | | | ● | | | | | | | | | |
| | | | インド哲学史 | 3 | | ● | | | | | | | 選 | | ● | | | ● | | | | | | | | | |
| | | | 中国哲学史 | 3 | | ● | | | | | | | 選 | | ● | | | ● | | | | | | | | | |
| | | | 美学・美術史 | 3 | | ● | | | | | | | 選 | | ● | | | ● | | | | | | | | | |
| | | 人文-歴史学 | 日本史学 | 3 | | ● | | | | | | | 選 | | ● | | | ● | | | | | | | | | |
| | | | 東洋史学 | 3 | | ● | | | | | | | 選 | | ● | | | ● | | | | | | | | | |
| | | | 朝鮮史学 | 3 | | ● | | | | | | | 選 | | ● | | | ● | | | | | | | | | |
| | | | 考古学 | 3 | | ● | | | | | | | 選 | | ● | | | ● | | | | | | | | | |
| | | | 西洋史学 | 3 | | ● | | | | | | | 選 | | ● | | | ● | | | | | | | | | |
| | | | イスラム文明学 | 3 | | ● | | | | | | | 選 | | ● | | | ● | | | | | | | | | |
| | | 人文-文学 | 国語学・国文学 | 3 | | ● | | | | | | | 選 | | ● | | | ● | | | | | | | | | |
| | | | 中国文学 | 3 | | ● | | | | | | | 選 | | ● | | | ● | | | | | | | | | |
| | | | 英語学・英文学 | 3 | | ● | | | | | | | 選 | | ● | | | ● | | | | | | | | | |
| | | | 独文学 | 3 | | ● | | | | | | | 選 | | ● | | | ● | | | | | | | | | |
| | | | 仏文学 | 3 | | ● | | | | | | | 選 | | ● | | | ● | | | | | | | | | |

| 大学名 | 学部 | 学科 | 専攻・コース | 編入年次 | 大1 | 大2 | 学士 | 短大 | 高専 | 専門 | 試験日 | 出願期間 | 外国語筆記 | 外部試験 | 専門科目 | 小論文 | 面接 | 口頭試問 | 専門科目以外の科目 | その他の注意事項 | R3志願者 | R3合格者 | R4志願者 | R4合格者 | R5志願者 | R5合格者 | 備考 |
|---|---|---|---|---|---|---|---|---|---|---|---|---|---|---|---|---|---|---|---|---|---|---|---|---|---|---|---|
| | | 人文-人間科学 | 言語学・応用言語学 | 3 | | | ● | | | | | | 選 | | ● | | | ● | | | | | | | | | |
| | | | 地理学 | 3 | | | ● | | | | | | 選 | | ● | | | ● | | | | | | | | | |
| | | | 心理学 | 3 | | | ● | | | | | | 選 | | ● | | | ● | | | | | | | | | |
| | | | 比較宗教学 | 3 | | | ● | | | | | | 選 | | ● | | | ● | | | | | | | | | |
| | | | 社会学・地域福祉社会学 | 3 | | | ● | | | | | | 選 | | ● | | | ● | | | | | | | | | |
| | 教育 | | | | | | | | | | | | | | | | | | | | | | | | | 実施なし |
| | 法 | | | | | | | | | | | | | | | | | | | | | | | | | 同大学出身者のみ |
| | 経済 | 経済・経営 | | | | | | | | | | | | | | | | | | | | | | | × | × | R5より募集停止 |
| | | 経済工 | | 3 | | | | | ● | | 7/2 | 5/30~6/3 | | | | | ●|* ● | | *オンライン | △ | △ | △ | △ | △ | △ | 高専対象公募推薦編入のみ。R5より一般編入募集停止 |
| 理 | 理 | 数 | | 3 | ● | ● | ● | ● | ● | ● | 9/10 | 8/2~8/11 | | | ● | | | ● | | | 13 | 2 | △ | △ | △ | 4 | 大学在学者70単位以上 |
| | | 物理 | 物理学 | 3 | ● | ● | ● | ● | ● | ● | | | 英 | | ● | | | ● | | | 29 | 5 | △ | △ | △ | 5 | |
| | | 化 | | | | | | | | | | | | | | | | | | | | | | | | 実施なし |
| | | 地球惑星科 | | | | | | | | | | | | | | | | | | | | | | | | 実施なし |
| | | 生物 | | | | | | | | | | | | | | | | | | | | | | | | 実施なし |
| | 工 | 建築 | | | | | | | | | | | | | | | | | | 1(2) | 1(2) | 3(4) | 0(2) | — | — | R5より改組学科にて募集。合格状況は推薦で( )外数。 |
| | | 電気情報工 | | | | | | | | | | | | | | | | | | 29(11) | 6(6) | 17(12) | 5(7) | — | — | 合格状況に第2志望含む |
| | | 物質科学工 | 化学プロセス・生命工学 | | | | | | | | | | | | | | | | | | | | | | | | |
| | | | 応用化学 | | | | | | | | | | | | | | | | | 9(8) | 2(8) | 8(10) | 5(10) | — | — | |
| | | | 材料科学工芸 | | | | | | | | | | | | | | | | | | | | | | — | — | |
| | | 地球環境工 | 建設都市工学 | | | | | | | | | | | | | | | | | 5(6) | 2(6) | 2(5) | 1(5) | — | — | |
| | | | 船舶海洋システム工学 | | | | | | | | | | | | | | | | | 1(1) | 0(1) | 0(0) | 0(0) | — | — | |
| | | | 地球システム工学 | | | | | | | | | | | | | | | | | 0(0) | 0(0) | 0(0) | 0(0) | — | — | |
| | | エネルギー科 | | | | | | | | | | | | | | | | | | 2(0) | 1(0) | 1(1) | 1(1) | — | — | |
| | | 機械航空工 | 機械工学 | | | | | | | | | | | | | | | | | 3(14) | 2(10) | 5(12) | 1(9) | — | — | |
| | | | 航空宇宙工学 | | | | | | | | | | | | | | | | | 3(4) | 1(3) | 3(7) | 1(5) | — | — | |
| | 工 | 電気情報工 | | 3 | | | * | ● | ● | | 8/18、8/19 | 7/11~7/15 | 英 | ● | ● | | | ● | 数学※ | TOEIC等任意提出 ※**を第2志望とする場合は物理と化学も受験 | — | — | — | — | 14(13) | 5(7) | *理科系短大卒業(見込)者のみ　別途公募推薦実施(書・口頭試問・英語外部スコア提出)、**の学科を第2志望として出願することができる。合格状況は推薦で( )外数。合格状況に第2志望含む |
| | | 材料工 | | 3 | | | * | ● | ● | | | | 英 | ● | ● | | | ● | 数・物・化 | | — | — | — | — | 0(1) | 0(1) | |
| | | 応用化 | | 3 | | | * | ● | ● | | | | 英 | ● | ● | | | ● | 数・物・化 | | — | — | — | — | 2(3) | 1(3) | |
| | | 化学工 | | 3 | | | * | ● | ● | | | | 英 | ● | ● | | | ● | 数・物・化 | | — | — | — | — | 0(0) | 0(0) | |
| | | 機械工 | | 3 | | | * | ● | ● | | | | 英 | ● | ● | | | ● | 数学※ | | — | — | — | — | 4(9) | 1(9) | |
| | | 航空宇宙工 | | 3 | | | * | ● | ● | | | | 英 | ● | | | | ● | 数・物・化 | | — | — | — | — | 2(3) | 0(3) | |
| | | 量子物理工** | | 3 | | | * | ● | ● | | | | 英 | ● | | | | ● | 数・物・化 | | — | — | — | — | 0(0) | 0(0) | |
| | | 船舶海洋工** | | 3 | | | * | ● | ● | | | | 英 | ● | | | | ● | 数・物・化 | | — | — | — | — | 0(0) | 1(0) | |
| | | 地球環境資源システム工** | | 3 | | | * | ● | ● | | | | 英 | ● | | | | ● | 数・物・化 | | — | — | — | — | 0(1) | 0(1) | |
| | | 土木工 | | 3 | | | * | ● | ● | | | | 英 | ● | ● | | | ● | 数学※ | | — | — | — | — | 7(9) | 3(6) | |
| | | 建築 | | 3 | | | * | ● | ● | | | | 英 | ● | ● | | | ● | 数・「物又は化」 | | — | — | — | — | 2(3) | 1(1) | |
| | 芸術工 | 芸術工 | 環境設計 | 3 | | | ● | ● | ● | | 10/8 | 8/22~8/26 | ● | | | | | ● | 数学 | TOEIC | 3 | 0 | 3 | 1 | 4 | 3 | 要推薦書 |
| | | | インダストリアルデザイン | 3 | | | ● | ● | ● | | | | ● | | | | | ● | 数学又は実技 | | 4 | 3 | 10 | 3 | 8 | 3 | |
| | | | 未来構想デザイン | 3 | | | ● | ● | ● | | | | ● | | | | | ● | 書類による1次選抜 | | 4 | 2 | 5 | 2 | 4 | 0 | |
| | | | メディアデザイン | 3 | | | ● | ● | ● | | | | ● | | | | | ● | 数学 | | 9 | 1 | 14 | 3 | 12 | 3 | |
| | | | 音響設計 | 3 | | | ● | ● | ● | | | | ● | | | | | ● | 数学 | | 16 | 4 | 7 | 0 | 10 | 2 | |
| | 農 | | | | | | | | | | | | | | | | | | | | | | | | | 実施なし |
| | 医 | | | | | | | | | | | | | | | | | | | | | | | | | 実施なし |
| | 歯 | | | | | | | | | | | | | | | | | | | | | | | | | 実施なし |
| | 薬 | | | | | | | | | | | | | | | | | | | | | | | | | 実施なし |

| 大学名 | 学部 | 学科 | 専攻・コース | 編入年次 | 大1 | 大2 | 学士 | 短大 | 高専 | 専門 | 試験日 | 出願期間 | 外国語筆記 | 外部試験 | 専門科目 | 小論文 | 面接 | 口頭試問 | 専門科目以外の科目 | その他の注意事項 | R3志願者 | R3合格者 | R4志願者 | R4合格者 | R5志願者 | R5合格者 | 備考（特に記載がない場合は、大学在学生3年次は62単位以上、2年次は31単位以上取得見込み） |
|---|---|---|---|---|---|---|---|---|---|---|---|---|---|---|---|---|---|---|---|---|---|---|---|---|---|---|---|
| 九州工業 | 工 | 建設社会工 | | 3 | | | | *● | ● | | 6/25 | 5/16〜5/20 | | | | | | *● | | *数学・理科や工学に対する適性等 | 6 | 4 | 4 | 2 | 2 | 2 | *理工系短大卒業(見込)者。左記全学科で公募推薦編入、宇宙システム工学科・応用化学科で一般編入実施で選考方法は共通。一般選抜学科・コースは年度により異なる |
| | | 機械知能工 | | 3 | | | | ● | ● | ● | | | | | | | | *● | | | 17 | 8 | 31 | 7 | 9 | 7 | |
| | | 宇宙システム工 | | 3 | | | | *● | ● | | | | | | | | | *● | | | 4 | 2 | 3 | 2 | 2 | 2 | |
| | | 電気電子工 | | 3 | | | | ● | ● | ● | | | | | | | | *● | | | 13 | 10 | 13 | 8 | 14 | 9 | |
| | | 応用化 | | 3 | | | | ● | ● | ● | | | | | | | | *● | | | 5 | 1 | 4 | 1 | 3 | 1 | |
| | | マテリアル工 | | 3 | | | | *● | ● | | | | | | | | | *● | | | 8 | 0 | 1 | 1 | 1 | 1 | |
| | 情報工 | 知能情報工 | | 3 | ● | ● | ● | ● | ● | ● | 6/25,6/26 | 5/16〜5/20 | | ● | | | | *● | TOEIC(IP可) | *数・物・プログラミング・生など学科により異なる。 | 56 | 9 | 39 | 8 | 51 | 9 | 別途公募推薦編入実施(書・面〈口頭試問含む〉)免除の場合あり)で実績に含む、第2志望合格を含む |
| | | 情報・通信工 | | 3 | ● | ● | ● | ● | ● | ● | | | | ● | | | | *● | | | 21 | 12 | 33 | 14 | 26 | 12 | |
| | | 知的システム工 | | 3 | | ● | ● | ● | ● | ● | | | | ● | | | | *● | | | 34 | 13 | 27 | 9 | 13 | 9 | |
| | | 物理情報工 | | 3 | ● | ● | ● | ● | ● | ● | | | | ● | | | | *● | | | 6 | 8 | 8 | 7 | 5 | 5 | |
| | | 生命化学情報工 | | 3 | ● | ● | ● | ● | ● | ● | | | | ● | | | | *● | | | 12 | 7 | 9 | 7 | 11 | 7 | |
| 福岡教育 | 教育 | | | | | | | | | | | | | | | | | | | | | | | | | | 実施なし |
| 佐賀 | 経済 | | | | | | | | | | | | | | | | | | | | | | | | | | 実施なし |
| | 芸術地域デザイン | 芸術地域デザイン | 芸術表現 | 3 | | ● | ● | ● | ● | ● | 8/26 | 7/14〜7/20 | | | | ● | ● | | ポートフォリオ提出 | | 4 | 1 | 4 | 2 | 6 | 2 | R4より小論文の出題はタブレット端末を使用 |
| | | | 地域デザイン | 3 | | ● | ● | ● | ● | ● | | | | | | ● | ● | | 地域コンテンツデザイン分野はポートフォリオ提出 | | 8 | 5 | 13 | 3 | 15 | 3 | |
| | 教育 | | | | | | | | | | | | | | | | | | | | | | | | | | 実施なし |
| | 理工 | 理工 | 数理 | 3 | | ● | ● | ● | ● | ● | 6/3 2/28 | 5/9〜5/16 1/5〜1/12 | | | | | | *● | *数学含む | | 4 | 0 | 4 | 0 | 0 | 0 | 出身学科等に具体的規定あり。別途公募推薦編入実施(書・小〈数理分野除く〉・面〈学科により口頭試問含む〉)で実施。それ以外。R6より都市工学科でTOEIC必須 |
| | | | 物理学 | 3 | | ● | ● | ● | ● | ● | | | | | | | | | 数学 | | 0 | 0 | 0 | 0 | 0 | 0 | |
| | | | 情報 | 3 | | | ● | ● | ● | ● | | | | | | | ● | | | | 14(1) | 5(0) | 15(7) | 4(3) | 18(3) | 4(2) | |
| | | | 化学 | 3 | | | ● | ● | ● | ● | | | 英 | | | | ● | | | | 3 | 1 | 8 | 2 | 7 | 2 | |
| | | | 機械工学 | 3 | | | ● | ● | ● | ● | | | | | | | ● | | TOEIC(IP可) | | 9(1) | 4(1) | 5(6) | 3(6) | 13(4) | 8(4) | |
| | | | 電気電子工 | 3 | | | ● | ● | ● | ● | | | | | | | ● | | | | 14 | 7 | 16(3) | 5(1) | 10(2) | 5(2) | |
| | | | 都市工 | 3 | | | ● | ● | ● | ● | | | ※英 | | | | ● | | ※TOEIC等で免除 | | 7(3) | 0(1) | 1(2) | 1(0) | 7(5) | 1(2) | |
| | 農 | 生物資源科 | 生物学 | 3 | | | ● | ● | ● | ● | 7/1 | 5/19〜5/26 | 英 | | | | ● | | | | 31 | 12 | 10 | 3 | 7 | 2 | R6より英語に代えてTOEIC(IP可)提出 |
| | | | 食資源環境科学 | 3 | | | ● | ● | ● | ● | | | 英 | | | | ● | | | | | | 2 | 1 | 4 | 1 | |
| | | | 生命機能科学 | 3 | | | ● | ● | ● | ● | | | 英 | | | | ● | | | | | | 5 | 4 | 6 | 2 | |
| | | | 国際・地域マネジメント | 3 | | | ● | ● | ● | ● | | | 英 | | | | ● | | | | | | 7 | 1 | 1 | 0 | |
| | 医 | 医 | | | | | | | | | | | | | | | | | | | | | | | | | 実施なし |
| | | 看護 | | 3 | | | ● | ● | ● | | 11/26 | 11/1〜11/7 | | | | ● | ● | | 総合能力試験 | | 2 | 0 | 3 | 0 | 1 | 0 | 看護系学科卒業(見込)者のみ。総合能力試験は英語課題を含む、タブレット端末を使用 |
| 長崎 | 教育 | | | | | | | | | | | | | | | | | | | | | | | | | | 実施なし |
| | 経済 | 総合経済 | 昼間 | 3 | | ● | ● | ● | ● | ● | 10/29 | 9/26〜9/30 | | | | | ● | | 総合問題(経済・社会基礎) TOEICで具体的基準あり | | 21 | 13 | 38 | 12 | 30 | 13 | |
| | | | 夜間主 | 3 | | | ● | ● | ● | ● | | | | | | ● | ● | | | | 30 | 5 | 12 | 6 | 19 | 6 | 夜間主は社会人編入のみ |
| | 薬 | | | | | | | | | | | | | | | | | | | | | | | | | | 実施なし |
| | 工 | | | | | | | | | | | | | | | | | | | | | | | | | | 実施なし |
| | 環境科 | 環境科 | 環境政策 | 3 | | | ● | ● | ● | ● | 9/16 | 8/4〜8/24 | | ● | ※● | | ● | | ※総合問題 TOEIC又はTOEFLで具体的基準あり | | 24 | 5 | 21 | 5 | 11 | 5 | |
| | | | 環境保全設計 | 3 | | | ● | ● | ● | ● | | | | ● | ※● | | ● | | | | | | | | | | |
| | 水産 | | | | | | | | | | | | | | | | | | | | | | | | | | 実施なし |

| 大学名 | 学部 | 学科 | 専攻・コース | 編入年次 | 大1 | 大2 | 学士 | 短大 | 高専 | 専門 | 試験日 | 出願期間 | 外国語筆記 | 外部試験 | 専門科目 | 小論文 | 面接 | 口頭試問 | 専門科目以外の科目 | その他の注意事項 | R3志願者 | R3合格者 | R4志願者 | R4合格者 | R5志願者 | R5合格者 | 備考 |
|---|---|---|---|---|---|---|---|---|---|---|---|---|---|---|---|---|---|---|---|---|---|---|---|---|---|---|---|
|  | 医 | 医 |  | 2 |  |  | ● |  |  |  | 8/26、10/7 | 7/15~7/22 | 英 |  |  | ● | ● |  | 生命科学系科目 |  | △ | △ | △ | △ | △ | △ | 医学部医学科卒業者は出願不可。要推薦書 |
|  |  | 保健 | 看護学 | 3 |  |  |  | ● |  | ● | 10/29 | 10/11~10/14 |  |  |  | ● | ● |  | 小論文は英語含む |  | 4 | 0 | 2 | 1 | 3 | 0 | 専攻別関係学科卒業(見込)者のみ。社編実施で実施状況に含む |
|  |  |  | 理学療法学 | 3 |  |  |  | ● |  | ● |  |  |  |  |  | ● | ● |  |  |  | 1 | 0 | 0 | 0 | 1 | 0 |  |
|  |  |  | 作業療法学 | 3 |  |  |  | ● |  | ● |  |  |  |  |  | ● | ● |  |  |  | 0 | 0 | 0 | 0 | 0 | 0 |  |
|  | 歯 |  |  |  |  |  |  |  |  |  |  |  |  |  |  |  |  |  |  |  |  |  |  |  |  |  | 実施なし |
|  | 多文化社会 |  |  |  |  |  |  |  |  |  |  |  |  |  |  |  |  |  |  |  |  |  |  |  |  |  |  |
|  | 情報データ科 |  |  |  |  |  |  |  |  |  |  |  |  |  |  |  |  |  |  |  |  |  |  |  |  |  | 実施なし |
| 熊本 | 文 | 総合人間 |  | 3 | ● | ● | ● | ● |  |  | 7/9 | 5/30~6/3 | 選 |  |  | ● | ● |  | 選:英・独・仏・中から1　小論文は専門に関する内容 |  | 4 | 0 | 6 | 0 | 0 | 0 |  |
|  |  | 歴史 |  | 3 | ● | ● | ● | ● |  |  |  |  | 選 |  |  | ● | ● |  |  |  | 1 | 0 |  |  |  |  |  |
|  |  | 文 |  | 3 | ● | ● | ● | ● |  |  |  |  | 選 |  |  | ● | ● |  |  |  | 3 | 0 | 4 | 0 | 1 | 0 |  |
|  |  | コミュニケーション情報 |  | 3 | ● | ● | ● | ● |  |  |  |  | 選 |  |  | ● | ● |  |  |  | 5 | 0 | 2 | 1 | 2 | 0 |  |
|  | 教育 | 教育 |  |  |  |  |  |  |  |  |  |  |  |  |  |  |  |  |  |  |  |  |  |  |  |  | 実施なし |
|  | 法 | 法 |  | 3 | ● | ● | ● | ● |  |  | 11/26 | 10/11~10/14 | 英 |  |  |  |  | ※● | ※社会科学関連 |  | 5 | 0 | 1 | 0 | 2 | 0 |  |
|  | 理 |  |  |  |  |  |  |  |  |  |  |  |  |  |  |  |  |  |  |  |  |  |  |  |  |  | 実施なし |
|  | 工 | 土木建築 | 土木工学 | 3 | ● | ● | ● | ● | ● |  | 7/9 | 6/10~6/17 |  |  |  | ● | ● |  | 数学 |  | 5(2) | 4(2) | 9(1) | 4(1) | 12(4) | 3(4) | 別途公募推薦編入実施(書・面〈口頭試問〉)で出身学科系の指定あり。( )は推薦で外数 |
|  |  |  | 地域デザイン | 3 | ● | ● | ● | ● | ● |  |  |  |  |  |  | ● | ● |  | 数学 |  |  |  | 1(3) | 0(3) | 4(1) | 0(1) |  |
|  |  |  | 建築学 | 3 | ● | ● | ● | ● | ● |  |  |  |  |  |  | ● | ● |  | 数学 |  | 15(3) | 7(3) | 17(6) | 2(4) | 18(5) | 2(4) |  |
|  |  | 機械数理工 | 機械工学 | 3 | ● | ● | ● | ● | ● |  |  |  | 英 |  |  | ● | ● |  | 数学 |  | 12(1) | 7(1) | 10(4) | 1(4) | 8(3) | 2(3) |  |
|  |  |  | 機械システム | 3 | ● | ● | ● | ● | ● |  |  |  | 英 |  |  | ● | ● |  | 数学 |  |  |  | 14(3) | 4(3) | 11(1) | 6(1) |  |
|  |  |  | 数理工学 | 3 | ● | ● | ● | ● | ● |  |  |  |  |  |  | ● | ● |  | 数学 |  | 3(0) | 3(0) | 3(1) | 1(1) | 4(0) | 3(0) |  |
|  |  | 情報電気工 | 電気工学 | 3 | ● | ● | ● | ● | ● |  |  |  |  |  | *● | ● |  | *電気回路・情報基礎・数学から2 |  | 37(13) | 10(13) | 17(3) | 8(3) | 17(3) | 14(3) |  |
|  |  |  | 電子工学 | 3 | ● | ● | ● | ● | ● |  |  |  |  |  | *● | ● |  |  |  |  |  | 9(5) | 2(5) | 19(2) | 8(2) |  |
|  |  |  | 情報工学 | 3 | ● | ● | ● | ● | ● |  |  |  |  |  | *● | ● |  |  |  |  |  | 20(4) | 5(4) | 15(3) | 9(3) |  |
|  |  | 材料・応用化 | 応用生命化学 | 3 | ● | ● | ● | ● | ● |  |  |  |  |  | ● |  | *● | *英語含む |  | 6(1) | 5(1) | 2(4) | 1(4) | 2(1) | 1(1) |  |
|  |  |  | 応用物質化学 | 3 | ● | ● | ● | ● | ● |  |  |  |  |  | ● |  | *● | *英語含む |  |  |  | 2(0) | 0(0) | 3(1) | 2(1) |  |
|  |  |  | 物質材料工学 | 3 | ● | ● | ● | ● | ● |  |  |  |  |  |  |  | *● | *専門・英語・数学含む |  | 1(0) | 1(0) | 2(1) | 1(1) | 0(1) | 0(1) |  |
|  | 医 | 医 |  |  |  |  |  |  |  |  |  |  |  |  |  |  |  |  |  |  |  |  |  |  |  |  | 実施なし。欠員募集 |
|  |  | 保健 | 看護学 | 3 |  |  |  | ● |  | *● | 8/26 | 7/13~7/19 |  | ● |  | ● | ● |  | TOEIC等で基準あり |  | 2 | 0 | 3 | 0 | 0 | 0 | *3年課程のみ。専攻別関係学科卒業(見込)者(検査技術科学専攻は指定科目修得(見込)者)のみ |
|  |  |  | 放射線技術科学 | 3 |  |  |  | ● |  |  |  |  |  | ● |  | ● | ● |  |  |  | 0 | 0 | 1 | 0 | 1 | 0 |  |
|  |  |  | 検査技術科学 | 3 |  |  |  | ● |  |  |  |  |  | ● |  | ● | ● |  |  |  | 0 | 0 | 0 | 0 | 0 | 0 |  |
|  | 薬 |  |  |  |  |  |  |  |  |  |  |  |  |  |  |  |  |  |  |  |  |  |  |  |  |  | 実施なし |
| 大分 | 教育 |  |  |  |  |  |  |  |  |  |  |  |  |  |  |  |  |  |  |  |  |  |  |  |  |  | 実施なし |
|  | 経済 | 経済 |  | 3 | ● | ● | *● | *● | *● |  | 9/1 | 8/1~8/5 | 英 |  | ※● |  |  |  | ※社会科学に関する問題 |  | 40 | 10 | 43 | 10 | 15 | 11 | 大学在学者63単位以上。*印及び高校専攻科修了者は要学長推薦書。学科は入学後に決定 |
|  |  | 経営システム |  | 3 | ● | ● | *● | *● | *● |  |  |  | 英 |  | ※● |  |  |  |  |  |  |  |  |  |  |  |  |
|  |  | 地域システム |  | 3 | ● | ● | *● | *● | *● |  |  |  | 英 |  | ※● |  |  |  |  |  |  |  |  |  |  |  |  |
|  |  | 社会イノベーション |  |  |  |  |  |  |  |  |  |  |  |  |  |  |  |  |  |  |  |  |  |  |  |  | 実施なし |
|  | 理工 | 創生工 | 機械 | 3 | ● | ● | *● | *● | *● |  | 6/7 | 5/16~5/20 |  |  |  |  |  | ● | ※筆記(基礎学力)含む |  | 3 | 2 | 5 | 1 | 5 | 3 | 短大は理工系。*要学校長推薦書で学業成績上位者。具体的対象科目あり。別途電気電子・数理科学を除くコースで公募推薦編入実施(書・面)で合格状況に含む。R5の( )は2次募集 |
|  |  |  | 電気電子 | 3 | ● | ● | *● | *● | *● |  |  |  |  |  |  |  |  | ※● |  |  | 3 | 2 | 5 | 2 | 5 | 2 |  |
|  |  |  | 福祉メカトロニクス | 3 | ● | ● | *● | *● | *● |  |  |  |  |  |  |  |  | ● |  |  | 2 | 1 | 4 | 1 | 1(1) | 0(1) |  |
|  |  |  | 建築学 | 3 | ● | ● | *● | *● | *● |  |  |  |  |  |  |  |  | ● |  |  | 1 | 1 | 8 | 5 | 4 | 2 |  |
|  |  | 共創理工 | 数理科学 | 3 | ● | ● | *● | *● | *● |  |  |  |  |  |  |  |  | ※● |  |  | 1 | 0 | 0 | 0 | 0 | 0 |  |
|  |  |  | 知能情報システム | 3 | ● | ● | *● | *● | *● |  |  |  |  |  |  |  |  | ※● |  |  | 11 | 2 | 7 | 1 | 7 | 2 |  |
|  |  |  | 自然科学 | 3 | ● | ● | *● | *● | *● |  |  |  |  |  |  |  |  | ● |  |  | 0 | 0 | 1 | 0 | 0 | 0 |  |
|  |  |  | 応用化学 | 3 | ● | ● | *● | *● | *● |  |  |  |  |  |  |  |  | ※● |  |  | 1 | 0 | 1 | 1 | 3(1) | 1(1) |  |

| 大学名 | 学部 | 学科 | 専攻・コース | 編入年次 | 大1 | 大2 | 学士 | 短大 | 高専 | 専門 | 試験日 | 出願期間 | 外国語筆記 | 外部試験 | 専門科目 | 小論文 | 面接 | 口頭試問 | 専門科目以外の科目 | その他の注意事項 | R3志願者 | R3合格者 | R4志願者 | R4合格者 | R5志願者 | R5合格者 | 備考 特に記載がない場合は、大学在学者3年次は62単位以上、2年次は31単位以上取得見込み |
|---|---|---|---|---|---|---|---|---|---|---|---|---|---|---|---|---|---|---|---|---|---|---|---|---|---|---|---|
| | 医 | 医 | | 2 | | ● | ● | | | | 6/21. 7/27 | 4/25〜4/28 | 英 | | | | | ※● | 生命科学の総合問題。課題小論文 | ※発表及びグループディスカッション含む | 244 | 10 | 260 | 10 | 257 | 10 | 要推薦書。医学部医学科在卒者は出願不可 |
| | | 看護 | | 3 | | ● | ● | | | | 8/19 | 7/11〜7/15 | 英 | ※● | | | ● | | ※総合問題 | | 26 | 6 | 28 | 6 | 20 | 6 | 看護系出身者のみ。大学在学者63単位以上で看護系大卒業(見込)者を除く |
| | 福祉健康科 | | | | | | | | | | | | | | | | | | | | | | | | | | 実施なし |
| 宮崎 | 教育 | | | | | | | | | | | | | | | | | | | | | | | | | | 実施なし。欠員募集 |
| | 工 | 環境応用化 | | | | | | | | | | | | | | | | | | | 3 | 2 | 4 | 4 | — | — | R5より改組 |
| | | 社会環境システム工 | | | | | | | | | | | | | | | | | | | 4 | 2 | 6 | 2 | — | — | |
| | | 環境ロボティクス | | | | | | | | | | | | | | | | | | | 4 | 2 | 11 | 1 | — | — | |
| | | 機械設計システム工 | | | | | | | | | | | | | | | | | | | 3 | 1 | 7 | 2 | — | — | |
| | | 電子物理工 | | | | | | | | | | | | | | | | | | | 3 | 2 | 1 | 0 | — | — | |
| | | 電気システム工 | | | | | | | | | | | | | | | | | | | 6 | 3 | 12 | 2 | — | — | |
| | | 情報システム工 | | | | | | | | | | | | | | | | | | | 8 | 2 | 8 | 3 | — | — | |
| | 工 | 工 | 応用物質化学 | 3 | ● | ● | ● | ● | ● | | 6/14 | 5/30〜6/3 | ※英 | | ● | | ● | | 数学 | ※規定以上のTOEIC又はTOEFLで免除 | — | — | — | — | 41 | 18 | 別途公募推薦編入実施(書・面(口頭試問含む))で実績に含む |
| | | | 土木環境工学 | 3 | ● | ● | ● | ● | ● | | | | ※英 | | ● | | ● | | | | — | — | — | — | | | |
| | | | 応用物理工学 | 3 | ● | ● | ● | ● | ● | | | | ※英 | | ● | | ● | | | | — | — | — | — | | | |
| | | | 電気電子工学 | 3 | ● | ● | ● | ● | ● | | | | ※英 | | ● | | ● | | | | — | — | — | — | | | |
| | | | 機械知能工学 | 3 | ● | ● | ● | ● | ● | | | | ※英 | | ● | | ● | | | | — | — | — | — | | | |
| | | | 情報通信工学 | 3 | ● | ● | ● | ● | ● | | | | ※英 | | ● | | ● | | | | — | — | — | — | | | |
| | 農 | 植物生産環境科 | | | | | | | | | | | | | | | | | | | — | — | — | — | — | — | 実施なし。欠員募集 |
| | | 森林緑地環境科 | | 3 | | | | | | | | | 英 | | | | ● | | | | — | — | — | — | | | |
| | | 海洋生物環境 | | | | | | | | | | | | | | | | | | | — | — | — | — | | | |
| | | 畜産草地科 | | 3 | ● | ● | ● | ● | ● | | | | 英 | | | | ● | | | | — | — | — | — | | | |
| | | 応用生物科 | | | | | | | | | | | | | | | | | | | — | — | — | — | | | |
| | | 獣医 | | | | | | | | | | | | | | | | | | | | | | | | | 実施なし |
| | 医 | 医 | | | | | | | | | | | | | | | | | | | | | | | | | 実施なし |
| | | 看護 | | | | | | | | | | | | | | | | | | | | | | | | | 実施なし |
| | 地域資源創成 | | | | | | | | | | | | | | | | | | | | | | | | | | 実施なし |
| 鹿児島 | 法文 | 法経社会 | 法学 | 3 | ● | ● | ● | ● | | | 10/15 | 9/16〜9/22 | | | ● | | ● | | | | △ | △ | 11 | 2 | 8 | 2 | 大学在学者50単位以上 |
| | | | 地域社会 | 3 | ● | ● | ● | ● | | | | | | | ● | | ● | | | | △ | △ | 9 | 2 | 10 | 2 | |
| | | | 経済 | 3 | ● | ● | ● | ● | | | | | | | ● | | ● | | | | △ | △ | 16 | 4 | 16 | 4 | |
| | | 人文 | 多元地域文化 | 3 | ● | ● | ● | ● | | | | | | | ● | | ● | | ※人文学 | | △ | △ | 20 | 3 | 22 | 3 | |
| | | | 心理学 | 3 | ● | ● | ● | ● | | | | | | | ● | | ● | | ※英語含む | | △ | △ | 11 | 2 | 11 | 2 | |
| | 教育 | 学校教育教員養成 -初等教育 中等教育 | (国語) | 3 | ● | ● | ● | ● | | | 10/22 | 9/12〜9/14 | | | ● | | ● | | 英検又はTOEFL | | 3 | 2 | 3 | 0 | 2 | 1 | 修得単位状況で2年次になることがある。大学在学者要転入学許可証。国語・社会・英語・数学・理科・技術・家政・音楽・美術・保健体育を志願する者は初等教育コース又は中等教育コースを選択。R6より試験科目に変更 |
| | | | (社会) | 3 | ● | ● | ● | ● | | | | | | | ● | | ● | | | | 0 | 0 | 0 | 0 | 1 | 0 | |
| | | | (英語) | 3 | ● | ● | ● | ● | | | | | | | ● | | ● | | | | 2 | 1 | 7 | 1 | 2 | 1 | |
| | | | (数学) | 3 | ● | ● | ● | ● | | | | | | | ● | | ● | | | | 0 | 0 | 1 | 0 | 0 | 0 | |
| | | | (理科) | 3 | ● | ● | ● | ● | | | | | | | ● | | | ● | | | 1 | 1 | 0 | 0 | 0 | 0 | |
| | | | (技術) | 3 | ● | ● | ● | ● | | | | | | | ● | | ● | | | | 0 | 0 | 1 | 0 | 0 | 0 | |
| | | | (家政) | 3 | ● | ● | ● | ● | | | | | | | ● | | ● | | | | 1 | 1 | 0 | 0 | 1 | 1 | |
| | | | (教育学) | 3 | ● | ● | ● | ● | | | | | | | ● | | ● | | | | 6 | 2 | 3 | 0 | 1 | 0 | |
| | | | (心理学) | 3 | ● | ● | ● | ● | | | | | | | ● | | | ● | | | 1 | 1 | 0 | 0 | 2 | 2 | |
| | | | (音楽) | 3 | ● | ● | ● | ● | | | | | | | ● | | ● | | 実技 | | 0 | 0 | 0 | 0 | 0 | 0 | |
| | | | (美術) | 3 | ● | ● | ● | ● | | | | | | | ● | | ● | | 実技・作品提出 | | 0 | 0 | 0 | 0 | 0 | 0 | |

| 大学名 | 学部 | 学科 | 専攻・コース | 編入年次 | 大1 | 大2 | 学士 | 短大 | 高専 | 専門 | 試験日 | 出願期間 | 外国語筆記 | 外部試験 | 専門科目 | 小論文 | 面接 | 口頭試問 | 専門科目以外の科目 | その他の注意事項 | R3志願者 | R3合格者 | R4志願者 | R4合格者 | R5志願者 | R5合格者 | 備考 |
|---|---|---|---|---|---|---|---|---|---|---|---|---|---|---|---|---|---|---|---|---|---|---|---|---|---|---|---|
| | | | (保健体育) | 3 | | ● | ● | ● | ● | ● | | | | ● | | | | | 実技 | | 1 | 0 | 1 | 0 | 0 | 0 | |
| | | 特別支援教育 | | 3 | | ● | ● | ● | ● | ● | | | | ● | ● | | | | | | 1 | 1 | 5 | 3 | 2 | 2 | |
| | 理 | | | | | | | | | | | | | | | | | | | | | | | | | | 実施なし。欠員募集 |
| | 工 | 先進工 | 機械工学 | 3 | | ● | *● | ● | *● | *● | 5/21 | 5/6~5/12 | | | ● | | ● | | 数学 | | 68 | 35 | 58 | 29 | 58 | 29 | *理工系のみ 別途高専卒見込者(具体的対象学科あり)の公募推薦編入実施(書・小〈学科による〉・面)で合格状況に含む |
| | | | 電気電子工学 | 3 | | ● | *● | ● | *● | *● | | | | | ● | | ● | | 数学 | | | | | | | | |
| | | | 海洋土木工学 | 3 | | ● | *● | ● | *● | *● | | | | | | ※● | ● | | ※土木系専攻志願者以外は専門にかえ数・物・小 | | | | | | | | |
| | | | 化学工学 | 3 | | ● | *● | ● | *● | *● | | | | | | | | ※● | ※化・物・数 | | | | | | | | |
| | | | 化学生命工学 | 3 | | ● | *● | ● | *● | *● | | | | | ● | | ● | | | | | | | | | | |
| | | | 情報・生体工学 | 3 | | ● | *● | ● | *● | *● | | | | | ● | | ● | | 数学 | | | | | | | | |
| | | 建築 | 建築学 | 3 | | ● | | | ● | | | | | ● | ● | | ● | | TOEIC | | | | | | | | |
| | 農 | 農業生産科 | | 3 | | ● | ● | ● | ● | ● | 7/6 | 6/6~6/10 | | ● | | | ● | | TOEFL-ITPを当日受験 | | | | 12 | 3 | 11 | 2 | |
| | | 食料生命科 | | 3 | | ● | ● | ● | ● | ● | | | | ● | | | ● | | | | 11 | 4 | 6 | 1 | 5 | 0 | |
| | | 農林環境科 | | 3 | | ● | ● | ● | ● | ● | | | | ● | | | ● | | | | | | 2 | 0 | 0 | 0 | |
| | 共同獣医 | | | | | | | | | | | | | | | | | | | | | | | | | | 実施なし |
| | 医 | 医 | | 2 | | | ● | | | | 6/4, 7/2 | 5/9~5/12 | | | | | | | 学力Ⅰ(英語基礎・国語表現力) 学力Ⅱ(理科基礎:生物を中心に関連分野含む) | | 187 | 13 | 232 | 13 | 242 | 14 | 医学科在卒者不可。要推薦書 |
| | | 保健 | 看護学 | 3 | | ● | | ● | ● | ● | 8/23 | 6/20~6/24 | | ● | | ● | ● | | TOEICで具体的基準あり | | 0 | 0 | 1 | 0 | 0 | 0 | 専攻別関係学科卒(見込)者のみ。R6より募集停止 |
| | | | 理学療法学 | 3 | | ● | | | | | | | | | | | | | | | 0 | 0 | 0 | 0 | 0 | 0 | |
| | | | 作業療法学 | 3 | | ● | | | | | | | | | | | | | | | 0 | 0 | 0 | 0 | 0 | 0 | |
| | 歯 | | | | | | | | | | | | | | | | | | | | | | | | | | 実施なし。欠員募集 |
| | 水産 | | | | | | | | | | | | | | | | | | | | | | | | | | 実施なし。欠員募集 |
| 鹿屋体育 | 体育 | スポーツ総合 | | 3 | ● | ● | ● | ● | *● | *● | 8/22, 8/23 | 7/28~8/2 | | | | ● | ● | | 運動能力検査 | | 32 | 20 | 36 | 20 | 37 | 20 | *体育系学科等 |
| | | 武道 | | 3 | ● | ● | ● | ● | *● | *● | | | | | | ● | ● | | | | 0 | 0 | 0 | 0 | 1 | 0 | |
| 琉球 | 人文社会 | 国際法政 | 法学 | 3 | | ● | ● | ● | ● | ● | 10/22 | 9/21~9/28 | | | | ● | ● | | | | 4 | 1 | | | | | 夜間主コースの国際言語文化プログラムは英語文化のみ募集。別途経営・経済夜間主コースで社会人編入実施(小・面)で()外数 |
| | | | 政治・国際関係学 | 3 | | ● | | | | | | | 英 | | | | ● | ● | | | | 0 | 0 | 1 | 1 | 0 | 0 | |
| | | 人間社会 | 哲学・教育学 | 3 | | ● | | | | | | | 選 | | *● | | ● | | 選:英又は中 | *哲学・教育学、心理学、社会学から1 | 0 | 0 | | | | | |
| | | | 心理学 | 3 | | ● | | | | | | | 選 | | *● | | ● | | | | 3 | 2 | 9 | 2 | 6 | 1 | |
| | | | 社会学 | 3 | | ● | | | | | | | 選 | | *● | | ● | | | | 3 | 0 | | | | | |
| | | 琉球アジア文化 | 歴史民俗学 | 3 | | ● | | | | | | | 選 | | *● | | ● | | 選:英又は中 | *歴史・民俗学・言語学、文学から1 | 4 | 0 | | | | | |
| | | | 文学 | 3 | | ● | | | | | | | 選 | | *● | | ● | | | | 0 | 0 | 1 | 0 | 3 | 2 | |
| | | | 言語学 | 3 | | ● | | | | | | | 選 | | *● | | | | | | 0 | 0 | | | | | |
| | 国際地域創造 | 国際地域創造(昼間主) | 経営 | 3 | | ● | | | | | | | 選 | | *● | | ● | | 選:英・独・仏・中・西から1つ | *専門基礎 ‡地理・歴史・人類学から1 | 16 | 8 | 13 | 7 | 6 | 1 | |
| | | | 経済学 | 3 | | ● | | | | | | | 選 | | *● | | ● | | | | | | | | | | |
| | | | 国際言語文化 | 3 | | ● | | | | | | | 選 | | ● | | | | | | | | | | | | |
| | | | 地域文化科学 | 3 | | ● | | | | | | | 選 | | :● | | | | | | | | | | | | |
| | | | 観光地域デザイン | | | | | | | | | | | | | | | | | | | | | | | | | |
| | | 国際地域創造(夜間主) | 経営 | 3 | | ● | | | | | | | 選 | | *● | | ● | | 選:英・独・仏・中・西から1 | *専門基礎 | 3 | 2 | 10 | 5 | 4 | 2 | |
| | | | 経済学 | 3 | | ● | | | | | | | 選 | | *● | | ● | | | | | | | | | | |
| | | | 国際言語文化 | 3 | | ● | | | | | | | 英 | | *● | | ● | | | | | | | | | | |
| | 教育 | | | | | | | | | | | | | | | | | | | | | | | | | | 実施なし |
| | 理 | | | | | | | | | | | | | | | | | | | | | | | | | | 実施なし |

※備考欄冒頭:「特に記載がない場合は、大学在学生3年次は62単位以上、2年次は31単位以上取得見込み」

| 大学名 | 学部 | 学科 | 専攻・コース | 編入年次 | 大1 | 大2 | 学士 | 短大 | 高専 | 専門 | 試験日 | 出願期間 | 外国語筆記 | 外部試験 | 専門科目 | 小論文 | 面接 | 口頭試問 | 専門科目以外の科目 | その他の注意事項 | R3志願者 | R3合格者 | R4志願者 | R4合格者 | R5志願者 | R5合格者 | 備考 特に記載がない場合は、大学在学生3年次は62単位以上、2年次は31単位以上取得見込み |
|---|---|---|---|---|---|---|---|---|---|---|---|---|---|---|---|---|---|---|---|---|---|---|---|---|---|---|---|
| 工 | 工 | 機械工学 | 3 | | ● | ● | ● | ● | *● | 9/2 | 7/28~8/3 | | | ● | | ● | | | | 7 | 2 | 8 | 2 | 14 | 3 | *工業系専門課程修了(見込)者のみ |
| | | エネルギー環境工学 | 3 | | ● | ● | ● | ● | *● | | | | | ● | | ● | | | | 1 | 1 | 3 | 3 | 6 | 3 | |
| | | 電機システム工学 | 3 | | ● | ● | ● | ● | *● | | | | | ● | | ● | | 数学 | | 1 | 0 | 7 | 4 | 5 | 4 | |
| | | 電子情報通信 | 3 | | ● | ● | ● | ● | *● | | | | | ● | | ● | | 数学 | | 3 | 2 | 2 | 1 | 5 | 4 | |
| | | 社会基盤デザイン | 3 | | ● | ● | ● | ● | *● | | | | | | | | ● | | | 3 | 2 | 5 | 3 | 2 | 1 | |
| | | 建築学 | 3 | | ● | ● | ● | ● | *● | | | 英 | | | | | ● | 数学・物理 | | 9 | 2 | 15 | 2 | 7 | 2 | |
| | | 知能情報 | 3 | | ● | ● | ● | ● | *● | | | | | ● | | ● | | 数学 | | 11 | 6 | 27 | 9 | 18 | 6 | |
| | 農 | 亜熱帯生物資源科 | | 3 | *● | ● | ● | ● | ● | 6/18 | 5/25~5/30 | 英 | | | ● | ● | | 生化学 | | 18 | 5 | 15 | 5 | 9 | 6 | *修得済(見込不可)。健康栄養科学コース募集なし |
| | | 亜熱帯地域農 | | | | | | | | | | | | | | | | | | | | | | | | 実施なし |
| | | 亜熱帯農林環境科 | | | | | | | | | | | | | | | | | | | | | | | | |
| | | 地域農業工 | | | | | | | | | | | | | | | | | | | | | | | | |
| | 医 | 医 | | 2 | | | ● | | | | 5/12, 6/15 | 4/7~4/14 | | | | | ● | ● | 自然科学総合問題 | | 164 | 7 | 144 | 7 | 150 | 7 | 医学部医学科在卒者は出願不可。要推薦書(他者及び自己)。R6より選抜時期、選抜方法に変更有 |
| | | 保健 | | | | | | | | | | | | | | | | | | | | | | | | 実施なし |

# 公立

| 大学名 | 学部 | 学科 | 専攻・コース | 編入年次 | 大1 | 大2 | 学士 | 短大 | 高専 | 専門 | 試験日 | 出願期間 | 外国語筆記 | 外部試験 | 専門科目 | 小論文 | 面接 | 口頭試問 | 専門科目以外の科目 | その他の注意事項 | R3志願者 | R3合格者 | R4志願者 | R4合格者 | R5志願者 | R5合格者 | 備考（特に記載がない場合は、大学在学生3年次は62単位以上、2年次は31単位以上取得見込み） |
|---|---|---|---|---|---|---|---|---|---|---|---|---|---|---|---|---|---|---|---|---|---|---|---|---|---|---|---|
| 旭川市立 | 経済 | 経営経済 | | 2・3 | ● | ● | ● | ● | ● | ● | 11/19 3/10 | 11/1~11/11 2/14~2/27 | | | | ● | ● | | | | 1 | 1 | 6 | 5 | 4 | 3 | m n |
| | 保健福祉 | コミュニティ福祉 | | 2・3 | ● | ● | ● | ● | ● | | | | | | | ● | ● | | | | 6 | 6 | 2 | 2 | 4 | 4 | |
| 釧路公立 | 経済 | | | | | | | | | | | | | | | | | | | | | | | | | | 実施なし |
| 公立千歳科学技術 | 理工 | 応用化学 生物 | | 3 | | | | | | | 8/21 | 7/4~7/11 | | | | | ● | | 数学 | | 4 | 2 | 7 | 0 | 2 | 0 | 関連学科在・卒で相当単位取得者。原則3年次だが単位認定で編入年次決定。資格審査通過者のみ出願可 |
| | | 電子光工 | | 3 | ● | ● | ● | ● | ● | | | | | | | | ● | | | | 3 | 1 | 6 | 2 | 2 | 1 | |
| | | 情報システム工 | | 3 | ● | ● | ● | ● | ● | | | | | | | | ● | | | | 6 | 0 | 11 | 0 | 10 | 1 | |
| 公立はこだて未来 | システム情報科 | 複雑系知能 | | 3 | ● | ● | ● | ● | ● | | 6/18 | 5/18~5/27 | 英 | | ● | | ● | | 数学 | | 3(3) | 1(3) | 4(3) | 1(3) | 5(3) | 2(3) | 大学在学者は在学中の大学卒業必要単位の2分の1以上。( )は指定校推薦で外数 |
| | | 情報アーキテクチャ | | 3 | ● | ● | ● | ● | ● | | | | 英 | | ● | | ● | | | | 3(3) | 1(3) | 11(1) | 5(1) | 7(9) | 4(5) | |
| 札幌医科 | 医 | | | | | | | | | | | | | | | | | | | | | | | | | | 実施なし |
| | 保健医療 | | | | | | | | | | | | | | | | | | | | | | | | | | 実施なし |
| 札幌市立 | デザイン | デザイン | 人間空間デザイン | 3 | ● | ● | ● | ● | ● | | 7/16 | 6/17~6/24 | | ● | | | ● | | TOEIC | | 8 | 3 | 5 | 1 | 6 | 1 | |
| | | | 人間情報デザイン | | | | | | | | | | | ● | | | ● | | | | | | 4 | 0 | 4 | 0 | |
| | 看護 | 看護 | | | | | | | | | | | | | | | | | | | | | | | | | 実施なし |
| 名寄市立 | 保健福祉 | 栄養 | | 3 | | ● | ● | | ● | | 11/22 | 11/1~11/7 | 英 | ● | ● | ● | | | | | 0 | 0 | 0 | 0 | 1 | 0 | |
| | | 看護 | | 3 | | | | | | | | | 英 | ● | ● | ● | | | | | 1 | 0 | 1 | 1 | 2 | 0 | 看護系のみ |
| | | 社会福祉 | | 3 | ● | ● | ● | ● | | *● | | | | ● | ● | ● | | | | 0 | 0 | 2 | 0 | 0 | 0 | *福祉系のみ |
| | | 社会保育 | | 3 | ● | ● | ● | ● | | | | | 英 | ● | ● | ● | | | | 0 | 0 | 0 | 0 | 0 | 0 | *指定保育士養成施設 社会保育学科は幼稚園教諭一種又は二種もしくは、保育士資格取得者 |
| 青森県立保健 | 健康科 | 看護 | | | | | | | | | | | | | | | | | | | | | | | | | 実施なし |
| | | 理学療法 | | | | | | | | | | | | | | | | | | | | | | | | | 実施なし |
| | | 社会福祉 | | 2 | ● | ● | ● | ● | ● | | 9/24 | 8/22~8/26 | | | | | ● | | 総合問題(英語等含む) | | 2 | 1 | 1 | 0 | 1 | 1 | |
| | | 栄養 | | 2 | | ● | ● | ● | | | | | | | | | ● | | 総合問題(英語等含む) | | 2 | 0 | 4 | 2 | 2 | 1 | |
| 青森公立 | 経営経済 | | | | | | | | | | | | | | | | | | | | | | | | | | 実施なし |
| 岩手県立 | 看護 | 看護 | | 3 | | | | *● | | *● | 9/1 | 8/5~8/9 | 英 | | ● | | ● | | | | 6(0) | 2(0) | 4 | 3 | 1(1) | 1(1) | *専攻と同系出身者のみ。別途県内対象(ソフトは全国枠もあり)の推薦入試あり(看：書・専・英・面、社福：書・小・面、ソフト：書・面＜口含む＞、総合：書・総合・面)実施で( )外数。別途社会福祉学部で社会人編入実施で合格状況に含む |
| | 社会福祉 | 社会福祉 | | 3 | ● | あり | ● | | | | | | | | | | ※● | ※総合問題(専門基礎・基礎教養) | | 5(1) | 2(1) | 12 | 4 | 4(2) | 2(1) | |
| | | 人間福祉 | | 3 | ● | あり | ● | | | ● | | | | | | | ※● | ※総合問題 | | 5(2) | 4(2) | 6 | 2 | 7(1) | 4(1) | |
| | ソフトウェア情報 | ソフトウェア情報 | | | | | | | | | 6/11 | 5/30~6/1 | ※英 | | ● | | ● | | ※英検等の資格により免除 | | 17(5) | 8(5) | 27 | 11 | 22(4) | 8(4) | |
| | 総合政策 | 総合政策 | | 3 | ● | ● | ● | ● | ● | | 9/1 | 8/5~8/9 | | | | | ※● | | ※総合問題 | | 33(1) | 12(1) | 34 | 9 | 19(2) | 10(2) | |
| 宮城 | 看護 | | | | | | | | | | | | | | | | | | | | | | | | | | 実施なし |
| | 事業構想 | | | | | | | | | | | | | | | | | | | | | | | | | | 実施なし。欠員募集 |
| | 食産業 | | | | | | | | | | | | | | | | | | | | | | | | | | 実施なし |
| 秋田県立 | システム科学技術 | 機械工 | | 2・3 | ● | ● | ● | ● | ● | | 7/2 | 5/30~6/3 | 英 | | ● | | | *● | *数学・物理に関する基礎知識 | 0(3) | 0(3) | 2 | 2 | 0 | 0 | 単位修得状況等により年次決定。大学在学者受験許可証。別途システム科学技術学部で公募推薦編入実施(書・小・面〈試問含む〉)で( )外数、R3は推薦5学科全て、一般は機械工学科で実施。左記選考方法機械工は一般、他は推薦 |
| | | 知能メカトロニクス | | 2・3 | | ● | ● | ● | | | | | | | | | ● | *● | | | | | | | | | |
| | | 情報工 | | 2・3 | | ● | ● | ● | | | | | | | | | ● | *● | | | | | | | | | |
| | | 建築環境システム | | 2・3 | | ● | ● | ● | | | | | | | | | ● | *● | | | | | | | | | |
| | | 経営システム | | 2・3 | | ● | ● | ● | | | | | | | | | ● | *● | | | | | | | | | |
| | 生物資源科 | 応用生物科 | | 2・3 | ● | ● | ● | ● | | | | | 英 | | | ● | | *● | *生物・化学に関する基礎知識 | 4 | 0 | 8 | 2 | 8 | 3 | 単位修得状況等により年次決定。大学在学者要受験許可証 |
| | | 生物生産科 | | 2・3 | ● | ● | ● | ● | | | | | 英 | | | ● | | *● | | | | | | | | |
| | | 生物環境科 | | 2・3 | ● | ● | ● | ● | | | | | 英 | | | ● | | *● | | | | | | | | |
| | | アグリビジネス | | 2・3 | ● | ● | ● | ● | | | | | 英 | | | ● | | *● | | | | | | | | |

| 大学名 | 学部 | 学科 | 専攻・コース | 編入年次 | 大1 | 大2 | 学士 | 短大 | 高専 | 専門 | 試験日 | 出願期間 | 外国語筆記 | 外部試験 | 専門科目 | 小論文 | 面接 | 口頭試問 | 専門科目以外の科目 | その他の注意事項 | R3志願者 | R3合格者 | R4志願者 | R4合格者 | R5志願者 | R5合格者 | 備考 特に記載がない場合は、大学在学生3年次は62単位以上、2年次は31単位以上取得見込み |
|---|---|---|---|---|---|---|---|---|---|---|---|---|---|---|---|---|---|---|---|---|---|---|---|---|---|---|---|
| 秋田公立美術 | 美術 | 美術 | | 3 | | ● | ● | ● | ● | ● | 11/27 | 11/1~11/8 | | | | | ● | ● | | 作品審査(ポートフォリオ持参) | 10 | 6 | 8 | 4 | 3 | 2 | |
| 国際教養 | 国際教養 | グローバル・ビジネス | | 2 | ● | ● | ● | ● | ● | ● | 11/26.27 3/14 | 10/21~11/9 2/1~2/24 | | ● | ※ | ● | ● | | ※英語小論文含む | 面接は英語含む。TOEFLなどの基準あり | 6 | 1 | 4 | 1 | 10 | 7 | 大学在学者2年次30単位程度、3年次60単位程度修得(見込)者。3年次は海外での学修等条件あり。要推薦書 |
| | | グローバル・スタディズ | | 2 | ● | ● | ● | ● | ● | ● | | | | | ※ | ● | ● | | | | | | | | | | |
| | | グローバル・ビジネス | | 3 | | ● | ● | ● | ● | ● | | | | | | | | | | | 1 | 0 | 1 | 1 | 0 | 0 | |
| | | グローバル・スタディズ | | 3 | | ● | ● | ● | ● | | | | | | ※ | ● | ● | | | | | | | | | | |
| 山形県立保健医療 | 保健医療 | 看護 | | 3 | | | | ● | | ● | 9/1 | 8/16~8/20 | | | | ● | ● | | | TOEIC | 5 | 3 | 7 | 4 | 10 | 3 | 看護系のみ |
| | | 理学療法 | | | | | | | | | | | | | | | | | | | | | | | | | 実施なし |
| | | 作業療法 | | | | | | | | | | | | | | | | | | | | | | | | | 実施なし |
| 山形県立米沢栄養 | 健康栄養 | 健康栄養 | | | | | | | | | | | | | | | | | | | | | | | | | 実施なし |
| 会津 | コンピュータ理工 | コンピュータ理工 | | 3 | | ● | ● | ● | ● | ● | 7/9 | 6/13~6/17 | 英 | ● | ● | | | ※● | 数学・物理 | ※英語による質問もありうる。TOEIC基準あり | 4 | 0 | 2 | 1 | 1 | 0 | 大学在学者要受験許可証 |
| 福島県立医科 | 医 | | | | | | | | | | | | | | | | | | | | | | | | | | 実施なし |
| | 看護 | | | | | | | | | | | | | | | | | | | | | | | | | | 実施なし |
| | 保健科学 | | | | | | | | | | | | | | | | | | | | | | | | | | 実施なし |
| 茨城県立医療 | 保健医療 | | | | | | | | | | | | | | | | | | | | | | | | | | 実施なし |
| 群馬県立県民健康科学 | 看護 | | | | | | | | | | | | | | | | | | | | | | | | | | 実施なし |
| | 診療放射線 | | | | | | | | | | | | | | | | | | | | | | | | | | 実施なし |
| 群馬県立女子 | 文 | 国文 | | 3 | | ● | ● | ● | ● | ● | 10/29 | 9/30~10/11 | 英 | | ※ | | ● | | ※漢文含む | | △ | △ | △ | △ | △ | △ | 2年次は短大1年以上在学(見込)者出願可。別途群馬県内短期大学出身対象者の推薦編入学(書・面)実施、文学部で社会人編入実施で合格状況に含む |
| | | 英米文化 | | 3 | | ● | ● | ● | ● | | | | 英 | | ● | | ※● | | ※英語による質疑応答含む | | △ | △ | △ | △ | △ | △ | |
| | | 美学美術史 | | 3 | | ● | ● | ● | ● | | | | 英 | | ● | | ● | | | | △ | △ | △ | △ | △ | △ | |
| | | 総合教養 | | 3 | | ● | ● | ● | | | | | 英 | | | ● | ● | | | | △ | △ | △ | △ | △ | △ | |
| | 国際コミュニケーション | 英語コミュニケーション | | 2・3 | ● | ● | ● | ● | ● | | 11/26 | 11/7~11/15 | | | | | ※● | | ※一部英語 | | △ | △ | △ | △ | △ | △ | 2年次は短大1年以上在学(見込)者出願可。別途県内短大出身対象者の推薦編入学。 |
| | | 国際ビジネス | | 2・3 | ● | ● | ● | ● | ● | | | | | | | | ※● | | | | △ | △ | △ | △ | △ | △ | TOEIC取得済(基準あり)が望ましい |
| 高崎経済 | 経済 | 経済 | | 2・3 | *● | *● | ● | ● | ● | | 12/18 | 11/18~11/25 | 英 | | ● | | ● | | | | 4 | 1 | ②4③0 | ②0③0 | ②4③0 | ②1③0 | 大学在学者2年次34単位以上(経済学部のみ)。経済学部は取得単位に条件あり*見込不可。要資格審査。合格状況②は2年次、③は3年次 |
| | | 経営 | | 2・3 | *● | *● | ● | ● | ● | | | | 英 | | ● | | ● | | | | | | | | | | |
| | | 国際 | | | | | | | | | | | | | | | | | | | | | | | | | 実施なし |
| | 地域政策 | 地域政策 | | 2・3 | | ● | ● | ● | ● | | 9/17 | 8/19~8/26 | | | | ● | | ● | | | | | | | | | 合格状況②は2年次、③は3年次 |
| | | 地域づくり | | 2・3 | | ● | ● | ● | ● | | | | | | | ● | | ● | | | ②87③45 | ②20③11 | ②42③51 | ②22③11 | ②47③33 | ②21③10 | |
| | | 観光政策 | | 2・3 | | ● | ● | ● | | | | | | | | ● | | ● | | | | | | | | | |

| 大学名 | 学部 | 学科 | 専攻・コース | 編入年次 | 大1 | 大2 | 学士 | 短大 | 高専 | 専門 | 試験日 | 出願期間 | 外国語筆記 | 外部試験 | 専門科目 | 小論文 | 面接 | 口頭試問 | 専門科目以外の科目 | その他の注意事項 | R3志願者 | R3合格者 | R4志願者 | R4合格者 | R5志願者 | R5合格者 | 備考 |
|---|---|---|---|---|---|---|---|---|---|---|---|---|---|---|---|---|---|---|---|---|---|---|---|---|---|---|---|
| 前橋工科 | 工 | 社会環境工 | | | | | | | | | | | | | | | | | | | — | — | — | — | — | — | 実施なし |
| | | 建築 | | | | | | | | | | | | | | | | | | | — | — | — | — | — | — | 実施なし |
| | | 生命情報 | | | | | | | | | | | | | | | | | | | — | — | — | — | — | — | 実施なし |
| | | システム生体工 | | | | | | | | | | | | | | | | | | | — | — | — | — | — | — | 実施なし |
| | | 生物工 | | | | | | | | | | | | | | | | | | | — | — | — | — | — | — | 実施なし |
| | | 総合デザイン工 | | 2・3 | ● | ● | ● | ● | ● | ● | 11/20 | 11/1～11/7 | | | | | ● | | | 主として夜間土曜開講。R6より改組学部にて募集予定 | 3 | 2 | 2 | 1 | 2 | 2 | |
| 埼玉県立 | 保健医療福祉 | 看護 | | 3 | | | ※● | | ※● | | 11/20 | 10/24～10/28 | | | | | ● | ● | | ※看護系。別途本会人対象県内産科医療施設推薦実施(書・小・オープン課題)で( )内外数 | 50(2) | 20(1) | 51(0) | 20(0) | 59(2) | 17(1) | |
| | | 社会福祉子ども | 社会福祉学 | 3 | | *● | ※*● | | ※*● | | | | | | | | ● | ● | | ※保育士又は*介護福祉士養成校又は*で指定科目修得(見込)者 | 7 | 3 | 2 | 2 | 3 | 2 | |
| | | | 福祉子ども学 | | | | | | | | | | | | | | | | | | | | | | | | 実施なし |
| | | 健康開発 | | | | | | | | | | | | | | | | | | | | | | | | | 実施なし |
| | | 理学療法 | | | | | | | | | | | | | | | | | | | | | | | | | 実施なし |
| | | 作業療法 | | | | | | | | | | | | | | | | | | | | | | | | | 実施なし |
| 千葉県立保健医療 | 健康科 | 看護 | | 3 | | | ● | | | | 11/19 | 11/1～11/8 | ● | ※● | | | ● | | ※英文読解含む | 看護系のみ | 8 | 2 | 15 | 0 | 10 | 0 | |
| | | 栄養 | | | | | | | | | | | | | | | | | | | | | | | | | 実施なし |
| | | 歯科衛生 | | | | | | | | | | | | | | | | | | | | | | | | | 実施なし |
| | | リハビリテーション | | | | | | | | | | | | | | | | | | | | | | | | | 実施なし |
| 東京都立 | 人文社会 | 人間社会 | 社会福祉学 | | | | | | | | 11/27 | 11/7～11/10 | 選 | *● | ● | | ● | | 選:英・独・仏・中から2(英選択時は筆記なしで右記参照) | *英語選択者はTOEIC等提出で基準あり | 0 | 0 | — | — | — | — | 年度により募集分野(教室)異なる |
| | | | 教育学 | 3 | | ● | | | | | | | 選 | *● | ● | | ● | | | | 0 | 0 | 0 | 0 | 0 | 0 | |
| | | | 日本語教育学 | 3 | | ● | | | | | | | 選 | *● | ● | | ● | | | | 0 | 0 | 0 | 0 | 0 | 0 | |
| | | 人文 | 哲学 | 3 | | ● | | | | | | | 選 | *● | ● | | ● | | | | 0 | 0 | 0 | 0 | 1 | 1 | |
| | | | ドイツ語圏文化論 | 3 | | ● | | | | | | | 選 | *● | ● | | ● | | | | — | — | 1 | 1 | — | — | |
| | | | 中国文化論 | 3 | | ● | | | | | | | 選 | *● | ● | | ● | | | | 0 | 0 | — | — | 2 | 1 | |
| | | | フランス語圏文化論 | 3 | | ● | | | | | | | 選 | *● | ● | | ● | | | | 2 | 2 | — | — | 0 | 0 | |
| | 法 | | | | | | | | | | | | | | | | | | | | | | | | | | 実施なし |
| | 経済経営 | | | | | | | | | | | | | | | | | | | | | | | | | | 実施なし |
| | 理 | 数理科 | | 3 | | ● | | | | | 編入:7/1 学士: | 編入:6/2～6/8 学士: | | | ● | | ● | | | 左記は学士 | — | — | 0 | 0 | 0 | 0 | |
| | | 物理 | | | | | | | | | | | | | | | | | | | | | | | | 0 | 0 | |
| | | 化 | | 3 | | *● | *● | | | | 1/5 | 11/7～11/10 | | | ● | | ● | | TOEIC | *工学系のみ。選考方法は編入学で学士は書・専・面(口) | 4 | 2 | 10 | 3 | 10 | 2 | |
| | | 生命科 | | 3 | | | ● | | | | | | | | ● | | ● | | TOEIC等で具体的基準あり | 左記は学士 | 0 | 0 | 0 | 0 | 0 | 0 | |
| | 都市環境 | 地理環境 | | 3 | | ● | | | | | 編入:7/1 学士:11/22 | 編入:6/2～6/8 学士:11/7～11/10 | | | ● | | ● | | TOEIC又はTOEFL等で、学士は出願基準あり | *工学系のみ　左記は編入学で学士は書・小・面(口頭)及び英語外部スコア(基準あり)。(都市基盤環境・建築除く) | 0 | 0 | 0 | 0 | 0 | 0 | |
| | | 都市基盤環境 | | 3 | | *● | *● | | | | | | | | ● | | ● | | | | 13 | 5 | 6 | 2 | 13 | 6 | |
| | | 建築 | | 3 | | *● | *● | | | | | | | | ● | | ● | | | | 15 | 5 | 14 | 3 | 14 | 4 | |
| | | 環境応用化 | | 3 | | ● | ● | | | | | | | | ● | | ● | | 化学 | | 4 | 2 | 10 | 3 | 5 | 3 | |
| | | 観光科 | | 3 | | | *● | | | | | | | | ● | | ● | | | | 5 | 2 | 3 | 1 | 2 | 1 | |
| | | 都市政策科学 | | | | | | | | | | | | | | | | | | | | | | | | | 実施なし |
| | システムデザイン | 情報科 | | 3 | | | *● | | | | 7/2 | 5/30～6/3 | | | ● | | ● | | 数学 | TOEIC・TOEFL等 | 26 | 4 | 30 | 5 | 34 | 5 | 理工学系。スコア提出で特別措置あり。*工学系のみ(インダストリアルアートは芸術系も可)。航空宇宙システム工学は修得科目に規定あり。スコア提出で特別措置あり |
| | | 電子情報システム工 | | 3 | | | *● | | | | | | | | ● | | ● | | 数学・物理 | | 16 | 2 | 11 | 3 | 21 | 11 | |
| | | 機械システム工 | 知能機械 | 3 | | | *● | | | | | | | | ● | | ● | | | | 8 | 2 | 10 | 2 | 16 | 3 | |
| | | | 生体機械 | 3 | | | *● | | | | | | | | ● | | ● | | | | 0 | 0 | 7 | 1 | 12 | 4 | |
| | | 航空宇宙システム工 | | 3 | | | *● | | | | | | | | ● | | ● | | | | 7 | 1 | 15 | 3 | 13 | 5 | |
| | | インダストリアルアート | | 3 | | | *● | | | | | | | | ● | | *● | | 数学 | | 9 | 2 | 3 | 1 | 17 | 5 | |

| 大学名 | 学部 | 学科 | 専攻・コース | 編入年次 | 大1 | 大2 | 学士 | 短大 | 高専 | 専門 | 試験日 | 出願期間 | 外国語筆記 | 外部試験 | 専門科目 | 小論文 | 面接 | 口頭試問 | 専門科目以外の科目 | その他の注意事項 | R3志願者 | R3合格者 | R4志願者 | R4合格者 | R5志願者 | R5合格者 | 備考 特に記載がない場合は、大学在学3年次は62単位以上、2年次は31単位以上取得見込み |
|---|---|---|---|---|---|---|---|---|---|---|---|---|---|---|---|---|---|---|---|---|---|---|---|---|---|---|---|
| | | 健康福祉 | | | | | | | | | | | | | | | | | | | | | | | | | 実施なし |
| 神奈川県立保健福祉 | 保健福祉 | 看護 | | | | | | | | | | | | | | | | | | | | | | | | | 実施なし |
| | | 栄養 | | | | | | | | | | | | | | | | | | | | | | | | | 実施なし |
| | | 社会福祉 | | 2 | ● | ● | ● | ● | ● | ● | 11/23 | 10/17~10/26 | | | | ※ | ● | | | ※英文読解含む | 5 | 3 | 12 | 3 | 10 | 3 | |
| | | リハビリテーション | | | | | | | | | | | | | | | | | | | | | | | | | 実施なし |
| 川崎市立看護 | 看護 | | | | | | | | | | | | | | | | | | | | | | | | | | 実施なし |
| 横浜市立 | 国際教養 | | | | | | | | | | | | | | | | | | | | | | | | | | 実施なし |
| | 国際商 | | | | | | | | | | | | | | | | | | | | | | | | | | 実施なし |
| | 理 | | | | | | | | | | | | | | | | | | | | | | | | | | 実施なし |
| | 医 | | | | | | | | | | | | | | | | | | | | | | | | | | 実施なし |
| | データサイエンス | | | | | | | | | | | | | | | | | | | | | | | | | | 実施なし |
| 三条市立 | 工 | | | | | | | | | | | | | | | | | | | | | | | | | | 実施なし |
| 長岡造形 | 造形 | | | | | | | | | | | | | | | | | | | | | | | | | | 実施なし |
| | 建築 | | | | | | | | | | | | | | | | | | | | | | | | | | |
| | 美術 | | | | | | | | | | | | | | | | | | | | | | | | | | |
| 新潟県立 | 国際地域 | | | | | | | | | | | | | | | | | | | | | | | | | | 実施なし |
| | 人間生活 | | | | | | | | | | | | | | | | | | | | | | | | | | 実施なし |
| | 国際経済 | | | | | | | | | | | | | | | | | | | | | | | | | | 実施なし |
| 新潟県立看護 | 看護 | 看護 | | | | | | | | | | | | | | | | | | | | | | | | | 実施なし |
| 富山県立 | 工 | 機械システム工 | | 3 | ● | ● | ● | ● | ● | ● | 7/19 | 6/28~6/30 | | | | | | ● | 総合問題(自然科学に関する分野から出題し、思考力等を点数化) | 1 | 1 | 1 | 0 | 2 | 1 | 大学在学者は在学中の大学の卒業必要単位数の二分の一以上 |
| | | 知能ロボット工 | | 3 | ● | ● | ● | ● | ● | | | | | | | | | | | 2 | 1 | 0 | 0 | 3 | 0 | |
| | | 電気電子 | | 3 | ● | ● | ● | ● | ● | | | | | | | | | ● | | | | 1 | 0 | 0 | 0 | |
| | | 情報システム工 | | 3 | ● | ● | ● | ● | ● | | | | | | | | | | | 3 | 0 | 1 | 0 | 0 | 0 | |
| | | 環境・社会基盤工 | | 3 | ● | ● | ● | ● | ● | | | | | | | | | ● | | | 1 | 1 | 0 | 0 | 0 | 0 | |
| | | 生物工 | | | | | | | | | | | | | | | | | | | — | — | — | — | — | — | 過去数年実施なし |
| | | 医薬品工 | | | | | | | | | | | | | | | | | | | — | — | — | — | — | — | 過去数年実施なし |
| | 看護 | | | | | | | | | | | | | | | | | | | | | | | | | | 実施なし |
| 石川県立 | 生物資源環境 | 生産科 | | 3 | ● | ● | ● | ● | ● | ● | 8/19 | 8/5~8/12 | | ● | | | ● | | 生・化・物から2 | TOEICを換算 | 2 | 0 | 4 | 1 | 0 | 0 | |
| | | 環境科 | | 3 | ● | ● | ● | ● | ● | | | | | ● | | | ● | | | | 0 | 0 | 3 | 2 | 0 | 0 | |
| | | 食品科 | | 3 | ● | ● | ● | ● | ● | | | | | ● | | | ● | | 生・化・物から2 | | 0 | 0 | 2 | 1 | 1 | 0 | |
| 石川県立看護 | 看護 | 看護 | | | | | | | | | | | | | | | | | | | | | | | | | 実施なし |
| 金沢美術工芸 | 美術工芸 | | | | | | | | | | | | | | | | | | | | | | | | | | 実施なし |
| 公立小松 | 生産システム科 | | | | | | | | | | | | | | | | | | | | | | | | | | 実施なし |
| | 保健医療 | | | | | | | | | | | | | | | | | | | | | | | | | | 実施なし |
| | 国際文化交流 | | | | | | | | | | | | | | | | | | | | | | | | | | 実施なし |
| 敦賀市立看護 | 看護 | | | | | | | | | | | | | | | | | | | | | | | | | | 実施なし |

| 大学名 | 学部 | 学科 | 専攻・コース | 編入年次 | 大1 | 大2 | 学士 | 短大 | 高専 | 専門 | 試験日 | 出願期間 | 外国語筆記 | 外部試験 | 専門科目 | 小論文 | 面接 | 口頭試問 | 専門科目以外の科目 | その他の注意事項 | R3志願者 | R3合格者 | R4志願者 | R4合格者 | R5志願者 | R5合格者 | 備考（特に記載がない場合は、大学在学生3年次では62単位以上、2年次は31単位以上取得見込み） |
|---|---|---|---|---|---|---|---|---|---|---|---|---|---|---|---|---|---|---|---|---|---|---|---|---|---|---|---|
| 福井県立 | 経済 | | | | | | | | | | | | | | | | | | | | | | | | | | 実施なし。欠員募集 |
| | 生物資源 | 生物資源 | | 2 | ● | ● | ● | ● | ● | | 1/28 | 12/19~1/4 | 英 | | | ● | | | 生物又は化学 | | 2 | 0 | 0 | 0 | 2 | 2 | |
| | | 創造農 | | 3 | | ● | ● | ● | ● | | 1/28 | 12/19~1/4 | | | | | ● | | | プレゼン | − | − | 10 | 5 | 3 | 2 | 新設学科につきR4より募集開始 |
| | 海洋生物資源 | 海洋生物資源 | | | | | | | | | 1/28 | 12/19~1/4 | | | | | | | | | | | | | 0 | 0 | 欠員募集でR3・R4募集なし、R5は2年次で募集 |
| | 看護福祉 | | | | | | | | | | | | | | | | | | | | | | | | | | 実施なし |
| 都留文科 | 文 | 国文 | | 3 | ● | ● | ● | ● | ● | | 12/11 | 11/14~11/25 | | | | | ● | ● | 国語(現古漢) | | 14 | 6 | 18 | 6 | 18 | 8 | |
| | | 英文 | | 3 | ● | ● | ● | ● | ● | | | | ※英 | | | *● | ● | ● | ※リスニング含む *英語小論文 | TOEIC等基準以上で英語免除 | − | − | − | − | 4 | 4 | 欠員募集 |
| | | 社会 | | | | | | | | | | | | | | | | | | | | | | | | | 実施なし |
| | | 比較文化 | | 3 | ● | ● | ● | ● | ● | | | | 英 | | | | ● | ● | | | − | − | − | − | 5 | 2 | 欠員募集 |
| | | 国際教育 | | | | | | | | | | | | | | | | | | | | | | | | | 実施なし |
| | 教養 | 地域社会 | | 3 | ● | ● | ● | ● | ● | | | | 英 | | | | ● | ● | | | 18 | 2 | 13 | 1 | − | − | 別途社会人編入実施で合格状況に含む |
| | | 学校教育 | | 3 | ● | ● | ● | ● | ● | | | | | | | | ● | ● | 国語(現・古)・数学 | | − | − | 5 | 1 | 5 | 1 | |
| 山梨県立 | 人間福祉 | 福祉コミュニティ | | 3 | *● | *● | *● | *● | *● | | 11/19 | 11/1~11/9 | | | | | ● | ● | | | 2 | 0 | 1 | 1 | 0 | 0 | *社会福祉系のみ |
| | | 人間形成 | | 3 | ● | ● | ● | ● | ● | | | | | | | | ● | ● | | | 1 | 0 | 0 | 0 | 1 | 0 | 保育士等所定の資格を取得(見込)者 |
| | 国際政策 | 総合政策 | | 3 | ● | ● | ● | ● | ● | | 11/20 | | | | ● | | ● | ● | | | 17 | 4 | 9 | 4 | 5 | 1 | |
| | | 国際コミュニケーション | | 3 | ● | ● | ● | ● | ● | | | | | | ● | | ● | ● | | | 13 | 5 | 12 | 5 | 7 | 4 | |
| | 看護 | | | | | | | | | | | | | | | | | | | | | | | | | | 実施なし |
| 公立諏訪東京理科 | 工 | 機械電気工 | 先進機械 | 3 | ● | ● | ● | ● | ● | | 9/14 | 8/24~8/31 | | | ● | | ● | | | | △ | △ | 3 | 1 | 3 | 0 | 関連出身が望ましい |
| | | | 電気電子 | 3 | ● | ● | ● | ● | ● | | | | | | ● | | ● | | | | | | 3 | 1 | 3 | 1 | |
| | | 情報応用工 | | 3 | ● | ● | ● | ● | ● | | | | | | | | ● | | 数学 | | △ | △ | 9 | 1 | 8 | 0 | |
| | 経営情報 | 経営情報 | | | | | | | | | | | | | | | | | | | | | | | | | 実施なし |
| 長野 | 社会福祉 | 社会福祉 | | 3 | ● | ● | ● | ● | ● | | 11/20 | 11/2~11/11 | | | | | ● | ● | | | 18 | 12 | 27 | 13 | 16 | 10 | 資格取得希望者は要事前相談 |
| | 環境ツーリズム | 環境ツーリズム | | 3 | ● | ● | ● | ● | ● | | | | | | | | ● | ● | | | 10 | 5 | 11 | 5 | 6 | 4 | 具体的出願要件あり |
| | 企業情報 | 企業情報 | | 3 | ● | ● | ● | ● | ● | | | | | | | | ● | ● | | | 16 | 5 | 15 | 5 | 16 | 5 | 具体的出願要件あり |
| 長野県看護 | 看護 | | | | | | | | | | | | | | | | | | | | | | | | | | 実施なし |
| 長野県立 | グローバルマネジメント | | | 3 | ● | ● | ● | ● | ● | | 11/27 | 11/1~11/15 | | | ● | | | ● | | TOEIC | − | − | 12 | 5 | 8 | 0 | 事前相談推奨。R4より実施 |
| | 健康発達 | | | | | | | | | | | | | | | | | | | | | | | | | | 実施なし |
| 岐阜県立看護 | 看護 | | | | | | | | | | | | | | | | | | | | | | | | | | 実施なし |
| 岐阜薬科 | 薬 | | | | | | | | | | | | | | | | | | | | | | | | | | 実施なし |
| 静岡県立 | 国際関係 | | | | | | | | | | | | | | | | | | | | | | | | | | 実施なし |
| | 薬 | | | | | | | | | | | | | | | | | | | | | | | | | | 実施なし |
| | 食品栄養科 | | | | | | | | | | | | | | | | | | | | | | | | | | 実施なし |
| | 経営情報 | | | | | | | | | | | | | | | | | | | | | | | | | | 実施なし |
| | 看護 | 看護 | | 3 | | | | ● | | ● | 9/24 | 8/23~8/26 | | | ● | ● | | ● | | | 3 | 1 | 2 | 2 | 1 | 0 | 看護系卒業(見込)者のみ |
| 静岡文化芸術 | 文化政策 | | | | | | | | | | | | | | | | | | | | | | | | | | 実施なし |
| | デザイン | | | | | | | | | | | | | | | | | | | | | | | | | | 実施なし |

| 大学名 | 学部 | 学科 | 専攻・コース | 編入年次 | 大1 | 大2 | 学士 | 短大 | 高専 | 専門 | 試験日 | 出願期間 | 外国語筆記 | 外部試験 | 専門科目 | 小論文 | 面接 | 口頭試問 | 専門科目以外の科目 | その他の注意事項 | R3志願者 | R3合格者 | R4志願者 | R4合格者 | R5志願者 | R5合格者 | 備考（特に記載がない場合は、大学在学生3年次は62単位以上、2年次は31単位以上取得見込み） |
|---|---|---|---|---|---|---|---|---|---|---|---|---|---|---|---|---|---|---|---|---|---|---|---|---|---|---|---|
| 愛知県立 | 情報科 | 情報科 | | 3 | | | | | ● | | 7/9 | 6/21~6/28 | | | | | | ※● | | ※プレゼン含む | 5 | 4 | 7 | 5 | 4 | 2 | 認定単位条件あり。要事前審査 |
| | 外国語 | | | | | | | | | | | | | | | | | | | | | | | | | | 実施なし |
| | 日本文化 | | | | | | | | | | | | | | | | | | | | | | | | | | 実施なし |
| | 教育福祉 | | | | | | | | | | | | | | | | | | | | | | | | | | 実施なし |
| | 看護 | | | | | | | | | | | | | | | | | | | | | | | | | | 実施なし |
| 愛知県立芸術 | 美術 | | | | | | | | | | | | | | | | | | | | | | | | | | 実施なし |
| | 音楽 | | | | | | | | | | | | | | | | | | | | | | | | | | |
| 名古屋市立 | 人文社会 | 心理教育 | | 3 | ● | ● | ● | ● | | | 9/9 | 8/8~8/16 | | | | ● | ● | ● | | TOEIC | △ | △ | △ | △ | △ | △ | TOEICの成績による第1段階選抜を実施することがある。R6より募集停止 |
| | | 現代社会 | | 3 | ● | ● | ● | ● | | | | | | | | ● | ● | ● | | | △ | △ | △ | △ | △ | △ | 別途社会人編入実施。TOEICの成績による第1段階選抜を実施することがある。R6より募集停止 |
| | | 国際文化 | | 3 | ● | ● | ● | ● | | | | | | | | | ● | ● | | | △ | △ | △ | △ | △ | △ | 別途社会人編入実施。R6より募集停止 |
| | 経済 | | | | | | | | | | | | | | | | | | | | | | | | | | 実施なし |
| | 医 | | | | | | | | | | | | | | | | | | | | | | | | | | 実施なし |
| | 看護 | | | | | | | | | | | | | | | | | | | | | | | | | | 実施なし |
| | 薬 | | | | | | | | | | | | | | | | | | | | | | | | | | 実施なし |
| | 芸術工 | | | | | | | | | | | | | | | | | | | | | | | | | | 実施なし |
| | 総合生命理 | | | | | | | | | | | | | | | | | | | | | | | | | | 実施なし |
| 三重県立看護 | 看護 | | | | | | | | | | | | | | | | | | | | | | | | | | 実施なし |
| 滋賀県立 | 環境科 | 環境政策・計画 | | 3 | ● | ● | ● | ● | ● | | 8/30 | 7/26~8/1 | | | | *● | | ● | *専門 | | 1 | 1 | 6 | 1 | — | — | 大学在学者65単位以上 |
| | | 環境建築デザイン | | 3 | ● | ● | ● | ● | ● | ● | | | | | | | | *● | *作品等持参、プレゼン含む | | 16 | 4 | 21 | 4 | 18 | 4 | 大学在学者65単位以上 |
| | | 生物資源管理 | | 3 | ● | ● | ● | ● | ● | | | | 英 | | | | | ● | 生・化・物から2 | | 4 | 1 | 4 | 2 | — | — | 大学在学者65単位以上 |
| | | 環境生態 | | 3 | ● | ● | ● | ● | ● | | | | 英 | | | | | ● | | | — | — | — | — | 7 | 1 | |
| | 工 | 材料科 | | 3 | ● | ● | ● | ● | ● | | 8/29 | 7/25~7/29 | | ● | ● | | ● | | | TOEICを換算 | 5 | 2 | 3 | 2 | 2 | 0 | |
| | | 機械システム工 | | 3 | ● | ● | ● | ● | ● | | | | | ● | *● | | ● | | *数学含む | | 6 | 1 | 13 | 2 | 13 | 1 | 高専同系出身者は学力試験免除で口頭試問のみ |
| | | 電子システム工 | | 3 | ● | ● | ● | ● | ● | | | | | ● | *● | | ● | | *数学含む | | 4 | 1 | 18 | 1 | 6 | 1 | |
| | 人間文化 | | | | | | | | | | | | | | | | | | | | | | | | | | 実施なし。欠員募集 |
| | 人間看護 | 人間看護 | | 3 | | | | ● | | ● | 9/3 | 7/20~7/26 | 英 | | ● | | ● | | | | 17 | 6 | 22 | 13 | 18 | 5 | 看護系出身者のみ |
| 京都市立芸術 | 美術 | | | | | | | | | | | | | | | | | | | | | | | | | | 実施なし |
| | 音楽 | | | | | | | | | | | | | | | | | | | | | | | | | | |
| 京都府立 | 文 | 日本・中国文 | | | | | | | | | | | | | | | | | | | | | | | | | 実施なし |
| | | 欧米言語文化 | | | | | | | | | | | | | | | | | | | | | | | | | | |
| | | 歴史 | | | | | | | | | | | | | | | | | | | | | | | | | | |
| | | 和食文化 | | | | | | | | | | | | | | | | | | | | | | | | | | |
| | 公共政策 | 公共政策 | | | | | | | | | | | | | | | | | | | | | | | | | | |
| | | 福祉社会 | | | | | | | | | | | | | | | | | | | | | | | | | | |
| | 生命環境 | 環境・情報科 | | | | | | | | | | | | | | | | | | | | | | | | | | |
| | | 環境デザイ | | | | | | | | | | | | | | | | | | | | | | | | | | |
| | | 生命分子 | | | | | | | | | | | | | | | | | | | | | | | | | | |
| | | 農学生命 | | | | | | | | | | | | | | | | | | | | | | | | | | |
| | | 森林科 | | | | | | | | | | | | | | | | | | | | | | | | | | |
| | | 食保健 | | | | | | | | | | | | | | | | | | | | | | | | | | |

| 大学名 | 学部 | 学科 | 専攻・コース | 編入年次 | 大1 | 大2 | 学士 | 短大 | 高専 | 専門 | 試験日 | 出願期間 | 外国語筆記 | 外部試験 | 専門科目 | 小論文 | 面接 | 口頭試問 | 専門科目以外の科目 | その他の注意事項 | R3志願者 | R3合格者 | R4志願者 | R4合格者 | R5志願者 | R5合格者 | 備考 特に記載がない場合は、大学在学生3年次は62単位以上、2年次は31単位以上取得見込み |
|---|---|---|---|---|---|---|---|---|---|---|---|---|---|---|---|---|---|---|---|---|---|---|---|---|---|---|---|
| 京都府立医科 | 医 | 医 | | | | | | | | | | | | | | | | | | | | | | | | | 実施なし |
| 福知山公立 | 地域経営 | 地域経営 | | 2・3 | ● | ● | ● | ● | ● | ● | 11/19 | 11/1~11/6 | | | | ※● | | | ※英文含む | | 47 | 10 | 17 | 8 | 18 | 8 | 大学在学者2年次30単位以上 |
| | | 医療福祉経営 | | 2・3 | ● | ● | ● | ● | ● | ● | | | | | | ※● | | | | | 2 | 2 | 1 | 0 | 1 | 0 | |
| | 情報 | 情報 | | | | ● | ● | ● | ● | ● | 6/26 | 5/30~6/3 | | | | | ● | | | | − | − | 4 | 1 | 5 | 2 | R4より募集開始 |
| 大阪市立 | 法 | 法 | | 3 | | *● | ● | ● | ● | ● | 11/19 | 10/20~10/26 | 英 | | ※● | | | | ※社会科学含む | | 36 | 4 | 41 | 5 | 38 | 7 | *大学在学者外国語8単位を含む54単位以上で出願資格確認あり。R5編入までは大阪市立大学で実施 |
| | 文 | 哲学歴史 | | 3 | | *● | ● | ● | ● | ● | | | 英 | | | ● | | ● | 小論文は学科に関するもの | | 6 | 3 | 8 | 3 | 8 | 2 | *大学在学者62単位以上で出願資格確認あり。R5編入までは大阪市立大学で実施 |
| | | 人間行動 | | 3 | | *● | ● | ● | ● | ● | | | 英 | | | ● | | ● | | | 40 | 2 | 28 | 4 | 21 | 2 | |
| | | 言語文化 | | 3 | | *● | ● | ● | ● | ● | | | 英 | | | ● | | ● | | | 21 | 4 | 24 | 5 | 12 | 4 | |
| | | 文化構想 | | 3 | | *● | ● | ● | ● | ● | | | 英 | | | ● | | ● | | | 11 | 3 | 10 | 1 | 7 | 1 | |
| | 理 | 数 | | | | | | | | | | | | | | | | | | | | | | | | | 実施なし |
| | | 物理 | | | | | | | | | | | | | | | | | | | | | | | | | 実施なし |
| | | 化 | | | | | | | | | | | | | | | | | | | 10 | 4 | × | × | × | × | R4より募集停止 |
| | | 生物 | | | | | | | | | | | | | | | | | | | | | | | | | 実施なし |
| | | 地球 | | | | | | | | | | | | | | | | | | | | | | | | | 実施なし |
| | 商 | | | | | | | | | | | | | | | | | | | | | | | | | | 実施なし |
| | 経済 | | | | | | | | | | | | | | | | | | | | | | | | | | 実施なし |
| | 工 | | | | | | | | | | | | | | | | | | | | | | | | | | 実施なし |
| | 生活科 | | | | | | | | | | | | | | | | | | | | | | | | | | 実施なし |
| | 医 | | | | | | | | | | | | | | | | | | | | | | | | | | 実施なし |
| 大阪府立 | 現代システム科学域 | | | | | | | | | | | | | | | | | | | | | | | | | | 実施なし |
| | 工学域 | 電気電子系学類 | 情報工学 | 3 | | ● | ● | ● | ● | ● | 6/5 | 5/6~5/10 | | ● | ● | | ● | | 数学 | TOEIC他 | 25 | 7 | 24 | 9 | 14 | 8 | 数理システムは募集なし。R5は2年次工学部建築学科は大阪公立大学、他は大阪府立大学で実施 |
| | | | 電気電子システム工学 | 3 | | ● | ● | ● | ● | ● | | | | ● | ● | | ● | | 数学 | | 13 | 4 | 15 | 5 | 19 | 5 | |
| | | | 数理システム | | | | | | | | | | | | | | | | | | | | | | | | |
| | | | 電子物理工学 | 3 | | ● | ● | ● | ● | ● | | | | ● | ● | | ● | | 数学 | | 10 | 5 | 12 | 6 | 8 | 5 | |
| | | 物質化学系学類 | 応用化学 | 3 | | ● | ● | ● | ● | ● | | | | ● | ● | | ● | | | | 15 | 5 | 18 | 7 | 20 | 7 | |
| | | | 化学工学 | 3 | | ● | ● | ● | ● | ● | | | | ● | ● | | ● | | | | 3 | 3 | 6 | 3 | 8 | 7 | |
| | | | マテリアル工学 | 3 | | ● | ● | ● | ● | ● | | | | ● | ● | | ● | | | | 1 | 1 | 1 | 0 | 4 | 3 | |
| | | 機械系学類 | 航空宇宙工学 | 3 | | ● | ● | ● | ● | ● | | | | ● | ● | | ● | | | | 8 | 1 | 6 | 2 | 2 | 0 | |
| | | | 海洋システム工学 | 3 | | ● | ● | ● | ● | ● | | | | ● | ● | | ● | | | | 3 | 3 | 5 | 2 | 5 | 2 | |
| | | | 機械工学 | 3 | | ● | ● | ● | ● | ● | | | 英 | | ● | | ● | | | | 22 | 5 | 17 | 4 | 6 | 3 | |
| | 生命環境科学域 | | | | | | | | | | | | | | | | | | | | | | | | | | 実施なし |
| | 地域保健学域 | 看護学類 | | | | | | | | | | | | | | | | | | | | | | | | | 実施なし |
| | | 総合リハビリテーション学類 | | | | | | | | | | | | | | | | | | | | | | | | | 実施なし |
| | | 教育福祉学類 | | 3 | | ● | ● | ● | ● | ● | | | | | | | ● | ● | | | 18 | 3 | × | × | × | × | R4より募集停止 |
| 神戸市外国語 | 外国語 | 英米 | | | | | | | | | | | | | | | | | | | | | | | | | 実施なし |
| | | ロシア | | | | | | | | | | | | | | | | | | | | | | | | | |
| | | 中国 | | | | | | | | | | | | | | | | | | | | | | | | | |
| | | イスパニア | | | | | | | | | | | | | | | | | | | | | | | | | |
| | | 国際関係 | | | | | | | | | | | | | | | | | | | | | | | | | |
| | 外国語2部 | 英米 | | | | | | | | | | | | | | | | | | | | | | | | | |
| 神戸市看護 | 看護 | 看護 | | 3 | | | | ● | | ● | 8/23 | 8/1~8/5 | | | | ※● | ● | | ※専門・英文含む | | 22 | 13 | 20 | 11 | 27 | 11 | 看護系出身者のみ。R6より募集停止 |

| 大学名 | 学部 | 学科 | 専攻・コース | 編入年次 | 大1 | 大2 | 学士 | 短大 | 高専 | 専門 | 試験日 | 出願期間 | 外国語筆記 | 外部試験 | 専門科目 | 小論文 | 面接 | 口頭試問 | 専門科目以外の科目 | その他の注意事項 | R3志願者 | R3合格者 | R4志願者 | R4合格者 | R5志願者 | R5合格者 | 備考（特に記載がない場合は、大学在学生3年次は62単位以上、2年次は31単位以上取得見込み） |
|---|---|---|---|---|---|---|---|---|---|---|---|---|---|---|---|---|---|---|---|---|---|---|---|---|---|---|---|
| 兵庫県立 | 国際商経 | | | | | | | | | | | | | | | | | | | | | | | | | | 実施なし |
| | 社会情報 | | | | | | | | | | | | | | | | | | | | | | | | | | 実施なし |
| | 工 | 電気電子情報工 | 電気工学 | 3 | | | | | ● | | 8/5 | 7/5~7/14 | | ● | ● | | ● | | | TOEIC又はTOEFL | 3 | 1 | 15 | 5 | 9 | 3 | 同系列学科出身者のみ R5より出願資格変更 |
| | | | 電子情報工学 | 3 | | | | | ● | | | | | ● | ● | | ● | | | | | | | | 9 | 1 | |
| | | 機械・材料工 | 機械工学 | 3 | | | | | ● | | | | | ● | ● | | ● | | | | 0 | 0 | 3 | 1 | 11 | 2 | |
| | | | 材料工学 | 3 | | | | | ● | | | | | ● | ● | | ● | | | | | | | | 1 | 0 | |
| | | 応用化学工 | 応用化学 | 3 | | | | | ● | | | | | ● | ● | | ● | | | | 3 | 1 | 1 | 0 | 3 | 1 | |
| | | | 化学工学 | 3 | | | | | ● | | | | | ● | ● | | ● | | | | | | | | 0 | 0 | |
| | 理 | 物質科 | | 3 | | ● | ● | ● | ● | | 7/25 | 6/17~6/24 | 英 | | | | ● | ● | | | 1 | 1 | 0 | 0 | 0 | 0 | 指定科目修得(見込)者のみ |
| | | 生命科 | | 3 | | ● | ● | ● | ● | | | | 英 | | | | ● | ● | | | 0 | 0 | 0 | 0 | 0 | 0 | |
| | 環境人間 | 環境人間 | 食環境栄養 | | | | | | | | | | | | | | | | | | | | | | | | 実施なし |
| | | | 食環境栄養以外 | 2・3 | | | | | | | 11/19 | 10/11~10/21 | | | | ● | ● | ● | 数学 | TOEIC又はTOEFL | 1 | 1 | △ | △ | △ | △ | 大学在学者60単位以上。年次は既取得科目及び単位数で決定 |
| 奈良県立 | 地域創造 | | | | | | | | | | | | | | | | | | | | | | | | | | 実施なし |
| 奈良県立医科 | 医 | 医 | | 2 | ● | ● | ● | | | | 2/4, 19 | 12/5~12/9 | 英 | | | | | ● | 数学、化・生・物から1 | ※自然科学分野 | — | — | 17 | 1 | 21 | 4 | 大1在学者はR4年1月までに1年以上在学している者。医学部医学科在卒者は出願不可。取得単位に具体的規定あり。学士は卒業後2年以内の者 |
| | | 看護 | | | | | | | | | | | | | | | | | | | | | | | | | 実施なし |
| 和歌山県立医科 | 医 | | | | | | | | | | | | | | | | | | | | | | | | | | 実施なし |
| | 保健看護 | | | | | | | | | | | | | | | | | | | | | | | | | | 実施なし |
| 公立鳥取環境 | 環境 | 環境 | | 3 | | ● | ● | ● | ● | | 9/13 | 8/17~8/26 | | ● | ● | | ● | | | TOEIC | 1 | 1 | 3 | 1 | 4 | 1 | 大学在学者は64単位以上 |
| | 経営 | 経営 | | 3 | | ● | ● | ● | ● | | 2/14 | 1/10~1/19 | | | | ● | ● | | | | 13 | 4 | 8 | 3 | 12 | 3 | 大学在学者は64単位以上 |
| 島根県立 | 総合政策 | 総合政策 | | | | | | | | | | | | | | | | | | | 1 | 0 | 1 | 0 | — | — | R5より国際関係学部、地域政策学部として実施 |
| | 国際関係 | 国際関係 | 国際関係 | 3 | | ● | ● | ● | ● | ● | 11/1~11/4 | 11/19 | | | | | ※● | ● | ※英語力を問う問題含む | TOEICで550点以上は加点あり。（国際コミュニケーションコースは700点以上） | — | — | — | — | — | — | |
| | | | 国際コミュニケーション | 3 | | ● | ● | ● | ● | ● | | | | | | | ※● | ● | | | — | — | — | — | — | — | |
| | 地域政策 | 地域政策 | 地域経済経営 | 3 | | ● | ● | ● | ● | ● | | | | | | | ※● | ● | | | — | — | — | — | 1 | 0 | |
| | | | 地域公共 | 3 | | ● | ● | ● | ● | ● | | | | | | | ※● | ● | | | — | — | — | — | — | — | |
| | | | 地域づくり | 3 | | ● | ● | ● | ● | ● | | | | | | | ※● | ● | | | — | — | — | — | — | — | |
| | 看護栄養 | 看護 | | 3 | | | | | *● | | 9/23 | 9/1~9/8 | | | | ● | | | | | | 4 | 3 | 3 | 2 | 5 | 3 | 島根県内の看護系のみで学業成績規定あり。*3年以上 |
| | | 健康栄養 | | 3 | | | | | ● | | | | | | | ● | | | | | 3 | 3 | 10 | 1 | 9 | 2 | 栄養士養成課程出身で栄養士免許取得(見込)者 |
| | 人間文化 | 保育教育 | | 3 | | | | | ● | ● | 11/19 | 11/1~11/7 | | | | ● | ● | ● | | | 1 | 0 | 1 | 0 | 1 | 1 | 保育士資格及び幼稚園教諭免許を有する(見込)者 |
| | | 地域文化 | | | | | | | | ● | | | | | | | | | ● | | | | | | | | 内編のみ |
| 岡山県立 | 保健福祉 | 看護 | | | | | | | | | | | | | | | | | | | | | | | | | 実施なし |
| | | 栄養 | | | | | | | | | | | | | | | | | | | | | | | | | |
| | | 保健福祉 | | | | | | | | | | | | | | | | | | | | | | | | | |
| | 情報工 | | | | | | | | | | | | | | | | | | | | | | | | | | 実施なし |
| | デザイン | デザイン工 | | | | | | | | | | | | | | | | | | | | | | | | | 実施なし |
| | | 造形デザイン | | | | | | | | | | | | | | | | | | | | | | | | | | 実施なし |
| 新見公立 | 健康科 | | | | | | | | | | | | | | | | | | | | | | | | | | 実施なし |
| 叡啓 | ソーシャルシステムデザイン | | | | | | | | | | | | | | | | | | | | | | | | | | 実施なし |
| 尾道市立 | 経済情報 | 経済情報 | | 3 | | ● | ● | ● | ● | ● | 9/15 | 9/1~9/8 | 英 | | | ※● | ● | | | ※専門 | 6 | 0 | 4 | 2 | 3 | 0 | |
| | 芸術文化 | 美術 | | 3 | | ● | ● | ● | ● | *● | 11/19, 20 | 11/1~11/8 | | | | | ● | ● | | 実技。作品持参 | 4 | 2 | 6 | 2 | 5 | 3 | 同系のみ |
| | | 日本文 | | | | | | | | | | | | | | | | | | | | | | | | | 実施なし |

| 大学名 | 学部 | 学科 | 専攻・コース | 編入年次 | 大1 | 大2 | 学士 | 短大 | 高専 | 専門 | 試験日 | 出願期間 | 外国語筆記 | 外部試験 | 専門科目 | 小論文 | 面接 | 口頭試問 | 専門科目以外の科目 | その他の注意事項 | R3志願者 | R3合格者 | R4志願者 | R4合格者 | R5志願者 | R5合格者 | 備考（特に記載がない場合は、大学在学生3年次は62単位以上、2年次は31単位以上取得見込み） |
|---|---|---|---|---|---|---|---|---|---|---|---|---|---|---|---|---|---|---|---|---|---|---|---|---|---|---|---|
| 県立広島 | 地域創生 | | | | | | | | | | | | | | | | | | | | | | | | | | 実施なし |
| | 生物資源科 | | | | | | | | | | | | | | | | | | | | | | | | | | 実施なし |
| | 保健福祉 | 看護 | | | | | | | | | | | | | | | | | | | | | | | | | 実施なし |
| | | 理学療法 | | | | | | | | | | | | | | | | | | | | | | | | | 実施なし |
| | | 作業療法 | | | | | | | | | | | | | | | | | | | | | | | | | 実施なし |
| | | コミュニケーション障害 | | | | | | | | | | | | | | | | | | | | | | | | | 実施なし |
| | | 人間福祉 | | | | | | | | | | | | | | | | | | | | | | | | | 実施なし |
| 広島市立 | 国際 | | | | | | | | | | | | | | | | | | | | | | | | | | 実施なし |
| | 情報科 | 情報工 | | | | | | | | | | | | | | | | | | | | | | | | | 実施なし |
| | | 知能工 | | | | | | | | | | | | | | | | | | | | | | | | | 実施なし |
| | | システム工 | | | | | | | | | | | | | | | | | | | | | | | | | 実施なし |
| | | 医用情報科 | | | | | | | | | | | | | | | | | | | | | | | | | 実施なし |
| | 芸術 | | | | | | | | | | | | | | | | | | | | | | | | | | 実施なし |
| 福山市立 | 教育 | | | | | | | | | | | | | | | | | | | | | | | | | | 実施なし |
| | 都市経営 | | | | | | | | | | | | | | | | | | | | | | | | | | 実施なし |
| 山陽小野田市立山口東京理科 | 工 | 機械工 | | 2・3 | | ● | ● | ● | ● | ● | 10/15 | 9/22〜9/29 | | | | ● | ● | | | | 0 | 0 | 2 | 2 | 1 | 0 | 単位修得状況等により年次決定 |
| | | 電気工 | | 2・3 | | ● | ● | ● | ● | ● | | | | | | ● | ● | | | | 0 | 0 | 3 | 2 | 0 | 0 | |
| | | 応用化 | | 2・3 | | ● | ● | ● | ● | ● | | | | | | ● | ● | | | | 0 | 0 | 3 | 2 | 3 | 1 | |
| | 薬 | 薬 | | | | | | | | | | | | | | | | | | | | | | | | | 実施なし |
| 下関市立 | 経済 | 経済 | | 3 | ● | ● | ● | ● | ● | ● | 11/19 | 10/13〜10/21 | | | | ● | ● | | | | 39 | 9 | 40 | 33 | 17 | 11 | |
| | | 国際商 | | 3 | ● | ● | ● | ● | ● | ● | | | | | | ● | ● | | | | 36 | 8 | 21 | 6 | 19 | 16 | |
| | | 公共マネジメント | | 3 | ● | ● | ● | ● | ● | ● | | | | | | ● | ● | | | | 16 | 4 | 14 | 5 | 11 | 8 | |
| 周南公立 | 経済 | 現代経済 | | 3 | ● | ● | ● | ● | ● | ● | 11/26 | 11/1〜11/15 | | | | ● | ● | | | | 0 | 0 | 0 | 0 | 7 | 5 | 大学・短大・高専在籍者は所定の単位を修得見込者。単位取得状況で編入年次変更の場合がある。R6の編入試験実施なし |
| | | ビジネス戦略 | | 3 | ● | ● | ● | ● | ● | ● | | | | | | ● | ● | | | | 2 | 2 | 1 | 1 | 7 | 3 | |
| | 福祉情報 | 人間コミュニケーション | | 3 | ● | ● | ● | ● | ● | ● | | | | | | ● | ● | | | | 0 | 0 | 0 | 0 | 2 | 1 | |
| 山口県立 | 看護栄養 | 看護 | | | | | | | | | | | | | | | | | | | | | | | | | 実施なし |
| | | 栄養 | | | | | | | | | | | | | | | | | | | | | | | | | 実施なし |
| | 社会福祉 | 社会福祉 | | | | | | | | | | | | | | | | | | | | | | | | | 実施なし |
| | 国際文化 | 国際文化 | | | | | | | | | | | | | | | | | | | | | | | | | 実施なし |
| 香川県立保健医療 | 保健医療 | | | | | | | | | | | | | | | | | | | | | | | | | | 実施なし |
| 愛媛県立医療技術 | 保健科 | | | | | | | | | | | | | | | | | | | | | | | | | | 実施なし |
| 高知県立 | 文化 | 文化 | 言語文化系、地域文化創造系 | 3 | ● | ● | ● | ● | ● | ● | 11/20 | 10/6〜10/14 | | ● | | ※● | ● | | ※英語含む | TOEIC | 6 | 2 | 5 | 1 | 3 | 1 | |
| | | | 文化総合系(夜間主) | 3 | ● | ● | ● | ● | ● | ● | | | | | | ● | ● | | | | 6 | 1 | 5 | 0 | 2 | 1 | |
| | 看護 | | | | | | | | | | | | | | | | | | | | | | | | | | 実施なし |
| | 社会福祉 | | | | | | | | | | | | | | | | | | | | | | | | | | 実施なし |
| | 健康栄養 | | | | | | | | | | | | | | | | | | | | | | | | | | 実施なし |
| 高知工科 | | システム工 | | | | | | | | | | | | | | | | | | | 10 | 0 | 8 | 2 | × | × | R5より募集停止 |
| | | 環境理工 | | | | | | | | | | | | | | | | | | | 1 | 0 | 2 | 0 | × | × | |
| | | 情報 | | | | | | | | | | | | | | | | | | | 3 | 0 | 9 | 1 | × | × | |
| | | 経済・マネジメント | | | | | | | | | | | | | | | | | | | | | | | | | 実施なし |

| 大学名 | 学部 | 学科 | 専攻・コース | 編入年次 | 大1 | 大2 | 学士 | 短大 | 高専 | 専門 | 試験日 | 出願期間 | 外国語筆記 | 外部試験 | 専門科目 | 小論文 | 面接 | 口頭試問 | 専門科目以外の科目 | その他の注意事項 | R3志願者 | R3合格者 | R4志願者 | R4合格者 | R5志願者 | R5合格者 | 備考 特に記載がない場合は、大学在学生3年次は62単位以上、2年次は31単位以上取得見込み |
|---|---|---|---|---|---|---|---|---|---|---|---|---|---|---|---|---|---|---|---|---|---|---|---|---|---|---|---|
| 北九州市立 | 外国語 | 英米 | | 3 | | *• | • | • | • | • | 9/4 | 7/29~8/4 | 英 | | | | • | | | | 10 | 3 | 14 | 3 | 11 | 2 | *修了(見込)者 |
| | | 中国 | | 3 | | *• | • | • | • | • | | | ※中 | | | | • | | | ※リスニングを含む | 10 | 3 | 4 | 0 | 3 | 2 | |
| | | 国際関係 | | 3 | | *• | • | • | • | • | | | | | | • | • | | | TOEIC又はTOEFLを選考に用いる | 8 | 1 | 10 | 2 | 7 | 3 | |
| | 経済 | 経済 | | 3 | | *• | • | • | • | • | | | | | • | • | • | | | TOEIC又はTOEFLで具体的基準あり | 14 | 3 | 17 | 3 | 18 | 2 | *修了(見込)者。認定単位数により編入年次決定 |
| | | 経営情報 | | 3 | | *• | • | • | • | • | | | | | • | • | • | | | | 2 | 0 | 1 | 0 | 1 | 0 | |
| | 文 | 比較文化 | | 3 | | *• | • | • | • | • | | | | | | • | • | | | | 12 | 3 | 13 | 2 | 14 | 2 | *修了(見込)者。文学部人間関係学科は原則として2年次編入 |
| | | 人間関係 | | 3 | | *• | • | • | • | • | | | | | | • | • | | | | 9 | 2 | 11 | 0 | 2 | 0 | |
| | 法 | 法律 | | 3 | | *• | • | • | • | • | | | | | • | • | • | | | TOEIC又はTOEFLで具体的基準あり | 10 | 2 | 4 | 3 | 7 | 0 | *修了(見込)者。認定単位数により編入年次決定 |
| | | 政策科 | | 3 | | *• | • | • | • | • | | | | | • | • | • | | | | 5 | 1 | 2 | 0 | 3 | 1 | |
| | 地域創生 | | | | | | | | | | | | | | | | | | | | | | | | | | 実施なし |
| | 国際環境工 | エネルギー循環化 | | 2・3 | | • | • | • | • | • | 6/5 | 5/12~5/18 | 英 | | | | | • | 数学 | 出題に必要な具体的指定科目・単位あり 別途公募推薦編入実施(書・面・口述)で合格状況含む | 0 | 0 | 2 | 2 | 0 | 0 | |
| | | 機械システム工 | | 2・3 | | • | • | • | • | • | | | 英 | | | | • | | | | 1 | 0 | 2 | 0 | 4 | 4 | |
| | | 情報メディア工 | | 2・3 | | • | • | • | • | • | | | 英 | | | | • | | | | 23 | 6 | 24 | 8 | 14 | 7 | |
| | | 建築デザイン | | 2・3 | | • | • | • | • | • | | | 英 | | | | • | | | | 5 | 1 | 3 | 1 | 2 | 2 | |
| | | 環境生命工 | | 2・3 | | • | • | • | • | • | | | 英 | | | | • | | | | 0 | 0 | 1 | 1 | 0 | 0 | |
| 九州歯科 | 歯 | | | | | | | | | | | | | | | | | | | | | | | | | | 実施なし |
| 福岡県立 | 人間社会 | 公共社会 | | 3 | | • | • | • | • | | 11/19 | 11/1~11/10 | 英 | | | • | • | | | | 3 | 1 | 0 | 0 | 4 | 1 | 大学在学者要受験許可書 |
| | | 社会福祉 | | 3 | | • | • | • | • | | | | 英 | | | • | • | | | | 0 | 0 | 1 | 0 | 4 | 2 | |
| | | 人間形成 | | 3 | | • | • | • | • | | | | 英 | | | • | • | | | | 2 | 0 | 1 | 0 | 7 | 1 | |
| | 看護 | | | | | | | | | | | | | | | | | | | | | | | | | | 実施なし |
| 福岡女子 | 国際文理 | | | | | | | | | | | | | | | | | | | | | | | | | | 実施なし |
| 長崎県立 | 看護栄養 | | | | | | | | | | | | | | | | | | | | | | | | | | 実施なし |
| | 経営 | | | | | | | | | | | | | | | | | | | | | | | | | | |
| | | 地域創造 | | | | | | | | | | | | | | | | | | | | | | | | | |
| | | 国際社会 | | | | | | | | | | | | | | | | | | | | | | | | | |
| | | 情報システム | | | | | | | | | | | | | | | | | | | | | | | | | |
| 熊本県立 | 文 | | | | | | | | | | | | | | | | | | | | | | | | | | 実施なし |
| | 環境共生 | | | | | | | | | | | | | | | | | | | | | | | | | | 実施なし |
| | 総合管理 | | | | | | | | | | | | | | | | | | | | | | | | | | 実施なし |
| 大分県立看護科学 | 看護 | | | | | | | | | | | | | | | | | | | | | | | | | | 実施なし |
| 宮崎県立看護 | 看護 | | | | | | | | | | | | | | | | | | | | | | | | | | 実施なし |
| 宮崎公立 | 人文 | 国際文化 | | 2・3 | • | • | • | • | • | • | 11/19.20 | 11/1~11/7 | | | • | | • | • | | TOEICほかで具体的基準点あり | 11 | 8 | 8(6) | 2(0) | 6(3) | 3(1) | 大学在学者2年次32単位以上。( )は2年次で外数 |
| 沖縄県立看護 | 看護 | | | | | | | | | | | | | | | | | | | | | | | | | | 実施なし |
| 沖縄県立芸術 | 美術工芸 | | | | | | | | | | | | | | | | | | | | | | | | | | 実施なし |
| | 音楽 | | | | | | | | | | | | | | | | | | | | | | | | | | 実施なし |

| 大学名 | 学部 | 学科 | 専攻・コース | 編入年次 | 大1 | 大2 | 学士 | 短大 | 高専 | 専門 | 試験日 | 出願期間 | 外国語筆記 | 外部試験 | 専門科目 | 小論文 | 面接 | 口頭試問 | 専門科目以外の科目 | その他の注意事項 | R3志願者 | R3合格者 | R4志願者 | R4合格者 | R5志願者 | R5合格者 | 備考 特に記載がない場合は、大学在学生3年次は62単位以上、2年次は31単位以上取得見込み |
|---|---|---|---|---|---|---|---|---|---|---|---|---|---|---|---|---|---|---|---|---|---|---|---|---|---|---|---|
| 名桜 | 国際学群 | 国際学類 | | 3 | | ● | ● | ● | ● | ● | 12/17 | 11/8~11/15 | | | | ● | ● | | | オンライン。小論文は事前提出 | 23 | 15 | 30 | 16 | 19 | 12 | 大学在学者60単位以上 |
| | 人間健康 | スポーツ健康 | | 3 | | ● | ● | ● | ● | ● | 12/3 | 11/8~11/15 | | | | | ● | | 総合問題 | | 4 | 1 | 4 | 1 | 3 | 1 | 大学在学者60単位以上。出身校での取得科目によって2年次になることがある |
| | | 看護 | | 3 | | | | ● | | ● | | | | | | | ● | | | | 16 | 5 | 11 | 5 | 19 | 5 | 大学在学者60単位以上。看護は看護師国家試験受験資格取得可能校出身者 |

# 私立

| 大学名 | 学部 | 学科 | 専攻・コース | 編入年次 | 大1 | 大2 | 学士 | 短大 | 高専 | 専門 | 試験日 | 出願期間 | 外国語筆記 | 外部試験 | 専門科目 | 小論文 | 面接 | 口頭試問 | 専門科目以外の科目 | その他の注意事項 | R3志願者 | R3合格者 | R4志願者 | R4合格者 | R5志願者 | R5合格者 | 備考 特に記載がない場合は、大学在学生3年次は62単位以上、2年次は31単位以上取得見込み |
|---|---|---|---|---|---|---|---|---|---|---|---|---|---|---|---|---|---|---|---|---|---|---|---|---|---|---|---|
| 育英館 | 情報メディア | 情報メディア | | 2・3 | ● | ● | ● | ● | ● | ● | 11/20 2/5 3/2 | 11/1~11/15 1/6~1/27 2/6~2/24 | | | | ● | ● | | | | 0 | 0 | 3 | 3 | 8 | 6 | 大学在学者2年次30単位以上、3年次62単位以上。別途社編実施で合格状況に含む |
| 札幌 | 地域共創 | 人間社会 | 経済学 | 2・3 | ● | ● | ● | ● | ● | ● | 11/12 | 10/10~10/21 | | | | ● | ● | | | | 0 | 0 | 1 | 1 | | | 大学在学者2年次30単位以上、3年次60単位以上。経営学専攻は1年次必修相当単位を修得していることが望ましい。受験資格認定後出願。大学在卒者学受験許可書。 |
| | | | 経営学 | 2・3 | ● | ● | ● | ● | ● | ● | | | | | | ● | ● | | | | 1 | 1 | 2 | 2 | | | |
| | | | 法学 | 2・3 | ● | ● | ● | ● | ● | ● | | | | | | ● | ● | | | | 0 | 0 | 1 | 1 | | | |
| | | | 英語 | 2・3 | ● | ● | ● | ● | ● | ● | | | | | ※● | ● | ● | | | ※3年次は小論文に代えて専門試験 | 4 | 4 | 1 | 1 | 8 | 7 | |
| | | | ロシア語 | 2・3 | ● | ● | ● | ● | ● | ● | | | | | | ● | ● | | | | 0 | 0 | 0 | 0 | | | |
| | | | 歴史文化 | 2・3 | ● | ● | ● | ● | ● | ● | | | | | | ● | ● | | | | 0 | 0 | 0 | 0 | | | |
| | | | 日本語・日本文化 | 2・3 | ● | ● | ● | ● | ● | ● | | | | | | ● | ● | | | | 0 | 0 | 0 | 0 | | | |
| | | | スポーツ文化 | 2・3 | ● | ● | ● | ● | ● | ● | | | | | | ● | ● | | | | 0 | 0 | 1 | 1 | | | |
| | | | リベラルアーツ | 2・3 | ● | ● | ● | ● | ● | ● | | | | | | ● | ● | | | | 3 | 3 | 1 | 1 | | | |
| 札幌大谷 | 芸術 | 音楽 | | 3 | ● | ● | ● | ● | ● | ● | 11/19, 20 | 11/1~11/7 | | | | | ● | | 各コース共通課題とコース別実技 | | 0 | 0 | △ | △ | △ | △ | 大学在学者2年次32単位以上（社会学部は短大1年在学者も可）、3年次62単位以上。芸術学部は別途芸術特待生編入実施で合格状況に含む |
| | | 美術 | | 3 | ● | ● | ● | ● | ● | ● | 11/19 | | | | | | ● | | 提出作品 | | 1 | 1 | △ | △ | △ | △ | |
| | 社会 | 地域社会 | | 2・3 | ● | ● | ● | ● | ● | ● | | | | | | ● | ● | | | | 0 | 0 | △ | △ | △ | △ | |
| 札幌学院 | 経営 | 経営 | | | ● | ● | ● | ● | ● | ● | 10/22 3/4 | 10/1~10/7 2/10~2/17 | | | | | ● | | | | 3 | 3 | × | × | × | × | 年度により募集年次異なる。左記はR5募集年次。2・3年次編入とも専門士は学科により出身系列の指定あり。人文・心理学部で別途社会人編入、人文で公募推薦編入（3年次）。書・面実施で合格状況は全編入計 |
| | | 会計ファイナンス | | | ● | ● | ● | ● | ● | ● | | | | | | | ● | | | | 1 | 1 | × | × | × | × | |
| | 経済 | 経済 | | | ● | ● | ● | ● | ● | ● | | | | | | | ● | | | | — | — | × | × | × | × | |
| | 経済経営 | 経済 | | | | | | | | | | | | | | | | | | | | | | | — | — | |
| | | 経営 | | | | | | | | | | | | | | | | | | | | | | | — | — | |
| | 人文 | 人間科 | | 3 | ● | ● | ● | ● | ● | 英 | | | | | ※● | | ● | ※人文科学に関するもの | | 1 | 1 | 1 | 1 | 0 | 0 | |
| | | 英語英米文 | | | | | | | | | | | | | | | | | | | — | — | | | | | |
| | | こども発達 | | 2 | ● | ● | ● | ● | ● | | 英 | | | ※● | | ● | | | | 0 | 0 | 0 | 0 | 2 | 1 | |
| | 心理 | 臨床心理 | | 3 | ● | ● | ● | ● | | | 英 | | | ※● | | ● | | | | 0 | 0 | 0 | 0 | 2 | 1 | |
| | 法 | 法律 | | 3 | ● | ● | ● | ● | | | | | | | | | ● | | | | 0 | 0 | 2 | 2 | 0 | 0 | |
| 札幌国際 | 人文 | 現代文化 | | 3 | ● | ● | ● | ● | | | 10/22 3/4 | 10/1~10/7 2/13~2/22 | | | | | ● | | | | 1 | 0 | 0 | 0 | 0 | 0 | 大学在学者2年次30単位以上（短大1年在学者も可）、3年次62単位以上 |
| | | 国際教養 | | 2・3 | ● | ● | ● | ● | | | | | | | | | ● | | | | — | — | — | — | 1 | 1 | |
| | | 心理 | | 2・3 | ● | ● | ● | ● | | | | | | | | | ● | | | | 4 | 3 | 4 | 4 | 1 | 1 | |
| | 観光 | 観光ビジネス | | 2・3 | ● | ● | ● | ● | | | | | | | | | ● | | | | 0 | 0 | 0 | 0 | 0 | 0 | |
| | | 国際観光 | | 3 | ● | ● | ● | ● | | | | | | | | | ● | | | | 0 | 0 | — | — | 0 | 0 | |
| | スポーツ人間 | スポーツビジネス | | 2・3 | ● | ● | ● | ● | | | | | | | | | ● | | | | 0 | 0 | 0 | 0 | 1 | 1 | |
| | | スポーツ指導 | | 2・3 | ● | ● | ● | ● | | | | | | | | | ● | | | | 0 | 0 | 1 | 1 | 0 | 0 | |
| 札幌保健医療 | 保健医療 | 栄養 | | 3 | | ● | | ● | | | 12/17 | 12/5~12/13 | | | ● | ● | ● | | | | 5 | 5 | 4 | 4 | 2 | 2 | 栄養士免許状取得に必要な単位取得（見込）者 |
| 星槎道都 | 経営 | 経営 | | 2・3 | ● | ● | ● | ● | ● | ● | 11/19 2/2 3/10 | 10/31~11/11 1/6~1/23 2/21~3/6 | | | | ● | ● | | | | 0 | 0 | 1 | 1 | 1 | 1 | 社会福祉学部4年次は、同系学科等で3年以上在学（見込）で92単位以上、専門科目の単位規定あり。*印4年次は3年制以上 |
| | 社会福祉 | 社会福祉 | | 2~4 | ● | ● | ● | *● | ● | *● | | | | | | ● | ● | | | | 0 | 0 | 2 | 2 | 2 | 2 | |
| | 美術 | デザイン | | 2・3 | ● | ● | ● | ● | ● | ● | | | | | | ● | ● | | | | 0 | 0 | 0 | 0 | 0 | 0 | |
| | | 建築 | | 2・3 | ● | ● | ● | ● | ● | ● | | | | | | ● | ● | | | | 0 | 0 | 0 | 0 | 0 | 0 | |
| 函館 | 商 | 商 | | 3 | ● | ● | ● | ● | | | 2/4 | 1/10~1/26 | | | | ● | ● | | | | 0 | 0 | 0 | 0 | 0 | 0 | |
| 藤女子 | 文 | 英語文化 | | 3 | *● | ● | ● | | | | 11/19 | 11/1~11/8 | 英 | | | | ● | | | | 1 | 0 | 1 | 1 | 2 | 1 | *修了（見込）者。外国語科目を4単位以上修得していることが望ましい。大学在学者要受験許可書。R3より食物栄養学科で実施で栄養士養成施設出身者 |
| | | 日本語・日本文化 | | 3 | *● | ● | ● | | | | | | | | | | ● | | | | 0 | 0 | 0 | 0 | 1 | 1 | |
| | | 文化総合 | | 3 | *● | ● | ● | | | | | | | | | ● | ● | | | | 4 | 1 | 3 | 0 | 0 | 0 | |
| | 人間生活 | 人間生活 | | 3 | *● | ● | ● | | | | | | 英 | | | ● | ● | | | | 0 | 0 | 0 | 0 | 2 | 2 | |
| | | 食物栄養 | | 3 | *● | ● | ● | | | | | | 英 | | ● | | ● | | | | 2 | 2 | 0 | 0 | — | — | |

| 大学名 | 学部 | 学科 | 専攻・コース | 編入年次 | 大1 | 大2 | 学士 | 短大 | 高専 | 専門 | 試験日 | 出願期間 | 外国語筆記 | 外部試験 | 専門科目 | 小論文 | 面接 | 口頭試問 | 専門科目以外の科目 | その他の注意事項 | R3志願者 | R3合格者 | R4志願者 | R4合格者 | R5志願者 | R5合格者 | 備考 |
|---|---|---|---|---|---|---|---|---|---|---|---|---|---|---|---|---|---|---|---|---|---|---|---|---|---|---|---|
| 北翔 | 生涯スポーツ | スポーツ教育 | | 3 | | ● | ● | ● | ● | ● | 8/27 12/3 2/7 3/8 | 8/1~8/17 11/1~11/21 11/6~1/24 2/2~2/22 | | | | | ● | | | | 4(1) | 2(1) | 6 | 5 | 3(0) | 0(0) | 第1・2期で定員を満たした場合、第3期以降は実施しないことがあるので出願前に要問合せ。合格状況は( )は学内推薦及び学外指定校以外で外数。教育学科は出願の際、初等教育・幼児教育・養護教諭・音楽のいずれかのコースを選択 |
| | | 健康福祉 | | 3 | | ● | ● | ● | ● | ● | | | | | | | ● | | | | 0(1) | 0(1) | 1 | 0 | 1(0) | 1(0) | |
| | 教育文化 | 教育 | | 3 | | ● | ● | ● | ● | ● | | | | | | | ● | | | | 6(3) | 5(3) | 4 | 3 | 1(1) | 1(3) | |
| | | 芸術 | | 3 | | ● | ● | ● | ● | ● | | | | | | | ● | | | | 1(1) | 0(1) | 9 | 9 | 4(2) | 4(2) | |
| | | 心理カウンセリング | | 3 | | ● | ● | ● | ● | ● | | | | | | | ● | | | | 2 | 0 | 4 | 3 | 0(0) | 0(0) | |
| 北星学園 | 文 | 英文 | | 2・3 | ● | ● | ● | ● | ● | ● | 11/19 | 11/1~11/8 | 英 | | ● | | ※● | | 英語聞き取り | ※英語含む | 10 | 3 | 8(1) | 3(0) | 7(0) | 0(0) | 専門士及び高校等専攻科修了者は出願資格等事前審査あり。( )は2年次で外数 |
| | | 心理・応用コミュニケーション | | 2・3 | ● | ● | ● | ● | ● | ● | | | 英 | | ● | | | | | | 1 | 1 | 6 | 3 | 0(0) | 0(0) | |
| | 経済 | 経済 | | 2・3 | ● | ● | ● | ● | ● | ● | | | 英 | | ● | | | | | | 1 | 0 | 0 | 0 | 0(0) | 0(0) | |
| | | 経営情報 | | 2・3 | ● | ● | ● | ● | ● | ● | | | 英 | | ● | | | | | | 3 | 2 | 3 | 1 | 0(0) | 0(0) | |
| | | 経済法 | | 2・3 | ● | ● | ● | ● | ● | ● | | | 英 | | ● | | | | | | 0 | 0 | 1 | 1 | 1(0) | 1(0) | |
| | 社会福祉 | 福祉計画 | | 2・3 | ● | ● | ● | ● | ● | ● | | | 英 | | ● | | | | | | 0 | 0 | 0 | 0 | 0(1) | 0(1) | |
| | | 福祉臨床 | | 2・3 | ● | ● | ● | ● | ● | ● | | | 英 | | ● | | | | | | 0 | 0 | 2 | 0 | 0(0) | 0(0) | |
| | | 心理 | | 2・3 | ● | ● | ● | ● | ● | ● | | | 英 | | ● | | | | | | 0 | 0 | 2 | 0 | 1(0) | 1(0) | |
| 北洋 | 国際文化 | キャリア創造 | | 3 | | ● | ● | ● | ● | ● | 11/20 3/18 | 11/1~11/14 2/27~3/13 | | | | ● | ● | | | | 0 | 0 | 0 | 0 | 0 | 0 | 大学在学者は60単位以上 |
| 北海学園 | 経済 | 経済 | | 3 | | ● | ● | ● | ● | ● | 11/5 | 10/4~10/14 | 英 | | ● | | | | | 大卒(見込)者は専門のみ | 6(0) | 6(0) | 4(0) | 2(0) | 2(0) | 2(0) | 大学在学者要受験許可書。専門士、高校等専攻科修了者は出願前に要問合せ。合格状況に第2志望合格者、指定校推薦含む。( )は社会人編入で外数 |
| | | 地域経済 | | 3 | | ● | ● | ● | ● | ● | | | 英 | | ● | | | | | | 1(0) | 1(0) | 2 | 2 | 0(0) | 0(0) | |
| | 経済(2部) | 経済 | | 3 | | ● | ● | ● | ● | ● | | | 英 | | ● | | | | | | 0(0) | 0(0) | 0(1) | 0(1) | 0(1) | 0(1) | |
| | | 地域経済 | | 3 | | ● | ● | ● | ● | ● | | | 英 | | ● | | | | | | 1(0) | 1(0) | 0 | 0 | 0 | 0 | |
| | 経営 | 経営 | | 3 | | ● | ● | ● | ● | ● | 11/26 2/25 | 10/17~10/28 1/16~1/27 | *英 | | | | | | *リーディング、ライティング | | 6(0) | 1(0) | 6(1) | 2(1) | 0 | 0 | |
| | | 経営情報 | | 3 | | ● | ● | ● | ● | ● | | | *英 | | | | | | *リーディング、ライティング | | 0(0) | 0(0) | 0 | 0 | 1 | 1 | |
| | 経営(2部) | 経営 | | 3 | | ● | ● | ● | ● | ● | | | | | | | ● | | | | 7(2) | 3(2) | 1 | 1 | 6(2) | 5(2) | |
| | 法 | 法律 | | 2・3 | ● | ● | ● | ● | ● | ● | 10/15 2/17 | 9/15~9/22 1/10~1/17 | 英 | | ● | | | | | | 2 | 2 | 6 | 3 | 2 | 1 | 大学在学者要受験許可書。専門士、高校等専攻科修了者は出願前に要問合せ。合格状況に第2志望合格者、指定校推薦含む。法学部2年次はⅡ期のみの募集 |
| | | 政治 | | 2・3 | ● | ● | ● | ● | ● | ● | | | 英 | | ● | | | | | | 1 | 1 | 0 | 0 | 0 | 0 | |
| | 法(2部) | 法律 | | 2・3 | ● | ● | ● | ● | ● | ● | | | | | | | ● | | | | 4 | 4 | 5 | 4 | 2 | 0 | |
| | | 政治 | | 2・3 | ● | ● | ● | ● | ● | ● | | | | | | | ● | | | | 3 | 3 | 3 | 3 | 1 | 1 | |
| | 人文 | 日本文化 | | 3 | | ● | ● | ● | ● | ● | 10/29 2/24 | 9/30~10/7 1/16~1/27 | | | | | ● | | *リーディング、ライティング含む | | 2 | 0 | 3 | 1 | 2 | 2 | |
| | | 英米文化 | | 3 | | ● | ● | ● | ● | ● | | | *英 | | ※● | | ● | | ※専門 | | 6 | 5 | 5 | 4 | 5 | 3 | |
| | 人文(2部) | 日本文化 | | 3 | | ● | ● | ● | ● | ● | | | | | | | ● | | | | 1 | 1 | 0 | 0 | 0 | 0 | |
| | | 英米文化 | | 3 | | ● | ● | ● | ● | ● | | | *英 | | ※●● | | | | | | 1 | 1 | 0 | 0 | 0 | 0 | |
| | 工 | 社会環境工 | | 3 | | ● | ● | ● | ● | ● | 7/2 2/20 | 6/7~6/11 1/17~1/21 | *英 | | | | ● | | 数学 | *大卒(見込)者は英語免除 | 0 | 0 | 0 | 0 | 0 | 0 | 大学在学者要受験許可書。工学部Ⅱ期及び専門士、高校等専攻科修了者は出願前に要問合せ。合格状況に指定校推薦含む |
| | | 建築 | | 3 | | ● | ● | ● | ● | ● | | | *英 | | | | ● | | 数学又は構造力学基礎 | | 0 | 0 | 0 | 0 | 0 | 0 | |
| | | 電子情報工 | | 3 | | ● | ● | ● | ● | ● | | | *英 | | | | ● | | 数学 | | 1 | 0 | 2 | 0 | 0 | 0 | |
| | | 生命工 | | 3 | | ● | ● | ● | ● | ● | | | *英 | | | | ● | | 数学又は分子生物学 | | | | | | | | |
| 北海道医療 | 看護福祉 | 臨床福祉 | | 3 | | ● | ● | ● | ● | ● | 11/20 1/30 | 11/1~11/8 1/6~1/11 | | | | ● | ● | | | | 4 | 4 | 4 | 4 | △ | △ | 短大・専修学校出身系統指定あり |
| | 薬 | 薬 | | 2・3 | ● | *● | *● | ● | ● | ● | | | 英 | | | | | | | | 7 | 1 | 5 | 5 | △ | △ | *短大は理系、高専は工業系、専門士は医薬・環境・科学技術関連。学士は出身分野問わず。3年次は*印のみで医・薬(薬学部は4年制)・獣医学等の6年制大学又は口腔保健学(歯学部)・看護学等医療系4年制大学在学者で修得単位に具体的規定あり |
| | 歯 | 歯 | | 2・3 | ● | *● | *● | ● | ● | ● | | | 英 | | ※● | | | | 基礎学力(化学・生物) | ※3年次のみ | 10 | 4 | 12 | 6 | △ | △ | |

| 大学名 | 学部 | 学科 | 専攻・コース | 編入年次 | 大1 | 大2 | 学士 | 短大 | 高専 | 専門 | 試験日 | 出願期間 | 外国語筆記 | 外部試験 | 専門科目 | 小論文 | 面接 | 口頭試問 | 専門科目以外の科目 | その他の注意事項 | R3志願者 | R3合格者 | R4志願者 | R4合格者 | R5志願者 | R5合格者 | 備考 特に記載がない場合は、大学在学生3年次は62単位以上、2年次は31単位以上取得見込み |
|---|---|---|---|---|---|---|---|---|---|---|---|---|---|---|---|---|---|---|---|---|---|---|---|---|---|---|---|
| 北海道科学 | 工 | 機械工 | | 2・3 | | ● | ● | ● | ● | ● | 7/7 11/19 | 6/9~6/20 11/1~11/8 | | | | | | ● | | | △ | △ | △ | △ | △ | △ | 別途学士入試(書・面)、社会人編入実施で後期日程のみ、合格状況に含む |
| | | 情報工 | | 2・3 | | ● | ● | ● | ● | ● | | | | | | | | ● | | | − | − | △ | △ | − | − | |
| | | 電気電子工 | | 2・3 | | ● | ● | ● | ● | ● | | | | | | | | ● | | | △ | △ | △ | △ | △ | △ | |
| | | 建築 | | 2・3 | | ● | ● | ● | ● | ● | | | | | | | | ● | | | △ | △ | △ | △ | △ | △ | |
| | | 都市環境 | | 2・3 | | ● | ● | ● | ● | ● | | | | | | | | ● | | | △ | △ | △ | △ | △ | △ | |
| | 保健医療 | 義肢装具 | | 2・3 | | ● | ● | ● | ● | ● | | | | | | | | ● | | | △ | △ | △ | △ | △ | △ | |
| | | 臨床工 | | 2・3 | | ● | ● | ● | ● | ● | | | | | | | | ● | | | △ | △ | △ | △ | △ | △ | |
| | 未来デザイン | 人間社会 | | 2・3 | | ● | ● | ● | ● | ● | | | | | | | | ● | | | △ | △ | △ | △ | △ | △ | |
| | | メディアデザイン | | 2・3 | | ● | ● | ● | ● | ● | | | | | | | | ● | | | △ | △ | △ | △ | △ | △ | |
| 北海道情報 | 経営情報 | 先端経営 | | 3 | | ● | ● | ● | ● | ● | 10/29 12/10 2/21 | 10/13~10/20 11/25~12/1 2/8~2/14 | | | | ● | ● | | | 2 | 2 | 5 | 2 | 0 | 0 | 大学在学者事前審査あり。単位取得状況で2年次になることがある。専門士は情報処理系出身者で事前審査あり。高校専攻科修了(見込)者も要事前審査 |
| | | システム情報 | | 3 | | ● | ● | ● | ● | ● | | | | | | ● | ● | | | 1 | 1 | 3 | 2 | 2 | 2 | |
| | 情報メディア | 情報メディア | | 3 | | ● | ● | ● | ● | ● | | | | | | ● | ● | | | 3 | 0 | 3 | 3 | 2 | 1 | |
| 北海道文教 | 外国語 | 国際言語 | | | | | | | | | 12/14 2/8 | 11/2~11/24 1/7~1/25 | | | | ● | ● | | | 2 | 2 | 1 | 1 | × | × | 改組により募集停止 |
| | 国際 | 国際教養 | | 3 | | *● | ● | ● | ● | ● | | | | | | ● | ● | | | − | − | − | − | 0 | 0 | *修了(見込)者、言語・語学分野出身者のみ |
| | | 国際コミュニケーション | | 3 | | *● | ● | ● | ● | ● | | | | | | ● | ● | | | − | − | − | − | 0 | 0 | |
| | 人間科 | 健康栄養 | | 3 | | | | ● | ● | | | | | | | ● | ● | | | 2 | 2 | 0 | 0 | 2 | 2 | 栄養士免許取得(見込)者 |
| 酪農学園 | 獣医 | 獣医保健看護 | | | | | | | | | 11/26 3/3 | 11/1~11/11 2/3~2/17 | | | | | ● | | | 2 | 0 | × | × | × | × | *修了(見込)者。管理栄養士コース(3年次のみ)は栄養士養成施設の指定校卒業(見込)で、栄養士免許取得(見込)者。獣医学群2年次はR4から募集停止、R5からは2年次・3年次とも募集停止 |
| | | 看護 | | | | | | | | | | | | | | | ● | | | 1 | 0 | 0 | 0 | × | × | |
| | 農食環境 | 循環農 | 循環農 | 2 | | *● | | | | | | | | | | | ● | | | 1 | 0 | 0 | 0 | 0 | 0 | |
| | | | | 3 | | *● | ● | ● | ● | ● | | | | | | | ● | | | 7 | 7 | 2 | 2 | 1 | 1 | |
| | | 食と健康 | 管理栄養士以外 | 2 | | *● | | | | | | | | | | | ● | | | 1 | 0 | 0 | 0 | 0 | 0 | |
| | | | | 3 | | *● | ● | ● | ● | ● | | | | | | | ● | | | 0 | 0 | 0 | 0 | 0 | 0 | |
| | | | 管理栄養士 | 3 | | | | | ● | ● | | | | | | | ● | | | 6 | 3 | 1 | 1 | 4 | 3 | |
| | | 環境共生 | | 2 | | *● | | | | | | | | | | | ● | | | 0 | 0 | 2 | 2 | 1 | 1 | |
| | | | | 3 | | *● | ● | ● | ● | ● | | | | | | | ● | | | 1 | 1 | 1 | 1 | 0 | 0 | |
| 青森 | 総合経営 | 経営 | | 2・3 | | ● | ● | ● | ● | ● | 12/17,18 3/14 | 11/28~12/9 2/24~3/9 | | | | ● | ● | ● | | 0 | 0 | 1 | 1 | 1 | 1 | 要事前問合せ。選考結果・認定単位数により年次決定。*他大医療系又は理工系学部1年以上在学(見込)者 |
| | 社会 | 社会 | | 2・3 | | ● | ● | ● | ● | ● | | | | | | ● | ● | | | 0 | 0 | 0 | 1 | 1 | 1 | |
| | ソフトウェア情報 | ソフトウェア情報 | | 2・3 | | ● | ● | ● | ● | ● | | | | | | ● | ● | ● | | 1 | 1 | 0 | 0 | 1 | 1 | |
| | 薬 | 薬 | | 2~4 | | *● | *● | ● | ● | ● | | | | | | | ● | ● プレゼン | 2 | 2 | 4 | 4 | 3 | 3 | |
| 青森中央学院 | 経営法 | 経営法 | | 2・3 | | ● | ● | ● | ● | ● | 10/22 12/18 3/4 | 9/26~10/12 11/22~12/10 2/6~2/24 | | | | ● | ● | | | 3 | 2 | 15 | 15 | 21 | 14 | 大学在学者2年次20単位以上、3年次40単位以上。修得単位状況確認のため事前相談 |
| 柴田学園 | 生活創生 | こども発達 | | 3 | | ※● | | *● | | | 3/8 | 2/14~3/4 | | | | ● | ● | | | 1 | 1 | 2 | 2 | 5 | 2 | ※修了(見込)者。*保育・児童学系。要事前問合せ |
| 八戸学院 | 地域経営 | 地域経営 | | 2・3 | | ● | ● | ● | ● | ● | 12/17 2/24 | 11/8~12/2 1/27~2/9 | | | | ● | ● | | | 0 | 0 | 3 | 3 | 2 | 2 | 別途学士実施で実績に含む。専門学校は出身に規定あり。看護学科は看護系のみ |
| | 健康医療 | 人間健康 | | 2・3 | | ● | ● | ● | ● | ● | | | | | | ● | ● | | | 0 | 0 | 2 | 2 | 1 | 1 | |
| | | 看護 | | 3 | | | | | ● | | 12/17 | 11/8~12/2 | | | | ● | ● | | | 1 | 1 | 2 | 2 | 3 | 2 | |
| 八戸工業 | 工 | 工 | 機械工学 | 1~3 | ● | ● | ● | ● | ● | ● | 2/13 | 1/23~1/27 | | | | | ● | | | 0 | 0 | 1 | 1 | 0 | 0 | 単位認定状況で2年次又は1年次になることがある。年次確認は願書受付期間開始1か月前に要事前相談 |
| | | | 電気電子通信工学 | 1~3 | ● | ● | ● | ● | ● | ● | | | | | | | ● | | | 0 | 0 | 0 | 0 | 1 | 1 | |
| | | | システム情報工学 | 1~3 | ● | ● | ● | ● | ● | ● | | | | | | | ● | | | 0 | 0 | 1 | 1 | 0 | 0 | |
| | | | 生命環境科学 | 1~3 | ● | ● | ● | ● | ● | ● | | | | | | | ● | | | 0 | 0 | 0 | 0 | 0 | 0 | |
| | | | 建築・土木工学 | 1~3 | ● | ● | ● | ● | ● | ● | | | | | | | ● | | | 2 | 2 | 0 | 0 | 1 | 1 | |
| | 感性デザイン | 感性デザイン | | 1~3 | ● | ● | ● | ● | ● | ● | | | | | | | ● | | | 0 | 0 | 0 | 0 | 0 | 0 | |
| 弘前学院 | 文 | 英語・英米文 | | 3 | | ● | ● | ● | ● | ● | 11/19 12/17 | 11/1~11/15 11/21~12/12 | | | | | ● | | | 2 | 2 | 0 | 0 | 0 | 0 | 別途文学部で書類審査編入実施。看護学科は看護系出身者 |
| | | 日本語・日本文 | | 3 | | ● | ● | ● | ● | ● | | | | | | | ● | | | 0 | 0 | 0 | 0 | 0 | 0 | |
| | 社会福祉 | 社会福祉 | | 3 | | ● | ● | ● | ● | ● | | | | | | ● | ● | | | 0 | 0 | 1 | 1 | 1 | 1 | |
| | 看護 | 看護 | | 3 | | | | | ● | ● | | | | | | ● | ● | | | 1 | 1 | 2 | 2 | 0 | 0 | |

備考欄注記：特に記載がない場合は、大学在学生3年次は62単位以上、2年次は31単位以上取得見込み

| 大学名 | 学部 | 学科 | 専攻・コース | 編入年次 | 大1 | 大2 | 学士 | 短大 | 高専 | 専門 | 試験日 | 出願期間 | 外国語筆記 | 外部試験 | 専門科目 | 小論文 | 面接 | 口頭試問 | 専門科目以外の科目 | その他の注意事項 | R3志願者 | R3合格者 | R4志願者 | R4合格者 | R5志願者 | R5合格者 | 備考 |
|---|---|---|---|---|---|---|---|---|---|---|---|---|---|---|---|---|---|---|---|---|---|---|---|---|---|---|---|
| 岩手医科 | 医 | 医 | | 3 | | | *● | | | | 2/14, 2/21 | 1/23~2/3 | | | | ※● | ● | ● | | ※生命科学 | 23 | 4 | 16 | 4 | 28 | 3 | *歯学部を卒業(見込)で歯科医師免許取得(見込)者。具体的確約事項あり |
| | 歯 | 歯 | | 2 | ● | ● | ● | ● | | *● | 11/20, 3/13 | 11/1~11/10, 2/20~3/2 | | | ● | | ● | | | | 5 | 5 | 2 | 2 | 7 | 7 | 3年制短大2年以上在籍も可。*医療系 |
| | 看護 | 看護 | | 3 | | | | | | ● | 11/20 | 11/1~11/10 | 英 | | ● | | ● | | | | 2 | 2 | 3 | 3 | 0 | 0 | 看護学科は看護系出身者 |
| 富士 | 経済 | 経済 | | 2・3 | ● | ● | ● | ● | ● | ● | 11/19, 2/10, 3/3 | 10/11~11/1, 1/6~2/3, 2/6~2/24 | | | | ● | ● | | 専門は経済・経営・法から1問 | | 1 | 1 | 0 | 0 | 0 | 0 | 修得科目及び単位数により2年次になることがある |
| | | 経営法 | | 2・3 | ● | ● | ● | ● | ● | ● | | | | | | ● | ● | | | | 0 | 0 | 0 | 0 | 2 | 2 | |
| 盛岡 | 文 | 英語文化 | | 3 | | ● | ● | ● | ● | ● | 10/15, 2/20 | 9/16~10/3, 1/23~2/6 | 英 | | | | ● | | | | 4 | 3 | 5 | 5 | 2 | 2 | |
| | | 日本文 | | 3 | | ● | ● | ● | ● | ● | | | | | | ● | ● | | | | 3 | 2 | 4 | 4 | 0 | 0 | |
| | | 社会文化 | | 3 | | ● | ● | ● | ● | ● | | | | | | ● | ● | | 小論文は学科に関するもの | | 3 | 2 | 1 | 1 | 4 | 3 | |
| | | 児童教育 | 児童教育 | 3 | | ● | ● | ● | ● | ● | | | | | | ● | ● | | | | 6 | 6 | 1 | 1 | 8 | 8 | |
| | 栄養科 | 栄養科 | | 3 | | | *● | ● | ● | ● | | | | | | ● | ● | | | | 6 | 5 | 1 | 1 | － | － | *修了(見込)者。栄養系出身者 |
| 石巻専修 | 理工 | 食環境 | | 3 | | ● | ● | ● | ● | ● | 12/17 | 11/28~12/7 | | | | ● | ● | | | | 0 | 0 | 0 | 0 | － | － | 単位認定状況で2年次になることがある |
| | | 生物科 | | 3 | | ● | ● | ● | ● | ● | | | | | | ● | ● | | | | 0 | 0 | 0 | 0 | 1 | 0 | |
| | | 機械工 | | 3 | | ● | ● | ● | ● | ● | | | | | | ● | ● | | | | 0 | 0 | 0 | 0 | 0 | 0 | |
| | | 情報電子工 | | 3 | | ● | ● | ● | ● | ● | | | | | | ● | ● | | | | 0 | 0 | 0 | 0 | 0 | 0 | |
| | 経営 | 経営 | | 3 | | ● | ● | ● | ● | ● | | | | | | ● | ● | | | | | | | | | | |
| | 人間 | 人間文化 | | 3 | | ● | ● | ● | ● | ● | | | | | | ● | ● | | | | 1 | 1 | 0 | 0 | 0 | 0 | |
| | | 人間教育 | | 3 | | ● | ● | ● | ● | ● | | | | | | ● | ● | | | | 0 | 0 | 1 | 1 | 1 | 1 | |
| 尚絅学院 | 人文社会 | 人文社会 | | 2・3 | | ● | ● | ● | ● | ● | 10/29, 2/25 | 10/13~10/20, 2/9~2/17 | | | | ● | ● | | | | 5 | 4 | 3 | 4 | 4 | 4 | 編入は3年次、転入は2・3年次で要事前相談。合格状況に指定校推薦含む。子ども学類は幼稚園教諭二種免許状取得(見込)者。学校教育学類は小学校教諭二種免許状取得(見込)者 |
| | 心理・教育 | 心理 | | 2・3 | | ● | ● | ● | ● | ● | | | | | | ● | ● | | | | 0 | 0 | 2 | 0 | 1 | 1 | |
| | | 子ども | | 2・3 | | | | ● | ● | ● | | | | | | ● | ● | | | | 0 | 0 | 1 | 1 | 1 | 1 | |
| | | 学校教育 | | 2・3 | | ● | ● | ● | ● | ● | | | | | | ● | ● | | | | | | | | | | |
| 仙台 | 体育 | 体育 | | 3 | | ● | ● | ● | ● | ● | 11/19, 2/7 | 11/1~11/10, 1/6~1/20 | | | | ● | ● | | 実技(基礎運動能力) | | 5 | 4 | 4 | 3 | 0 | 0 | 大学在学者要受験許可書 |
| | | 現代武道 | | 3 | | ● | ● | ● | ● | ● | | | | | | ● | ● | | | | 0 | 0 | 0 | 0 | 0 | 0 | |
| | | 健康福祉 | | 3 | | ● | ● | ● | ● | ● | | | | | | ● | ● | | | | 1 | 1 | 2 | 1 | 2 | 1 | |
| | | 運動栄養 | | 3 | | ● | ● | ● | ● | ● | | | | | | ● | ● | | | | 0 | 0 | 0 | 0 | 0 | 0 | |
| 仙台白百合女子 | 人間 | 人間発達 | こども発達 | 3 | | ● | ● | ● | ● | ● | 11/12, 2/8 | 10/17~11/7, 1/5~1/23 | | | | ● | ● | | | | 0 | 0 | 0 | 0 | 2 | 2 | |
| | | 心理福祉 | | 3 | | ● | ● | ● | ● | ● | | | | | | ● | ● | | | | 0 | 0 | 0 | 0 | 1 | 1 | |
| | | 健康栄養 | 管理栄養 | 3 | | ● | ● | ● | ● | ● | | | | | | ● | ● | | | | － | － | 6 | 6 | 6 | 6 | 栄養士免許取得(見込)者 |
| | | グローバル・スタディーズ | | 3 | | ● | ● | ● | ● | ● | | | | | | ※● | ● | | ※後期は英語 | | 1 | 1 | 3 | 3 | 1 | 1 | |
| 東北学院 | 文 | 英文 | | 2・3 | | ● | ● | ● | ● | ● | 10/6, 3/2 | 9/9~9/14, 2/9~2/15 | 英 | | | | ● | | | | 10 | 8 | 7(1) | 3(1) | 9(2) | 6(2) | 別途公募推薦(書・小〈工学部は小テスト〉・面)実施で、( )外数。社会人編入は合格状況に含む。R6より2年次編入の募集停止 |
| | | 総合人文 | | 3 | | ● | ● | ● | ● | ● | | | 英 | | | | ● | | | | 3 | 2 | 1 | 1 | 2(0) | 2(0) | |
| | | 歴史 | | 2・3 | | ● | ● | ● | ● | ● | | | 英 | | | | ● | | | | 6 | 3 | 2 | 1 | 4(1) | 2(1) | |
| | 経済 | 経済 | | 2・3 | | ● | ● | ● | ● | ● | | | 英 | | | | ● | | | | 7 | 3 | 1 | 0 | 6(0) | 1(0) | |
| | | 共生社会経済 | | 2・3 | | ● | ● | ● | ● | ● | | | 英 | | | | ● | | | | 1 | 1 | 2 | 1 | 1(0) | 1(0) | |
| | 経営 | 経営 | | 2・3 | | ● | ● | ● | ● | ● | | | 英 | | | | ● | | | | 11 | 5 | 14 | 7 | 7(2) | 3(2) | |
| | 法 | 法律 | | 2・3 | | ● | ● | ● | ● | ● | | | 英 | | | | ● | | | | 1 | 1 | 3 | 1 | 4 | 1 | |
| | 工 | 機械知能 | | 3 | | ● | ● | ● | ● | ● | | | 英 | | | | ● | | 小テスト(数学・物理・化学の基礎) | | 0 | 0 | 2 | 2 | 3 | 1 | |
| | | 電気電子 | | 3 | | ● | ● | ● | ● | ● | | | 英 | | | | ● | | | | 2 | 2 | 3 | 1 | 3 | 1 | |
| | | 環境建設 | | 3 | | ● | ● | ● | ● | ● | | | 英 | | | | ● | | | | 1 | 0 | 0 | 0 | 1 | 0 | |
| | | 情報基盤 | | 3 | | ● | ● | ● | ● | ● | | | 英 | | | | ● | | | | 1 | 0 | 0 | 0 | 0 | 0 | |
| | 教養 | 人間科 | | 2・3 | | ● | ● | ● | ● | ● | | | 英 | | | ● | ● | | | | 6 | 3 | 4 | 2 | 2(0) | 1(0) | |
| | | 言語文化 | | 2・3 | | ● | ● | ● | ● | ● | | | 英 | | | ● | ● | | | | 2 | 2 | 3 | 2 | 1(0) | 1(0) | |
| | | 情報科 | | 2・3 | | ● | ● | ● | ● | ● | | | 英 | | | ● | ● | | | | 3 | 3 | 0 | 0 | 2(0) | 1(0) | |
| | | 地域構想 | | 2・3 | | ● | ● | ● | ● | ● | | | 英 | | | ● | ● | | | | 2 | 0 | 6 | 4 | 5(0) | 2(0) | |

| 大学名 | 学部 | 学科 | 専攻・コース | 編入年次 | 大1 | 大2 | 学士 | 短大 | 高専 | 専門 | 試験日 | 出願期間 | 外国語筆記 | 外部試験 | 専門科目 | 小論文 | 面接 | 口頭試問 | 専門科目以外の科目 | その他の注意事項 | R3志願者 | R3合格者 | R4志願者 | R4合格者 | R5志願者 | R5合格者 | 備考 特に記載がない場合は、大学在学生3年次は62単位以上、2年次は31単位以上取得見込み |
|---|---|---|---|---|---|---|---|---|---|---|---|---|---|---|---|---|---|---|---|---|---|---|---|---|---|---|---|
| 東北工業 | 工 | 電気電子工 | | 3 | | ● | ● | ● | ● | ● | 11/25 | 10/7~10/21 | 英 | | ● | | ● | | 数学(代数・幾何、微積分) | | 0 | 0 | 2 | 1 | 0 | 0 | 単位取得状況等で2年次になることがある |
| | | 情報通信工 | | 3 | | ● | ● | ● | ● | ● | | | 英 | | ● | | ● | | | | 0 | 0 | 0 | 0 | 1 | 0 | |
| | | 都市マネジメント | | 3 | | ● | ● | ● | ● | ● | | | 英 | | ● | | ● | | | | 3 | 0 | 0 | 0 | 0 | 0 | |
| | | 環境応用化 | | 3 | | ● | ● | ● | ● | ● | | | 英 | | ● | | ● | | | | 0 | 0 | 0 | 0 | 1 | 1 | |
| | 建築 | 建築 | | 3 | | ● | ● | ● | ● | ● | | | 英 | | ● | | ● | | | | 0 | 0 | 0 | 0 | 2 | 1 | |
| | ライフデザイン | 産業デザイン | | 3 | | ● | ● | ● | ● | ● | | | 英 | | ※● | ● | ● | | 国語(古文漢文除く)※専門内容 | | 1 | 0 | 1 | 0 | 0 | 0 | |
| | | 生活デザイン | | 3 | | ● | ● | ● | ● | ● | | | 英 | | ※● | ● | ● | | | | 0 | 0 | 1 | 1 | 0 | 0 | |
| | | 経営コミュニケーション | | 3 | | ● | ● | ● | ● | ● | | | 英 | | ※● | ● | ● | | | | 1 | 1 | 0 | 0 | 2 | 1 | |
| 東北生活文化 | 家政 | 家政 | 服飾文化 | 3 | | ● | ● | ● | ● | ● | 11/5 2/18 | 10/3~10/14 1/30~2/9 | | | | ● | ● | | | | 0 | 0 | 0 | 0 | 0 | 0 | 単位取得状況で2年次になることがある。合格状況に内編含む。要事前相談 |
| | | | 健康栄養学 | 3 | | ● | ● | ● | ● | ● | | | | | | ● | ● | | | | 3 | 3 | 4 | 3 | 4 | 2 | |
| | 美術 | 美術表現 | | 3 | | ● | ● | ● | ● | ● | | | | | | ● | ● | | 実技 | | 0 | 0 | 0 | 0 | 0 | 0 | |
| 東北福祉 | 総合福祉 | 社会福祉 | | 2・3 | | *● | *● | ● | ● | ● | 3/14 | 3/1~3/7 | 英 | ※● | | | ● | | ※統計学・数学・心理学・経済学・法学から1 | | 6 | 3 | 4 | 4 | 4 | 4 | *2年次は、短大1年修了(見込)者、高専4年次修了(見込)者も可。3年次は修了(見込)者。別途学士・公募推薦編入実施(書・小・面。3年次)合格状況に第二志望合格・学士・推薦(別試験)含む |
| | | 福祉心理 | | 2・3 | | *● | *● | ● | ● | ● | | | 英 | ※● | | | ● | | | | 0 | 0 | 0 | 0 | 1 | 1 | |
| | | 福祉行政 | | 2・3 | | *● | *● | ● | ● | ● | | | 英 | ● | | | ● | | | | 1 | 1 | 0 | 0 | 0 | 0 | |
| | 総合マネジメント | 産業福祉マネジメント | | 2・3 | | *● | *● | ● | ● | ● | | | 英 | ● | | | ● | | | | 0 | 0 | 2 | 2 | 3 | 3 | |
| | | 情報福祉マネジメント | | 2・3 | | *● | *● | ● | ● | ● | | | 英 | ● | | | ● | | | | 0 | 0 | 1 | 1 | 0 | 0 | |
| | 健康科 | 医療経営管理 | | 2・3 | | *● | *● | ● | ● | ● | | | 英 | *● | | | ● | | *は統計学又は数学 | | 0 | 0 | 0 | 0 | 1 | 1 | |
| | 教育 | 教育 | 初等教育 | 2・3 | | *● | *● | ● | ● | ● | | | 英 | ● | | | ● | | | | 2 | 2 | 1 | 1 | 2 | 1 | |
| | | | 中等教育 | 2・3 | | *● | *● | ● | ● | ● | | | 英 | ● | | | ● | | | | 1 | 1 | 0 | 0 | | | |
| 東北文化学園 | 医療福祉 | 保健福祉 | 保健福祉 | | | | | | | | 11/19 3/8 | 10/25~11/7 2/16~2/27 | | | | | ● | | | | 0(6) | 0(6) | 3(2) | 3(2) | — | — | R3改組により、R5より新学部での実施。()は指定校推薦で外数 |
| | 総合政策 | 総合政策 | 総合政策 | | | | | | | | | | | | | | ● | | | | 0(0) | 0(0) | 1(2) | 1(2) | — | — | |
| | 現代社会 | 現代社会 | 社会学 | 3 | | ● | ● | ● | ● | ● | | | | | | | ● | | | | — | — | — | — | 1(0) | 1(0) | |
| | | | 社会福祉学 | 3 | | ● | ● | ● | ● | ● | | | | | | | ● | | | | — | — | — | — | 0(1) | 0(1) | |
| | 経営法 | 経営法 | 経営法 | 3 | | ● | ● | ● | ● | ● | | | | | | | ● | | | | — | — | — | — | 6(0) | 4(0) | |
| | 工 | 知能情報システム | | 3 | | ● | ● | ● | ● | ● | | | | | | | ● | | | | 2(0) | 2(0) | 0(0) | 0(0) | 0(0) | 0(0) | |
| | | 建築環境 | | 3 | | ● | ● | ● | ● | ● | | | | | | | ● | | | | 0(5) | 0(5) | 0(2) | 0(2) | 2(2) | 2(2) | |
| 宮城学院女子 | 現代ビジネス | 現代ビジネス | | 3 | | ● | ● | ● | ● | ● | 11/19 | 10/24~10/31 | | | | ● | ● | | | | 2 | 2 | 3 | 3 | 0 | 0 | |
| | 生活科 | 生活文化デザイン | | 3 | | ● | ● | ● | ● | ● | | | | | | ● | ● | | | | 0 | 0 | 3 | 3 | 0 | 0 | |
| | 学芸 | 英文 | | 3 | | ● | ● | ● | ● | ● | | | 英 | ※● | | | ● | ※● | ※TOEIC等編入志願者のみ | 別途TOEIC等編入実施でどちらか受験可 | 3 | 3 | 2 | 1 | 3 | 3 | |
| | | 人間文化 | | 3 | | ● | ● | ● | ● | ● | | | | | | ● | ● | | | | 3 | 3 | 0 | 0 | 1 | 1 | |
| | | 日本文 | | 3 | | ● | ● | ● | ● | ● | | | | | | ● | ● | | ※● | ※古文音読含む | 1 | 1 | 3 | 3 | 3 | 2 | |
| | | 心理行動科 | | 3 | | ● | ● | ● | ● | ● | | | | | | ● | ● | | | | 0 | 0 | 1 | 1 | 1 | 1 | |
| | | 音楽 | 作曲 | 3 | | ● | ● | ● | ● | ● | | | | | | | ● | | ソルフェージュ・実技・副科ピアノ | 音楽専攻課程履修者又は短大保育科・初等教育学科の音楽コース又は音楽専修履修者 | 1 | 1 | 2 | 2 | 0 | 0 | |
| | | | 器楽 | 3 | | ● | ● | ● | ● | ● | | | | | | | | | | | | | | | | | |
| | | | 声楽 | 3 | | ● | ● | ● | ● | ● | | | | | | | | | | | | | | | | | |
| 秋田看護福祉 | 看護福祉 | 医療福祉 | | 3 | | | | ● | ● | ● | 2/5 3/7 | 1/16~1/27 2/13~3/1 | | | | ● | ● | | | 既習得単位認定結果で2年次になることがある。別途公募推薦編入(書・面)実施で合格状況に含む | △ | △ | 0 | 0 | 0 | 0 | |
| ノースアジア | 経済法 | 経済 | | 2・3 | ● | ● | ● | ● | ● | ● | 2/4 | 1/10~1/26 | | | | ● | ● | | | 編入は3年次、転入は2、3年次で、各年次相当単位取得(見込)者 | △ | △ | △ | △ | △ | △ | |
| | | 法律 | | 2・3 | ● | ● | ● | ● | ● | ● | | | | | | ● | ● | | | | △ | △ | △ | △ | △ | △ | |
| | | 国際 | | 2・3 | ● | ● | ● | ● | ● | ● | | | | | | ● | ● | | | | △ | △ | △ | △ | △ | △ | |

| 大学名 | 学部 | 学科 | 専攻・コース | 編入年次 | 大1 | 大2 | 学士 | 短大 | 高専 | 専門 | 試験日 | 出願期間 | 外国語筆記 | 外部試験 | 専門科目 | 小論文 | 面接 | 口頭試問 | 専門科目以外の科目 | その他の注意事項 | R3志願者 | R3合格者 | R4志願者 | R4合格者 | R5志願者 | R5合格者 | 備考　特に記載がない場合は、大学在学生3年次は62単位以上、2年次は31単位以上取得見込 |
|---|---|---|---|---|---|---|---|---|---|---|---|---|---|---|---|---|---|---|---|---|---|---|---|---|---|---|---|
| 東北芸術工科 | 芸術 | 歴史遺産 | | 2 | • | • | • | • | • | • | 1/31 | 1/5~1/13 | | | | | • | | | 成績評価 作品・資料の提出(学科・コースにより当日持参・事前提出(小論文の場合あり)が異なる) | 0 | 0 | 0 | 0 | 0 | 0 | 大学在学者2年次36単位以上、2年以上在学(見込)者で専門分野が希望の学科・コースと同分野と認められると3年次となる事がある |
| | | 文化財保存修復 | | 2 | • | • | • | • | • | • | | | | | | | • | | | | 0 | 0 | 0 | 0 | 0 | 0 | |
| | | 美術 | | 2 | • | • | • | • | • | • | | | | | | | • | | | | 0 | 0 | 2 | 2 | 0 | 0 | |
| | | 文芸 | | 2 | • | • | • | • | • | • | | | | | | | • | | | | 0 | 0 | 0 | 0 | 0 | 0 | |
| | デザイン工 | プロダクトデザイン | | 2 | • | • | • | • | • | • | | | | | | | • | | | | 1 | 0 | 2 | 2 | 1 | 0 | |
| | | 建築・環境デザイン | | 2 | • | • | • | • | • | • | | | | | | | • | | | | 0 | 0 | 0 | 0 | 0 | 0 | |
| | | グラフィックデザイン | | 2 | • | • | • | • | • | • | | | | | | | • | | | | 0 | 0 | 0 | 0 | 0 | 0 | |
| | | 映像 | | 2 | • | • | • | • | • | • | | | | | | | • | | | | 0 | 0 | 0 | 0 | 0 | 0 | |
| | | 企画構想 | | 2 | • | • | • | • | • | • | | | | | | | • | | | | 0 | 0 | 0 | 0 | 0 | 0 | |
| | | コミュニティデザイン | | 2 | • | • | • | • | • | • | | | | | | | • | | | | 0 | 0 | 0 | 0 | 0 | 0 | |
| 東北公益文科 | 公益 | 公益 | | 2・3 | • | • | • | • | • | • | 12/17 3/4 | 11/28~12/9 2/13~2/27 | | | | • | • | | | | 9 | 8 | 0 | 0 | 3 | 2 | 大学在学者2年次30単位以上、3年次60単位以上 |
| 東北文教 | 人間科 | 子ども教育 | | 3 | | • | • | • | • | • | 10/2 2/17 | 9/13~9/27 1/24~2/13 | | | | | | | ※● | ※教育原理又は発達心理学 | △ | △ | 5 | 3 | △ | △ | 事前審査で適正と判断した者のみ出願可 |
| | | 人間関係 | | 3 | | • | • | • | • | • | | | | | | | | | ※● | ※社会福祉又は英語 | — | — | — | — | △ | △ | |
| 医療創生 | 薬 | 薬 | | 2~4 | *● | • | *● | • | • | • | 10/12 3/3 | 9/16~10/16 2/1~2/21 | | | | | • | | | | 5 | 5 | 4 | 1 | 5 | 4 | *2年次は医療系・獣医系・生命科学系1年以上在学者35単位以上、3年次は薬学部2年次修了(見込)者、4年次は薬学部3年次修了(見込)者又は薬学部4年制学科卒(見込)者 |
| | 健康医療科 | 作業療法 | | 3 | | • | • | • | • | • | | | | | | | • | • | | | 0 | 0 | 0 | 0 | 0 | 0 | 作業療法士・理学療法士の免許取得(見込)者 |
| | 心理 | 臨床心理 | | 2・3 | | • | • | • | • | • | | | | | | | • | • | | | | | 1 | 1 | 2 | 2 | 公認心理師の資格を目指す場合は原則2年次 |
| 奥羽 | 歯 | 歯 | | 2~4 | *● | • | *● | • | • | • | 出願受付後随時 | 9/1~3/24 | | | | | • | | | | 55 | 27 | 67 | 48 | 29 | 24 | 2年次は左記選考方法。*歯・薬・医学部に1年以上在学、3.4年次は歯科大又は歯学部に3年以上在学、薬学部4年次は4年制薬科大学又は薬学部卒業(見込)者又は3年以上在学(見込)者でともに所定単位取得者。専門士は医療系のみ |
| | 薬 | 薬 | | 2,4 | *● | • | *● | • | • | • | 出願受付後随時 | 10/3~3/13 | | | | | • | | | | 15 | 13 | 13 | 10 | 11 | 11 | |
| 郡山女子 | 家政 | 生活科学 | | 3 | | • | • | • | • | | 10/15 12/17 2/27 | 9/13~9/27 11/15~12/8 2/6~2/17 | | | | | • | | | 基礎能力調査 | 6 | 5 | 6 | 5 | 3 | 1 | |
| | | 食物栄養 | | 3 | | • | • | • | • | | | | | | | | • | | | | 10 | 8 | 11 | 9 | 11 | 6 | |
| 東日本国際 | 経済経営 | 経済経営 | | 2・3 | | • | • | • | • | • | 2/4 3/13 | 1/12~1/25 3/1~3/7 | | | | | • | | | | 1 | 1 | 2 | 2 | 1 | 0 | 大学在学者相当単位数修得(見込)者。修得単位数により年次決定 |
| | 健康福祉 | 社会福祉 | | 2・3 | | • | • | • | • | • | | | | | | | • | • | | | 2 | 2 | 3 | 3 | 4 | 4 | |
| 福島学院 | 福祉 | 福祉心理 | | 3 | | | • | • | • | • | 10/26~11/2,12 1/30~2/6,15 2/16~2/22,3/3 | 10/11~10/21 1/10~1/20 1/26~2/6 | | | | | • | • | | | 1 | 1 | 0 | 0 | 0 | 0 | 単位取得状況により2年次になる場合がある。R3よりこども学科実施するもR4・R5実施なし |
| | | こども | | 3 | | | • | • | • | | | | | | | | • | • | | | 0 | 0 | — | — | — | — | |
| 茨城キリスト教 | 文 | 文化交流 | | 3 | | | • | • | • | • | 10/15 3/11 | 9/27~10/6 2/20~3/3 | | | | | • | | | | 1 | 1 | 2 | 2 | 0 | 0 | *同系列学科出身者のみ |
| | | 現代英語 | | 2・3 | • | *● | • | • | • | • | | | | | | | | | ※● | ※英語力も問う | 1 | 1 | 0 | 0 | 0 | 0 | *同系列学科出身者のみ |
| | | 児童教育 | 児童教育 | 2・3 | • | *● | • | • | • | • | | | | | | | | | | | | | | | | | *同系列学科出身者のみ |
| | | | 幼児保育 | 3 | | *● | • | • | • | • | | | | | | | • | | | | 0 | 0 | 0 | 0 | 0 | 0 | *同系列学科出身者のみ。出願時に保育士資格取得済みの者又は資格取得に必要な30単位以上取得(見込)者のみ |
| | 生活科 | 心理福祉 | | 3 | | *● | • | • | • | • | | | | | | | • | | | | 1 | 0 | 1 | 0 | 0 | 0 | *同系列学科出身者のみ |
| | 経営 | 経営 | | 3 | | • | • | • | • | • | | | | | | | • | | | | 0 | 0 | 0 | 0 | 1 | 0 | |

| 大学名 | 学部 | 学科 | 専攻・コース | 編入年次 | 大1 | 大2 | 学士 | 短大 | 高専 | 専門 | 試験日 | 出願期間 | 外国語筆記 | 外部試験 | 専門科目 | 小論文 | 面接 | 口頭試問 | 専門科目以外の科目 | その他の注意事項 | R3志願者 | R3合格者 | R4志願者 | R4合格者 | R5志願者 | R5合格者 | 備考 特に記載がない場合は、大学在学生3年次は62単位以上、2年次は31単位以上取得見込み |
|---|---|---|---|---|---|---|---|---|---|---|---|---|---|---|---|---|---|---|---|---|---|---|---|---|---|---|---|
| 筑波学院 | 経営情報 | ﾋﾞｼﾞﾈｽﾃﾞｻﾞｲﾝ | | 3 | | • | • | • | • | • | 12/17 | 11/28~12/9 | | | | • | • | | | | 1 | 1 | — | — | △ | △ | |
| 常磐 | 人間科 | 心理 | | 3 | | • | • | • | • | • | 10/29 3/3 | 10/11~10/17 2/20~2/24 | | | | | | • | | | 0 | 0 | — | — | — | — | 2年次在学(見込)者及び専門士は以下相談期間中に出願資格の有無を確認のこと。合格状況に内編含む |
| | | 教育 | | 3 | | • | • | • | • | • | | | | | | | | • | | | 2 | 1 | 1 | 1 | 1 | 1 | |
| | | 現代社会 | | 3 | | • | • | • | • | • | | | | | | | | • | | | 0 | 0 | — | — | — | — | |
| | | ｺﾐｭﾆｹｰｼｮﾝ | | 3 | | • | • | • | • | • | | | | | | | | • | | | 2 | 2 | — | — | 4 | 3 | |
| | | 健康栄養 | | 3 | | • | • | • | • | • | | | | | | | | • | | | 0 | 0 | | | | | |
| | 総合政策 | 経営 | | 3 | | • | • | • | • | • | | | | | | | | • | | | 0 | 0 | | | | | |
| | | 法律行政 | | 3 | | • | • | • | • | • | | | | | | | | • | | | 0 | 0 | — | — | 1 | 1 | |
| | | 総合政策 | | 3 | | • | • | • | • | • | | | | | | | | • | | | 0 | 0 | | | | | |
| 日本ウェルネススポーツ | ｽﾎﾟｰﾂﾌﾟﾛﾓｰｼｮﾝ | ｽﾎﾟｰﾂﾌﾟﾛﾓｰｼｮﾝ | | 3 | | • | • | • | • | • | 2/4 2/18 3/4 | 1/16~1/20 1/30~2/3 2/13~2/17 | | | | | • | | | | 0 | 0 | 1 | 1 | 0 | 0 | |
| 流通経済 | 経済 | 経済 | | 2・3 | • | • | • | • | • | • | 11/12 2/15 | 10/1~10/31 10/1~2/1 | 英 | | | | • | | 2年次:小論文 3年次:志望学科基礎 | | 0 | 0 | 1 | 0 | △ | △ | 大学在学者2年次25単位以上、3年次50単位以上。別途社会人編入・指定校推薦実施で合格状況に含む |
| | | 経営 | | 2・3 | • | • | • | • | • | • | | | 英 | | | | • | | | | 0 | 0 | 2 | 1 | △ | △ | |
| | 社会 | 社会 | | 2・3 | • | • | • | • | • | • | | | 英 | | | | • | | | | 1 | 1 | 0 | 0 | △ | △ | |
| | | 国際観光 | | 2・3 | • | • | • | • | • | • | | | 英 | | | | • | | | | 1 | 0 | 2 | 1 | △ | △ | |
| | 流通情報 | 流通情報 | | 2・3 | • | • | • | • | • | • | | | 英 | | | | • | | | | 2 | 1 | 1 | 0 | △ | △ | |
| | 法 | ﾋﾞｼﾞﾈｽ法 | | 2・3 | • | • | • | • | • | • | | | 英 | | | | • | | | | 3 | 3 | 0 | 0 | △ | △ | |
| | | 自治行政 | | 2・3 | • | • | • | • | • | • | | | 英 | | | | • | | | | 0 | 0 | 1 | 1 | △ | △ | |
| | ｽﾎﾟｰﾂ健康科 | ｽﾎﾟｰﾂ健康科 | | 2・3 | • | • | • | • | • | • | | | 英 | | | | • | | | | 2 | 0 | 0 | 0 | △ | △ | |
| | | ｽﾎﾟｰﾂｺﾐｭﾆｹｰｼｮﾝ | | 2・3 | • | • | • | • | • | • | | | 英 | | | | • | | | | 0 | 0 | 0 | 0 | △ | △ | |
| 足利 | 工 | 創生工 | | 2・3 | • | • | • | • | • | • | 12/18 | 11/17~12/2 | | | | | • | | | | △ | 3 | △ | △ | △ | △ | 原則3年次、単位取得状況で編入年次決定、4分野(機械、電気電子ｼｽﾃﾑ情報、建築・土木)ｺｰｽ |
| 作新学院 | 経営 | 経営 | | 2・3 | • | • | • | • | • | • | 12/10 2/17 | 11/21~12/2 1/30~2/9 | | | | | • | | | | 6 | 1 | 11 | 2 | 6 | 2 | 大学在学者2年次(短大1年在学者も可)20単位以上、3年次50単位以上(教養・資格科目除く) |
| | | ｽﾎﾟｰﾂﾏﾈｼﾞﾒﾝﾄ | | 2・3 | • | • | • | • | • | • | | | | | | | • | | | | 0 | 0 | 0 | 0 | 1 | 0 | |
| | 人間文化 | 発達教育 | | 2・3 | • | • | • | • | • | • | | | | | | | • | | | | 0 | 0 | 0 | 0 | 0 | 0 | |
| | | 心理ｺﾐｭﾆｹｰｼｮﾝ | | 2・3 | • | • | • | • | • | • | | | | | | | • | | | | 4 | 4 | 2 | 2 | 2 | 2 | |
| 獨協医科 | 看護 | 看護 | | 3 | | | | • | | • | 9/8 | 8/9~8/26 | | | • | • | • | | | | 5 | 4 | 8 | 8 | 16 | 11 | 看護師免許取得(見込)のみ |
| 文星芸術 | 美術 | 美術 | ﾃﾞｻﾞｲﾝ | 2・3 | • | • | • | • | • | • | 12/6 2/7 | 11/1~11/21 12/19~1/20 | | | | | • | | 実技 | 全専攻持参作品あり | 1 | 1 | 2 | 2 | 11 | 9 | 美術系出身者のみ |
| | | | ﾏﾝｶﾞ | 2・3 | • | • | • | • | • | • | | | | | | | • | | | | 8 | 1 | 1 | 1 | | | |
| | | | 総合造形 | 2・3 | • | • | • | • | • | • | | | | | | | • | | 実技又は小論文 | | 2 | 1 | 3 | 3 | | | |
| 育英 | 教育 | 教育 | | 3 | | • | • | • | • | • | | | | | | | • | | | | 4 | 4 | — | — | — | — | 児童教育専攻のみ募集。R4・R5実施なし |
| 関東学園 | 経済 | 経済 | | 2・3 | • | • | • | • | • | • | 10/8 11/9 12/3 1/11 2/8 3/3 3/13 | 9/1~9/30 10/17~10/28 11/14~11/25 12/5~12/16 1/16~1/27 2/13~2/24 2/27~3/8 | | | | | • | | | | △ | △ | △ | △ | △ | △ | |
| | | 経営 | | 2・3 | • | • | • | • | • | • | | | | | | | • | | | | △ | △ | △ | △ | △ | △ | |
| 桐生 | 医療保健 | 看護 | | 3 | | | | • | • | • | 2/27 | 2/8~2/22 | | | | • | • | | | | 0 | 0 | 2 | 2 | 0 | 0 | 看護師免許取得(見込)者のみ。別途公募推薦実施(書・専・面)で実施状況に含む。R6より募集停止 |
| | | 栄養 | | 3 | | | | • | | • | | | | | | • | • | | | | 4 | 4 | 2 | 2 | 3 | 2 | 栄養士免許取得(見込)者のみ。別途公募推薦実施(書・専・面)で実施状況に含む |
| 群馬医療福祉 | 社会福祉 | 社会福祉 | | 3 | | | | • | • | • | 11/19 3/6 | 11/1~11/11 2/6~2/27 | | | | | • | • | | | 6 | 4 | 4 | 4 | 8 | 7 | 大学在学者60単位以上。子ども専攻は欠員状況要問合せ |
| 上武 | ﾋﾞｼﾞﾈｽ情報 | 国際ﾋﾞｼﾞﾈｽ | | 2・3 | • | • | • | • | • | • | 11/26 | 11/1~11/10 | | | | • | • | | | | 0 | 0 | 0 | 0 | 0 | 0 | 2年次は短大1年在学者も可。大学・短大在学者要受験許可書。ｽﾎﾟｰﾂ健康ﾏﾈｼﾞﾒﾝﾄ学科は柔道整復師・救急救命士ｺｰｽ除く |
| | | ｽﾎﾟｰﾂ健康ﾏﾈｼﾞﾒﾝﾄ | | 2・3 | • | • | • | • | • | • | | | | | | • | • | | | | 0 | 0 | 0 | 0 | 2 | 2 | |

| 大学名 | 学部 | 学科 | 専攻・コース | 編入年次 | 大1 | 大2 | 学士 | 短大 | 高専 | 専門 | 試験日 | 出願期間 | 外国語筆記 | 外部試験 | 専門科目 | 小論文 | 面接 | 口頭試問 | 専門科目以外の科目 | その他の注意事項 | R3志願者 | R3合格者 | R4志願者 | R4合格者 | R5志願者 | R5合格者 | 備考 |
|---|---|---|---|---|---|---|---|---|---|---|---|---|---|---|---|---|---|---|---|---|---|---|---|---|---|---|---|
| 高崎健康福祉 | 農 | 生物生産 | | 3 | | ● | ● | ● | ● | ● | 9/23 | 9/5~9/16 | | | | ● | ● | | | | 0 | 0 | 1 | 1 | 1 | 1 | 特に記載がない場合は、大学在学生3年次は62単位以上、2年次は31単位以上取得見込み |
| | 健康福祉 | 健康栄養 | | | | | | | | | | | | | | | | | | | 0 | 0 | — | — | | | |
| 高崎商科 | 商 | 経営 | | 3 | | ● | ● | ● | ● | ● | 12/21 2/24 | 12/5~12/14 2/1~2/20 | | | | ● | ● | | | | 7 | 3 | 1(5) | 1(5) | 10 | 5 | 別途公募推薦編入実施(書・面)で( )外数 |
| | | 会計 | | 3 | | ● | ● | ● | ● | ● | | | | | | ● | ● | | | | 2 | 1 | 0(1) | 0(1) | 2 | 1 | |
| 浦和 | 社会 | 総合福祉 | | 3 | | | | | | | 12/17 2/3 | 12/1~12/12 1/7~1/28 | | | | | ● | | 出願時に課題レポート提出 | 要事前相談 | 0 | 0 | 3 | 3 | 1 | 1 | |
| 埼玉医科 | 保健医療 | 看護 | | 3 | | | | ● | | ● | 9/24 | 9/1~9/9 | 英 | | ● | | ● | | 出願時に課題レポート提出 | | 1 | 0 | 3 | 1 | 3 | 2 | 看護師免許取得(見込)者のみ |
| | | 臨床工 | | 2 | | ● | ● | ● | ● | | | | | | | | ● | | | | 0 | 0 | 1 | 0 | 1 | 1 | |
| 埼玉学園 | 人間 | 人間文化 | | 3 | | ● | ● | ● | ● | ● | 10/29 11/19 2/8 3/1 | 10/11~10/26 11/8~11/16 1/23~2/3 2/7~2/21 | | | | | ● | | | | △ | △ | △ | △ | △ | △ | 自己推薦入試。要事前相談 |
| | | 子ども発達 | | 3 | | ● | ● | ● | ● | ● | | | | | | | ● | | | | △ | △ | △ | △ | △ | △ | |
| | 経済経営 | 経済経営 | | 3 | | ● | ● | ● | ● | ● | | | | | | | ● | | | | △ | △ | △ | △ | △ | △ | |
| 埼玉工業 | 工 | 機械工 | | 2・3 | ● | ● | ● | ● | ● | | 10/22 2/10 | 9/1~10/12 1/9~2/1 | | | | | ● | | 小テスト:数・物 | 単位取得状況で編入年次決定。別途社会人編入実施 | 1 | 0 | 2 | 2 | 1 | 1 | |
| | | 生命環境化 | | 2・3 | ● | ● | ● | ● | ● | | | | | | | | ● | | 小テスト:化又は生 | | 0 | 0 | 2 | 2 | 0 | 0 | |
| | | 情報システム | | 2・3 | ● | ● | ● | ● | ● | | | | | | | | ● | | 小テスト:数・英・物 | | 1 | 0 | 1 | 1 | 2 | 2 | |
| | 人間社会 | 情報社会 | | 2・3 | ● | ● | ● | ● | ● | | | | | | | | ● | | | | 1 | 0 | 1 | 1 | 0 | 0 | |
| | | 心理 | | 2・3 | ● | ● | ● | ● | ● | | | | | | | | ● | | | | 0 | 0 | 2 | 2 | 0 | 0 | |
| 十文字学園女子 | 教育人文 | 文芸文化 | | 3 | | *● | ● | ● | ● | ● | 12/18 3/17 | 12/1~12/8 2/27~3/9 | | | | ● | ● | | | | 0(4) | 0(4) | — | — | △ | △ | *修了(見込)者。( )は内編で外数 |
| | 社会情報デザイン | 社会情報デザイン | | 3 | | *● | ● | ● | ● | ● | | | | | | | ● | ● | | | △ | △ | △ | △ | △ | △ | |
| 城西 | 経済 | 経済 | | 3 | | ● | ● | ● | ● | ● | 3/2 | 2/13~2/22 | 英 | | | ● | ● | | | | 1(3) | 0(3) | — | — | △ | △ | ( )は学内推薦で外数 |
| | 現代政策 | 社会経済システム | | 3 | | ● | ● | ● | ● | ● | | | 英 | | | ● | ● | | | | 1(3) | 1(3) | — | — | △ | △ | |
| | 経営 | マネジメント総合 | | 3 | | ● | ● | ● | ● | ● | | | 英 | | | ● | ● | | | | 6(18) | 4(18) | — | — | △ | △ | |
| | 理 | 数 | | 3 | | ● | ● | ● | ● | ● | | | 英 | | | | ● | | 数学 | | 0 | 0 | — | — | △ | △ | |
| | | 化 | | 3 | | ● | ● | ● | ● | ● | | | 英 | | | | ● | | 数学・化学 | | 0 | 0 | — | — | △ | △ | |
| | 薬 | 薬 | | 3 | | ● | ● | | | | | | | | | ● | ● | | | | 1 | 1 | — | — | △ | △ | 理学、工学、農学、保健課程出身者のみ。 |
| | | 薬科 | | 2 | | ● | ● | | | | | | | | | ● | ● | | | | 0 | 0 | — | — | △ | △ | |
| | | 医療栄養 | | 2 | | ● | ● | | | | | | | | | ● | ● | | | | 0 | 0 | — | — | △ | △ | 栄養士又は管理栄養士養成課程出身(見込)者のみ |
| 尚美学園 | 芸術情報 | 音楽表現 | | 3 | | ● | ● | ● | ● | ● | 11/26 2/25 | 10/25~11/8 1/24~2/7 | | | | | ● | | 実技 | | △ | △ | △ | △ | △ | △ | |
| | | 音楽応用 | | 3 | | ● | ● | ● | ● | ● | | | | | | | ● | | 音楽メディアは作品提出、音楽ビジネスは小論文 | | △ | △ | △ | △ | △ | △ | |
| | | 舞台表現 | | 3 | | ● | ● | ● | ● | ● | | | | | | | ● | | 実技 | | △ | △ | △ | △ | △ | △ | |
| | | 情報表現 | | 3 | | ● | ● | ● | ● | ● | | | | | | | ● | | | | △ | △ | △ | △ | △ | △ | |
| | 総合政策 | 総合政策 | | 3 | | ● | ● | ● | ● | ● | | | | | | | ● | | | | △ | △ | △ | △ | △ | △ | |
| 女子栄養 | 栄養 | 実践栄養 | | 3 | | *● | ● | ● | ● | ● | 10/22 | 10/11~10/14 | | ※● | | ● | ● | | ※英語含む | | 10(15) | 5(15) | 11 | 5 | 11(14) | 9(14) | ( )は推薦・内編で外数。*修了(見込)者。保健養護専攻は看護師免許取得(見込)者。R6より実践栄養学科で専門→小論文 |
| | | 食文化栄養 | | 3 | | *● | ● | ● | ● | ● | 10/22 2/27 | 10/11~10/14 1/5~2/22 | | | | ● | ● | | | | 7(13) | 6(13) | 12 | 7 | 4(12) | 3(12) | |
| | | 保健栄養 | 保健養護 | 3 | | *● | ● | ● | ● | ● | 10/22 | 10/11~10/14 | | | | ● | ● | | | | 1(1) | 1(1) | 3 | 2 | 1(3) | 0(3) | |
| 駿河台 | 心理 | 心理 | | 3 | | ● | ● | ● | ● | ● | 10/22 2/13 | 10/5~10/13 1/23~2/2 | | | | *● | ● | | *専門関心度等含む(具体的内容あり) | | 3(0) | 0(0) | 2(0) | 0(0) | 2(0) | 1(0) | 3年次52単位以上(いずれも資格科目除く)。別途公募推薦、社編実施。合格状況に社編含む。( )は公募推薦で外数 |
| | 法 | 法律 | | 3 | | ● | ● | ● | ● | ● | | | | | | *● | ● | | | | 3(2) | 1(2) | 2(1) | 2(1) | 2(2) | 2(2) | |
| | 経済経営 | 経済経営 | | 3 | | ● | ● | ● | ● | ● | | | | | | *● | ● | | | | 16(20) | 5(12) | 16(25) | 7(22) | 18(20) | 9(16) | |
| | メディア情報 | メディア情報 | | 3 | | ● | ● | ● | ● | ● | | | | | | *● | ● | | | | 8(13) | 3(8) | 7(16) | 3(11) | 9(7) | 5(7) | |

— 61 —

| 大学名 | 学部 | 学科 | 専攻・コース | 編入年次 | 大1 | 大2 | 学士 | 短大 | 高専 | 専門 | 試験日 | 出願期間 | 外国語筆記 | 外部試験 | 専門科目 | 小論文 | 面接 | 口頭試問 | 専門科目以外の科目 | その他の注意事項 | R3志願者 | R3合格者 | R4志願者 | R4合格者 | R5志願者 | R5合格者 | 備考 特に記載がない場合は、大学在学生3年次は62単位以上、2年次は31単位以上取得見込み |
|---|---|---|---|---|---|---|---|---|---|---|---|---|---|---|---|---|---|---|---|---|---|---|---|---|---|---|---|
| 聖学院 | 政治経済 | 政治経済 | | 2·3 | *● | *● | ● | ● | ● | ● | 12/17 | 11/28~12/7 | | | | ● | ● | | | | 0 | 0 | 2 | 2 | 1 | 1 | *2年次は、短大1年修了者も可。*修了(見込)者。在学中の成績及び履修科目により編入年次決定。別途秋学期編入(小・面)。子ども教育学科はR4まで児童学科としての募集 |
| | 人文 | 欧米文化 | | 2·3 | *● | *● | ● | ● | ● | ● | | | | | | ● | ● | | | | 2 | 2 | 1 | 1 | 0 | 0 | |
| | | 日本文化 | | 2·3 | *● | *● | ● | ● | ● | ● | | | | | | ● | ● | | | | 1 | 1 | 1 | 1 | 1 | 1 | |
| | | 子ども教育 | | 2·3 | *● | *● | ● | ● | ● | ● | | | | | | ● | ● | | | | 2 | 2 | 0 | 0 | 1 | 1 | |
| | 心理福祉 | 心理福祉 | | 2·3 | *● | *● | ● | ● | ● | ● | | | | | | ● | ● | | | | 1 | 1 | 2 | 2 | 2 | 2 | |
| 西武文理 | サービス経営 | サービス経営 | | 3 | | ● | ● | ● | ● | ● | 12/3 2/1 | 11/1~11/18 1/5~1/20 | | | | | | | | | 19 | 17 | 13 | 11 | 13 | 11 | 合格状況に指定校・留学生含む |
| 東京国際 | 商 | 商 | | 2·3 | ● | ● | ● | ● | ● | ● | 11/12 | 10/18~10/25 | | | | | | ● | | | 2 | 1 | 1 | 1 | 2 | 2 | |
| | | 経営 | | 2·3 | ● | ● | ● | ● | ● | ● | | | | | | | | ● | | | | | 5 | 1 | 5 | 4 | |
| | 経済 | 経済 | 現代経済 | 2·3 | ● | ● | ● | ● | ● | ● | | | | | | | | ● | | | 2 | 1 | 1 | 1 | 3 | 3 | |
| | | | ビジネスエコノミクス | 2·3 | ● | ● | ● | ● | ● | ● | | | | | | | | ● | | | | | 2 | 2 | 2 | 1 | |
| | 言語コミュニケーション | 英語コミュニケーション | | 2·3 | ● | ● | ● | ● | ● | ● | | | | ● | | | | ● | | TOEIC他 | 3 | 3 | 2 | 2 | 1 | 1 | |
| | 国際関係 | 国際関係 | | 2·3 | ● | ● | ● | ● | ● | ● | | | | | | | | ● | | | 16 | 14 | 11 | 11 | 7 | 5 | |
| | | 国際メディア | | 2·3 | ● | ● | ● | ● | ● | ● | | | | | | | | ● | | | | | 4 | 4 | 3 | 3 | |
| | 人間社会 | 福祉心理 | | 2·3 | ● | ● | ● | ● | ● | ● | | | | | | | | ● | | | | | 1 | 1 | 2 | 2 | |
| | | 人間スポーツ | | 2·3 | ● | ● | ● | ● | ● | ● | | | | | | | | ● | | | 1 | 0 | 0 | 0 | 0 | 0 | |
| | | スポーツ科 | | 2·3 | ● | ● | ● | ● | ● | ● | | | | | | | | ● | | | | | 3 | 3 | 0 | 0 | |
| 東邦音楽 | 音楽 | 音楽 | | 3 | | ● | ● | ● | ● | ● | 12/11 3/5 | 11/24~12/2 2/16~2/24 | | | | ● | ● | | 専攻実技 | | △ | △ | △ | △ | △ | △ | 音楽療法専攻具体的系列科目あり。別途社会人編入実施 |
| 獨協 | 外国語 | 英語 | | 2 | *● | *● | ● | ● | ● | ● | 11/26 | 10/1~10/7 | | ● | | ● | ※● | | | TOEICほかで具体的基準あり ※専攻言語含む | 3 | 0 | 0 | 0 | 2 | 1 | *修了(見込)者。2・3次ともに出願資格に取得単位の具体的規定あり |
| | | ドイツ語 | | 2 | *● | *● | ● | ● | ● | ● | | | | ● | | ● | ※● | | 独語 | | 1 | 0 | 3 | 2 | 0 | 0 | |
| | | フランス語 | | 2 | *● | *● | ● | ● | ● | ● | | | | ● | | ● | ※● | | 仏語 | | 0 | 0 | 0 | 0 | 0 | 0 | |
| | | 交流文化 | | 2 | *● | *● | ● | ● | ● | ● | | | | ● | | ● | ※● | | | | 0 | 0 | 0 | 0 | 0 | 0 | |
| | 国際教養 | 言語文化 | | 2 | *● | *● | ● | ● | ● | ● | | | | ● | | ● | ● | | | | 1 | 1 | 2 | 0 | 1 | 1 | |
| | 経済 | 経済 | | 2 | *● | *● | ● | ● | ● | ● | | | | ● | | ● | ● | | | | 1 | 0 | 0 | 0 | 1 | 1 | |
| | | 経営 | | 2 | *● | *● | ● | ● | ● | ● | | | | ● | | ● | ● | | | | 3 | 0 | 2 | 2 | 3 | 3 | |
| | | 国際環境経済 | | 2 | *● | *● | ● | ● | ● | ● | | | | ● | | ● | ● | | | | 0 | 0 | 0 | 0 | 0 | 0 | |
| | 法 | 法律 | | 2 | *● | *● | ● | ● | ● | ● | | | 選 | | | ● | ● | | 選:英・独・仏から1、小論は専門基礎 | | 0 | 0 | 0 | 0 | 1 | 0 | |
| | | 国際関係法 | | 2 | *● | *● | ● | ● | ● | ● | | | 選 | | | ● | ● | | | | 0 | 0 | 0 | 0 | 0 | 0 | |
| | | 総合政策 | | 2 | *● | *● | ● | ● | ● | ● | | | 選 | | | ● | ● | | | | 0 | 0 | 0 | 0 | 0 | 0 | |
| | 外国語 | 英語 | | 3 | | *● | ● | ● | ● | ● | | | | ● | | ● | ※● | | | | 0 | 0 | 0 | 0 | 0 | 0 | |
| | | ドイツ語 | | 3 | | *● | ● | ● | ● | ● | | | | ● | | ● | ※● | | 独語 | | 0 | 0 | 0 | 0 | 0 | 0 | |
| | | フランス語 | | 3 | | *● | ● | ● | ● | ● | | | | ● | | ● | ※● | | 仏語 | | 1 | 1 | 0 | 0 | 0 | 0 | |
| | | 交流文化 | | 3 | | *● | ● | ● | ● | ● | | | | ● | | ● | ※● | | | | 0 | 0 | 0 | 0 | 0 | 0 | |
| | 国際教養 | 言語文化 | | 3 | | *● | ● | ● | ● | ● | | | 選 | | | ● | ● | | 選:西・中・韓から1 | | 0 | 0 | 1 | 1 | 0 | 0 | |
| | 経済 | 経済 | | 3 | | *● | ● | ● | ● | ● | | | | | | ● | ● | | | | 1 | 1 | 0 | 0 | 0 | 0 | |
| | | 経営 | | 3 | | *● | ● | ● | ● | ● | | | | | | ● | ● | | | | 0 | 0 | 0 | 0 | 0 | 0 | |
| | | 国際環境経済 | | 3 | | *● | ● | ● | ● | ● | | | | | | ● | ● | | | | 0 | 0 | 0 | 0 | 0 | 0 | |
| | 法 | 法律 | | 3 | | *● | ● | ● | ● | ● | | | | | | ● | ● | | 小論は専門基礎 | | 2 | 0 | 3 | 3 | 5 | 0 | |
| | | 国際関係法 | | 3 | | *● | ● | ● | ● | ● | | | | | | ● | ● | | | | 0 | 0 | 0 | 0 | 0 | 0 | |
| | | 総合政策 | | 3 | | *● | ● | ● | ● | ● | | | | | | ● | ● | | | | 0 | 0 | 0 | 0 | 0 | 0 | |
| 日本工業 | 基幹工 | 機械工 | | 2·3 | ● | ● | ● | ● | ● | ● | 11/19 | 11/1~11/8 | 英 | | | | ● | | 数学・物理 | 図面・作品持参可 | 0 | 0 | 0 | 0 | 3 | 2 | |
| | | 電気電子通信工 | | 2·3 | ● | ● | ● | ● | ● | ● | | | 英 | | | | ● | | | | 0 | 0 | 1 | 0 | 0 | 0 | |
| | | 応用化 | | 2·3 | ● | ● | ● | ● | ● | ● | | | 英 | | | | ● | | | | 0 | 0 | 0 | 0 | 0 | 0 | |
| | 先進工 | ロボティクス | | 2·3 | ● | ● | ● | ● | ● | ● | | | 英 | | | | ● | | | | 0 | 0 | 0 | 0 | 0 | 0 | |
| | | 情報メディア工 | | 2·3 | ● | ● | ● | ● | ● | ● | | | 英 | | | | ● | | | | 0 | 0 | 1 | 0 | 1 | 1 | |
| | 建築 | 建築 | 建築 | 2·3 | ● | ● | ● | ● | ● | ● | | | 英 | | | | ● | | | | 2 | 0 | 0 | 0 | 5 | 2 | |
| | | | 生活環境デザイン | 2·3 | ● | ● | ● | ● | ● | ● | | | 英 | | | | ● | | | | 2 | 1 | 0 | 0 | 0 | 0 | |

| 大学名 | 学部 | 学科 | 専攻・コース | 編入年次 | 大1 | 大2 | 学士 | 短大 | 高専 | 専門 | 試験日 | 出願期間 | 外国語筆記 | 外部試験 | 専門科目 | 小論文 | 面接 | 口頭試問 | 専門科目以外の科目 | その他の注意事項 | R3志願者 | R3合格者 | R4志願者 | R4合格者 | R5志願者 | R5合格者 | 備考 特に記載がない場合は、大学在学生3年次は62単位以上、2年次は31単位以上取得見込み |
|---|---|---|---|---|---|---|---|---|---|---|---|---|---|---|---|---|---|---|---|---|---|---|---|---|---|---|---|
| 日本薬科 | 薬 | 薬 | | 2・3 | ● | ● | ● | ● | ● | | 12/10 2/26 | 11/14~12/7 2/1~2/18 | | | | | ● | | 2年次:化学・生物 3年次:有機化学・物理化学・生化学・薬理学 | | 3 | 1 | 2 | 1 | 2 | 1 | 欠員募集のみで、要事前相談。選考により2年次になることがある |
| | | 医療ビジネス薬科 | | 2・3 | ● | ● | ● | ● | ● | | | | | | | ● | ● | | | | 0 | 0 | 2 | 2 | 0 | 0 | |
| 文教 | 人間科 | 人間科 | 社会文化 | 3 | *● | ● | ● | ● | ● | | 2/10 | 1/7~1/17 | 英 | ● | | | ● | | | *修了(見込)者。別途臨床心理で社編実施。社会福祉士又は精神保健福祉士の国家試験受験資格取得希望者は、資格に関わる現場実習終了(見込)者 | 4 | 2 | 2 | 0 | △ | 0 | |
| | | | 人間教育 | 3 | *● | ● | ● | ● | ● | | | | 英 | ● | | | ● | | | | | | | | | 0 | |
| | | | 社会福祉 | 3 | *● | ● | ● | ● | ● | | | | 英 | ● | | | ● | | | | | | | | | 0 | |
| | | | スポーツコミュニティ | 3 | *● | ● | ● | ● | ● | | | | 英 | ● | | | ● | | | | | | | | | 0 | |
| | 文 | 日本語日本文 | | 3 | *● | ● | ● | ● | ● | | 11/19 | 10/17~10/27 | | | ● | | | ● | | | 4 | 1 | 0 | 0 | △ | 0 | *修了(見込)者。合格状況は一般のみ |
| | | 英米語英米文 | | 3 | *● | ● | ● | ● | ● | | | | | | ● | | | ● | ※英語含む | | 7 | 3 | 10 | 2 | △ | 0 | |
| | | 中国語中国文 | | 3 | *● | ● | ● | ● | ● | | | | | | ● | | | | | | 0 | 0 | 1 | 1 | △ | 0 | |
| | 情報 | 情報システム | | 3 | *● | ● | ● | ● | ● | | 11/19 | 10/17~10/27 | | | | ● | ● | | | | 0 | 0 | 2 | 1 | △ | 0 | *修了(見込)者。合格状況は一般のみ。別途社編、特定資格編入実施 |
| | | 情報社会 | | 3 | *● | ● | ● | ● | ● | | | | | | | ● | ● | | | | 0 | 0 | 1 | 0 | △ | 0 | |
| | | メディア表現 | | 3 | *● | ● | ● | ● | ● | | | | | | | ● | ● | | | | 2 | 0 | 1 | 0 | △ | 0 | |
| | 国際 | 国際理解 | | 3 | *● | ● | ● | ● | ● | | | | | | | ● | ● | | | | 11 | 5 | 14 | 13 | △ | 4 | |
| | | 国際観光 | | 3 | *● | ● | ● | ● | ● | | | | | | | ● | ● | | | | 8 | 3 | 8 | 3 | △ | 2 | |
| 平成国際 | 法 | 法 | | 2・3 | *● | *● | *● | *● | | ● | 11/20 2/25 | 11/1~11/11 1/28~2/20 | | | | ● | ● | | | | 0 | 0 | 0 | 0 | △ | △ | *取得単位の認定は出願前に面接 |
| | スポーツ健康 | スポーツ健康 | | 2・3 | *● | *● | ● | ● | | ● | | | | | | ● | ● | | | | 2 | 2 | 0 | 0 | △ | | |
| 武蔵野学院 | 国際コミュニケーション | 国際コミュニケーション | | 3 | ● | ● | ● | ● | ● | | 12/10 2/4 | 11/11~11/28 12/12~1/17 | | | | | ● | | プレゼン | | 0 | 0 | 0 | 0 | 0 | 0 | 総合型選抜。出願前にエントリー・事前面接 |
| ものつくり | 技能工芸 | 総合機械 | | 3 | | | | | | | 9/21 | 8/1~8/24 | | | | | ● | | | | 0 | 0 | △ | △ | 1 | 1 | 単位認定状況及び修業状況で2年間で卒業できないことがある。要事前問合せ |
| | | 建設 | | | | | | | | | | | | | | | | | | | 0 | 0 | △ | △ | — | — | |
| 愛国学園 | 人間文化 | 人間文化 | | 2・3 | *● | *● | ● | ● | | ● | 10/8 12/10 | 9/20~9/30 11/22~12/2 | | | | | ● | ● | | | △ | △ | △ | △ | △ | △ | 女子のみ。*資格要問合せ |
| 植草学園 | 発達教育 | 発達支援教育 | | 3 | | | | | | | 10/13 2/1 | 10/1~10/7 1/5~1/26 | | | | | ● | | | | 2 | 0 | 0 | 0 | 0 | 0 | 要事前相談。修得単位等で2年次になることがある |
| | 保健医療 | リハビリテーション 理学療法 | | 3 | | | | | | | | | | | | ※● | ● | | ※基礎学力 | | 0 | 0 | 0 | 0 | 0 | 0 | 関連学科のみ |
| 江戸川 | 社会 | 人間心理 | | 3 | | ● | | ● | ● | | 12/10 2/14 | 11/28~12/2 2/13~2/17 | | | | ● | ● | | | | 0 | 0 | — | — | — | — | 要資格審査 |
| | | 現代社会 | | 3 | | ● | | ● | ● | | | | | | | ● | ● | | | | 4 | 4 | 4 | 4 | 5 | 5 | |
| | | 経営社会 | | 3 | | ● | | ● | ● | | | | | | | ● | ● | | | | 3 | 0 | 1 | 0 | — | — | |
| | メディアコミュニケーション | マス・コミュニケーション | | 3 | | ● | | ● | ● | | | | | | | ● | ● | | | | 5 | 2 | 3 | 1 | 1 | 1 | |
| | | 情報文化 | | 3 | | ● | | ● | ● | | | | | | | ● | ● | | | | 1 | 0 | 5 | 0 | 1 | 0 | |
| | | こどもコミュニケーション | | 3 | | ● | | ● | ● | | | | | | | ● | ● | | | | 0 | 0 | 0 | 0 | 0 | 0 | |
| 川村学園女子 | 文 | 国際英語 | | 2・3 | ● | ● | ● | ● | ● | | 12/11 別途総合型随時 | 11/22~12/5 別途総合型随時 | | | | ※● | ● | ※● | ※英語含む | | 0 | 0 | 3 | 3 | 0 | 0 | 大学在学者2年次(短大1年在学者も可)30単位以上、別途総合型編入(書・面)実施。幼児教育学科は幼稚園教諭2種免許状又は保育士資格取得(見込)者のみ。児童教育学科3年次は教育職員免許状取得(見込)者のみ。合格状況は全編入計 |
| | | 史 | | 2・3 | ● | ● | ● | ● | | | | | | | | | ● | | | | 0 | 0 | 0 | 0 | 2 | 2 | |
| | | 心理 | | 2・3 | ● | ● | ● | ● | | | | | | | | | ● | | | | 2 | 2 | 1 | 1 | 3 | 2 | |
| | | 日本文化 | | 2・3 | ● | ● | ● | ● | | | | | | | | | ● | | | | 1 | 1 | 1 | 1 | 1 | 1 | |
| | 教育 | 幼児教育 | | 2・3 | ● | ● | ● | ● | | | | | | | | | ● | | | | 0 | 0 | 0 | 0 | 0 | 0 | |
| | | 児童教育 | | 2・3 | ● | ● | ● | ● | | | | | | | | | ● | | | | 0 | 0 | 0 | 0 | 0 | 0 | |
| | 生活創造 | 生活文化 | | 2・3 | ● | ● | ● | ● | | | | | | | | | ● | | | | 0 | 0 | 4 | 4 | 2 | 2 | |
| | | 観光文化 | | 2・3 | ● | ● | ● | ● | | | | | | | | | ● | | | | 0 | 0 | 1 | 1 | 0 | 0 | |
| 神田外語 | 外国語 | 英米語 | | 3 | | ● | ● | ● | | *● | 11/24 11/25 | 11/1~11/8 | 英 | **● | | | | ※● | 英語リスニング | ※日・英による **TOEFL等で基準あり | 0 | 0 | 1 | 1 | 1 | 0 | 大学在学者は当該大学での卒業要件単位半以上取得(見込)者。*専門士は内編のみ。合格状況は一般のみ |
| | | 国際コミュニケーション | 国際コミュニケーション | 3 | | ● | ● | ● | | *● | | | | **● | | | ● | ※● | | | 13 | 12 | 12 | 12 | 8 | 7 | |

| 大学名 | 学部 | 学科 | 専攻・コース | 編入年次 | 大1 | 大2 | 学士 | 短大 | 高専 | 専門 | 試験日 | 出願期間 | 外国語筆記 | 外部試験 | 専門科目 | 小論文 | 面接 | 口頭試問 | 専門科目以外の科目 | その他の注意事項 | R3志願者 | R3合格者 | R4志願者 | R4合格者 | R5志願者 | R5合格者 | 備考 特に記載がない場合は、大学在学生3年次は62単位以上、2年次は31単位以上取得見込み |
|---|---|---|---|---|---|---|---|---|---|---|---|---|---|---|---|---|---|---|---|---|---|---|---|---|---|---|---|
| 敬愛 | 経済 | 経済 | | 2・3 | ● | ● | ● | ● | ● | ● | 2/24 | 1/13~2/9 | | | | ● | ● | | | | 0 | 0 | 1 | 1 | 0 | 0 | 大学在学者は進級要件を満たす(見込)者。合格状況に指定校推薦含む。こども教育学科は小学校教諭2種免許取得(見込)者のみ |
| | | 経営 | | 2・3 | ● | ● | ● | ● | ● | ● | | | | | | ● | ● | | | | 0 | 0 | 0 | 0 | 0 | 0 | |
| | 国際 | 国際 | | 2・3 | ● | ● | ● | ● | ● | ● | | | | | | ● | ● | | | | 3 | 3 | 2 | 2 | 4 | 4 | |
| | 教育 | こども教育 | | 2・3 | | | ● | ● | | | | | | | | ● | ● | | | | 1 | 1 | 0 | 0 | 0 | 0 | |
| 国際武道 | 体育 | 武道 | | 3 | | ● | ● | ● | ● | ● | | | | | | ● | ● | | | | — | — | — | — | — | — | 欠員募集でR3~R5募集なし |
| | | 体育 | | 3 | | ● | ● | ● | ● | ● | 1/28 | 1/10~1/18 | | | | ● | ● | | | | 1 | 1 | 3 | 3 | 2 | 2 | 大学在学者50単位以上。要自己推薦書 |
| 淑徳 | 総合福祉 | 社会福祉 | | 3 | | ● | ● | ● | ● | ● | 12/11 2/24 | 11/22~12/5 2/3~2/15 | | | | ● | ● | | | | — | — | | | 1 | 1 | 推薦は社会福祉学科のみでR3は募集なし。別途所要年次判定書類受付期間と認定単位確認書類提出期間あり |
| | | 実践心理 | | 3 | | ● | ● | ● | ● | ● | | | | | | ● | ● | | | | 0 | 0 | | | — | — | |
| | コミュニティ政策 | コミュニティ政策 | | 3 | | ● | ● | ● | ● | ● | | | | | | ● | ● | | | | 0 | 0 | △ | △ | — | — | |
| | 経営 | 経営 | | 3 | | ● | ● | ● | ● | ● | | | | | | ● | ● | | | | 1 | 1 | | | 0 | 0 | |
| | | 観光経営 | | 3 | | ● | ● | ● | ● | ● | | | | | | ● | ● | | | | 2 | 1 | | | 0 | 0 | |
| | 教育 | こども教育 | | 3 | | ● | ● | ● | ● | ● | | | | | | ● | ● | | | | 0 | 0 | | | 2 | 2 | |
| 城西国際 | 福祉総合 | 福祉総合 | | 3 | ● | ● | ● | ● | ● | ● | 11/3 2/25 | 10/11~10/21 2/3~2/15 | | | | ● | ● | | | | 1 | 1 | 4 | 4 | 4 | 2 | 短大1年在学者も可。合格状況は全編入計 |
| | 経営情報 | 総合経営 | | 3 | ● | ● | ● | ● | ● | ● | | | | | | ● | ● | | | | 24 | 10 | 22 | 11 | 10 | 7 | |
| | メディア | メディア情報 | | 3 | ● | ● | ● | ● | ● | ● | | | | | | ● | ● | | | | 6 | 4 | 14 | 11 | 15 | 14 | |
| | 国際人文 | 国際文化 | | 3 | ● | ● | ● | ● | ● | ● | | | | | | ● | ● | | | | — | — | — | — | 5 | 4 | |
| | | 国際交流 | | 3 | ● | ● | ● | ● | ● | ● | | | | | | ● | ● | | | | 4 | 4 | 12 | 10 | 10 | 9 | |
| | 観光 | 観光 | | 3 | ● | ● | ● | ● | ● | ● | | | | | | ● | ● | | | | 7 | 7 | 22 | 18 | 13 | 12 | |
| | 薬 | 医療薬 | | 2 | ● | ● | ● | | | | | | | | | ● | ● | | | | | | | | | | 2年次は医療系。3年制短大2年以上も可。4年次は薬学系で120単位以上(*大学に3年以上) |
| | | | | 4 | | *● | ● | | | | | | | | | ● | ● | | | | 5 | 5 | 3 | 2 | 0 | 0 | |
| 聖徳 | 児童 | 児童 | 昼間主 | 3 | ● | ● | ● | ● | ● | ● | 10/2 12/11 3/13 | 9/20~9/26 11/28~12/5 2/21~3/7 | 選 | | | ● | ● | | | 選:国語又は英語 | 5(4) | 5(4) | 4(5) | 3(5) | 4(2) | 3(2) | 女子のみ。別途学士(左記に同)・社編実施で合格状況に含む、()内編・指定校・系列校合計で外数。児童学科児童文化コース・スポーツ健康コースは昼間主のみ |
| | | | 夜間主 | 3 | ● | ● | ● | ● | ● | ● | | | 選 | | | ● | ● | | | | 2(0) | 2(0) | 2(1) | 2(1) | 2(1) | 2(1) | |
| | 心理・福祉 | 社会福祉 | | 3 | ● | ● | ● | ● | ● | ● | | | 選 | | | ● | ● | | | | 5(0) | 4(0) | 3(5) | 3(5) | 5(2) | 4(2) | |
| | | 心理 | | 3 | ● | ● | ● | ● | ● | ● | | | 英 | | | ● | ● | | | | 1(1) | 1(1) | 2(2) | 2(2) | 4(1) | 4(1) | |
| | 文 | 文 | | 3 | | ● | ● | ● | ● | ● | | | ※ | | | | ● | ● | | ※コースにより異なる。書道文化は実技 | 2(3) | 0(3) | 4(2) | 2(2) | 2(5) | 2(5) | |
| | 人間栄養 | 人間栄養 | 管理栄養士 | 3 | | ● | ● | ● | ● | ● | | | | | ● | ● | ● | | | | 16(0) | 9(0) | 12(0) | 10(0) | 8(0) | 8(0) | |
| | 音楽 | 音楽 | | 3 | | ● | ● | ● | ● | ● | | | 選 | | | ● | ● | | | 選:国語又は英語 専門は実技等 | 2(1) | 2(1) | 0(0) | 0(0) | 0(0) | 0(0) | |
| 清和 | 法 | 法律 | | 2・3 | ● | ● | ● | ● | ● | ● | 2/6 | 1/4~1/27 | | | ※● | | ● | | ※社会科学分野 | | 0 | 0 | 0 | 0 | 0 | 0 | 大学在学者2年次20単位程度、3年次62単位以上、要事前確認 |
| 千葉科学 | 危機管理 | 危機管理 | | 3 | | *● | ● | ● | | ● | 12/18 | 11/1~11/10 | | | | ● | ● | | 自己アピール含む | | 0 | 0 | 0 | 0 | 0 | 0 | 既修得単位等で年次決定。*修了(見込)者 |
| | | 保健医療 | | 3 | | *● | ● | ● | | ● | | | | | | ● | ● | | | | | | 1 | 1 | 0 | 0 | 国家資格取得(見込)者。*修了(見込)者 |
| | | 航空技術危機管理 | | 3 | | *● | ● | ● | | ● | | | | | | ● | ● | | | | 0 | 0 | 0 | 0 | 0 | 0 | 既修得単位等で年次決定。*修了(見込)者 |
| | | 動物危機管理 | | 3 | | *● | ● | ● | | ● | | | | | | ● | ● | | | | 0 | 0 | 0 | 0 | 0 | 0 | 既修得単位等で年次決定。*修了(見込)者 |
| | 薬 | 薬 | | 2~4 | | *● | ● | | | | | | | | ● | | ● | | | | 1 | 1 | 8 | 7 | 5 | 4 | |
| 千葉経済 | 経済 | 経済 | | 2・3 | ● | ● | ● | ● | ● | ● | 12/11 2/18 | 12/1~12/7 2/8~2/14 | | | | | ● | | 出願時課題提出 | | 2(4) | 0(4) | 19(6) | 3(6) | 10(7) | 10(1) | 大学在学者2年次(短大1年在学者も可)32単位以上。()は内編で外数 |
| | | 経営 | | 2・3 | ● | ● | ● | ● | ● | ● | | | | | | | ● | | 出願時課題提出 | | | | | | | | |

| 大学名 | 学部 | 学科 | 専攻・コース | 編入年次 | 大1 | 大2 | 学士 | 短大 | 高専 | 専門 | 試験日 | 出願期間 | 外国語筆記 | 外部試験 | 専門科目 | 小論文 | 面接 | 口頭試問 | 専門科目以外の科目 | その他の注意事項 | R3志願者 | R3合格者 | R4志願者 | R4合格者 | R5志願者 | R5合格者 | 備考 |
|---|---|---|---|---|---|---|---|---|---|---|---|---|---|---|---|---|---|---|---|---|---|---|---|---|---|---|---|
| 千葉工業 | 工 | 機械工 | | 3 | | ● | ● | ● | ● | | 11/26 | 9/26~10/6 | | | | ● | ● | | | | 5 | 4 | 6 | 2 | 3 | 2 | 特に記載がない場合は、大学在学生3年次は62単位以上、2年次は31単位以上取得見込み |
| | | 機械電子創成工 | | 3 | | ● | ● | ● | ● | | | | | | | ● | ● | | | | 0 | 0 | 1 | 0 | 4 | 4 | |
| | | 先端材料工 | | 3 | | ● | ● | ● | ● | | | | | | | ● | ● | | | | 0 | 0 | 0 | 0 | 1 | 1 | |
| | | 電気電子工 | | 3 | | ● | ● | ● | ● | | | | | | | ● | ● | | | | 1 | 0 | 3 | 1 | 5 | 5 | |
| | | 情報通信システム工 | | 3 | | ● | ● | ● | ● | | | | | | | ● | ● | | | | 1 | 1 | 1 | 0 | 1 | 1 | |
| | | 応用化 | | 3 | | ● | ● | ● | ● | | | | | | | ● | ● | | | | 0 | 0 | 4 | 2 | 2 | 0 | |
| | 創造工 | 建築 | | 3 | | ● | ● | ● | ● | | | | | | | ● | ● | | | | 9 | 3 | 6 | 3 | 4 | 1 | |
| | | 都市環境工 | | 3 | | ● | ● | ● | ● | | | | | | | ● | ● | | | | 1 | 0 | 1 | 0 | 2 | 2 | |
| | | デザイン科 | | 3 | | ● | ● | ● | ● | | | | | | | ● | ● | | | | 1 | 0 | 1 | 1 | 2 | 1 | |
| | 先進工 | 生命科 | | 3 | | ● | ● | ● | ● | | | | | | | ● | ● | | | | 1 | 0 | 0 | 0 | 1 | 1 | |
| | | 未来ロボティクス | | 3 | | ● | ● | ● | ● | | | | | | | ● | ● | | | | 3 | 3 | 4 | 3 | 8 | 6 | |
| | | 知能メディア工 | | 3 | | ● | ● | ● | ● | | | | | | | ● | ● | | | | 1 | 0 | 1 | 1 | 4 | 2 | |
| | 情報科 | 情報工 | | 3 | | ● | ● | ● | ● | | | | | | | ● | ● | | | | 1 | 0 | 2 | 1 | 7 | 3 | |
| | | 情報ネットワーク | | 3 | | ● | ● | ● | ● | | | | | | | ● | ● | | | | 1 | 0 | 4 | 2 | 1 | 1 | |
| | 社会システム科 | 経営情報科 | | 3 | | ● | ● | ● | ● | | | | | | | ● | ● | | | | 1 | 1 | 0 | 0 | 1 | 1 | |
| | | プロジェクトマネジメント | | 3 | | ● | ● | ● | ● | | | | | | | ● | ● | | | | 0 | 0 | 0 | 0 | 0 | 0 | |
| | | 金融・経営リスク科 | | 3 | | ● | ● | ● | ● | | | | | | | ● | ● | | | | 0 | 0 | 0 | 0 | 0 | 0 | |
| 千葉商科 | 政策情報 | 政策情報 | | 3 | | ● | ● | ● | ● | ● | 2/22 | 1/24~2/2 | | | | ● | ● | | | 小論文は事前提出 | △ | △ | △ | △ | △ | △ | |
| | 商経 | 商 | | 3 | | ● | ● | ● | ● | | | | | | | ● | ● | | | | △ | △ | △ | △ | △ | △ | |
| | | 経済 | | 3 | | ● | ● | ● | ● | | | | | | | ● | ● | | | | △ | △ | △ | △ | △ | △ | |
| | | 経営 | | 3 | | ● | ● | ● | ● | | | | | | | ● | ● | | | | △ | △ | △ | △ | △ | △ | |
| 中央学院 | 商 | 商 | | 3 | | *● | ● | ● | | ● | 12/10 | 11/18~12/2 | | | | ● | ● | | | 小論文は事前提出 | 6 | 4 | 1 | 1 | 5 | 4 | *修了(見込)者。単位認定状況で2年次になることがある |
| | 法 | 法 | | 3 | | *● | ● | ● | | ● | | | | | | ● | ● | | | | 4 | 4 | 1 | 0 | 0 | 0 | |
| | 現代教養 | 現代教養 | | 3 | | *● | ● | ● | | | | | | | | | ● | | | | 0 | 0 | 3 | 1 | 0 | 0 | |
| 東京基督教 | 神 | 総合神 | | 2・3 | *● | ● | ● | ● | ● | ● | 3/6 | 2/13~2/24 | | | | ● | ● | | 聖書 | | 14(4) | 14(4) | 3(3) | 3(2) | 17 | 15 | キリスト教信者のみ。*修了(見込)者。別途総合型(書・小・面〈口答〉)編入実施で( )外数 |
| 東京情報 | 総合情報 | 総合情報 | | 3 | | *● | ● | ● | ● | ● | 12/17 | 11/21~12/12 | | | | ※● | ● | | | ※学士は除く | 7 | 4 | 10 | 10 | 12 | 4 | *修了(見込)者。別途学士編入実施(書・面)で合格状況に含む |
| 明海 | 外国語 | 日本語 | | 3 | | | ● | ● | ● | ● | 10/22 | 10/3~10/14 | | | | ● | ● | | | | 3(2) | 2(2) | 5 | 3 | 4 | 2 | ( )は指定校推薦で外数 |
| | | 英米語 | | 3 | | | ● | ● | ● | | | | | ● | | | ● | | 英語運用力診断 | TOEIC等で具体的基準あり | 0(0) | 0(0) | 5 | 4 | 0 | 0 | |
| | | 中国語 | | 3 | | | ● | ● | ● | | | | | | | | ● | | | | 0(0) | 0(0) | 1 | 1 | 0 | 0 | |
| | 経済 | 経済 | | 3 | | | ● | ● | ● | ● | | | | | | | ● | | | 経済学検定B以上 | 0(0) | 0(0) | 0 | 0 | 0 | 0 | |
| | 不動産 | 不動産 | | 3 | | | ● | ● | ● | ● | | | | | | | ● | | | | 2(3) | 1(3) | 3(3) | 3(2) | 1 | 1 | |
| | ホスピタリティツーリズム | ホスピタリティツーリズム | | 3 | | | ● | ● | ● | | | | | ● | | | ● | | | TOEIC等で具体的基準あり | 1 | 1 | 1 | 1 | 0 | 0 | |
| | 保健医療 | 口腔保健 | | 3 | | | | | ● | ● | | | | | | ● | ● | | | | 0 | 0 | 1 | 1 | 0 | 0 | 歯科衛生士課程修了(見込)者 |
| | 歯 | 歯 | | 2 | | | | ● | | | 12/17 3/16 | 11/30~12/12 2/27~3/9 | | | | ● | ● | | 理解力テスト | | 6 | 4 | △ | △ | △ | △ | 欠員募集 |

| 大学名 | 学部 | 学科 | 専攻・コース | 編入年次 | 大1 | 大2 | 学士 | 短大 | 高専 | 専門 | 試験日 | 出願期間 | 外国語筆記 | 外部試験 | 専門科目 | 小論文 | 面接 | 口頭試問 | 専門科目以外の科目 | その他の注意事項 | R3志願者 | R3合格者 | R4志願者 | R4合格者 | R5志願者 | R5合格者 | 備考 特に記載がない場合は、大学在学生3年次は62単位以上、2年次は31単位以上取得見込み |
|---|---|---|---|---|---|---|---|---|---|---|---|---|---|---|---|---|---|---|---|---|---|---|---|---|---|---|---|
| 麗澤 | 外国語 | 外国語 | 英語コミュニケーション | 2・3 | ● | ● | ● | ● | ● | | 1/29 | 12/13~1/20 | 英 | *● | | | ※● | | | ※各専攻語 | 10 | 8 | 13 | 10 | 3 | 3 | 大学在学2年次30単位以上、3年次62単位以上。*基準以上の語学資格取得者は語学試験免除 |
| | | | 英語・リベラルアーツ | 2・3 | ● | ● | ● | ● | ● | | | | 英 | *● | | | ※● | | | | 12 | 12 | 6 | 5 | 4 | 3 | |
| | | | ドイツ語・ヨーロッパ | 2・3 | ● | ● | ● | ● | ● | | | | 独 | *● | | | ※● | | | | | | 0 | 0 | 0 | 0 | |
| | | | 中国語・グローバルコミュニケーション | 2・3 | ● | ● | ● | ● | ● | | | | 中 | *● | | | ※● | | | | 0 | 0 | 3 | 2 | 0 | 0 | |
| | 経済 | 経済 | | 2・3 | ● | ● | ● | ● | ● | | | | | | | ● | ● | | | | 1 | 0 | 2 | 2 | 1 | 0 | |
| | | 経営 | | 2・3 | ● | ● | ● | ● | ● | | | | | | | ● | ● | | | | 2 | 1 | 1 | 1 | 4 | 4 | |
| | 国際 | 国際 | 日本学・国際コミュニケーション | 2・3 | ● | ● | ● | ● | ● | | | | 英 | *● | | | ※● | | | | 4 | 4 | 5 | 5 | 4 | 3 | |
| | | | 国際交流・国際協力 | 2・3 | ● | ● | ● | ● | ● | | | | 英 | *● | | | ● | ** | | **3年次のみ | 3 | 2 | 1 | 1 | 0 | 0 | |
| | | グローバルビジネス | グローバルビジネス | 2・3 | ● | ● | ● | ● | ● | | | | 英 | *● | | | ※● | | | ※日と英 | 3 | 3 | 2 | 2 | 0 | 0 | |
| 青山学院 | 文 | 英米文 | | 2 | | | | ● | | ● | 11/26 | 11/1~11/4 | | ● | ※● | | ● | ● | | ※英語含む。 | 0(0) | 0(0) | 5(0) | 5(0) | 1 | 1 | 短大、専門士は同系統学科出身者のみ。学士は同系統不可。( )は内編で外数 |
| | | | | 3 | | | | | | | | | | ● | ※● | | ● | ● | | | 1(0) | 1(0) | 1(0) | 0(0) | 1 | 1 | |
| | | | | 3 | | | ● | | | | | | | ● | ※● | | ● | ● | | TOEFL等 | 0(0) | 0(0) | 1 | 1 | 1 | 1 | ( )は内編で外数。2年次のみの募集 |
| | | フランス文 | | 3 | | | | | | | | | | | | ● | ● | | | | 0(0) | 0(0) | 0(0) | 0(0) | 0(0) | 0(0) | ( )は内編で外数 |
| | | 日本文 | | 3 | | | | | | | | | | | ※● | | ● | | ※国語基礎学力問題 | | 6(4) | 2(2) | 5 | 0 | 4 | 0 | 学士は卒業学科以外の学科への入学に限る。( )は内編で外数 |
| | | | | 3 | | | ● | | | | | | | | ※● | | ● | | | | 6(4) | 2(2) | 2(2) | 1(2) | 0 | 0 | |
| | | 史 | | 2 | | | | ● | | | | | 英 | | | ※● | ● | | ※基礎学力問題 | | 0(0) | 0(0) | 2 | 1 | 1 | 0 | |
| | | | | 3 | | | ● | | | | | | 英 | | | ※● | ● | | | | 1(0) | 0(0) | 1(1) | 1(0) | 2 | 0 | |
| | 教育人間科 | 教育 | | 2 | | | ● | ● | ● | | | | 英 | | | ● | ● | | | | 5 | 1 | 1 | 1 | 3 | 0 | |
| | | 心理 | | 2 | | | ● | ● | ● | | | | 英 | | | ● | ● | | ※基礎知識 | | 11 | 1 | 13 | 6 | 8 | 1 | 大学・短大(3年制可)在学者62単位以上修得者(2年次修了見込者も含む) |
| | 法 | 法 | | 2 | | | | ● | | | | | 英 | | | ● | ● | | | | 2(0) | 1(0) | 3 | 1 | — | — | ( )は内編で外数 |
| | | | | 3 | | | ● | | | | | | 英 | | | ● | ● | | | | 1(0) | 0(0) | 0 | 0 | 0 | 0 | |
| 亜細亜 | 経営 | 経営 | | 2 | ● | | | | | | 10/23 | 9/26~10/4 | ※● | | | | ● | | ※指定する外部試験(4技能)の成績を利用 | | 0 | 0 | 0 | 0 | 1 | 1 | 別途社会人編入実施で合格状況に含む |
| | | | | 3 | | | | | | | | | ※● | | | | ● | | | | 0 | 0 | 3 | 1 | 6 | 5 | |
| | 経済 | 経済 | | 3 | | | | | | | | | ※● | | | | ● | | | | 0 | 0 | 0 | 0 | 0 | 0 | |
| | 法 | 法律 | | 2 | ● | | | | | | | | ※● | | | | ● | | | | 0 | 0 | 0 | 0 | 0 | 0 | |
| | | | | 3 | | | | ● | ● | ● | | | ※● | | | | ● | | | | 0 | 0 | 0 | 0 | 0 | 0 | |
| | 国際関係 | 国際関係 | | 3 | | | | ● | ● | ● | | | ※● | | | | ● | | | | 3 | 2 | 1 | 1 | 2 | 1 | |
| | | 多文化コミュニケーション | | 3 | | | | ● | ● | ● | | | ※● | | | | ● | | | | 2 | 1 | 1 | 1 | 1 | 1 | |
| | 都市創造 | 都市創造 | | 3 | | | | ● | ● | ● | | | ※● | | | | ● | | | | 0 | 0 | 0 | 0 | 0 | 0 | |
| 跡見学園女子 | 文 | 人文 | | 3 | | | | ● | ● | ● | 10/2 | 9/15~9/22 | | | | | ● | ● | | | 2 | 1 | 3 | 1 | 1 | 1 | 別途学士入試実施(小・口述)で合格状況に含む |
| | | 現代文化表現 | | 3 | | | | ● | ● | ● | | | | | | | ● | ● | | | 3 | 3 | 8 | 8 | 3 | 2 | |
| | | コミュニケーション文化 | | 3 | | | | ● | ● | ● | | | | | | | ● | ● | | | 1 | 1 | 1 | 1 | 5 | 5 | |
| | マネジメント | マネジメント | | 3 | | | | ● | ● | ● | | | | | | | ● | ● | | | — | — | 4 | 3 | 4 | 2 | |
| | | 生活環境マネジメント | | 3 | | | | ● | ● | ● | | | | | | | ● | ● | | | 1 | 1 | 2 | 2 | 3 | 2 | |
| | 観光コミュニティ | 観光デザイン | | 3 | | | | ● | ● | ● | | | | | | | ● | ● | | | 3 | 3 | 5 | 5 | 4 | 0 | |
| | | コミュニティデザイン | | 3 | | | | ● | ● | ● | | | | | | | ● | ● | | | — | — | 3 | 3 | 0 | 0 | |
| 桜美林 | リベラルアーツ学群 | | | 3 | | | | ● | ● | ● | 11/5 | 9/27~10/3 | | | | *● | ● | | *小論文は事前提出 | | 21 | 12 | 37 | 32 | 18 | 9 | 出願条件に語学検定の具体的規定あり。別途社会人編入実施で合格状況に含む。留学生・海外提携・別科除く。左記は3年次で、2年次は面接のみ |
| | ビジネスマネジメント学群 | ビジネスマネジメント学類 | | 2・3 | ● | ● | | ● | ● | ● | | | | | | *● | ● | | ※英語含む | | 24 | 16 | 37 | 20 | 35 | 26 | |
| | | アビエーションマネジメント学類 | エアラインホスピタリティ | 2 | ● | ● | | ● | ● | ● | | | | | | *● | ● | | | | | | | | | | |
| | | | エアラインビジネス | 2・3 | ● | ● | | ● | ● | ● | | | | | | *● | ● | | | | | | | | | | |
| | グローバル・コミュニケーション学群 | | | 3 | | | | ● | ● | ● | | | | | | *● | ※● | | ※主に目標言語による | | 1 | 1 | 1 | 1 | 0 | 0 | |

| 大学名 | 学部 | 学科 | 専攻・コース | 編入年次 | 大1 | 大2 | 学士 | 短大 | 高専 | 専門 | 試験日 | 出願期間 | 外国語筆記 | 外部試験 | 専門科目 | 小論文 | 面接 | 口頭試問 | 専門科目以外の科目 | その他の注意事項 | R3志願者 | R3合格者 | R4志願者 | R4合格者 | R5志願者 | R5合格者 | 備考 |
|---|---|---|---|---|---|---|---|---|---|---|---|---|---|---|---|---|---|---|---|---|---|---|---|---|---|---|---|
| | 健康福祉学群 | 社会福祉 | | 3 | | ● | ● | ● | ● | ● | | | | | | *● | ● | | | | 4 | 1 | 5 | 5 | 5 | 4 | 別途社会人実施で合格状況に含む。留学生・海外提携・別科除く |
| | | 精神保健福祉 | | 3 | | ● | ● | ● | ● | ● | | | | | | *● | ● | | | | | | | | | | |
| | | 健康科学 | | 3 | | ● | ● | ● | ● | | | | | | | *● | ● | | | | | | | | | | |
| | 芸術文化学群 | 演劇・ダンス | | 3 | | ● | ● | ● | ● | | | | | | | *● | ● | | | | 2 | 2 | 2 | 1 | 4 | 2 | |
| | | 音楽 | | 3 | | ● | ● | ● | ● | | | | | | | *● | ● | | | | | | | | | | |
| | | ビジュアル・アーツ | | 3 | | ● | ● | ● | ● | | | | | | | *● | ● | | | | | | | | | | |
| 大妻女子 | 家政 | 被服 | | 3 | | *● | ● | ● | ● | ● | 10/9 | 9/15~9/21 | 英 | | | | ● | ● | | | 2(0) | 1(0) | 1(2) | 0(1) | 1(0) | 0(0) | 編入学までに20歳に達している女子。*修了(見込)者。( )は内編で外数、志願者数欄は受験者数 |
| | | 食物 | 食物学 | | | | | | | | | | | | | | | | | | — | — | — | — | — | — | 欠員補充で、数年欠員なし |
| | | 児童 | 児童教育 | 3 | | *● | ● | ● | ● | | | | | | | | ● | ● | | | 1(0) | 1(0) | 3(0) | 3(0) | 1(0) | 1(0) | 編入学までに20歳に達している女子。*修了(見込)者。( )は内編で外数、志願者数欄は受験者数。年明けに2次募集あり |
| | | | ライフデザイン | 3 | | *● | ● | ● | ● | | | | | | | | ● | ● | | | 12(9) | 4(3) | 10(19) | 4(3) | 4(4) | 3(3) | |
| | 文 | 日本文 | | 3 | | *● | ● | ● | ● | | | | | | | | ● | ● | | | 9(7) | 2(6) | 4(8) | 3(6) | 4(0) | 4(0) | |
| | | 英語英文 | | 3 | | *● | ● | ● | ● | | | | | ※英 | | | | ● | ● | ※専門含む | 6(14) | 1(8) | 9(12) | 1(11) | 1(10) | 0(9) | |
| | | コミュニケーション文化 | | 3 | | *● | ● | ● | ● | | | | | | | | ※● | ● | ※英語又は中国語含む | 9(7) | 2(6) | 6(15) | 4(5) | 5(5) | 5(3) | |
| | 社会情報 | 社会情報 | 社会生活情報学 | 3 | | *● | ● | ● | ● | | | | | | | | ● | ● | | | 10(8) | 2(3) | 7(8) | 4(5) | 6(2) | 4(2) | |
| | | | 環境情報学 | 3 | | *● | ● | ● | ● | | | | | | | | ● | ● | | | 6(1) | 2(1) | 4(6) | 0(1) | 2(2) | 1(1) | |
| | | | 情報デザイン | 3 | | *● | ● | ● | ● | | | | | | | ※● | | | 数学 | ※プログラミング基礎含む | 0(3) | 0(3) | 6(3) | 3(3) | 0(3) | 0(2) | |
| | 人間関係 | 人間関係 | 社会学 | 3 | | *● | ● | ● | ● | | | | | | | | ● | ● | | | 5(0) | 4(0) | 9(2) | 4(2) | 3(0) | 3(0) | |
| | | | 社会・臨床心理学 | 3 | | *● | ● | ● | ● | | | | | | | | ● | ● | | | 6(0) | 2(0) | 3(0) | 1(0) | 2(0) | 2(0) | |
| | | 人間福祉 | | 3 | | *● | ● | ● | ● | | | | | | | | ● | ● | | | 1(0) | 1(0) | 5(0) | 1(0) | 1(2) | 1(1) | |
| | 比較文化 | 比較文化 | | 3 | | *● | ● | ● | ● | | | | 英 | | | | ● | ● | | | 8(3) | 4(0) | 7(2) | 4(2) | 6(0) | 5(0) | |
| 嘉悦 | 経営経済 | 経営経済 | | 3 | | ● | | | | | 11/20 2/24 | 11/1~11/10 2/3~2/14 | | | | | ● | ● | | | 9(3) | 2(2) | 6(10) | 4(6) | 15(11) | 10(11) | ( )は指定校推薦で外数 |
| 学習院 | 文 | 哲 | | 3 | | ● | ● | ● | ● | | | | 選 | ※● | ● | | ● | | ※哲学史又は芸術史 選:英・独・仏・漢文から2 | — | — | — | — | — | — | 以下はR2情報で、R3~5は募集なし。R6は史学科で実施。大学在学者60単位以上(見込者は1年次に既に30単位以上修得済) |
| | | 史 | | 3 | | ● | ● | ● | ● | | | | 選 | ※● | ● | | ● | | ※小論文含む 選:英・独・仏・中から1 | — | — | — | — | — | — | |
| | | 日本語日本文 | | 3 | | ● | ● | ● | ● | | | | 選 | ※● | ● | ● | ● | | ※古文含む 選:英・独・仏・中から1 | — | — | — | — | — | — | |
| | | 英語英米文化 | | 3 | | ● | ● | ● | ● | | | | 英 | | | ※● | ● | | ※英語による | — | — | — | — | — | — | |
| | | ドイツ語圏文化 | | 3 | | ● | ● | ● | ● | | | | 独 | | | | ● | | | — | — | — | — | — | — | |
| | | フランス語圏文化 | | 3 | | ● | ● | ● | ● | | | | 仏 | | | | ● | | | — | — | — | — | — | — | |
| | | 心理 | | 3 | | ● | ● | ● | ● | | | | 選 | | ● | | ● | | 選:英・独・仏から1 | — | — | — | — | — | — | |
| | 法 | 法 | | 3 | | | ● | | | | 2/21 | 10/18~10/21 | 選 | | ● | ● | ● | | 選:英・独・仏から1 | 1 | 1 | 1 | 0 | 0 | 0 | 試験成績及び修得単位数により2年次になることがある |
| | | 政治 | | 3 | | | ● | | | | | | 選 | ※● | | | ● | | ※法学・政治学・社会学から1 選:英・独・仏から1 | 0 | 0 | 1 | 0 | 0 | 0 | |
| | 経済 | 経済 | | 3 | | | ● | | | | | | 英 | ※● | | | ● | | ※経済学又は経営学 | 0 | 0 | 0 | 0 | 1 | 0 | |
| | | 経営 | | 3 | | | ● | | | | | | 英 | ※● | | | ● | | | 1 | 0 | 0 | 0 | 0 | 0 | |

| 大学名 | 学部 | 学科 | 専攻・コース | 編入年次 | 大1 | 大2 | 学士 | 短大 | 高専 | 専門 | 試験日 | 出願期間 | 外国語筆記 | 外部試験 | 専門科目 | 小論文 | 面接 | 口頭試問 | 専門科目以外の科目 | その他の注意事項 | R3志願者 | R3合格者 | R4志願者 | R4合格者 | R5志願者 | R5合格者 | 備考 特に記載がない場合は、大学在学生3年次は62単位以上、2年次は31単位以上取得見込み |
|---|---|---|---|---|---|---|---|---|---|---|---|---|---|---|---|---|---|---|---|---|---|---|---|---|---|---|---|
|  | 理 | 物理 |  | 3 |  |  | • |  | • |  | 12/3 |  | 英 |  | • |  |  | • | 数学 |  | 0 | 0 | 1 | 1 | 0 | 0 | 左記は高専出身者試験で別途学士入試実施、学士は出願時科目等決定で合格状況に含む |
|  |  | 化 |  | 3 |  |  | • |  | • |  |  |  | 英 |  | • |  |  | • |  |  | 0 | 0 | 0 | 0 | 0 | 0 |  |
|  |  | 数 |  | 3 |  |  | • |  | • |  |  |  | 英 |  |  |  |  | • |  |  | 0 | 0 | 0 | 0 | 0 | 0 |  |
| 学習院女子 | 国際文化交流 | 日本文化 |  | 3 |  | • | • | • | • | • | 10/29 | 10/11~10/14 | 英 |  | • |  | • |  |  |  | 7 | 4 | 7 | 5 | 8 | 6 | 大学・3年制短大在学者67単位以上で、修得見込者はすでに30単位以上修得していること。専門士は要問合せ |
|  |  | 国際コミュニケーション |  | 3 |  | • | • | • | • | • |  |  | 英 |  | • |  | • |  |  |  | 19 | 5 | 6 | 5 | 7 | 4 |  |
| 北里 | 医 | 医 |  | 1 |  |  | • |  |  |  | 1/27 2/4. 5. 6 | 12/16~1/18 | 英 |  |  |  |  | • | 数・化・生・論文 | 1次:学力 2次:論文・面・推薦書など | 4 | 0 | 5 | 3 | 17 | 3 | 1年次後期入学。1次の学力は一般入試問題と同じ、数は一部同じ |
|  | 獣医 | 獣医 |  | 2 |  |  | • |  |  |  | 11/20. 12/17 | 11/1~11/9 |  |  |  |  |  | • | 基礎学力(英・数・「物・化・生から1」) | 1次:基礎学力 2次:書・面 | 14 | 5 | 19 | 2 | 14 | 2 | 獣医学以外の専門分野を修めた者対象 |
|  | 薬 | 薬 |  | 2 |  | • | • |  | • |  | 11/12. 11/19 | 11/1~11/7 | 英 |  |  | • | • |  | 数学、化学 | 1次:数・化・英 2次:書・小・面 | 13 | 3 | 5 | 2 | 4 | 0 | 大学在学者は理工農保健系 |
|  |  | 生命創薬科 |  | 2 |  | • | • |  | • |  |  |  | 英 |  |  | • | • |  |  |  | 0 | 0 | 1 | 0 | 0 | 0 |  |
|  | 医療衛生 | 保健衛生 |  | 2・4 |  | • | • | • | • | • | 10/1 | 9/1~9/9 |  | ※• |  |  |  | • | ※英文含む |  | 0 | 0 | 0 | 0 | 0 | 0 | 年度により募集学科・専攻・年次異なる。R5は左記募集で志望学科・専攻の当該国家資格取得(見込)者で、本学開講科目の単位認定が3年次62単位、4年次93単位以上 |
|  |  | 医療検査 |  |  |  |  |  |  |  |  |  |  |  | ※• |  |  | • |  |  |  | 2 | 1 | 0 | 0 | — | — |  |
|  |  | 医療工 | 臨床工学 |  |  |  |  |  |  |  |  |  |  | ※• |  |  | • |  |  |  | — | — | — | — | — | — |  |
|  |  |  | 診療放射線技術科学 |  |  |  |  |  |  |  |  |  |  |  |  |  | • |  |  |  | 0 | 0 | 4 | 3 | — | — |  |
|  |  | リハビリテーション | 作業療法学 | 3 |  | • | • | • | • | • |  |  |  |  |  |  | • |  |  |  | — | — | — | — | 0 | 0 |  |
|  |  |  | 視覚機能療法学 |  |  |  |  |  |  |  |  |  |  | ※• |  |  | • |  |  |  | — | — | — | — | — | — |  |
|  |  |  | 言語聴覚療法学 | 3 |  | • | • | • | • | • |  |  |  |  |  |  | • |  |  |  | — | — | — | — | 0 | 0 |  |
| 共立女子 | 家政 | 被服 |  | 3 |  | • | • | • | • | • | 9/24 | 9/1~9/8 | 英 |  | • |  | • |  |  |  | 1(4) | 1(4) | 5(5) | 2(5) | 5(2) | 4(2) | 合格状況( )は内編・指定校推薦で外数 |
|  |  | 食物栄養 | 食物学 | 3 |  | • | • | • | • | • |  |  | 英 |  | • |  | • |  |  |  | 3(2) | 2(2) | 7(3) | 3(3) | 2(3) | 0(3) |  |
|  |  | 建築・デザイン | 建築 | 3 |  | • | • | • | • | • |  |  | 英 |  | ※• |  | • |  | ※コース別実技 |  | 0(2) | 0(2) | 1(2) | 1(2) | 3(2) | 1(2) |  |
|  |  |  | デザイン | 3 |  | • | • | • | • | • |  |  | 英 |  | ※• |  | • |  |  |  | 1(2) | 0(2) | 1(2) | 0(2) | 2(2) | 0(2) |  |
|  | 文芸 | 言語・文学領域 | 日本語・日本文学 | 3 |  | • | • | • | • | • |  |  |  |  |  | • | • |  | ※英語を含む場合がある |  | 4(5) | 2(5) | 3(10) | 2(10) | 0(6) | 0(6) |  |
|  |  |  | 英語・英語圏文学 | 3 |  | • | • | • | • | • |  |  |  |  |  | • | • |  |  |  | 3(2) | 2(2) | 1(7) | 1(7) | 2(2) | 2(2) |  |
|  |  |  | フランス語・フランス文学 | 3 |  | • | • | • | • | • |  |  | 仏 |  | • |  | • |  |  |  | 2(0) | 2(0) | 0(2) | 0(2) | 0(3) | 0(3) |  |
|  |  | 芸術領域 | 劇芸術 | 3 |  | • | • | • | • | • |  |  |  |  | ※• |  | • |  |  |  | 3(2) | 2(2) | 3(3) | 3(3) | 2(1) | 2(1) |  |
|  |  |  | 美術史 | 3 |  | • | • | • | • | • |  |  |  |  |  | • | • |  |  |  | 2(1) | 2(1) | 1(5) | 0(5) | 1(2) | 1(2) |  |
|  |  | 文化領域 | 文化 | 3 |  | • | • | • | • | • |  |  |  |  |  | • | • |  |  |  | 0(6) | 0(6) | 1(2) | 1(2) | 0(3) | 0(2) |  |
|  |  | メディア領域 | 文芸メディア | 3 |  | • | • | • | • | • |  |  |  |  |  | • | • |  |  |  | 1(1) | 1(1) | 10(5) | 8(5) | 4(7) | 2(7) |  |
|  | 国際 | 国際 |  | 3 |  | • | • | • | • | • |  |  | 英 |  | • |  | • |  |  |  | 10(5) | 7(5) | 16(18) | 13(18) | 2(10) | 2(10) |  |
| 杏林 | 外国語 | 英語 |  | 3 |  | *• | • | • | • | • | 11/19 | 11/1~11/8 | 英 |  |  | • | • | • | 小論文は出願時に提出 |  | 14 | 9 | 15 | 11 | 8 | 6 | *修了(見込)者、合格状況に指定校・留学生含む |
|  |  | 中国語 |  | 3 |  | *• | • | • | • | • |  |  | 中 |  |  | • | • | • |  |  | 6 | 6 | 3 | 1 | 1 | 0 |  |
|  |  | 観光交流文化 |  | 3 |  | *• | • | • | • | • |  |  | 英 |  |  | • | • | • |  |  | 6 | 3 | 11 | 8 | 7 | 3 |  |
|  | 総合政策 | 総合政策 |  | 3 |  | *• | • | • | • | • |  |  | 英 |  |  | • | • | • |  |  | 15 | 10 | 14 | 13 | 6 | 5 |  |
|  |  | 企業経営 |  | 3 |  | *• | • | • | • | • |  |  | 英 |  |  | • | • | • |  |  | 4 | 2 | 4 | 4 | 9 | 8 |  |

特に記載がない場合は、大学在学生3年次は62単位以上、2年次は31単位以上取得見込み

| 大学名 | 学部 | 学科 | 専攻・コース | 編入年次 | 大1 | 大2 | 学士 | 短大 | 高専 | 専門 | 試験日 | 出願期間 | 外国語筆記 | 外部試験 | 専門科目 | 小論文 | 面接 | 口頭試問 | 専門科目以外の科目 | その他の注意事項 | R3志願者 | R3合格者 | R4志願者 | R4合格者 | R5志願者 | R5合格者 | 備考 |
|---|---|---|---|---|---|---|---|---|---|---|---|---|---|---|---|---|---|---|---|---|---|---|---|---|---|---|---|
| 国立音楽 | 音楽 | 音楽文化教育 | 音楽教育・音楽療法・音楽情報 | 3 | | *● | ● | | | | 11/26、27 2/14~2/16 | 11/1~11/7 1/10~1/16 | | | | ● | ※● | | ※実技含む (音楽情報専修は音楽系出身者以外は演奏含む) | 1 | 1 | 0 | 0 | 0 | 0 | 音楽系出身者(コンピュータ音楽・音楽情報除く)、幼児音楽教育専攻は保育・幼児・初等教育系 大学在学者60単位以上取得済みであること。*修了(見込)者。原則、同専門分野、専攻音楽出身者で要事前審査 |
| | | | 幼児音楽教育 | 3 | | *● | ● | | | | | | | | | ● | ※● | | | 2 | 2 | 0 | 0 | 1 | 0 | |
| | | 演奏・創作 | 声楽・鍵盤楽器・弦管打楽器・ジャズ・作曲・コンピュータ音楽 | 3 | | *● | ● | | | | | | | | | *● | ● | | *実技。作曲専修は作品提出・面、コンピュータ音楽は作品提出・プレゼン・小・面 | 8 | 7 | 6 | 6 | 6 | 5 | |
| 慶應義塾 | 看護医療 | 看護 | | 2 | | | | ● | | | 9/3 | 8/9~8/12 | | | | ※● | ● | | ※英文資料含む | 28 | 6 | 23 | 7 | 26 | 6 | |
| 恵泉女学園 | 人文 | 日本語日本文化 | | 3 | ● | ● | ● | ● | | | 12/10 | 11/1~12/6 | | | | ● | ● | | | 0(1) | 0(1) | 1(1) | 1(1) | △ | △ | 別途公募推薦編入実施で( )外数。R6以降募集停止 |
| | | 英語コミュニケーション | | 3 | ● | ● | ● | ● | | | | | | | | ● | ※● | | ※英語力を確認する場合あり | 2(0) | 1(0) | 2 | 2 | △ | △ | |
| | 人間社会 | 国際社会 | | 3 | ● | ● | ● | ● | ● | | | | | | | ● | ● | | | 0(4) | 0(4) | 5(1) | 5(1) | △ | △ | |
| | | 社会園芸 | | 3 | ● | ● | ● | ● | ● | | | | | | | ● | ● | | | 1(0) | 1(0) | 3 | 3 | △ | △ | |
| 工学院 | 先進工 | 生命化 | | 2・3 | | ● | ● | | | | 11/26 | 10/3~10/14 | | | | | ● | | 数学・化学 | 1 | 1 | 0 | 0 | 1(0) | 0(0) | 大学在学者2年次40単位以上62単位未満。別途建築学部総合を除く左記学部で、学校長推薦が必要な高等専門学校卒業見込者対象実施(書・面<口述含む>)で( )外数。建築学部は志望学科関連系列出身のみ |
| | | 応用化 | | 2・3 | | ● | ● | | | | | | | | | | ● | | | 0 | 0 | 1(1) | 1(1) | 2(1) | 0(1) | |
| | | 環境化 | | 2・3 | | ● | ● | | | | | | | | | | ● | | | 0 | 0 | 0 | 0 | 0(1) | 0(1) | |
| | | 応用物理 | | 2・3 | | ● | ● | | | | | | 英 | | | | ● | | 数学・物理 | 0 | 0 | 0 | 0 | 0(0) | 0(0) | |
| | | 機械理工 | 機械理工学 | 2・3 | | ● | ● | | | | | | 英 | | | | ● | | | 0 | 0 | 0 | 0 | 0(1) | 0(1) | |
| | 工 | 機械工 | | 2・3 | | ● | ● | | | | | | 英 | | | | ● | | | 1 | 1 | 2 | 1 | 1(1) | 1(1) | |
| | | 機械システム工 | | 2・3 | | ● | ● | | | | | | 英 | | | | ● | | | 2(1) | 1(1) | 4(1) | 3(1) | 4(0) | 2(0) | |
| | | 電気電子工 | | 2・3 | | ● | ● | | | | | | 英 | | | | ● | | | 1 | 0 | 2(2) | 0(2) | 1(3) | 0(3) | |
| | 情報 | コンピュータ科 | | 2・3 | | ● | ● | | | | | | | | ● | | ● | | 数学 | 3 | 2 | 0 | 0 | 5(2) | 2(2) | TOEIC |
| | | 情報デザイン | | 2・3 | | ● | ● | | | | | | | | ● | | ● | | | 1 | 1 | 1(1) | 1(1) | 2(3) | 0(2) | |
| | | 情報通信工 | | 2・3 | | ● | ● | | | | | | | | ● | | ● | | | 0 | 0 | 4(3) | 1(3) | 0(1) | 0(1) | |
| | | システム数理 | | 2・3 | | ● | ● | | | | | | | | ● | | ● | | | 1(1) | 0(1) | 0(2) | 0(2) | 3(3) | 0(3) | |
| | 建築 | まちづくり | | 2・3 | | ● | ● | | | | | | | | ● | | | ● | | 0(1) | 0(1) | 0 | 0 | 0(0) | 0(0) | |
| | | 建築 | | 2・3 | | ● | ● | | | | | | | | ● | | | ● | | 0 | 0 | 0 | 0 | 0(0) | 0(0) | |
| | | 建築デザイン | | 2・3 | | ● | ● | | | | | | | | ● | | | ● | | 0 | 0 | 1(1) | 1(1) | 2(0) | 2(0) | |
| | | 建築学総合 | | 2 | | ● | ● | | | | | | | | ● | | | ● | | 0 | 0 | 0 | 0 | 0(0) | 0(0) | |
| 國學院 | 文 | 日本文 | | 3 | ● | ● | ● | | | | 11/13 | 10/11~10/14 | | | | ※● | | ● | ※古文 | 11 | 2 | 5(1) | 3(1) | 6 | 1 | 別途学士(一般と同じ)、内部編入実施で学士は( )外数。学士は原則として卒業した学科と異なる学科にのみ出願可。神道文化はフレックス制 |
| | | 中国文 | | 3 | ● | ● | ● | | | | | | | | | ※● | | ● | ※漢文 | 1 | 0 | 0 | 0 | 0 | 0 | |
| | | 外国語文化 | | 3 | ● | ● | ● | | | | | | | | | ● | ● | | ※英語含む | 10 | 2 | 6 | 1 | 2 | 2 | |
| | | 史 | | 3 | ● | ● | ● | | | | | | | | | ※● | | ● | ※日本史2題・考古学・東洋史・西洋史・地理の計6題から2題 | 8(1) | 3(0) | 4 | 1 | 6 | 2 | |
| | | 哲 | | 3 | ● | ● | ● | | | | | | | | ● | ● | ● | | | 2 | 1 | 4 | 4 | 4 | 0 | |
| | 神道文化 | 神道文化 | 夜間主 | 3 | ● | ● | ● | | | | | | | | | ● | ● | | | 0(1) | 0(0) | 0(4) | 0(3) | 2 | 1 | |
| | | | 昼間主 | 3 | ● | ● | ● | | | | | | | | | ● | ● | | | 0 | 0 | 2(2) | 0(1) | 8 | 4 | |
| | 法 | 法律 | | 3 | ● | ● | ● | | | | | | 英 | | | | *● | | *学士のみ面接実施 | 13 | 6 | 12 | 4 | 8 | 2 | |

| 大学名 | 学部 | 学科 | 専攻・コース | 編入年次 | 大1 | 大2 | 学士 | 短大 | 高専 | 専門 | 試験日 | 出願期間 | 外国語筆記 | 外部試験 | 専門科目 | 小論文 | 面接 | 口頭試問 | 専門科目以外の科目 | その他の注意事項 | R3志願者 | R3合格者 | R4志願者 | R4合格者 | R5志願者 | R5合格者 | 備考 特に記載がない場合は、大学在学生3年次は62単位以上、2年次は31単位以上取得見込み |
|---|---|---|---|---|---|---|---|---|---|---|---|---|---|---|---|---|---|---|---|---|---|---|---|---|---|---|---|
| | 経済 | 経済 | | 3 | | | ● | ● | ● | | 11/13, 27 | 10/11~10/14 | 英 | | | | | ● | 現代文 | | 8 | 1 | 2 | 2 | 7 | 0 | |
| | | 経営 | | 3 | | | ● | ● | ● | | | | 英 | | | | | ● | | | 7 | 1 | 1 | 0 | 3 | 0 | |
| 国際基督教 | 教養 | アーツ・サイエンス | | 2 | ● | ● | ● | ● | ● | | 2/4, 2/18 | 1/6~1/19 | | ※英 | | | | | 人文・社会科学又は自然科学、総合教養 ※リスニング含む | | 128 | 33 | 90 | 12 | 89 | 22 | 左記はA方式でB方式は総合教養(リスニング含む)・英語外部試験で具体的規定あり。成績証明書提出 |
| 国士館 | 政経 | 政治行政 | | 2・3 | *● | *● | ● | ● | ● | ● | 11/21 | 9/22~9/30 | | | ● | | ● | | | | 5 | 4 | 2 | 0 | 3 | 3 | *修了(見込)者。 受験資格有効単位2年次20単位以上、3年次政経・経営・理工・体育学部は50単位以上、法学部は36単位以上、21世紀アジア学部は40単位以上(文学部は志願コースの認定による)で、満たさない場合は2年次。 理工学部(3年次)は理工系出身者のみ。 理工学部(2年次)は英・数・面、法学部(2年次)は英・専(法学)・面、他学部は3年次と同じ。 体育学部3年次の短大卒(見込)志願者は体育のみ [試験科目]左記は3年次 |
| | | 経済 | | 2・3 | *● | *● | ● | ● | ● | ● | | | | | ● | | ● | | | | 8 | 3 | 1 | 1 | 5 | 4 | |
| | 体育 | 体育 | | 2・3 | *● | *● | ● | ● | ● | ● | 11/20 | | 英 | | ● | | ● | | 実技 | | 4 | 2 | 2 | 1 | 0 | 0 | |
| | | 武道 | | 2・3 | *● | *● | ● | ● | ● | ● | | | 英 | | ● | | ● | | | | 0 | 0 | 0 | 0 | 0 | 0 | |
| | | スポーツ医科 | | 2・3 | *● | *● | ● | ● | ● | ● | | | 英 | | ● | | ● | | | | 0 | 0 | 0 | 0 | 0 | 0 | |
| | | こどもスポーツ教育 | | 2・3 | *● | *● | ● | ● | ● | ● | | | 英 | | ● | | ● | | | | 0 | 0 | 0 | 0 | 0 | 0 | |
| | 理工 | 理工 | 機械工 | 2・3 | *● | *● | ● | ● | ● | ● | | | | | ● | | | ● | | | | | | | | | |
| | | | 電子情報 | 2・3 | *● | *● | ● | ● | ● | ● | | | | | ● | | | ● | | | | | | | | | |
| | | | 建築 | 2・3 | *● | *● | ● | ● | ● | ● | | | | | ● | | | ● | | | 4 | 1 | 3 | 0 | 1 | 1 | |
| | | | まちづくり | 2・3 | *● | *● | ● | ● | ● | ● | | | | | ● | | | ● | | | | | | | | | |
| | | | 人間情報 | 2・3 | *● | *● | ● | ● | ● | ● | | | | | ● | | | ● | | | | | | | | | |
| | | | 基礎理学 | 2・3 | *● | *● | ● | ● | ● | ● | | | | | ● | | | ● | | | | | | | | | |
| | 法 | 法律 | | 2・3 | *● | *● | ● | ● | ● | ● | | | 英 | ※● | | | ● | | ※民法・刑法 | | 4 | 0 | 0 | 0 | 0 | 0 | |
| | | 現代ビジネス法 | | 2・3 | *● | *● | ● | ● | ● | ● | | | 英 | ※● | | | ● | | ※民法・憲法 | | 1 | 0 | 0 | 0 | 0 | 0 | |
| | 文 | 教育 | 教育学 | 2・3 | *● | *● | ● | ● | ● | ● | | | | | ● | | ● | | | | 5 | 3 | 5 | 1 | 3 | 1 | |
| | | | 初等教育 | 2・3 | *● | *● | ● | ● | ● | ● | | | | | | ● | ● | | | | | | | | | | |
| | | 史学地理 | 考古・日本史学 | 2・3 | *● | *● | ● | ● | ● | ● | | | | | ● | | ● | | | | 4 | 3 | 1 | 0 | 2 | 2 | |
| | | | 地理・環境 | 2・3 | *● | *● | ● | ● | ● | ● | | | | | ● | | ● | | | | | | | | | | |
| | | 文 | 日本文学・文化 | 2・3 | *● | *● | ● | ● | ● | ● | | | | | ● | | ● | | | | 1 | 0 | 0 | 0 | 0 | 0 | |
| | 21世紀アジア | 21世紀アジア | | 2・3 | *● | *● | ● | ● | ● | ● | | | | | | ● | ● | | | | 8 | 4 | 5 | 4 | 5 | 3 | |
| | 経営 | 経営 | | 2・3 | *● | *● | ● | ● | ● | ● | 11/21 | | | | ● | | ● | | | | 8 | 6 | 9 | 8 | 16 | 15 | |
| こども教育宝仙 | こども教育 | 幼児教育 | | 3 | | ● | ● | ● | ● | ● | 9/25 10/30 12/18 1/26 2/27 | 9/1~9/21 10/14~10/27 11/1~11/17 12/19~1/23 2/10~2/22 | | | | ● | ● | | | | 1 | 1 | 1 | 1 | 1 | 1 | 幼稚園教諭二種免許状及び保育士資格を取得(見込)者のみ。出願前に要事前相談 |
| 駒澤 | 仏教 | 禅 | | 3 | | ● | ● | ● | ● | ● | 11/13 | 10/17~10/21 | 英 | | | ● | ● | | | | 1(1) | 1(1) | 4 | 3 | 2 | 2 | 大学在学者3年次50単位以上。別途仏教学部で社会人編入実施で( )外数 |
| | | 仏教 | | 3 | | ● | ● | ● | ● | ● | | | 英 | | | ● | ● | | | | 0(1) | 0(1) | 1 | 1 | 3 | 2 | |
| | 文 | 国文 | | 3 | | ● | ● | ● | ● | ● | | | 英 | | | ● | ● | | | | 1 | 0 | 1 | 0 | 1 | 1 | 大学在学者2年次30単位以上、3年次50単位以上。歴史学科外国史学専攻志願者は、2コース(東洋史、西洋史)から1コース選択 |
| | | 英米文 | | 2・3 | | ● | ● | ● | ● | ● | | | 英 | | | ● | ● | | | | 15 | 4 | 18 | 6 | 9 | 7 | |
| | | 地理 | 地域文化研究 | 3 | | ● | ● | ● | ● | ● | | | 英 | | | ● | ● | | | | 2 | 2 | 1 | 1 | 1 | 0 | |
| | | | 地域環境研究 | 3 | | ● | ● | ● | ● | ● | | | 英 | | | ● | ● | | | | 1 | 1 | 0 | 0 | 0 | 0 | |
| | | 歴史 | 日本史学 | 2・3 | | ● | ● | ● | ● | ● | | | 英 | | | ● | ● | | | | 1 | 0 | 3 | 2 | 1 | 0 | |
| | | | 外国史学 | 2・3 | | ● | ● | ● | ● | ● | | | 英 | | | ● | ● | | | | 3 | 1 | 2 | 0 | 0 | 0 | |
| | | | 考古学 | 2・3 | | ● | ● | ● | ● | ● | | | 英 | | | ● | ● | | | | 1 | 0 | 0 | 0 | 0 | 0 | |
| | | 社会 | 社会学 | 2・3 | | ● | ● | ● | ● | ● | | | 英 | | | ● | ● | | | | 16 | 4 | 21 | 5 | 3 | 1 | |
| | | | 社会福祉 | 2・3 | | ● | ● | ● | ● | ● | | | 英 | | | ● | ● | | | | 5 | 1 | 5 | 2 | 2 | 0 | |
| | | 心理 | | 3 | | ● | ● | ● | ● | ● | | | 英 | | | ● | ● | | | | 14 | 1 | 16 | 3 | 6 | 2 | |
| | 経済 | 経済 | | 3 | | ● | ● | ● | ● | ● | | | 英 | | | | ● | | | | 27 | 14 | 38 | 20 | 22 | 9 | 大学在学者3年次50単位以上 |
| | | 商 | | 3 | | ● | ● | ● | ● | ● | | | 英 | | | | ● | | | | 9 | 5 | 13 | 11 | 17 | 9 | |
| | | 現代応用経済 | | 3 | | ● | ● | ● | ● | ● | | | 英 | | | | ● | | | | 14 | 9 | 13 | 10 | 10 | 6 | |

| 大学名 | 学部 | 学科 | 専攻・コース | 編入年次 | 大1 | 大2 | 学士 | 短大 | 高専 | 専門 | 試験日 | 出願期間 | 外国語筆記 | 外部試験 | 専門科目 | 小論文 | 面接 | 口頭試問 | 専門科目以外の科目 | その他の注意事項 | R3志願者 | R3合格者 | R4志願者 | R4合格者 | R5志願者 | R5合格者 | 備考（特に記載がない場合は、大学在学生3年次は62単位以上、2年次は31単位以上取得見込み） |
|---|---|---|---|---|---|---|---|---|---|---|---|---|---|---|---|---|---|---|---|---|---|---|---|---|---|---|---|
|  | 法 | 法律 | フレックスA | 3 |  | ● | ● | ● | ● | ● |  |  | 英 |  |  | ※● |  | ● | ※専門基礎 |  | 22 | 10 | 38 | 20 | 9 | 3 |  |
|  |  |  | フレックスB | 3 |  | ● | ● | ● | ● | ● |  |  | 英 |  |  | ※● |  | ● |  |  | 0(0) | 0(0) | 0 | 0 | 1 | 0 | 大学在学者3年次50単位以上。別途社会人編入実施で( )外数 |
|  |  | 政治 |  | 3 |  | ● | ● | ● | ● | ● |  |  | 英 |  |  | ※● |  | ● |  |  | 11 | 6 | 0 | 0 | 2 | 1 | 大学在学者3年次50単位以上。政治学科志願者は、5コース(現代社会と政治、行政・公共政策、国際・地域研究、政治とメディア研究)から1コース選択 |
|  | 経営 | 経営 |  | 3 |  | ● | ● | ● | ● | ● |  |  | 英 |  |  | ※● | ● |  |  |  | 23 | 8 | 21 | 6 | 9 | 3 | 大学在学者3年次50単位以上 |
|  |  | 市場戦略 |  | 3 |  | ● | ● | ● | ● | ● |  |  | 英 |  |  | ※● | ● |  |  |  | 22 | 13 | 19 | 8 | 10 | 3 | 大学在学者3年次50単位以上 |
|  | グローバル・メディア・スタディーズ | グローバル・メディア |  | 2・3 | ● | ● | ● | ● | ● | ● |  |  | 英 |  |  |  | ● | ● |  |  | 42 | 28 | 61 | 32 | 29 | 10 | 大学在学者2年次30単位以上、3年次50単位以上。R3はグローバル・メディア学科は2年次も出願可 |
|  | 医療健康科 | 診療放射線技術科 |  | 4 |  |  |  | *● |  | *● | 11/13 | 10/17~10/21 | ※英 |  | ● |  |  |  | ※自然科学に関するもの |  | 4 | 2 | 1 | 1 | 2 | 2 | 関連養成校出身(見込)者で、医療健康科学部開講科目としての認定単位数が97単位以上の者のみ。*修業年限3年 |
| 駒沢女子 | 人間総合 | 人間文化 |  | 3 |  | *● | ● | ● | ● | ● | 12/10 2/20 | 12/1~12/3 2/3~2/9 |  |  |  | ● | ● |  |  |  | 22 | 22 | 22 | 20 | 14 | 12 | *修了(見込)者 |
|  |  | 観光文化 |  | 3 |  | *● | ● | ● | ● | ● |  |  |  |  |  | ● | ● |  |  |  | 10 | 10 | 9 | 7 | 6 | 6 |  |
| 実践女子 | 文 | 国文 |  | 3 |  | ● | ● | ● | ● | ● | 10/22 | 10/3~10/17 | 英 | ※● |  |  |  |  | ※国文学、日本語学、漢文学 |  | 1(5) | 1(5) | 0(3) | 0(3) | 1(6) | 1(6) | ( )は内編・指定校で外数。食生活科学科健康栄養専攻及び生活文化学科生活心理専攻は要事前相談。R4より食生活学科で実施。健康栄養専攻は栄養士免許取得(見込)者のみ |
|  |  | 英文 |  | 3 |  | ● | ● | ● | ● | ● |  |  | 英 | ※● |  |  |  |  | ※専門英語 |  | 8(6) | 0(6) | 3(6) | 1(6) | 3(9) | 1(9) |  |
|  |  | 美学美術史 |  | 3 |  | ● | ● | ● | ● | ● |  |  | 英 | ※● |  |  |  |  |  |  | 3(0) | 2(0) | 1(1) | 0(1) | 1(2) | 1(2) |  |
|  | 生活科 | 食生活 | 食物科学/健康栄養 | 3 |  | ● | ● | ● | ● |  |  |  | 英 | ※● |  |  |  |  | ※食品学・栄養学 |  | — | — | 1(0) | 1(0) | 3(0) | 2(0) |  |
|  |  | 生活環境 |  | 3 |  | ● | ● | ● | ● | ● |  |  | 英 | ※● |  |  |  |  | ※衣料学・人体・住居学・アパレルデザインから1 |  | 1(0) | 1(0) | 1(2) | 1(2) | 0 | 0 |  |
|  |  | 生活文化 | 生活心理 | 3 |  | ● | ● | ● | ● |  |  |  | 英 |  |  | ● | ● |  |  |  | 0(1) | 0(1) | 0(0) | 0(0) | 0 | 0 |  |
|  |  |  | 幼児保育 | 3 |  | ● | ● | ● | ● |  |  |  | 英 |  |  | ● | ● |  |  |  | — | — | — | — | 1(0) | 1(0) |  |
|  |  | 現代生活 |  |  |  |  |  |  |  |  |  |  |  |  |  |  |  |  |  |  | — | — | 0(2) | 0(2) | —(3) | —(3) |  |
| 芝浦工業 | 工 | 材料工 |  | 2 | *● | *● |  | *● | ● | ● |  |  |  |  |  | ● |  |  | 数学・理科(物理又は化学) | TOEFLなどで具体的基準あり | 0 | 0 | 3 | 2 | — | — | R5実施なし。原則2年次だが単位取得状況等で3年次。*修了(見込)者。左記選考方法は編入別途学士入試実施。R4は材料工学科のみの実施 |
|  |  | 機械機能工 |  | 2 | *● |  |  | *● | ● | ● |  |  |  |  |  | ● |  |  |  |  | 2 | 0 | — | — | — | — |  |
|  |  | 電気工 |  | 2 | *● |  |  | *● | ● | ● |  |  |  |  | ※● |  |  |  | ※電磁気学・電気回路 |  | 1 | 0 | — | — | — | — |  |
|  |  | 情報通信工 |  | 2 | *● |  |  | ● | ● | ● |  |  |  |  |  | ● |  |  |  |  | — | — | — | — | — | — |  |
|  |  | 土木工 |  | 2 | *● |  |  | ● | ● | ● |  |  |  |  |  | ● | ● |  |  |  | 0 | 0 | — | — | — | — |  |
|  | システム理工 | 機械制御システム |  | 2 | *● |  |  | ● | ● | ● |  |  |  |  |  | ● | ● |  |  |  | 0 | 0 | — | — | — | — |  |
|  |  | 環境システム |  | 2 | *● |  |  | ● | ● | ● |  |  |  |  |  | ● | ● |  |  |  | 1 | 1 | — | — | — | — |  |
|  |  | 数理科 |  | 2 | *● |  |  | ● | ● | ● |  |  |  |  |  | ● | ● |  |  |  | 1 | 1 | — | — | — | — |  |
| 順天堂 | スポーツ健康科 | スポーツ科 |  | 2・3 |  | ● | ● | ● | ● | ● |  |  |  |  |  | ● | ● |  |  |  | — | — | — | — | — | — | 左記はR2情報 |
|  |  | スポーツマネジメント |  | 2・3 |  | ● | ● | ● | ● | ● |  |  |  |  |  | ● | ● |  |  |  | — | — | — | — | — | — |  |
|  |  | 健康 |  | 2・3 |  | ● | ● | ● | ● | ● |  |  |  |  |  | ● | ● |  |  |  | — | — | — | — | — | — |  |
| 上智 | 神 | 神 |  | 3 |  | *● | ● | ● | ● | ● | 2/14 | 1/4~1/10 | 選 |  |  |  | ● | ● | 選:英・独・仏・西・伊から1 |  | 12 | 2 | 4 | 2 | 3 | 2 | *修了(見込)者。大学在学者出願時60単位以上修得済 |

| 大学名 | 学部 | 学科 | 専攻・コース | 編入年次 | 大1 | 大2 | 学士 | 短大 | 高専 | 専門 | 試験日 | 出願期間 | 外国語筆記 | 外部試験 | 専門科目 | 小論文 | 面接 | 口頭試問 | 専門科目以外の科目 | その他の注意事項 | R3志願者 | R3合格者 | R4志願者 | R4合格者 | R5志願者 | R5合格者 | 備考（特に記載がない場合は、大学在学生3年次は62単位以上、2年次は31単位以上取得見込み） |
|---|---|---|---|---|---|---|---|---|---|---|---|---|---|---|---|---|---|---|---|---|---|---|---|---|---|---|---|
|  | 文 | 哲 |  | 3 |  | *● | ● | ● | ● |  | 11/27 | 8/25~9/21 |  | ● | ● |  | ● |  |  |  | 7 | 3 | 6 | 4 | 7 | 3 | *修了(見込)者。原則3年次大学在学者出願時60単位以上修得済。募集学科は年度により異なる。各学科の指定する外国語検定試験のいずれかの基準を満たす者、上記と同等以上の学力があると認められた者も可で出願期間開始前に要文書問合わせ。国際教養学部は合格状況は4月入学のみ |
|  |  | 史 |  | 3 |  | *● | ● | ● | ● |  |  |  |  | ● | ※● |  | ● |  | ※歴史学をめぐる試問 |  | — | — | 6 | 4 | 4 | 1 |  |
|  |  | 国文 |  | 3 |  | *● | ● | ● | ● |  |  |  |  | ● | ※● | ● | ● |  | ※古文・漢文含む |  | 1 | 0 | 1 | 0 | 0 | 0 |  |
|  |  | 英文 |  | 3 |  | *● | ● | ● | ● |  |  |  | ※英 | ● |  |  | ● |  | ※英文和訳・和文英訳 |  | 8 | 0 | 8 | 0 | 7 | 4 |  |
|  |  | ドイツ文 |  | 3 |  | *● | ● | ● | ● |  |  |  |  | ● |  |  | ● |  |  |  | 0 | 0 | 0 | 0 | 1 | 0 |  |
|  |  | フランス文 |  | 3 |  | *● | ● | ● | ● |  |  |  | 仏 | ● |  |  | ● |  | 仏語ディクテーション |  | 0 | 0 | 2 | 0 | 0 | 0 |  |
|  |  | 新聞 |  | 3 |  | ● | ● | ● | ● |  |  |  |  | ● | ● |  | ● |  |  |  | 10 | 0 | 6 | 1 | 0 | 0 |  |
|  | 総合人間科学 | 教育 |  | 3 |  | ● | ● | ● | ● |  |  |  |  | ● | ● |  | ● |  |  |  | 1 | 0 | 3 | 2 | 3 | 0 |  |
|  |  | 心理 |  | 3 |  | ● | ● | ● | ● |  |  |  |  | ● | ● |  | ● |  |  |  | 14 | 0 | 16 | 0 | 11 | 0 |  |
|  |  | 社会 |  | 3 |  | ● | ● | ● | ● |  |  |  |  |  |  | ● | ● |  | 文章理解力・表現力・思考力についての試問 |  | 5 | 1 | 4 | 0 | 2 | 0 |  |
|  |  | 社会福祉 |  | 3 |  | ● | ● | ● | ● |  |  |  |  | ● | ● | ● | ● |  |  |  | 8 | 1 | 4 | 2 | 2 | 0 |  |
|  | 法 | 法律 |  | 3 |  | *● | ● | ● | ● |  |  |  |  | ● |  |  |  | ● | ※日本の社会と法基礎 |  | 2 | 2 | 0 | 0 | 2 | 0 |  |
|  |  | 国際関係法 |  | 3 |  | *● | ● | ● | ● |  |  |  |  | ● |  |  | ※● | ● | ※国際関係基礎 |  | 2 | 1 | 0 | 0 | 3 | 1 |  |
|  |  | 地球環境法 |  | 3 |  | *● | ● | ● | ● |  |  |  |  | ● |  |  | ※● | ● | ※社会(環境含)と法基礎 |  | 0 | 0 | 0 | 0 | 0 | 0 |  |
|  | 経済 | 経済 |  | 3 |  | *● | ● | ● | ● |  |  |  |  | ● | ※● |  | ● |  | ※ミクロ・マクロ経済学 |  | 6 | 1 | 9 | 7 | 8 | 2 |  |
|  |  | 経営 |  | 3 |  | *● | ● | ● | ● |  |  |  |  | ● | ※● |  | ● |  | ※産業社会 |  | 6 | 0 | 5 | 0 | 5 | 0 |  |
|  | 外国語 | 英語 |  | 3 |  | *● | ● | ● | ● |  |  |  | ※英 | ● |  |  | ● |  | ※英文解釈・リスニングコンプリヘンション・時事教養(英作文) |  | 4 | 2 | 4 | 2 | 4 | 2 |  |
|  |  | ドイツ語 |  | 3 |  | *● | ● | ● | ● |  |  |  | 独 | ● |  | ● | ● |  |  |  | 1 | 1 | 0 | 0 | 0 | 0 |  |
|  |  | フランス語 |  | 3 |  | *● | ● | ● | ● |  |  |  | 仏 | ● |  | ● | ● |  |  |  | 0 | 0 | 1 | 1 | 0 | 0 |  |
|  |  | イスパニア語 |  | 3 |  | *● | ● | ● | ● |  |  |  | 西 | ● |  | ● | ● |  |  |  | 1 | 0 | 1 | 0 | 2 | 1 |  |
|  |  | ロシア語 |  | 3 |  | *● | ● | ● | ● |  |  |  | 露 | ● |  | ● | ● |  |  |  | 1 | 0 | 1 | 0 | 1 | 0 |  |
|  |  | ポルトガル語 |  | 3 |  | *● | ● | ● | ● |  |  |  | ポ | ● |  | ● | ● |  |  |  | 0 | 0 | 0 | 0 | 0 | 0 |  |
|  | 総合グローバル | 総合グローバル |  | 3 |  | *● | ● | ● | ● |  |  |  |  |  |  |  | ※● | ● | ※国際関係論・地域研究 |  | 4 | 0 | 5 | 0 | 9 | 0 |  |
|  | 理工 | 情報理工 |  | 3 |  | *● | ● | ● | ● |  |  |  |  | ● | ※● |  | ● |  | ※理工学基礎 |  | 0 | 0 | 3 | 0 | 5 | 1 |  |
|  |  | 機能創造理工 |  | 3 |  | *● | ● | ● | ● |  |  |  |  | ● | ※● |  | ● |  |  |  | 5 | 1 | 2 | 0 | 2 | 1 |  |
|  |  | 物質生命理工 |  | 3 |  | *● | ● | ● | ● |  |  |  |  | ● | ※● |  | ● |  |  |  | 0 | 0 | 0 | 0 | 0 | 0 |  |
|  | 国際教養 | 国際教養 |  | 3 |  | *● | ● | ● |  |  | 書類選考 | <4月入学>8/24~9/14 <9月入学>3/15~4/5 |  | ※● |  |  |  |  |  | ※TOEIC又はIELTS、英語エッセイSAT・ACT・IBディプロマ | 22 | 6 | 15 | 2 | 8 | 7 |  |
| 昭和 | 歯 | 歯 |  | 2 | ● | ● | ● | ● |  |  | 11/26 | 11/1~11/11 |  |  |  | ● | ● |  | 基礎学力テスト |  | 14 | 4 | 6 | 0 | 6 | 2 | 大学在学者34単位以上(見込除く) |
|  | 保健医療 | 看護 |  | 3 |  |  |  | ● |  | *● |  |  |  |  |  | ● | ● |  |  |  | 3 | 2 | 12 | 5 | 7 | 6 | 看護系出身者。*3年課程 |
| 昭和女子 | 人間文化 | 歴史文化 |  | 2・3 | ● | ● | ● | ● |  | ● | 10/16 | 9/20~9/28 | 英 | ● | ● |  | ● |  |  |  | 0 | 0 | 0 | 0 | 0 | 0 |  |
|  |  | 日本語日本文 |  | 2・3 | ● | ● | ● | ● |  | ● |  |  | 英 | ● |  |  | ● |  |  |  | 1 | 1 | 0 | 0 | 0 | 0 |  |

| 大学名 | 学部 | 学科 | 専攻・コース | 編入年次 | 大1 | 大2 | 学士 | 短大 | 高専 | 専門 | 試験日 | 出願期間 | 外国語筆記 | 外部試験 | 専門科目 | 小論文 | 面接 | 口頭試問 | 専門科目以外の科目 | その他の注意事項 | R3志願者 | R3合格者 | R4志願者 | R4合格者 | R5志願者 | R5合格者 | 備考 |
|---|---|---|---|---|---|---|---|---|---|---|---|---|---|---|---|---|---|---|---|---|---|---|---|---|---|---|---|
| | 人間社会 | 心理 | | 2・3 | | ● | ● | ● | ● | ● | | | 英 | | ● | ● | | ● | | | 2 | 1 | 0 | 0 | 1 | 0 | 実績に学士・3年次志望2年次合格含む。協定校除く。具体的な修得(見込)単位数あり。履修状況・出身系統等により、3年次が2年次(2年次が3年次)になる場合がある。要資格確認 |
| | | 福祉社会 | | 2・3 | | ● | ● | ● | ● | ● | | | 英 | | ● | ● | | ● | | | 2 | 1 | 2 | 2 | 0 | 0 | |
| | | 現代教養 | | 2・3 | | ● | ● | ● | ● | ● | | | 英 | | | ● | | ● | 時事問題 | | 1 | 0 | 1 | 1 | 2 | 1 | |
| | | 初等教育 | | 2 | | ● | ● | ● | ● | ● | | | 英 | | ● | ● | | ● | | | 0 | 0 | 0 | 0 | 0 | 0 | |
| | 国際 | 国際 | | 2 | | ● | ● | ● | ● | ● | | | 英 | ● | ● | ● | | | | 語学検定で具体的基準あり | 0 | 0 | 0 | 0 | 1 | 1 | |
| | | 英語コミュニケーション | | 2・3 | | ● | ● | ● | ● | ● | | | 英 | | | ● | | *● | 英語エッセイ | *英語質問含む | 4 | 2 | 1 | 1 | 1 | 0 | |
| | 食健康科 | 健康デザイン | | 3 | | ● | ● | ● | ● | ● | | | 英 | | ※● | | ● | | ※栄養学・食品学 | | 3 | 1 | 4 | 3 | 1 | 0 | |
| | | 食安全マネジメント | | 3 | | ● | ● | ● | ● | ● | | | 英 | | ● | ● | | | | | | | 0 | 0 | 0 | 0 | |
| | グローバルビジネス | ビジネスデザイン | | 2・3 | | ● | ● | ● | ● | ● | | | 英 | | | ● | | ● | ※経済・経営基礎 | *英語質問含む | 0 | 0 | 0 | 0 | 0 | 0 | |
| | | 会計ファイナンス | | 2・3 | | ● | ● | ● | ● | ● | | | 英 | | ● | ● | | | ※会計学・ファイナンス、経営学 | | − | − | − | − | 0 | 0 | |
| | | 環境デザイン | 環境デザイン | 2・3 | | ● | ● | ● | ● | ● | | | 英 | | ● | ● | | | 基礎科学 | | 1 | 0 | 0 | 0 | 1 | 0 | |
| 白梅学園 | 子ども | 子ども | | 3 | | ● | ● | ● | ● | ● | 11/20 2/21 | 10/3~10/28 1/5~1/31 | | | ※● | | ● | ● | ※子ども学 | | 1(5) | 1(5) | 8(7) | 6(7) | | | ( )は内編外数　保育士資格又は幼稚園教諭2種免許状取得(見込)者のみ |
| | | 発達臨床 | | 3 | | ● | ● | ● | ● | ● | | | | | | ● | ● | | | | 1(3) | 0(3) | 0(0) | 0(0) | 7(7) | 3(7) | ( )は内編外数 |
| | | 家族・地域支援 | | 3 | | ● | ● | ● | ● | ● | | | | | ※● | | ● | ● | ※社会福祉 | | 1(0) | 1(0) | 0(0) | 0(0) | | | |
| 白百合女子 | 文 | 国語国文 | | 3 | *● | ● | ● | ● | ● | ● | 10/1 | 9/9~9/16 | | | ● | | ● | | | | 1 | 1 | 2 | 2 | 0 | 0 | *修了(見込)者。文学部は志望学科の専門科目28単位相当を修得(見込)が望まれる。初等教育学科は小学校教諭2種免許、保育士資格等具体的取得(見込)規定あり |
| | | フランス語フランス文 | | 3 | | ● | ● | ● | ● | ● | | | 仏 | | | | ● | | | | 1 | 1 | 0 | 0 | 0 | 0 | |
| | | 英語英文 | | 3 | | ● | ● | ● | ● | ● | | | 英 | | | | ● | | | | 8 | 6 | 14 | 12 | 8 | 6 | |
| | 人間総合 | 児童文化 | | 3 | | ● | ● | ● | ● | ● | | | | | | | ● | | 課題提出 | | 3 | 2 | 4 | 2 | 3 | 3 | |
| | | 初等教育 | | 3 | | ● | ● | ● | ● | ● | | | | | | | ● | | | | 2 | 1 | 1 | 1 | 1 | 0 | |
| | | 発達心理 | | 2 | | ● | ● | ● | ● | ● | | | | | | | ● | | | | 1 | 1 | 9 | 1 | 3 | 2 | |
| 杉野服飾 | 服飾 | 服飾 | | 3 | *● | ● | ● | ● | ● | ● | 11/5 2/14 3/7 | 10/14~10/27 1/17~2/4 2/13~2/28 | | | | | ● | | | | 9 | 7 | 13 | 11 | 19 | 17 | *修了(見込)者 |
| 成城 | 文芸 | 国文 | | 3 | | | ● | | | | 11/10 | 10/14~10/21 | | | ● | ● | ● | | | | 0 | 0 | 0 | 0 | 0 | 0 | |
| | | 英文 | | 3 | | | ● | | | | | | 英 | | | ● | ● | | | | 0 | 0 | 0 | 0 | 0 | 0 | |
| | | 芸術 | | 3 | | | ● | | | | | | 英 | | | ● | ● | | | | 1 | 1 | 0 | 0 | 2 | 2 | |
| | | 文化史 | | 3 | | | ● | | | | | | 英 | | | | ● | | | | 0 | 0 | 0 | 0 | 0 | 0 | |
| | | マスコミュニケーション | | 3 | | | ● | | | | | | | | | ● | ● | | | | 0 | 0 | 0 | 0 | 0 | 0 | |
| | | ヨーロッパ文化 | | 3 | | | ● | | | | | | 選 | | | ● | ● | | 選:仏又は独 | | 0 | 0 | 0 | 0 | 0 | 0 | |
| | 法 | 法律 | | 3 | | | ● | | | | 11/7 | 10/14~10/21 | | | | | ● | | 課題提出 | | 0 | 0 | 0 | 0 | 0 | 0 | 法学部卒業(見込)者不可。左記試験日は課題提出期限 |
| 聖心女子 | 現代教養 | 日本語日本文 | | 2 | | ● | ● | ● | ● | ● | 11/6 | 10/1~10/26 | | | ● | | ● | | 専門は学科別試験。 | | 4 | 4 | 5 | 3 | 1 | 1 | 別途社会人特別選抜試験実施で、( )は外数 |
| | | 英語文化コミュニケーション | | 2 | | ● | ● | ● | ● | ● | | | 英 | | | | ● | | ※英語を含む場合がある。 | | 15 | 9 | 16 | 9 | 7 | 5 | |
| | | 哲 | | 2 | | ● | ● | ● | ● | ● | | | | | ※● | | ● | | | | 1 | 1 | 3 | 3 | 6 | 6 | |
| | | 史 | | 2 | | ● | ● | ● | ● | ● | | | | | | ● | ● | | | | 1 | 1 | 2 | 2 | 1 | 1 | |
| | | 人間関係 | | 2 | | ● | ● | ● | ● | ● | | | | | | ● | ● | | | | 10 | 2 | 7 | 1 | 2 | 1 | |
| | | 国際交流 | | 2 | | ● | ● | ● | ● | ● | | | | | ※● | | ● | | | | 6 | 3 | 3 | 1 | 2 | 2 | |
| | | 心理 | | 2 | | ● | ● | ● | ● | ● | | | | | | ● | ● | | | | 7(2) | 2(0) | 9 | 3 | 4(1) | 2 | |
| | 教育 | 教育 | 教育学 | 2 | | ● | ● | ● | ● | ● | | | | | | ● | ● | | | | 7 | 4 | 9 | 5 | 6 | 4 | |

| 大学名 | 学部 | 学科 | 専攻・コース | 編入年次 | 大1 | 大2 | 学士 | 短大 | 高専 | 専門 | 試験日 | 出願期間 | 外国語筆記 | 外部試験 | 専門科目 | 小論文 | 面接 | 口頭試問 | 専門科目以外の科目 | その他の注意事項 | R3志願者 | R3合格者 | R4志願者 | R4合格者 | R5志願者 | R5合格者 | 備考 |
|---|---|---|---|---|---|---|---|---|---|---|---|---|---|---|---|---|---|---|---|---|---|---|---|---|---|---|---|
| 清泉女子 | 文 | 日本語日本文 | | 2·3 | *● | *● | ● | ● | ● | ※ | 11/26 | 10/17~11/7 | | | | | | ● | 国語 | | 6 | 4 | 3 | 1 | 2 | 2 | *修了(見込)者。※専門士は2年次、別途学士入試実施で合格状況に含む |
| | | 英語英文 | | 2·3 | *● | *● | ● | ● | ● | ※ | | | 英 | | | | | ● | | | 19 | 12 | 10 | 7 | 8 | 6 | |
| | | スペイン語スペイン文 | | 2·3 | *● | *● | ● | ● | ● | ※ | | | 西 | | | | | ● | | | 0 | 0 | 2 | 2 | 2 | 2 | |
| | | 文化史 | | 2·3 | *● | *● | ● | ● | ● | ※ | | | | | | ● | | ● | 3年次のみ英語又は漢文 | | 1 | 1 | 0 | 0 | 1 | 1 | |
| | | 地球市民 | | 2·3 | *● | *● | ● | ● | ● | ※ | | | 英 | | | ● | | ● | | | 5 | 3 | 2 | 2 | 3 | 1 | |
| 聖路加国際 | 看護 | 看護 | | 3 | | | | ● | | | 9/10 | 8/3~8/26 | *英 | | | ● | ● | | | *英語8単位以上履修済み又はTOEICなどで免除 | 122 | 30 | 118 | 30 | 69 | 30 | |
| 専修 | 文 | 日本語 | | 3 | | | | ● | | | 3/6 | 2/1~2/6 | 英 | | ● | | ● | | 左記は一般で学士は小・面・書 | *英語英米文学科の一部コースはTOEICに具体的基準あり | 0(0) | 0(0) | — | — | — | — | 一般編入は2年次のみ。学士は全学科2・3年次で認定単位により年次決定。卒業(見込)学科には出願不可、学士編入には( )外数 |
| | | 日本文学文化 | | 2·3 | ● | ● | ● | ● | ● | | | | 英 | | ● | | ● | | | | 5(0) | 0(0) | 4(0) | 0(0) | 1(0) | 0(0) | |
| | | 英語英米文化 | | 2·3 | ● | ● | ● | ● | ● | | | | 英 | *● | ● | | ● | | | | 5(1) | 1(0) | 3(0) | 1(0) | 1(0) | 1(0) | |
| | | 哲 | | 2·3 | ● | ● | ● | ● | ● | | | | 英 | | ● | | ● | | | | 4(0) | 1(0) | 0(0) | 0(0) | 0(0) | 0(0) | |
| | | 歴史 | | 2·3 | ● | ● | ● | ● | ● | | | | 英 | | ● | | ● | | | | 0(0) | 0(0) | 1(0) | 0(0) | 1(0) | 0(0) | |
| | | 環境地理 | | 2·3 | ● | ● | ● | ● | ● | | | | 英 | | ● | | ● | | | | 0(0) | 0(0) | 0(0) | 0(0) | 0(0) | 0(0) | |
| | | ジャーナリズム | | 2·3 | ● | ● | ● | ● | ● | | | | 英 | | ● | | ● | | | | 2(1) | 1(1) | 3(0) | 1(0) | 2(0) | 0(0) | |
| | 人間科 | 心理 | | 2·3 | ● | ● | ● | ● | ● | | | | 英 | | ● | | ● | | | | 8(1) | 2(0) | 2(0) | 0(0) | 2(0) | 0(0) | |
| | | 社会 | | 2·3 | ● | ● | ● | ● | ● | | | | 英 | | ● | | ● | | | | 7(0) | 1(0) | 5(0) | 0(0) | 0(0) | 0(0) | |
| | 経済 | 現代経済 | | 2 | ● | ● | ● | ● | ● | | | | 英 | | ● | | ● | | 左記は一般で学士は小・面・書 | 面接は筆記合格者のみ | 3(0) | 0(0) | 1(0) | 0(0) | 0(0) | 0(0) | |
| | | 生活環境経済 | | 2·3 | ● | ● | ● | ● | ● | | | | 英 | | ● | | ● | | | | 1(0) | 0(0) | 0(0) | 0(0) | 0(0) | 0(0) | |
| | | 国際経済 | | 2·3 | ● | ● | ● | ● | ● | | | | 英 | | ● | | ● | | | | 1(0) | 0(0) | 3(0) | 1(0) | 0(0) | 0(0) | |
| | 商 | マーケティング | | 2·3 | ● | ● | ● | ● | ● | | | | 英 | | ● | | ● | | 左記は一般で学士は小・面・書。※簿記含む | | 4(0) | 0(0) | 1(0) | 1(0) | 3(0) | 1(0) | |
| | | 会計 | | 2·3 | ● | ● | ● | ● | ● | | | | 英 | | ※● | | ● | | | | 1(0) | 0(0) | 0(0) | 0(0) | 1(0) | 0(0) | |
| | 法 | 法律 | | 2·3 | | | ● | | | | | | | | | | ● | | | | 0 | 0 | (1) | (1) | (0) | (0) | |
| | | 政治 | | 2·3 | | | ● | | | | | | | | | | ● | | | | 0 | 0 | 0 | (0) | (0) | (0) | |
| 創価 | 経済 | 経済 | | 3 | ● | ● | ● | ● | ● | | 12/3 | 10/19~10/21 | | ● | ● | | ● | | | TOEIC等 | △ | △ | △ | △ | 1 | 1 | 文学部人間学科社会福祉専修は募集なし。別途理工学部で高専推薦編入実施(書・口述試験) |
| | 経営 | 経営 | | 3 | ● | ● | ● | ● | ● | | | | | ● | ● | | ● | | | | △ | △ | △ | △ | 1 | 1 | |
| | 法 | 法律 | | 3 | ● | ● | ● | ● | ● | | | | | ● | ● | | ● | | | | △ | △ | △ | △ | 1 | 1 | |
| | 文 | 人間 | | 3 | ● | ● | ● | ● | ● | | | | | ● | | ● | ● | | | | △ | △ | △ | △ | 6 | 5 | |
| | 教育 | 教育 | | 3 | ● | ● | ● | ● | ● | | | | | ● | | | ● | | | | △ | △ | △ | △ | 0 | 0 | |
| | | 児童教育 | | 3 | ● | ● | ● | ● | ● | | | | | ● | | | ● | | | | △ | △ | △ | △ | 0 | 0 | |
| | 理工 | 情報システム工 | | 3 | ● | ● | ● | ● | ● | | | | | | | | ● | | 数学 | | △ | △ | △ | △ | 2 | 2 | |
| | | 共生創造理工 | | 3 | ● | ● | ● | ● | ● | | | | | | | | ● | | | | △ | △ | △ | △ | 1 | 1 | |
| 大正 | 社会共生 | 社会福祉 | | 3 | ● | ● | ● | ● | ● | | 11/26 2/2 | 11/1~11/15 1/6~1/24 | 英 | | | ● | ● | | | | | | 0 | 0 | 0 | 0 | R4より社会共生学部社会福祉学科、文学部日本文学科で実施 |
| | 心理社会 | 人間科 | | 3 | ● | ● | ● | ● | ● | | | | 英 | | | ● | ● | | | | 11 | 3 | 6 | 4 | 2 | 0 | |
| | | 臨床心理 | | 3 | ● | ● | ● | ● | ● | | | | 英 | | | ● | ● | | | | 7 | 5 | 9 | 7 | 6 | 1 | |
| | 文 | 人文 | | 3 | ● | ● | ● | ● | ● | | | | 英 | | | ● | ● | | | | 10 | 6 | 17 | 13 | 8 | 6 | |
| | | 日本文 | | 3 | ● | ● | ● | ● | ● | | | | 英 | | | ● | ● | | | | | | 1 | 0 | 2 | 2 | |
| | | 歴史 | | 3 | ● | ● | ● | ● | ● | | | | 英 | | | ● | ● | | | | 2 | 1 | 8 | 7 | 5 | 5 | |
| | 表現 | 表現文化 | | 3 | ● | ● | ● | ● | ● | | | | 英 | | | ● | ● | | | | 9 | 3 | — | — | — | — | |
| | 仏教 | 仏教 | | 3 | ● | ● | ● | ● | ● | | | | 英 | | | ● | ● | | | | 31 | 28 | 30 | 25 | 27 | 25 | |

| 大学名 | 学部 | 学科 | 専攻・コース | 編入年次 | 大1 | 大2 | 学士 | 短大 | 高専 | 専門 | 試験日 | 出願期間 | 外国語筆記 | 外部試験 | 専門科目 | 小論文 | 面接 | 口頭試問 | 専門科目以外の科目 | その他の注意事項 | R3志願者 | R3合格者 | R4志願者 | R4合格者 | R5志願者 | R5合格者 | 備考 |
|---|---|---|---|---|---|---|---|---|---|---|---|---|---|---|---|---|---|---|---|---|---|---|---|---|---|---|---|
| 大東文化 | 文 | 日本文 | | 3 | | ● | ● | ● | ● | ● | 12/23 | 10/11~10/17 | | | ● | ● | ● | | | | 1 | 1 | 0 | 0 | 0 | 0 | 短大1年次在学者も可。書道学科はA方式(書道実技・面)とB方式(書道実技・小・面)で実施、書道学科は書道関連科目4単位以上履修のこと |
| | | 中国文 | | 2・3 | ● | ● | ● | ● | ● | ● | | | | | | | ● | | 漢文読解 | | 0 | 0 | 0 | 0 | 0 | 0 | |
| | | 英米文 | | 2・3 | ● | ● | ● | ● | ● | ● | | | 英 | | | ● | ● | | | | 0 | 0 | 0 | 0 | 0 | 0 | |
| | | 教育 | | 2・3 | ● | ● | ● | ● | ● | ● | | | 英 | | | ● | ● | | | | 1 | 1 | 1 | 1 | 4 | 3 | |
| | | 書道 | | 2 | | ● | ● | ● | ● | ● | | | | | | ※● | ● | | 実技 | ※B方式のみ | 1 | 1 | 1 | 1 | 4 | 2 | |
| | | 歴史文化 | | 2 | | ● | ● | ● | ● | | | | | | | | ● | | | | — | — | — | — | 0 | 0 | |
| | 外国語 | 中国語 | | 2・3 | | ● | ● | ● | ● | | | | 中 | | | | ● | | | | 0 | 0 | 4 | 1 | 3 | 2 | 短大1年次在学者も可。事前審査により2年次出願になることがある |
| | | 英語 | | 2・3 | | ● | ● | ● | ● | | | | 英 | | | | ● | | | | 9 | 3 | 7 | 5 | 0 | 0 | |
| | | 日本語 | | 2・3 | | ● | ● | ● | ● | | | | 英 | | | | ● | | | | 1 | 0 | 0 | 0 | 3 | 1 | |
| | 経済 | 社会経済 | | 2・3 | | ● | ● | ● | ● | | | | 英 | | | | ● | | | | 0 | 0 | 1 | 0 | 0 | 0 | |
| | | 現代経済 | | 2・3 | | ● | ● | ● | ● | | | | 英 | | | | ● | | | | 0 | 0 | 1 | 0 | 1 | 0 | |
| | 経営 | 経営 | | 2・3 | | ● | ● | ● | ● | | | | 英 | | | | ● | | | | 3 | 1 | 5 | 1 | 2 | 1 | |
| | 法 | 法律 | | 3 | | ● | ● | ● | ● | | | | 英 | | | | ● | | | | 0 | 0 | 0 | 0 | 0 | 0 | 短大1年次在学者も可。政治学科で別途社会人編入実施 |
| | | 政治 | | 3 | | ● | ● | ● | ● | | | | 英 | | | | ● | | | | 0 | 0 | 0 | 0 | 0 | 0 | |
| | 国際関係 | 国際関係 | | 2・3 | | ● | ● | ● | ● | | | | 英 | | | | ● | | | | 5 | 5 | 2 | 1 | 4 | 4 | 短大1年次在学者も可。事前審査により2年次出願になることがある |
| | | 国際文化 | | 2・3 | | ● | ● | ● | ● | | | | 英 | | | | ● | | | | 2 | 2 | 3 | 3 | 1 | 1 | |
| | スポーツ健康科 | スポーツ科 | | 2・3 | | ● | ● | ● | ● | | | | 英 | | | | ● | | | | 5 | 1 | 3 | 3 | 1 | 1 | |
| | | 健康科 | | 2 | | ● | ● | ● | ● | | | | | | | | ● | | | | 0 | 0 | 0 | 0 | 0 | 0 | |
| | 社会 | 社会 | | 2・3 | | ● | ● | ● | ● | | | | | | | | ● | | | | — | — | — | — | 2 | 2 | |
| 拓殖 | 商 | 経営 | | 3 | *● | ● | | | | ● | 11/27 3/7 | 10/4~10/11 1/10~1/16 | | | ※● | | ● | | ※基礎専門 | | 6 | 5 | 0 | 0 | 0 | 0 | *修了(見込)者。試験結果及び認定可能単位数で2年次になることがある。出願書類受理後に単位認定⇒結果連絡。経営学科は経営コースのみ募集。工学部は工学系出身者のみ |
| | | 国際ビジネス | | 3 | *● | ● | | | | ● | | | | | ※● | | ● | | | | 1 | 1 | 0 | 0 | 0 | 0 | |
| | | 会計 | | 3 | *● | ● | | | | ● | | | | | ※● | | ● | | | | 0 | 0 | 0 | 0 | 0 | 0 | |
| | 政経 | 法律政治 | | 3 | *● | ● | | | | | | | | | | ● | ● | | | | 9 | 8 | 8 | 2 | 3 | 3 | |
| | | 経済 | | 3 | *● | ● | | | | | | | | | | ● | ● | | | | 12 | 4 | 4 | 4 | 7 | 2 | |
| | 外国語 | 英米語 | | 3 | *● | ● | | | | | | | 英 | ● | | | ● | | TOEIC | | 3 | 1 | 0 | 0 | 1 | 0 | |
| | | 中国語 | | 3 | *● | ● | | | | | | | 中 | | | | ● | | | | 1 | 1 | 0 | 0 | 0 | 0 | |
| | | スペイン語 | | 3 | *● | ● | | | | | | | 西 | | | | ● | | | | | | | | | | |
| | 国際 | 国際 | | 3 | *● | ● | | | | | | | 英 | | | | | ● | | | 0 | 0 | 2 | 2 | 4 | 1 | |
| | 工 | 機械システム工 | | 3 | *● | ● | | ● | | | | | | | ※● | | ● | | ※基礎専門 | | 1 | 0 | 4 | 4 | 0 | 0 | |
| | | 電子システム工 | | 3 | *● | ● | | ● | | | | | | | ※● | | ● | | | | 1 | 0 | 4 | 2 | 1 | 1 | |
| | | 情報工 | | 3 | *● | ● | | ● | | | | | | | ※● | | ● | | | | 0 | 0 | 6 | 4 | 3 | 2 | |
| | | デザイン | | 3 | *● | ● | | ● | | | | | | | ※● | | ● | | | | 0 | 0 | 0 | 0 | 1 | 1 | |
| 多摩 | グローバルスタディーズ | グローバルスタディーズ | | 2・3 | ● | ● | | | | | 〈コミ〉10/23 〈一般〉11/26 12/18 3/7 3/16 | 〈コミ〉9/4~10/20 〈一般〉11/1~11/21 12/2~12/12 2/15~3/2 2/15~3/9 | ● | | | ※● | *● | | ※小論文は事前提出 | TOEICほかで具体的基準あり *日本語又は英語 | 2 | 1 | | | | △4 | 要事前資格審査。大学在学者2年次30単位以上(短大1年次・在学者も可)。3年次50単位以上修得(見込)者。別途9月入学編入あり |
| | 経営情報 | 経営情報 | | 2・3 | ● | ● | | | | | | | | | | ※● | ● | | | | 2 | 1 | △ | △ | | 5 | |
| | | 事業構想 | | 3 | | | ● | ● | ● | | | | | | | ※● | ● | | | | 0 | 0 | | | △ | | |
| 玉川 | 教育 | 教育 | | 3 | ● | ● | ● | ● | | | 11/19 | 10/28~11/1 | | | | ● | | ● | | | △ | △ | △ | △ | △ | △ | 認定単位数に基づき年次を決定。学士は類似学科への出願不可。教育学科で教職免許状及び諸資格等取得希望者、国語教育学科志願者は資格・検定等に別途具体的条件あり。教育学科保健体育専攻は募集なし。要事前審査 |
| | 文 | 国語教育 | | 3 | ● | ● | ● | ● | | | | | | | | ● | | ● | | | △ | △ | △ | △ | △ | △ | |
| | 芸術 | 音楽 | | 3 | ● | ● | ● | ● | | | | | | | | | | ● | | | △ | △ | △ | △ | △ | △ | 学士は類似学科への出願不可。農学部生産農学科は理科教員養成Pは募集なし |
| | 農 | 生産農 | | 3 | ● | ● | ● | ● | | | | | | | | | | ● | | | △ | △ | △ | △ | △ | △ | |
| | | 環境農 | | 3 | ● | ● | ● | ● | | | | | | | | | | ● | | | △ | △ | △ | △ | △ | △ | |
| | | 先端食農 | | 3 | ● | ● | ● | ● | | | | | | | | | | ● | | | △ | △ | △ | △ | △ | △ | |
| | 工 | 情報通信工 | | 3 | ● | ● | ● | ● | | | | | | | | | | ● | | | △ | △ | △ | △ | △ | △ | |
| | | エンジニアリングデザイン | | 3 | | ● | ● | ● | | | | | | | | | | ● | | | △ | △ | △ | △ | △ | △ | |

| 大学名 | 学部 | 学科 | 専攻・コース | 編入年次 | 大1 | 大2 | 学士 | 短大 | 高専 | 専門 | 試験日 | 出願期間 | 外国語筆記 | 外部試験 | 専門科目 | 小論文 | 面接 | 口頭試問 | 専門科目以外の科目 | その他の注意事項 | R3志願者 | R3合格者 | R4志願者 | R4合格者 | R5志願者 | R5合格者 | 備考 特に記載がない場合は、大学在学生3年次は62単位以上、2年次は31単位以上取得見込み |
|---|---|---|---|---|---|---|---|---|---|---|---|---|---|---|---|---|---|---|---|---|---|---|---|---|---|---|---|
| 多摩美術 | 美術 | 絵画 | 日本画 | 3 | | ● | ● | ● | ● | ● | 12/16,17 | 11/2~11/10 | | | | ● | ● | | | 全学科提出作品等あり | 4 | 0 | 4 | 1 | 3 | 1 | |
| | | | 油画 | 3 | | ● | ● | ● | ● | ● | | | | | | ● | ● | | | | 5 | 2 | 9 | 0 | 19 | 2 | |
| | | | 版画 | 3 | | ● | ● | ● | ● | ● | | | | | | ● | ● | | | | 3 | 0 | 4 | 0 | 4 | 2 | |
| | | 彫刻 | | 3 | | ● | ● | ● | ● | ● | | | | | | ● | ● | | | | 2 | 2 | 2 | 0 | 2 | 0 | |
| | | 工芸 | | 3 | | ● | ● | ● | ● | ● | | | | | | ● | ● | | | | 4 | 1 | 2 | 0 | 1 | 1 | |
| | | グラフィックデザイン | | 3 | | ● | ● | ● | ● | ● | | | | | | ● | ● | | 専門実技 | | 29 | 4 | 14 | 4 | 15 | 5 | |
| | | 生産デザイン | プロダクトデザイン | 3 | | ● | ● | ● | ● | ● | | | | | | ● | ● | | 専門実技 | | 3 | 0 | 5 | 0 | 3 | 2 | |
| | | | テキスタイルデザイン | 3 | | ● | ● | ● | ● | ● | | | | | | ● | ● | | 専門実技 | | 0 | 0 | 3 | 0 | 5 | 0 | |
| | | 環境デザイン | | 3 | | ● | ● | ● | ● | ● | | | | | | ● | ● | | 専門実技 | | 2 | 0 | 3 | 1 | 2 | 0 | |
| | | 情報デザイン | | 3 | | ● | ● | ● | ● | ● | | | | | | ● | ● | | | | 21 | 7 | 17 | 3 | 26 | 6 | |
| | | 芸術 | | 3 | | ● | ● | ● | ● | ● | | | | | | ● | ● | ● | | | 1 | 0 | 1 | 0 | 2 | 1 | |
| | | 統合デザイン | | 3 | | ● | ● | ● | ● | ● | | | | | | ● | ● | | 専門実技 | | 7 | 3 | 9 | 1 | 16 | 2 | |
| | | 演劇舞踊デザイン | | 3 | | ● | ● | ● | ● | ● | | | | | | ● | ● | | 専門実技 | | 2 | 1 | 4 | 2 | 5 | 2 | |
| 中央 | 法 | 法律 | | 3 | | | ● | ● | ● | | 11/26 | 9/22~9/29 | 選 | | ● | | | | | 選:英・独・仏・中から1 | 5 | 0 | 5 | 1 | 6 | 1 | |
| | | 国際企業関係法 | | 3 | | | ● | ● | ● | | | | 選 | | ● | | | | | | 0 | 0 | 3 | 0 | 0 | 0 | |
| | | 政治 | | 3 | | | ● | ● | ● | | | | 選 | | | | | | | | 0 | 0 | 0 | 0 | 1 | 0 | |
| | 経済 | 経済 | | 3 | | | ● | ● | ● | | 10/26 | 9/29~10/5 | 選 | | | ※● | | | | 選:英・独・仏・中・西から1 | 107 | 32 | 135 | 43 | 120 | 31 | 学士は出身学部の同一学科への出願不可。志望学科と異なる学科に合格することがある |
| | | 経済情報システム | | 3 | | | ● | ● | ● | | | | 選 | | | ※● | | | | | 4 | 0 | 6 | 1 | 2 | 2 | |
| | | 国際経済 | | 3 | | | ● | ● | ● | | | | 選 | | | ※● | | | | ※経済・経済学基礎及び一般教養 | 2 | 0 | 1 | 0 | 5 | 1 | |
| | | 公共・環境経済 | | 3 | | | ● | ● | ● | | | | 選 | | | ※● | | | | | 3 | 0 | 3 | 1 | 0 | 0 | |
| | 文 | 人文社会 | | 3 | | | ● | ● | ● | | 12/3 | 10/27~11/2 | 選 | | | ※● | ● | | | 選:英・独・仏・中から1 ※専攻別 | 2 | 2 | 4 | 3 | 2 | 1 | 出身分野と同一専攻への出願不可 |
| | 理工 | 数 | | 2・3 | | | ● | | ● | | 2/24 | 1/13~1/19 | | | | | | ● | | 数学、物理又は化学(応用化学科志願者は化学で受験) | 0 | 0 | 1 | 1 | 1 | 1 | 学士は出身学部の同一学科への出願不可。学士は理工系の学部出身は3年次、理工系以外の学部出身は2年次。高専は2・3年次(認定単位数等で年次決定)、物理・情報工学科は2年次、電気電子情報通信工学科は3年次。出願前に要事前単位確認 |
| | | 物理 | | 2・3 | | | ● | | ● | | | | | | | | | ● | | | 0 | 0 | 0 | 0 | 0 | 0 | |
| | | 都市環境 | | 2・3 | | | ● | | ● | | | | | | | | | ● | | | 0 | 0 | 0 | 0 | 0 | 0 | |
| | | 精密機械 | | 2・3 | | | ● | | ● | | | | | | | | | ● | | | 0 | 0 | 1 | 1 | 0 | 0 | |
| | | 電気電子情報通信工 | | 2・3 | | | ● | | ● | | | | | | | | | ● | | | 0 | 0 | 1 | 0 | 0 | 0 | |
| | | 応用化 | | 2・3 | | | ● | | ● | | | | | | | | | ● | | | 0 | 0 | 0 | 0 | 0 | 0 | |
| | | ビジネスデータサイエンス | | 2・3 | | | ● | | ● | | | | | | | | | ● | | | 0 | 0 | 0 | 0 | 2 | 2 | |
| | | 情報工 | | 2・3 | | | ● | | ● | | | | | | | | | ● | | | 0 | 0 | 0 | 0 | 0 | 0 | |
| | | 生命科 | | 2・3 | | | ● | | ● | | | | | | | | | ● | | | 0 | 0 | 0 | 0 | 0 | 0 | |
| 津田塾 | 学芸 | 英語英文 | | 2・3 | * | | ● | ● | ● | | 〈1次〉書類 〈2次〉10/29 | 〈1次〉9/5~9/16 〈2次〉10/3~10/14 | | ● | | | ● | | | 面接は英語含む。TOEIC等 | 16 | 3 | 16 | 2 | 5 | 1 | *修了(見込)者。2次試験はオンラインで実施 |
| | | 国際関係 | | 2・3 | * | | ● | ● | ● | | | | | ● | | ※● | ● | | | 面接は2外能力を試す。TOEIC等 ※事前提出 | 8 | 4 | 7 | 2 | 9 | 7 | |
| | | 数 | | 2・3 | * | | ● | ● | ● | | | | | | | ※● | | ● | | ※事前提出 | 2 | 1 | 0 | 0 | 1 | 1 | |
| 帝京 | 経済 | 経済 | | 3 | | ● | ● | ● | ● | ● | 11/20 2/22 | 10/18~10/28 1/4~2/8 | | | | | ● | | 英語又は国語 | | △ | △ | △ | △ | △ | △ | 別途社会人編入実施 |
| | | 国際経済 | | 3 | | ● | ● | ● | ● | ● | | | | | | | ● | | | | △ | △ | △ | △ | △ | △ | |
| | | 地域経済 | | 2・3 | ● | ● | ● | ● | ● | ● | | | | | | | ● | | | | △ | △ | △ | △ | △ | △ | |
| | | 経営 | | 3 | | ● | ● | ● | ● | ● | | | | | | | ● | | | | △ | △ | △ | △ | △ | △ | |
| | | 観光経営 | | 3 | | ● | ● | ● | ● | ● | | | | | | | ● | | | | △ | △ | △ | △ | △ | △ | |
| | 法 | 法律 | | 3 | | ● | ● | ● | ● | ● | | | | | | | ● | | | | △ | △ | △ | △ | △ | △ | |
| | | 政治 | | 3 | | ● | ● | ● | ● | ● | | | | | | | ● | | | | △ | △ | △ | △ | △ | △ | |

| 大学名 | 学部 | 学科 | 専攻・コース | 編入年次 | 大1 | 大2 | 学士 | 短大 | 高専 | 専門 | 試験日 | 出願期間 | 外国語筆記 | 外部試験 | 専門科目 | 小論文 | 面接 | 口頭試問 | 専門科目以外の科目 | その他の注意事項 | R3志願者 | R3合格者 | R4志願者 | R4合格者 | R5志願者 | R5合格者 | 備考　特に記載がない場合は、大学在学生3年次は62単位以上、2年次は31単位以上取得見込み |
|---|---|---|---|---|---|---|---|---|---|---|---|---|---|---|---|---|---|---|---|---|---|---|---|---|---|---|---|
|  | 文 | 日本文化 |  | 3 |  | ● | ● | ● | ● | ● |  |  |  |  |  |  | ● |  |  |  | △ | △ | △ | △ | △ | △ |  |
|  |  | 史 |  | 3 |  | ● | ● | ● | ● | ● |  |  |  |  |  |  | ● |  |  |  | △ | △ | △ | △ | △ | △ |  |
|  |  | 社会 |  | 3 |  | ● | ● | ● | ● | ● |  |  |  |  |  |  | ● |  |  |  | △ | △ | △ | △ | △ | △ |  |
|  |  | 心理 |  | 3 |  | ● | ● | ● | ● | ● |  |  |  |  |  |  | ● |  |  |  | △ | △ | △ | △ | △ | △ |  |
|  | 外国語 | 外国語 |  | 3 |  | ● | ● | ● | ● | ● |  |  |  |  |  |  | ● |  |  |  | △ | △ | △ | △ | △ | △ |  |
|  | 教育 | 教育文化 |  | 2・3 | ● | ● | ● | ● | ● | ● |  |  |  |  |  |  | ● |  |  |  | △ | △ | △ | △ | △ | △ |  |
|  |  | 初等教育 |  | 2 | ● | ● | ● | ● | ● | ● |  |  |  |  |  |  | ● |  |  |  | △ | △ | △ | △ | △ | △ |  |
|  | 理工 | 航空宇宙工 |  | 2・3 | ● | ● | ● | ● | ● | ● |  |  |  |  |  |  |  |  | 数学又は物理 |  | △ | △ | △ | △ | △ | △ |  |
|  |  | 機械・精密システム工 |  | 2・3 | ● | ● | ● | ● | ● | ● |  |  |  |  |  |  | ● |  |  |  | △ | △ | △ | △ | △ | △ |  |
|  |  | 情報電子工 |  | 2・3 | ● | ● | ● | ● | ● | ● |  |  |  |  |  |  | ● |  |  |  | △ | △ | △ | △ | △ | △ |  |
|  |  | バイオサイエンス |  | 2・3 | ● | ● | ● | ● | ● | ● |  |  |  |  |  |  |  |  | 化学又は生物 |  | △ | △ | △ | △ | △ | △ |  |
| 帝京科学 | 生命環境 | 生命科 |  | 3 |  | ● | ● | ● | ● | ● | 12/10 2/9 | 11/28~12/5 1/26~2/3 |  |  |  | ● | ● |  |  |  | 1 | 1 | 2 | 2 | 0 | 0 | 単位取得状況で2年次になることがある。生命環境学部は高専卒業(見込)者以外は自然科学系出身者のみ |
|  |  | アニマルサイエンス |  | 3 |  | ● | ● | ● | ● | ● |  |  | 英 |  |  | ● | ● |  |  |  | 0 | 0 | 2 | 1 | 1 | 1 |  |
|  |  | 自然環境 |  | 3 |  | ● | ● | ● | ● | ● |  |  | 英 |  |  | ● | ● |  |  |  | 0 | 0 | 2 | 2 | 0 | 0 |  |
|  | 教育人間科 | こども |  | 3 |  | ● | ● | ● | ● | ● |  |  |  |  |  | ● | ● |  |  |  | 1 | 1 | 3 | 3 | 1 | 1 |  |
|  | 医療科 | 医療福祉 |  | 3 |  | ● | ● | ● | ● | ● |  |  |  |  |  | ● | ● |  |  |  | 3 | 3 | 1 | 1 | 0 | 0 |  |
| 帝京平成 | 健康メディカル | 健康栄養 |  | 2・3 | ● | ● | ● | ● | ● | ● | 11/26 2/19 | 10/24~11/4 1/23~2/2 |  |  |  | ※● |  |  | ※栄養学・食品学 |  | △ | △ | △ | △ | △ | △ | 3年次は栄養士資格修得(見込)者、2年次も上記が望ましい、関連以外の出身者は要問合せ |
|  | ヒューマンケア | 鍼灸 |  | 3 |  | ● | ● | ● | ● | ● |  |  |  |  |  | ※● |  |  | ※解剖学・生理学・病理学 |  | △ | △ | △ | △ | △ | △ | 原則として在学学科・分野が医療系国家資格に関する領域であること |
|  |  | 柔道整復 |  | 3 |  | ● | ● | ● | ● | ● |  |  |  |  |  | ※● |  |  |  |  | △ | △ | △ | △ | △ | △ |  |
| デジタルハリウッド | デジタルコミュニケーション | デジタルコンテンツ |  | 3 |  | ● | ● | ● | ● | ● | 11/13 1/22 | 9/1~10/31 9/1~1/13 |  |  |  |  | ● |  | 基礎学力テスト(英数国) |  | 12 | 6 | 19 | 9 | 19 | 9 |  |
| 東海 | 医 | 看護 |  | 3 |  |  |  |  |  |  | 10/9 | 9/9~9/21 | 英 |  |  | ● | ● |  |  |  | 0 | 0 | 1 | 0 | 0 | 0 | 看護系卒(見込)で看護師国家試験受験資格取得(見込)者又は看護師免許を有する者のみ |
|  | 文 | 文明 |  | 3 |  | ● | ● | ● | ● | ● |  |  |  |  |  | ● | ● |  |  |  | 1 | 1 | 0 | 0 | 0 | 0 | 認定単位数により2年次受け入れの場合もある |
|  |  | 歴史 | 日本史 | 3 |  | ● | ● | ● | ● | ● |  |  |  |  |  | *● | ● | *専門 |  |  | 1 | 0 | 1 | 0 | 2 | 0 |  |
|  |  |  | 西洋史 | 3 |  | ● | ● | ● | ● | ● |  |  |  |  |  | *● | ※● | ※英語含む |  |  | 0 | 0 | 0 | 0 | 0 | 0 |  |
|  |  |  | 考古学 | 3 |  | ● | ● | ● | ● | ● |  |  |  |  |  | *● | ● |  |  |  | 1 | 0 | 0 | 0 | 0 | 0 |  |
|  |  | 日本文 |  | 3 |  | ● | ● | ● | ● | ● |  |  |  |  |  | *● | ● |  |  |  | 0 | 0 | 1 | 1 | 0 | 0 |  |
|  |  | 英語文化コミュニケーション |  | 3 |  | ● | ● | ● | ● | ● |  |  | 英 |  |  | ※● |  | ※英語含む |  |  | 2 | 1 | 1 | 1 | 0 | 0 |  |
|  | 文化社会 | アジア |  | 3 |  | ● | ● | ● | ● | ● |  |  |  |  |  | *● |  | *専門 |  |  | 1 | 1 | 1 | 2 | 2 | 2 |  |
|  |  | ヨーロッパ・アメリカ |  | 3 |  | ● | ● | ● | ● | ● |  |  |  |  |  | *● |  | *専門 |  |  | 0 | 0 | 0 | 0 | 1 | 1 |  |
|  |  | 北欧 |  | 3 |  | ● | ● | ● | ● | ● |  |  |  |  |  | *● |  | *専門 |  |  | 0 | 0 | 0 | 0 | 0 | 0 |  |
|  |  | 文芸創作 |  | 3 |  | ● | ● | ● | ● | ● |  |  |  |  |  | *● |  | *専門 |  |  | 0 | 0 | 1 | 1 | 0 | 0 |  |
|  |  | 広報メディア |  | 3 |  | ● | ● | ● | ● | ● |  |  |  |  |  | *● |  | *専門 |  |  | 2 | 0 | 2 | 0 | 3 | 1 |  |
|  |  | 心理・社会 |  | 3 |  | ● | ● | ● | ● | ● |  |  |  |  |  | *● |  | *専門 |  |  | 1 | 0 | 1 | 0 | 2 | 0 |  |
|  | 政治経済 | 政治 |  | 3 |  | ● | ● | ● |  |  |  |  | 英 |  | ● |  |  |  |  |  | 0 | 0 | 0 | 0 | 0 | 0 |  |
|  |  | 経済 |  | 3 |  | ● | ● | ● |  |  |  |  | 英 |  | ● |  | ※● | ※数学含む |  |  | 0 | 0 | 0 | 0 | 1 | 1 |  |
|  |  | 経営 |  | 3 |  | ● | ● | ● |  |  |  |  | 英 |  | ● |  |  |  |  |  | 2 | 1 | 0 | 0 | 1 | 0 |  |
|  | 法 | 法律 |  | 3 |  | ● | ● | ● |  |  |  |  |  |  |  | *● |  | *専門時事問題 |  |  | 1 | 1 | 1 | 0 | 0 | 0 |  |

| 大学名 | 学部 | 学科 | 専攻・コース | 編入年次 | 大1 | 大2 | 学士 | 短大 | 高専 | 専門 | 試験日 | 出願期間 | 外国語筆記 | 外部試験 | 専門科目 | 小論文 | 面接 | 口頭試問 | 専門科目以外の科目 | その他の注意事項 | R3志願者 | R3合格者 | R4志願者 | R4合格者 | R5志願者 | R5合格者 | 備考 特に記載がない場合は、大学在学生3年次は62単位以上、2年次は31単位以上取得見込み |
|---|---|---|---|---|---|---|---|---|---|---|---|---|---|---|---|---|---|---|---|---|---|---|---|---|---|---|---|
| | 教養 | 人間環境 | 自然環境 | 3 | | ● | ● | ● | ● | ● | | | | | | ● | | ※● | | ※理系科目基礎含む | 0 | 0 | 0 | 0 | 0 | 0 | |
| | | | 社会環境 | 3 | | ● | ● | ● | ● | ● | | | | | | *● | ● | | *専門基礎 | | 0 | 0 | 0 | 0 | 0 | 0 | |
| | | 芸術 | 音楽学 | 3 | | ● | ● | ● | ● | ● | | | | | ※● | | ● | | | ※実技含む | 1 | 0 | 0 | 0 | 0 | 0 | |
| | | | 美術学 | 3 | | ● | ● | ● | ● | ● | | | | | ※● | | ● | | | ※デッサン又は作品鑑賞 | 0 | 0 | 0 | 0 | 0 | 0 | |
| | | | デザイン学 | 3 | | ● | ● | ● | ● | ● | | | | | ※● | | ● | | | ※基礎演習・作品等持参 | 0 | 0 | 0 | 0 | 1 | 0 | |
| | | 国際 | | 3 | | ● | ● | ● | ● | ● | | | 英 | | ※● | | ● | | ※専門 | 1 | 0 | 1 | 1 | 0 | 0 | |
| | 体育 | 体育 | | 3 | | ● | ● | ● | ● | ● | | | | | ※● | | ● | | ※専門内容実技 | 1 | 0 | 1 | 0 | 0 | 0 | |
| | | 競技スポーツ | | 3 | | ● | ● | ● | ● | ● | | | | | ※● | | ● | | | 1 | 0 | 1 | 1 | 1 | 0 | |
| | | 武道 | | 3 | | ● | ● | ● | ● | ● | | | | | ※● | | ● | | | 0 | 0 | 0 | 0 | 0 | 0 | |
| | | 生涯スポーツ | | 3 | | ● | ● | ● | ● | ● | | | | | ※● | | ● | | | 1 | 0 | 1 | 1 | 3 | 1 | |
| | | スポーツ・レジャーマネジメント | | 3 | | ● | ● | ● | ● | ● | | | | | ※● | | *● | | *短い英文の音読と概要説明 | 1 | 0 | 2 | 1 | 1 | 0 | |
| | 健康 | 健康マネジメント | | 3 | | ● | ● | ● | ● | ● | | | | | ※● | | | | ※専門 | 1 | 0 | 0 | 0 | 1 | 1 | |
| | 理 | 数 | | 3 | | ● | ● | ● | ● | | | | | | | ● | | ● | | | 0 | 0 | 0 | 0 | 1 | 0 | |
| | | 情報数理 | | 3 | | ● | ● | ● | ● | | | | | | | ● | | ● | | | 1 | 1 | 0 | 0 | 0 | 0 | |
| | | 物理 | | 3 | | ● | ● | ● | ● | | | | | | | ● | | ● | | ※物・数基礎 | 0 | 0 | 0 | 0 | 1 | 0 | |
| | | 化 | | 3 | | ● | ● | ● | ● | | | | | | | ● | | ● | | | 0 | 0 | 0 | 0 | 2 | 1 | |
| | 情報理工 | 情報科 | | 3 | | ● | ● | ● | | | | | | | | *● | | ※● | *専門及び関連分野 | ※英・数基礎、専門 | 1 | 1 | 1 | 1 | 1 | 0 | |
| | | コンピューター応用工 | | 3 | | ● | ● | ● | | | | | | | | *● | | ※● | *専門 | ※英・数基礎、専門 | 1 | 1 | 0 | 0 | 0 | 0 | |
| | 工 | 生命化 | | 3 | | ● | ● | ● | ● | | | | | | | ● | | ● | | | 2 | 1 | 1 | 1 | 0 | 0 | |
| | | 応用化 | | 3 | | ● | ● | ● | ● | | | | | | | ● | | ● | | | 0 | 0 | 0 | 0 | 0 | 0 | |
| | | 光・画像工 | | 3 | | ● | ● | ● | ● | | | | | | | ● | ● | | | | 0 | 0 | 0 | 0 | 0 | 0 | |
| | | 原子力工 | | 3 | | ● | ● | ● | ● | | | | | | | ● | | ※● | | ※理数教科基礎 | 0 | 0 | 0 | 0 | 0 | 0 | |
| | | 電気電子工 | | 3 | | ● | ● | ● | ● | | | | | | | ● | | ※● | | ※理数教科基礎 | 1 | 0 | 2 | 0 | 1 | 0 | |
| | | 材料科 | | 3 | | ● | ● | ● | ● | | | | | | | ● | | ● | | | 0 | 0 | 0 | 0 | 0 | 0 | |
| | | 建築 | | 3 | | ● | ● | ● | ● | | | | | | ● | *● | | ● | *専門 | 作品持参 | 3 | 0 | 5 | 1 | 4 | 1 | |
| | | 土木工 | | 3 | | ● | ● | ● | ● | | | | | | | ● | | ※● | | ※数学 | 1 | 1 | 1 | 0 | 0 | 0 | |
| | | 精密工 | | 3 | | ● | ● | ● | ● | | | | | | | ● | | ※● | | ※数・物等基礎 | 0 | 0 | 0 | 0 | 0 | 0 | |
| | | 機械工 | | 3 | | ● | ● | ● | ● | | | | | | | ● | | ※● | | ※数・物等基礎 | 1 | 1 | 2 | 0 | 0 | 0 | |
| | | 動力機械工 | | 3 | | ● | ● | ● | ● | | | | | | | ● | | ● | | | 0 | 0 | 0 | 0 | 0 | 0 | |
| | | 航空宇宙 | 航空宇宙学 | 3 | | ● | ● | ● | ● | | | | | | | *● | | ※● | *専門含む | ※物・数基礎 | 0 | 0 | 3 | 2 | 1 | 1 | |
| | | 医用生体工 | | 3 | | ● | ● | ● | ● | | | | | | | *● | | ※● | *専門課題 | ※数・物等基礎 | 1 | 0 | 1 | 1 | 1 | 1 | |
| | 観光 | 観光 | | 3 | | ● | ● | ● | ● | | | | | | | *● | | ※● | *専門 | ※英・専門基礎 | 3 | 0 | 3 | 0 | 4 | 0 | |
| | 情報通信 | 情報メディア | | 3 | | ● | ● | ● | ● | | | | | | | *● | | ※● | *専門 | ※英・数専門基礎 | 2 | 0 | 0 | 0 | 3 | 1 | |
| | | 組み込みソフトウェア工 | | 3 | | ● | ● | ● | ● | | | | | | | ● | | ※● | | ※英・数専門基礎 | 0 | 0 | 0 | 0 | 3 | 1 | |
| | | 経営システム工 | | 3 | | ● | ● | ● | ● | | | | | | | ● | | ※● | | ※専門関連数学基礎 | 0 | 0 | 1 | 1 | 1 | 1 | |
| | | 通信ネットワーク工 | | 3 | | ● | ● | ● | ● | | | | | | | ● | | ● | | | 3 | 2 | 0 | 0 | 4 | 1 | |

| 大学名 | 学部 | 学科 | 専攻・コース | 編入年次 | 大1 | 大2 | 学士 | 短大 | 高専 | 専門 | 試験日 | 出願期間 | 外国語筆記 | 外部試験 | 専門科目 | 小論文 | 面接 | 口頭試問 | 専門科目以外の科目 | その他の注意事項 | R3志願者 | R3合格者 | R4志願者 | R4合格者 | R5志願者 | R5合格者 | 備考（特に記載がない場合は、大学在学生3年次は62単位以上、2年次は31単位以上取得見込み） |
|---|---|---|---|---|---|---|---|---|---|---|---|---|---|---|---|---|---|---|---|---|---|---|---|---|---|---|---|
| | 海洋 | 海洋文明 | | 3 | | ● | ● | ● | ● | ● | | | | | | *● | ● | | *専門 | | 1 | 0 | 0 | 0 | 0 | 0 | |
| | | 環境社会 | | 3 | | ● | ● | ● | ● | ● | | | | | | ● | ● | | | | 0 | 0 | 0 | 0 | 1 | 0 | |
| | | 海洋地球科 | | 3 | | ● | ● | ● | ● | ● | | | | | | *● | | ※● | *専門 | ※英・数・理基礎 | 0 | 0 | 0 | 0 | 0 | 0 | |
| | | 水産 | 生物生産学 | 3 | | ● | ● | ● | ● | ● | | | | | | *● | | ※● | *専門 | ※英・数・理基礎 | 0 | 0 | 1 | 1 | 0 | 0 | |
| | | | 食品科学 | 3 | | ● | ● | ● | ● | ● | | | | | | ● | | ※● | | ※英・専門 | 0 | 0 | 3 | 2 | 0 | 0 | |
| | | 海洋生物 | | 3 | | ● | ● | ● | ● | ● | | | | | | *● | | ● | *専門 | | 2 | 0 | 3 | 0 | 2 | 0 | |
| | | 航海工 | 航海学 | 3 | | ● | ● | ● | ● | ● | | | | | | ● | | ※● | | ※英・数基礎 | 1 | 1 | 0 | 0 | 0 | 0 | |
| | | | 海洋機械工学 | 3 | | ● | ● | ● | ● | ● | | | | | | ● | | ※● | | ※英・数基礎 | 0 | 0 | 0 | 0 | 0 | 0 | |
| | 経営 | 経営 | | 3 | | ● | ● | ● | ● | ● | | | | | | ● | | | | | 7 | 7 | 8 | 6 | 2 | 2 | |
| | | 観光ビジネス | | 3 | | ● | ● | ● | ● | ● | | | | | | *● | | ※● | *専門 | | 0 | 0 | 0 | 0 | 0 | 0 | |
| | 基盤工 | 医療福祉工 | | 3 | | ● | ● | ● | ● | ● | | | | | | *● | | ※● | *専門 | ※数物等基礎 | 0 | 0 | 1 | 1 | 0 | 0 | |
| | | 電気電子情報工 | | 3 | | ● | ● | ● | ● | ● | | | | | | ● | ● | | | | 1 | 1 | 0 | 0 | 0 | 0 | |
| | 農 | 応用植物科 | | 3 | | ● | ● | ● | ● | ● | | | | | | ● | | ※● | | ※生・化基礎 | 2 | 2 | 4 | 2 | 2 | 2 | |
| | | 応用動物科 | | 3 | | ● | ● | ● | ● | ● | | | | | | ● | | ※● | | ※生・化基礎 | 2 | 2 | 4 | 2 | 0 | 0 | |
| | | バイオサイエンス | | 3 | | ● | ● | ● | ● | ● | | | | | | ● | | ※● | | ※生・化基礎 | 0 | 0 | 0 | 0 | 0 | 0 | |
| | 国際文化 | 地域創造 | | 3 | | ● | ● | ● | ● | ● | | | | | | *● | | ● | *専門 | | 0 | 0 | 0 | 0 | 1 | 1 | |
| | | 国際コミュニケーション | | 3 | | ● | ● | ● | ● | ● | | | | | | *● | | ● | *専門 | ※基礎英語含む | 0 | 0 | 0 | 0 | 0 | 0 | |
| | | デザイン文化 | | 3 | | ● | ● | ● | ● | ● | | | | | | | | | | | | | | | | | |
| | 生物 | 生物 | | 3 | | ● | ● | ● | | ● | | | | | | ● | | ※● | | ※英・専門基礎 | 2 | 2 | 2 | 2 | 1 | 0 | |
| | | 海洋生物科 | | 3 | | ● | ● | ● | | ● | | | | | | ● | | ※● | | ※理科基礎 | 0 | 0 | 0 | 0 | 0 | 0 | |
| 東京有明医療 | 保健医療 | 鍼灸 | | 2・3 | | | | ● | ● | | ● | 10/23 12/11 3/11 | 10/1~10/17 11/25~12/5 2/27~3/6 | | | | ● | ● | | | | 0 | 0 | 0 | 0 | 1 | 1 | 2年次は出願資格に指定出身学部・学科あり、3年次は同系又は医学科卒(見込)者 |
| | | 柔道整復 | | 2 | | | | ● | ● | | ● | | | | | | ● | ● | | | | 0 | 0 | 0 | 0 | 0 | 0 | |
| 東京音楽 | 音楽 | 音楽 | | 2 | | ● | ● | ● | ● | ● | 2/16~2/20 | 1/7~1/17 | ※● | ※● | | | *● | | 専攻別実技。作曲芸術音楽コースのみ作品提出 | ※ミュージックリベラルアーツ専攻のみで筆記又は外部検定 *ミュージックリベラルアーツ専攻は英語含む | 6 | 3 | 6 | 5 | 0 | 0 | 大学在学者2年次30単位以上、3年次60単位以上 |
| 東京家政 | 家政 | 児童 | 児童学 | 3 | | ● | ● | ● | | | 7/24 | 7/8~7/19 | 英 | | | ● | ● | | | | 0(2) | 0(2) | 0(4) | 0(4) | 0(1) | 0(1) | 同系列出身者のみで確認後出願、( )は内編で外数、学士は含む |
| | | | 育児支援 | 3 | | ● | ● | ● | | | | | 英 | | | ● | ● | | | | 0(5) | 0(5) | 1(3) | 1(3) | 0(4) | 0(4) | |
| | | 児童教育 | | 3 | | ● | ● | ● | | | | | 英 | | | ● | ● | | | | 0(0) | 0(0) | 0(2) | 0(2) | 0(0) | 0(0) | |
| | | 栄養 | 栄養学 | 3 | | ● | ● | ● | | | | | 英 | | | ● | ● | | | | 3(5) | 3(5) | 5(4) | 3(4) | 3(2) | 2(2) | |
| | | | 管理栄養士 | 3 | | ● | ● | ● | | | | | 英 | | | ● | ● | | | | 1(7) | 1(7) | 9(6) | 4(6) | 5(6) | 2(6) | |
| | | 環境教育 | | 3 | | ● | ● | ● | | | | | 英 | | | ● | ● | | | | 1(0) | 1(0) | 0(2) | 0(2) | — | — | ( )は内編で外数、学士は含む |
| | | 服飾美術 | | 3 | | ● | ● | ● | | | | | 英 | | | ● | ● | | | | 0(0) | 0(0) | 0(0) | 0(0) | — | — | 同系列出身者のみで確認後出願、( )は内編で外数、学士は含む |
| | | 造形表現 | | 3 | | ● | ● | ● | | | | | 英 | | | ● | ● | | 出願時に作品写真提出 | | 0(0) | 0(0) | 0(0) | 0(0) | — | — | ( )は内編で外数、学士は含む |
| | 人文 | 英語コミュニケーション | | | | | | | | | | | 英 | | | ● | ● | | | | 1(1) | 0(1) | 1(0) | 1(0) | — | — | ( )は内編で外数、学士は含む |
| | | 心理カウンセリング | | | | | | | | | | | 英 | | | ● | ● | | | | 4(0) | 1(0) | 3(0) | 1(0) | — | — | |
| | | 教育福祉 | | | | | | | | | | | 英 | | | ● | ● | | | | 0(0) | 0(0) | 0(0) | 0(0) | — | — | |

| 大学名 | 学部 | 学科 | 専攻・コース | 編入年次 | 大1 | 大2 | 学士 | 短大 | 高専 | 専門 | 試験日 | 出願期間 | 外国語筆記 | 外部試験 | 専門科目 | 小論文 | 面接 | 口頭試問 | 専門科目以外の科目 | その他の注意事項 | R3志願者 | R3合格者 | R4志願者 | R4合格者 | R5志願者 | R5合格者 | 備考（特に記載がない場合は、大学在学3年次は62単位以上、2年次は31単位以上取得見込み） |
|---|---|---|---|---|---|---|---|---|---|---|---|---|---|---|---|---|---|---|---|---|---|---|---|---|---|---|---|
| 東京家政学院 | 現代生活 | 現代家政 | | 3 | • | • | • | • | • | • | 11/19 2/24 | 11/1~11/8 2/1~2/9 | | | | • | • | | | 学士は小論文なし | △ | △ | △ | △ | △ | △ | |
| | | 生活デザイン | | 3 | • | • | • | • | • | | | | | | | • | • | | | | △ | △ | △ | △ | △ | △ | |
| | | 食物 | | 3 | • | • | • | • | • | | | | | | | • | • | | | | △ | △ | △ | △ | △ | △ | |
| | | 児童 | | 3 | • | • | • | • | • | | | | | | | • | • | | | | △ | △ | △ | △ | △ | △ | |
| 東京経済 | 経済 | 経済 | | 3 | • | • | • | • | | | 2/10 | 1/10~1/18 | 英 | | | • | | | | | 16 | 5 | 7 | 4 | 5 | 2 | 別途学士入学実施(英・小)で合格状況に含む。( )は指定校推薦で外数 |
| | | 国際経済 | | 3 | • | • | • | • | | | | | 英 | | | • | | | | | 0 | 0 | 3 | 0 | 1 | 0 | |
| | 経営 | 経営 | | 3 | • | • | • | • | | | | | 英 | | | • | | | | | 7 | 4 | 5 | 0 | 3 | 3 | |
| | 経営 | 流通マーケティング | | 3 | • | • | • | • | | | | | 英 | | | • | | | | | 22(20) | 10(18) | 5(20) | 1(19) | 5(19) | 1(19) | |
| | コミュニケーション | コミュニケーション | | 3 | • | • | • | • | | | | | 英 | | | • | | | | | 6(19) | 4(17) | 13(23) | 4(21) | 3(12) | 3(12) | |
| | 現代法 | 現代法 | | 3 | • | • | • | • | | | | | 英 | | | • | | | | | 2(11) | 2(11) | 6(9) | 2(7) | 3(8) | 3(8) | |
| 東京工科 | メディア | メディア | | 2・3 | • | • | • | • | • | | 11/27 | 10/3~10/7 | 英 | | | | | • | | 数学 | 大学在学者2年次34単位以上。3年次募集は修得単位状況及び選考結果で2年次になる場合がある | 4 | 1 | 7 | 4 | 10 | 3 | |
| | 応用生物 | 応用生物 | 生命・医薬品 | 2・3 | • | • | • | • | • | | | | 英 | | | | | • | | | | 1 | 0 | 1 | 1 | 3 | 3 | |
| | | | 食品・化粧品 | 2・3 | • | • | • | • | • | | | | 英 | | | | | • | | | | | | 1 | 0 | 0 | 0 | |
| | コンピュータサイエンス | コンピュータサイエンス | 先進情報 | 2・3 | • | • | • | • | • | | | | 英 | | | | | • | | | | 8 | 0 | 9 | 4 | 4 | 1 | |
| | | | 人工知能 | 2・3 | • | • | • | • | • | | | | 英 | | | | | • | | | | | | 12 | 5 | 3 | 2 | |
| | 工 | 機械工 | | 2 | • | • | • | • | • | | | | 英 | | | | | • | | | | 2 | 0 | 0 | 0 | 2 | 2 | |
| | | 電気電子工 | | 2 | • | • | • | • | • | | | | 英 | | | | | • | | | | 0 | 0 | 1 | 0 | 0 | 0 | |
| | | 応用化 | | 2 | • | • | • | • | • | | | | 英 | | | | | • | | | | 1 | 1 | 0 | 0 | 2 | 2 | |
| 東京工芸 | 芸術 | 写真 | | 2・3 | • | • | • | • | • | | 11/12 | 9/29~10/6 | | | ※• | | • | | エントリーシート+課題 ※専門は3年次のみ | 3年次は同系等出身者のみ。年度により募集学科・年次異なる | 12 | 2 | 10 | 3 | 20 | 3 | |
| | | 映像 | | 2 | • | • | • | • | • | | | | | | | | • | | | | 2 | 2 | — | — | — | — | |
| | | デザイン | | 2 | • | • | • | • | • | | | | | | | | • | | | | 5 | 2 | — | — | — | — | |
| | | インタラクティブメディア | | 2 | • | • | • | • | • | | | | | | | | • | | | | 1 | 1 | 1 | 1 | 5 | 3 | |
| | | アニメーション | | 2 | • | • | • | • | • | | | | | | | | • | | | | 3 | 2 | | | | | |
| | | ゲーム | | 2 | • | • | • | • | • | | | | | | | | • | | | | 3 | 1 | 5 | 3 | 6 | 2 | |
| | | マンガ | | 2 | • | • | • | • | • | | | | | | | | • | | | | 3 | 2 | | | | | |
| | 工 | 工 | 機械 | 3 | • | • | • | | | | 2/25 | 2/3~2/15 | | | | | | • | | 大学在学者60単位以上 | 0 | 0 | 2 | 1 | 0 | 0 | |
| | | | 電気電子 | 3 | • | • | • | | | | | | | | | | | • | | | 0 | 0 | 1 | 0 | 0 | 0 | |
| | | | 化学・材料 | 3 | • | • | • | | | | | | | | | | | • | | | — | — | — | — | — | — | |
| 東京歯科 | 歯 | 歯 | | 2 | | • | | *• | | | 11/20 3/11 | 11/4~11/11 2/16~3/3 | | | | • | • | | 小テスト(英・数・理（物化生）) | 大学在学者65単位以上で要理数科目合計16単位以上 *短大は医療技術系出身のみ | 31 | 14 | 17 | 6 | 19 | 6 | |
| 東京純心 | 現代文化 | こども文化 | | 2・3 | | • | | | | | 12/11 2/19 | 11/15~12/6 1/24~2/14 | | | | • | • | | | *短大1年以上在学者も可 | 1 | 1 | 0 | 0 | — | — | |
| 東京女子 | 現代教養 | 国際英語 | 国際英語 | 3 | • | • | • | • | | | 11/20 | 10/10~10/14 | | • | | | • | | TOEIC等で具体的基準あり。R3~5は専門は事前課題。面接はオンライン | | 12 | 6 | 14 | 3 | 7 | 1 | 別途一般学士入試・社会人編入(2年次)・社会人学士入試(2年次)実施。社会人は2年次のみで、国際英語学科募集なし、合格状況に一般学士含む。( )は社会人学士入試・社会人編入で外数 |
| | | 人文 | 哲学 | 3 | • | • | • | • | | | | | | • | | | • | | | | 3 | 3 | 4 | 4 | 5 | 5 | |
| | | | 日本文学 | 3 | • | • | • | • | | | | | | • | | | • | | | | 2 | 2 | 1 | 1 | 0 | 0 | |
| | | | 歴史文化 | 3 | • | • | • | • | | | | | | • | | | • | | | | 1 | 1 | 2 | 2 | 1 | 1 | |
| | | 国際社会 | 国際関係 | 3 | • | • | • | • | | | | | | • | | | • | | | | 9 | 4 | 12 | 7 | 10 | 6 | |
| | | | 経済学 | 3 | • | • | • | • | | | | | | • | | | • | | | | 4 | 1 | 3 | 1 | 0 | 0 | |
| | | | 社会学 | 3 | • | • | • | • | | | | | | • | | | • | | | | 14 | 3 | 18 | 3 | 11 | 2 | |
| | | | コミュニティ構想 | 3 | • | • | • | • | | | | | | • | | | • | | | | 1 | 0 | 6 | 5 | 3 | 3 | |
| | | 心理・コミュニケーション | 心理学 | 3 | • | • | • | • | | | | | | • | | | • | | | | 5 | 2 | 5 | 0 | 3 | 1 | |
| | | | コミュニケーション | 3 | • | • | • | • | | | | | | • | | | • | | | | 7 | 1 | 4 | 2 | 4 | 1 | |
| | | 数理科 | 数学 | 3 | • | • | • | • | | | | | | • | | | • | | | | 0 | 0 | 0 | 0 | 0 | 0 | |
| | | | 情報理学 | 3 | • | • | • | • | | | | | | • | | | • | | | | 1 | 1 | 0 | 0 | 2(1) | 2(0) | |
| 東京女子体育 | 体育 | 体育 | | 3 | • | • | • | • | • | | 10/15 2/1 | 9/22~10/3 1/11~1/20 | | | | • | • | | 運動競技歴等換算 | 転入は要受験許可書 | 20 | 19 | 20 | 19 | 12 | 12 | |
| 東京神学 | 神 | 神 | | 3 | • | • | • | • | | | 11/23 2/14 3/7 | 10/18~10/25 1/10~1/17 1/27~2/3 | | | | • | • | | | 教会の推薦がある者で具体的条件あり56単位以上。合格状況に社会人・指定校含む | 13 | 12 | 6 | 6 | 13 | 13 | |

| 大学名 | 学部 | 学科 | 専攻・コース | 編入年次 | 大1 | 大2 | 学士 | 短大 | 高専 | 専門 | 試験日 | 出願期間 | 外国語筆記 | 外部試験 | 専門科目 | 小論文 | 面接 | 口頭試問 | 専門科目以外の科目 | その他の注意事項 | R3志願者 | R3合格者 | R4志願者 | R4合格者 | R5志願者 | R5合格者 | 備考 特に記載がない場合は、大学在学生3年次は62単位以上、2年次は31単位以上取得見込み |
|---|---|---|---|---|---|---|---|---|---|---|---|---|---|---|---|---|---|---|---|---|---|---|---|---|---|---|---|
| 東京聖栄 | 健康栄養 | 食品 | | 2・3 | ● | ● | ● | ● | ● | ● | 12/15 2/8 | 11/15~12/14 1/5~2/7 | | | | | ● | ● | | | 1 | 0 | 1 | 1 | 0 | 0 | 一定の単位修得(見込)者 |
| 東京成徳 | 子ども | 子ども | | 3 | | ● | ● | ● | ● | ● | 10/9 | 9/20~10/3 | | | | | ● | ● | | | 0 | 0 | 7 | 5 | 1 | 1 | |
| | 応用心理 | 健康・スポーツ心理 | | 3 | | ● | ● | ● | ● | | 12/11 | 11/14~11/24 | | | | | ● | ● | | | 0 | 0 | 1 | 1 | 0 | 0 | |
| | 経営 | 経営 | | 3 | | ● | ● | ● | ● | | | | | | | | ● | ● | | | 0 | 0 | 1 | 1 | 0 | 0 | |
| 東京造形 | 造形 | デザイン | | 3 | | ● | ● | ● | ● | ● | 11/26 | 9/28~10/4 | | | | | ● | | | 面接は書類審査(ポートフォリオ含む)合格者のみ | 38 | 18 | 41 | 22 | 61 | 22 | |
| | | 美術 | 絵画 | 3 | | ● | ● | ● | ● | ● | | | | | | | ● | | | | 2 | 1 | 4 | 4 | 5 | 3 | |
| | | | 彫刻 | 3 | | ● | ● | ● | ● | ● | | | | | | | ● | | | | | | | | | | |
| 東京電機 | 未来科 | 建築 | | 2 | ● | ● | ● | ● | ● | | 11/12 | 9/22~10/5 | 英 | | ● | | | ● | 数学 ※3年次のみ | 高専・高校専攻科は工業系のみ出願可。履修内容等で編入年次決定 | 0 | 0 | 0 | 0 | 1 | 0 | |
| | | 情報メディア | | 2・3 | ● | ● | ● | ● | ● | | | | 英 | | ※● | | | ● | | | 1 | 0 | 4 | 0 | 4 | 1 | |
| | | ロボット・メカトロニクス | | 2・3 | ● | ● | ● | ● | ● | | | | 英 | | ● | | | ● | | | 1 | 0 | 0 | 0 | 0 | 0 | |
| | 理工 | 理工 | 理学系 | 2・3 | ● | ● | ● | ● | ● | | | | 英 | | | | | ● | 数学 | 高専・高校専攻科は工業系のみ出願可。履修内容等で編入年次決定。大学在学者は、2年次36単位以上、3年次68単位以上。大学在学者2年次編入は前年9月までに1年在学している者のみ | 0 | 0 | 1 | 1 | 1 | 1 | |
| | | | 生命科学系 | 2・3 | ● | ● | ● | ● | ● | | | | 英 | | *● | | | ● | 数学。*は生物科学。数学・生物科学のうち高得点科目で判定 | | 0 | 0 | 0 | 0 | 1 | 1 | |
| | | | 機械工学系 | 2・3 | ● | ● | ● | ● | ● | | | | 英 | | | | | ● | 数学 | | 0 | 0 | 0 | 0 | 0 | 0 | |
| | | | 電子工学系 | 2・3 | ● | ● | ● | ● | ● | | | | 英 | | | | | ● | | | 0 | 0 | 1 | 1 | 1 | 0 | |
| | | | 建築・都市環境学系 | 2・3 | ● | ● | ● | ● | ● | | | | 英 | | | | | ● | | | — | — | — | — | 0 | 0 | |
| | 工(Ⅱ) | 電気電子工 | | 2・3 | ● | ● | ● | ● | ● | | | | 英 | | ※● | | | ● | 数学 ※3年次のみ | 高専・専門士・高校専攻科は工業系のみ出願可。専門士は要資格審査。別途別日程で社会人編入実施で( )は外数履修内容等で編入年次決定 | 0(2) | 0(2) | 3(3) | 1(3) | 0 | 0 | |
| | | 機械工 | | 2・3 | ● | ● | ● | ● | ● | | | | 英 | | ※● | | | ● | | | 0(3) | 0(3) | 2(1) | 0(1) | 0 | 0 | |
| | | 情報通信工 | | 2・3 | ● | ● | ● | ● | ● | | | | 英 | | ※● | | | ● | | | 1(1) | 0(0) | 1(1) | 0(1) | 1 | 0 | |
| 東京都市 | 理工 | 機械工 | | 2 | ● | ● | ● | ● | ● | | 12/10 | 11/1~11/8 | *英 | | | | | ※● | 数学、物理又は化学 | *英検他条件で免除 ※口頭試問を課す場合あり | 1 | 1 | 3 | 1 | 1 | 0 | 大学在学者は36単位以上。60単位以上認定時に3年次への編入を認める場合がある |
| | | 機械システム工 | | 2 | ● | ● | ● | ● | ● | | | | *英 | | | | | ※● | | | 3 | 1 | 3 | 1 | 1 | 0 | |
| | | 原子力安全工 | | 2 | ● | ● | ● | ● | ● | | | | *英 | | | | | ※● | | | 1 | 0 | 1 | 1 | 0 | 0 | |
| | | 医用工 | | 2 | ● | ● | ● | ● | ● | | | | *英 | | | | | ※● | | | 0 | 0 | 1 | 0 | 2 | 0 | |
| | | 電気電子通信工 | | 2 | ● | ● | ● | ● | ● | | | | *英 | | | | | ※● | | | 1 | 0 | 1 | 1 | 2 | 0 | |
| | | 応用化 | | 2 | ● | ● | ● | ● | ● | | | | *英 | | | | | ※● | | | 0 | 0 | 2 | 0 | 0 | 0 | |
| | | 自然科 | | 2 | ● | ● | ● | ● | ● | | | | *英 | | | | | ※● | | | 0 | 0 | 0 | 0 | 0 | 0 | |
| | 建築都市デザイン | 建築 | | 2 | ● | ● | ● | ● | ● | | | | *英 | | | | | ※● | 数学、物理又はスケッチ | | 5 | 0 | 1 | 0 | 2 | 1 | |
| | | 都市工 | | 2 | ● | ● | ● | ● | ● | | | | *英 | | | | | ※● | 数学、物理又は化学 | | 0 | 0 | 1 | 0 | 0 | 0 | |
| | 情報工 | 情報科 | | 2 | ● | ● | ● | ● | ● | | | | *英 | | | | | ※● | | | 2 | 0 | 1 | 0 | 4 | 3 | |
| | | 知能情報工 | | 2 | ● | ● | ● | ● | ● | | | | *英 | | | | | ※● | | | 2 | 0 | 1 | 0 | 1 | 0 | |
| | 環境 | 環境創生 | | 2 | ● | ● | ● | ● | ● | | | | *英 | | | ● | | ※● | | 大学在学者は32単位以上。70単位以上認定時に3年次への編入を認める場合がある | 0 | 0 | 1 | 0 | 2 | 1 | |
| | | 環境経営システム | | 2 | ● | ● | ● | ● | ● | | | | *英 | | | ● | | ※● | | | 0 | 0 | 0 | 0 | 2 | 2 | |
| | メディア情報 | 社会メディア | | 2 | ● | ● | ● | ● | ● | | | | *英 | | | | | ※● | | | 1 | 0 | 2 | 0 | 0 | 0 | |
| | | 情報システム | | 2 | ● | ● | ● | ● | ● | | | | *英 | | | | | ※● | | | 2 | 1 | 0 | 0 | 3 | 1 | |
| | 人間科 | 児童 | | 2 | ● | ● | ● | ● | ● | | | | *英 | | | | | | | | | | | | 0 | 0 | |
| | 都市生活 | 都市生活 | | 2 | ● | ● | ● | ● | ● | | | | *英 | | | | ● | ※● | | 大学在学者は32単位以上。60単位以上認定時に3年次への編入を認める場合がある | 4 | 1 | 3 | 0 | 1 | 0 | |
| 東京農業 | 農 | 農 | | 2 | ● | ● | | | | | 12/3 | 11/7~11/15 | 英 | | | | ● | | 生物 | 大学在学者30単位以上 | 1 | 0 | 0 | 0 | 0 | 0 | |
| | | 動物科 | | 2 | ● | ● | | | | | | | 英 | | | ● | ● | | 生物 | | 0 | 0 | 1 | 1 | 0 | 0 | |
| | | 生物資源開発 | | 2 | ● | ● | | | | | | | 英 | | | | ● | | 生物 | | 0 | 0 | 0 | 0 | 0 | 0 | |
| | | デザイン農 | | 2 | ● | ● | | | | | | | 英 | | | | ● | | | | 0 | 0 | 0 | 0 | 0 | 0 | |

| 大学名 | 学部 | 学科 | 専攻・コース | 編入年次 | 大1 | 大2 | 学士 | 短大 | 高専 | 専門 | 試験日 | 出願期間 | 外国語筆記 | 外部試験 | 専門科目 | 小論文 | 面接 | 口頭試問 | 専門科目以外の科目 | その他の注意事項 | R3志願者 | R3合格者 | R4志願者 | R4合格者 | R5志願者 | R5合格者 | 備考 |
|---|---|---|---|---|---|---|---|---|---|---|---|---|---|---|---|---|---|---|---|---|---|---|---|---|---|---|---|
| | 応用生物科 | 農芸化 | | 2 | ● | ● | | | | | | | 英 | | | | ● | | 生物・化学 | | 0 | 0 | 1 | 0 | 0 | 0 | 特に記載がない場合は、大学在学生3年次は62単位以上、2年次は31単位以上取得見込み |
| | | 醸造科 | | 2 | ● | ● | | | | | | | 英 | | | | ● | | 生物・化学 | | 2 | 0 | 0 | 0 | 0 | 0 | |
| | | 食品安全健康 | | 2 | ● | ● | | | | | | | 英 | | | | ● | | 生物・化学 | | 0 | 0 | 1 | 1 | 0 | 0 | |
| | | 栄養科 | | 2 | ● | ● | | | | | | | 英 | | | | ● | | 生物・化学 | | 1 | 0 | 3 | 0 | 0 | 0 | |
| | 生命科 | 分子生命化 | | 2 | ● | ● | | | | | | | 英 | | | | ● | | 化学 | | 1 | 1 | 0 | 0 | 0 | 0 | |
| | | バイオサイエンス | | 2 | ● | ● | | | | | | | 英 | | | | ● | | 生物・化学 | | 0 | 0 | 0 | 0 | 1 | 1 | |
| | | 分子微生物 | | 2 | ● | ● | | | | | | | 英 | | | | ● | | 生物・化学 | | 0 | 0 | 0 | 0 | 0 | 0 | |
| | 地域環境科 | 森林総合科 | | 2 | ● | ● | | | | | | | | | | ● | ● | | | | 0 | 0 | 0 | 0 | 1 | 1 | |
| | | 生産環境工 | | 2 | ● | ● | | | | | | | | | | ※● | ● | | ※専門 | | 0 | 0 | 0 | 0 | 1 | 1 | |
| | | 造園科 | | 2 | ● | ● | | | | | | | | | | ※● | ● | | ※専門 | | 1 | 0 | 0 | 0 | 1 | 1 | |
| | | 地域創成科 | | 2 | ● | ● | | | | | | | | | | ※● | ● | | ※専門 | | 1 | 0 | 1 | 1 | 1 | 1 | |
| | 国際食料情報 | 国際農業開発 | | 2 | ● | ● | | | | | | | | | | ● | ● | | | | 0 | 0 | 0 | 0 | 1 | 0 | |
| | | 食料環境経済 | | 2 | ● | ● | | | | | | | | | | ※● | ● | | ※専門 | | 1 | 1 | 1 | 1 | 4 | 4 | |
| | | 国際バイオビジネス | | 2 | ● | ● | | | | | | | | | | ※● | ● | | ※専門 | | 1 | 1 | 1 | 0 | 2 | 1 | |
| | | 国際食農科 | | 2 | ● | ● | | | | | | | | | | ● | ● | | 生・化・農業経営 | | 0 | 0 | 0 | 0 | 0 | 0 | |
| | 生物産業 | 北方圏農 | | 2 | ● | ● | | | | | | | | | | ● | ● | | 生・化から1 | | 0 | 0 | 0 | 0 | 0 | 0 | |
| | | 海洋水産 | | 2 | ● | ● | | | | | | | | | | ● | ● | | 生・化から1 | | 1 | 0 | 0 | 0 | 0 | 0 | |
| | | 食香粧化 | | 2 | ● | ● | | | | | | | | | | ● | ● | | 生・化から1 | | 1 | 1 | 0 | 0 | 0 | 0 | |
| | | 自然資源経営 | | 2 | ● | ● | | | | | | | | | | ※● | ● | | ※専門 | | 0 | 0 | 0 | 0 | 0 | 0 | |
| | 農 | 農 | | 2 | | | | ● | ● | ● | | | 英 | | | | ● | | 生物 | | 0 | 0 | 2(0) | 1(0) | 0(0) | 0(0) | 応用生物学部栄養科学科は要栄養士資格。学士編入は( )外数 |
| | | 動物科 | | 2 | | | | ● | ● | ● | | | 英 | | | | ● | | 生物 | | 0 | 0 | 0(0) | 0(0) | 0(0) | 0(0) | |
| | | 生物資源開発 | | 2 | | | | ● | ● | ● | | | 英 | | | ● | ● | | 生物 | | | | 2(1) | 0(1) | 1(0) | 0(0) | |
| | | デザイン農 | | 2 | | | | ● | ● | ● | | | 英 | | | ● | ● | | | | | | 0(1) | 0(1) | 0(1) | 0(0) | |
| | 応用生物科 | 醸造科 | | 2 | | | | ● | ● | ● | | | 英 | | | | ● | | 生物・化学 | | 1 | 0 | 3(0) | 1(0) | 0(0) | 0(0) | |
| | | 農芸化 | | 2 | | | | ● | ● | ● | | | 英 | | | | ● | | 生物・化学 | | 1 | 0 | 2(0) | 0(0) | 0(0) | 0(0) | |
| | | 食品安全健康 | | 2 | | | | ● | ● | ● | | | 英 | | | | ● | | 生物・化学 | | 1 | 0 | 0(0) | 0(0) | 0(0) | 0(0) | |
| | | 栄養科 | | 2 | | | | ● | ● | ● | | | 英 | | | | ● | | 生物・化学 | | 0 | 0 | 0(0) | 0(0) | 2(0) | 0(0) | |
| | 生命科 | 分子生命化学 | | 2 | | | | ● | ● | ● | | | 英 | | | | ● | | 化学 | | 1 | 0 | 2(0) | 0(0) | 2(0) | 2(0) | |
| | | バイオサイエンス | | 2 | | | | ● | ● | ● | | | 英 | | | | ● | | 生物・化学 | | 0 | 0 | 1(0) | 1(0) | 0(0) | 0(0) | |
| | | 分子微生物 | | 2 | | | | ● | ● | ● | | | 英 | | | | ● | | 生物・化学 | | 0 | 0 | 0(0) | 0(0) | 0(0) | 0(0) | |
| | 地域環境科 | 森林総合科 | | 2 | | | | ● | ● | ● | | | | | | ● | ● | | 学士以外は小テスト(英・生) | | 2 | 1 | 2(1) | 2(1) | 1(1) | 0(1) | |
| | | 生産環境工 | | 2 | | | | ● | ● | ● | | | | | | ※● | ● | | ※専門 | | 0 | 0 | 0(0) | 0(0) | 0(1) | 0(1) | |
| | | 造園科 | | 2 | | | | ● | ● | ● | | | | | | ※● | ● | | ※学士の小論文は専門 | | 2 | 1 | 5(0) | 3(0) | 3(0) | 2(0) | |
| | | 地域創成科 | | 2 | | | | ● | ● | ● | | | | | | ※● | ● | | ※専門 | | 4 | 2 | 0(0) | 0(0) | 0(1) | 0(1) | |

| 大学名 | 学部 | 学科 | 専攻・コース | 編入年次 | 大1 | 大2 | 学士 | 短大 | 高専 | 専門 | 試験日 | 出願期間 | 外国語筆記 | 外部試験 | 専門科目 | 小論文 | 面接 | 口頭試問 | 専門科目以外の科目 | その他の注意事項 | R3志願者 | R3合格者 | R4志願者 | R4合格者 | R5志願者 | R5合格者 | 備考（特に記載がない場合は、大学在学生3年次は62単位以上、2年次は31単位以上取得見込み） |
|---|---|---|---|---|---|---|---|---|---|---|---|---|---|---|---|---|---|---|---|---|---|---|---|---|---|---|---|
| | 国際食料情報 | 国際農業開発 | | 2 | | | ● | ● | ● | ● | | | 英 | | | ※● | ● | | ※学士の小論文は専門 | | 1 | 1 | 0(0) | 0(0) | 3(0) | 1(0) | |
| | | 食料環境経済 | | 2 | | | ● | ● | ● | ● | | | 英 | | | ※● | ● | | ※専門 | | 1 | 0 | 1(0) | 0(0) | 1(0) | 1(0) | |
| | | 国際バイオビジネス | | 2 | | | ● | ● | ● | ● | | | 英 | | | ※● | ● | | ※専門 | | 2 | 0 | 2(0) | 0(0) | 2(0) | 1(0) | |
| | | 国際食農科 | | 2 | | | ● | ● | ● | ● | | | | | | | ● | ● | 生・化・農業経営 | | 0 | 0 | 0(0) | 0(0) | 0(0) | 0(0) | |
| | 生物産業 | 北方圏農 | | 2 | | | ● | ● | ● | ● | | | | | | | ● | ● | 生物 | | 0 | 0 | 0(0) | 0(0) | 0(0) | 0(0) | |
| | | 海洋水産 | | 2 | | | ● | ● | ● | ● | | | | | | | ● | ● | | | 0 | 0 | 0(0) | 0(0) | 0(0) | 0(0) | |
| | | 食香粧化 | | 2 | | | ● | ● | ● | ● | | | | | | | ● | ● | 生、化から1 | | 0 | 0 | 1(0) | 1(0) | 0(0) | 0(0) | |
| | | 自然資源経営 | | 2 | | | ● | ● | ● | ● | | | | | | | ● | ● | | | 0 | 0 | 2(0) | 1(0) | 0(0) | 1(0) | |
| 東京福祉 | 社会福祉 | 社会福祉 | 社会福祉 | 3・4 | | ● | ● | *● | ● | *● | 10/8 11/5 12/3 1/21 2/18 3/11 3/22 3/30 | 9/20~9/28 10/17~10/26 11/14~11/22 12/19~1/11 1/30~2/8 2/20~3/1 3/6~3/15 3/13~3/23 | | | | ● | ● | | 小論文は事前提出 | 7 | 7 | 115 | 108 | 145 | 133 | 別途指定校・学校推薦・社会人編入・留学生入実施で合格状況は計。合格者数に第二志望合格者含む。経営福祉コースは4年次も可で別途出願要件あり |
| | | | 精神保健福祉 | 3 | | ● | ● | ● | | ● | | | | | | ● | ● | | | 0 | 0 | | | | | |
| | | | 心理福祉 | 3 | | ● | ● | ● | | ● | | | | | | ● | ● | | | 0 | 0 | | | | | |
| | | | 経営福祉 | 3・4 | | ● | ● | ● | | ● | | | | | | ● | ● | | | 0 | 0 | | | | | |
| | 保育児童 | 保育児童 | | 3 | | ● | ● | ● | | ● | | | | | | ● | ● | | | 2 | 2 | 6 | 6 | 14 | 13 | 別途指定校・学校推薦・社会人編入・留学生編入実施で合格状況は計。合格者数に第二志望合格者含む。4年次は出願資格に具体的規定あり。*印は4年次は3年制 |
| | | | | 4 | | | ● | *● | | *● | | | | | | ● | ● | | | 6 | 6 | 0 | 0 | 0 | 0 | |
| | 心理 | 心理 | | 3 | | ● | ● | ● | | ● | | | | | | ● | ● | | | 5 | 5 | 28 | 26 | 40 | 37 | 別途指定校・学校推薦・社会人編入・留学生入実施で合格状況は計 |
| | 教育 | 教育 | | 3 | | ● | ● | ● | | ● | | | | | | ● | ● | | | 7 | 7 | 24 | 22 | 24 | 22 | |
| 東京富士 | 経営 | 経営 | | 3 | | ● | ● | ● | ● | ● | 12/17 2/17 | 12/5~12/9 2/6~2/10 | | | | ● | ● | | | △ | △ | 12 | 3 | 21 | 10 | 過去の学修状況により2年次になる場合がある |
| | | | イベントプロデュース | 3 | | ● | ● | ● | ● | ● | | | | | | ● | ● | | | △ | △ | 3 | 2 | 3 | 3 | |
| 東京未来 | モチベーション行動科 | モチベーション行動科 | | 2・3 | *● | ● | ● | ● | ● | ● | 1/28 2/15 | 12/19~1/20 1/25~2/8 | | | | ● | ● | | | 0 | 0 | 1 | 1 | 2 | 0 | *修了(見込)者 |
| 東京薬科 | 生命科 | 分子生命科 | | 3 | | *● | ● | | | | 11/26 | 11/1~11/16 | 英 | | | | | ● | | | 1 | 1 | 0 | 0 | 0 | 0 | 自然科学関連出身者のみ。*修了(見込)者。要学校長等の推薦書・自己推薦書 |
| | | 応用生命科 | | 3 | | *● | ● | | ● | | | | 英 | | | | | ● | | | 2 | 2 | 0 | 0 | 0 | 0 | |
| | | 生命医科 | | 3 | | *● | ● | | | | | | 英 | | | | | ● | | | 0 | 0 | 1 | 1 | 0 | 0 | |
| 東京理科 | 工 | 工業化 | | 2・3 | | ● | ● | ● | ● | *● | 2/25 | 1/10~1/19 | 英 | | | | ● | | 数学・化学 | | 0 | 0 | 0 | 0 | 3 | 0 | 単位修得状況で年次決定。建築学科夜間主は社会人のみ |
| | | 電気工 | | 2・3 | | ● | ● | ● | ● | ● | | | 英 | | | | ● | | 数学・物理 | | 0 | 0 | 2 | 0 | 1 | 1 | |
| | | 情報工 | | 2・3 | | ● | ● | ● | ● | ● | | | 英 | | | | ● | | | | 3 | 0 | 3 | 1 | 5 | 0 | |
| | | 機械工 | | 2・3 | | ● | ● | ● | ● | ● | | | 英 | | | | ● | | | | 1 | 0 | 1 | 1 | 2 | 1 | |
| | | 建築 | | 2・3 | | ● | ● | ● | ● | ● | | | 英 | | | | ● | | | | 3 | 0 | 2 | 0 | 1 | 0 | |
| | 工(夜間主) | 建築 | | 2 | | ● | ● | ● | ● | ● | 2/11 | | | | | | ● | | | | 32 | 28 | 33 | 28 | 17 | 17 | |
| | 理(Ⅱ) | 数 | | 2・3 | | ● | ● | ● | ● | ● | 3/4 | 2/17~2/24 | | | | | ● | | | | 13(6) | 13(6) | 18(1) | 16(1) | 14(7) | 10(6) | 単位修得状況で年次決定。別途理学部II部で推薦編入、社編実施。推薦は内数、社編は()外数 |
| | | 物理 | | 2・3 | | ● | ● | ● | ● | ● | | | | | | | ● | | | | 9(4) | 8(4) | 17(3) | 16(3) | 9(8) | 8(8) | |
| | | 化 | | 2・3 | | ● | ● | ● | ● | ● | | | | | | | ● | | | | 6(9) | 3(8) | 16(4) | 12(2) | 2(4) | 2(3) | |
| 東邦 | 薬 | 薬 | | 2 | | ● | ● | ● | ● | ● | 10/15 | 9/21~9/30 | 英 | | | ● | ● | | 数学・化学 | | 3 | 3 | 3 | 2 | 1 | 0 | 修得単位に条件あり |
| 桐朋学園 | 音楽 | 音楽 | | 3 | | *● | ● | | | | 2/9~2/13 | 1/5~1/17 | | | | | | ● | 一般学科(国語・英語)、実技 | | 3 | 3 | 2 | 2 | 6 | 6 | *修了(見込)者。音楽学部(科)出身者で2年次相当分の必修単位修得者 |

| 大学名 | 学部 | 学科 | 専攻・コース | 編入年次 | 大1 | 大2 | 学士 | 短大 | 高専 | 専門 | 試験日 | 出願期間 | 外国語筆記 | 外部試験 | 専門科目 | 小論文 | 面接 | 口頭試問 | 専門科目以外の科目 | その他の注意事項 | R3志願者 | R3合格者 | R4志願者 | R4合格者 | R5志願者 | R5合格者 | 備考（特に記載がない場合は、大学在学生3年次は62単位以上、2年次は31単位以上取得見込み） |
|---|---|---|---|---|---|---|---|---|---|---|---|---|---|---|---|---|---|---|---|---|---|---|---|---|---|---|---|
| 東洋 | 文 | 哲 | | 2・3 | ● | ● | ● | ● | ● | | 11/20 | 10/11~10/13 | 選 | ● | | | | ● | 選:独又は仏 | TOEICで具体的基準あり | 1 | 0 | 0 | 0 | 0 | 0 | 別途Ⅱ部で社会人編入実施で( )外数 |
| | | 東洋思想文化 | | 2・3 | ● | ● | ● | ● | ● | | | | | ● | | ● | ● | | | | 2 | 2 | 0 | 0 | 0 | 0 | |
| | | 日本文学文化 | | 2・3 | ● | ● | ● | ● | ● | | | | | ● | | ● | ● | | | | 4 | 0 | 0 | 0 | 0 | 0 | |
| | | 英米文 | | 2・3 | ● | ● | ● | ● | ● | | | | | ● | | | ● | | | | 7 | 0 | 0 | 0 | 8 | 4 | |
| | | 史 | | 2・3 | ● | ● | ● | ● | ● | | | | | ● | | | ● | | 日本史・東洋史・西洋史から1 | | 1 | 1 | 2 | 1 | 1 | 1 | |
| | | 教育 | 人間発達 | 2・3 | ● | ● | ● | ● | ● | | | | | ● | | ● | ● | | | | 2 | 0 | 1 | 0 | 0 | 0 | |
| | | 国際文化コミュニケーション | | 2・3 | ● | ● | ● | ● | ● | | | | | ● | | ● | ● | | | | 11 | 3 | 5 | 0 | 6 | 1 | |
| | 文(Ⅱ) | 教育 | | 2・3 | ● | ● | ● | ● | | | | | | ● | | ● | ● | | | | 0(1) | 0(1) | 1(1) | 0(1) | 0(1) | 0(1) | |
| | | 東洋思想文化 | | 2・3 | ● | ● | ● | ● | | | | | | ● | | ● | ● | | | | 0(0) | 0(0) | 0(0) | 0(0) | 1(1) | 0(0) | |
| | | 日本文学文化 | | 2・3 | ● | ● | ● | ● | | | | | | ● | | ● | ● | | | | 1(2) | 0(0) | 0(0) | 0(0) | 1(0) | 0(0) | |
| | 経済 | 経済 | | 2・3 | ● | ● | ● | ● | | | | | ● | ● | | | ● | | | | 9 | 1 | 7 | 0 | 6 | 1 | |
| | | 国際経済 | | 2・3 | ● | ● | ● | ● | | | | | ● | ● | | | ● | | | | 0 | 0 | 2 | 1 | 1 | 0 | |
| | | 総合政策 | | 2・3 | ● | ● | ● | ● | | | | | ● | ● | | | ● | | | | 1 | 0 | 2 | 0 | 1 | 0 | |
| | 経済(Ⅱ) | 経済 | | 2・3 | ● | ● | ● | ● | | | | | ● | ● | | | ● | | | | 1(0) | 0(0) | 0 | 0 | 2 | 1 | |
| | 経営(Ⅱ) | 経営 | | 2・3 | ● | ● | ● | ● | | | | | ● | | | | ● | | | | -(2) | -(2) | -(2) | -(2) | -(1) | -(1) | |
| | 法 | 法律 | | 2・3 | ● | ● | ● | ● | | | | | ● | | | ● | ● | | | | 8 | 2 | 4 | 1 | 2 | 0 | |
| | | 企業法 | | 2・3 | ● | ● | ● | ● | | | | | ● | | | ● | ● | | | | 2 | 0 | 2 | 0 | 1 | 0 | |
| | 法(Ⅱ) | 法律 | | 2・3 | ● | ● | ● | ● | | | | | ● | | | ● | ● | | | | 0(0) | 0(0) | 1(1) | 1(1) | 0(0) | 0(0) | |
| | 社会 | 社会 | | 2・3 | ● | ● | ● | ● | | *● | | | ● | | | ● | ● | | | | 12 | 4 | 11 | 1 | 8 | 1 | 別途Ⅱ部で社会人編入実施で( )外数 *看護師・作業療法士・理学療法士・介護福祉士・社会福祉士・保育士のいずれかの資格あるいは受験資格取得者のみ |
| | | メディアコミュニケーション | | 2・3 | ● | ● | ● | ● | | *● | | | ● | | | ● | ● | | | | 6 | 2 | 12 | 2 | 4 | 0 | |
| | | 社会心理 | | 2・3 | ● | ● | ● | ● | | *● | | | ● | | | ● | ● | | | | 5 | 2 | 2 | 2 | 2 | 0 | |
| | 社会(Ⅱ) | 社会 | | 2・3 | ● | ● | ● | ● | | *● | | | | | | ● | ● | | | | 7(2) | 1(1) | 0(1) | 0(1) | 1(1) | 1(0) | |
| | 国際 | | | 2 | ● | ● | ● | ● | ● | | | | | ● | | ● | ● | | 小論文は英語 | | — | — | — | — | 1 | 1 | |
| | 情報連携 | 情報連携 | | 2・3 | ● | ● | ● | ● | ● | | | | | | | | ● | | 事前適性検査 | | 2 | 1 | 0 | 0 | 0(0) | 0(0) | 出願前要相談。別途社会人編入実施で()外数 |
| | 理工 | 機械工 | | 2 | ● | ● | ● | ● | | | | | | ● | | ● | ● | 総合問題(数・「物又は化」) | TOEICで具体的基準あり | 0 | 0 | 0 | 0 | 0 | 0 | |
| | | 生体医工 | | 2 | ● | ● | ● | ● | | | | | | ● | | ● | ● | | | 0 | 0 | 0 | 0 | 0 | 0 | |
| | | 電気電子情報工 | | 2 | ● | ● | ● | ● | | | | | | ● | | ● | ● | | | 0 | 0 | 0 | 0 | 0 | 0 | |
| | | 応用化 | | 2 | ● | ● | ● | ● | | | | | | ● | | ● | ● | | | 0 | 0 | 0 | 0 | 0 | 0 | |
| | | 都市環境デザイン | | 2 | ● | ● | ● | ● | | | | | | ● | | ● | ● | | | 0 | 0 | 0 | 0 | 0 | 0 | |
| | | 建築 | | 2 | ● | ● | ● | | ● | | | | | ● | | ● | ● | | | 0 | 0 | 0 | 0 | 1 | 0 | |
| | 総合情報 | 総合情報 | | 2 | ● | ● | ● | ● | | | | | | ● | | ● | ● | | | 0 | 0 | 2 | 2 | 2 | 2 | |
| | 生命科 | 応用生物科 | | 2 | ● | ● | ● | ● | | | | | | ● | | ● | ※● | | TOEICで基準あり ※生、化 | 2 | 0 | 0 | 0 | 0 | 0 | |
| | 食環境科 | 食環境科 | フードサイエンス | 2 | ● | ● | ● | | | | | | | ● | | ● | | | TOEICで具体的基準あり | | 0 | 0 | 0 | 0 | 0 | |
| | | | スポーツ・食品機能 | 2 | ● | ● | ● | | | | | | | ● | | ● | | | | | 0 | 0 | 0 | 0 | 0 | |
| 東洋学園 | グローバルコミュニケーション | グローバルコミュニケーション | | 3 | | ● | ● | ● | ● | | 12/3 2/18 3/8 | 11/21~11/27 2/7~2/12 2/27~3/3 | | | | | ● | ● | | | 8(4) | 5(3) | 12 | 10 | 7(0) | 5(0) | ( )は指定校で外数 |
| | | 英語コミュニケーション | | 3 | | ● | ● | ● | ● | | | | | | | | ● | ● | | | 8(0) | 6(0) | 6 | 5 | 4(4) | 4(4) | |
| | 現代経営 | 現代経営 | | 3 | | ● | ● | ● | ● | | | | | | | | ● | ● | | | 7(5) | 5(5) | 12 | 4 | 5(1) | 3(1) | |
| | 人間科 | 人間科 | | 3 | | ● | ● | ● | ● | | | | | | | | ● | ● | | | 4(3) | 0(3) | 4 | 4 | 3(2) | 3(2) | |
| 二松学舎 | 文 | 国文 | | 3 | | ● | ● | ● | ● | | 10/8 | 9/15~9/26 | | | | | | ● | | | 5 | 5 | 8 | 7 | 3 | 3 | 別途指定校推薦実施 |
| | | 中国文 | | 3 | | ● | ● | ● | ● | | | | | | | ● | | ● | | | 1 | 1 | 3 | 2 | 2 | 1 | |
| | 国際政治経済 | 国際政治経済 | | 3 | | ● | ● | ● | ● | | 12/11 | 11/14~11/28 | | | | | ● | ● | | | 7 | 4 | 12 | 9 | 15 | 9 | |

| 大学名 | 学部 | 学科 | 専攻・コース | 編入年次 | 大1 | 大2 | 学士 | 短大 | 高専 | 専門 | 試験日 | 出願期間 | 外国語筆記 | 外部試験 | 専門科目 | 小論文 | 面接 | 口頭試問 | 専門科目以外の科目 | その他の注意事項 | R3志願者 | R3合格者 | R4志願者 | R4合格者 | R5志願者 | R5合格者 | 備考 |
|---|---|---|---|---|---|---|---|---|---|---|---|---|---|---|---|---|---|---|---|---|---|---|---|---|---|---|---|
| 日本 | 法（Ⅰ） | 法律 | | 2・3 | ● | ● | ● | ● | ● | ● | 10/23 | 10/3~10/11 | *英 | | ● | | | ● | | *TOEICほか基準以上で英語免除。 | 23 | 16 | 7 | 2 | 22 | 6 | 大学在学者2年次36単位以上、3年次62単位以上。3年次は要事前審査。専門士は2年次のみ。法（Ⅰ）部法律学科法曹コースは募集なし。Ⅱ部で社会人編入実施 |
| | | 政治経済 | | 2・3 | ● | ● | ● | ● | ● | ● | | | *英 | | ● | | ● | | 専門は政治学又は経済学 | | 5 | 4 | 0 | 0 | 4 | 2 | |
| | | 新聞 | | 2・3 | ● | ● | ● | ● | ● | ● | | | *英 | | ● | | | | | | 6 | 4 | 0 | 0 | 4 | 3 | |
| | | 経営法 | | 2・3 | ● | ● | ● | ● | ● | ● | | | *英 | | ● | | ● | | 専門は法学又は経営学 | | 5 | 4 | 0 | 0 | 3 | 1 | |
| | | 公共政策 | | 2・3 | ● | ● | ● | ● | ● | ● | | | *英 | | ● | | | | 専門は政治学・経済学・行政学から1 | | 4 | 4 | 0 | 0 | 7 | 3 | |
| | 法（Ⅱ） | 法律 | | 3 | ● | ● | ● | ● | ● | ● | | | *英 | | ● | | ● | | | 左記は3年次で2年次は専門に代え社会・人文に関する小論文 | 2 | 2 | 1 | 1 | 1 | 1 | |
| | 文理 | 哲 | | 2・3 | ● | ● | ● | ● | ● | ● | 11/22 | 10/17~10/28 | 選 | ※● | | | | ● | ※哲・倫理・美学・宗教から1 | 選：英・独・中から1 | 1 | 1 | 0 | 0 | 3 | 3 | 大学在学者2年次34単位以上、3年次62単位以上。3年全員、2年次地球科、化学科志望者要事前資格審査。（ ）は内編で外数 |
| | | 史 | | 2・3 | ● | ● | ● | ● | ● | ● | | | 選 | | | | | ● | | | 3 | 0 | 1 | 1 | 3 | 2 | |
| | | 国文 | | 2・3 | ● | ● | ● | ● | ● | ● | | | 選 | | | | | ● | | | 2(1) | 1(1) | 1 | 1 | 2 | 1 | |
| | | 中国語中国文化 | | 2・3 | ● | ● | ● | ● | ● | ● | | | 中 | | ● | | | ● | | | 2 | 1 | 5 | 3 | 2 | 2 | |
| | | 英文 | | 2・3 | ● | ● | ● | ● | ● | ● | | | 英 | | ● | | | ● | | | 6 | 3 | 9 | 9 | 8 | 5 | |
| | | ドイツ文 | | 2・3 | ● | ● | ● | ● | ● | ● | | | 選 | | ● | | | ● | | | 0 | 0 | 0 | 0 | 1 | 0 | |
| | | 社会 | | 2 | ● | ● | ● | ● | ● | ● | | | 選 | | ● | | | ● | | | 16 | 3 | 13 | 5 | 4 | 3 | |
| | | 社会福祉 | | 2 | ● | ● | ● | ● | ● | ● | | | 選 | | ● | | | ● | | | 2 | 1 | 4 | 2 | 2 | 0 | |
| | | 体育 | | 2 | ● | ● | ● | ● | ● | ● | | | 選 | | ● | | | ● | | | 2 | 1 | 4 | 3 | 4 | 3 | |
| | | 地球科 | | 2 | ● | ● | ● | ● | ● | ● | | | 英 | | ● | | | ● | | | 0 | 0 | 0 | 0 | — | — | |
| | | 教育 | | 2・3 | ● | ● | ● | ● | ● | ● | | | 選 | | ● | | | ● | | | 5 | 1 | 2 | 1 | 3 | 0 | |
| | | 心理 | | 2・3 | ● | ● | ● | ● | ● | ● | | | 選 | ※● | | | | ● | ※英語による出題含む | | 2 | 0 | 6 | 1 | 3 | 1 | |
| | | 地理 | | 2・3 | ● | ● | ● | ● | ● | ● | | | 英 | | ● | | | ● | | | 5 | 1 | 2 | 1 | 1 | 0 | |
| | | 数 | | 2・3 | ● | ● | ● | ● | ● | ● | | | 英 | | ● | | | ● | | | 1 | 1 | 1 | 1 | 1 | 0 | |
| | | 情報科 | | 2・3 | ● | ● | ● | ● | ● | ● | | | 英 | | ● | | | ● | 数学・プログラミング | | 0 | 0 | 2 | 0 | 2 | 1 | |
| | | 物理 | | 2・3 | ● | ● | ● | ● | ● | ● | | | 英 | | | | | ● | 数学 | | 0 | 0 | 0 | 0 | 1 | 0 | |
| | | 生命科 | | 2・3 | ● | ● | ● | ● | ● | ● | | | 英 | | | | | ● | 生物 | | 1 | 1 | 1 | 0 | 1 | 0 | |
| | | 化 | | 2・3 | ● | ● | ● | ● | ● | ● | | | 英 | | ● | | | ● | | | 2 | 1 | 2 | 2 | 2 | 1 | |
| | 経済 | 経済 | | 2・3 | ● | ● | ● | ● | ● | *● | 10/23 3/4 | 10/1~10/7 2/1~2/6 | 英 | | ● | ● | ● | | | 経済学検定試験Bランク以上は論文免除 | 89 | 58 | 126 | 77 | 77 | 55 | 国際コース除く。大学在学者2年次30単位以上、3年次62単位以上。*は2年次のみ。3年次は事前審査あり |
| | | 産業経営 | | 2・3 | ● | ● | ● | ● | ● | *● | | | 英 | | ● | ● | ● | | | | 71 | 37 | 64 | 44 | 53 | 32 | |
| | | 金融公共経済 | | 2・3 | ● | ● | ● | ● | ● | *● | | | 英 | | ● | ● | ● | | | | 12 | 8 | 16 | 16 | 12 | 6 | |
| | 商 | 商業 | | 2・3 | ● | ● | ● | ● | *● | *● | 12/10 3/6 | 11/24~12/1 2/21~2/28 | | ● | | ● | ● | | | TOEIC等 | 15 | 12 | 23 | 19 | 13 | 8 | 大学在学者2年次30単位以上、3年次57単位以上。*印は2年次のみ。3年次は商学・経営学・経済学系出身者 |
| | | 経営 | | 2・3 | ● | ● | ● | ● | *● | *● | | | | ● | | ● | ● | | | | 9 | 6 | 14 | 7 | 8 | 6 | |
| | | 会計 | | 2・3 | ● | ● | ● | ● | *● | *● | | | | ● | | ● | ● | | | | 2 | 2 | 4 | 2 | 4 | 4 | |
| | 芸術 | 写真 | | 2 | ● | ● | ● | ● | ● | | 12/11 | 11/25~12/2 | *英 | | | | ● | | | *専門士のみ英語有り。学科により持参作品あり。 | 6 | 0 | 6 | 0 | 3 | 1 | 年度により実施学年・学科(コース)異なる。大学在学者2年次32単位以上、3年次64単位以上。3年次は同系出身者のみ。デザインは美術・デザイン・建築関係。受験資格欄*印は2年次のみ |
| | | 放送 | | 2 | ● | ● | ● | ● | ● | | | | *英 | | | | ● | | 作文 | | 7 | 2 | 7 | 0 | 7 | 0 | |
| | | 文芸 | | 2 | ● | ● | ● | ● | ● | | | | *英 | | | | ● | | 小論文又は作文 | | 5 | 4 | 10 | 9 | 7 | 5 | |
| | | 映画 | | 2 | ● | ● | ● | ● | ● | | | | *英 | | | | ● | | 小論文又は実技 | | 11 | 2 | 16 | 5 | 20 | 2 | |
| | | 演劇 | | 2 | ● | ● | ● | ● | ● | | | | *英 | | | | ● | | 作文・実技 | | 9 | 2 | 3 | 2 | 7 | 5 | |
| | | 美術 | | 2・3 | ● | ● | ● | ● | *● | *● | | | *英 | | | | ● | | 小論文又は実技 | | 1 | 0 | 5 | 5 | 2 | 1 | |
| | | 音楽 | | | ● | ● | ● | ● | *● | *● | | | *英 | | | | ● | | 2年次：実技・コースにより実技・小論文 3年次：実技又は小論文 | | 5 | 3 | 4 | 2 | 3 | 2 | |
| | | デザイン | | 2・3 | ● | ● | ● | ● | ● | *● | | | *英 | | | | ● | | 実技又は小論 実技 | | 8 | 5 | 5 | 3 | 13 | 4 | |

表頭備考欄：特に記載がない場合は、大学在学生3年次は62単位以上、2年次は31単位以上取得見込。

| 大学名 | 学部 | 学科 | 専攻・コース | 編入年次 | 大1 | 大2 | 学士 | 短大 | 高専 | 専門 | 試験日 | 出願期間 | 外国語筆記 | 外部試験 | 専門科目 | 小論文 | 面接 | 口頭試問 | 専門科目以外の科目 | その他の注意事項 | R3志願者 | R3合格者 | R4志願者 | R4合格者 | R5志願者 | R5合格者 | 備考 |
|---|---|---|---|---|---|---|---|---|---|---|---|---|---|---|---|---|---|---|---|---|---|---|---|---|---|---|---|
| | 国際関係 | 国際教養 | | 2・3 | | ● | ● | ● | ● | ● | 11/19 2/10 | 11/2~11/7 1/17~1/20 | 英 | | | ● | ● | | | | 26(48) | 15(36) | 59 | 55 | 31 | 29 | 大学在学者2年次30単位以上、3年次は事前審査あり。( )は内編で外数 |
| | | 国際総合政策 | | 2・3 | | ● | ● | ● | ● | ● | | | 英 | | | ● | ● | | | | 20(20) | 13(12) | 36 | 38 | 48 | 43 | |
| | 危機管理 | 危機管理 | | 2 | | ● | ● | ● | ● | ● | 3/2 | 2/17~2/20 | 英 | | ● | | | ● | | | 4 | 1 | 5 | 3 | 1 | 0 | 大学在学者30単位以上 |
| | スポーツ科 | 競技スポーツ | | 2・3 | | ● | ● | ● | ● | ● | 3/2 | 2/17~2/20 | 英 | | | ● | | ● | | | 2(1) | 1(1) | 2 | 2 | 1 | 1 | 事前審査あり(任意)。大学在学者2年次30単位以上、3年次60単位以上、( )は外編 |
| | 理工 | 土木工 | | 3 | | ● | ● | ● | ● | ● | 9/11 | 7/18~7/25 | | | ● | | | ● | | 要WEB登録。大学在学者一般は65単位以上。学士は出願資格審査で見込認定単位数52単位未満は2年次。一般は原則3年次で、単位取得認定状況で2年次になることがある。左記選考方法は一般で、学士は小・面(口頭試問含む)で合格状況に含む。( )は内編で外数 | 3(9) | 3(8) | 5(1) | 3(1) | 6 | 5 | |
| | | 交通システム工 | | 3 | | ● | ● | ● | ● | ● | | | | ※● | | | ● | ※数学・物理・時事問題 | | 1(2) | 0(2) | 1(6) | 0(6) | 12 | 12 | |
| | | 建築 | | 3 | | ● | ● | ● | ● | ● | | | | | | | ● | 構造・計画・英語から2 | | 13(36) | 0(27) | 12(26) | 1(24) | 48 | 27 | |
| | | 海洋建築工 | | 3 | | ● | ● | ● | ● | ● | | | | ※● | | | ● | ※構造・計画・時事問題 | | 2(21) | 1(17) | 2(20) | 1(15) | 21 | 21 | |
| | | まちづくり工 | | 3 | | ● | ● | ● | ● | ● | | | | | ● | | ● | 数学・構造 | | 0(17) | 0(12) | 2(14) | 1(11) | 16 | 13 | |
| | | 機械工 | | 3 | | ● | ● | ● | ● | ● | | | | | ● | | ● | | | 5(5) | 2(5) | 5(3) | 5(3) | 5 | 5 | |
| | | 精密機械工 | | 3 | | ● | ● | ● | ● | ● | | | | | ● | | ● | | | 1(5) | 1(1) | 1(3) | 1(2) | 5 | 4 | |
| | | 航空宇宙工 | | 3 | | ● | ● | ● | ● | ● | | | | | ● | | ● | | | 2(3) | 1(3) | 5(3) | 2(3) | 2 | 2 | |
| | | 電気工 | | 3 | | ● | ● | ● | ● | ● | | | | | ● | | ● | | | 2(5) | 2(3) | 4(6) | 1(4) | 10 | 7 | |
| | | 電子工 | | 3 | | ● | ● | ● | ● | ● | | | | | ● | | ● | | | 0(0) | 0(0) | 6(4) | 1(6) | 4 | 4 | |
| | | 応用情報工 | | 3 | | ● | ● | ● | ● | ● | | | | ※● | | | ● | ※数学・ハードウェア・ソフトウェア | | 6(10) | 0(8) | 5(15) | 2(3) | 17 | 11 | |
| | | 物質応用化 | | 3 | | ● | ● | ● | ● | ● | | | | | ● | | ● | | | 0(3) | 0(3) | 1(7) | 0(6) | 2 | 2 | |
| | | 物理 | | 3 | | ● | ● | ● | ● | ● | | | | | ● | | ● | | | 1(4) | 0(3) | 1(4) | 1(3) | 8 | 6 | |
| | | 数 | | 3 | | ● | ● | ● | ● | ● | | | | | ● | | ● | | | 1(8) | 0(8) | 1(5) | 0(5) | 10 | 8 | |
| | 生産工 | 機械工 | | 2・3 | ● | ● | ● | ● | ● | ● | 10/8 | 9/22~9/30 | 英 | | | | | ● | 数学 | 在籍者数の状況により、学科・年次によって実施しない場合があるので、要事前問合せ。日本技術者教育認定機構認定コース・プログラム希望者は要事前問合せ。( )は内編で外数。建築工学科は建築総合コースのみ | 1(7) | 0(5) | 3(3) | 2(2) | 3 | 3 | |
| | | 電気電子工 | | 2・3 | ● | ● | ● | ● | ● | ● | | | 英 | | | | | ● | | | 1(4) | 0(1) | 6(5) | 2(5) | 4 | 3 | |
| | | 土木工 | | 2・3 | ● | ● | ● | ● | ● | ● | | | 英 | | | | | ● | | | 1(1) | 0(0) | 0 | 0 | 1 | 1 | |
| | | 建築工 | | 2・3 | ● | ● | ● | ● | ● | ● | | | 英 | | | | | ● | | | 2(24) | 1(11) | 3(15) | 1(8) | 19 | 13 | |
| | | 応用分子化 | | 2・3 | ● | ● | ● | ● | ● | ● | | | 英 | | | | | ● | | | 0(1) | 0(0) | 1(2) | 1(1) | 0 | 0 | |
| | | マネジメント工 | | 2・3 | ● | ● | ● | ● | ● | ● | | | 英 | | | | | ● | | | 1(1) | 1(0) | 3(2) | 1(2) | 1 | 1 | |
| | | 数理情報工 | | 2・3 | ● | ● | ● | ● | ● | ● | | | 英 | | | | | ● | | | 3(7) | 0(5) | 1(4) | 1(2) | 15 | 7 | |
| | | 環境安全工 | | 2・3 | ● | ● | ● | ● | ● | ● | | | 英 | | | | | ● | | | 0 | 0 | 0 | 0 | 0 | 0 | |
| | | 創生デザイン | | 2・3 | ● | ● | ● | ● | ● | ● | | | 英 | | | | | ● | | | 1(1) | 1(1) | 2(3) | 0(2) | 2 | 1 | |
| | 工 | 土木工 | | 2・3 | ● | ● | ● | ● | ● | ● | 11/18 | 9/26~9/30 | 英 | | | | | ● | 数学 | 大学在学者2年次30単位以上。単位認定状況で編入年次決定。( )は内編で外数 | 0 | 0 | 0 | 0 | 0 | 0 | |
| | | 建築 | | 2・3 | ● | ● | ● | ● | ● | ● | | | 英 | | | | | ● | | | 0(3) | 0(1) | 1(2) | 1(1) | 7 | 5 | |
| | | 機械工 | | 2・3 | ● | ● | ● | ● | ● | ● | | | 英 | | | | | ● | | | 0 | 0 | 1 | 0 | 2 | 1 | |
| | | 電気電子工 | | 2・3 | ● | ● | ● | ● | ● | ● | | | 英 | | | | | ● | | | 2(0) | 1(0) | 2(1) | 1(0) | 0 | 0 | |
| | | 生命応用化 | | 2・3 | ● | ● | ● | ● | ● | ● | | | 英 | | | | | ● | | | 0 | 0 | 0 | 2 | 0 | 0 | |
| | | 情報工 | | 2・3 | ● | ● | ● | ● | ● | ● | | | 英 | | | | | ● | | | 1(1) | 0(1) | 1 | 0 | 4 | 0 | |
| | 薬 | 薬 | | 2 | | *● | ● | ● | ● | | 8/24 | 7/25~8/5 | 英 | | | | | | 基礎化学・基礎生物・数学 | *医療・獣医系。別途指定校推薦実施 | 0 | 0 | 0 | 0 | 1 | 1 | |
| | 歯 | 歯 | | 2 | | ● | ● | ● | ● | | 10/22 | 10/5~10/13 | 英 | | | | ● | ● | 生物学 | 大学在学者34単位以上修得済みの者 | 10 | 2 | 1 | 0 | 4 | 0 | |
| 松戸歯 | 歯 | | | 2 | ● | ● | ● | | | | 11/19 | 11/1~11/11 | | | | | ● | ● | 学力検査(英・数・国) | 大学在学者35単位以上修得済みの者。( )は内編で外数 | 3(1) | 3(1) | 5(3) | 4(3) | 7 | 7 | |

*特に記載がない場合は、大学在学3年次は62単位以上、2年次は31単位以上取得見込み*

| 大学名 | 学部 | 学科 | 専攻・コース | 編入年次 | 大1 | 大2 | 学士 | 短大 | 高専 | 専門 | 試験日 | 出願期間 | 外国語筆記 | 外部試験 | 専門科目 | 小論文 | 面接 | 口頭試問 | 専門科目以外の科目 | その他の注意事項 | R3志願者 | R3合格者 | R4志願者 | R4合格者 | R5志願者 | R5合格者 | 備考 |
|---|---|---|---|---|---|---|---|---|---|---|---|---|---|---|---|---|---|---|---|---|---|---|---|---|---|---|---|
| | 生物資源科 | 生命農 | | 2・3 | | | ● | ● | ● | | 3/5 | 2/18~2/21 | | | | ● | ● | | 物理・化学・生物から1。食品ビジネスと国際地域開発は経済学も選択可 | | — | — | 0 | 0 | 0 | 0 | 要事前相談。編入後の単位認定において30単位以上認定見込の者 |
| | | 生命化 | | 2・3 | | | ● | ● | ● | | | | | | | ● | ● | | | | — | — | 0 | 0 | 0 | 0 | |
| | | 動物資源科 | | 2・3 | | | ● | ● | ● | | | | | | | ● | ● | | | | — | — | 0 | 0 | 0 | 0 | |
| | | 森林資源科 | | 2・3 | | | ● | ● | ● | | | | | | | ● | ● | | | | — | — | 0 | 0 | 0 | 0 | |
| | | 海洋生物資源科 | | 2・3 | | | ● | ● | ● | | | | | | | ● | ● | | | | — | — | 0 | 0 | 1 | 1 | |
| | | 生物環境工食品生命 | | 2・3 | | | ● | ● | ● | | | | | | | ● | ● | | | | — | — | 0 | 0 | 1 | 1 | |
| | | 応用生物科 | | 2・3 | | | ● | ● | ● | | | | | | | ● | ● | | | | — | — | 0 | 0 | 0 | 0 | |
| | | くらしの生物 | | 2・3 | | | ● | ● | ● | | | | | | | ● | ● | | | | — | — | 0 | 0 | 1 | 0 | |
| | | 食品ビジネス | | 2・3 | | | ● | ● | ● | | | | | | | ● | ● | | | | — | — | 0 | 0 | 4 | 4 | |
| | | 国際地域開発 | | 2・3 | | | ● | ● | ● | | | | | | | ● | ● | | | | — | — | 0 | 0 | 0 | 0 | |
| 日本歯科 | 生命歯 | 生命歯 | | 2 | | ● | ● | ● | ● | *● | 11/19 | 11/7~11/16 | 英 | | | | ● | ● | | | 18 | 4 | 11 | 4 | 17 | 12 | 大学在学者64単位以上。*医療技術系 |
| | 新潟生命歯 | 生命歯 | | 2 | | ● | ● | ● | ● | *● | 11/26 3/14 | 11/14~11/24 2/28~3/10 | 英 | | | | ● | ● | | | 9 | 5 | 5 | 2 | 4 | 2 | |
| 日本社会事業 | 社会福祉 | 福祉計画 | | 3 | | ● | ● | ● | ● | *● | 11/5 | 10/1~10/12 | | | | ※● | ● | | ※教養試験含む | | 9(1) | 7(1) | 14 | 13 | 9(1) | 8(1) | *福祉・保険・医療・教育系。別途公募推薦(左記同)・社会人編入実施。合格状況に社会人編入含む。( )は推薦編入で外数 |
| | | 福祉援助 | | 3 | | ● | ● | ● | ● | *● | | | | | | ※● | ● | | | | 11(1) | 8(1) | 10 | 9 | 11(1) | 9(1) | |
| 日本獣医生命科学 | 獣医 | 獣医保健看護 | | 2・3 | | *● | ● | ● | ● | *● | 11/19 | 11/1~11/11 | | | | | ● | ● | 一般:基礎学力(英・数)学士:英語。獣医学部は加えて生命科学 | | 0 | 0 | 0 | 0 | 0 | 0 | 事前書類審査あり。年次は事前審査書類で決定。*修了(見込)者。専門川は関連のみ。獣医保険看護学科はR5までで編入募集停止し学士試験のみとなる |
| | 応用生命科 | 動物科 | | 2・3 | | *● | ● | ● | ● | *● | | | 英 | | | | ● | ● | | | 0 | 0 | 0 | 0 | 0 | 0 | |
| | | 食品科 | | 2・3 | | *● | ● | ● | ● | *● | | | | | | | ● | ● | | | 1 | 1 | 0 | 0 | 0 | 0 | |
| 日本女子 | 家政 | 児童 | | 2 | *● | | | | | | 12/4 | 10/24~10/28 | 英 | | | ※● | ● | | ※専門に関するもの | 2 | 1 | — | — | | | 編入A(大学1年次修了者編入)、編入B(一般編入)、学士編入の3区分で実施。募集年次・学科は年度により異なる。2・3年次募集学科は専門科目等の履修状況で編入年次決定。*修了(見込)者 |
| | | | | 2 | | *● | | | | | | | 英 | | | ※● | ● | | | 0 | 0 | — | — | | | |
| | | | | 2 | | | ● | | | | | | 英 | | | ※● | ● | | | 0 | 0 | — | — | | | |
| | | 食物 | | 2 | *● | | | | | | | | 英 | | ● | | ● | | | | 2 | 0 | 2 | 0 | | | |
| | | | | 2 | | *● | | | | | | | 英 | | ● | | ● | | | 1 | 0 | 0 | 0 | | | |
| | | | | 3 | | | ● | | | | | | 英 | | | | ● | | | — | — | — | — | 0 | 0 | |
| | | 住居 | | 2 | | *● | | | | | | | 英 | | ※● | | ● | | 基礎数学・デッサン | — | — | 0 | 0 | | | |
| | | 被服 | | 2 | *● | | | | | | | | 英 | | ● | | ● | | | 3 | 1 | 0 | 0 | | | |
| | | | | 3 | | *● | | | | | | | 英 | | ● | | ● | | | 2 | 1 | 0 | 0 | | | |
| | | | | 2 | | | ● | | | | | | 英 | | | | ● | | | 0 | 0 | 0 | 0 | | | |
| | | 家政経済 | | 2 | *● | | | | | | | | 英 | | | | ● | | | — | — | — | — | | | |
| | | | | 2・3 | | *● | | | | | | | 英 | | | | ● | | | — | — | 2 | 0 | | | |
| | | | | 2・3 | | | ● | | | | | | 英 | | ※● | | ● | | | — | — | — | — | | | |
| | 文 | 日本文 | | 2 | *● | ● | ● | | ● | ● | | | 選 | ● | | | ● | | 選:英・独・仏・中から1 | | 1 | 0 | | | *修了(見込)者編入。編入A(大学1年次修了者編入)、編入B(一般編入)、学士編入の3区分で実施。募集年次・学科は年度により異なる。2・3年次募集学科は専門科目等の履修状況で編入年次決定 |
| | | | | 3 | | *● | ● | | ● | ● | | | 選 | ● | | | ● | | | 3 | 0 | 1 | 0 | | | |
| | | | | 3 | | | ● | | | | | | 選 | ● | | | ● | | | | 0 | 0 | | | |
| | | 英文 | | 2 | *● | ● | ● | | ● | ● | | | 英 | | | ※● | | | ※英語含む | 10 | 1 | — | 1 | 0 | | |
| | | | | 2・3 | | *● | ● | | ● | ● | | | 英 | | | ※● | | | | 7 | 2 | 10 | 2 | | | |
| | | | | 3 | | | ● | | | | | | 英 | | | ※● | | | | 0 | 0 | 1 | 1 | | | |
| | | 史 | | 2 | *● | ● | ● | | ● | ● | | | 選 | ※● | | | ● | | 選:英・独・仏・中から1 | ※日本史・東洋史・西洋史から1 | 0 | 0 | 0 | 0 | — | — | |
| | | | | 3 | | *● | ● | | ● | ● | | | 選 | ※● | | | ● | | | 0 | 0 | 0 | 0 | | | |
| | | | | 3 | | | ● | | | | | | 選 | ※● | | | ● | | | 0 | 0 | 0 | 0 | | | |

| 大学名 | 学部 | 学科 | 専攻・コース | 編入年次 | 大1 | 大2 | 学士 | 短大 | 高専 | 専門 | 試験日 | 出願期間 | 外国語筆記 | 外部試験 | 専門科目 | 小論文 | 面接 | 口頭試問 | 専門科目以外の科目 | その他の注意事項 | R3志願者 | R3合格者 | R4志願者 | R4合格者 | R5志願者 | R5合格者 | 備考 |
|---|---|---|---|---|---|---|---|---|---|---|---|---|---|---|---|---|---|---|---|---|---|---|---|---|---|---|---|
| | 人間社会 | 現代社会 | | 2 | *● | | | | | | | | 選 | | ※● | | ● | | 選:英・独・仏・中から1 | ※専門に関するもの | 17 | 3 | — | — | 8 | 1 | *修了(見込)者。編入A(大学1年次修了者編入)、編入B(一般編入)、学士編入の3区分で実施。募集年次・学科は年度により異なる。2・3年次募集学科は専門科目等の履修状況で編入年次決定。社会福祉学科で社会福祉士の受験資格希望者は原則2年次 |
| | | | | 2 | | *● | ● | ● | | | | | 選 | | ※● | | ● | | | | 16 | 4 | 29 | 2 | 3 | 0 | |
| | | | | 2 | | | ● | | | | | | 英 | | ※● | | ● | | | | 1 | 0 | 1 | 1 | 0 | 0 | |
| | | 社会福祉 | | 2 | *● | | | | | | | | 選 | | ※● | | ● | | | | — | — | — | — | 1 | 0 | |
| | | | | 2・3 | | *● | ● | ● | | | | | 選 | | ※● | | ● | | | | — | — | — | — | 2 | 0 | |
| | | | | 2・3 | | | ● | | | | | | 選 | | ※● | | ● | | | | — | — | — | — | 0 | 0 | |
| | | 教育 | | 2 | *● | | | | | | | | 英 | | | | ● | | | | | | 3 | 0 | 0 | 0 | |
| | | | | 2・3 | | *● | ● | ● | | | | | 英 | | | | ● | | | | | | 5 | 1 | 1 | 1 | |
| | | | | 2・3 | | | ● | | | | | | 英 | | | | ● | | | | | | 0 | 0 | 0 | 0 | |
| | | 心理 | | 2 | *● | | | | | | | | 英 | | | | ● | | | | — | — | — | — | 1 | 0 | |
| | | | | 2 | | ● | ● | ● | | | | | 英 | | ※● | | ● | | | | — | — | — | — | 3 | 1 | |
| | | | | 2 | | | ● | | | | | | 英 | | ● | | ● | | | | — | — | — | — | 3 | 1 | |
| | | 文化 | | 2 | *● | *● | ● | | | | | | 選 | | ※● | | ● | | | | | | | | | | |
| | | | | 2・3 | | | ● | | | | | | 選 | | ※● | | ● | | | | | | | | | | |
| | 理 | 数物情報科 | | 2 | *● | | | | | | | | 英 | | | | ● | | 数学又は物理 | | 0 | 0 | 0 | 0 | 1 | 0 | *修了(見込)者。編入A(大学1年次修了者編入)、編入B(一般編入)、学士編入の3区分で実施。募集年次・学科は年度により異なる。2・3年次募集学科は専門科目等の履修状況で編入年次決定 |
| | | | | 2・3 | | *● | ● | ● | | | | | 英 | | | | ● | | | | 2 | 0 | 1 | 0 | 1 | 0 | |
| | | | | 3 | | | ● | | | | | | 英 | | | | ● | | | | 0 | 0 | 0 | 0 | 0 | 0 | |
| | | 化学生命 | | 2 | *● | | | | | | | | 英 | | | | ● | | 化学又は生物 | | — | — | — | — | 2 | 0 | |
| | | | | 2 | | ● | ● | ● | | | | | 英 | | | | ● | | | | — | — | 1 | 0 | 1 | 1 | |
| | | | | 3 | | | ● | | | | | | 英 | | | | ● | | | | — | — | 0 | 0 | — | — | |
| 日本赤十字看護 | 看護 | 看護 | | 3 | | | | ● | | *● | 8/24 | 7/15~7/28 | | | | ● | ● | ● | | | 19 | 11 | 27 | 8 | 29 | 13 | 看護系出身者で看護師免許取得(見込)者。*3年課程。合格状況に補欠繰上者含む |
| 日本体育 | 体育 | 体育 | | 3 | | ● | ● | ● | ● | ● | 2/2 | 12/19~1/11 | | | | | ● | プレゼン | 武道教育学科は実技動画 | | 18 | 16 | 14 | 8 | 6 | 2 | 合格状況に内編・第2志望含む。体育学部は学科・領域により留意事項あり。保健医療学部3年次は具体的要件あり |
| | | 健康 | | 3 | | ● | ● | ● | ● | ● | | | | | | | ● | | | | 4 | 3 | 4 | 4 | 4 | 2 | |
| | スポーツマネジメント | スポーツマネジメント | | 3 | | ● | ● | ● | ● | ● | | | | | | | ● | | | | | | 2 | 2 | 2 | 1 | |
| | | スポーツライフマネジメント | | 3 | | ● | ● | ● | ● | ● | | | | | | | ● | | | | | | 0 | 0 | 0 | 0 | |
| | スポーツ文化 | 武道教育 | | 3 | | ● | ● | ● | ● | ● | | | | | | | ● | | | | | | 0 | 0 | 0 | 0 | |
| | | スポーツ国際 | | 3 | | ● | ● | ● | ● | ● | | | | | | | ● | | | | | | 0 | 0 | 0 | 0 | |
| | 児童スポーツ教育 | 児童スポーツ教育 | | 3 | | ● | ● | ● | ● | ● | | | | | | | ● | | | | 0 | 0 | 1 | 1 | 1 | 1 | |
| | 保健医療 | 整復医療 | | 2・3 | | ● | ● | ● | ● | ● | | | | | | | ● | | | | 0 | 0 | 0 | 0 | 0 | 0 | |
| 文化学園 | 服装 | ファッションクリエイション | | 3 | | *● | ● | ● | ● | ● | 9/15 | 9/1~9/6 | 選 | | | ● | ● | | 選:英又は仏 | ファッション社会はプレゼン | △ | △ | △ | △ | △ | △ | 大学在学者64単位以上。*同一又は同系列学科(専攻)出身者のみ |
| | | ファッション社会 | | 3 | | *● | ● | ● | ● | ● | | | 選 | | | ● | ● | | | | △ | △ | △ | △ | △ | △ | |
| | 造形 | デザイン・造形 | | 3 | | *● | ● | ● | ● | ● | | | 選 | | | ● | ● | | | | △ | — | △ | △ | △ | △ | |
| | | 建築・インテリア | | 3 | | *● | ● | ● | ● | ● | | | 選 | | | ● | ● | | | | — | — | △ | △ | △ | △ | |
| | 国際文化 | 国際文化・観光 | | 3 | | *● | ● | ● | ● | ● | | | | | | | ● | | | | △ | △ | △ | △ | △ | △ | *同一又は同系列学科(専攻)出身者のみ |
| | | 国際ファッション文化 | | 3 | | *● | ● | ● | ● | ● | | | | | | | ● | ● | | | △ | △ | △ | △ | △ | △ | |
| 文京学院 | 外国語 | 英語コミュニケーション | | 3 | | *● | ● | ● | | ● | 11/19 | 11/1~11/9 | 英 | | | | ● | | | | △ | △ | △ | △ | 4 | 4 | *修了(見込)者。外国語学部で別途社会人編入実施 |
| | 経営 | 経営コミュニケーション | | 3 | | *● | ● | ● | | ● | 12/17 | 11/24~12/7 | | | | ● | ● | | | | △ | △ | △ | △ | 0 | 0 | |
| | 人間 | コミュニケーション社会 | | 3 | | *● | ● | ● | | ● | 11/19 | 11/1~11/9 | | | | ● | ● | | | | △ | △ | △ | △ | 0 | 0 | |
| | | 児童発達 | | 3 | | *● | ● | ● | | ● | | | | | | ● | ● | | | | △ | △ | △ | △ | 2 | 2 | |
| | | 人間福祉 | | 3 | | *● | ● | ● | | ● | | | | | | ● | ● | | | | △ | △ | △ | △ | 1 | 1 | |
| | | 心理 | | 3 | | *● | ● | ● | | ● | | | | | | ● | ● | | | | △ | △ | △ | △ | 0 | 0 | |

| 大学名 | 学部 | 学科 | 専攻・コース | 編入年次 | 大1 | 大2 | 学士 | 短大 | 高専 | 専門 | 試験日 | 出願期間 | 外国語筆記 | 外部試験 | 専門科目 | 小論文 | 面接 | 口頭試問 | 専門科目以外の科目 | その他の注意事項 | R3志願者 | R3合格者 | R4志願者 | R4合格者 | R5志願者 | R5合格者 | 備考 |
|---|---|---|---|---|---|---|---|---|---|---|---|---|---|---|---|---|---|---|---|---|---|---|---|---|---|---|---|
| 法政 | 法 | 法律 | | 2 | ● | | | ● | ● | ● | 11/13 | 10/3~10/7 | 英 | | *● | | | | *人文又は社会分野 | | 40 | 7 | 38 | 9 | 44 | 3 | 大学在学者30単位以上 |
| | | 政治 | | 2 | ● | | | ● | ● | ● | | | 英 | | *● | | | | | | 31 | 5 | 10 | 2 | 11 | 3 | |
| | | 国際政治 | | 2 | ● | | | ● | ● | ● | | | 英 | | *● | | | | | | 26 | 1 | 8 | 1 | 10 | 3 | |
| | 文 | 哲 | | 2 | ● | | | ● | ● | ● | | | | ● | ● | | ● | | | 英文学科はTOEFL又はIELTS。他はTOEIC等で具体的基準あり | 3 | 1 | 4 | 2 | 4 | 1 | |
| | | 日本文 | | 2 | ● | | | ● | ● | ● | | | | ● | ● | | ● | | | | 7 | 1 | 4 | 3 | 8 | 3 | |
| | | 英文 | | 2 | ● | | | ● | ● | ● | | | 英 | ● | ● | | ● | | | | 12 | 2 | 1 | 1 | 6 | 1 | |
| | | 史 | | 2 | ● | | | ● | ● | ● | | | | ● | ● | | ● | | | | 2 | 1 | 2 | 0 | 5 | 1 | |
| | | 地理 | | 2 | ● | | | ● | ● | ● | | | | ● | ● | | ● | | | | 4 | 1 | 6 | 2 | 4 | 2 | |
| | | 心理 | | 2 | ● | | | ● | ● | ● | | | | ● | ● | | ● | | | | 8 | 1 | 6 | 1 | 8 | 1 | |
| | 社会 | 社会政策科 | | 2 | ● | | | ● | ● | ● | | | 英 | | ● | | ● | | | | − | − | 23 | 9 | 3 | 2 | |
| | | 社会 | | 2 | ● | | | ● | ● | ● | | | 英 | | ● | | ● | | | | − | − | 0 | 0 | 5 | 2 | |
| | | メディア社会 | | 2 | ● | | | ● | ● | ● | | | 英 | | ● | | ● | | | | − | − | 15 | 5 | 14 | 4 | |
| | 経営 | 経営 | | 2 | ● | | | ● | ● | ● | | | | ● | *● | | ● | | *人文・社会分野問題から各々1題 | | 13 | 5 | 8 | 3 | 8 | 4 | 大学在学者30単位以上。英語学位Pは募集なし |
| | | 経営戦略 | | 2 | ● | | | ● | ● | ● | | | | ● | *● | | ● | | | | 12 | 4 | 8 | 3 | 9 | 5 | |
| | | 市場経営 | | 2 | ● | | | ● | ● | ● | | | | ● | *● | | ● | | | | 13 | 6 | 8 | 4 | 9 | 5 | |
| | 人間環境 | 人間環境 | | 2 | ● | | | ● | ● | ● | | | | | | | ● | | | | 23(2) | 1(1) | −(0) | −(0) | −(5) | −(4) | 大学在学者30単位以上。別途社会人編入実施で( )外数 |
| | 現代福祉 | 臨床心理 | | 2 | ● | | | ● | ● | ● | | | 英 | | ● | | ● | | | | 4 | 0 | 0 | 0 | 5 | 0 | 大学在学者30単位以上 |
| | | 福祉コミュニティ | | 2 | ● | | | ● | ● | ● | | | | | ● | | ● | | | | 4 | 0 | 1 | 1 | 7 | 4 | |
| | キャリアデザイン | キャリアデザイン | | 2 | ● | | | ● | ● | ● | | | 英 | | ● | | ● | | | | 17 | 4 | 21 | 5 | 19 | 5 | |
| | スポーツ | スポーツ健康 | | 2 | ● | | | ● | ● | ● | | | | | | | ● | | | | − | − | − | − | 2 | 2 | |
| | 法 | 法律 | | 3 | | ● | ● | ● | ● | | | | 英 | | | | ● | | | | 24 | 3 | 23 | 7 | 47 | 8 | 大学在学者60単位以上 |
| | | 政治 | | 3 | | ● | ● | ● | ● | | | | 英 | | | | ● | | | | 5 | 3 | 11 | 1 | 6 | 2 | |
| | 文 | 哲 | | 3 | | ● | ● | ● | ● | | | | | ● | ● | | ● | | | 英文学科はTOEFL又はIELTS。他はTOEIC等で具体的基準あり | 0 | 0 | 4 | 1 | 2 | 1 | 大学在学者60単位以上。学科により具体的出願基準あり |
| | | 日本文 | | 3 | | ● | ● | ● | ● | | | | | ● | ● | | ● | | | | 2 | 0 | 2 | 0 | 1 | 0 | |
| | | 英文 | | 3 | | ● | ● | ● | ● | | | | 英 | ● | ● | | ● | | | | 4 | 0 | 1 | 1 | 4 | 2 | |
| | | 史 | | 3 | | ● | ● | ● | ● | | | | | ● | ● | | ● | | | | 0 | 0 | 2 | 0 | 1 | 0 | |
| | | 地理 | | 3 | | ● | ● | ● | ● | | | | | ● | ● | | ● | | | | 0 | 0 | 1 | 1 | 1 | 0 | |
| | | 心理 | | 3 | | ● | ● | ● | ● | | | | | ● | ● | | ● | | | | − | − | − | − | − | − | |
| | 経営 | 経営 | | 3 | | ● | ● | ● | ● | | | | | ● | *● | | ● | | *経営・会計・経済から2 | TOEFL又はIELTS | 7 | 0 | 2 | 1 | 4 | 1 | 大学在学者60単位以上(教職・資格科目除く)。英語学位Pは募集なし |
| | | 経営戦略 | | 3 | | ● | ● | ● | ● | | | | | ● | *● | | ● | | | | 2 | 1 | 1 | 1 | 3 | 0 | |
| | | 市場経営 | | 3 | | ● | ● | ● | ● | | | | | ● | *● | | ● | | | | 6 | 2 | 0 | 0 | 7 | 4 | |
| | 人間環境 | 人間環境 | | 3 | | ● | ● | ● | ● | | | | | | | | ● | | | | 10(6) | 1(5) | −(0) | −(0) | −(11) | −(6) | 大学在学者60単位以上。別途社会人編入実施で( )外数 |
| 武蔵 | 社会 | 社会 | | 2・3 | | ● | ● | ● | ● | | 10/16 | 9/7~9/14 | | ● | | ● | ● | | TOEIC等(4技能) | | 7 | 1 | 6 | 0 | 0 | 0 | 社会学部・経済学部の学士は3年次。3年次は単位取得状況で年次が異なることがある。学士入学は高度専門士も可で、左記全学科で実施。合格状況は一般・学士計 |
| | | メディア社会 | | 2・3 | | ● | ● | ● | ● | | | | | ● | | ● | ● | | | | 1 | 0 | 4 | 0 | 2 | 2 | |
| | 経済 | 経済 | | 2・3 | | ● | ● | ● | ● | | | | | ● | | | | | 総合問題(数・国) | | 0 | 0 | 1 | 0 | 4 | 1 | |
| | | 経営 | | 2・3 | | ● | ● | ● | ● | | | | | ● | | | | | | | 2 | 2 | 4 | 2 | 4 | 0 | |
| | | 金融 | | 2・3 | | ● | ● | ● | ● | | | | | ● | | | | | | | | | | | | | |
| | 人文 | 英語英米文化 | | 3 | | ● | ● | ● | ● | | | | 英 | ● | | | ● | ● | | | 10 | 6 | 8 | 5 | 12 | 7 | |
| | | ヨーロッパ文化 | | 3 | | ● | ● | ● | ● | | | | 選 | | | | ● | ● | 選:英・独・仏から1 | | 4 | 3 | 1 | 1 | 1 | 1 | |
| | | 日本・東アジア文化 | | 3 | | ● | ● | ● | ● | | | | 英 | | | | ● | ● | | | 9 | 2 | 1 | 1 | 5 | 2 | |
| 武蔵野音楽 | 音楽 | 演奏 | 器楽 | 3 | | *● | ● | ● | | | 2/10、2/11 | 1/17~1/24 | 選 | | | | | ● | 実技・ソルフェージュ・西洋音楽史・和声。作曲コースは作品提出あり | 作曲コースは作品提出あり | 9 | 9 | 1 | 1 | 11 | 11 | *修了(見込)者。同系出身者のみ。要事前確認。学科・専攻別に具体的規定あり |
| | | | 声楽 | 3 | | *● | ● | ● | | | | | 選 | | | | | ● | | | | | | | | | |
| | | 音楽総合 | 作曲 | 3 | | *● | ● | ● | | | | | 選 | | | | | ● | 選:英・独・伊・仏から1 | | | | | | | | |
| | | | 音楽教育 | 3 | | *● | ● | ● | | | | | 選 | | | | | ● | | | | | | | | | |

| 大学名 | 学部 | 学科 | 専攻・コース | 編入年次 | 大1 | 大2 | 学士 | 短大 | 高専 | 専門 | 試験日 | 出願期間 | 外国語筆記 | 外部試験 | 専門科目 | 小論文 | 面接 | 口頭試問 | 専門科目以外の科目 | その他の注意事項 | R3志願者 | R3合格者 | R4志願者 | R4合格者 | R5志願者 | R5合格者 | 備考（特に記載がない場合は、大学在学生3年次は62単位以上、2年次は31単位以上取得見込み） |
|---|---|---|---|---|---|---|---|---|---|---|---|---|---|---|---|---|---|---|---|---|---|---|---|---|---|---|---|
| 武蔵野美術 | 造形 | 日本画 | | 2・3 | | ● | ● | ● | ● | 編入 | 11/26、11/27 | 10/12~10/19 | | | | | | ● | 実技 | 提出物(ポートフォリオ、近作等、学科・コースにより異なる) | 13 | 2 | 5 | 0 | 5 | 1 | 合格状況は編入計、志願者数に併願者含む。芸術文化学科で別途社会人編入実施で合格状況に含む |
| | | 油絵 | | 2・3 | | ● | ● | ● | ● | 編入 | | | | | | | | ● | | | 31 | 10 | 28 | 9 | 59 | 11 | |
| | | 彫刻 | | 2・3 | | ● | ● | ● | ● | 編入 | | | | | | | | ● | 実技 | | 4 | 0 | 2 | 0 | 3 | 1 | |
| | | 視覚伝達デザイン | | 2・3 | | ● | ● | ● | ● | 編入 | | | | | | | | ● | 実技 | | 39 | 2 | 14 | 2 | 20 | 2 | |
| | | 工芸工業デザイン | | 2・3 | | ● | ● | ● | ● | 編入 | | | | | | | | ● | | | 32 | 6 | 26 | 7 | 30 | 4 | |
| | | 空間演出デザイン | | 3 | | ● | ● | ● | ● | 編入 | | | | | | | | ● | 実技 | | 8 | 2 | 8 | 3 | 4 | 0 | |
| | | 建築 | | 2・3 | | ● | ● | ● | ● | 編入 | | | | | | | | ● | 実技 | | 30 | 4 | 15 | 0 | 19 | 1 | |
| | | 基礎デザイン | | 3 | | ● | ● | ● | ● | 編入 | | | | | | ● | ● | | | | 11 | 4 | 12 | 3 | 20 | 5 | |
| | | 芸術文化 | | 2・3 | | ● | ● | ● | ● | 編入 | | | | | | | | ● | | | 11 | 4 | 5 | 2 | 12 | 6 | |
| | | デザイン情報 | | 2・3 | | ● | ● | ● | ● | 編入 | | | | | | | | ● | | | 10 | 2 | 3 | 1 | 13 | 1 | |
| | 造形構想 | 映像 | | 3 | | ● | ● | ● | ● | 編入 | | | | | | | | ● | | | 38 | 4 | 32 | 6 | 49 | 4 | |
| | | クリエイティブイノベーション | | 3 | | ● | ● | ● | ● | 編入 | | | | | | | | ● | | | 10 | 4 | 5 | 4 | 8 | 5 | |
| 明治 | 文 | 文 | 日本文学 | 2 | | *● | | ● | ● | | 3/1 | 12/13~12/19 | 選 | | ● | | | ● | 選:英・独・仏・中から1 | | 130 | 25 | 79 | 15 | 79 | 18 | 年度により募集学科・専攻異なる。*修了(見込)者。合格状況に内部の一般編入志願者含む。2年次は、大学在学者30単位以上で外国語は英・独・仏・露・西・中・から2科目各2単位以上。3年次は、大学在学者60単位以上で外国語は英・独・仏・露・西・中・朝から2科目各4単位以上、保健体育2単位以上必要。R5は、仏文学科2年次・日文学科2年次、日本史学科2年次、で募集なし |
| | | | 英米文学 | 2 | | *● | | ● | ● | | | | 英 | | ● | | | ● | | | | | | | | | |
| | | | ドイツ文学 | 2 | | *● | | ● | ● | | | | 独 | | ● | | | ● | | | | | | | | | |
| | | | フランス文学 | 2 | | *● | | ● | ● | | | | 仏 | | ● | | | ● | | | | | | | | | |
| | | | 演劇学 | 2 | | *● | | ● | ● | | | | 選 | | ● | | | ● | | | | | | | | | |
| | | | 文芸メディア | 2 | | *● | | ● | ● | | | | 選 | | ● | | | ● | | | | | | | | | |
| | | 史学地理 | 日本史学 | 2 | | *● | | ● | ● | | | | 選 | | ● | | | ● | | | | | | | | | |
| | | | アジア史 | 2 | | *● | | ● | ● | | | | 選 | | ● | | | ● | | | | | | | | | |
| | | | 西洋史学 | 2 | | *● | | ● | ● | | | | 選 | | ● | | | ● | | | | | | | | | |
| | | | 考古学 | 2 | | *● | | ● | ● | | | | 選 | | ● | | | ● | | | | | | | | | |
| | | | 地理学 | 2 | | *● | | ● | ● | | | | 選 | | ● | | | ● | | | | | | | | | |
| | | 心理社会 | 臨床心理学 | 2 | | *● | | ● | ● | | | | 選 | | ● | | | ● | | | | | | | | | |
| | | | 現代社会学 | 2 | | *● | | ● | ● | | | | 選 | | ● | | | ● | | | | | | | | | |
| | | | 哲学 | 2 | | *● | | ● | ● | | | | 選 | | ● | | | ● | | | | | | | | | |
| | | 文 | 日本文学 | 3 | | *● | ● | ● | | | | | 選 | | ● | | | ● | | | — | — | — | — | — | — | |
| | | | ドイツ文学 | 3 | | *● | ● | ● | | | | | 独 | | ● | | | ● | | | 7 | 2 | 1 | 1 | 3 | 0 | |
| | | | フランス文学 | 3 | | *● | ● | ● | | | | | 仏 | | ● | | | ● | | | — | — | — | — | — | — | |
| | | 史学地理 | アジア史 | 3 | | *● | ● | ● | | | | | 選 | | ● | | | ● | | | — | — | — | — | — | — | |
| | | (学士全学科) | | 3 | | | ● | | | | | | | | | | *● | | ● | *本学卒業者は免除 | | 0 | 0 | 4 | 1 | 5 | 2 | 年度により募集学科・専攻異なる。 |
| | 情報コミュニケーション | 情報コミュニケーション | | 2 | ● | | | | | | 2/28、3/1 | 1/9~1/13 | 英 | | | ● | ※● | | | ※面接は筆記合格者のみでプレゼン含む | 78 | 6 | 73 | 2 | 47 | 3 | 大学在学者30単位以上。合格状況は内部含む。R7より募集停止 |
| | | | | 2・3 | | | ● | | | | | | 英 | | | ● | ※● | | | | 2 | 0 | 2 | 0 | 0 | 0 | R6より募集停止 |
| | 農 | | | | | | | | | | | | | | | | | | | | 0 | 0 | 0 | 0 | × | × | R5より募集停止 |
| 明治学院 | 文 | 英文 | | 3 | | *● | ● | ● | ● | | 11/26 | 10/20~10/27 | 英 | | ● | | | | | | 21 | 7 | 21 | 5 | 11 | 3 | *所定の単位を修得し、2年次以上修了(見込)者 |
| | | フランス文 | | 3 | | *● | ● | ● | ● | | | | 仏 | | ● | | ● | | | | 2 | 1 | 4 | 4 | 2 | 0 | |
| | | 芸術 | | 3 | | *● | ● | ● | ● | | | | 英 | | ● | | | | | | 9 | 3 | 12 | 6 | 5 | 3 | |
| | 経済 | 経済 | | 3 | | *● | ● | ● | ● | | | | 英 | | ● | | | | | | 12 | 1 | 10 | 2 | 13 | 2 | |
| | 社会 | 社会 | | 3 | | *● | ● | ● | ● | | | | 英 | | ● | | | | | | 13(2) | 1(0) | 16 | 2 | 15 | 3 | *所定の単位を修得し、2年次以上修了(見込)者。別途社会人編入実施(専・面)( )は社会人編入で外数 |
| | | 社会福祉 | | 3 | | *● | ● | ● | ● | | | | 英 | | ● | | | | | | 8 | 2 | 8 | 2 | 10 | 3 | |
| | 法 | 法律 | | 3 | | *● | ● | ● | ● | | | | 英 | | ● | | ● | | | | 6 | 3 | 7 | 2 | 4 | 0 | *所定の単位を修得し、2年次以上修了(見込)者 |
| | | 消費情報環境法 | | 3 | | *● | ● | ● | ● | | | | 英 | | ● | | | | | | 4 | 0 | 1 | 0 | 0 | 0 | |
| | | 政治 | | 3 | | *● | ● | ● | ● | | | | 英 | | ● | | | | | | 4 | 0 | 4 | 0 | 3 | 0 | |
| | 国際 | 国際 | | 3 | | *● | ● | ● | ● | | | | 英 | | ● | | | | | | 16 | 10 | 20 | 6 | 12 | 6 | |
| | | 国際キャリア | | 3 | | ● | ● | ● | ● | | 10/22,23 | 9/19~9/26 | | ●（※英語） | | | ※● | | TOEFL他(4技能)で基準有り | | 9 | 6 | 1 | 0 | 1 | 1 | 指定の英語外部試験で基準以上または英語を第1言語とするもの。9月入学あり |

| 大学名 | 学部 | 学科 | 専攻・コース | 編入年次 | 大1 | 大2 | 学士 | 短大 | 高専 | 専門 | 試験日 | 出願期間 | 外国語筆記 | 外部試験 | 専門科目 | 小論文 | 面接 | 口頭試問 | 専門科目以外の科目 | その他の注意事項 | R3志願者 | R3合格者 | R4志願者 | R4合格者 | R5志願者 | R5合格者 | 備考　特に記載がない場合は、大学在学生3年次は62単位以上、2年次は31単位以上取得見込み |
|---|---|---|---|---|---|---|---|---|---|---|---|---|---|---|---|---|---|---|---|---|---|---|---|---|---|---|---|
| 明治薬科 | 薬 | 薬 | | 2・3 | • | • | • | • | • | • | 1/31 | 1/4~1/21 | 英 | | | • | | | 数学・化学 | | 7 | 1 | 8 | 2 | 3 | 0 | 選考結果等により年次決定 |
| | | 生命創薬科 | | 2・3 | • | • | • | • | • | • | | | 英 | | | | • | | | | 1 | 0 | 0 | 0 | 0 | 0 | |
| 明星 | 人文 | 人間社会 | | 2 | • | • | • | • | • | • | | | | | | • | • | | | | — | — | — | — | — | — | |
| | | 福祉実践 | | 2 | • | • | • | • | • | • | | | | | | • | • | | | | — | — | 0 | 0 | 0 | 0 | 2年次は短大1年以上在学者も出願可。3年次は54単位以上。2年次は単位指定数なし |
| | | 国際コミュニケーション | | 2・3 | • | • | • | • | • | • | | | | | | • | • | | | | | | | | 0 | 0 | |
| | | 日本文化 | | 2・3 | • | • | • | • | • | • | | | | | | • | • | | | | | | | | 0 | 0 | |
| | 経済 | 経済 | | 2・3 | • | • | • | • | • | • | | | | | • | | • | | | | — | — | 2 | 1 | 0 | 0 | 2年次は短大1年以上在学者も出願可。3年次は50単位以上　2年次は単位指定なし |
| | デザイン | デザイン | | 2・3 | • | • | • | • | • | • | | | | | | • | | ※• | | ※実技・プレゼン含む | | | | | 0 | 0 | 2年次は短大1年以上在学者も出願可。3年次は60単位以上。2年次は30単位以上 |
| 目白 | 人間 | 人間福祉 | | 3 | • | • | • | • | • | • | 11/20 | 10/31~11/4 | | | | • | • | | | | 0 | 0 | 1 | 1 | 0 | 0 | 福祉系出身者。合格状況に指定校・内編含む |
| | | 子ども | | 3 | • | • | • | • | • | • | | | | | | • | • | | | | 0 | 0 | 1 | 0 | 0 | 0 | 保育系・幼児教育系・福祉系で指定する資格取得(見込)者。合格状況に指定校・内編含む |
| | | 児童教育 | | 3 | • | • | • | • | • | • | | | | | | • | • | | | | 0 | 0 | 0 | 0 | 0 | 0 | 初等教育系出身者。合格状況に指定校・内編含む |
| | 社会 | 社会情報 | | 3 | • | • | • | • | • | • | | | | | | • | • | | | | 4(3) | 0(3) | 3(4) | 3(4) | 3(5) | 2(5) | 別途、指定校・内編ありで、( )外数 |
| | | 地域社会 | | 3 | • | • | • | • | • | • | | | | | | • | • | | | | 5(5) | 0(5) | 1(1) | 1(1) | 4(2) | 3(2) | |
| | 経営 | 経営 | | 3 | • | • | • | • | • | • | | | | | | • | • | | | | 5(2) | 0(2) | 4 | 1 | 0 | 0 | |
| | 外国語 | 英米語 | | 3 | • | • | • | • | • | • | | | | • | | • | | • | | 各言語の外部検定による出願基準あり面接には各言語含む | 2(1) | 2(1) | 1(1) | 1(1) | 1 | 0 | |
| | | 中国語 | | 3 | • | • | • | • | • | • | | | | • | | • | | • | | | 2(1) | 2(1) | 2(1) | 1(1) | 0 | 0 | |
| | | 韓国語 | | 3 | • | • | • | • | • | • | | | | • | | ※• | | • | | ※韓国語による | 1 | 1 | 2 | 1 | 5 | 1 | |
| | | 日本語・日本語教育 | | 3 | • | • | • | • | • | • | | | | | | • | | • | | | 4(3) | 0(3) | 2 | 1 | 5 | 2 | |
| ヤマザキ動物看護 | 動物看護 | 動物看護 | | 3 | • | • | • | • | • | ※• | | | | | | ※• | • | | ※小論文は出願時提出 | | 0 | 0 | — | — | — | — | 定員を充足していない場合実施で、R4以降募集なし。※専門士は動物系出身のみ。実績に系列校含む |
| 立教 | 法 | 法 | | | | | | | | | | | | | | | | | | | 8 | 1 | 13 | 1 | × | × | R5より募集停止。学内転部のみ募集あり |
| | | 政治 | | | | | | | | | | | | | | | | | | | 5 | 0 | 9 | 1 | × | × | |
| | | 国際ビジネス法 | | | | | | | | | | | | | | | | | | | 3 | 0 | 0 | 0 | × | × | |
| 立正 | 経営 | 経営 | | 2 | *• | *• | • | • | • | • | 3/4 | 2/7~2/17 | 英 | | | • | • | | | | 5 | 2 | 6 | 2 | 0 | 0 | *修了(見込)者。大学の通信課程2年修了(見込)者も可( )は2年次で外数。高校専攻科修了者は要問合せ |
| | 経済 | 経済 | | 2 | *• | *• | • | • | • | | | | 英 | • | | • | • | | | 国際コースはTOEIC500点以上 金融コースは日商簿記検定3級以上 | 1 | 1 | 4 | 2 | 2 | 1 | |
| | 地球環境科 | 環境システム | | 2 | *• | *• | • | • | • | | | | 英 | | ※• | • | | | ※小論文は事前提出 | | 0 | 0 | 0 | 0 | 0 | 0 | |
| | | 地理 | | 2 | *• | *• | • | • | • | | | | 英 | | ※• | • | | | | | 0 | 0 | 1 | 1 | 0 | 0 | |
| | 社会福祉 | 社会福祉 | | 2 | *• | *• | • | • | • | | | | 英 | | ※• | • | | | | | 1 | 1 | 1 | 1 | 0 | 0 | |
| | データサイエンス | データサイエンス | | 2・3 | *• | *• | • | • | • | | | | 英 | | ※• | • | | | | | — | — | 0 | 0 | 0 | 0 | |
| | 心理 | 臨床心理 | | 2・3 | *• | *• | • | • | • | | | | 英 | | | • | • | | | | 1(6) | 0(1) | 6 | 0 | 1(0) | 0(0) | |
| | | 対人・社会心理 | | 2・3 | *• | *• | • | • | • | | | | 英 | | | • | • | | | | 0(2) | 0(1) | 4 | 1 | 2(0) | 0(0) | |
| | 法 | 法 | | 2 | *• | *• | • | • | • | | | | 英 | | ※• | • | | | | | 2(1) | 0(0) | 1 | 0 | —(2) | —(1) | |
| | 文 | 哲 | | 2・3 | *• | *• | • | • | • | | | | 英 | | | • | • | | 2年次は専門に代えて小論文 | 大学・短大卒業者(見込除く)は英語免除 | 1(0) | 1(0) | 0 | 0 | 0(0) | 0(0) | *修了(見込)者。( )は2年次で外数。高校専攻科修了者は要問合せ |
| | | 史 | | 2・3 | *• | *• | • | • | • | | | | 英 | • | | | • | | | | 2(0) | 2(0) | 5 | 4 | 1(1) | 1(0) | |
| | | 社会 | | 2・3 | *• | *• | • | • | • | | | | 英 | | | • | • | | | | 4(3) | 1(2) | 0 | 0 | 5(0) | 2(0) | |
| | | 文 | 日本語日本文学 | 2・3 | *• | *• | • | • | • | | | | 英 | | | • | • | | | | 2(0) | 2(0) | 0 | 0 | 0(0) | 0(0) | |
| | | 文 | 英語英米文学 | 2・3 | *• | *• | • | • | • | | | | 英 | | | • | • | | | | 5(4) | 3(2) | 6 | 5 | 1(1) | 1(1) | |
| | 仏教 | 仏教 | | 2・3 | *• | *• | • | • | • | | | | 英 | | | • | • | | | 英語免除規定あり | 1(0) | 1(0) | 1 | 1 | 0(0) | 0(0) | |
| | | 宗 | | 2・3 | *• | *• | • | • | • | | | | 英 | | | • | • | | | | 7(0) | 5(0) | 8 | 8 | 8(0) | 8(0) | |

| 大学名 | 学部 | 学科 | 専攻・コース | 編入年次 | 大1 | 大2 | 学士 | 短大 | 高専 | 専門 | 試験日 | 出願期間 | 外国語筆記 | 外部試験 | 専門科目 | 小論文 | 面接 | 口頭試問 | 専門科目以外の科目 | その他の注意事項 | R3志願者 | R3合格者 | R4志願者 | R4合格者 | R5志願者 | R5合格者 | 備考 特に記載がない場合は、大学在学生3年次は62単位以上、2年次は31単位以上取得見込み |
|---|---|---|---|---|---|---|---|---|---|---|---|---|---|---|---|---|---|---|---|---|---|---|---|---|---|---|---|
| ルーテル学院 | 総合人間 | 人間福祉 心理 | | 2・3 | ● | ● | ● | ● | ● | ● | 11/26 2/7 3/11 | 11/1～11/17 1/6～1/26 2/20～3/6 | | | | ● | ● | | | | 12 (0) | 10 (0) | 4 (3) | 4 (3) | 10 (1) | 6 (1) | 短大1年以上可。編入年次は履修状況で決定合格状況に指定校含む。別途社会人編入実施で( )外数 |
| 和光 | 現代人間 | 心理教育 | 心理学 | 2・3 | ● | ● | ● | ● | ● | ● | 11/27 2/27 | 11/1～11/15 2/6～2/17 | | | ● | | ● | | | | △ | △ | 1 | 0 | 0 | 0 | 単位取得状況で編入年次決定。志望学年は出願前に要問合せ。合格状況に指定校推薦含む |
| | | | 人間科 | 2・3 | ● | ● | ● | ● | ● | ● | | | | | ● | | ● | | | | △ | △ | 6 | 6 | 6 | 2 | |
| | 表現 | 総合文化 | | 2・3 | ● | ● | ● | ● | ● | ● | | | | | | | ● | | 作文 | ※資料等持参 | △ | △ | 7 | 4 | 6 | 5 | |
| | | 芸術 | | 2・3 | ● | ● | ● | ● | ● | ● | | | | | | ※● | | | | | △ | △ | 4 | 4 | 6 | 5 | |
| | 経済経営 | 経済 | | 2・3 | ● | ● | ● | ● | ● | ● | | | | | | | ● | | | | △ | △ | 3 | 3 | 3 | 2 | |
| | | 経営 | | 2・3 | ● | ● | ● | ● | ● | ● | | | | | | | ● | | | | △ | △ | 2 | 1 | 2 | 0 | |
| 早稲田 | 政治経済 | 政治 | | 3 | | ● | | | | | 3/1 | 1/10～1/13 | ● | ● | | | ● | | | TOEFL-iBT提出 | 1 | 0 | 0 | 0 | 0 | 0 | 募集する学科・専攻・専修は年度により異なる。早稲田大同一学科卒業者は出願不可 |
| | | 経済 | | 3 | | ● | | | | | | | ● | ● | | | ● | | | | | | | | | | |
| | | 国際政治経済 | | 3 | | ● | | | | | | | ● | ● | | | ● | | | | | | | | | | |
| | 法 | 法 | | 3 | | ● | | | | | 2/27 | 12/15～12/21 | | | | | ● | | ステートメント | 面接はオンライン | 9 | 2 | 11 | 2 | 13 | 1 | 早稲田大学同学部卒業者は出願不可 |
| | 文 | 文 | 東洋哲学 | 3 | | ● | | | | | 2/26、2/28 | 12/9～12/19 | | | ※● | | ● | | ※中国古典語(漢文) | | 11 | 6 | 13 | 11 | 15 | 10 | 早稲田大学同学部同コース卒業者は出願不可 |
| | | | 中国語中国文学 | 3 | | ● | | | | | | | 中 | | | ● | ● | | | | | | | | | | |
| | | | 英文学 | 3 | | ● | | | | | | | | | ※● | | ● | | ※英語及び英語圏文学 | | | | | | | | |
| | | | フランス語フランス文学 | 3 | | ● | | | | | | | 仏 | | | | ● | | | | | | | | | | |
| | | | ドイツ語ドイツ文学 | 3 | | ● | | | | | | | 独 | | | | ● | | | | | | | | | | |
| | | | ロシア語ロシア文学 | 3 | | ● | | | | | | | | | ※● | | ● | | ※ロシア語含む | | | | | | | | |
| | | | アジア史 | 3 | | ● | | | | | | | | | ※● | | ● | | ※古典中国語(漢文) | | | | | | | | |
| | | | 西洋史 | 3 | | ● | | | | | | | | | ※● | | ● | | ※英文文献読解 | | | | | | | | |
| | 教育 | 教育 | 教育学 | 3 | | ● | | | | | 12/4 | 10/10～10/14 | | | | ● | ● | | | | 14 | 6 | 12 | 3 | 21 | 7 | 早稲田大同一学科・専攻・専修卒業者は出願不可 |
| | | | 教育心理学 | 3 | | ● | | | | | | | | | | ● | ● | | | | | | | | | | |
| | | 国語国文 | | 3 | | ● | | | | | | | | | | ● | ● | | | | | | | | | | |
| | | 理 | 生物学 | 3 | | ● | | | | | | | 英 | | | | ● | | | | | | | | | | |
| | | | 地球科学 | 3 | | ● | | | | | | | | | | | ● | | | | | | | | | | |
| | 基幹理工 | 数 | | 3 | | ● | ● | | ● | | 11/26 | 9/5～9/13 | | ● | | | | ● | 数学 | TOEFL-iBTなど | 9 (1) | 1 (0) | 18 (1) | 2 (0) | 12 | 4 | 早稲田大同一学科出身者は出願不可。( )は学士で外数。*はR6より3年次編入募集停止(学士は継続) |
| | | 応用数理 | | 3 | | ● | ● | | ● | | | | | ● | | | | ● | 数学 | | | | | | | | |
| | | 機械科学・航空宇宙* | | 3 | | ● | ● | | ● | | | | | ● | | | | ● | 数学 | | | | | | | | |
| | | 情報理工* | | 3 | | ● | ● | | ● | | | | | ● | | | | ● | 数学 | | | | | | | | |
| | | 情報通信* | | 3 | | ● | ● | | ● | | | | | ● | | | | ● | 数学 | | | | | | | | |
| | | 電子物理システム | | 3 | | ● | ● | | ● | | | | | ● | | | | ● | 数学 | | | | | | | | |
| | 創造理工 | 建築 | | 3 | | ● | | | | | | | | ● | | | | ● | 空間表現 | | 0 | 0 | 6 | 3 | 4 | 0 | |
| | | 総合機械工 | | 3 | | ● | | | | | | | | ● | | | | | | | | | | | | | |
| | | 経営システム工 | | 3 | | ● | | | | | | | | ● | | | | | | | | | | | | | |
| | | 社会環境工 | | 3 | | ● | | | | | | | | ● | | | | | | | | | | | | | |
| | | 環境資源工 | | 3 | | ● | | | | | | | | ● | | | | | | | | | | | | | |
| | 先進理工 | 物理 | | 3 | | ● | | ● | | | | | | ● | | | | ● | 数学 | | 7(1) | 0(1) | 4 | 0 | 6 | 0 | |
| | | 応用物理 | | 3 | | ● | | ● | | | | | | ● | | | | ● | 数学 | | | | | | | | |
| | | 化学・生命化 | | 3 | | ● | | ● | | | | | | ● | | | | ※● | ※化学 | | | | | | | | |
| | | 応用化* | | 3 | | ● | | ● | | | | | | ● | | | | ● | 化学 | | | | | | | | |
| | | 生命医科* | | 3 | | ● | | ● | | | | | | ● | | | | ※● | ※分子生物学 | | | | | | | | |
| | | 電気・情報生命工* | | 3 | | ● | | ● | | | | | | ● | | | | ● | 電気理論又は細胞生物学 | | | | | | | | |

備考欄：特に記載がない場合は、大学在学生3年次は62単位以上、2年次は31単位以上取得見込み

| 大学名 | 学部 | 学科 | 専攻・コース | 編入年次 | 大1 | 大2 | 学士 | 短大 | 高専 | 専門 | 試験日 | 出願期間 | 外国語筆記 | 外部試験 | 専門科目 | 小論文 | 面接 | 口頭試問 | 専門科目以外の科目 | その他の注意事項 | R3志願者 | R3合格者 | R4志願者 | R4合格者 | R5志願者 | R5合格者 | 備考 |
|---|---|---|---|---|---|---|---|---|---|---|---|---|---|---|---|---|---|---|---|---|---|---|---|---|---|---|---|
| | スポーツ科 | スポーツ科 | | 3 | | | ● | | | | 9/10 | 7/28~8/1 | 英 | | ● | | ● | | | | 1 | 1 | 2 | 0 | 0 | 0 | コース選択については、合格発表後に詳細発表。早稲田大学同学部卒業者は入学不可 |
| 麻布 | 獣医 | 動物応用科 | | 2 | | | ● | | | | 10/8 | 9/1~9/12 | | | | | | ● | | | 0 | 0 | 0 | 0 | 0 | 0 | *修了(見込)者 |
| | 生命・環境科 | 臨床検査技術 | | 2 | *● | ● | ● | ● | ● | | 11/19 | 11/1~11/8 | | | | ● | ● | | | | 1 | 0 | 0 | 0 | 2 | 1 | |
| | | 食品生命科 | | 2 | *● | ● | ● | ● | ● | | | | | | | ● | ● | | | | | | | | | | |
| | | 環境科 | | 2 | *● | ● | ● | ● | ● | | | | | | | ● | ● | | | | 0 | 0 | 1 | 1 | 0 | 0 | |
| 神奈川 | 法 | 法律 | | 2 | ● | ● | ● | ● | ● | ● | 10/9 | 9/13~9/21 | | | ● | | ● | | | | 8 | 6 | 4 | 1 | 4 | 1 | 高校の専攻科修了(見込)者は要資格確認。別途社会人編入実施。 |
| | | 自治行政 | | 2 | ● | ● | ● | ● | ● | ● | | | | | ● | | ● | | | | 1 | 1 | 0 | 0 | 3 | 1 | |
| | 経済 | 経済 | 現代経済 | 2 | ● | ● | ● | ● | ● | ● | | | 英 | | | | ● | | | | 3 | 1 | 2 | 0 | 1 | 0 | 外国語学部英語英文学科にて別途英語検定有資格者試験実施(英語資格基準点あり) |
| | | | 経済分析 | 2 | ● | ● | ● | ● | ● | ● | | | 英 | | | | ● | | 数学 | | 0 | 0 | 0 | 0 | 0 | 0 | |
| | | | 現代ビジネス | 2 | ● | ● | ● | ● | ● | ● | | | 英 | | | | ● | | | | 2 | 0 | 3 | 2 | 5 | 1 | |
| | 経営 | 国際経営 | | 2 | ● | ● | ● | ● | ● | ● | | | 英 | | ※● | | ● | | ※経営学等 | | 12 | 5 | 6 | 3 | 9 | 0 | |
| | 外国語 | 英語英文 | | 2 | ● | ● | ● | ● | ● | ● | | | 英 | | | | ● | | | | 4 | 1 | 8 | 4 | 8 | 6 | |
| | | スペイン語 | | 2 | ● | ● | ● | ● | ● | ● | | | 西 | | | | ● | | | | 1 | 0 | 0 | 0 | 2 | 2 | |
| | | 中国語 | | 2 | ● | ● | ● | ● | ● | ● | | | 中 | | | | ● | | | | 2 | 1 | 1 | 0 | 3 | 2 | |
| | 国際日本 | 国際文化交流 | | 2 | ● | ● | ● | ● | ● | ● | | | 英 | | | | ● | | | | 17 | 8 | 7 | 6 | 8 | 2 | |
| | | 日本文化 | | 2 | ● | ● | ● | ● | ● | ● | | | | | | ● | | | 国語総合(小論含む) | | 1 | 1 | 2 | 1 | 1 | 0 | |
| | | 歴史民俗 | | 2 | ● | ● | ● | ● | ● | ● | | | | | | ● | ● | | | | 4 | 2 | 1 | 1 | 3 | 1 | |
| | 人間科 | 人間科 | | 2 | ● | ● | ● | ● | ● | ● | | | 英 | | | | ● | | | | 5 | 1 | 4 | 2 | 3 | 1 | |
| | 理 | 情報科 | | 2 | ● | ● | ● | ● | ● | ● | | | | | ● | | | | 数又は英 | | 0 | 0 | 0 | 0 | 0 | 0 | 高校の専攻科修了(見込)者は要資格確認。理学部情報、生物、総合理学以外は別途社会人編入実施 |
| | | 数理・物理化 | | 2 | ● | ● | ● | ● | ● | ● | | | | | | | ● | | 数学、物理 | | 0 | 0 | 1 | 1 | 1 | 0 | |
| | | 生物科 | | 2 | ● | ● | ● | ● | ● | ● | | | | | ● | | | | 数又は英 | | 0 | 0 | 0 | 0 | 0 | 0 | |
| | | 総合理学プログラム | | 2 | ● | ● | ● | ● | ● | ● | | | | | | | ● | | 数又は英、物・情報・化・生から1 | | 0 | 0 | 0 | 0 | 0 | 0 | |
| | 工 | 機械工 | | 2 | ● | ● | ● | ● | ● | ● | | | | | | | ● | | 数学・物理 | | 0 | 0 | 1 | 0 | 0 | 0 | |
| | | 電気電子情報工 | | 2 | ● | ● | ● | ● | ● | ● | | | | | ● | | | | 数学 | | 0 | 0 | 1 | 1 | 0 | 0 | |
| | | 物質生命化 | | 2 | ● | ● | ● | ● | ● | ● | | | | | | | ● | | 数学・化学 | | | | | | | | |
| | | 情報システム創成 | | 2 | ● | ● | ● | ● | ● | ● | | | | | ● | | | | 数学 | | 1 | 0 | 0 | 0 | 1 | 1 | |
| | | 経営工 | | 2 | ● | ● | ● | ● | ● | ● | | | | | ● | | | | 数学 | | 0 | 0 | 0 | 0 | 0 | 0 | |
| | | 建築 | | 2 | | | | | | | | | | | | | | | | | 2 | 1 | 0 | 0 | | | |
| | | 総合工学P | | 2 | | | | | | | | | | | | | | | | | 0 | 0 | 2 | 1 | | | |
| | 建築 | 建築 | 建築学系 | 2 | | | | | | | | | | | ● | | ● | | 数学 | | — | — | — | — | 1 | 0 | 新設学部、R5より募集開始。別途社会人編入実施 |
| | | | 都市生活学系 | 2 | | | | | | | | | | | ● | ● | ● | | | | — | — | — | — | 0 | 0 | |
| | 法 | 法律 | | 3 | | ● | ● | ● | ● | ● | | | | | ● | | ● | | | | 4 | 4(2) | 10 | 6 | 9 | 3(2) | 高校の専攻科修了(見込)者は要資格確認。合格者数欄( )は3年次志望者で2年次合格者で内数。 |
| | | 自治行政 | | 3 | | ● | ● | ● | ● | ● | | | | | ● | | ● | | | | 0 | 0 | 1 | 1 | 1 | 1(1) | |
| | 経済 | 経済 | 現代経済 | 3 | | ● | ● | ● | ● | ● | | | 英 | | | | ● | | | | 13 | 1 | 9 | 3 | 1 | 1(1) | |
| | | | 経済分析 | 3 | | ● | ● | ● | ● | ● | | | 英 | | | | ● | | 数学 | | 1 | 0 | 0 | 0 | 0 | 0 | 別途社会人編入実施 |
| | | | 現代ビジネス | 3 | | ● | ● | ● | ● | ● | | | 英 | | | | ● | | | | 3 | 1 | 4 | 1 | 0 | 0 | |
| | 経営 | 国際経営 | | 3 | | ● | ● | ● | ● | ● | | | 英 | | ※● | | ● | | ※経営等 | | 8 | 3(2) | 10 | 5 | 7 | 2 | |
| | 外国語 | 英語英文 | | 3 | | ● | ● | ● | ● | ● | | | 英 | | | | ● | | | | 26 | 19(4) | 21 | 15 | 10 | 7(1) | |
| | | スペイン語 | | 3 | | ● | ● | ● | ● | ● | | | 西 | | | | ● | | | | 0 | 0 | 5 | 5 | 1 | 1(1) | |
| | | 中国語 | | 3 | | ● | ● | ● | ● | ● | | | 中 | | | | ● | | | | 4 | 4(1) | 7 | 6 | 5 | 5(1) | |

特に記載がない場合は、大学在学生3年次は62単位以上、2年次は31単位以上取得見込み

| 大学名 | 学部 | 学科 | 専攻・コース | 編入年次 | 大1 | 大2 | 学士 | 短大 | 高専 | 専門 | 試験日 | 出願期間 | 外国語筆記 | 外部試験 | 専門科目 | 小論文 | 面接 | 口頭試問 | 専門科目以外の科目 | その他の注意事項 | R3志願者 | R3合格者 | R4志願者 | R4合格者 | R5志願者 | R5合格者 | 備考 |
|---|---|---|---|---|---|---|---|---|---|---|---|---|---|---|---|---|---|---|---|---|---|---|---|---|---|---|---|
| | 国際日本 | 国際文化交流 | | 3 | | ● | ● | ● | ● | ● | | | 英 | | | ● | ● | | | | − | − | 12 | 7 | 4 | 3(1) | |
| | | 日本文化 | | 3 | | ● | ● | ● | ● | ● | | | | | | | ● | | 国語総合(小論含む) | | − | − | 3 | 1 | 3 | 2(2) | |
| | | 歴史民俗 | | 3 | | ● | ● | ● | ● | ● | | | | | | | ● | | | | − | − | 1 | 1 | 4 | 1 | |
| | 人間科 | 人間科 | | 3 | | ● | ● | ● | ● | ● | | | 英 | | | ● | ● | | | | 7 | 2(2) | 6 | 3 | 8 | 4(4) | |
| | 理 | 情報科 | | 3 | | ● | ● | ● | ● | ● | | | | | ● | | ● | | 数又は英 | | 0 | 0 | 2 | 2 | 2 | 1(1) | 理工系出身者のみ。高校の専攻科修了(見込)者は要資格確認。合格者数欄( )は3年次志望者で2年次合格者で内数。理学部情報、生物以外は別途社会人編入実施で外数 |
| | | 数理・物理 | | 3 | | ● | ● | ● | ● | ● | | | | | | | ● | | 数学、物理 | | 2 | 0 | 0 | 0 | 0 | 0 | |
| | | 化 | | 3 | | ● | ● | ● | ● | ● | | | | | ● | | ● | | 数又は英 | | 0 | 0 | 1 | 0 | 0 | 0 | |
| | | 生物科 | | 3 | | ● | ● | ● | ● | ● | | | | | | | ● | | 数又は英 | | 0 | 0 | 0 | 0 | 1 | 0 | |
| | 工 | 機械工 | | 3 | | ● | ● | ● | ● | ● | | | | | ● | | ● | | 数学 | | 1 | 1 | 1 | 1 | 2 | 0 | |
| | | 電気電子情報工 | | 3 | | ● | ● | ● | ● | ● | | | | | | | ● | | 数学 | | 0 | 0 | 5 | 4(1) | 1 | 1 | |
| | | 物質生命 | | 3 | | ● | ● | ● | ● | ● | | | | | | | ● | | 数学、化学 | | 1 | 1(1) | 0 | 0 | 1 | 1 | |
| | | 情報システム創成 | | 3 | | ● | ● | ● | ● | ● | | | | | | | ● | | 数学 | | 1 | 0 | 3 | 0 | 1 | 1 | |
| | | 経営工 | | 3 | | ● | ● | ● | ● | ● | | | | | | | ● | | 数学 | | 2 | 1 | 0 | 0 | 1 | 0 | |
| | | 建築 | | 3 | | ● | ● | ● | ● | ● | | | | | | | ● | | 数学 | | 3 | 0 | 0 | 0 | 1 | 0 | |
| 神奈川工科 | 工 | 機械工 | 機械工学 | 2・3 | *● | *● | ● | ● | ● | ● | 10/8 | 9/28~10/3 | 英 | | | | ● | | 数学・力学 | | | | 0 | 0 | 0 | 0 | *修了(見込)者。試験結果、単位認定状況で編入年次決定。合格状況は全編入計 |
| | | | 航空宇宙学 | 2・3 | *● | *● | ● | ● | ● | ● | | | | ● | | | ● | | 数学・力学 | CEFR換算でA3以上 | 1 | 1 | 1 | 1 | 0 | 0 | |
| | | 電気電子情報工 | | 2・3 | *● | *● | ● | ● | ● | ● | | | | | ※● | | | ● | ※数学含む | | 0 | 0 | 0 | 0 | 0 | 0 | |
| | | 応用化 | | 2・3 | *● | *● | ● | ● | ● | ● | | | 英 | | ● | | | ● | | | 0 | 0 | 0 | 0 | 0 | 0 | |
| | 創造工 | 自動車システム開発工 | | 2・3 | *● | *● | ● | ● | ● | ● | | | 英 | | ● | | ● | | 数学・力学 | | 0 | 0 | 0 | 0 | 0 | 0 | |
| | | ロボット・メカトロニクス | | | | | | | | ● | | | | | | | | | | | 0 | 0 | 0 | 0 | − | − | |
| | | ホームエレクトロニクス開発 | | | | | | | | | | | | | | | | | | | | | | | | | |
| | 応用バイオ科 | 応用バイオ科 | | 2・3 | *● | *● | ● | ● | ● | ● | | | 英 | | ● | | | ● | | | 0 | 0 | 0 | 0 | 0 | 0 | |
| | 情報 | 情報工 | | | | | | | | ● | | | | | | | | | | | 0 | 0 | 0 | 0 | − | − | *修了(見込)者。試験結果、単位認定状況で編入年次決定。合格状況は全編入計。別途AO型編入実施(書・面・成果発表) |
| | | 情報ネットワーク・コミュニケーション | | | | | | | | | | | | | | | | | | | 0 | 0 | 0 | 0 | − | − | |
| | | 情報メディア | | | | | | | | | | | | | | | | | | | 1 | 0 | 0 | 0 | − | − | |
| 神奈川歯科 | 歯 | 歯 | | 2 | ● | ● | ● | *● | | | 11/20 12/11 3/21 | 11/1~11/14 11/15~12/5 3/1~3/16 | | | | ● | ● | | 基礎学力試験、適性検査 | | − | − | 10 | 8 | 12 | 9 | 欠員補充。大学在学者34単位以上(見込不可) *医療技術系 |
| 鎌倉女子 | 家政 | 家政保健 | | 3 | | ● | ● | ● | 2 | ● | 12/11 2/9 | 11/21~12/6 1/25~2/1 | | | | ※● | ● | | ※専門基礎含む | | 3 | 1 | 2 | 1 | 1 | 1 | 合格者に第2志望合格者含む |
| | 児童 | 児童 | | 3 | | ● | ● | ● | ● | ● | | | | | | ※● | ● | | | | 2 | 2 | 6 | 3 | 2 | 2 | |
| | | 子ども心理 | | 3 | | ● | ● | ● | ● | ● | | | | | | ※● | ● | | | | 5 | 5 | 6 | 2 | 1 | 1 | |
| | 教育 | 教育 | | 3 | | ● | ● | ● | ● | ● | 2/9 | 1/25~2/1 | | | | | ● | | | | 12 | 12 | 22 | 19 | 5 | 1 | |
| 関東学院 | 国際文化 | 英語文化 | | 2・3 | ● | ● | ● | ● | | ● | 12/11 3/3 | 11/1~11/7 2/7~2/10 | 英 | | | ● | ● | | | ※TOEICと外国語単位で英語免除可 | 9 | 4 | 12 | 6 | 1 | 1 | |
| | | 比較文化 | | 2・3 | ● | ● | ● | ● | | ● | | | 英 | | | ● | ● | | | | 3 | 2 | 6 | 3 | 6 | 2 | |
| | 社会 | 現代社会 | | 2・3 | ● | ● | ● | ● | | ● | | | 英 | | | ● | ● | | | | 5 | 3 | 4 | 3 | 2 | 0 | |
| | 経済 | 経済 | | 2・3 | ● | ● | ● | ● | | ● | | | 英 | | | ● | ● | | | | 7 | 2 | 1 | 1 | 1 | 0 | |
| | 経営 | 経営 | | 2・3 | ● | ● | ● | ● | | ● | | | 英 | ※ | | ● | ● | | | | 10 | 0 | 9 | 4 | 15 | 6 | |
| | 法 | 法 | | 2・3 | ● | ● | ● | ● | | ● | | | 英 | | | ● | ● | | | | 0 | 0 | 3 | 2 | 5 | 0 | |
| | | 地域創生 | | 2・3 | ● | ● | ● | ● | | ● | | | 英 | | | ● | ● | | | | 0 | 0 | 3 | 2 | − | − | |
| | 理工 | 生命科学 | | 2・3 | ● | ● | ● | ● | | ● | | | 英 | | | | ● | | 数学 | | 0 | 0 | 0 | 0 | 1 | 0 | 3年次は認定単位の事前確認必須。学科欄はコース名 |
| | | 数理・物理 | | 2・3 | ● | ● | ● | ● | | ● | | | 英 | | | | ● | | | | 1 | 0 | 0 | 0 | 1 | 0 | |
| | | 応用化学 | | 2・3 | ● | ● | ● | ● | | ● | | | 英 | | | | ● | | | | 1 | 0 | 0 | 0 | 1 | 0 | |
| | | 総合機械 | | 3 | | ● | ● | ● | ● | ● | | | 英 | | | | ● | | | | 1 | 1 | 1 | 0 | | | |
| | | 自動車 | | 3 | | ● | ● | ● | ● | ● | | | 英 | | | | ● | | | | 1 | 1 | 0 | 0 | | | |
| | | ロボティクス | | 3 | | ● | ● | ● | ● | ● | | | 英 | | | | ● | | | | 0 | 0 | 1 | 0 | | | |
| | | 先進機械 | | 2 | | ● | ● | ● | ● | ● | | | 英 | | | | ● | | | | − | − | 2 | 1 | 2 | 0 | |
| | | 電気・電子 | | 2・3 | ● | ● | ● | ● | | ● | | | 英 | | | | ● | | | | 4 | 1 | 2 | 1 | − | − | |

| 大学名 | 学部 | 学科 | 専攻・コース | 編入年次 | 大1 | 大2 | 学士 | 短大 | 高専 | 専門 | 試験日 | 出願期間 | 外国語筆記 | 外部試験 | 専門科目 | 小論文 | 面接 | 口頭試問 | 専門科目以外の科目 | その他の注意事項 | R3志願者 | R3合格者 | R4志願者 | R4合格者 | R5志願者 | R5合格者 | 備考（特に記載がない場合は、大学在学生3年次は62単位以上、2年次は31単位以上取得見込み） |
|---|---|---|---|---|---|---|---|---|---|---|---|---|---|---|---|---|---|---|---|---|---|---|---|---|---|---|---|
| | 建築・環境 | 健康・スポーツ計測 | | 2・3 | | ● | ● | ● | ● | ● | | | 英 | | | | ● | | | | 1 | 1 | 0 | 0 | 0 | 0 | |
| | | 情報ネット・メディア | | 2・3 | | ● | ● | ● | ● | ● | | | 英 | | | | ● | | | | 3 | 0 | 9 | 6 | 0 | 0 | |
| | | 土木・都市防災 | | 2・3 | | ● | ● | ● | ● | ● | | | 英 | | | | ● | | | | 2 | 1 | 1 | 1 | 1 | 0 | |
| | | 建築環境 | | 2・3 | | ● | ● | ● | ● | ● | | | 英 | | | | ● | | | | 4 | 0 | 1 | 0 | 6 | 4 | |
| | 人間共生 | コミュニケーション | | 2・3 | | ● | ● | ● | ● | ● | | | 英 | | | | ● | ● | | | 3 | 0 | 5 | 4 | 5 | 3 | |
| | | 共生デザイン | | 2・3 | | ● | ● | ● | ● | ● | | | 英 | | | | ● | | | | 0 | 0 | 2 | 1 | 1 | 1 | |
| 相模女子 | 学芸 | 日本語日本文 | | 3 | | ● | ● | ● | | | 11/12 2/7 | 10/11~11/7 1/10~2/1 | | | | | ● | | | | 1 | 1 | 3 | 3 | 0 | 0 | 合格状況に内編含む。子ども教育は要事前審査 |
| | | 英語文化コミュニケーション | | 3 | | ● | ● | ● | | | | | | | | | ● | | | | 14 | 11 | 10 | 9 | 2 | 2 | |
| | | 子ども教育 | | 2・3 | | ● | ● | ● | | | | | | | | | ● | | | | 4 | 4 | 6 | 6 | 6 | 6 | |
| | | メディア情報 | | 3 | | ● | ● | ● | | | | | | | | | ● | | | | 11 | 10 | 11 | 11 | 11 | 11 | |
| | | 生活デザイン | | 3 | | ● | ● | ● | | | | | | | | | | ※● | ※作品等持参 | | 2 | 1 | 0 | 0 | 4 | 4 | |
| | 人間社会 | 社会マネジメント | | 3 | | ● | ● | ● | | | | | | | | | ● | | | | 9 | 8 | 7 | 7 | 9 | 9 | |
| | | 人間心理 | | 3 | | ● | ● | ● | | | | | | | | | ● | | | | 5 | 5 | 4 | 3 | 2 | 2 | |
| | 栄養科 | 健康栄養 | | 3 | | | ● | ● | | | 7/2 | 6/6~6/27 | | | ● | ● | ● | | | | 3 | 2 | 3 | 3 | 11 | 5 | 合格状況に内編含む。栄養士免許取得（見込）者のみ |
| | | 管理栄養 | | 3 | | | ● | ● | | | | | | | ● | ● | ● | | | | 17 | 4 | 13 | 5 | 14 | 9 | |
| 松蔭 | 経営文化 | 経営法 | | 3 | | ● | ● | ● | | ● | 2/15 3/8 | 2/4~2/12 2/24~3/5 | | | | ● | ● | | | | △ | △ | | | △ | △ | 別途公募推薦編入（書・小・面）、社会人編入（シニア学生含む）実施 |
| | | ビジネスマネジメント | | 3 | | ● | ● | ● | | ● | | | | | | ● | ● | | | | △ | △ | 1 | 1 | △ | △ | |
| | コミュニケーション文化 | 日本文化コミュニケーション | | 3 | | ● | ● | ● | | ● | | | | | | ● | ● | | | | △ | △ | 0 | 0 | △ | △ | |
| | | 異文化コミュニケーション | | 3 | | ● | ● | ● | | ● | | | | | | ● | ● | | | | △ | △ | 0 | 0 | △ | △ | |
| | | 生活心理 | | 3 | | ● | ● | ● | | ● | | | | | | ● | ● | | | | △ | △ | 0 | 0 | △ | △ | |
| | | 子ども | | 3 | | ● | ● | ● | | ● | | | | | | ● | ● | | | | △ | △ | 0 | 0 | △ | △ | |
| | 観光メディア文化 | 観光文化 | | 3 | | ● | ● | ● | | ● | | | | | | ● | ● | | | | △ | △ | | | △ | △ | |
| | | メディア情報文化 | | 3 | | ● | ● | ● | | ● | | | | | | ● | ● | | | | △ | △ | 1 | 1 | △ | △ | |
| 湘南医療 | 薬 | 医療薬 | | 2 | ● | ● | ● | ● | | | 10/9 11/13 12/11 1/21 | 9/1~9/30 10/24~11/7 11/21~12/5 12/26~1/16 | | | | ● | ● | ● | 基礎学力試験・化学 | 小論文はⅠ期のみ | — | — | 3 | 3 | 3 | 3 | Ⅰ期とⅡ期、Ⅲ期では学力試験の配点が異なる |
| 湘南工科 | 工 | 機械工 | | 2・3 | | ● | ● | ● | | ● | 12/3 2/24 | 11/14~11/18 2/6~2/10 | | | | | | ● | | | 2 | 2 | 3 | 3 | 4 | 3 | 読替え後2年次20単位、3年次60単位以上で、要事前審査相談。単位取得状況で編入年次決定 |
| | | 電気電子工 | | 2・3 | | ● | ● | ● | | ● | | | | | | | | ● | | | 2 | 2 | 9 | 4 | 2 | 2 | |
| | | 情報工 | | 2・3 | | ● | ● | ● | | ● | | | | | | | | ● | | | 4 | 2 | 11 | 6 | 3 | 5 | |
| | | コンピュータ応用 | | 2・3 | | ● | ● | ● | | ● | | | | | | | | ● | | | 2 | 2 | 2 | 1 | 2 | 2 | |
| | | 総合デザイン | | 2・3 | | ● | ● | ● | | ● | | | | | | | | ● | | | 2 | 1 | 1 | 1 | 2 | 2 | |
| | | 人間環境 | | 2・3 | | ● | ● | ● | | ● | | | | | | | | ● | | | 1 | 1 | 0 | 0 | 1 | 1 | |
| 昭和音楽 | 音楽 | 音楽芸術表現 | | 2・3 | *● | *● | ● | ● | | | 12/18 2/2,3 2/25 | 11/30~12/5 1/6~1/14 2/7~2/12 | | ※● | ● | ● | | | | ※専門・作品提出・実技・小論文等 | 15(14) | 12(13) | △ | △ | △ | △ | 短大1年修了者も可。*修了（見込）者。（ ）は内編で外数。志願者数は第一志望のみ、合格者数は第二志望含む。事前審査あり |
| | | 音楽芸術運営 | | 2・3 | *● | *● | ● | ● | | | | | | ※● | ● | ● | | | | | 1(1) | 0(1) | △ | △ | △ | △ | |
| 女子美術 | 芸術 | 美術 | 洋画 | 3 | | ● | ● | ● | | ● | 12/11 | 11/7~11/13 | | | | | ● | | | 面接は作品持参。アートプロデュース表現はポートフォリオ持参 | 12 | 2 | 10 | 4 | 14 | 3 | 2次の実施有無は要問合せ |
| | | | 日本画 | 3 | | ● | ● | ● | | ● | | | | | | | ● | | 水彩画 | | 4 | 1 | 0 | 0 | 3 | 2 | |
| | | | 立体アート | 3 | | ● | ● | ● | | ● | | | | | | | ● | | | | 2 | 2 | 5 | 2 | 2 | 1 | |
| | | | 美術教育 | 3 | | ● | ● | ● | | ● | | | | | | | ● | | | | 2 | 1 | 0 | 0 | 1 | 1 | |
| | | | 芸術文化 | 3 | | ● | ● | ● | | ● | | | | | | | ● | | | | 4 | 3 | 3 | 1 | 3 | 1 | |

| 大学名 | 学部 | 学科 | 専攻・コース | 編入年次 | 大1 | 大2 | 学士 | 短大 | 高専 | 専門 | 試験日 | 出願期間 | 外国語筆記 | 外部試験 | 専門科目 | 小論文 | 面接 | 口頭試問 | 専門科目以外の科目 | その他の注意事項 | R3志願者 | R3合格者 | R4志願者 | R4合格者 | R5志願者 | R5合格者 | 備考 特に記載がない場合は、大学在学生3年次は62単位以上、2年次は31単位以上取得見込み |
|---|---|---|---|---|---|---|---|---|---|---|---|---|---|---|---|---|---|---|---|---|---|---|---|---|---|---|---|
| | | デザイン・工芸 | ヴィジュアルデザイン | 3 | | ● | ● | ● | ● | | | | | | | | ● | | 事前課題 | 9 | 2 | 12 | 5 | 16 | 6 | |
| | | | プロダクトデザイン | 3 | | ● | ● | ● | ● | | | | | | | | ● | | | 0 | 0 | 3 | 0 | 1 | 0 | |
| | | | 環境デザイン | 3 | | ● | ● | ● | ● | | | | | | | | ● | | | 7 | 2 | 4 | 2 | 4 | 2 | |
| | | | 工芸 | 3 | | ● | ● | ● | ● | | | | | | | | ● | | | 5 | 3 | 6 | 3 | 4 | 1 | |
| | | アート・デザイン表現 | メディア表現 | 3 | | ● | ● | ● | ● | | | | | | | | ● | | | 9 | 5 | 20 | 0 | 14 | 1 | |
| | | | ヒーリング表現 | 3 | | ● | ● | ● | ● | | | | | | | | ● | | | 6 | 2 | 6 | 1 | 6 | 1 | |
| | | | ファッションテキスタイル表現 | 3 | | ● | ● | ● | ● | | | | | | | | ● | | | 3 | 0 | 4 | 1 | 2 | 1 | |
| | | | アートプロデュース表現 | 3 | | ● | ● | ● | ● | | | | | | | | ● | | | 2 | 0 | 2 | 1 | 1 | 0 | |
| 洗足学園音楽 | 音楽 | 音楽 | | 3 | | ● | ● | ● | ● | | 2/11、2/12 | 1/11~1/26 | | | | ※● | ● | ● | | ※コースにより異なる | 9 | 9 | 31 | 12 | 17 | 10 | 音楽系(芸術学部含む)出身者のみ |
| 鶴見 | 歯 | 歯 | | 2 | ※ | *● | ● | ● | | | 9/23 11/3 12/11 1/25 2/23 3/17 | 9/1~9/15 9/26~10/21 11/4~12/2 12/2~1/16 1/31~2/15 3/1~3/10 | | | | | ● | ● | | | 15 | 12 | 21 | 19 | △ | 17 | ※他大歯学部1年次修了者。*口腔保健衛生学科又は看護学に関する学部学科、医学、薬学、獣医学等の6年制大学を2年以上修了者、短大は歯科衛生課(3年制)卒(見込)者。R5実績合格者欄は入学者数 |
| | 文 | 日本文 | | 3 | | ● | ● | *● | | | 11/27 2/21 | 11/2~11/15 1/30~2/14 | | | | ● | | ● | | | 1 | 0 | 0 | 0 | △ | △ | *短大・専門士は同系列出身者のみ |
| | | 英語英米文 | | 3 | | ● | ● | *● | | *● | | | | | | | | ※● | | ※英語英文学科は英文音読 | 3 | 0 | 3 | 1 | △ | △ | |
| | | 文化財 | | 3 | | ● | ● | ● | | | | | | | | | *● | | *日本史・日本美術史・考古学・文化財科学から1 | 1 | 1 | 0 | 0 | △ | △ | |
| | | ドキュメンテーション | | 3 | | ● | ● | ● | | | | | | | | | | ※● | | ※実技パソコンの基礎知識及び操作スキル試験) | 0 | 0 | 0 | 0 | △ | △ | |
| 田園調布学園 | 人間福祉 | 社会福祉 | 社会福祉 | 3 | | ● | ● | ● | ● | *● | 12/18 1/29 | 11/1~12/13 1/4~1/24 | | | | ● | ● | | | | 2 | 2 | 4 | 0 | 1 | 0 | *専門士は福祉系のみ。別途社会人編入実施で合格状況に含む |
| | | 心理福祉 | | 3 | | ● | ● | ● | ● | | | | | | | ● | ● | | | | 0 | 0 | 0 | 0 | 1 | 1 | |
| | 人間科 | 心理 | | 3 | | ● | ● | ● | ● | | | | | | | ● | ● | | | | 1 | 1 | 0 | 0 | 0 | 0 | |
| 桐蔭横浜 | 法 | 法律 | | 3 | | ● | ● | ● | ● | | 11/19 12/10 | 11/1~11/8 11/24~12/2 | | | | | ● | | | | 1 | 1 | 1 | 1 | 1 | 1 | |
| 東洋英和女学院 | 人間科 | 人間科 | | 2・3 | *● | ● | ● | ● | | | 10/23 | 10/3~10/12 | | | | | ● | | | | 4 | 4 | 9 | 8 | 4 | 4 | 大学在学者50単位以上。*修了(見込)者。専門士はほとんどの場合卒業に3年以上要す。別途社会人編入実施で合格状況に指定校社会人含む |
| | | 保育子ども | | 2・3 | *● | ● | ● | ● | | | | | | | | | ● | | | | 1 | 1 | 0 | 0 | 5 | 5 | |
| | 国際社会 | 国際社会 | | 2・3 | *● | ● | ● | ● | | | | | | | | | ● | | | | 4 | 4 | 5 | 4 | 1 | 1 | |
| | | 国際コミュニケーション | | 2・3 | *● | ● | ● | ● | | | | | | | | | ● | | | | 7 | 7 | 6 | 6 | 2 | 2 | |
| 日本映画 | 映画 | 映画 | | 2 | ● | ● | ● | ● | ● | | 3/9 | 2/20~3/4 | | | | ※● | ● | | | ※小論文は事前提出 | 1 | 1 | 0 | 0 | 0 | 0 | 大学在学者30単位以上。入学前に受講が必要な科目あり |
| フェリス女学院 | 文 | 英語英米文 | | 3 | | ● | ● | ● | ● | ● | 12/3 | 10/21~10/27 | 英 | | | | ● | ● | | | 5 | 1 | 5 | 1 | 4 | 2 | 年度により年次異なる。大学在学者2年次30単位以上 |
| | | 日本語日本文 | | 2 | ● | ● | ● | ● | ● | | | | | | | | ● | ● | 国語 | | 1 | 0 | 1 | 0 | 3 | 3 | |
| | | コミュニケーション | | 3 | | ● | ● | ● | ● | | | | 英 | | | | ● | ● | | | 6 | 2 | 7 | 2 | 4 | 2 | |
| | 国際交流 | 国際交流 | | 2・3 | ● | ● | ● | ● | ● | | | | 英 | | | | ● | ● | | | 8 | 3 | 4 | 2 | 3 | 2 | |
| | 音楽 | 音楽芸術 | | 2・3 | ● | ● | ● | ● | ● | | | | | | | | ● | ● | | | 0 | 0 | 1 | 1 | 2 | 2 | |
| 横浜商科 | 商 | 商 | | 3 | | ● | ● | ● | ● | | 10/2 3/9 | 9/6~9/26 2/7~2/21 | 英 | | | | | ● | 論述 | | 3 | 2 | 2 | 1 | 1 | 0 | 大学在学者所定の単位取得(見込)者。別途社会人編入実施で合格状況に含む |
| | | 観光マネジメント | | 3 | | ● | ● | ● | ● | | | | 英 | | | | | ● | | | | | | | | | |
| 横浜美術 | 美術 | 美術・デザイン | | 3 | | ● | ● | ● | ● | | 12/17 2/22 | 12/2~12/11 2/6~2/15 | | | | ※● | | | 持参作品 | ※プレゼン含む | 2 | 1 | 2 | 1 | 2 | 1 | |

| 大学名 | 学部 | 学科 | 専攻・コース | 編入年次 | 大1 | 大2 | 学士 | 短大 | 高専 | 専門 | 試験日 | 出願期間 | 外国語筆記 | 外部試験 | 専門科目 | 小論文 | 面接 | 口頭試問 | 専門科目以外の科目 | その他の注意事項 | R3志願者 | R3合格者 | R4志願者 | R4合格者 | R5志願者 | R5合格者 | 備考 |
|---|---|---|---|---|---|---|---|---|---|---|---|---|---|---|---|---|---|---|---|---|---|---|---|---|---|---|---|
| 敬和学園 | 人文 | 国際文化 | | 2・3 | | ● | ● | ● | ● | ● | 随時 | 9/1~3/8 | | | | | ● | | | | 4 | 4 | 1 | 1 | 2 | 2 | 大学在学者は一定の単位修得(見込)者で面談の1か月前までに確認 |
| | | 英語文化コミュニケーション | | 2・3 | | ● | ● | ● | ● | ● | | | | | | | ● | | | | 3 | 2 | 0 | 0 | 1 | 1 | |
| | | 共生社会 | | 2・3 | | ● | ● | ● | ● | ● | | | | | | | ● | | | | 1 | 1 | 0 | 0 | 0 | 0 | |
| 長岡 | 経済経営 | 経済経営 | | 3 | | ● | ● | ● | ● | ● | 2/5 | 1/4~1/27 | | | | ● | ● | | | | 2 | 2 | 2 | 2 | 4 | 4 | |
| 新潟医療福祉 | 看護 | 看護 | | 3 | | | | | | | 10/15 | 9/1~9/7 | | | ● | ● | ● | | | | 1 | 1 | 2 | 0 | 1 | 0 | 看護系出身で看護師免許又は看護師国家試験受験資格取得(見込)者 |
| | 健康科 | 健康スポーツ | | 3 | | ● | ● | ● | ● | ● | 12/17 | 12/1~12/12 | | | | | ● | | | 面接はオンライン | 2 | 0 | 1 | 1 | 2 | 0 | 要事前エントリー |
| | 社会福祉 | 社会福祉 | | 3 | | | | | | | | | | | | ● | ● | | | | 0 | 0 | 0 | 1 | 1 | 0 | |
| | 医療経営管理 | 医療経営管理 | | 3 | | | | | | | | | | | | ● | ● | | | | 1 | 1 | 1 | 0 | 0 | 0 | |
| 新潟経営 | 経営情報 | 経営情報 | | 3 | | | | | | | 11/26 3/14 | 10/17~11/17 2/27~3/9 | | | | | ● | | | | 0 | 0 | 0 | 0 | 1 | 1 | 別途推薦・スポーツO編入実施(書・面)で合格状況に含む |
| | | スポーツマネジメント | | 3 | | ● | ● | ● | ● | ● | | | | | | | ● | | | | 0 | 0 | 0 | 0 | 1 | 1 | |
| 新潟工科 | 工 | 工 | | 3 | | ● | ● | ● | ● | ● | 7/8 12/17 | 6/20~7/1 12/1~12/12 | | | | | | ※● | ※専門分野の基礎含む | | 0 | 0 | 4(1) | 4(1) | 2(1) | 2(1) | 大学在学者要受験許可書。工科系(短大は準ずる学科可)出身者のみ。( )は指定校、公募推薦(書・面)で外数別途秋季入学試験(書・面<口頭試問含む>)・社会人編入実施 |
| 新潟国際情報 | 国際 | 国際文化 | | 3 | | | | | | | 11/21 | 11/1~11/9 | | | | ● | ● | | | | 1 | 1 | 1 | 1 | 1 | 1 | 英・露・中・韓のいずれか履修者で出願前要問合せ |
| 新潟産業 | 経済 | 経済経営 | | 3 | | ● | ● | ● | ● | ● | 2/3 3/8 | 1/4~1/29 2/19~3/4 | | | | ● | | ● | | | 0 | 0 | 0 | 0 | 1 | 1 | 別途社会人編入実施 |
| | | 文化経済 | | 2 | | ● | ● | ● | ● | ● | | | | | | ● | | ● | | | 0 | 0 | 0 | 0 | 1 | 1 | |
| 新潟食料農業 | 食料産業 | 食料産業 | | 3 | *● | *● | ● | ● | ● | ● | 10/8 11/12 12/17 2/16 3/15 | 9/9~9/26 10/24~11/4 11/15~12/5 1/17~2/3 2/13~3/9 | | | | | ● | | | 面接はオンライン | 4 | 4 | 3 | 3 | 3 | 2 | *修了(見込)者。要事前エントリー |
| 新潟青陵 | 福祉心理 | 社会福祉 | ソーシャルワーク | 3 | | | | | | | 9/17 | 8/31~9/7 | | | | ● | ● | | | | △ | △ | △ | △ | △ | △ | 定員に達しない場合のみ2次募集実施 |
| | | 臨床心理 | | 3 | | | | | | | 11/26 | 11/9~11/16 | | | | ● | ● | | | | △ | △ | △ | △ | △ | △ | |
| 新潟薬科 | 薬 | 薬 | | 2~4 | ● | ● | ● | | | | 2/6 | 1/5~1/25 | | | | | ● | | | | 0 | 0 | 1 | 1 | 1 | 0 | 薬学部2~4年次は薬学部に1年以上在籍しそれぞれの編入年次単位修得者のみ。要事前相談 |
| | 応用生命科 | 応用生命科 | | 2・3 | | ● | ● | ● | ● | ● | | | | | | | ● | | | | 0 | 0 | 0 | 0 | 0 | 0 | |
| | | 生命産業創造 | | 2・3 | | ● | ● | ● | ● | ● | | | | | | | ● | | | | 0 | 0 | 1 | 1 | 0 | 0 | |
| 新潟リハビリテーション | 医療 | リハビリテーション | 理学療法学 | 2 | | ● | ● | ● | ● | | 11/19 12/17 | 11/1~11/15 12/1~12/15 | | | | | | ● | | | — | — | 0 | 0 | — | — | 事前相談にて専攻の教育課程として認定できる科目を30単位以上 |
| | | | 作業療法学 | 2 | | ● | ● | ● | ● | | | | | | | | | ● | | | 0 | 0 | 0 | 0 | — | — | |
| | | | リハビリテーション心理学 | 2 | | ● | ● | ● | ● | | | | | | | | | ● | | | 0 | 0 | 0 | 0 | — | — | |
| 高岡法科 | 法 | 法 | 公共政策 | 3 | | ● | ● | ● | ● | ● | 出願後別途通知 随時 | | | | | | ● | | | | 1 | 1 | 0 | 0 | 1 | 1 | |
| | | | 法専門職 | 3 | | ● | ● | ● | ● | ● | | | | | | | ● | | | | | | | | | | |
| | | | 企業経営 | 3 | | ● | ● | ● | ● | ● | | | | | | | ● | | | | | | | | | | |
| 富山国際 | 現代社会 | 現代社会 | | 3 | *● | *● | ● | ● | ● | ● | 11/12 | 11/1~11/8 | | | | ● | ● | | | | 1 | 1 | 7 | 7 | 4 | 2 | *修了(見込)者 |
| | 子ども育成 | 子ども育成 | | 3 | *● | *● | ● | ● | ● | ● | | | | | | | ● | ● | プレゼン | 9 | 7 | 8 | 2 | 1 | 1 | |
| 金沢学院 | 文 | 教育 | | 3 | *● | *● | ● | ● | ● | ● | 9/23 2/18 | 9/1~9/16 1/23~2/13 | | | | | ● | ● | | | 0 | 0 | 0 | 0 | 2 | 1 | *修了(見込)者 |
| | | 文 | | 3 | *● | *● | ● | ● | ● | ● | | | | | | | ● | ● | | | 12 | 12 | 2 | 2 | 2 | 2 | |
| | 栄養 | 栄養 | | 3 | *● | *● | ● | ● | ● | ● | | | | | | ● | ● | | | | 5 | 3 | 4 | 4 | 3 | 3 | |
| | スポーツ科 | スポーツ科 | | 3 | *● | *● | ● | ● | ● | ● | | | | | | | ● | ● | | | 8 | 8 | 1 | 1 | 1 | 1 | |
| | 経済 | 経済 | | 3 | *● | *● | ● | ● | ● | ● | | | | | | | ● | ● | | | — | — | 0 | 0 | 0 | 0 | |
| | | 経営 | | 3 | *● | *● | ● | ● | ● | ● | | | | | | | ● | ● | | | — | — | 0 | 0 | 2 | 2 | |
| | 経済情報 | 経済情報 | | 3 | *● | *● | ● | ● | ● | ● | | | | | | | ● | ● | | | 2 | 2 | 0 | 0 | 0 | 0 | |
| | 芸術 | 芸術 | | 3 | *● | *● | ● | ● | ● | ● | | | | | | | ● | ● | 小論文又は実技 | | 3 | 3 | 0 | 0 | 7 | 7 | |

| 大学名 | 学部 | 学科 | 専攻・コース | 編入年次 | 大1 | 大2 | 学士 | 短大 | 高専 | 専門 | 試験日 | 出願期間 | 外国語筆記 | 外部試験 | 専門科目 | 小論文 | 面接 | 口頭試問 | 専門科目以外の科目 | その他の注意事項 | R3志願者 | R3合格者 | R4志願者 | R4合格者 | R5志願者 | R5合格者 | 備考（特に記載がない場合は、大学在学生3年次は62単位以上、2年次は31単位以上取得見込み） |
|---|---|---|---|---|---|---|---|---|---|---|---|---|---|---|---|---|---|---|---|---|---|---|---|---|---|---|---|
| 金沢工業 | 工 | 機械工 | | 3 | | ● | ● | ● | ● | ● | 9/9 | 8/18~8/24 | 英 | | | | ● | | 数学 | | 3(4) | 3(4) | 1(4) | 0(4) | 1(1) | 1(1) | 別途公募推薦(書・面)、併設校推薦、社会人編入実施。( )は併設・系列校推薦で外数、公募推薦、社会人編入は含む。合格状況に2年次合格者含む |
| | | 航空システム | | 3 | | ● | ● | ● | ● | ● | | | 英 | | | | ● | | | | 0(1) | 0(1) | 0(0) | 0(0) | 2(0) | 2(0) | |
| | | ロボティクス | | 3 | | ● | ● | ● | ● | ● | | | 英 | | | | ● | | | | 0(1) | 0(1) | 1(3) | 0(3) | 0(1) | 0(1) | |
| | | 電気電子 | | 3 | | ● | ● | ● | ● | ● | | | 英 | | | | ● | | | | 0(2) | 0(2) | 0(2) | 0(2) | 1(0) | 1(0) | |
| | | 情報工 | | 3 | | ● | ● | ● | ● | ● | | | 英 | | | | ● | | | | 0(4) | 0(4) | 2(2) | 0(2) | 3(2) | 2(2) | |
| | | 環境土木 | | 3 | | ● | ● | ● | ● | ● | | | 英 | | | | ● | | | | 0(0) | 0(0) | 1(0) | 1(0) | 1(0) | 1(0) | |
| | 建築 | 建築 | | 3 | | ● | ● | ● | ● | ● | | | 英 | | | | ● | | | | 0(2) | 0(2) | 1(2) | 1(2) | 1(0) | 1(0) | |
| | 情報フロンティア | メディア情報 | | 3 | | ● | ● | ● | ● | ● | | | 英 | | | | ● | | | | 0(0) | 0(0) | 0(4) | 0(4) | 1(0) | 1(0) | |
| | | 経営情報 | | 3 | | ● | ● | ● | ● | ● | | | 英 | | | | ● | | | | 0(2) | 0(2) | 0(8) | 0(8) | 0(0) | 0(0) | |
| | | 心理科 | | 3 | | ● | ● | ● | ● | ● | | | 英 | | | | ● | | | | 0(0) | 0(0) | 0(0) | 0(0) | 1(0) | 1(0) | |
| | バイオ・化 | 応用化 | | 3 | | ● | ● | ● | ● | ● | | | 英 | | | | ● | | | | 0(0) | 0(0) | 0(0) | 0(0) | 0(0) | 0(0) | |
| | | 応用バイオ | | 3 | | ● | ● | ● | ● | ● | | | 英 | | | | ● | | | | 0(0) | 0(0) | 0(0) | 0(0) | 0(0) | 0(0) | |
| 金沢星稜 | 経済 | 経済 | | 3 | | ● | ● | ● | ● | ● | 12/3 | 11/14~11/24 | | | | ● | ● | | | | △ | △ | △ | △ | 8 | 8 | |
| | | 経営 | | 3 | | ● | ● | ● | ● | ● | | | | | | ● | ● | | | | △ | △ | △ | △ | 0 | 0 | |
| | 人間科 | スポーツ | | 3 | | ● | ● | ● | ● | ● | | | | | | ● | ● | | | | △ | △ | △ | △ | 0 | 0 | |
| | | こども | | 3 | | ● | ● | ● | ● | ● | | | | | | ● | ● | | | | △ | △ | △ | △ | 1 | 1 | |
| | 人文 | 国際文化 | | 3 | | | | | | | | | | | | ※● | ● | | ※英語による論述含む | IELTSで具体的基準あり | △ | △ | △ | △ | 0 | 0 | |
| 金城 | 社会福祉 | 社会福祉 | | 3 | | ● | | ● | ● | ● | 10/15 12/18 | 9/26~10/5 12/1~12/7 | | | | ● | ● | | | | 0 | 0 | △ | △ | 1 | 1 | 別途総合型編入実施(書・面)で、左記は エントリー→1次面接→出願→2次面接の順。合格状況は全編入計。子ども福祉は保育士資格取得(見込)者のみ |
| | | 子ども福祉 | | 3 | | ● | | ● | ● | ● | | | | | | ● | ● | | | | 0 | 0 | △ | △ | 0 | 0 | |
| 北陸 | 国際コミュニケーション | 国際コミュニケーション | 英語 | 3 | | ＊● | ● | ● | ● | ● | 11/20 2/3 | 11/1~11/8 12/19~1/17 | ※英 | | | | ● | | | ※英語能力試験が規定以上で免除 | 4 | 3 | 1 | 1 | 3 | 3 | 大学在学者60単位以上。*修了(見込)者。合格状況は留学生除く。要事前審査 |
| | | | 中国語 | 3 | | ＊● | ● | ● | ● | ● | 2/28(薬学部のみ) | 1/27~2/3(薬学部のみ) | | | | | ● | | | | | | | | | | |
| | 経済経営 | マネジメント | | 3 | | ＊● | ● | ● | ● | ● | | | | | | | ● | | | | 2 | 2 | 2 | 1 | 1 | 1 | |
| | 薬 | 薬 | | 2・4 | | ＊● | ● | ● | ● | ● | | | | | | | | ● | | | 1 | 0 | 1 | 1 | 1 | 1 | 大学在学者62単位以上(外国語科目4単位含む)。*4年次は薬学部で3年以上在学で120単位以上 |
| 北陸学院 | 人間総合 | 社会 | | 3 | | ● | | ● | ● | ● | 11/26 2/25 | 11/11~11/18 2/9~2/20 | | | | ● | ● | | | | 0 | 0 | 3 | 2 | 2 | 2 | 別途社会人編入実施。要事前相談 |
| | | 子ども教育 | | 3 | | ● | | ● | ● | ● | | | | | | ● | ● | | | | 0 | 0 | 0 | 0 | 0 | 0 | |
| 仁愛 | 人間 | 心理 | | 3 | | ● | ● | ● | ● | ● | 9/17 2/18 | 9/1~9/9 1/30~2/13 | | | | | ● | | | | 1 | 1 | 1 | 1 | 3 | 3 | |
| | | コミュニケーション | | 3 | | ● | ● | ● | ● | ● | | | | | | | ● | | | | 1 | 1 | 0 | 0 | 0 | 0 | |
| | 人間生活 | 健康栄養 | | 3 | | | | | | ● | | | | | | ● | ● | | | | 3 | 2 | 3 | 3 | 0 | 0 | 栄養士免許取得(見込)者のみ。別途指定校推薦・系列校・社会人編入実施で実績に含む |
| 福井工業 | 工 | 電気電子工 | | 2・3 | | ● | ● | ● | ● | | 1/18 | 12/19~1/11 | | | | | ● | | | | 0 | 0 | 3 | 2 | 4 | 3 | 選考時、年次判定。原則出身学科・専攻と同系列。大学在学者要受験許可(卒業<見込>者は不要) |
| | | 機械工 | | 2・3 | | ● | ● | ● | ● | | | | | | | | ● | | | | 0 | 0 | | | | | |
| | | 建築土木工 | | 2・3 | | ● | ● | ● | ● | | | | | | | | ● | | | | 1 | 1 | | | | | |
| | | 原子力技術応用工 | | 2・3 | | ● | ● | ● | ● | | | | | | | | ● | | | | 1 | 1 | | | | | |
| | 環境情報 | 環境食品応用化 | | 2・3 | | ● | ● | ● | ● | | | | | | | | ● | | | | 1 | 1 | | | | | |
| | | 経営情報 | | 2・3 | | ● | ● | ● | ● | | | | | | | | ● | | | | 0 | 0 | | | | | |
| | | デザイン | | 2・3 | | ● | ● | ● | ● | | | | | | | | ● | | | | 0 | 0 | | | | | |
| | スポーツ健康科 | スポーツ健康科 | | 2・3 | | ● | ● | ● | ● | | | | | | | | ● | | | | 0 | 0 | | | | | |
| 健康科学 | 健康科 | 福祉心理 | | 3 | | ● | ● | ● | ● | ● | 10/8 | 9/1~9/26 | | | | ● | ● | | | | 0 | 0 | 1 | 0 | 2 | 2 | |
| 身延山 | 仏教 | 仏教 | | 2・3 | | ● | ● | ● | ● | | 随時 | 9/15~3/30 | | | | | ● | | | | 3 | 3 | 5 | 5 | 7 | 7 | 別途社会人・シニア入学選抜試験実施 |
| 山梨英和 | 人間文化 | 人間文化 | | 2・3 | | ● | ● | ● | ● | | 11/26 2/21 3/23 | 11/1~11/11 2/1~2/16 3/1~3/16 | | | | | ● | | | | 8 | 8 | 8 | 8 | △ | △ | 大学在学者2年次22単位以上、3年次46単位以上、合格状況に社会人含む。Ⅲ期は3年次編入のみ |

| 大学名 | 学部 | 学科 | 専攻・コース | 編入年次 | 大1 | 大2 | 学士 | 短大 | 高専 | 専門 | 試験日 | 出願期間 | 外国語筆記 | 外部試験 | 専門科目 | 小論文 | 面接 | 口頭試問 | 専門科目以外の科目 | その他の注意事項 | R3志願者 | R3合格者 | R4志願者 | R4合格者 | R5志願者 | R5合格者 | 備考 特に記載がない場合は、大学在学生3次は62単位以上、2年次は31単位以上取得見込み |
|---|---|---|---|---|---|---|---|---|---|---|---|---|---|---|---|---|---|---|---|---|---|---|---|---|---|---|---|
| 山梨学院 | 健康栄養 | 管理栄養 | | 3 | | | | | | ● | 9/23 | 9/5~9/13 | | | | ● | ● | | | | 3 | 3 | 1 | 1 | 0 | 0 | 出身校(栄養士課程のみ)での専門科目の成績が一定以上の者 |
| 清泉女学院 | 人間 | 文化 | | 3 | | ● | ● | ● | ● | ● | 11/20 2/27 | 11/1~11/14 2/3~2/22 | | | | ● | ● | | | | 3 | 3 | 2 | 2 | 2 | 2 | |
| | | 心理コミュニケーション | | 3 | | ● | ● | ● | ● | ● | | | | | | ● | ● | | | | 4 | 2 | 2 | 1 | 6 | 4 | |
| 松本 | 総合経営 | 総合経営 | | 2·3 | ● | ● | ● | ● | ● | ● | 9/16 12/11 | 8/22~9/2 11/28~12/6 | | | | ● | ● | | | | 6 | 5 | 6 | 5 | 14 | 9 | 要事前相談 |
| | | 観光ホスピタリティ | | 2·3 | ● | ● | ● | ● | ● | ● | | | | | | ● | ● | | | | 1 | 1 | 6 | 5 | 4 | 3 | |
| | 人間健康 | 健康栄養 | | 2·3 | ● | ● | ● | ● | ● | ● | | | | | | ● | ● | | | | 2 | 2 | 3 | 3 | 3 | 3 | |
| | | スポーツ健康 | | 2·3 | ● | ● | ● | ● | ● | ● | | | | | | ● | ● | | | | 0 | 0 | 2 | 2 | 0 | 0 | |
| 松本歯科 | 歯 | 歯 | | 2 | ● | ● | ● | ● | ● | *● | 10/29 2/23 | 10/11~10/26 2/6~2/20 | 英 | | | | | | 生物 | | 6 | 2 | 6 | 2 | 6 | 5 | *医療系のみ。自然科学分野を履修していることが望ましい。実績は外国人含む編入計 |
| 朝日 | 歯 | 歯 | | 2 | *● | ● | *● | ● | | *● | 10/23 12/10 2/25 | 9/20~10/14 11/21~12/2 2/3~2/17 | 英 | | | | | | | | 5 | 2 | △ | △ | 13 | 11 | 欠員補充入試。*出身学科・出身校の系統に規定あり |
| | 法 | 法 | | 3 | | ● | ● | ● | ● | ● | 11/20 | 11/1~11/11 | | | | ● | ● | | | | — | — | △ | △ | 0 | 0 | 欠員補充入試 |
| | 経営 | 経営 | | | | | ● | ● | ● | ● | | | | | | ● | ● | | | | — | — | △ | △ | — | | |
| 岐阜女子 | 家政 | 生活科 | 生活科学 | 2·3 | ● | ● | ● | ● | ● | ● | 6/19 8/3 11/23 | 6/1~6/13 7/19~7/28 11/1~11/15 | | | | ● | ● | | | | 1 | 1 | 1 | 1 | 0 | 0 | 短大1年次も出願可能。健康栄養学科は原則3年次、要事前問合せで資格取得に必要な単位修得に3年以上在籍の場合がある。別途指定校推薦・姉妹校・社会人編入実施で合格状況に含む |
| | | | 住居学 | 2·3 | ● | ● | ● | ● | ● | ● | | | | | | ● | ● | | | | 0 | 0 | 1 | 1 | 0 | 0 | |
| | | 健康栄養 | 管理栄養士 | 3 | ● | ● | ● | ● | ● | ● | 1/29 3/6 | 1/5~1/20 2/20~2/27 | | | | ● | ● | | | | 13 | 13 | 18 | 18 | 13 | 13 | |
| | 文化創造 | 文化創造 | 初等教育学 | 2·3 | ● | ● | ● | ● | ● | ● | | | | | | ● | ● | | | | 27 | 26 | 41 | 41 | 37 | 37 | |
| | | | 文化創造学 | | | | | | | | | | | | | ※● | | | | ※書道教育コースは小論又は実技 | 1 | 1 | 2 | 2 | 0 | 0 | |
| | | | デジタルアーカイブ | 2·3 | ● | ● | ● | ● | ● | ● | | | | | | ● | ● | | | | 5 | 5 | 4 | 4 | 2 | 2 | |
| 岐阜聖徳学園 | 外国語 | 外国語 | | 3 | | ● | ● | ● | ● | ● | | | | | | ● | ● | | | | — | — | — | — | 1 | 1 | |
| | 経済情報 | 経済情報 | | 3 | | ● | ● | ● | ● | ● | | | | | | ● | ● | | | | — | — | — | — | 0 | 0 | |
| 中京学院 | 経営 | 経営 | | 3 | | ● | ● | ● | ● | ● | 11/19 3/6 | 10/28~11/11 2/10~2/24 | | | | ● | ● | | | | 19 | 17 | 0 | 0 | 4 | 4 | |
| 中部学院 | 人間福祉 | 人間福祉 | | 3 | | ● | *● | ● | ● | ● | 11/19 12/10 2/11 | 11/1~11/15 11/21~12/6 1/26~2/7 | | | | ● | ● | | | | 3(0) | 3(0) | 0(1) | 0(1) | 3 | 3 | 出身校の系統に規定あり。*3年制短大2年以上在学者も可。別途指定校・社編実施で()外数 |
| | 教育 | 子ども教育 | | 3 | | ● | ● | ● | ● | | | | | | | ● | ● | | | | 0(0) | 0(0) | 0(0) | 0(0) | 0 | 0 | |
| 東海学院 | 人間関係 | 心理 | | 2·3 | ● | ● | ● | ● | ● | ● | 10/15 12/17 2/25 | 9/26~10/6 11/28~12/8 2/6~2/16 | | | | ● | ● | | | | 4 | 4 | 3 | 2 | 2 | 2 | 出願1ヵ月前迄に要予備審査申請。別途指定校推薦・社会人編入等実施。合格状況は全編入計 |
| | | 子ども発達 | | 2·3 | ● | ● | ● | ● | ● | ● | | | | | | ● | ● | | | | 0 | 0 | 1 | 1 | 0 | 0 | |
| | 健康福祉 | 管理栄養 | | 2·3 | ● | ● | ● | ● | ● | ● | | | | | | ● | ● | | | | 8 | 8 | 5 | 5 | 1 | 1 | |
| | | 総合福祉 | | 2·3 | ● | ● | ● | ● | ● | ● | | | | | | ● | ● | | | | 0 | 0 | 1 | 1 | 0 | 0 | |
| 静岡英和学院 | 人間社会 | 人間社会 | | 3 | | ● | ● | ● | ● | ● | 9/17 12/17 3/9 | 9/1~9/9 12/1~12/9 2/19~3/3 | | | | ● | ● | | | | 12 | 12 | △ | △ | 7 | 7 | 別途社会人編入実施で合格状況に含む |
| | | コミュニティ福祉 | | 3 | | ● | ● | ● | ● | ● | | | | | | | ● | | | | 1 | 1 | △ | △ | 0 | 0 | |
| 静岡産業 | 経営 | 経営 | | 2·3 | ● | ● | ● | ● | ● | | 12/17 2/16 3/10 | 11/14~12/8 1/5~2/9 2/20~3/6 | | | | | ● | | | | | | | | 4 | 4 | 年次等は出願前に要問合せ。別途満55歳以上のルネサンス入学制度あり |
| | | スポーツ経営 | | | | | | | | | | | | | | | ● | | | | 9 | 9 | 21 | 17 | — | — | |
| | | 心理経営 | | 2·3 | ● | ● | ● | ● | ● | | | | | | | | ● | | | | | | | | 6 | 5 | |
| | スポーツ科学 | スポーツ科 | | 2·3 | ● | ● | ● | ● | ● | | | | | | | | ● | | | | — | — | 1 | 1 | 2 | 2 | |
| 静岡福祉 | 社会福祉 | 福祉心理 | | 2·3 | ● | ● | ● | ● | ● | | 11/20 2/20 | 11/1~11/14 2/6~2/15 | | | | ● | ● | | | | 2 | 2 | 0 | 0 | 2 | 1 | |
| | | 健康福祉 | | 2·3 | ● | ● | ● | ● | ● | | | | | | | ● | ● | | | | 1 | 1 | 0 | 0 | 0 | 0 | |
| 静岡理工科 | 理工 | 機械工 | | 3 | | ● | ● | ● | ● | ● | 8/25 2/21 | 7/25~8/4 1/30~2/2 | | | | | ● | | | | 0 | 0 | 1 | 1 | 3 | 1 | 合格状況は、一般、指定校、系列校などの全編入計。R6より理工学部土木工学科で募集開始 |
| | | 電気電子工 | | 3 | | ● | ● | ● | ● | ● | | | | | | | ● | | | | 0 | 0 | 0 | 0 | 1 | 1 | |
| | | 物質生命科 | | 3 | | ● | ● | ● | ● | ● | | | | | | | ● | | | | 0 | 0 | 3 | 1 | 2 | 2 | |

| 大学名 | 学部 | 学科 | 専攻・コース | 編入年次 | 大1 | 大2 | 学士 | 短大 | 高専 | 専門 | 試験日 | 出願期間 | 外国語筆記 | 外部試験 | 専門科目 | 小論文 | 面接 | 口頭試問 | 専門科目以外の科目 | その他の注意事項 | R3志願者 | R3合格者 | R4志願者 | R4合格者 | R5志願者 | R5合格者 | 備考 特に記載がない場合は、大学在学生3年次は62単位以上、2年次は31単位以上取得見込み |
|---|---|---|---|---|---|---|---|---|---|---|---|---|---|---|---|---|---|---|---|---|---|---|---|---|---|---|---|
| | 情報 | コンピュータシステム | | 3 | | ● | ● | ● | ● | ● | | | | | | | ● | | | | 4 | 3 | 10 | 7 | 5 | 4 | |
| | | 情報デザイン | | 3 | | ● | ● | ● | ● | ● | | | | | | | ● | | | | 0 | 0 | 3 | 0 | 5 | 4 | |
| 聖隷クリストファー | 社会福祉 | 社会福祉 | | 3 | | ● | ● | ● | ● | ● | 10/1 3/2 | 9/13~9/22 2/14~2/24 | | | | ● | ● | | | | 5 | 5 | 4 | 4 | 4 | 4 | 合格状況に内編・指定校含む |
| 常葉 | 健康プロデュース | 健康栄養 | | 3 | *1 ● | *1 ● | *2 ● | *2 ● | *1 ● | *2 ● | 2/2 | 1/6~1/16 | | | | ● | ● | | | | 4 | 1 | 1 | 1 | 0 | 0 | 同一系統もしくは同一関連分野履修者が望ましい、要事前相談 *1:食品科学・栄養分野履修者 *2:栄養士養成課程履修者 合格状況は一般のみ |
| | | こども健康 | | 3 | | ● | ● | ● | ● | ● | | | | | | ● | ● | | | | 0 | 0 | 0 | 0 | 0 | 0 | 要事前相談。教職課程を履修(見込)者は教職免許状・保育資格を取得(見込)者 |
| | | 健康鍼灸 | | 3 | | ● | ● | ● | ● | ● | | | | | | ● | ● | | | | | | | | 0 | 0 | |
| | | 健康柔道整復 | | 3 | | ● | ● | ● | ● | ● | | | | | | ● | ● | | | | | | | | 0 | 0 | |
| | | 心身マネジメント | | | | | | | | | | | | | | | | | | | 1 | 0 | — | — | — | — | 要事前相談 |
| | 教育 | 生涯学習 | | 3 | | ● | ● | ● | ● | ● | | | | | | ● | ● | | | | — | — | — | — | 1 | 0 | |
| | 経営 | 経営 | | 3 | | ● | ● | ● | ● | ● | | | | | | ● | ● | | | | 6 | 5 | 2 | 1 | — | — | |
| | 社会環境 | 社会環境 | | 3 | | ● | ● | ● | ● | ● | | | | | | ● | ● | | | | 0 | 0 | 1 | 1 | 2 | 2 | 同一系統もしくは同一関連分野履修者が望ましい、要事前相談。教職課程を履修(見込)者又は教職免許状・保育資格を取得(見込)者 |
| | 保育 | 保育 | | 3 | | ● | ● | ● | ● | ● | | | | | | ● | ● | | | | 2 | 2 | 1 | 1 | 0 | 0 | |
| 浜松学院 | 現代コミュニケーション | 地域共創 | | 3 | | ● | ● | ● | ● | ● | 11/19 2/3 | 11/1~11/11 1/4~1/23 | | | | ● | ● | ● | | | 3 | 3 | △ | △ | △ | △ | 別途社会人編入実施で合格状況に含む |
| | | 子どもコミュニケーション | | 3 | | ● | ● | ● | ● | ● | | | | | | ● | ● | ● | | | 5 | 5 | △ | △ | △ | △ | |
| 愛知 | 法 | 法 | | 3 | | ● | ● | ● | ● | ● | 10/16 | 9/26~10/4 | ● | | | ● | | | | TOEIC等 | △ | 3 | △ | △ | △ | △ | |
| | 経済 | 経済 | | 3 | | ● | ● | ● | ● | ● | | | ● | | | ● | | | | | △ | 5 | △ | △ | △ | △ | |
| | 経営 | 経営 | | 3 | | ● | ● | ● | ● | ● | | | ● | | | ● | | | | | △ | 5 | △ | △ | △ | △ | |
| | | 会計ファイナンス | | 3 | | ● | ● | ● | ● | ● | | | ● | | | ● | | | | | △ | | △ | △ | △ | △ | |
| | 現代中国 | 現代中国 | | 3 | | ● | ● | ● | ● | ● | | | ※ | | | ● | | | | ※中国語検定3級以上又はHSK4級以上証明提出 | △ | 6 | △ | △ | △ | △ | 別途社会人編入試験実施で志願者なし |
| | 国際コミュニケーション | 英語 | | 3 | | ● | ● | ● | ● | ● | | | ● | | | ● | ● | | | TOEIC等 | △ | 6 | △ | △ | △ | △ | |
| | | 国際教養 | | 3 | | ● | ● | ● | ● | ● | | | ● | | | ● | ● | | | TOEIC等 | △ | | △ | △ | △ | △ | |
| | 文 | 歴史地理 | | 3 | | ● | ● | ● | ● | ● | | | ※ | | | ● | ● | | | ※専攻ごとに定められた語学検定証明 | — | 14 | — | — | △ | △ | |
| | | 日本語日本文 | | 3 | | ● | ● | ● | ● | ● | | | ※ | | | ● | ● | | | | — | | — | — | △ | △ | |
| | | 人文社会 | | 3 | | ● | ● | ● | ● | ● | | | ※ | | | ● | ● | | | | △ | | △ | △ | △ | △ | |
| | | 心理 | | 3 | | ● | ● | ● | ● | ● | | | ※ | | | ● | ● | | | | △ | | △ | △ | △ | △ | |
| | 地域政策 | 地域政策 | | 3 | | ● | ● | ● | ● | ● | | | ● | | | ● | ● | | | TOEIC等 | △ | 4 | △ | △ | △ | △ | |
| 愛知学院 | 文 | 歴史 | | 2・3 | ● | ● | ● | ● | ● | ● | 9/25 | 9/6~9/9 | 英 | | | ● | ● | | | | 1 | 0 | 0 | 0 | 0 | 0 | 別途学士入試実施で合格状況に含む。心身科学部は改組あり、R6より健康科学部として実施 |
| | | 日本文化 | | 2・3 | ● | ● | ● | ● | ● | ● | | | 英 | | | ● | ● | | | | 1 | 1 | 0 | 0 | 1 | 0 | |
| | | 英語英米文化 | | 2・3 | ● | ● | ● | ● | ● | ● | | | 英 | ※● | | | *● | | ※英語(聴解力等) | *英語を含む場合あり | 5 | 3 | 3 | 1 | 3 | 3 | |
| | | グローバル英語 | | 2・3 | ● | ● | ● | ● | ● | ● | | | 英 | ※● | | | *● | | | | 2 | 1 | 2 | 1 | 4 | 3 | |
| | | 宗教文化 | | 2・3 | ● | ● | ● | ● | ● | ● | | | 英 | | | ● | ● | | | | 1 | 1 | 1 | 1 | 1 | 1 | |
| | 心身科 | 心理 | | 3 | | ● | ● | ● | ● | ● | | | 英 | | | ● | | | | | 3 | 1 | 0 | 0 | 0 | 0 | |
| | | 健康科 | | 2・3 | ● | ● | ● | ● | ● | ● | | | 英 | | | ● | ● | | | | 1 | 0 | 2 | 1 | 1 | 1 | |
| | 心理 | 心理 | | 2 | ● | ● | ● | ● | ● | ● | | | 英 | | | ● | ● | | | | — | — | — | — | 0 | 0 | |
| | 商 | 商 | | 2・3 | ● | ● | ● | ● | ● | ● | | | 英 | | | ● | ● | | | | 4 | 3 | 1 | 1 | 3 | 2 | |
| | 経営 | 経営 | | 2・3 | ● | ● | ● | ● | ● | ● | | | 英 | | | ● | ● | | | | 5 | 4 | 1 | 1 | 2 | 0 | |
| | 経済 | 経済 | | 2・3 | ● | ● | ● | ● | ● | ● | | | 英 | | | ● | ● | | | | 5 | 4 | 1 | 1 | 4 | 0 | |

| 大学名 | 学部 | 学科 | 専攻・コース | 編入年次 | 大1 | 大2 | 学士 | 短大 | 高専 | 専門 | 試験日 | 出願期間 | 外国語筆記 | 外部試験 | 専門科目 | 小論文 | 面接 | 口頭試問 | 専門科目以外の科目 | その他の注意事項 | R3志願者 | R3合格者 | R4志願者 | R4合格者 | R5志願者 | R5合格者 | 備考（特に記載がない場合は、大学在学生3年は62単位以上、2年次は31単位以上取得見込み） |
|---|---|---|---|---|---|---|---|---|---|---|---|---|---|---|---|---|---|---|---|---|---|---|---|---|---|---|---|
| | 法 | 法律 | | 2・3 | ● | ● | ● | ● | ● | ● | | | 英 | ● | | | ● | | | | 1 | 0 | 2 | 1 | 1 | 1 | |
| | | 現代社会法 | | 2・3 | ● | ● | ● | ● | ● | ● | | | 英 | ● | | | ● | | | | 2 | 0 | 1 | 1 | 0 | 0 | |
| | 総合政策 | 総合政策 | | 2・3 | ● | ● | ● | ● | ● | ● | | | 英 | | ● | | ● | | | | 0 | 0 | 2 | 1 | 1 | 0 | |
| | 歯 | 歯 | | 2 | | ● | ● | | | | | | 英 | | ● | | ● | | 生・化・物から1 | | | | | | | | 大学在学者54単位以上 |
| | 薬 | 医療薬 | | 2 | | ● | ● | | | | | | 英 | | | | ● | | 数・生・化・物から2 | | 1 | 1 | ー | ー | ー | ー | 大学在学者54単位以上で修得単位に規定あり。R4・5実施なしで左記はR3 |
| 愛知学泉 | 家政 | ライフスタイル | | 3 | | ● | ● | ● | | ● | 11/6 1/27 | 10/20~10/31 1/6~1/20 | | | | ● | ● | | | | 0 | 0 | 0(2) | 0(2) | 0 | 0 | 合格状況( )は内編外数 |
| | | 管理栄養 | | 3 | | ● | ● | ● | | ● | | | | | | ● | ● | | | | 0 | 0 | 0 | 0 | 1 | 1 | 栄養士免許取得(見込)者 |
| | | こどもの生活 | | 3 | | ● | ● | ● | | ● | | | | | | ● | ● | | | | 0 | 0 | 0 | 0 | 0 | 0 | 幼稚園教諭二種、保育士資格取得(見込)者 |
| 愛知工科 | 工 | 機械システム工 | | 3 | *● | ● | ● | ● | ● | | 6/4 9/17 2/25 | 5/19~5/27 9/5~9/9 2/9~2/16 | | | | ● | | | | *修了(見込)者。要学(校)長の推薦書(社会人は経歴書) | 31 | 18 | 19 | 16 | 27 | 20 | |
| | | 電子ロボット工 | | 3 | *● | ● | ● | ● | ● | | | | | | | ● | | | | | 0 | 0 | 0 | 0 | 0 | 0 | |
| | | 情報メディア | | 3 | *● | ● | ● | ● | ● | | | | | | | ● | | | | | 4 | 4 | 8 | 7 | 2 | 1 | |
| 愛知工業 | 工 | 電気 | | 3 | | ● | ● | ● | ● | ● | 6/17 9/20 | 6/6~6/9 9/6~9/8 | 英 | | ● | | | | 数学 | | 5 | 1 | 12 | 6 | 8 | 3 | 別途学士入学(書・面[口頭試問含む])実施で合格状況に含む |
| | | 応用化 | | 3 | | ● | ● | ● | ● | ● | | | 英 | | ● | | | | 数学 | | 1 | 0 | 0 | 0 | 0 | 0 | |
| | | 機械 | | 3 | | ● | ● | ● | ● | ● | | | 英 | | ● | | | | 数学 | | 3 | 2 | 12 | 6 | 1 | 0 | |
| | | 土木工 | | 3 | | ● | ● | ● | ● | ● | | | 英 | | ● | | | | 数学 | | 0 | 0 | 0 | 0 | 1 | 1 | |
| | | 建築 | | 3 | | ● | ● | ● | ● | ● | | | 英 | | ● | | | | 数学 | | 0 | 0 | 1 | 0 | 2 | 2 | |
| | 経営 | 経営 | | 3 | | ● | ● | ● | ● | ● | | | 英 | | ● | | | | | | 3 | 0 | 4 | 3 | 0 | 0 | |
| | 情報科 | 情報科 | | 3 | | ● | ● | ● | ● | ● | | | 英 | | ● | | | | | | 8 | 4 | 16 | 8 | 12 | 5 | |
| 愛知産業 | 造形 | スマートデザイン | | 3 | | ● | ● | ● | | ● | 2/3 | 1/10~1/25 | | | | ● | ● | | | 別途総合型選抜(書・小・面、出願時に活動報告書)実施 | △ | 4 | △ | 1 | 1 | 1 | |
| | | 建築 | | 3 | | ● | ● | ● | | ● | | | | | | ● | ● | | | | △ | 0 | △ | 1 | 0 | 0 | |
| | 経営 | 総合経営 | | 3 | | ● | ● | ● | | ● | | | | | | ● | ● | | | | △ | 14 | △ | 12 | 8 | 7 | |
| 愛知淑徳 | 文 | 国文 | | 2・3 | ● | ● | ● | | ● | | 11/26 | 11/1~11/11 | | | | ● | ● | | | | 1 | 0 | 1 | 0 | 2 | 1 | 大学在学者2年次30単位以上、3年次60単位以上。要出願資格確認。人間情報・心理・創造表現・福祉貢献・交流文化・ビジネス・グローバルコミュニケーション学部は2年次編入を勧める。別途社会人編入実施。合格状況は一般のみ |
| | | 総合英語 | | 2・3 | ● | ● | ● | | ● | | | | | | | ● | | ※● | ※英語質問含む | 1 | 1 | 1 | 0 | 0 | 0 | |
| | | 教育 | | 2・3 | ● | ● | ● | | ● | | | | | | | ● | ● | | | 3 | 0 | 0 | 0 | 0 | 0 | |
| | 人間情報 | 人間情報 | | | | | | | | | | | | | | ● | ● | | | 1 | 1 | 1 | 1 | ー | ー | |
| | 心理 | 心理 | | 2・3 | ● | ● | ● | | ● | | | | | | | ● | ● | | | 5 | 0 | 3 | 1 | 0 | 0 | |
| | 創造表現 | 創造表現 | 創作表現 | 2・3 | ● | ● | ● | | ● | | | | | | | ● | ● | | | 1 | 0 | 1 | 1 | 3 | 0 | |
| | | | メディアプロデュース | 2・3 | ● | ● | ● | | ● | | | | | | | ● | ● | | | 2 | 0 | 0 | 2 | 2 | 1 | |
| | | | 建築・インテリアデザイン | 2・3 | ● | ● | ● | | ● | | | | | | | ● | ● | | | 1 | 0 | 0 | 0 | 0 | 0 | |
| | 健康医療科 | 医療貢献 | 視覚科学 | 2 | ● | ● | ● | | ● | | | | | | | ● | ● | | | ー | ー | ー | ー | ー | ー | |
| | | スポーツ健康医科 | スポーツ健康科学 | 2 | ● | ● | ● | | ● | | | | | | | ● | ● | | | ー | ー | 0 | 0 | 0 | 0 | |
| | 福祉貢献 | 福祉貢献 | 社会福祉 | 2・3 | ● | ● | ● | | ● | | | | | | | ● | ● | | | 0 | 0 | 0 | 0 | 0 | 0 | |
| | 交流文化 | 交流文化 | | 2・3 | ● | ● | ● | | ● | | | | | | | ● | ● | | | 1 | 0 | 3 | 1 | 0 | 0 | |
| | ビジネス | ビジネス | | 2・3 | ● | ● | ● | | ● | | | | | | | ● | ● | | | 2 | 0 | 0 | 0 | ー | ー | |
| | グローバルコミュニケーション | グローバルコミュニケーション | | 2・3 | ● | ● | ● | | ● | | | | | | | ● | | ※● | ※英語質問含む | 0 | 0 | 0 | 0 | 0 | 0 | |
| 愛知東邦 | 経営 | 地域ビジネス | | | | | | | | | 10/23 | 9/30~10/14 | | | | ● | ● | | | 年度により募集年次異なる。短大1学年在学者も可。要問合せ | ー | ー | 0 | 0 | ー | ー | |
| | | 国際ビジネス | | 3 | ● | ● | ● | | ● | | | | | | | ● | ● | | | 3 | 0 | 1 | 0 | 7 | 7 | |
| | 教育 | 子ども発達 | | 2・3 | ● | ● | ● | | ● | | | | | | | ● | ● | | | 0 | 0 | 0 | 0 | 2 | 1 | |
| 愛知文教 | 人文 | 人文 | | 3 | ● | ● | ● | | ● | | 11/12 2/27 | 10/17~11/4 2/1~2/21 | | | | ● | ● | | | 1 | 1 | 7 | 7 | 0 | 0 | 大学在学者は2年間分の標準的単位数取得(見込)者。R4合格状況は留学生含む |
| 愛知みずほ | 人間科 | 心身健康科 | 養護・保健 | 3 | ● | ● | ● | ● | ● | | 2/11 2/25 | 1/4~2/3 2/6~2/17 | | | | ● | ● | | | 別途公募推薦編入(書・面)実施で、合格状況に含む | 3 | 3 | 4 | 4 | 5 | 5 | |
| | | | 健康スポーツ | 3 | ● | ● | ● | ● | ● | | | | | | | ● | ● | | | | | | | | | |
| | | | 心理・カウンセリング | 3 | ● | ● | ● | ● | ● | | | | | | | ● | ● | | | | | | | | | |
| | | | 人間科学 | 3 | ● | ● | ● | ● | ● | | | | | | | ● | ● | | | | | | | | | |

| 大学名 | 学部 | 学科 | 専攻・コース | 編入年次 | 大1 | 大2 | 学士 | 短大 | 高専 | 専門 | 試験日 | 出願期間 | 外国語筆記 | 外部試験 | 専門科目 | 小論文 | 面接 | 口頭試問 | 専門科目以外の科目 | その他の注意事項 | R3志願者 | R3合格者 | R4志願者 | R4合格者 | R5志願者 | R5合格者 | 備考（特に記載がない場合は、大学在学生3年次は62単位以上、2年次は31単位以上取得見込み） |
|---|---|---|---|---|---|---|---|---|---|---|---|---|---|---|---|---|---|---|---|---|---|---|---|---|---|---|---|
| 一宮研伸 | 看護 | 看護 | 看護師課程 | 3 | | | | ● | | ● | 12/17 | 11/28～12/9 | | | | ● | ● | | | | 0 | 0 | 0 | 0 | 0 | 0 | 看護師養成課程修了（見込）者。非奨学者 |
| | | | 助産師課程 | 3 | | | | ● | | ● | | | | | ● | ● | ● | | | | 0 | 0 | 0 | 0 | 1 | 1 | |
| 桜花学園 | 保育 | 保育 | | 3 | ● | ● | ● | ● | ● | ● | 9/10 | 8/23～8/31 | | | | ● | ● | | | | 0 | 0 | 1 | 0 | 1 | 0 | 女子のみ |
| | | 国際教養こども | | 3 | ● | ● | ● | ● | ● | ● | | | | | | ● | ● | | | | 0 | 0 | 0 | 0 | 0 | 0 | |
| | 学芸 | 英語 | | 3 | | | | | | | 9/10 3/3 | 8/23～8/31 2/10～2/24 | | ● | ※● | ※● | ● | | ※英語と日本語 | TOEIC等で具体的基準あり | 0 | 0 | 2 | 2 | 3 | 3 | |
| 岡崎女子 | 子ども教育 | 子ども教育 | | 3 | | | | | | | 10/16 2/1 | 9/12～9/30 1/6～1/23 | | | | ● | ● | | | | 0 | 0 | 1(1) | 1(1) | 2(1) | 1(1) | （ ）は内編で外数 |
| 金城学院 | 文 | 日本語日本文化 | | 3 | | | | | | | 7/2 | 6/15～6/22 | | | ※● | ● | ● | | ※読解含む | | 0 | 0 | 1 | 1 | 0 | 0 | 女子のみ。別途指定校推薦・社会人編入実施。社会人は別日程で（ ）外数。人間科学部現代子供学科でR6募集なし |
| | | 外国語コミュニケーション | | 3 | | | | | | | | | | | ※● | ● | ● | | ※読解含む | | 2 | 2 | 1 | 1 | 1 | 1 | |
| | | 音楽芸術 | | 3 | | | | | | | | | | | | | ● | | 音楽実技 | | 0 | 0 | 0 | 0 | 0 | 0 | |
| | | 英語英米文化 | | 3 | | | | | | | | | | | ※● | ● | ● | | ※英文読解含む | | 3 | 2 | 1 | 1 | 1 | 1 | |
| | 生活環境 | 生活マネジメント | | 3 | | | | | | | | | | | ※● | ● | ● | | ※英文読解含む | | 2 | 0 | 0 | 0 | 0 | 0 | |
| | | 環境デザイン | | 3 | | | | | | | | | | | ※● | ● | ● | | ※読解含む | | 0 | 0 | 3 | 0 | 0 | 0 | |
| | 国際情報 | 国際情報 | グローバルスタディーズ | 3 | ● | ● | ● | ● | ● | ● | | | 英 | | | ● | ● | | | | 1 | 1 | 1 | 1 | 2 | 2 | |
| | | | メディアスタディーズ | 3 | ● | ● | ● | ● | ● | ● | | | 英 | | | ● | ● | | | | 2 | 1 | 0 | 0 | 2 | 2 | |
| | 人間科 | 現代子ども | | 3 | ● | ● | ● | ● | ● | ● | | | 英 | | | ● | ● | | | | 1 | 0 | 0 | 0 | 1(1) | 1(0) | |
| | | 多元心理 | | 3 | ● | ● | ● | ● | ● | ● | | | 英 | | | ● | ● | | | | 2(1) | 1(0) | 1(4) | 1(2) | 2(1) | 2(1) | |
| | | コミュニティ福祉 | | 3 | ● | ● | ● | ● | ● | ● | | | 英 | | | ● | ● | | | | 0 | 0 | 1 | 0 | 1(2) | 0(2) | |
| | 薬 | 薬 | | 4 | | | ※ | | | | 3/7 | 2/9～2/17 | 英 | | ● | | ● | | | | 3 | 2 | 5 | 1 | 3 | 2 | 女子のみ。※同系統学校の3年次を修了（見込）者で要事前問合せ。別途指定校推薦・社会人編入実施 |
| 至学館 | 健康科 | 健康スポーツ科 | | 3 | | | | ● | ● | ● | 7/2 10/16 12/11 | 6/20～6/27 10/3～10/7 11/28～12/5 | | | | ● | ● | | | | 62 | 36 | 48 | 32 | 38 | 29 | 同系列出身者が望ましい。栄養学科は欠員募集で要問合せ。合格状況に内編含む |
| | | こども健康・教育 | | 3 | ● | ● | ● | ● | ● | ● | | | | | | ● | ● | | | | 6 | 6 | 7 | 7 | 4 | 4 | |
| | | 栄養科 | | 3 | | ● | ● | ● | ● | ● | | | | | | ● | ● | | | | 0 | 0 | 2 | 1 | — | — | |
| 椙山女学園 | 生活科 | 生活環境デザイン | | 2 | ● | ● | ● | ● | ● | ● | 10/29 国際コミュニケーションのみ10/30 | 10/13～10/20 | | | | ● | ● | | | | 0 | 0 | 1 | 1 | 1 | 1 | 大学在学者30単位以上。 |
| | 人間関係 | 心理 | | 2 | ● | ● | ● | ● | ● | ● | | | | | | ● | ● | | | | 3 | 2 | 3 | 2 | 4 | 2 | |
| | 教育 | 子ども発達 | 初等中等教育 | 2 | ● | ● | ● | ● | ● | ● | | | | | | ● | ● | | | | 3 | 2 | 3 | 2 | 0 | 0 | |
| | 生活科 | 生活環境デザイン | | 2・3 | ● | ● | ● | ● | ● | | | | | | | ● | ● | | | 3年次志望者は作品持参 | 1(1) | 1(1) | 0(1) | 0(1) | 0(0) | 0(0) | 同系統ならば60単位以上で出願可能。合格状況に社会人含む。（ ）は指定校推薦で外数 |
| | 国際コミュニケーション | 国際言語コミュニケーション | | 3 | ● | ● | ● | ● | ● | | | | | | | ● | ● | ※● | ※日本語と英語 | TOEIC等規定以上で小論免除 | 6(3) | 5(3) | 5(2) | 5(2) | 1(3) | 1(3) | 別途社会人編入実施。合格状況に社会人含む。（ ）は指定校推薦で外数 |
| | | 表現文化 | | 3 | ● | ● | ● | ● | ● | | | | | | | ● | ● | | | | 2(0) | 2(0) | 3(4) | 3(4) | 1(2) | 1(2) | |
| | 人間関係 | 人間関係 | | 3 | ● | ● | ● | ● | ● | | | | | | | ● | ● | | | | 3(7) | 0(7) | 2(3) | 2(3) | 0(2) | 0(2) | |
| | | 心理 | | 2・3 | ● | ● | ● | ● | ● | | | | | | | ● | ● | | | | 1(3) | 0(3) | 2(4) | 1(4) | 0(2) | 0(2) | |
| | 文化情報 | 文化情報 | | 3 | ● | ● | ● | ● | ● | | | | | | | ● | ● | | | | 4 | 1 | 4 | 4 | 0 | 0 | |
| | | メディア情報 | | 3 | ● | ● | ● | ● | ● | | | | | | | ● | ● | | | | 3 | 1 | 4 | 3 | 1 | 1 | |
| | 教育 | 子ども発達 | 初等中等教育 | 2・3 | ● | ● | ● | ● | ● | | | | | | | ● | ● | | | | 0 | 0 | 0 | 0 | 1 | 1 | 教職課程を履修していた者又は教育職員免許状取得者に限る |
| 星城 | 経営 | 経営 | | 2～4 | ● | ● | ● | ● | ● | ● | 2/25 | 2/1～2/17 | | | | ● | ● | | | 小論文は専門含む | 0 | 0 | 0 | 0 | 0 | 0 | 大学在学者2年次30単位以上、3年次60単位以上、4年次90単位以上。単位認定は要事前相談 |

| 大学名 | 学部 | 学科 | 専攻・コース | 編入年次 | 大1 | 大2 | 学士 | 短大 | 高専 | 専門 | 試験日 | 出願期間 | 外国語筆記 | 外部試験 | 専門科目 | 小論文 | 面接 | 口頭試問 | 専門科目以外の科目 | その他の注意事項 | R3志願者 | R3合格者 | R4志願者 | R4合格者 | R5志願者 | R5合格者 | 備考 |
|---|---|---|---|---|---|---|---|---|---|---|---|---|---|---|---|---|---|---|---|---|---|---|---|---|---|---|---|
| 大同 | 工 | 機械工 | | 2・3 | | ● | ● | ● | ● | ● | 11/26 | 11/8~11/17 | | | | | | ● | 基礎学力検査 | | 1 | 0 | 1 | 1 | 0 | 0 | 大学在学者要験許可書。要事前相談。理工系以外の出身者は編入が難しい場合がある |
| | | 機械システム工 | | 2・3 | | ● | ● | ● | ● | ● | | | | | | | | ● | | | 1 | 0 | 1 | 0 | 0 | 0 | |
| | | 電気電子工 | | 2・3 | | ● | ● | ● | ● | ● | | | | | | | | ● | | | 0 | 0 | 0 | 0 | 1 | 0 | |
| | | 建築 | | 2・3 | | ● | ● | ● | ● | ● | | | | | | | | ● | | | 0 | 0 | 3 | 3 | 0 | 0 | |
| | 情報 | 情報システム | | 2・3 | | ● | ● | ● | ● | ● | | | | | | | | ● | | | 2 | 0 | 1 | 0 | 1 | 0 | |
| | | 情報デザイン | | 2・3 | | ● | ● | ● | ● | ● | | | | | | | | ● | | | 0 | 0 | 1 | 1 | 2 | 2 | |
| | | 総合情報 | | 2・3 | | ● | ● | ● | ● | ● | | | | | | | | ● | | | 0 | 0 | 0 | 0 | 0 | 0 | |
| 中京 | 文 | 日本文 | | 2 | ● | ● | ● | ● | ● | ● | 10/22 | 9/20~9/27 | | | | ● | | ● | 小論文は国語含む | | 2 | 1 | 2 | 1 | 1 | 0 | 大学在学者要受験許可書で出願時に在学中である者。専門士の場合は履修した課程と同系列の学部志望が望ましい |
| | 心理 | 心理 | | 2 | ● | ● | ● | ● | ● | ● | | | 英 | ● | | | | ● | | | 3 | 0 | 5 | 1 | 1 | 1 | |
| | 法 | 法律 | | 2 | ● | ● | ● | ● | ● | ● | | | 英 | ● | | | | ● | | | 2 | 0 | 0 | 0 | 0 | 0 | |
| | 総合政策 | 総合政策 | | 2 | ● | ● | ● | ● | ● | ● | | | 英 | | | | | ● | | | 1 | 0 | 1 | 0 | 0 | 0 | |
| | 現代社会 | 現代社会 | | 2 | ● | ● | ● | ● | ● | ● | | | 英 | | | ● | | ● | | | 3 | 1 | 1 | 1 | 0 | 0 | |
| | 経済 | 経済 | | 2 | ● | ● | ● | ● | ● | ● | | | 英 | | | | | ● | | | 2 | 0 | 4 | 0 | 0 | 0 | |
| | 経営 | 経営 | | 2 | ● | ● | ● | ● | ● | ● | | | 英 | | | ● | | ● | | | 6 | 0 | 0 | 0 | 0 | 0 | |
| | スポーツ科 | スポーツ健康科 | | | | | | | | | | | | | | | | | | | 4 | 0 | × | × | × | × | R4より募集停止 |
| | | 競技スポーツ科 | | | | | | | | | | | | | | | | | | | 0 | 0 | × | × | × | × | |
| | | スポーツ教育 | | | | | | | | | | | | | | | | | | | 1 | 0 | × | × | × | × | |
| 中部 | 工 | 機械工 | | 3 | | ● | ● | ● | ● | ● | 10/15 | 9/12~9/20 | | | | | ● | ● | | | 1 | 1 | 1 | 0 | 4 | 2 | 専門士及び高校専攻科修了(見込)者は志望学科と同分野・同履修内容出身のみ |
| | | 都市建設工 | | 3 | | ● | ● | ● | ● | | | | | | | | ● | ● | | | 0 | 0 | 1 | 1 | 0 | 0 | |
| | | 建築 | | 3 | | ● | ● | ● | ● | | | | | | | | ● | ● | | | 2 | 2 | 4 | 3 | 5 | 1 | |
| | | 応用化 | | 3 | | ● | ● | ● | ● | | | | | | | | ● | ● | | | 1 | 1 | 0 | 0 | 0 | 0 | |
| | | 情報工 | | 3 | | ● | ● | ● | ● | | | | | | | | ● | ● | | | 3 | 2 | 3 | 0 | 7 | 0 | |
| | | ロボット理工 | | 3 | | ● | ● | ● | ● | | | | | | | | ● | ● | | | 0 | 0 | 2 | 0 | 1 | 1 | |
| | | 電気電子システム工 | | 3 | | ● | ● | ● | ● | | | | | | | | ● | ● | | | 1 | 0 | 1 | 1 | 2 | 2 | |
| | | 宇宙航空理工 | | 3 | | ● | ● | ● | ● | | | | | | | | ● | ● | | | 1 | 0 | 0 | 0 | 1 | 1 | |
| | 経営情報 | 経営総合 | | 3 | | ● | ● | ● | ● | | | | | | | | ● | ● | | | 4 | 0 | 2 | 1 | 6 | 5 | |
| | 国際関係 | 国際 | | 3 | | ● | ● | ● | ● | | | | | | | | ● | ● | | | 4 | 1 | 1 | 1 | 0 | 0 | |
| | 人文 | 日本語日本文化 | | 3 | | ● | ● | ● | ● | | | | | | | | ● | ● | | | 1 | 1 | 0 | 0 | 0 | 0 | |
| | | 英語英米文化 | | 3 | | ● | ● | ● | ● | | | | | | | | ● | ● | | | 4 | 0 | 1 | 0 | 0 | 0 | |
| | | コミュニケーション | | 3 | | ● | ● | ● | ● | | | | | | | | ● | ● | | | 0 | 0 | 1 | 0 | 1 | 0 | |
| | | 心理 | | 3 | | ● | ● | ● | ● | | | | | | | | ● | ● | | | 2 | 2 | 0 | 0 | 1 | 0 | |
| | | 歴史地理 | | 3 | | ● | ● | ● | ● | | | | | | | | ● | ● | | | 3 | 1 | 1 | 1 | 0 | 0 | |
| | 応用生物 | 応用生物化 | | 3 | | ● | ● | ● | ● | | | | | | | | ● | ● | | | 1 | 1 | 1 | 1 | 0 | 0 | |
| | | 環境生物科 | | 3 | | ● | ● | ● | ● | | | | | | | | ● | ● | | | 1 | 0 | 0 | 0 | 2 | 0 | |
| | | 食品栄養科 | 食品栄養科学 | 3 | | ● | ● | ● | ● | | | | | | | | ● | ● | | | 3 | 1 | 0 | 0 | 0 | 0 | 食品栄養科学専攻のみの募集 |
| | 現代教育 | 幼児教育 | | 3 | | ● | ● | ● | ● | | | | | | | | ● | ● | | | 0 | 0 | 0 | 0 | 0 | 0 | 幼稚園教諭二種免許状及び保育士資格取得者のみ |
| | | 現代教育 | 現代教育 | 3 | | ● | ● | ● | ● | | | | | | | | ● | ● | | | 0 | 0 | 0 | 0 | 0 | 0 | 小学校教諭一種免許状取得希望者は小学校教諭二種免許状取得者、特別支援学校教諭一種免許状取得希望者は小学校教諭一種又は二種免許状取得者のみ。 |

備考（表頭）: 特に記載がない場合は、大学在学生3年次は62単位以上、2年次は31単位以上取得見込み

| 大学名 | 学部 | 学科 | 専攻・コース | 編入年次 | 大1 | 大2 | 学士 | 短大 | 高専 | 専門 | 試験日 | 出願期間 | 外国語筆記 | 外部試験 | 専門科目 | 小論文 | 面接 | 口頭試問 | 専門科目以外の科目 | その他の注意事項 | R3志願者 | R3合格者 | R4志願者 | R4合格者 | R5志願者 | R5合格者 | 備考 特に記載がない場合は、大学在学3年次は62単位以上、2年次は31単位以上取得見込み |
|---|---|---|---|---|---|---|---|---|---|---|---|---|---|---|---|---|---|---|---|---|---|---|---|---|---|---|---|
| 東海学園 | 経営 | 経営 | | 3 | | ● | ● | ● | ● | ● | 12/17 | 11/28~12/5 | | | | ● | ● | | | | 2 | 1 | 1 | 1 | 0 | 0 | 大学在学者60単位以上、教員免許取得希望者は出願前に要事前相談。合格状況に社会人編入含む |
| | 人文 | 人文 | | 3 | | ● | ● | ● | ● | ● | | | | | | ● | ● | | | | 1 | 0 | 0 | 0 | 2 | 1 | |
| | 心理 | 心理 | | 3 | | ● | ● | ● | ● | ● | | | | | | ● | ● | | | | 0 | 0 | 0 | 0 | 0 | 0 | |
| | 教育 | 教育 | | 3 | | ● | ● | ● | ● | ● | | | | | | ● | ● | | | | 2 | 2 | 0 | 0 | 0 | 0 | |
| | スポーツ健康科 | スポーツ健康科 | | 3 | | ● | ● | ● | ● | ● | | | | | | ● | ● | | | | 4 | 3 | 1 | 0 | 2 | 1 | |
| 同朋 | 文 | 仏教 | | 2·3 | ● | ● | ● | ● | ● | ● | 11/19 2/1 | 11/1~11/10 1/5~1/19 | | | | | ● | | | | 3 | 2 | 0 | 0 | 0 | 0 | 要事前問合せ。別途シニア編入学試験実施で合格状況に含む |
| | | 人文 | | 2·3 | ● | ● | ● | ● | ● | ● | | | | | | | ● | | | | 0 | 0 | 1 | 1 | 0 | 0 | |
| | 社会福祉 | 社会福祉 | 社会福祉 | 2·3 | ● | ● | ● | ● | ● | ● | | | | | | | ● | | | | 3 | 2 | 8 | 8 | 0 | 0 | |
| | | | 子ども学 | 2·3 | ● | ● | ● | ● | ● | ● | | | | | | | ● | | | | 2 | 1 | 0 | 0 | 1 | 0 | |
| 豊田工業 | 工 | 先端工学基礎 | | 3 | | | | | | ● | 6/18 | 5/23~6/1 | | | | | | ● | ※英語・工学基礎等含む | | 12(0) | 11(0) | 17(2) | 17(0) | 15(1) | 13(0) | 卒業見込者のみ出身学科、成績に具体的規定あり。別途社会人編入実施で( )外数 |
| 豊橋創造 | 経営 | 経営 | | 3 | | | | | | ● | 10/15 2/9 | 9/26~10/10 1/20~2/3 | | | | ● | ● | | | | 0 | 0 | 1 | 1 | — | — | 要事前エントリー |
| 名古屋音楽 | 音楽 | 音楽 | | 2·3 | *● | *● | ● | ● | ● | ● | 11/19 1/30~2/1 2/25 | 11/1~11/10 1/5~1/13 1/16~2/13 | | | | | | | | | 4 | 4 | △ | △ | △ | △ | *修了(見込)者。左記は非音楽系出身者。音楽系出身者は実・面などの選抜で15コースで募集。別途社会人編入実施で合格状況に含む |
| 名古屋学院 | 経済 | 経済 | | 2·3 | ● | ● | | | | | 12/3 | 11/14~11/21 | 英 | | | ● | ※● | | ※自己PR(3分)を含む | | 5 | 2 | 2 | 0 | △ | △ | 大学在学者2年次30単位以上。志望学科と異系統専攻者は要事前相談。別途社会人編入実施で合格状況に含む。合格状況に指定校推薦含む |
| | 現代社会 | 現代社会 | | 2·3 | ● | ● | | | | | | | 英 | | | ● | ※● | | | | 7 | 1 | 1 | 1 | △ | △ | |
| | 商 | 商 | | 2·3 | ● | ● | | | | | | | 英 | | | ● | ※● | | | | 8 | 2 | 0 | 0 | △ | △ | |
| | | 経営情報 | | 2·3 | ● | ● | | | | | | | 英 | | | ● | ※● | | | | 5 | 1 | 5 | 1 | △ | △ | |
| | 法 | 法 | | 2·3 | ● | ● | | | | | | | 英 | | | ● | ※● | | | | 3 | 3 | 2 | 2 | △ | △ | |
| | 外国語 | 英米語 | | 2·3 | ● | ● | | | | | | | 英 | | | ● | ※● | | | | 7 | 1 | 1 | 1 | △ | △ | |
| | 国際文化 | 国際文化 | | 2·3 | ● | ● | | | | | | | 英 | | | ● | ※● | | | | 5 | 2 | 3 | 3 | △ | △ | |
| | | 国際協力 | | 3 | ● | ● | | | | | | | 英 | | | ● | ※● | | | | 1 | 0 | 0 | 0 | △ | △ | |
| | スポーツ健康 | スポーツ健康 | | 2·3 | ● | ● | | | | | | | 英 | | | ● | ※● | | | | 2 | 0 | 1 | 0 | △ | △ | |
| | | こどもスポーツ教育 | | 2·3 | ● | ● | | | | | | | 英 | | | ● | ※● | | | | △ | △ | △ | △ | △ | △ | |
| 名古屋学芸 | ヒューマンケア | 子どもケア | 子どもケア | 3 | | ● | ● | ● | ● | ● | 11/27 | 10/21~10/27 | | | | ● | | ● | ※作品審査含む | | 0 | 0 | 0 | 0 | 0 | 0 | 子どもケア学科は養護教諭コースのみの募集で養護教諭二種免許取得(見込)者のみ。合格状況に内編含む |
| | メディア造形 | 映像メディア | | 3 | | ● | ● | ● | ● | ● | | | | | | * | ※● | | *映像テーマ | | 0 | 0 | 0 | 0 | 0 | 0 | |
| | | デザイン | | 3 | | ● | ● | ● | ● | ● | | | | | | * | ※● | | *デザインテーマ | | 0 | 0 | 2 | 2 | 0 | 0 | |
| | | ファッション造形 | | 3 | | ● | ● | ● | ● | ● | | | | | | * | ※● | | *ファッションテーマ | | 0 | 0 | 1 | 1 | 0 | 0 | |
| 名古屋経済 | 経済 | 現代経済 | | 3 | | ● | ● | ● | ● | ● | 10/22 2/17 | 10/3~10/14 1/30~2/8 | | | | ● | ● | | | | 0 | 0 | 3 | 3 | — | — | 欠員募集でR5募集なし |
| | 経営 | 経営 | | 3 | | ● | ● | ● | ● | ● | | | | | | ● | ● | | | | 0 | 0 | 0 | 0 | — | — | |
| | 法 | ビジネス法 | | 3 | | ● | ● | ● | ● | ● | | | | | | ● | ● | | | | 0 | 0 | 0 | 0 | — | — | |
| | 人間生活科 | 教育保育 | | 2·3 | | ● | ● | ● | ● | ● | | | | | | ● | ● | | | | 0 | 0 | 0 | 0 | 0 | 0 | 幼稚園(小学校)教諭二種免許状、教育職員免許状、保育士資格取得者3年次、それ以外2年次 |
| | | 管理栄養 | | 3 | | ● | ● | ● | ● | ● | | | | | | ● | ● | | | | 0 | 0 | 0 | 0 | 1 | 1 | 栄養士養成施設卒(見込)者 |
| 名古屋芸術 | 芸術 | 芸術 | 音楽領域 | 3 | | ● | ● | ● | ● | ● | 11/19 2/2 3/22 | 11/1~11/11 1/5~1/23 3/3~3/16 | | | | | ● | | 実技・小論文等 | | 1 | 1 | 7 | 7 | 6 | 6 | 要事前エントリー。別途社会人編入実施。合格状況に内編含む |
| | | | 舞台芸術領域 | 3 | | ● | ● | ● | ● | ● | | | | | | ● | ● | | | | — | — | — | — | 0 | 0 | |
| | | | 美術領域 | 3 | | ● | ● | ● | ● | ● | | | | | | | ● | | 持参作品 | | 1 | 1 | 1 | 1 | 11 | 9 | |
| | | | デザイン領域 | 3 | | ● | ● | ● | ● | ● | | | | | | | ● | | 持参作品 | | 10 | 5 | 3 | 1 | 7 | 3 | |
| | | | 芸術教養領域 | 3 | | ● | ● | ● | ● | ● | | | | | | | ● | | | | 0 | 0 | 0 | 0 | 1 | 1 | |
| | 人間発達 | 子ども発達 | | 3 | | ● | ● | ● | ● | ● | | | | | | | ● | | | | 0 | 0 | 2 | 2 | 4 | 4 | |
| 名古屋産業 | 現代ビジネス | 現代ビジネス | | 3 | | ● | ● | ● | ● | ● | 7/9 12/10 2/11 | 6/15~7/4 11/22~12/5 1/24~2/6 | | | | ● | ● | | | | △ | △ | △ | △ | △ | △ | 別途公募推薦編入実施(書・面) |
| 名古屋商科 | 経済 | 経済 | | 3 | | ● | ● | ● | ● | ● | 指定日 | 4/1~7/26 9/1~3/24 | | | | | ● | | 事前課題、エッセイ | TOEIC等任意提出 | △ | △ | 0 | 0 | 0 | 0 | 単位認定結果で2年次になることがある |
| | | 総合政策 | | 3 | | ● | ● | ● | ● | ● | | | | | | | ● | | | | △ | △ | 0 | 0 | 0 | 0 | |
| | 経営 | 経営 | | 3 | | ● | ● | ● | ● | ● | | | | | | | ● | | | | △ | △ | 0 | 0 | 2 | 1 | |
| | | 経営情報 | | 3 | | ● | ● | ● | ● | ● | | | | | | | ● | | | | △ | △ | 0 | 0 | 0 | 0 | |

| 大学名 | 学部 | 学科 | 専攻・コース | 編入年次 | 大1 | 大2 | 学士 | 短大 | 高専 | 専門 | 試験日 | 出願期間 | 外国語筆記 | 外部試験 | 専門科目 | 小論文 | 面接 | 口頭試問 | 専門科目以外の科目 | その他の注意事項 | R3志願者 | R3合格者 | R4志願者 | R4合格者 | R5志願者 | R5合格者 | 備考（特に記載がない場合は、大学在学生3年次は62単位以上、2年次は31単位以上取得見込み） |
|---|---|---|---|---|---|---|---|---|---|---|---|---|---|---|---|---|---|---|---|---|---|---|---|---|---|---|---|
| | 商 | マーケティング | | 3 | | ● | ● | ● | ● | ● | | | | | | | ● | | | | △ | △ | 0 | 0 | 0 | 0 | |
| | | 会計ファイナンス | | 3 | | ● | ● | ● | ● | ● | | | | | | | ● | | | | △ | △ | 0 | 0 | 0 | 0 | |
| | 国際 | グローバル教 | | 3 | | ● | ● | ● | ● | ● | | | | | | | ● | | | | △ | △ | 1 | 1 | 0 | 0 | |
| | | 英語 | | 3 | | ● | ● | ● | ● | ● | | | | | | | ● | | | | △ | △ | 1 | 1 | 0 | 0 | |
| 名古屋造形 | 造形 | 造形 | | 2·3 | ● | ● | ● | ● | ● | ● | 3/11 | 2/7~2/20 | | | | ● | ● | | 作品審査 | | △ | △ | △ | △ | △ | △ | 要作品証明書 |
| 名古屋文理 | 健康生活 | 健康栄養 | | 3 | | ● | ● | ● | ● | ● | 8/2 2/20 | 7/15~7/25 1/31~2/9 | | | | ● | ● | | | | 2 | 2 | 4 | 3 | 7 | 6 | 栄養士養成指定校出身又は栄養士免許取得(見込)者 |
| | | フードビジネス | | 3 | | ● | ● | ● | ● | ● | | | | | | ● | ● | | | | 2 | 2 | 1 | 1 | 7 | 7 | |
| 名古屋柳城女子 | こども | こども | | 3 | | ● | ● | ● | ● | ● | 11/12 2/11 | 10/17~10/28 1/16~1/27 | | | | ● | ● | | | | 0(1) | 0(1) | 0(1) | 0(1) | 0(1) | 0(1) | 幼稚園教諭2種免許状もしくは保育士資格を有する女子。別途推薦入試(書・口)実施で( )外数 |
| 南山 | 人文 | キリスト教 | | 2·3 | ● | ● | ● | ● | ● | ● | 2/24 | 1/12~1/19 | 選 | ・● | | ● | ● | | 国語 選:英・仏・独・西から1 | *TOEFL等で英語免除、具体的基準あり | 3(0) | 1(0) | 0 | 0 | 0 | 0 | 大学在学者2年次30単位以上、3年次60単位以上。3年次志望でも2年次入学になることがある。( )は内編・指定校で外数。別途キリスト教学科・経済学科で社会人編入実施で合格状況に含む |
| | | 人類文化 | | 2·3 | ● | ● | ● | ● | ● | ● | | | 選 | ・● | | ● | ● | | 国語 選:英・仏・独・西・中・インドネシアから1 | | 1(0) | 0(0) | 1 | 0 | 1 | 0 | |
| | | 心理人間 | | 2·3 | ● | ● | ● | ● | ● | ● | | | 選 | ・● | | ● | ● | | | | 5(0) | 1(0) | 3 | 0 | 1 | 1 | |
| | | 日本文化 | | 2·3 | ● | ● | ● | ● | ● | ● | | | 選 | ・● | | ● | ● | | 国語 選:英・仏・独・西・中から1 | | 2(0) | 1(0) | 2 | 1 | 0 | 0 | |
| | 外国語 | 英米 | | 2·3 | ● | ● | ● | ● | ● | ● | | | 英 | ・● | | ● | ※● | | 国語 | *TOEFL等で英語免除、具体的基準あり ※専攻語による面接を含む | 3(3) | 1(3) | 2(3) | 0(3) | 2(4) | 1(4) | |
| | | スペイン・ラテンアメリカ | | 2·3 | ● | ● | ● | ● | ● | ● | | | 西 | ・● | | ● | ※● | | | | 0(0) | 0(0) | 0(0) | 0(0) | 0(0) | 0(0) | |
| | | フランス | | 2·3 | ● | ● | ● | ● | ● | ● | | | 仏 | ・● | | ● | ※● | | | | 0(0) | 0(0) | 0 | 0 | 0 | 0 | |
| | | ドイツ | | 2·3 | ● | ● | ● | ● | ● | ● | | | 独 | ・● | | ● | ※● | | | | 1(0) | 0(0) | 0 | 0 | 0 | 0 | |
| | | アジア | | 2·3 | ● | ● | ● | ● | ● | ● | | | 選 | ・● | | ● | ※● | | 国語 選:中又はインドネシア語 | | 0(2) | 0(2) | 0(1) | 0(1) | 0(2) | 0(2) | |
| | 経済 | 経済 | | 2·3 | ● | ● | ● | ● | ● | ● | | | 英 | ・● | | ● | ● | | 国語 選:英・独・仏から1 | *TOEFL等で英語免除、具体的基準あり | 3(0) | 1(0) | 2 | 0 | 2 | 1 | |
| | 経営 | 経営 | | 2·3 | ● | ● | ● | ● | ● | ● | | | 英 | ・● | | ● | ● | | | | 3(0) | 1(0) | 2 | 0 | 4 | 1 | |
| | 法 | 法律 | | 2·3 | ● | ● | ● | ● | ● | ● | | | 選 | ・● | | ● | ● | | | | 4(0) | 0(0) | 4 | 1 | 3 | 0 | |
| | 総合政策 | 総合政策 | | 2·3 | ● | ● | ● | ● | ● | ● | | | 英 | ・● | | ● | ● | | | | 3(3) | 0(3) | 1(5) | 0(5) | 1(3) | 0(3) | |
| | 理工 | ソフトウェア工 | | 2·3 | ● | ● | ● | ● | ● | ● | | | 英 | ・● | | ● | | | 数学 | | 2(1) | 1(0) | 0 | 0 | 1 | 1 | |
| | | システム数理 | | | | | | | | | | | 英 | ・● | | ● | | | | | 0(0) | 0(0) | 2 | 1 | — | — | |
| | | 機械電子制御工 | | | | | | | | | | | 英 | ・● | | ● | | | | | 1(0) | 0(0) | 0 | 0 | — | — | |
| | | データサイエンス | | 2·3 | | | | | | | | | 英 | ・● | | ● | | | | | — | — | — | — | 0 | 0 | |
| | | 電子情報工学 | | 2·3 | | | | | | | | | 英 | ・● | | ● | | | | | — | — | — | — | 1 | 1 | |
| | | 機械システム工 | | 2·3 | | | | | | | | | 英 | ・● | | ● | | | | | — | — | — | — | 0 | 0 | |
| | 国際教養 | 国際教養 | | 2·3 | ● | ● | ● | ● | ● | ● | | | 英 | ・● | | ● | ※● | | 国語 | *TOEFL等で英語免除、具体的基準あり ※英語含む | 2(4) | 1(4) | 4(4) | 3(4) | 2(1) | 2(1) | |
| 日本福祉 | 健康科 | 福祉工 | | 2·3 | ● | ● | ● | ● | ● | ● | 10/23 2/11 | 9/22~10/4 1/19~1/31 | | | | | ● | | | | 3 | 1 | 0 | 0 | 1 | 1 | 合格状況は一般編入実績 |
| | 教育・心理 | 心理 | | 2 | ● | ● | ● | ● | ● | ● | | | | | | | ● | | | | 3 | 3 | 2 | 2 | 1 | 1 | |
| | 社会福祉 | 社会福祉 | | 2·3 | ● | ● | ● | ● | ● | ● | | | | | | | ● | | | | 19 | 18 | 18 | 12 | 12 | 10 | |
| | スポーツ科 | スポーツ科 | | 2 | ● | ● | ● | ● | ● | ● | | | | | | | ● | | | | — | — | — | — | 0 | 0 | |
| | 経済 | 経済 | | 3 | | ● | ● | ● | ● | ● | | | | | | | ● | | | | 2 | 2 | 1 | 1 | 1 | 1 | |
| | 国際福祉開発 | 国際福祉開発 | | 3 | | ● | ● | ● | ● | ● | | | | | | | ● | | | | 2 | 2 | 0 | 0 | 0 | 0 | |

| 大学名 | 学部 | 学科 | 専攻・コース | 編入年次 | 大1 | 大2 | 学士 | 短大 | 高専 | 専門 | 試験日 | 出願期間 | 外国語筆記 | 外部試験 | 専門科目 | 小論文 | 面接 | 口頭試問 | 専門科目以外の科目 | その他の注意事項 | R3志願者 | R3合格者 | R4志願者 | R4合格者 | R5志願者 | R5合格者 | 備考（特に記載がない場合は、大学在学生3年次は62単位以上、2年次は31単位以上取得見込み） |
|---|---|---|---|---|---|---|---|---|---|---|---|---|---|---|---|---|---|---|---|---|---|---|---|---|---|---|---|
| 人間環境 | 人間環境 | 心理 | | | | | | | | | | | | | | | | | | | 1 | 0 | 2 | 1 | × | × | R5より募集停止 |
| | | 環境科 | | | | | | | | | | | | | | | | | | | 1 | 0 | 1 | 1 | × | × | |
| 名城 | 人間 | 人間 | | 2 | | ● | ● | ● | ● | ● | 11/17 | 10/24~10/27 | 英 | | | ● | ● | | | | 1 | 1 | 1 | 0 | 1 | 1 | 要事前確認 |
| | 都市情報 | 都市情報 | | 2 | | ● | ● | ● | ● | ● | | | 英 | | | ● | ● | | | | 1 | 0 | 4 | 0 | 1 | 0 | |
| | 経営 | 経営 | | 2 | | ● | ● | ● | ● | ● | | | 英 | | | ● | ● | | | | 1 | 1 | 1 | 1 | — | — | |
| | | 国際経営 | | 2 | | ● | ● | ● | ● | ● | | | 英 | | | ● | ● | | | | 1 | 0 | 0 | 0 | — | — | |
| | 経済 | 経済 | | 2・3 | | ● | ● | ● | ● | | | | 英 | | | ● | ● | | | | 1 | 0 | 2 | 1 | 0 | 0 | |
| | | 産業社会 | | 2・3 | | ● | ● | ● | ● | | | | 英 | | | ● | ● | | | | 1 | 1 | 0 | 0 | 1 | 1 | |
| | 情報工 | 情報工 | | 2 | | ● | ● | ● | ● | ● | 7/2 | 6/6~6/9 | 英 | | | | ● | ● | 数・物 | | 0 | 0 | 0 | 0 | 2 | 2 | R3・R4は理工学部情報工学科での募集で2・3年次合算。R5は新設学部として2年次のみの募集。 |
| | 理工 | 数 | | 2・3 | | ● | ● | ● | ● | ● | | | | | ● | | | ● | 〈3年次〉左記。〈2年次〉数・「英又は理(物又は化)」 | | 1 | 1 | 0 | 0 | 1 | 0 | 試験結果並びに認定単位をもとに相当年次を指定。要事前確認 |
| | | 電気電子工 | | 2・3 | | ● | ● | ● | ● | ● | | | 英 | ※● | | | ● | ● | 〈3年次〉左記。※数・理(物又は化) | | 0 | 0 | 0 | 0 | 0 | 0 | |
| | | 材料機能工 | | 2・3 | | ● | ● | ● | ● | ● | | | 英 | ※● | | | | ● | 〈2年次〉英・数・理(物又は化) | | 0 | 0 | 0 | 0 | 0 | 0 | |
| | | 応用化 | | 2・3 | | ● | ● | ● | ● | ● | | | | | | | ● | | 〈3年次〉左記。〈2年次〉英・数・理(物又は化) | | | | | | | | |
| | | 機械工 | | 2・3 | | ● | ● | ● | ● | ● | | | | | | ● | | ● | | | 1 | 0 | 0 | 0 | 0 | 0 | |
| | | 交通機械工 | | 2・3 | | ● | ● | ● | ● | ● | | | | | | ● | | ● | | | 2 | 1 | 0 | 0 | 1 | 0 | |
| | | メカトロニクス工 | | 2・3 | | ● | ● | ● | ● | ● | | | 英 | ※● | | | | ● | 〈3年次〉左記。※数・理(物又は化)〈2年次〉英・数・理(物又は化) | | 0 | 0 | 0 | 0 | 0 | 0 | |
| | | 社会基盤デザイン工 | | 2・3 | | ● | ● | ● | ● | ● | | | 英 | ※● | | | | ● | 〈3年次〉左記。※数・物。〈2年次〉英・数・物 | | 1 | 1 | 0 | 0 | 0 | 0 | |
| | | 環境創造工 | | 2・3 | | ● | ● | ● | ● | ● | | | | | | ● | ● | ● | 〈3年次〉左記。〈2年次〉英・数・理(物又は化)※専門 | | 0 | 0 | 0 | 0 | 0 | 0 | |
| | | 建築 | | 2・3 | | ● | ● | ● | ● | ● | | | | | | ※● | ● | | | | 0 | 0 | 4 | 1 | 1 | 1 | |
| | 農 | 生物資源 | | 2・3 | | ● | ● | ● | ● | | 11/17 | 10/24~10/27 | 英 | ※● | | | ● | | ※生物又は化学 | | 0 | 0 | 0 | 0 | — | — | 試験結果並びに認定単位をもとに相当年次を指定。要事前確認。R6より農学部は2年次のみの募集 |
| | | 応用生物化 | | 2・3 | | ● | ● | ● | ● | | | | 英 | ※● | | | ● | | | | 0 | 0 | 0 | 0 | — | — | |
| | | 生物環境科 | | 2・3 | | ● | ● | ● | ● | | | | 英 | ※● | | | ● | | | | 0 | 0 | 0 | 0 | — | — | |
| | 法 | 法 | | 3 | | ● | ● | ● | ● | ● | | | | | | ※● | ● | | ※英文を含む | | 0(0) | 0(0) | 3(0) | 0(0) | 1(0) | 1(0) | 試験結果並びに認定単位をもとに相当年次を指定。別途社会人編入実施で( )外数 |

| 大学名 | 学部 | 学科 | 専攻・コース | 編入年次 | 大1 | 大2 | 学士 | 短大 | 高専 | 専門 | 試験日 | 出願期間 | 外国語筆記 | 外部試験 | 専門科目 | 小論文 | 面接 | 口頭試問 | 専門科目以外の科目 | その他の注意事項 | R3志願者 | R3合格者 | R4志願者 | R4合格者 | R5志願者 | R5合格者 | 備考（特に記載がない場合は、大学在学生3年次は62単位以上、2年次は31単位以上取得見込み） |
|---|---|---|---|---|---|---|---|---|---|---|---|---|---|---|---|---|---|---|---|---|---|---|---|---|---|---|---|
| 皇學館 | 文 | 神道 | | 2 | ● | ● | ● | ● | ● | ● | 12/10 | 11/24～12/5 | | | | ● | ● | | | | — | — | — | — | 0(1) | 0(1) | 募集学科・年次は年度により異なる。( )は指定校推薦で外数 |
| | | 国文 | | 2・3 | ● | ● | ● | ● | ● | ● | | | | | | ● | ● | | | | — | — | 0 | 0 | 0(0) | 0(0) | |
| | | 国史 | | 2 | ● | ● | ● | ● | ● | ● | | | | | | ● | ● | | | | 2 | 1 | 0 | 0 | 0(0) | 0(0) | |
| | | コミュニケーション | | 2 | ● | ● | ● | ● | ● | ● | | | | | | ● | ● | | | | | | | | 0(0) | 0(0) | |
| | 現代日本社会 | 現代日本社会 | | 2・3 | ● | ● | ● | ● | ● | ● | | | | | | ● | ● | | | | 1 | 1 | 2 | 1 | 0(2) | 0(1) | |
| 鈴鹿 | 国際地域 | 国際地域 | | 3 | | ● | ● | ● | ● | ● | 9/23 11/5 2/4 | 9/5～9/16 10/17～10/28 | | | | ● | ● | | | | 1 | 1 | 10 | 10 | 6 | 4 | 別途社会人編入、シニア編入実施 |
| | こども教育 | こども教育 | こども教育学 | 3 | | ● | ● | ● | ● | ● | 3/17 | 1/10～1/23 2/27～3/10 | | | | ● | ● | | | | 0 | 0 | 1 | 1 | 1 | 1 | |
| | | | 養護教育学 | 3 | | ● | ● | ● | ● | ● | | | | | | ● | ● | | | | 1 | 1 | 0 | 0 | 0 | 0 | |
| 鈴鹿医療科学 | 保健衛生 | リハビリテーション | 作業療法学 | 2 | | ● | ● | ● | ● | ● | 10/10 12/17 | 9/20～9/30 11/22～12/9 | | | | | ● | | | | 0 | 0 | 0 | 0 | — | | 2年次は62単位以上、3年次は72単位以上、4年次は93単位以上で国家資格取得見込み。要事前審査 |
| | | | 理学療法学 | 4 | | ● | ● | ● | | ● | | | | | | | ● | | | | 0 | 0 | 0 | 0 | 0 | |
| | | 医療福祉 | 医療福祉学 | 2・3 | | ● | ● | ● | | ● | | | | | | | ● | | | | 1 | 1 | 0 | 0 | 1 | 1 | |
| | | | 臨床心理学 | | | ● | ● | ● | | ● | | | | | | | ● | | | | 1 | 1 | 2 | 2 | | | |
| | 医用工 | 臨床工 | | 4 | | ● | ● | ● | | ● | | | | | | | ● | | | | 0 | 0 | 0 | 0 | 0 | 0 | |
| | | 医療健康データサイエンス | | 2 | | ● | ● | ● | | ● | | | | | | | ● | | | | | | | | 0 | 0 | |
| | 薬 | 薬 | | 2・3 | | ● | ● | ● | | ● | | | | | | | ● | | | | 0 | 0 | 0 | 0 | 2 | 2 | |
| | 看護 | 看護 | | 4 | | | ● | ● | | ● | | | | | | | ● | | | | — | — | | | 0 | 0 | |
| 四日市 | 環境情報 | 環境情報 | | 2・3 | ● | ● | ● | ● | ● | ● | 12/10 | 12/1～12/7 | | | | ● | ● | | | | △ | △ | △ | △ | △ | △ | 大学在学者2年次30単位以上、3年次62単位以上、別途社会人編入実施 |
| | 総合政策 | 総合政策 | | 2・3 | ● | ● | ● | ● | ● | ● | | | | | | ● | ● | | | | △ | △ | △ | △ | △ | △ | |
| 成安造形 | 芸術 | 芸術 | | 2・3 | ● | ● | ● | ● | ● | | 12/3 2/4 | 11/11～11/24 1/4～1/16 | | | | | ● | | | 持参作品 | 33 | 9 | 0 | 0 | 10 | 8 | |
| 聖泉 | 人間 | 人間心理 | | 3 | | ● | ● | ● | ● | ● | 12/17 2/4 | 11/28～12/9 1/10～1/27 | | | | | ● | | | | 0 | 0 | 1 | 1 | 0 | 0 | 別途内編・社会人編入実施で合格状況に含む。R7より募集停止 |
| 長浜バイオ | バイオサイエンス | フロンティアバイオサイエンス | | 3 | | ● | ● | ● | ● | | 11/13 | 10/17～11/4 | 英 | | ※● | ● | | | ※物・化・生・数から2 | | 0 | 0 | 0 | 0 | 1 | 1 | 大学在学者60単位以上。同系列履修者。出願資格審査あり |
| びわこ学院 | 教育福祉 | 子ども | | 3 | | ● | ● | ● | ● | ● | 11/13 2/5 | 11/2～11/8 1/10～1/31 | | | | ● | ● | | | | 0(1) | 0(1) | 2 | 2 | 3(1) | 2(1) | 大学在学者30単位以上。欠員があれば2年次可。( )は指定校推薦で外数 |
| | | スポーツ教育 | | 3 | | ● | ● | ● | ● | ● | | | | | | ● | ● | | | | 0 | 0 | 2 | 2 | 1 | 1 | |
| 大谷 | 文 | 真宗 | | 3 | | ● | ● | ● | ● | ● | 2/17 | 1/10～1/23 | 英 | | | ● | ● | | | | 6 | 4 | 2 | 2 | 6 | 5 | 社会人編入は別日程 |
| | | 仏教 | | 3 | | ● | ● | ● | ● | ● | | | 英 | | | ● | ● | | | | 0 | 0 | 1 | 1 | 1 | 1 | |
| | | 哲 | | 3 | | ● | ● | ● | ● | ● | | | 英 | | | ● | ● | | | | 0 | 0 | 1 | 1 | 1 | 1 | |
| | | 歴史 | | 3 | | ● | ● | ● | ● | ● | | | 英 | | | ● | ● | | | | 1 | 0 | 0 | 0 | 1 | 1 | |
| | | 文 | | 3 | | ● | ● | ● | ● | ● | | | 英 | | | ● | ● | | | | 1 | 0 | 0 | 0 | 0 | 0 | |
| | 社会 | 現代社会 | | 3 | | ● | ● | ● | ● | ● | | | 英 | | | ● | ● | | | | 10 | 3 | 4 | 2 | — | — | |
| | | コミュニティデザイン | | 3 | | ● | ● | ● | ● | ● | | | 英 | | | ● | ● | | | | — | — | — | — | 0 | 0 | |
| | 国際 | 国際文化 | | 3 | | ● | ● | ● | ● | ● | | | 英 | | | ● | ● | | | | | | | | | | |
| 京都外国語 | 外国語 | 英米語 | | 2・3 | *● | *● | ● | ● | ● | | 11/27 2/3 | 10/4～10/14 1/5～1/12 | ※ | | | | ● | ● | ※各専攻言語 | 左記は語学重視型で、語学検定型は書・小・面・TOEIC等 | 111(4) | 21(24) | 115(73) | 42(19) | 37(23) | 31(3) | *修了(見込)者。合格状況( )は3年次志望で2年次を第2志望としている者で外数。R3は内編除く全編入計、合格者数は2年次第2志望含む |
| | | スペイン語 | | 2・3 | *● | *● | ● | ● | ● | | | | ※ | | | | ● | ● | ※ | | 1(0) | 0(1) | 3(2) | 0(1) | 0(0) | 0(0) | |
| | | フランス語 | | 2・3 | *● | *● | ● | ● | ● | | | | ※ | | | | ● | ● | ※ | | 1(0) | 0(0) | 3(2) | 2(0) | 0(0) | 0(0) | |
| | | ドイツ語 | | 2・3 | *● | *● | ● | ● | ● | | | | ※ | | | | ● | ● | ※ | | 0(0) | 0(0) | 1(0) | 0(0) | 1(0) | 1(0) | |
| | | ブラジルポルトガル語 | | 2・3 | *● | *● | ● | ● | ● | | | | ※ | | | | ● | ● | ※ | | 0(0) | 0(0) | 0(0) | 0(0) | 0(0) | 0(0) | |
| | | 中国語 | | 2・3 | *● | *● | ● | ● | ● | | | | ※ | | | | ● | ● | ※ | | 17(2) | 6(4) | 20(12) | 9(5) | 7(4) | 6(0) | |
| | | 日本語 | | 2・3 | *● | *● | ● | ● | ● | | | | | | | ● | | ● | ※ | | 7(1) | 0(1) | 6(5) | 0(0) | 2(1) | 0(0) | |
| | | イタリア語 | | 2・3 | *● | *● | ● | ● | ● | | | | ※ | | | | ● | ● | ※ | | 0(0) | 0(0) | 3(2) | 2(0) | 0(0) | 0(0) | |
| | 国際貢献 | グローバルスタディーズ | | 3 | | *● | ● | ● | ● | ● | | | | | ● | ● | | ※● | ※英語 | TOEIC-IP可 | 5 | 4 | 7 | 7 | 5 | 5 | *修了(見込)者 |
| | | グローバル観光 | | 3 | | *● | ● | ● | ● | ● | | | | | ● | ● | | | | | 0 | 0 | 2 | 2 | 0 | 0 | *修了(見込)者。出身校での単位に条件あり |
| 京都華頂 | 現代家政 | 現代家政 | | 3 | | ● | ● | ● | ● | ● | 10/8 1/21 | 9/26～10/4 1/5～1/16 | | | | | ● | | | | 7 | 7 | 4 | 4 | 3 | 3 | 本学専願女子で要問合せ |

| 大学名 | 学部 | 学科 | 専攻・コース | 編入年次 | 大1 | 大2 | 学士 | 短大 | 高専 | 専門 | 試験日 | 出願期間 | 外国語筆記 | 外部試験 | 専門科目 | 小論文 | 面接 | 口頭試問 | 専門科目以外の科目 | その他の注意事項 | R3志願者 | R3合格者 | R4志願者 | R4合格者 | R5志願者 | R5合格者 | 備考 特に記載がない場合は、大学在学生3年次は62単位以上、2年次は31単位以上取得見込み |
|---|---|---|---|---|---|---|---|---|---|---|---|---|---|---|---|---|---|---|---|---|---|---|---|---|---|---|---|
| 京都看護 | 看護 | 看護 | | 3 | | | | ● | | | 9/4 | 8/15~8/29 | | | | ● | ● | ● | | | 2 | 2 | 6 | 5 | 1 | 1 | 看護師養成課程卒(見込)者のみ |
| 京都芸術 | 芸術 | 美術工芸 | | 2·3 | ● | ● | ● | ● | ● | ● | 11/24 | 11/1~11/7 | | | | ● | ※● | | | 学科・コースにより事前提出物・当日持参物あり ※作品審査含む(コースにより異なる) | 8 | 6 | 50 | 26 | 27 | 15 | 一部の学科で、出願資格に追加要件あり |
| | | マンガ | | 2·3 | ● | ● | ● | ● | ● | ● | | | | | | ● | ※● | | | | 2 | 1 | | | | | |
| | | キャラクターデザイン | | 2·3 | ● | ● | ● | ● | ● | ● | | | | | | ● | ● | | | | 8 | 1 | | | | | |
| | | 情報デザイン | | 2·3 | ● | ● | ● | ● | ● | ● | | | | | | ● | ● | | | | 10 | 4 | | | | | |
| | | プロダクトデザイン | | 2·3 | ● | ● | ● | ● | ● | ● | | | | | | ● | ※● | | | | 0 | 0 | | | | | |
| | | 空間演出デザイン | | 2·3 | ● | ● | ● | ● | ● | ● | | | | | | ● | ※● | | 実技 | | 0 | 0 | | | | | |
| | | 環境デザイン | | 2·3 | ● | ● | ● | ● | ● | ● | | | | | | ● | ※● | | | | 2 | 2 | | | | | |
| | | 映画 | | 2·3 | ● | ● | ● | ● | ● | ● | | | | | | ● | ● | | | | 2 | 2 | | | | | |
| | | 舞台芸術 | | 2·3 | ● | ● | ● | ● | ● | ● | | | | | | ● | ● | | | | 0 | 0 | | | | | |
| | | 文芸表現 | | 2·3 | ● | ● | ● | ● | ● | ● | | | | | | ● | ● | | | | 1 | 1 | | | | | |
| | | アートプロデュース | | 2·3 | ● | ● | ● | ● | ● | ● | | | | | | ● | ● | | | | 1 | 0 | | | | | |
| | | こども芸術 | | 2·3 | ● | ● | ● | ● | ● | ● | | | | | | ● | ※● | | | | 0 | 0 | | | | | |
| | | 歴史遺産 | | 2·3 | ● | ● | ● | ● | ● | ● | | | | | | ● | ● | | | | 2 | 1 | | | | | |
| 京都光華女子 | キャリア形成 | キャリア形成 | | 3 | | ● | ● | ● | ● | ● | 10/15 | 9/22~10/6 | | | | ● | ● | | | | — | — | — | — | 2 | 2 | 別途社会人編入実施で合格状況に含む |
| | 健康科 | 医療福祉 | 社会福祉 | 3 | | ● | ● | ● | ● | ● | | | | | | ● | ● | | | | 0 | 0 | 1 | 1 | 0 | 0 | |
| | | | 心理 | 3 | | ● | ● | ● | ● | ● | | | | | | ● | ● | | | | 2 | 2 | 1 | 1 | 0 | 0 | |
| | | 健康栄養 | 健康スポーツ栄養 | 3 | | ● | ● | ● | ● | ● | | | | | | ● | ● | | | | 1 | 1 | 1 | 1 | 1 | 1 | |
| 京都産業 | 情報理工 | 情報理工 | | 2·3 | ● | ● | ● | ● | ● | ● | 10/15 | 9/23~9/30 | 英 | | ● | | ● | | 数学 | | 2 | 1 | 2 | 1 | 1 | 1 | 要資格審査。同系又は準じる学科・専攻出身者対象 |
| | 経済 | 経済 | | 3 | | ● | ● | ● | ● | ● | | | 英 | | ● | | ● | | | | 12 | 3 | 12 | 2 | 2 | 2 | |
| | 経営 | マネジメント | | 3 | | ● | ● | ● | ● | ● | | | 英 | | ● | | ● | | | | 3 | 2 | 5 | 3 | 3 | 1 | |
| | 法 | 法律 | | 3 | | ● | ● | ● | ● | ● | | | 英 | | ● | | ● | | | | 8 | 3 | 4 | 2 | 8 | 2 | |
| | | 法政策 | | 3 | | ● | ● | ● | ● | ● | | | 英 | | ● | | ● | | | | 2 | 1 | 1 | 0 | 0 | 0 | |
| | 現代社会 | 現代社会 | | 2 | | ● | ● | ● | ● | ● | | | 英 | | *● | | ● | | *社会学 | | — | — | 1 | 0 | 3 | 1 | 要資格審査 |
| | | 健康スポーツ社会 | | 2 | | ● | ● | ● | ● | ● | | | 英 | | *● | | ● | | | | — | — | 1 | 0 | 0 | 0 | |
| | 外国語 | 英語 | 英語 | 3 | | ● | ● | ● | ● | ● | | | ※ | ● | *● | | ● | | 語学 | ※各学科・専攻の選考 *専門分野 TOEFL(6ヵ月以内) | 2 | 0 | 0 | 0 | 0 | 0 | 要資格審査。同系又は準じる学科・専攻出身者対象 |
| | | ヨーロッパ言語 | ドイツ語 | 3 | | ● | ● | ● | ● | ● | | | ※ | | *● | | ● | | | | 0 | 0 | 0 | 0 | 0 | 0 | |
| | | | フランス語 | 3 | | ● | ● | ● | ● | ● | | | ※ | | *● | | ● | | | | 0 | 0 | 0 | 0 | 0 | 0 | |
| | | | スペイン語 | 3 | | ● | ● | ● | ● | ● | | | ※ | | *● | | ● | | | | 0 | 0 | 0 | 0 | 0 | 0 | |
| | | | イタリア語 | 3 | | ● | ● | ● | ● | ● | | | ※ | | *● | | ● | | | | 0 | 0 | 1 | 0 | 0 | 0 | |
| | | | ロシア語 | 3 | | ● | ● | ● | ● | ● | | | ※ | | *● | | ● | | | | 0 | 0 | 0 | 0 | 0 | 0 | |
| | | アジア言語 | 中国語 | 3 | | ● | ● | ● | ● | ● | | | ※ | | *● | | ● | | | | 3 | 2 | 6 | 1 | 0 | 0 | |
| | | | 韓国語 | 3 | | ● | ● | ● | ● | ● | | | ※ | | *● | | ● | | | | 0 | 0 | 2 | 0 | 0 | 0 | |
| | | | インドネシア語 | 3 | | ● | ● | ● | ● | ● | | | ※ | | *● | | ● | | | | 1 | 0 | 2 | 1 | 0 | 0 | |
| | 文化 | 国際文化 | | 3 | | ● | ● | ● | ● | ● | | | 英 | | *● | | ● | | *文化の理解に関する | | 5 | 0 | 3 | 0 | 2 | 1 | 要資格審査 |
| | | 京都文化 | | 3 | | ● | ● | ● | ● | ● | | | 英 | ※● | *● | | ● | | | ※英語コミュニコースはTOEFL等で事前審査 | 0 | 0 | 1 | 0 | 0 | 0 | |
| | 理 | 数理科 | | 3 | | ● | ● | ● | ● | ● | | | 英 | | | | ● | | 数学 | | 0 | 0 | 0 | 0 | 0 | 0 | 要資格審査。同系又は準じる学科・専攻出身者対象 |
| | | 物理科 | | 3 | | ● | ● | ● | ● | ● | | | 英 | | | | ● | | 物理 | | 0 | 0 | 0 | 0 | 0 | 0 | |
| 京都女子 | 文 | 国文 | | 3 | | ● | ● | ● | ● | ● | 10/29 | 9/21~10/6 | | | ● | | ● | | | | 0(1) | 0(1) | 4 | 1 | 1 | 0 | ( )は内編・指定校で外数 |
| | | 英文 | | 3 | | ● | ● | ● | ● | ● | | | 英 | | ● | | ● | | | | 5(0) | 2(0) | 8 | 4 | 5 | 5 | |
| | | 史 | | 3 | | ● | ● | ● | ● | ● | | | | | ● | | | ● | | | 0(1) | 0(1) | 0 | 0 | 0 | 0 | |
| | 発達教育 | 教育 | 教育学 | 3 | | ● | ● | ● | ● | ● | | | 英 | | ● | | ● | | | | 3(1) | 2(1) | 2 | 1 | 1 | 1 | |
| | | 教育 | 音楽教育学 | 3 | | ● | ● | ● | ● | ● | | | | | ● | | ● | | | | 2(0) | 2(0) | 1 | 1 | 1 | 1 | |
| | | 心理 | | 3 | | ● | ● | ● | ● | ● | | | 英 | | ● | | ● | | | | 8(0) | 1(0) | 4 | 0 | 3 | 0 | |
| | 家政 | 生活造形 | | 3 | | ● | ● | ● | ● | ● | | | | | ● | | ● | | | | 5(0) | 1(0) | 3 | 0 | 0 | 0 | |

| 大学名 | 学部 | 学科 | 専攻・コース | 編入年次 | 大1 | 大2 | 学士 | 短大 | 高専 | 専門 | 試験日 | 出願期間 | 外国語筆記 | 外部試験 | 専門科目 | 小論文 | 面接 | 口頭試問 | 専門科目以外の科目 | その他の注意事項 | R3志願者 | R3合格者 | R4志願者 | R4合格者 | R5志願者 | R5合格者 | 備考 |
|---|---|---|---|---|---|---|---|---|---|---|---|---|---|---|---|---|---|---|---|---|---|---|---|---|---|---|---|
| | 現代社会 | 現代社会 | | 3 | | ● | ● | ● | ● | ● | | | 英 | | | ※● | ● | | | ※専門分野 | 15(2) | 6(2) | 11 | 3 | 2 | 1 | |
| | 法 | 法 | | 3 | | ● | ● | ● | ● | ● | | | 英 | | | ● | ● | | | ※専門分野 | — | — | | | | | |
| 京都精華 | 国際文化 | 人文 | | 2・3 | ● | ● | ● | ● | ● | ● | 10/16 | 9/12~9/22 | | | | ● | ● | | | | 0 | 0 | 0 | 0 | | | 年度により募集コース・年次異なる。R3志願者数欄は受験者数 |
| | | グローバルスタディーズ | | 2 | | ● | ● | ● | ● | ● | | | | | | ● | ● | | | | 1 | 1 | 0 | 0 | | | |
| | メディア表現 | メディア表現 | | 2・3 | ● | ● | ● | ● | ● | ● | | | | | | ● | ● | | | | 1 | 1 | 2 | 1 | | | |
| | 芸術 | 造形 | 洋画 | 2 | ● | ● | ● | ● | ● | ● | | | | | | | ● | | 作品審査 | | 0 | 0 | | | | | |
| | | | 日本画 | 2・3 | ● | ● | ● | ● | ● | ● | | | | | | | ● | | | | 0 | 0 | | | | | |
| | | | 立体造形 | 2・3 | ● | ● | ● | ● | ● | ● | | | | | | | ● | | | | 0 | 0 | | | | | |
| | | | 陶芸 | 2・3 | ● | ● | ● | ● | ● | ● | | | | | | | ● | | | | 6 | 5 | 4 | 4 | 4 | 2 | |
| | | | テキスタイル | 2・3 | ● | ● | ● | ● | ● | ● | | | | | | | ● | | | | 0 | 0 | | | | | |
| | | | 版画 | 2・3 | ● | ● | ● | ● | ● | ● | | | | | | | ● | | | | 0 | 0 | | | | | |
| | | | 映像 | 2・3 | ● | ● | ● | ● | ● | ● | | | | | | | ● | | | | 0 | 0 | | | | | |
| | | デザイン | イラスト | イラスト | 3 | ● | ● | ● | ● | ● | ● | | | | | | ● | | | | 6 | 1 | — | — | 2 | 0 |
| | | | ビジュアルデザイン | グラフィックデザイン | 2 | ● | ● | ● | ● | ● | ● | | | | | | ● | | | | 7 | 2 | 8 | 4 | 5 | 4 |
| | | | | デジタルクリエイション | 3 | ● | ● | ● | ● | ● | ● | | | | | | ● | | | | 1 | 0 | | | |
| | | | プロダクトデザイン | プロダクトコミュニケーション | | ● | ● | ● | ● | ● | ● | | | | | | ● | | | | 0 | 0 | 1 | 1 | — | — |
| | | | | ライフクリエイション | 2・3 | ● | ● | ● | ● | ● | ● | | | | | | ● | | | | 2 | 2 | 0 | 0 | | |
| | | | | ファッション | 2・3 | ● | ● | ● | ● | ● | ● | | | | | | ● | | | | — | — | 1 | 1 | | |
| | | 建築 | 建築 | 3 | | ● | ● | ● | ● | ● | | | | | | ● | | | | 6 | 2 | 3 | 2 | 2 | 2 | |
| | マンガ | マンガ | カートゥーン | 2・3 | | ● | ● | ● | ● | ● | | | | | | ● | | | | 3 | 1 | | | | | |
| | | | ストーリーマンガ | | | ● | ● | ● | ● | ● | | | | | | ● | | | | 5 | 2 | 16 | 8 | 5 | 2 | |
| | | | 新世代マンガ | | | ● | ● | ● | ● | ● | | | | | | ● | | | | 8 | 7 | — | — | | | |
| | ポピュラーカルチャー | ポピュラーカルチャー | 音楽 | 3 | | ● | ● | ● | ● | ● | | | | | | ● | | | | 1 | 1 | 2 | 2 | | | |
| | | | ファッション | | | | | | | | | | | | | ● | | | | 0 | 0 | — | — | | | |
| | 人文 | 総合人文 | | 3 | | ● | ● | ● | ● | ● | | | | | | ● | ● | | | | 1 | 1 | 0 | 0 | | | |
| 京都橘 | 文 | 日本語日本文 | | 2・3 | | ● | ● | ● | ● | ● | 1/25 | 12/6~12/14 | | | | ※● | | ● | | 小論文は志願学科に対応する内容。※書道コースは実技 | 1(1) | 0(1) | 0(4) | 0(4) | 1(0) | 1(0) | 大学在学者2年次30単位以上、3年次60単位以上。( )は2年次外数 |
| | | 歴史 | | 2・3 | | ● | ● | ● | ● | ● | | | | | | ● | | ● | | | 1(1) | 0(0) | 0(0) | 0(0) | 0(1) | 0(1) | |
| | | 歴史遺産 | | 2・3 | | ● | ● | ● | ● | ● | | | | | | ● | | ● | | | 0 | 0 | 0(0) | 0(0) | 0(0) | 0(0) | |
| | 現代ビジネス | 経営 | | 2・3 | | ● | ● | ● | ● | ● | | | | | | | ● | | | | 6(0) | 4(0) | 3 | 1 | × | × | |
| | | 都市環境デザイン | | 2・3 | | ● | ● | ● | ● | ● | | | | | | | ● | | | | 5(0) | 4(0) | 5 | 1 | × | × | |
| | 健康科 | 心理 | | 2・3 | | ● | ● | ● | ● | ● | | | | | | | ● | | | | 5(1) | 1(0) | 0(1) | 0(0) | — | — | |
| | 経済 | 経済 | | 2・3 | | ● | ● | ● | ● | ● | | | | | | | ● | | | | — | — | —(0) | —(0) | 2(0) | 2(0) | 新設学部。R4は2年次のみの募集で、R5より3年次編入実施。( )は2年次外数 |
| | 経営 | 経営 | | 2・3 | | ● | ● | ● | ● | ● | | | | | | | ● | | | | — | — | —(2) | —(1) | 1(1) | 1(1) | |
| | 工 | 情報工 | | 2 | | | | | | | | | | | ● | | | | | | — | — | —(0) | —(0) | 0(0) | 0(0) | |
| | | 建築デザイン | | 2 | | ● | ● | ● | ● | ● | | | | | ● | | | | | | — | — | —(1) | —(0) | 0(1) | 0(1) | |
| 京都ノートルダム女子 | 国際言語文化 | 英語英文 | | 2・3 | | ● | ● | ● | ● | ● | 10/12 2/4 | 9/16~10/3 1/6~1/26 | | | | | | ※● | | ※英語含む | 2(1) | 2(1) | 0 | 0 | 2 | 2 | 合格状況 ( )は指定校・協定校で外数。要事前相談 |
| | | 国際日本文化 | | 2・3 | | ● | ● | ● | ● | ● | | | | | | | ● | | | | 2(1) | 1(1) | 4(1) | 3(1) | 2 | 2 | |
| | 現代人間 | 心理 | | 2・3 | | ● | ● | ● | ● | ● | | | | | | ※● | ● | | ※2年次は時事、3年次は専門 | | 4(1) | 4(1) | 3 | 2 | 2 | 2 | |
| | | 生活環境 | | 2・3 | | ● | ● | ● | ● | ● | | | | | | | ● | | | | 3 | 3 | 0 | 0 | 5 | 5 | |
| | | こども教育 | | 2・3 | | ● | ● | ● | ● | ● | | | | | | | ● | | | | 0 | 0 | 0 | 0 | 1 | 1 | |
| 京都美術工芸 | 芸術 | デザイン・工芸 | | 3 | | ● | ● | ● | ● | ● | 2/13 | 12/22~2/2 | | | | | ● | | デッサン・ポートフォリオ持参 | | 0 | 0 | 1 | 1 | 2 | 2 | |
| | | 建築 | | 3 | | ● | ● | ● | ● | ● | | | | | | | ● | | 設計製図1点持参のプレゼン | | 1 | 1 | 8 | 8 | 1 | 1 | |
| 京都文教 | 総合社会 | 総合社会 | | 3 | | ● | ● | ● | ● | ● | 11/20 | 10/24~11/11 | | | | | ● | | | | 4(0) | 3(0) | 5(0) | 5(0) | 6(0) | 6(0) | 別途社会人編入実施で( )外数。内編含まず |
| | 臨床心理 | 臨床心理 | | 3 | | ● | ● | ● | ● | ● | | | | | ● | | ● | | | | 5(0) | 1(0) | 2(0) | 1(0) | 1(2) | 0(2) | |

| 大学名 | 学部 | 学科 | 専攻・コース | 編入年次 | 大1 | 大2 | 学士 | 短大 | 高専 | 専門 | 試験日 | 出願期間 | 外国語筆記 | 外部試験 | 専門科目 | 小論文 | 面接 | 口頭試問 | 専門科目以外の科目 | その他の注意事項 | R3志願者 | R3合格者 | R4志願者 | R4合格者 | R5志願者 | R5合格者 | 備考（特に記載がない場合は、大学在学生3年次は62単位以上、2年次は31単位以上取得見込み） |
|---|---|---|---|---|---|---|---|---|---|---|---|---|---|---|---|---|---|---|---|---|---|---|---|---|---|---|---|
| 嵯峨美術 | 芸術 | 造形 | | 3 | | ● | ● | ● | ● | ● | 10/16 2/17 | 10/1~10/6 1/31~2/6 | | | | | ● | | 持参作品 | | △ | △ | △ | △ | △ | △ | |
| | | デザイン | | 3 | | ● | ● | ● | ● | ● | | | | | | | ● | | | | △ | △ | △ | △ | △ | △ | |
| 種智院 | 人文 | 仏教 | | 3 | ● | ● | ● | ● | ● | ● | 11/27 12/18 1/22 2/18 3/9 | 10/25~11/17 11/21~12/6 1/6~1/13 2/1~2/9 2/21~3/7 | | | | ※● | ● | | | ※小論文は事前課題 | 2 | 2 | 3 | 3 | 3 | 3 | 仏教学科は36単位以上。別途社会人編入実施で合格状況に含む |
| | | 社会福祉 | | 3 | ● | ● | ● | ● | ● | ● | | | | | | ※● | ● | | | | 2 | 1 | 0 | 1 | 2 | 2 | |
| 同志社 | 社会 | 社会 | | 2 | *● | | | | | | 12/3 | 11/8~11/15 | | ● | ● | | | ● | TOEIC等 | | 9 | 1 | 7 | 2 | — | — | *修了(見込)者。実施の有無は年度による |
| | | 社会福祉 | | 2 | *● | | | | | | | | | ● | ● | | | ● | | | 2 | 1 | 1 | 0 | 17 | 1 | |
| | | メディア | | 2 | *● | | | | | | | | | ● | ● | | | ● | | | 7 | 2 | 15 | 1 | — | — | |
| | | 教育文化 | | 2 | *● | | | | | | | | | ● | ● | | | ● | | | 3 | 1 | 5 | 2 | — | — | |
| | 法 | 法律 | | 2 | *● | | | | | | 2/18 | 1/11~1/18 | 英 | | | | | | | | 28 | 3 | — | — | 20 | 3 | *修了(見込)者。実施の有無は年度による。1年次在学中で25単位以上取得見込者 |
| | | 政治 | | 2 | *● | | | | | | | | 英 | | | | | | | | 5 | 0 | — | — | 7 | 1 | |
| | スポーツ健康科 | スポーツ健康科 | | 2 | *● | | | | | | | | | | ● | | ● | ● | TOEIC等で具体的基準有り | | 2 | 2 | 6 | 6 | — | — | *修了(見込)者。実施の有無は年度による |
| | 神 | 神 | | 3 | * | ● | ● | ● | ● | ● | 10/8 | 9/1~9/8 | 英 | | ● | | | ● | | | 5 | 2 | 2 | 1 | — | — | *修了(見込)者。実施の有無は年度による |
| | 文 | 英文 | | 3 | * | ● | ● | ● | ● | ● | 12/17 | 11/4~11/11 | 英 | | ● | | | ● | 英作文 | | 18 | 4 | 30 | 3 | 22 | 2 | *修了(見込)者。実施の有無は年度による |
| | | 哲 | | 3 | * | ● | ● | ● | ● | ● | | | | | ● | | | | 外国語文献読解(英・独・仏から1) | | 5 | 1 | 4 | 0 | 1 | 0 | |
| | | 美学芸術 | | 3 | * | ● | ● | ● | ● | ● | | | 英 | | ● | | | | 独語又は仏語 | | 3 | 0 | 2 | 1 | 3 | 1 | |
| | | 文化史 | | 3 | * | ● | ● | ● | ● | ● | | | 英 | | ● | | | ● | 漢文(日本文化史コースのみ) | | 3 | 0 | 4 | 0 | 6 | 1 | |
| | | 国文 | | 3 | * | ● | ● | ● | ● | ● | | | 英 | | ● | | | ● | 国語 | | 6 | 1 | 9 | 0 | 3 | 0 | |
| | 社会 | 社会 | | 3 | * | ● | ● | ● | ● | ● | 12/3 | 11/8~11/15 | | ● | ● | | | ● | TOEIC等 | | 13 | 3 | — | — | — | — | *修了(見込)者。実施の有無は年度による |
| | | 社会福祉 | | 3 | * | ● | ● | ● | ● | ● | | | | ● | ● | | | ● | | | 2 | 0 | 1 | 0 | 9 | 2 | |
| | | メディア | | 3 | * | ● | ● | ● | ● | ● | | | | ● | ● | | | ● | | | 10 | 2 | 26 | 2 | 15 | 5 | |
| | | 産業関係 | | 3 | * | ● | ● | ● | ● | ● | | | | ● | ● | | | ● | | | — | — | — | — | 1 | 0 | |
| | | 教育文化 | | 3 | * | ● | ● | ● | ● | ● | | | | ● | ● | | | ● | | | 2 | 0 | 7 | 1 | 9 | 1 | |
| | 法 | 法律 | | 3 | * | ● | ● | ● | ● | ● | | | 英 | | | | | ● | | | 27 | 3 | 27 | 1 | — | — | *修了(見込)者。実施の有無は年度による |
| | | 政治 | | 3 | * | ● | ● | ● | ● | ● | | | 英 | | | | | ● | | | 3 | 2 | 5 | 0 | — | — | |
| | 経済 | 経済 | | 3 | * | ● | ● | ● | ● | ● | | | | ● | | | | ● | TOEIC等 | | 27 | 12 | — | — | — | — | *修了(見込)者。実施の有無は年度による |
| | 商 | 商 | 商学総合 | 3 | * | ● | ● | ● | ● | | 10/8 | 9/1~9/8 | 英 | ● | | | | | | | 16 | 1 | 18 | 3 | 18 | 2 | *修了(見込)者。実施の有無は年度による |
| | | | フレックス | 3 | * | ● | ● | ● | ● | | | | 英 | ● | | | | | | | 18 | 2 | 22 | 3 | 15 | 4 | |
| | 文化情報 | 文化情報 | | 3 | * | ● | ● | ● | ● | | 10/8 | 9/1~9/8 | 英 | | | | | ● | 数学 | | 6 | 1 | 7 | 1 | 6 | 2 | *修了(見込)者。実施の有無は年度による |
| | 理工 | インテリジェント情報工 | | 3 | * | ● | ● | ● | ● | | 7/9 | 6/16~6/23 | 英 | | | | | ● | 数学 | | 4 | 2 | 2 | 0 | 1 | 0 | *修了(見込)者。実施の有無は年度による |
| | | 情報システムデザイン | | 3 | * | ● | ● | ● | ● | | | | 英 | | | | | ● | | | 2 | 1 | 3 | 1 | 3 | 1 | |
| | | 電気工 | | 3 | * | ● | ● | ● | ● | | | | 英 | | | | | ● | | | 3 | 2 | 1 | 0 | 6 | 4 | |
| | | 電子工 | | 3 | * | ● | ● | ● | ● | | | | 英 | | | | | ● | | | 2 | 0 | 0 | 0 | 0 | 0 | |
| | | 機械システム工 | | 3 | * | ● | ● | ● | ● | | | | 英 | | | | | ● | | | 3 | 1 | 5 | 1 | 5 | 1 | |
| | | 機械理工 | | 3 | * | ● | ● | ● | ● | | | | 英 | | | | | ● | | | 3 | 1 | 0 | 0 | 2 | 0 | |
| | | 機能分子・生命化 | | 3 | * | ● | ● | ● | ● | | | | 英 | | | | | ● | | | 1 | 0 | 0 | 0 | 0 | 0 | |
| | | 化学システム創成工 | | 3 | * | ● | ● | ● | ● | | | | 英 | | | | | ● | | | | | | | | | |
| | | 環境システム | | 3 | * | ● | ● | ● | ● | | | | 英 | | | | | ● | | | 0 | 0 | 0 | 0 | 1 | 0 | |
| | | 数理システム | | 3 | * | ● | ● | ● | ● | | | | 英 | | | | | ● | | | 1 | 0 | 1 | 0 | 1 | 0 | |
| | 生命医科 | 医工 | | 3 | * | ● | ● | ● | ● | | 11/13 | 10/10~10/14 | | | ● | | | ● | 数学 | TOEIC等で具体的基準あり | — | — | 1 | 1 | 2 | 0 | *修了(見込)者。実施の有無は年度による |
| | | 医情報 | | 3 | * | ● | ● | ● | ● | | | | | | ● | | | ● | | | — | — | 4 | 3 | 2 | 2 | |

| 大学名 | 学部 | 学科 | 専攻・コース | 編入年次 | 大1 | 大2 | 学士 | 短大 | 高専 | 専門 | 試験日 | 出願期間 | 外国語筆記 | 外部試験 | 専門科目 | 小論文 | 面接 | 口頭試問 | 専門科目以外の科目 | その他の注意事項 | R3志願者 | R3合格者 | R4志願者 | R4合格者 | R5志願者 | R5合格者 | 備考（特に記載がない場合は、大学在学生3年次は62単位以上、2年次は31単位以上取得見込み） |
|---|---|---|---|---|---|---|---|---|---|---|---|---|---|---|---|---|---|---|---|---|---|---|---|---|---|---|---|
| 花園 | 文 | 仏教 | | 3 | | *● | ● | ● | ● | ● | 11/5 2/25 | 10/3~10/24 1/16~2/16 | | | | ● | ● | | | | 4(0) | 4(0) | 1(0) | 1(0) | 3(1) | 3(1) | *修了(見込)者。別途社会人編入実施で( )外数。合格状況の志願者数欄は受験者数 |
| | | 日本史 | | 3 | | *● | ● | ● | ● | ● | | | | | | ● | ● | | | | 0(0) | 0(0) | 0(0) | 0(0) | 0(1) | 0(1) | |
| | | 日本文 | | 3 | | *● | ● | ● | ● | ● | | | | | | | ● | ● | 書道コースのみ実技 | | 0(0) | 0(0) | 0(0) | 0(0) | 0(0) | 0(0) | |
| | 社会福祉 | 社会福祉 | | 3 | | *● | ● | ● | ● | ● | | | | | | ● | ● | | | | 3(0) | 3(0) | 0(0) | 0(0) | 3(0) | 3(0) | |
| | | 臨床心理 | | 3 | | *● | ● | ● | ● | ● | | | | | | ● | ● | | | | 2(0) | 2(0) | 2(0) | 2(0) | 1(4) | 1(4) | |
| 佛教 | 仏教 | 仏教 | | 3 | | ● | ● | ● | ● | ● | 10/23 2/18 | 9/30~10/6 1/17~1/23 | 英 | | ● | | ● | | | | 1(0) | 1(0) | 2(0) | 2(0) | 1(0) | 1(0) | 別途指定校推薦・社会人編入実施で( )は社会人編入外数 |
| | 文 | 日本文 | | 3 | | ● | ● | ● | ● | ● | | | 英 | | ● | | ● | | | | 2(0) | 1(0) | 3(0) | 3(0) | 2(0) | 1(0) | |
| | | 中国 | | 3 | | ● | ● | ● | ● | ● | | | 選 | | ● | | ● | | 選:英又は中 | | 5(0) | 4(0) | 6(1) | 1(1) | 0(0) | 0(0) | |
| | | 英米 | | 3 | | ● | ● | ● | ● | ● | | | 英 | | ● | | ● | | | | 15(0) | 2(0) | 4(0) | 2(0) | 2(0) | 2(0) | |
| | 歴史 | 歴史 | | 3 | | ● | ● | ● | ● | ● | | | 英 | | ● | | | | | | 1(0) | 1(0) | 0(0) | 0(0) | 1(0) | 1(0) | |
| | | 歴史文化 | | 3 | | ● | ● | ● | ● | ● | | | 英 | | ● | | | | | | 1(0) | 1(0) | 0(0) | 0(0) | 0(0) | 0(0) | |
| | 教育 | 教育 | | 3 | | ● | ● | ● | ● | ● | | | 英 | | ● | | | | | | 1(0) | 0(0) | 10(1) | 4(1) | 1(0) | 1(0) | |
| | | 臨床心理 | | 3 | | ● | ● | ● | ● | ● | | | 英 | | ● | | | | | | 2(0) | 2(0) | 7(0) | 3(0) | 4(0) | 0(0) | |
| | 社会 | 現代社会 | | 3 | | ● | ● | ● | ● | ● | | | 英 | | ● | | | | | | 6(0) | 5(0) | 10(0) | 8(0) | 5(0) | 2(0) | |
| | | 公共政策 | | 3 | | ● | ● | ● | ● | ● | | | 英 | | ● | | | | | | 1(0) | 0(0) | 5(0) | 3(0) | 2(0) | 0(0) | |
| | 社会福祉 | 社会福祉 | | 3 | | ● | ● | ● | ● | ● | | | 英 | | ● | | | | | | 3(1) | 3(1) | 10(2) | 6(1) | 1(0) | 0(0) | |
| 平安女学院 | 国際観光 | 国際観光 | | 3 | | | ● | ● | ● | | 10/16 11/20 1/22 3/5 | 9/30~10/7 10/31~11/4 12/23~1/16 2/20~2/27 | | | | ● | ● | | | 大学在学者2年次30単位以上。合格状況に内編・推薦・社会人含む | 16 | 16 | 36 | 35 | 12 | 12 | |
| | 子ども教育 | 子ども教育 | | 2・3 | ● | ● | ● | ● | ● | | | | | | | ● | ● | | | | 2 | 2 | 1 | 1 | 0 | 0 | |
| 明治国際医療 | 鍼灸 | 鍼灸 | | 2・3 | | | | *● | | ● | 12/10 2/25 | 11/21~12/1 2/5~2/17 | | | | ● | ● | | | | 1 | 1 | 1 | 1 | 2 | 2 | 2年次は柔道整復系。3年次は鍼灸系出身者。*見込除く |
| | 保健医療 | 柔道整復 | | 3 | | | | | | ● | | | | | | ● | ● | | | | — | — | 0 | 0 | 0 | 0 | 2年次は鍼灸系。3年次は柔道整復出身者 |
| | 看護 | 看護 | | 3 | | | | | | ● | | | | | | ● | ● | | | | 2 | 2 | 3 | 3 | 4 | 3 | 看護系出身者で看護師免許取得(見込)者 |
| 立命館 | 理工 | 物理科 | | 3 | | ● | ● | ● | ● | | 11/27 | 10/19~10/25 | | | | ● | | | 数学・物理学 | TOEIC | 0 | 0 | 0 | 0 | 1 | 1 | 大学在学者60単位以上 |
| | | 電気電子工 | | 3 | | ● | ● | ● | ● | | | | | | | ● | | | | | 0 | 0 | 1 | 1 | 3 | 2 | |
| | | 電子情報工 | | 3 | | ● | ● | ● | ● | | | | | | | ● | | | | | 0 | 0 | 4 | 2 | 1 | 0 | |
| | | 機械工 | | 3 | | ● | ● | ● | ● | | | | | | | ● | | | | | 2 | 0 | 4 | 4 | 6 | 4 | |
| | | ロボティクス | | 3 | | ● | ● | ● | ● | | | | | | | ● | | | | | 1 | 0 | 1 | 1 | 1 | 0 | |
| | | 環境都市工 | | 3 | | ● | ● | ● | ● | | | | | | | ● | | | | | 0 | 0 | 0 | 0 | 2 | 1 | |
| 龍谷 | 文 | 真宗 | | 3 | | ● | ● | ● | ● | ● | 11/27 | 10/24~11/4 | 英 | | ● | | ● | | | | 7 | 7 | 7 | 6 | 10 | 8 | 3年次修得見込者は40単位以上修得済み。別途社会人編入実施。合格状況に指定校推薦・社会人編入含む |
| | | 仏教 | | 3 | | ● | ● | ● | ● | ● | | | 英 | | ● | | ● | | | | 7 | 7 | 4 | 4 | 4 | 4 | |
| | | 哲学 | 哲学 | 3 | | ● | ● | ● | ● | ● | | | 英 | | ● | | ● | | | | 2 | 0 | 1 | 0 | 2 | 0 | |
| | | | 教育学 | 3 | | ● | ● | ● | ● | ● | | | 英 | | ● | | ● | | | | 1 | 1 | 2 | 1 | 1 | 2 | |
| | | 臨床心理 | | 3 | | ● | ● | ● | ● | ● | | | 英 | | ● | | ● | | | | 11 | 4 | 10 | 5 | 6 | 3 | |
| | | 歴史 | 日本史学 | 3 | | ● | ● | ● | ● | ● | | | 英 | | ● | | ● | | | | 2 | 0 | 3 | 2 | 3 | 1 | |
| | | | 東洋史学 | 3 | | ● | ● | ● | ● | ● | | | 英 | | ● | | ● | | | | 2 | 2 | 0 | 0 | 0 | 0 | |
| | | | 仏教史学 | 3 | | ● | ● | ● | ● | ● | | | 英 | | ● | | ● | | | | 2 | 2 | 0 | 0 | 0 | 0 | |
| | | | 文化遺産学 | 3 | | ● | ● | ● | ● | ● | | | 英 | | ● | | ● | | | | 4 | 3 | 5 | 3 | 1 | 1 | |
| | | 日本語日本文 | | 3 | | ● | ● | ● | ● | ● | | | 英 | | ● | | ● | | | | 5 | 2 | 4 | 2 | 1 | 1 | |
| | | 英語英米文 | | 3 | | ● | ● | ● | ● | ● | | | 英 | | ● | | ● | | | | 9 | 2 | 4 | 1 | 3 | 2 | |
| | 経済 | 現代経済 | | 3 | | ● | ● | ● | ● | ● | 11/27 | | 英 | | ● | | ● | | | | 19 | 8 | 15 | 10 | 8 | 7 | 合格状況に指定校推薦含む |
| | | 国際経済 | | 3 | | ● | ● | ● | ● | ● | | | 英 | | ● | | ● | | | | 6 | 5 | 6 | 3 | 6 | 4 | |
| | 経営 | 経営 | | 3 | | ● | ● | ● | ● | ● | 11/26 | | 英 | | ● | | ● | | | | 13 | 4 | 9 | 3 | 8 | 4 | |
| | 法 | 法律 | | 3 | | ● | ● | ● | ● | ● | 11/27 | | 英 | | ● | | ● | | | | 11 | 6 | 8 | 4 | 11 | 5 | |
| | 政策 | 政策 | | 3 | | ● | ● | ● | ● | ● | 11/27 | | 英 | | | ● | ● | | | | 14 | 7 | 14 | 6 | 7 | 6 | |

| 大学名 | 学部 | 学科 | 専攻・コース | 編入年次 | 大1 | 大2 | 学士 | 短大 | 高専 | 専門 | 試験日 | 出願期間 | 外国語筆記 | 外部試験 | 専門科目 | 小論文 | 面接 | 口頭試問 | 専門科目以外の科目 | その他の注意事項 | R3志願者 | R3合格者 | R4志願者 | R4合格者 | R5志願者 | R5合格者 | 備考 |
|---|---|---|---|---|---|---|---|---|---|---|---|---|---|---|---|---|---|---|---|---|---|---|---|---|---|---|---|
| | 国際 | 国際文化 | | 3 | | • | • | • | • | • | 11/27 | | 英 | | | | • | • | | | | 51 | 21 | 36 | 20 | 23 | 14 | 大学在学者2年次36単位以上。合格状況に指定校推薦含む |
| | | グローバルスタディーズ | | 2 | • | • | • | • | • | • | 11/26 | | | • | | | | • | | | TOEIC等で具体的基準あり | 8 | 2 | 9 | 4 | 6 | 4 | |
| | | | | 3 | • | • | • | • | • | • | 11/27 | | ※英 | | | | • | • | | | ※TOEIC他任意提出、規定以上提出で英語免除 | | | | | | | |
| | 社会 | 社会 | | 3 | | • | • | • | • | • | 11/27 | | 英 | | • | | • | | | | 14 | 4 | 9 | 4 | 1 | 0 | 合格状況に指定校推薦含む |
| | | コミュニティマネジメント | | 3 | | • | • | • | • | • | | | 英 | | • | | • | | | | 4 | 3 | 4 | 4 | 4 | 3 | |
| | | 現代福祉 | | 3 | | • | • | • | • | • | | | 英 | | ※• | | • | | ※社会福祉学原論 | | 41 | 30 | 30 | 28 | 25 | 23 | 別途社会人編入実施。合格状況に指定校推薦・社会人編入含む |
| | 農 | 植物生命科 | | 3 | | • | • | • | • | • | 11/27 | | 英 | | | | • | | | | 1 | 0 | 0 | 0 | 1 | 1 | 合格状況に指定校推薦含む。R5より学科名変更、食品栄養学科にて募集開始 |
| | | 資源生物科 | | 3 | | • | • | • | • | • | | | 英 | | | | • | | | | 1 | 0 | 1 | 1 | 3 | 1 | |
| | | 食品栄養 | | 3 | | • | • | • | • | • | | | 英 | | | | • | | | | — | — | — | — | 0 | 0 | |
| | | 食料農業システム | | 3 | | • | • | • | • | • | | | 英 | | | | • | | | | 0 | 0 | 0 | 0 | 0 | 0 | |
| | 先端理工 | 数理・情報科学 | | 2・3 | • | • | • | • | | • | 7/2 | 6/9~6/15 | 英 | | | | • | | 専門は3年次専門 | 専門は3年次は専門Ⅰ:1年次までの基礎学力、専門Ⅱ:2年次までの基礎学力、2年次は専門Ⅰ | 5 | 5 | 1 | 1 | 0 | 0 | 大学在学者は2年次30単位以上 |
| | | 知能情報メディア | | 2・3 | • | • | • | • | | • | | | 英 | | | | • | | | | | | 1 | 1 | 2 | 1 | |
| | | 電子情報通信 | | 2・3 | • | • | • | • | | • | | | 英 | | | | • | | | | | | 1 | 1 | 2 | 2 | |
| | | 機械工学ロボティクス | | 2・3 | • | • | • | • | | • | | | 英 | | | | • | | | | | | 2 | 2 | 1 | 1 | |
| | | 応用化学 | | 2・3 | • | • | • | • | | • | | | 英 | | | | • | | | | | | 0 | 0 | 1 | 1 | |
| | | 環境生態工学 | | 2・3 | • | • | • | • | | • | | | 英 | | | | • | | | | | | 0 | 0 | 1 | 0 | |
| 追手門学院 | 経済 | 経済 | | 3 | | • | • | | | • | 10/22 | 9/30~10/7 | | | | • | • | | | | 12 | 8 | 9 | 4 | 2 | 2 | 大学在学者56単位以上 |
| | 経営 | 経営 | | 3 | | • | • | | | • | | | | | | • | • | | | | 27 | 3 | 9 | 2 | 5 | 1 | 大学在学者54単位以上 |
| | 社会 | 社会 | | 3 | | • | • | | | • | | | | | | • | • | | | | 8 | 7 | 9 | 5 | 3 | 2 | 大学在学者54単位以上 |
| | 心理 | 心理 | | 3 | | • | • | | | • | | | | | | • | • | | | | 10 | 4 | 11 | 3 | 4 | 0 | 大学在学者50単位以上 |
| | 国際教養 | 国際教養 | | 3 | | • | • | | | • | | | | | | | *• | | | *英語含む | 38 | 8 | 6 | 4 | 7 | 3 | 大学在学者58単位以上 |
| | | 国際日本 | | 3 | | • | • | | | • | | | | | | • | • | | | | 7 | 2 | 4 | 4 | 1 | 0 | |
| 大阪青山 | 健康科 | 健康栄養 | | 2 | • | | | | | • | 11/27 2/21 | 11/1~11/19 1/26~2/11 | | | | • | • | | | | 2 | 1 | △ | △ | △ | △ | 大学在学者30単位以上 |
| | | | | 3 | | • | • | • | | • | | | | | | | • | | | | | | △ | △ | △ | △ | 栄養士免許取得(見込)者 |
| | | 子ども教育 | | 3 | | • | • | • | | • | | | | | | | • | • | | | 2 | 1 | △ | △ | △ | △ | |
| 大阪大谷 | 文 | 日本語日本文 | | 3 | | • | • | • | • | • | 〈一般〉10/22 〈学士〉2/18 | 〈一般〉10/1~10/13 〈学士〉1/31~2/8 | | | ※• | | • | | ※学士は専門に代えて小論文 | ※学士は口頭試問あり | 0 | 0 | 1 | 1 | 1 | 1 | 別途、社会人編入、内編、指定校推薦実施で合格状況に含む |
| | | 歴史文化 | | 3 | | • | • | • | • | • | | | | | ※• | | • | | | | 0 | 0 | 0 | 0 | 0 | 0 | |
| | 教育 | 教育 | 幼児教育 | 3 | | • | • | • | | • | | | | | ※• | | • | | | | 0 | 0 | | | 1 | 1 | |
| | | | 学校教育 | 3 | | • | • | • | | • | | | | | ※• | | • | | | | 0 | 0 | 2 | 2 | 0 | 0 | |
| | | | 特別支援教育 | 3 | | • | • | • | | • | | | | | ※• | | • | | | | 1 | 0 | | | 0 | 0 | |
| | 人間社会 | 人間社会 | | 3 | | • | • | • | | • | | | | | | • | • | | | | 2 | 1 | 0 | 0 | 0 | 0 | |
| | | スポーツ健康 | | 3 | | • | • | • | | • | | | | | | • | • | | | | 2 | 1 | 3 | 3 | 0 | 0 | |
| | 薬 | 薬 | | 2~4 | *• | *• | *• | | | | 2/18 | 1/31~2/8 | | | ※• | • | • | | ※学士は不要 | | 2 | 2 | 1 | 1 | 2 | 2 | *薬学部在学・卒(見込)者。資格審査で、出願可否、年次決定 |

| 大学名 | 学部 | 学科 | 専攻・コース | 編入年次 | 大1 | 大2 | 学士 | 短大 | 高専 | 専門 | 試験日 | 出願期間 | 外国語筆記 | 外部試験 | 専門科目 | 小論文 | 面接 | 口頭試問 | 専門科目以外の科目 | その他の注意事項 | R3志願者 | R3合格者 | R4志願者 | R4合格者 | R5志願者 | R5合格者 | 備考 |
|---|---|---|---|---|---|---|---|---|---|---|---|---|---|---|---|---|---|---|---|---|---|---|---|---|---|---|---|
| 大阪音楽 | 音楽 | 音楽 | 作曲 | 3 | | ● | ● | ● | ● | ● | 2/15、2/16 | 1/28～2/4 | 選 | | | | | ● | 作曲・作品提出 | 選:英・独・伊から1 | 0(0) | 0(0) | 2 | 2 | 1(1) | 1(1) | 左記に加えて音楽基礎科目(ソルフェージュ・音楽理論・鍵盤楽器)を課す。専攻により実施異なる。音楽基礎科目及び外国語は4単位以上修得(見込)者は該当科目試験免除。( )は内部推薦で外数 |
| | | | ミュージッククリエイション | 3 | | ● | ● | ● | ● | ● | | | 選 | | ● | | | | 作品提出・実技 | | 0 | 0 | 0 | 0 | 0 | 0 | |
| | | | ミュージックコミュニケーション | 3 | | ● | ● | ● | ● | ● | | | 選 | | ● | | | | 課題提出・プレゼン | | 1 | 0 | 1 | 0 | 1 | 1 | |
| | | | 声楽 | 3 | | ● | ● | ● | ● | ● | | | 選 | | | | | ● | 実技 | | 2(1) | 2(1) | 3 | 2 | 4(1) | 4(1) | |
| | | | ピアノ | 3 | | ● | ● | ● | ● | ● | | | 選 | | | | | ● | 実技(ピアノ専攻はコースにより異なる) | | 4(2) | 2(2) | 1 | 0 | 3(1) | 2(1) | |
| | | | パイプオルガン | 3 | | ● | ● | ● | ● | ● | | | 選 | | | | | ● | 実技 | | 0(0) | 0(0) | 0 | 0 | 1 | 0 | |
| | | | 管楽器 | 3 | | ● | ● | ● | ● | ● | | | 選 | | | | | ● | 実技 | | 5(1) | 3(1) | 3 | 2 | 0(1) | 0(1) | |
| | | | 弦楽器 | 3 | | ● | ● | ● | ● | ● | | | 選 | | | | | ● | 実技 | | 3(0) | 3(0) | 1 | 1 | 1(0) | 1(0) | |
| | | | 打楽器 | 3 | | ● | ● | ● | ● | ● | | | 選 | | | | | ● | 実技 | | 0(0) | 0(0) | 0 | 0 | 3(1) | 3(1) | |
| | | | ギター・マンドリン | 3 | | ● | ● | ● | ● | ● | | | 選 | | | | | ● | 実技 | | 0(0) | 0(0) | 0 | 0 | 0(0) | 0(0) | |
| | | | 邦楽 | 3 | | ● | ● | ● | ● | ● | | | 選 | | | | | ● | 実技 | | 0(0) | 0(0) | 0 | 0 | 0(0) | 0(0) | |
| | | | ジャズ | 3 | | ● | ● | ● | ● | ● | | | 選 | | | | | ● | 実技 | | 1(0) | 1(0) | 1 | 1 | 0(0) | 0(0) | |
| | | | ヴォーカルパフォーマンス | 3 | | ● | ● | ● | ● | ● | | | 選 | | | | | ● | 実技 | | — | — | — | — | 0(0) | 0(0) | |
| | | | ポピュラーインストゥルメント | 3 | | ● | ● | ● | ● | ● | | | 選 | | | | | ● | 実技 | | — | — | — | — | 1(0) | 1(0) | |
| | | | 電子オルガン | 3 | | ● | ● | ● | ● | ● | | | 選 | | | | | ● | 実技 | | 1(0) | 1(0) | 0 | 0 | 0(0) | 0(0) | |
| 大阪学院 | 商 | 商 | | 3 | | ● | ● | ● | ● | ● | 12/3 2/18 | 11/14～11/22 1/30～2/8 | | | | ● | ● | | | 小論文は各学科の専門に関するもの | 1(19) | 1(19) | 2(13) | 1(13) | 1(12) | 1(12) | 内編・指定校・系列は( )外数。単位認定事前審査有り |
| | 経営 | 経営 | | 3 | | ● | ● | ● | ● | ● | | | | | | ● | ● | | | | 3(20) | 3(20) | 3(25) | 3(25) | 2(26) | 1(26) | |
| | | ホスピタリティ経営 | | 3 | | ● | ● | ● | ● | ● | | | | | | ● | ● | | | | 1(2) | 0(2) | 0(2) | 0(2) | 0(1) | 0(1) | |
| | 経済 | 経済 | | 3 | | ● | ● | ● | ● | ● | | | | | | ● | ● | | | | 2(0) | 0(0) | 0(0) | 0(0) | 0(1) | 0(1) | |
| | 法 | 法 | | 3 | | ● | ● | ● | ● | ● | | | | | | ● | ● | | | | 1(0) | 1(0) | 1(0) | 0(0) | 3(0) | 3(0) | |
| | 外国語 | 英語 | | 3 | | ● | ● | ● | ● | ● | | | | | | ● | ● | | | | 19(3) | 3(3) | 7(4) | 2(4) | 2(3) | 2(3) | |
| | 国際 | 国際 | | 3 | | ● | ● | ● | ● | ● | | | | | | ● | ● | | | | 12(3) | 6(3) | 7(5) | 4(5) | 1(3) | 1(3) | |
| | 情報 | 情報 | | 3 | | ● | ● | ● | ● | ● | | | | | | ● | ● | | | | 1(0) | 1(0) | 4(3) | 1(3) | 3(0) | 1(0) | |
| 大阪河崎リハビリテーション | リハビリテーション | リハビリテーション | 理学療法学 | 2 | ● | ● | ● | ● | ● | ● | 10/22 12/11 3/12 | 10/3～10/17 11/21～12/5 2/20～3/6 | | | | ● | ● | | | | 1 | 1 | — | — | 1 | 1 | 大学在学者30単位以上 |
| | | | 作業療法学 | 2 | ● | ● | ● | ● | ● | ● | | | | | | ● | ● | | | | 2 | 2 | 0 | 0 | 4 | 3 | |
| | | | 言語聴覚学 | 2 | ● | ● | ● | ● | ● | ● | | | | | | ● | ● | | | | 1 | 1 | 1 | 1 | 1 | 0 | |
| 大阪観光 | 国際交流 | 国際交流 | | 2・3 | ● | ● | | ● | ● | | 11/19 12/10 1/21 2/18 | 10/24～11/4 11/14～11/22 1/5～1/12 2/1～2/9 | | | | | ● | ● | | | 0 | 0 | 2 | 2 | 0 | 0 | |
| | 観光 | 観光 | | 2・3 | ● | ● | | ● | ● | | | | | | | | ● | ● | | | 1 | 1 | 1 | 1 | 1 | 1 | |
| 大阪経済 | 経済 | 経済 | 経済 | 3 | | ● | | ● | ● | ● | 11/5 3/4 | 10/18～10/24 2/13～2/21 | | | ● | ● | | | | 経営(Ⅱ)以外は、TOEIC等で具体的規定あり | 5 | 1 | 1 | 1 | 4 | 1 | 大学在学者60単位以上。地域経済コースはR5より募集停止 |
| | | | 地域経済 | | | | | | | | | | | | | | | | | | | | | | × | × | |
| | 経営 | 経営 | | 3 | | ● | | ● | ● | ● | | | | | ● | ● | | | | | 8 | 1 | 4 | 3 | 3 | 0 | |
| | | ビジネス法 | | 3 | | ● | | ● | ● | ● | | | | | ● | ● | | | | | 0 | 0 | 0 | 0 | 0 | 0 | |
| | 経営(Ⅱ) | 経営 | | 3 | | ● | | ● | ● | ● | | | | | | | | ● | | | 34 | 25 | 42 | 35 | 12 | 9 | |
| | 情報社会 | 情報社会 | | 3 | | ● | | ● | ● | ● | | | | | ● | ● | | | | | 2 | 2 | 3 | 2 | 1 | 1 | |
| | 人間科 | 人間科 | | 3 | | ● | | ● | ● | ● | | | | | ● | ● | | | | | 14 | 8 | 13 | 6 | 5 | 1 | |
| 大阪経済法科 | 国際 | 国際 | | 3 | | ● | ● | ● | ● | ● | 11/5 1/23 | 10/7～10/31 1/5～1/17 | | | | ● | ● | | | | 11 | 11 | 3 | 3 | 2 | 1 | 大学在学者60単位以上 |
| | 経済 | 経済 | | 3 | | ● | ● | ● | ● | ● | | | | | | ● | ● | | | | 1 | 1 | 5 | 4 | 4 | 3 | |
| | 経営 | 経営 | | 3 | | ● | ● | ● | ● | ● | | | | | | ● | ● | | | | 5 | 5 | 5 | 5 | 3 | 3 | |
| | 法 | 法律 | | 3 | | ● | ● | ● | ● | ● | | | | | | ● | ● | | | | 5 | 5 | 4 | 4 | 1 | 1 | |

| 大学名 | 学部 | 学科 | 専攻・コース | 編入年次 | 大1 | 大2 | 学士 | 短大 | 高専 | 専門 | 試験日 | 出願期間 | 外国語筆記 | 外部試験 | 専門科目 | 小論文 | 面接 | 口頭試問 | 専門科目以外の科目 | その他の注意事項 | R3志願者 | R3合格者 | R4志願者 | R4合格者 | R5志願者 | R5合格者 | 備考 特に記載がない場合は、大学在学生3年次は62単位以上、2年次は31単位以上取得見込み |
|---|---|---|---|---|---|---|---|---|---|---|---|---|---|---|---|---|---|---|---|---|---|---|---|---|---|---|---|
| 大阪芸術 | 芸術 | 美術 | | 3 | | ● | ● | ● | ● | ● | 11/12、11/13 | 11/1~11/5 | | | | | | ● | 実技・作品審査 | | △ | △ | △ | △ | △ | △ | 大学在学者は出願の2週間前までに要相談 |
| | | アートサイエンス | | 3 | | ● | ● | ● | ● | ● | | | | | | | ● | ● | | | △ | △ | △ | △ | △ | △ | |
| | | デザイン | | 3 | | ● | ● | ● | ● | ● | | | | | | | | ● | | | △ | △ | △ | △ | △ | △ | |
| | | 工芸 | | 3 | | ● | ● | ● | ● | ● | | | | | | | | ● | | | △ | △ | △ | △ | △ | △ | |
| | | 写真 | | 3 | | ● | ● | ● | ● | ● | | | | | | | ● | ● | 作品審査 | | △ | △ | △ | △ | △ | △ | |
| | | 建築 | | 3 | | ● | ● | ● | ● | ● | | | | | | | | ● | イメージデッサン又は小論文・作品審査 | | △ | △ | △ | △ | △ | △ | |
| | | 映像 | | 3 | | ● | ● | ● | ● | ● | | | | | | | ● | ● | 作品審査 | | △ | △ | △ | △ | △ | △ | |
| | | キャラクター造形 | | 3 | | ● | ● | ● | ● | ● | | | | | | | | ● | 適性実技又は小論文・作品審査 | | △ | △ | △ | △ | △ | △ | |
| | | 文芸 | | 3 | | ● | ● | ● | ● | ● | | | | | | | | ● | 適正実技 | | △ | △ | △ | △ | △ | △ | |
| | | 放送 | | 3 | | ● | ● | ● | ● | ● | | | | | | | ● | ● | アナウンス・声優コースのみ音声テスト | | △ | △ | △ | △ | △ | △ | |
| | | 芸術計画 | | 3 | | ● | ● | ● | ● | ● | | | | | | | | ● | 企画構想 | | △ | △ | △ | △ | △ | △ | |
| | | 舞台芸術 | | 3 | | ● | ● | ● | ● | ● | | | | | | | | ● | 適性実技 | | △ | △ | △ | △ | △ | △ | |
| | | 音楽 | 音楽教育 | 3 | | ● | ● | ● | ● | ● | | | | | | | | ● | 楽典・実技 | | △ | △ | △ | △ | △ | △ | |
| | | | 音楽・音響デザイン | 3 | | ● | ● | ● | ● | ● | | | | | | ※● | | ● | ※楽典課題含む | | △ | △ | △ | △ | △ | △ | |
| | | 演奏 | | 3 | | ● | ● | ● | ● | ● | | | | | | | ● | ● | 実技又は小論文 | | △ | △ | △ | △ | △ | △ | |
| | | 初等芸術教育 | | 3 | | ● | ● | ● | ● | ● | | | | | | | ● | ● | | | △ | △ | △ | △ | △ | △ | |
| 大阪工業 | 工 | 都市デザイン工 | | 3 | | ● | ● | ● | ● | ● | 10/29 | 10/7~10/14 | 英 | | | | ● | | 数学、物理又は化学 | | 18 | 7 | 12 | 6 | 0 | 0 | |
| | | 建築 | | 3 | | ● | ● | ● | ● | ● | | | 英 | | | | ● | | | | | | | | 2 | 0 | |
| | | 機械工 | | 3 | | ● | ● | ● | ● | ● | | | 英 | | | | ● | | | | | | | | 3 | 0 | |
| | | 電気電子システム工 | | 3 | | ● | ● | ● | ● | ● | | | 英 | | | | ● | | | | | | | | 2 | 1 | |
| | | 電子情報システム工 | | 3 | | ● | ● | ● | ● | ● | | | 英 | | | | ● | | | | | | | | 2 | 1 | |
| | | 応用化 | | 3 | | ● | ● | ● | ● | ● | | | 英 | | | | ● | | 数学、化学 | | | | | | 2 | 1 | |
| | | 環境工 | | 3 | | ● | ● | ● | ● | ● | | | 英 | | | | ● | | 数学、物理又は化学 | | | | | | 1 | 0 | |
| | | 生命工 | | 3 | | ● | ● | ● | ● | ● | | | 英 | | | | ● | | | | | | | | 0 | 0 | |
| | ロボティクス&デザイン工 | ロボット工 | | 3 | | ● | ● | ● | ● | ● | | | 英 | | | | ● | | | | 2 | 0 | 4 | 0 | 2 | 2 | |
| | | システムデザイン工 | | 3 | | ● | ● | ● | ● | ● | | | 英 | | | | ● | | | | | | | | 1 | 0 | |
| | | 空間デザイン | | 3 | | ● | ● | ● | ● | ● | | | 英 | | | | ● | | | | | | | | 0 | 0 | |
| | 情報科 | 情報知能 | | 3 | | ● | ● | ● | ● | ● | | | 英 | | | | ● | | | | 3 | 1 | 2 | 0 | 0 | 0 | |
| | | 情報システム | | 3 | | ● | ● | ● | ● | ● | | | 英 | | | | ● | | | | | | | | 1 | 0 | |
| | | 情報メディア | | 3 | | ● | ● | ● | ● | ● | | | 英 | | | | ● | | | | | | | | 1 | 1 | |
| | | ネットワークデザイン | | 3 | | ● | ● | ● | ● | ● | | | 英 | | | | ● | | | | | | | | 0 | 0 | |
| | 知的財産 | 知的財産 | | 3 | | ● | ● | ● | ● | ● | | | 英 | | ● | | ● | | | | 1 | 1 | 2 | 1 | 0 | 0 | |
| 大阪国際 | 経営経済 | 経営 | | 2・3 | ● | ● | ● | ● | ● | ● | 10/23 2/11 | 10/1~10/7 1/23~2/3 | | | | ● | ● | | | | ※ | | 13 | 5 | 4 | 1 | 原則として編入は3年次、転入(大1在籍者)は2年次。別途社会人・シニア編入実施で合格状況に含む。※内編のみ |
| | | 経済 | | 2・3 | ● | ● | ● | ● | ● | ● | | | | | | ● | ● | | | | ※ | | 5 | 2 | 2 | 1 | |
| | 国際教養 | 国際コミュニケーション | | 2・3 | ● | ● | ● | ● | ● | ● | | | | | | ● | ● | | | | ※ | | 14 | 10 | 5 | 5 | |
| | | 国際観光 | | 2・3 | ● | ● | ● | ● | ● | ● | | | | | | ● | ● | | | | ※ | | 4 | 4 | 12 | 12 | |
| | 人間科 | 心理コミュニケーション | | 2・3 | ● | ● | ● | ● | ● | ● | | | | | | ● | ● | | | | ※ | | 7 | 6 | 12 | 12 | |
| | | 人間健康科 | | 2・3 | ● | ● | ● | ● | ● | ● | | | | | | ● | ● | | | | ※ | | 6 | 4 | 3 | 3 | |
| | | スポーツ行動 | | 2・3 | ● | ● | ● | ● | ● | ● | | | | | | ● | ● | | | | ※ | | 10 | 8 | 5 | 5 | |

| 大学名 | 学部 | 学科 | 専攻・コース | 編入年次 | 大1 | 大2 | 学士 | 短大 | 高専 | 専門 | 試験日 | 出願期間 | 外国語筆記 | 外部試験 | 専門科目 | 小論文 | 面接 | 口頭試問 | 専門科目以外の科目 | その他の注意事項 | R3志願者 | R3合格者 | R4志願者 | R4合格者 | R5志願者 | R5合格者 | 備考（特に記載がない場合は、大学在学生3年次は62単位以上、2年次は31単位以上取得見込み） |
|---|---|---|---|---|---|---|---|---|---|---|---|---|---|---|---|---|---|---|---|---|---|---|---|---|---|---|---|
| 大阪産業 | 国際 | 国際 | | 3 | | ● | ● | ● | ● | ● | 10/22 12/17 | 9/22~10/13 11/14~12/8 | | | | ● | | ※● | | ※学習計画書に基づく | 18 | 12 | 10 | 7 | 9 | 6 | 合格状況は一般のみ |
| | スポーツ健康 | スポーツ健康 | | 3 | | ● | ● | ● | ● | ● | | | | | | ● | | ※● | 水泳実技 | | 2 | 1 | 5 | 4 | 0 | 0 | |
| | 経営 | 経営 | | 3 | | ● | ● | ● | ● | ● | | | | | | ● | | ※● | | | 15 | 9 | 15 | 14 | 10 | 8 | |
| | | 商 | | 3 | | ● | ● | ● | ● | ● | | | | | | ● | | ※● | | | 11 | 9 | 14 | 14 | 6 | 6 | |
| | 経済 | 経済 | | 3 | | ● | ● | ● | ● | ● | | | | | | ● | | ※● | | | 7 | 6 | 9 | 7 | 1 | 1 | |
| | | 国際経済 | | 3 | | ● | ● | ● | ● | ● | | | | | | ● | | ※● | | | 9 | 8 | 9 | 5 | 2 | 1 | |
| | デザイン工 | 情報システム | | 3 | | ● | ● | ● | ● | ● | | | 英 | | | | ● | | 数学 | | 3 | 2 | 2 | 3 | 3 | 3 | |
| | | 建築・環境デザイン | | 3 | | ● | ● | ● | ● | ● | | | 英 | | | | ● | | | | 2 | 1 | 10 | 6 | 1 | 1 | |
| | | 環境理工 | | 3 | | ● | ● | ● | ● | ● | | | 英 | | | | ● | | | | 2 | 2 | 0 | 0 | 0 | 0 | |
| | 工 | 機械工 | | 3 | | ● | ● | ● | ● | ● | | | 英 | | | | ● | | 数学 | | 5 | 4 | 8 | 7 | 6 | 4 | |
| | | 交通機械工 | | 3 | | ● | ● | ● | ● | ● | | | 英 | | | | ● | | | | 0 | 0 | 1 | 0 | 1 | 1 | |
| | | 都市創造工 | | 3 | | ● | ● | ● | ● | ● | | | | | | | ● | | | | 0 | 0 | 3 | 1 | 3 | 2 | |
| | | 電子情報通信工 | | 3 | | ● | ● | ● | ● | ● | | | 英 | | | | ● | | 数学 | | 3 | 1 | 10 | 5 | 4 | 4 | |
| 大阪歯科 | 歯 | 歯 | | 2 | *● | ● | ● | ● | ● | ● | 11/27 2/5 | 11/1~11/24 12/12~2/1 | 英 | | | | ● | ● | 数学・総合理科(物・化・生) | | △ | △ | △ | △ | 11 | 4 | *修了(見込)者 |
| 大阪樟蔭女子 | 学芸 | 国文 | | 3 | | ● | ● | ● | ● | ● | 9/17 2/28 | 8/16~9/13 2/1~2/22 | | | ● | ● | ● | | | | 0 | 0 | 0 | 0 | 0 | 0 | |
| | | 国際英語 | | | | | | | | | | | | | | | | | | | — | — | — | — | — | — | |
| | | 心理 | | 3 | | ● | ● | ● | ● | ● | | | | | | ● | ● | | | | 1 | 1 | 1 | 1 | 0 | 0 | |
| | | ライフプランニング | | 3 | | ● | ● | ● | ● | ● | | | | | | | ● | | | | 0 | 0 | 0 | 0 | 0 | 0 | |
| | | 化粧ファッション | | | | ● | ● | ● | ● | ● | | | | | | | | | | | 0 | 0 | 0 | 0 | — | — | |
| | 児童教育 | 児童教育 | | 3 | | ● | ● | ● | ● | ● | | | | | | ● | ● | | | | 0 | 0 | 3 | 2 | 0 | 0 | |
| 大阪商業 | 経済 | 経済 | | 2・3 | ● | ● | ● | ● | ● | ● | 2/25 | 2/1~2/10 | | | | | ● | | | | 4 | 1 | 13 | 12 | 9 | 7 | 大学在学者2年次30単位以上、3年次56単位以上、別途社会人編入実施で実績に含む |
| | 総合経営 | 経営 | | 2・3 | ● | ● | ● | ● | ● | ● | | | | | | | ● | | | | 8 | 7 | | | | | |
| | | 商 | | 2・3 | ● | ● | ● | ● | ● | ● | | | | | | | ● | | | | 5 | 5 | | | | | |
| | 公共 | 公共 | | 2・3 | ● | ● | ● | ● | ● | ● | | | | | | | ● | | | | 2 | 2 | | | | | |
| 大阪女学院 | 国際・英語 | 国際・英語 | | 3 | *● | ● | ● | ● | ● | ● | 1/22 2/22 3/23 | 1/10~1/16 2/6~2/14 3/9~3/16 | | ● | | | ● | | | TOEIC等で具体的基準あり | 3(12) | 3(12) | 11(6) | 10(6) | 1(8) | 1(8) | *修了(見込)者。別途社会人編入実施で合格状況に含む。( )は内編で外数 |
| 大阪信愛学院 | 教育 | 教育 | | 2 | ● | ● | ● | ● | ● | ● | 10/15 12/18 2/18 3/18 | 9/12~9/30 11/1~11/22 1/5~2/1 2/4~3/3 | | | | | ● | ● | | | — | — | — | — | 5 | 5 | R4新設大学。短大1年次修了でも出願可。R6より3年次編入実施予定 |
| 大阪成蹊 | 教育 | 教育 | | 3 | | ● | ● | ● | ● | | 10/16 2/21 | 9/1~10/6 1/24~2/13 | | | | | ● | ● | | コースにより教員免許取得(見込)者等具体的条件あり | △ | △ | △ | △ | △ | △ | |
| | 経営 | 経営 | | 3 | | ● | ● | ● | ● | ● | | | | | | | ● | ● | | | △ | △ | △ | △ | △ | △ | |
| | | スポーツマネジメント | | 3 | | ● | ● | ● | ● | ● | | | | | | | ● | ● | | | △ | △ | △ | △ | △ | △ | |
| | | 国際観光ビジネス | | 3 | | ● | ● | ● | ● | ● | | | | | | | ● | ● | | | △ | △ | △ | △ | △ | △ | |
| | 芸術 | 造形芸術 | | 3 | | ● | ● | ● | ● | | | | | | | | | | 作品持参 | △ | △ | △ | △ | △ | △ | |
| 大阪総合保育 | 児童保育 | 児童保育 | | 3 | | ● | ● | ● | | | 10/16 2/9 | 10/1~10/11 1/25~2/6 | | | | | ● | ※● | | 保育士資格または幼稚園教諭2種免許状取得見込みの者のみ。別途社会人編入実施。合格状況は全編入計 | 0 | 0 | 2 | 2 | 0 | 0 | |
| | | 乳児保育 | | 3 | | ● | ● | ● | | | | | | | | | ● | ※● | | | | | | | | | |
| 大阪体育 | 体育 | スポーツ教育 | | 2・3 | | | ● | ● | *● | *● | | | 英 | | | | ● | ※● | 体力プロフィールテスト | ※グループ面接 | 2 | 2 | — | — | — | — | 3年次は体育系(学士除く)*印2年次のみ R4・5募集なし |
| | | 健康スポーツマネジメント | | 2・3 | | ● | ● | ● | *● | *● | | | 英 | | | | ● | ※● | | | 1 | 0 | — | — | — | — | |

| 大学名 | 学部 | 学科 | 専攻・コース | 編入年次 | 大1 | 大2 | 学士 | 短大 | 高専 | 専門 | 試験日 | 出願期間 | 外国語筆記 | 外部試験 | 専門科目 | 小論文 | 面接 | 口頭試問 | 専門科目以外の科目 | その他の注意事項 | R3志願者 | R3合格者 | R4志願者 | R4合格者 | R5志願者 | R5合格者 | 備考 特に記載がない場合は、大学在学生3年次は62単位以上、2年次は31単位以上取得見込み |
|---|---|---|---|---|---|---|---|---|---|---|---|---|---|---|---|---|---|---|---|---|---|---|---|---|---|---|---|
| 大阪電気通信 | 総合情報 | デジタルゲーム | | 3 | | ● | ● | ● | ● | ● | 11/12 1/31 | 10/12~10/19 12/7~12/14 | | | | | | ● | | | △ | △ | △ | △ | △ | △ | 別途社会人編入実施 |
| | 医療健康科 | 医療科 | | 3・4 | | ● | ● | ● | ● | ● | | | | | | | | ※● | | ※臨床工学技師の資格を有する者は、口頭試問を免除し、面接 | △ | △ | △ | △ | △ | △ | 別途社会人編入実施。4年次は3年次受験資格者で修業年限3年の短大卒(見込)者又は修業年限3年以上の専修学校修了(見込)者でかつ臨床工学技師の国家資格取得者又は国家試験受験資格取得(見込)者又は上記の条件と同等以上と本学が認めた者、要事前審査 |
| | | 健康スポーツ科 | | | | | | | | | | | | | | | | ● | | | △ | △ | △ | △ | － | － | |
| 大阪人間科学 | 人間科 | 社会福祉 | | 3 | | ● | ● | ● | ● | ● | 11/19 2/25 | 11/1~11/14 2/6~2/19 | | | | ● | ● | | | | 0(1) | 0(0) | △ | △ | 4(1) | 4(1) | 別途社会人編入実施で( )外数 |
| | | 子ども教育 | | 3 | | ● | ● | ● | ● | ● | | | | | | ● | ● | | | | 1(0) | 0(0) | △ | △ | 0(0) | 0(0) | |
| | 心理 | 心理 | | 3 | | ● | ● | ● | ● | ● | | | | | | ● | ● | | | | 2(1) | 2(0) | △ | △ | 2(3) | 2(3) | |
| 関西 | 法 | 法学政治 | | 3 | | | | | | | 10/23 | 9/2~9/6 | | *● | ● | | | | | *英・独・仏いずれかで基準あり | 12 | 1 | 11(0) | 4(0) | 13(0) | 5(0) | 別途社会人編入実施で( )外数 |
| | 文 | 総合人文 | 心理学 | 2 | | | | | | | | | | *● | ● | | | ● | | *英・仏・独・中・朝いずれかで基準あり | 30(4) | 18(1) | 49(1) | 17(1) | 22(2) | 8(0) | |
| | | | 心理学専修以外 | 3 | | ● | ● | ● | ● | ● | | | | *● | ● | | | | | | | | | | | | |
| | 社会 | 社会 | 心理学 | 2 | | | | | | | | | 英 | | ● | | ● | | | | 40 | 9 | 27 | 4 | 17 | 4 | 大学在学者60単位以上。3専攻(社会学・メディア・社会システムデザイン)で募集 |
| | | | 心理以外 | 3 | | ● | ● | ● | ● | ● | | | 英 | | ● | | ● | | | | | | | | | | |
| | 総合情報 | 総合情報 | | 2 | | | | | | | 7/10 | 6/6~6/14 | | *● | | ● | ● | | | *外国語検定スコア(規定以上)又は数学 | 34 | 13 | 25 | 11 | 10 | 6 | |
| | システム理工 | 数 | | 2 | ● | ● | ● | ● | ● | | 10/23 | 9/2~9/6 | | ● | | | ● | | 数学・物理 | TOEIC等で具体的基準あり | | | | | | | |
| | | 物理・応用物理 | | 2 | ● | ● | ● | ● | ● | | | | | ● | | | ● | | | | | | | | | | |
| | | 機械工 | | 2 | ● | ● | ● | ● | ● | | | | | ● | | | ● | | | | | | | | | | |
| | | 電気電子情報工 | | 2 | ● | ● | ● | ● | ● | | | | | ● | | | ● | | | | | | | | | | |
| | | 数 | | 3 | | | ● | ● | ● | | | | | ● | ● | | ● | | | | 3 | 2 | 4 | 2 | 6 | 2 | 大学在学者76単位以上。出願資格審査で許可を受けた者のみ。単位取得状況で2年次になることがある。学士は理工学部系、短大は技術系、大学在学者は同一学部・学科出身者 |
| | | 物理・応用物理 | | 3 | | | ● | ● | ● | | | | | ● | ● | | ● | | | | | | | | | | |
| | | 機械工 | | 3 | | | ● | ● | ● | | | | | ● | ● | | ● | | | | | | | | | | |
| | | 電気電子情報工 | | 3 | | | ● | ● | ● | | | | | ● | ● | | | ● | | | | | | | | | |
| | 環境都市工 | 建築 | | 2 | | ● | ● | ● | ● | ● | | | | ● | | | ● | | 数、物 | TOEIC等で具体的基準あり | | | | | | | 大学在学者36単位以上 |
| | | 都市システム工 | | 2 | | ● | ● | ● | ● | ● | | | | ● | | | ● | | 数、物、化 | | | | | | | | |
| | | エネルギー・環境工 | | 2 | | ● | ● | ● | ● | ● | | | | ● | | | ● | | 数、物、化 | | | | | | | | |
| | | 建築 | | 3 | | | ● | ● | ● | | | | | ● | ● | | ● | | | | 3 | 1 | 3 | 1 | 8 | 3 | 大学在学者76単位以上。出願資格審査で許可を受けた者のみ。単位取得状況で2年次になることがある。学士は理工学部系、短大は技術系、大学在学者は同一学部・学科出身者 |
| | | 都市システム工 | | 3 | | | ● | ● | ● | | | | | ● | ● | | ● | | | | | | | | | | |
| | | エネルギー・環境工 | | 3 | | | ● | ● | ● | | | | | ● | ● | | ● | | | | | | | | | | |

| 大学名 | 学部 | 学科 | 専攻・コース | 編入年次 | 大1 | 大2 | 学士 | 短大 | 高専 | 専門 | 試験日 | 出願期間 | 外国語筆記 | 外部試験 | 専門科目 | 小論文 | 面接 | 口頭試問 | 専門科目以外の科目 | その他の注意事項 | R3志願者 | R3合格者 | R4志願者 | R4合格者 | R5志願者 | R5合格者 | 備考 |
|---|---|---|---|---|---|---|---|---|---|---|---|---|---|---|---|---|---|---|---|---|---|---|---|---|---|---|---|
| | 化学生命工 | 化学・物質工 | | 2 | ● | ● | ● | ● | ● | ● | | | | ● | | | ● | | 数、物、化 | TOEIC等で具体的基準あり | | | | | | | 大学在学者36単位以上 |
| | | 生命・生物工 | | 2 | ● | ● | ● | ● | ● | ● | | | | ● | | | ● | | 数、生、物又は化 | 準あり | | | | | | | |
| | | 化学・物質工 | マテリアル科学 | 3 | | ● | ● | ● | ● | ● | | | | ● | ● | | ● | | | | 2 | 0 | 0 | 0 | 1 | 0 | 大学在学者76単位以上。出願資格審査で許可を受けた者のみ。単位取得状況で2年次になることがある。学士は理工学部系、短大は技術系、大学在学者は同一学部・学科出身者。合格状況は学外実績 |
| | | | 応用化学 | 3 | | ● | ● | ● | ● | ● | | | | ● | ● | | ● | | | | | | | | | | |
| | | | バイオ分子化学 | 3 | | ● | ● | ● | ● | ● | | | | ● | ● | | ● | | | | | | | | | | |
| | | 生命・生物工 | | 3 | | ● | ● | ● | | | | | | ● | ● | | | | | | | | | | | | |
| | 商 | 商 | | 3 | | ● | ● | ● | ● | ● | | | | ● | ● | | | | | TOEIC等で具体的基準あり | 23 | 2 | 14 | 3 | 15 | 3 | 大学在学者60単位以上。合格状況は学外実績 |
| | 政策創造 | 政策 | | 3 | | ● | ● | ● | ● | ● | 10/22 | | | *● | ● | | | | | *英・独・仏・中いずれかで基準あり | 3 | 2 | 6 | 1 | 2 | 0 | 大学在学者60単位以上。合格状況は学外実績 |
| | | 国際アジア | | 3 | | ● | ● | ● | ● | ● | | | | *● | ● | | | | | | | | | | | | |
| 関西外国語 | 外国語 | 英米語 | | 3 | | ● | ● | ● | ● | | 11/20 2/8 | 10/24~10/31 1/5~1/16 | ※英 | | | | | | | ※リスニングを含む | 631 | 111 | 496 | 117 | 315 | 128 | 合格状況は11月選考・2月選考の合計数 |
| | | スペイン語 | | 3 | | ● | ● | ● | ● | | | | 西 | | | | | | | | 5 | 2 | 4 | 1 | 2 | 1 | |
| | 英語国際 | 英語国際 | | 3 | | ● | ● | ● | ● | | | | 選 | | | | | | 選:英(リスニングを含む)又は中 | | 104 | 31 | 109 | 42 | 58 | 29 | |
| 関西福祉科学 | 社会福祉 | 社会福祉 | | 3 | | ● | ● | ● | ● | | 9/10 2/11 | 8/19~9/2 1/20~2/3 | | | | | ● | | 英語又は小論 | | 14 | 11 | △ | 4 | 5 | 4 | 別途社会人編入実施。合格状況は全編入計 |
| | 心理科 | 心理科 | | 3 | | ● | ● | ● | ● | | | | | | | | ● | | | | 3 | 3 | △ | 8 | 7 | 6 | |
| | 健康福祉 | 健康科 | | 3 | | ● | ● | ● | ● | | | | | | | | ● | | | | 2 | 2 | △ | 1 | 0 | 0 | |
| | | 福祉栄養 | | 3 | | ● | ● | ● | ● | | | | 英 | | | | ● | | | | 2 | 1 | △ | 2 | 0 | 0 | |
| 近畿 | 法 | 法律 | | 3 | *● | ● | ● | ● | ● | | 9/10 | 8/22~8/31 | 英 | | ● | | | ● | | | 21 | 5 | 16 | 5 | 11 | 3 | 出願前に要問合せ。*修了(見込)者。別途社会人編入実施 |
| | 経済 | 経済 | | 3 | *● | ● | ● | ● | ● | | 9/10 | 8/22~8/31 | 英 | | ● | | | ● | | | 34(2) | 6(2) | 19(2) | 7(2) | 18(2) | 5(2) | 出願前に要問合せ。*修了(見込)者。合格状況( )は内編又は系列校で外数 |
| | | 国際経済 | | 3 | *● | ● | ● | ● | ● | | | | 英 | | ● | | | ● | | | 7(2) | 2(2) | 1(2) | 0(2) | 1(2) | 1(2) | |
| | | 総合経済政策 | | 3 | *● | ● | ● | ● | ● | | | | | | | | | | | | 3(1) | 1(1) | 8(2) | 2(2) | 2(2) | 0(2) | |
| | 経営 | 経営 | | 3 | *● | ● | ● | ● | ● | | 9/10 | 8/22~8/31 | 英 | | ● | | | ● | | | 71(4) | 41(4) | 24(37) | 12(23) | 21(27) | 5(15) | |
| | | 商 | | 3 | *● | ● | ● | ● | ● | | | | 英 | | ● | | | ● | | | 53(6) | 28(6) | 26(35) | 10(22) | 12(35) | 5(16) | |
| | | 会計 | | 3 | *● | ● | ● | ● | ● | | | | 英 | | ● | | | | | | 18(2) | 6(2) | 4(14) | 1(11) | 5(9) | 3(4) | |
| | | キャリア・マネジメント | | 3 | *● | ● | ● | ● | ● | | | | 英 | | ● | | | | | | 21(2) | 9(2) | 5(12) | 1(8) | 7(8) | 2(5) | |
| | 理工 | 理 | 数学 | 3 | | ● | ● | ● | ● | *● | 10/15 | 9/22~9/30 | 英 | | | | | ● | 数、物 | | 2 | 0 | 0 | 0 | 0 | 0 | 出願前に要問合せ。*修了(見込)者。合格状況( )は内編又は系列校で外数。理工系(高専)出身者のみ |
| | | | 物理学 | 3 | | ● | ● | ● | ● | | | | 英 | | | | | ● | 数、物 | | 0 | 0 | 1 | 1 | 0 | 0 | |
| | | | 化学 | 3 | | ● | ● | ● | ● | | | | 英 | | | | | ● | 数、化 | | 0 | 0 | 0 | 0 | 0 | 0 | |
| | | 生命科 | | 3 | | ● | ● | ● | ● | | | | 英 | | | | | ● | 数、化又は生 | | | | | | | | |
| | | 応用化 | | 3 | | ● | ● | ● | ● | | | | 英 | | | | | ● | 数、化 | | | | | | | | |
| | | 機械工 | | 3 | | ● | ● | ● | ● | | | | 英 | | | | | ● | 数、物 | | 1(2) | 0(2) | 2(1) | 0(1) | 2 | 1 | |
| | | 電気電子工 | | 3 | | ● | ● | ● | ● | | | | 英 | | | | | ● | 数、物 | | 0(1) | 0(1) | 1(1) | 1(1) | 5 | 3 | |
| | | 情報 | | 3 | | ● | ● | ● | ● | | | | 英 | | | | | ● | 数、物 | | 3(2) | 0(2) | 5(3) | 2(3) | 3 | 0 | |
| | | 社会環境工 | | 3 | | ● | ● | ● | ● | | | | 英 | | | | | ● | 数、物 | | 0 | 0 | 0 | 0 | 1 | 0 | |
| | 建築 | 建築 | | 3 | | ● | ● | ● | ● | | 10/15 | 9/21~9/29 | 英 | | | | | ● | 数、物 | | 7(2) | 2(2) | 5(2) | 0(2) | 5(2) | 1(2) | |
| | 文芸 | 文 | 日本文学 | 3 | | ● | ● | ● | ● | | 10/15 | 9/1~9/9 | 英 | | | ● | ※● | | | ※志望理由含む | 5 | 0 | 2 | 0 | △ | △ | 出願前に要問合せ。*修了(見込)者 |
| | | | 英語英米文学 | 3 | | ● | ● | ● | ● | | | | 英 | | | ● | ※● | | | | 2 | 0 | 3 | 0 | △ | △ | |
| | | 芸術 | 舞台芸術 | 3 | | ● | ● | ● | ● | | | | | | | ● | ※● | | | | 1 | 1 | 1 | 0 | △ | △ | |
| | | | 造形芸術 | 3 | | ● | ● | ● | ● | | | | | | | ● | | | 小又は実技 | | 2 | 0 | 1 | 0 | △ | △ | |
| | | 文化・歴史 | | 3 | | ● | ● | ● | ● | | | | 英 | | | ● | ※● | | | | | | | | | | |
| | | 文化デザイン | | 3 | | ● | ● | ● | ● | | | | 英 | | | ● | ※● | | プレゼン | | 1 | 0 | 2 | 0 | △ | △ | |

備考欄（表上部）: 特に記載がない場合は、大学在学生3年次は62単位以上、2年次は31単位以上取得見込み

| 大学名 | 学部 | 学科 | 専攻・コース | 編入年次 | 大1 | 大2 | 学士 | 短大 | 高専 | 専門 | 試験日 | 出願期間 | 外国語筆記 | 外部試験 | 専門科目 | 小論文 | 面接 | 口頭試問 | 専門科目以外の科目 | その他の注意事項 | R3志願者 | R3合格者 | R4志願者 | R4合格者 | R5志願者 | R5合格者 | 備考 特に記載がない場合は、大学在学生3年次は62単位以上、2年次は31単位以上取得見込み |
|---|---|---|---|---|---|---|---|---|---|---|---|---|---|---|---|---|---|---|---|---|---|---|---|---|---|---|---|
|  | 総合社会 | 総合社会 | 社会・マスメディア系 | 3 | *● | ● | ● | ● | ● |  | 10/15 | 9/22~9/30 | 英 | ● |  |  | ● |  |  |  | 6 | 1 | 7 | 1 | 2 | 0 | 出願前に要問合せ。*修了(見込)者 |
|  |  |  | 心理系 | 3 | *● | ● | ● | ● | ● |  |  |  | 英 | ● |  |  | ● |  |  |  | 4 | 1 | 4 | 2 | 5 | 1 |  |
|  |  |  | 環境・まちづくり系 | 3 | *● | ● | ● | ● | ● |  |  |  | 英 | ● |  |  | ● |  |  |  | 5 | 2 | 2 | 1 | 2 | 0 |  |
|  | 農 | 農業生産科 |  | 3 | *● |  | ● | ● | ● |  | 10/15 | 9/1~9/9 | 英 |  |  |  |  | ※● | 生・物・化から1 | ※志望理由含む | 0 | 0 | 0 | 0 | 3 | 0 | 出願前に要問合せ。*修了(見込)者 |
|  |  | 水産 |  | 3 | *● |  |  |  |  |  |  |  | 英 |  |  |  |  | ※● |  |  | 1 | 0 | 1 | 0 | 1 | 0 |  |
|  |  | 応用生命化 |  | 3 | *● |  |  |  |  |  |  |  | 英 |  |  |  |  | ※● |  |  | 1 | 0 | 3 | 0 | 0 | 0 |  |
|  |  | 環境管理 |  | 3 | *● |  |  |  |  |  |  |  | 英 |  |  |  |  | ※● |  |  | 1 | 0 | 0 | 0 | 2 | 0 |  |
|  |  | 生物機能科 |  | 3 | *● |  |  |  |  |  |  |  | 英 |  |  |  |  | ※● |  |  | 2 | 0 | 2 | 0 | 0 | 0 |  |
|  | 生物理工 | 生物工 |  | 3 | *● |  |  |  |  |  | 10/15 | 9/1~9/9 | 英 |  |  |  | ● |  | 数・生・化・物から1 |  | 0 | 0 | 0 | 0 | 0 | 0 | 出願前に要問合せ。*修了(見込)者 |
|  |  | 遺伝子工 |  | 3 | *● |  |  |  |  |  |  |  | 英 |  |  |  | ● |  |  |  | 1 | 0 | 2 | 2 | 0 | 0 |  |
|  |  | 食品安全工 |  | 3 | *● |  |  |  |  |  |  |  | 英 |  |  |  | ● |  |  |  | 1 | 1 | 0 | 0 | 1 | 1 |  |
|  |  | 生命情報工 |  | 3 | *● |  |  |  |  |  |  |  | 英 |  |  |  | ● |  |  |  | 0 | 0 | 0 | 0 | 0 | 0 |  |
|  |  | 人間環境デザイン工 |  | 3 | *● |  |  |  |  |  |  |  | 英 |  |  |  | ● |  |  |  | 1 | 0 | 0 | 0 | 1 | 1 |  |
|  | 工 | 化学生命工 |  | 3 | *● | ● | ● | ● | ● |  | 10/8 | 9/1~9/8 |  |  |  | ● | ● | ※● | 英語又は数学 | ※志望理由含む |  |  |  |  |  |  | 出願前に要問合せ。*修了(見込)者。理工系(高専は工業系)出身者のみ |
|  |  | 機械工 |  | 3 | *● | ● | ● | ● | ● |  |  |  |  |  |  | ● |  | ※● |  |  | 1 | 1 | 1 | 1 | 0 | 0 |  |
|  |  | ロボティクス |  | 3 | *● | ● | ● | ● | ● |  |  |  |  |  |  | ● |  | ※● |  |  | 1 | 1 | 1 | 1 | 0 | 0 |  |
|  |  | 電子情報工 |  | 3 | *● | ● | ● | ● | ● |  |  |  |  |  |  | ● |  | ※● |  |  | 0 | 0 | 1 | 0 | 0 | 0 |  |
|  |  | 情報 |  | 3 | *● | ● | ● | ● | ● |  |  |  |  |  |  | ● |  | ※● |  |  | 1 | 0 | 2 | 0 | 0 | 0 |  |
|  |  | 建築 |  | 3 | *● | ● | ● | ● | ● |  |  |  |  |  |  | ● |  | ※● |  |  | 0 | 0 | 0 | 0 | 1 | 1 |  |
|  | 産業理工 | 生物環境化 |  | 3 | *● | ● | ● | ● | ● |  | 10/15 | 9/26~9/30 | 英 | ● |  |  | ● |  |  |  | 2 | 2 | 0 | 0 | 2 | 0 | 出願前に要問合せ。*修了(見込)者。合格状況( )は内編又は系列校で外数 |
|  |  | 電気電子工 |  | 3 | *● |  |  |  |  |  |  |  | 英 |  |  |  | ● |  | 数学 |  | 2 | 1 | 2 | 1 | 9 | 7 |  |
|  |  | 建築・デザイン |  | 3 | *● |  |  |  |  |  |  |  | 英 |  |  |  | ● |  | 構造力学又は小 | 課題作品あれば持参 | 2 | 0 | 1 | 0 | 2 | 0 |  |
|  |  | 情報 |  | 3 | *● | ● | ● | ● | ● |  |  |  | 英 | ● |  |  | ● |  |  |  | 8(1) | 2(1) | 13(3) | 3(3) | 7(0) | 6(0) |  |
|  |  | 経営ビジネス |  | 3 | *● | ● | ● | ● | ● |  |  |  | 英 |  |  |  | ● |  | 経営学又は会計学 |  | 0(11) | 0(10) | 8(7) | 6(3) | 9(14) | 8(2) |  |
| 滋慶医療科学 | 医療科 | 臨床工 |  | 2・3 | ● | ● | ● | ● | ● | ● | 8/28 10/15 11/20 12/24 1/22 3/5 | 8/1~8/19 9/20~10/7 10/24~11/11 11/28~12/11 12/26~1/16 2/13~2/27 |  |  |  | ● | ● |  | 数学 |  | — | — | — | — | 0 | 0 | 新設大学 |
| 四天王寺 | 人文社会 | 日本 |  | 3 | *● | ● | ● | ● | ● | ● | 9/10 2/4 | 8/17~8/24 1/3~1/10 | 英 |  |  | ● | ● |  |  |  | 1 | 1 | 0 | 0 | △ | △ | *修了(見込)者。合格者数に第2志望合格者含む |
|  |  | 国際キャリア |  | 3 | *● | ● | ● | ● | ● | ● |  |  | 英 |  |  | ● | ● |  |  |  | 1 | 1 | 0 | 0 | △ | △ |  |
|  |  | 社会 |  | 3 | *● | ● | ● | ● | ● | ● |  |  | 英 |  |  | ● | ● |  |  |  | 1 | 1 | 3 | 2 | △ | △ |  |
|  |  | 人間福祉 | 健康福祉 | 3 | *● | ● | ● | ● | ● | ● |  |  | 英 |  |  | ● | ● |  |  |  | 0 | 0 | 0 | 0 | △ | △ |  |
|  | 教育 | 教育 |  | 3 | *● | ● | ● | ● | ● | ● |  |  | 英 |  |  | ● | ● |  |  |  | 4 | 2 | 2 | 1 | △ | △ |  |
|  | 経営 | 経営 |  | 3 | *● | ● | ● | ● | ● | ● |  |  | 英 |  |  | ● | ● |  |  |  | 2 | 1 | 0 | 0 | △ | △ |  |
| 摂南 | 法 | 法律 |  | 2・3 | ● | ● | ● | ● | ● | ● | 12/10 | 11/7~11/18 | 英 |  |  | ● | ● |  |  |  | 0 | 0 | 0 | 0 | 0 | 0 | 学科試験結果・単位修得状況により編入年次決定。要事前相談 |
|  | 外国語 | 外国語 |  | 3 | ● | ● | ● | ● | ● | ● |  |  | 英 |  | ※● |  | ● |  | ※4つの専攻言語(英語、中国語、スペイン語、インドネシア・マレー語)から出願時に1つ選択 |  | 3 | 2 | 4 | 2 | 2 | 1 |  |
|  | 国際 | 国際 |  | 2 | ● | ● | ● | ● | ● | ● |  |  | 英 |  | ※● |  | ● |  |  |  | — | — | — | — | 1 | 0 |  |
|  | 経済 | 経済 |  | 2・3 | ● | ● | ● | ● | ● | ● |  |  | 英 |  |  | ● | ● |  |  |  | 1 | 1 | 1 | 0 | 0 | 0 |  |

| 大学名 | 学部 | 学科 | 専攻・コース | 編入年次 | 大1 | 大2 | 学士 | 短大 | 高専 | 専門 | 試験日 | 出願期間 | 外国語筆記 | 外部試験 | 専門科目 | 小論文 | 面接 | 口頭試問 | 専門科目以外の科目 | その他の注意事項 | R3志願者 | R3合格者 | R4志願者 | R4合格者 | R5志願者 | R5合格者 | 備考　特に記載がない場合は、大学在学生3年次は62単位以上、2年次は31単位以上取得見込み |
|---|---|---|---|---|---|---|---|---|---|---|---|---|---|---|---|---|---|---|---|---|---|---|---|---|---|---|---|
| | 経営 | 経営 | | 2·3 | ● | ● | ● | ● | ● | | | | 英 | | | ● | ● | | | | 1 | 1 | 0 | 0 | 0 | 0 | |
| | | 経営情報 | | 2·3 | ● | ● | ● | ● | ● | | | | 英 | | | ● | ● | | | | 0 | 0 | 0 | 0 | 0 | 0 | |
| | 理工 | 生命科 | | 2·3 | ● | ● | ● | ● | ● | | | | 英 | | | | ● | | 数学・生物 | | 0 | 0 | 1 | 1 | 0 | 0 | |
| | | 住環境デザイン | | 2·3 | ● | ● | ● | ● | ● | | | | 英 | | | | ● | | 数学・描画 | | 3 | 2 | 2 | 0 | 0 | 0 | |
| | | 建築 | | 2·3 | ● | ● | ● | ● | ● | | | | 英 | | ● | | ● | | 数学 | | 2 | 0 | 5 | 1 | 0 | 0 | |
| | | 都市環境工 | | 2·3 | ● | ● | ● | ● | ● | | | | 英 | | ● | | ● | | 数学 | | 0 | 0 | 0 | 0 | 0 | 0 | |
| | | 機械工 | | 2·3 | ● | ● | ● | ● | ● | | | | 英 | | | | ● | | 数学 | | 0 | 0 | 1 | 0 | 0 | 0 | |
| | | 電気電子工 | | 2·3 | ● | ● | ● | ● | ● | | | | 英 | | | | ● | | 数学 | | 0 | 0 | 0 | 0 | 0 | 0 | |
| 千里金蘭 | 生活科 | 食物栄養 | | 3 | ● | ● | ● | | | ● | 10/9 2/19 | 9/12~10/3 1/24~2/13 | | | | | ● | | | | 編入年次要問合せ。栄養士資格取得(見込)者 | 2 | 2 | 0 | 0 | 0 | 0 | |
| | | 児童教育 | | 3 | ● | ● | ● | | | | | | | | | | ● | ● | | | 編入年次要問合せ。保育士・幼稚園教諭・小学校教諭のいずれかの資格取得(見込)者 | 0 | 0 | 0 | 0 | 0 | 0 | |
| 相愛 | 音楽 | 音楽 | | 3 | * | ● | ● | ● | ● | ● | 11/19 2/1 | 11/1~11/9 1/6~1/18 | | | | | | | 専攻実技(専攻により専、小、面) | | 2 | 2 | △ | △ | △ | △ | *修了(見込)者。要事前相談 |
| | 人文 | 人文 | | 3 | * | ● | ● | ● | ● | ● | 12/18 2/1 | 12/1~12/9 1/6~1/18 | | | | | ● | ● | | | 1 | 1 | △ | △ | △ | △ | *修了(見込)者。要事前相談 |
| | 人間発達 | 子ども発達 | | 3 | ● | ● | ● | ● | ● | ● | | | | | | | ● | ● | | | 要事前相談。別途総合型選抜編入実施で合格状況に含む | 3 | 1 | △ | △ | △ | △ | |
| | | 発達栄養 | | 3 | ● | ● | ● | ● | ● | ● | | | | | | | ● | ● | | | | 8 | 8 | △ | △ | △ | △ | |
| 太成学院 | 人間 | 子ども発達 | | 3 | ● | ● | ● | ● | ● | ● | 11/13 12/3 2/17 | 10/24~11/4 11/14~11/26 1/30~2/11 | | | | | ● | ● | | | 合格状況は全編入計 | 1 | 1 | 0 | 0 | | | |
| | | 健康スポーツ | | 3 | ● | ● | ● | ● | ● | ● | | | | | | | ● | ● | | | | 1 | 0 | 1 | 1 | 6 | 3 | |
| | | 心理カウンセリング | | 3 | ● | ● | ● | ● | ● | ● | | | | | | | ● | ● | | | | 4 | 3 | 3 | 2 | | | |
| 宝塚 | 東京メディア芸術 | メディア芸術 | | 3 | ● | ● | ● | ● | ● | ● | 2/5 | 1/6~1/18 | | | | | ● | | 作文・鉛筆デッサン | | キャンパスは東京。オープンキャンパス等で要事前相談 | 0 | 0 | △ | △ | 14 | 5 | |
| 帝塚山学院 | リベラルアーツ | リベラルアーツ | | 3 | * | ● | ● | ● | ● | ● | 11/26 2/10 | 11/7~11/19 1/13~2/3 | | | | ● | ● | | 小論文は専門関連 | | *修了(見込)者 | 3 | 1 | 3 | 3 | 0 | 0 | |
| | 人間科 | 情報メディア | | 3 | | | | | | | | | | | | | | | | | 3 | 1 | — | — | — | — | |
| | | 心理 | | 3 | * | ● | ● | ● | ● | ● | | | | | | | ● | ● | | | | 4 | 3 | 1 | 0 | 1 | 1 | |
| | | 食物栄養 | | 3 | * | ● | ● | ● | ● | ● | | | | | | | ● | ● | | | | 1 | 1 | 0 | 0 | 0 | 0 | |
| | | キャリア英語 | | 3 | | | | | | | | | | | | | | | | | 9 | 3 | — | — | — | — | |
| 常磐会学園 | 国際こども教育 | 国際こども教育 | | 3 | * | ● | ● | | | ● | 1/29 3/9 | 1/10~1/24 2/21~3/6 | 英 | | | | | | 国語(古文・漢文除く) | | *修了(見込)者。( )は指定校推薦・公募推薦で外数 | 1(2) | 1(2) | 0(0) | 0(0) | 0(2) | 0(2) | |
| 梅花女子 | 文化表現 | 国際英語 | | 3 | ● | ● | ● | ● | ● | ● | 12/3 | 11/10~11/22 | | | | ※● | ● | | ※英語含む | | | 1 | 0 | 1 | 1 | 0 | 0 | |
| | | 日本文化 | | 3 | ● | ● | ● | ● | ● | ● | | | | | | | ● | | | | 0 | 0 | 2 | 2 | 0 | 0 | |
| | | 情報メディア | | 3 | ● | ● | ● | ● | ● | ● | | | | | | | ● | | | 表計算ソフトのスペシャリストレベル以上合格者のみ | 0 | 0 | 0 | 0 | 0 | 0 | |
| | 心理こども | 心理 | | 3 | ● | ● | ● | ● | ● | ● | | | | | | | ● | ● | | | | 1 | 1 | 3 | 3 | 1 | 1 | |
| | 食文化 | 食文化 | | 3 | ● | ● | ● | ● | ● | ● | | | | | | | ● | ● | | | 食文化調理学科は日本の調理師免許取得(見込)者のみ | | | | | | | |
| 羽衣国際 | 現代社会 | 現代社会 | | 3 | ● | ● | ● | ● | ● | ● | 10/22 2/20 | 10/1~10/14 1/30~2/13 | | | | ● | ● | | | | 0 | 0 | 5 | 4 | 10 | 5 | 大学在学者60単位以上。要事前相談 |
| | | 放送・メディア映像 | | 3 | ● | ● | ● | ● | ● | ● | | | | | | | ● | ● | | | | 1 | 1 | 2 | 2 | 0 | 0 | |
| | 人間生活 | 人間生活 | | 3 | ● | ● | ● | ● | ● | ● | | | | | | | ● | ● | | | | 1 | 1 | 2 | 2 | 2 | 2 | 大学在学者60単位以上。要事前相談 |
| | | 食物栄養 | | 3 | ● | ● | ● | ● | ● | ● | | | | | | | ● | ● | | | 大学在学者60単位以上。別途特待生編入(専)実施で合格状況に含む。R3は一般のみ | 10 | 8 | 6 | 6 | 3 | 2 | |
| 阪南 | 国際コミュニケーション | 国際コミュニケーション | | 3 | ● | ● | ● | ● | ● | ● | 1/28 | 1/6~1/16 | | | | | ● | | | | 大学在学者50単位以上。単位認定については出願前に要問合せ | 18 | 8 | 6 | 6 | 6 | 6 | |
| | 国際観光 | 国際観光 | | 3 | ● | ● | ● | ● | ● | ● | | | | | | | ● | | | | 5 | 5 | 3 | 3 | 4 | 3 | |
| | 経済 | 経済 | | 3 | ● | ● | ● | ● | ● | ● | | | | | | | ● | | | | 2 | 1 | 1 | 1 | 1 | 1 | |
| | 流通 | 流通 | | 3 | ● | ● | ● | ● | ● | ● | | | | | | | ● | | | | 4 | 4 | 5 | 4 | 1 | 1 | |
| | 経営情報 | 経営情報 | | 3 | ● | ● | ● | ● | ● | ● | | | | | | | ● | | | | 3 | 3 | 2 | 2 | 3 | 3 | |

| 大学名 | 学部 | 学科 | 専攻・コース | 編入年次 | 大1 | 大2 | 学士 | 短大 | 高専 | 専門 | 試験日 | 出願期間 | 外国語筆記 | 外部試験 | 専門科目 | 小論文 | 面接 | 口頭試問 | 専門科目以外の科目 | その他の注意事項 | R3志願者 | R3合格者 | R4志願者 | R4合格者 | R5志願者 | R5合格者 | 備考 |
|---|---|---|---|---|---|---|---|---|---|---|---|---|---|---|---|---|---|---|---|---|---|---|---|---|---|---|---|
| 東大阪 | こども | こども | | 3 | | ● | ● | ● | ● | ● | 12/11 1/22 2/15 3/8 | 11/16~11/30 1/5~1/11 1/18~2/2 2/15~2/22 | | | | ● | ● | | | | 3 | 2 | 1 | 1 | 1 | 1 | 合格状況に内編含む |
| | | 国際教養こども | | 3 | | ● | ● | ● | ● | ● | | | | | | ● | ● | | | | 0 | 0 | 0 | 0 | 0 | 0 | |
| 桃山学院 | 国際教養 | 英語・国際文化 | | 2・3 | ● | ● | ● | ● | ● | ● | 10/23 | 9/30~10/7 | | | | ● | ● | | | 2年次は専門に代えて小論文 | △ | △ | △ | △ | △ | △ | |
| | 社会 | 社会 | | 2・3 | ● | ● | ● | ● | ● | ● | | | | | | ● | ● | | | | △ | △ | △ | △ | △ | △ | |
| | | 社会福祉 | | 2・3 | ● | ● | ● | ● | ● | ● | | | | | | ● | ● | | | | △ | △ | △ | △ | △ | △ | |
| | 法 | 法律 | | 2・3 | ● | ● | ● | ● | ● | ● | | | | | | ● | ● | | | | △ | △ | △ | △ | △ | △ | |
| | 経済 | 経済 | | 2・3 | ● | ● | ● | ● | ● | ● | | | | | | ● | ● | | | | △ | △ | △ | △ | △ | △ | |
| | 経営 | 経営 | | 2・3 | ● | ● | ● | ● | ● | ● | | | | | | ● | | | | | △ | △ | △ | △ | △ | △ | |
| 桃山学院教育 | 人間教育 | 人間教育 | 幼児保育 | 3 | | ● | ● | ● | ● | ● | 10/23 | 9/30~10/7 | | | | ● | ● | | | | 1 | 1 | 2 | 2 | 0 | 0 | 教職課程履修経験者が望ましい。要問合せ |
| 大和 | 保健医療 | 総合リハビリテーション | | 4 | | | | ● | | ● | 9/10 | 8/22~9/2 | | | | ● | ● | | 小論文は専門 | | | | | | | | 国家試験受験資格取得者 |
| 芦屋 | 臨床教育 | 教育 | | 3 | | ● | ● | ● | ● | ● | 9/6 11/15 2/16 | 8/19~8/26 10/25~10/3 1/25~2/7 | | | | ● | ● | | | | 0(0) | 0(0) | 1(0) | 0(0) | △ | △ | 大学在学者60単位以上。別途スポーツ特待生編入、教職特待生編入実施で( )は合計外数 |
| | | 児童教育 | | 3 | | ● | ● | ● | ● | ● | | | | | | ● | ● | | | | 1(0) | 1(0) | 0(0) | 0(0) | △ | △ | |
| | 経営教育 | 経営教育 | | 3 | | ● | ● | ● | ● | ● | | | | | | ● | ● | | | | 1(1) | 1(1) | 3(0) | 2(0) | △ | △ | |
| 大手前 | 建築・芸術 | 建築・芸術 | | 2・3 | ● | ● | ● | ● | ● | | 11/3 1/26 3/2 | 10/4~10/15 1/4~1/10 1/30~2/8 | | | | ● | ● | | | | 29 | 22 | 24 | 21 | 23 | 16 | 別途英語特別編入あり。合格状況に内編、指定校推薦、海外指定校推薦含む |
| | 国際日本 | 国際日本 | | 2・3 | ● | ● | ● | ● | ● | | | | | | | ● | ● | | | | 34 | 22 | 19 | 13 | 17 | 11 | |
| | 現代社会 | 現代社会 | | 2・3 | ● | ● | ● | ● | ● | | | | | | | ● | ● | | | | 29 | 27 | 36 | 25 | 40 | 30 | |
| | 健康栄養 | 管理栄養 | | 3 | | | | ● | ● | ● | 11/3 1/26 | 10/4~10/15 1/4~1/10 | | | | ● | ● | | | | 10 | 7 | 24 | 21 | 5 | 5 | 栄養士免許取得(見込)者。合格状況に内編、指定校推薦、海外指定校推薦含む |
| 関西国際 | 教育 | 教育福祉 | 福祉学 | 3 | | ● | ● | ● | ● | ● | 10/8 2/14 | 9/13~9/29 1/23~2/6 | | | | ※● | ● | | ※専門 | | △ | △ | △ | △ | △ | △ | 合格状況は一般のみ(留学生除く) |
| | 国際コミュニケーション | 英語コミュニケーション | | 3 | | ● | ● | ● | ● | ● | | | ※英 | | | | | *● | ※TOEICほか基準以上で免除。*英語含む | | △ | △ | △ | △ | △ | △ | |
| | | 観光 | | 3 | | ● | ● | ● | ● | ● | | | | | | | ● | | | | △ | △ | △ | △ | △ | △ | |
| | 心理 | 心理 | | 3 | | ● | ● | ● | ● | ● | | | | | | ※● | ● | | ※専門 | | △ | △ | △ | △ | △ | △ | |
| | 経営 | 経営 | | 3 | | ● | ● | ● | ● | ● | | | | | | ● | ● | | | | △ | △ | △ | △ | △ | △ | |
| | 社会 | 社会 | | 3 | | ● | ● | ● | ● | ● | | | | | | ● | ● | | | | △ | △ | △ | △ | △ | △ | |
| 関西福祉 | 社会福祉 | 社会福祉 | | | | | | | | | | | | | | | | | | | 0 | 0 | 1 | 1 | × | × | R5より募集停止 |
| | 看護 | 看護 | | | | | | | | | | | | | | | | | | | 0 | 0 | 0 | 0 | × | × | |
| 関西学院 | 神 | 神 | | 3 | *● | ● | ● | ● | ● | | 11/12 | 10/5~10/19 | | | | | ● | | 面接は事前に提出した小論文と志望理由書に基づく | | 1 | 1 | △ | △ | △ | △ | 年度により募集学部学科異なる。*修了(見込)者。大学在学者は48単位以上。出願までにバプテスマ(洗礼)を受けている者で、将来、伝道者又はクリスチャンワーカーとなる志を持つ者 |
| | 法 | 法律 | | 3 | *● | ● | ● | ● | ● | | | | 英 | | | | ● | | | | 12 | 1 | △ | △ | ー | ー | 年度により募集学部学科異なる。*修了見込者。大学在学者は48単位以上 |
| | 経済 | | | 3 | *● | ● | ● | ● | ● | | | | | | ● | ● | ● | | TOEIC等で具体的基準あり | | 25 | 9 | ー | ー | ー | ー | 年度により募集学部学科異なる。*修了(見込)者。大学在学者は60単位以上 |
| | 教育 | 教育 | 初等教育学 | 3 | *● | ● | ● | ● | ● | | 10/15 | 9/15~9/30 | 英 | | | ● | ● | | | | 4 | 2 | △ | △ | △ | △ | 年度により募集学部学科異なる。*修了(見込)者。大学在学者は48単位以上 |
| | | | 教育科学 | 3 | *● | ● | ● | ● | ● | | | | 英 | | | ● | ● | | | | 8 | 1 | △ | △ | △ | △ | |
| | 総合政策 | 総合政策 | | 3 | *● | ● | ● | ● | ● | | | | 英 | | | | ● | | | | 49 | 6 | △ | △ | ー | ー | 年度により募集学部学科異なる。*修了(見込)者。64単位以上 |
| | | 国際政策 | | 3 | *● | ● | ● | ● | ● | | | | 英 | | | | ● | | | | 21 | 5 | △ | △ | ー | ー | |
| | 理 | 数理科 | | 3 | *● | ● | ● | ● | ● | | 10/29 | 9/1~9/9 | | | | | | ● | | | ー | ー | △ | △ | △ | △ | |
| | | 物理・宇宙 | | | | | | | | | | | | | | | | | | | ー | ー | ー | ー | △ | △ | |
| | | 化 | | | | | | | | | | | | | | | | | | | ー | ー | ー | ー | △ | △ | |
| | 工 | | | | | | | | | | | | | | | | | | | | ー | ー | ー | ー | ー | ー | R3新設、R5募集なし |
| | | 生命環境 | | | | | | | | | | | | | | | | | | | ー | ー | ー | ー | ー | ー | |
| | | 建築 | | | | | | | | | | | | | | | | | | | ー | ー | ー | ー | ー | ー | |

| 大学名 | 学部 | 学科 | 専攻・コース | 編入年次 | 大1 | 大2 | 学士 | 短大 | 高専 | 専門 | 試験日 | 出願期間 | 外国語筆記 | 外部試験 | 専門科目 | 小論文 | 面接 | 口頭試問 | 専門科目以外の科目 | その他の注意事項 | R3志願者 | R3合格者 | R4志願者 | R4合格者 | R5志願者 | R5合格者 | 備考（特に記載がない場合は、大学在学生3年次が62単位以上、2年次は31単位以上取得見込み） |
|---|---|---|---|---|---|---|---|---|---|---|---|---|---|---|---|---|---|---|---|---|---|---|---|---|---|---|---|
| | 理工 | 数理科 | | 3 | *● | ● | ● | ● | | | | | 英 | | | | | ● | 数学 | | 2 | 0 | △ | △ | × | × | *修了(見込)者。64単位以上。改組のためR5より募集停止 |
| | | 物理 | | 3 | *● | ● | ● | ● | | | | | 英 | | | | | ● | 数学・物理 | | 1 | 0 | △ | △ | × | × | |
| | | 先端エネルギーナノ工化 | | 3 | *● | ● | ● | ● | | | | | 英 | | ● | | | | | | — | — | △ | △ | × | × | |
| | | 人間システム工 | | 3 | *● | ● | ● | ● | | | | | | | | | | ● | | | — | — | — | — | × | × | |
| | | 生命科 | | 3 | *● | ● | ● | ● | | | | | 英 | | ● | | | | | | 0 | 0 | △ | △ | × | × | |
| | | 生命医化 | | 3 | *● | ● | ● | ● | | | | | 英 | | ● | | | | | | — | — | △ | △ | × | × | |
| | | 環境・応用化 | | 3 | *● | ● | ● | ● | | | | | 英 | | ● | | | | | | — | — | — | — | × | × | |
| | | 情報科 | | 3 | *● | ● | ● | ● | | | | | 英 | | ● | | | | | | 0 | 0 | △ | △ | × | × | |
| 甲子園 | 栄養 | 栄養 | | 3 | | ● | ● | ● | ● | ● | 10/26 2/17 | 10/1~10/18 1/23~2/8 | | | | ● | | | | | 1 | 1 | 0 | 0 | 0 | 0 | 定員に余裕がある場合のみ実施。3年制短大2年修了(見込)者も出願可。合格状況に系列等含む |
| | | フードデザイン | | 3 | | ● | ● | ● | ● | ● | | | | | | ● | | | | | 0 | 0 | 0 | 0 | 2 | 2 | |
| | 心理 | 現代応用心理 | | 3 | | ● | ● | ● | ● | ● | | | | | | ● | | | | | 1 | 1 | 0 | 0 | 1 | 1 | |
| 甲南 | 理工 | 物理 | | 3 | | ● | ● | ● | ● | | 10/22 | 9/27~10/3 | | | ● | ● | | ● | 数学 | | 0 | 0 | 2 | 2 | 3 | 3 | 合格状況志願者数欄は受験者数 |
| | | 生物 | | 3 | | ● | ● | ● | ● | | | | | | ※● | | | ● | ※専門 | | 0 | 0 | 0 | 0 | 0 | 0 | |
| | | 機能分子化 | | 3 | | ● | ● | ● | ● | | | | | | | ● | | ● | 小テスト(化学) | | 2 | 0 | 0 | 0 | 1 | 1 | |
| | 経済 | 経済 | | 3 | | ● | ● | ● | ● | | | | 英 | | | ● | | | | | 5 | 0 | 1 | 0 | 1 | 0 | |
| | 法 | 法 | | 3 | | ● | ● | ● | ● | | | | 英 | | ※● | | | ● | ※法学・政治学 | | 2 | 0 | 4 | 1 | 2 | 0 | |
| | 経営 | 経営 | | 3 | | ● | ● | ● | ● | | | | 英 | | | | | ● | | | 10 | 0 | 2 | 0 | 2 | 0 | |
| | 知能情報 | 知能情報 | | 3 | | ● | ● | ● | ● | | | | | | | | | ● | 小テスト(数学・情報) | | 3 | 1 | 1 | 0 | 7 | 3 | |
| | フロンティアサイエンス | 生命化 | | 3 | | ● | ● | ● | ● | | | | | | | ● | | ● | 小テスト(化又は生) | | 1 | 0 | 2 | 1 | 1 | 0 | |
| 甲南女子 | 文 | 日本語日本文化 | | 3 | | *● | ● | ● | ● | | 12/17 | 11/17~11/24 | | | | ● | | ● | | | 0 | 0 | 0 | 0 | 0 | 0 | *修了(見込)者。別途社会人編入実施で合格状況に含む |
| | | メディア表現 | | 3 | | *● | ● | ● | ● | | | | | | | ● | | ● | | | 2 | 2 | 3 | 2 | 2 | 1 | |
| | 国際 | 国際英語 | | 3 | | *● | ● | ● | ● | | | | 英 | | | ● | | ● | | | 2 | 0 | 1 | 0 | 2 | 2 | |
| | | 多文化コミュニケーション | | 3 | | *● | ● | ● | ● | | | | | | | ※● | | ● | ※英文読解含む | | 0 | 0 | 1 | 1 | 3 | 3 | |
| | 人間科 | 心理 | | 3 | | *● | ● | ● | ● | | | | | | | | ● | ● | | | 1 | 0 | 6 | 3 | 3 | 2 | |
| | | 総合子ども | | 3 | | *● | ● | ● | ● | | | | | | | ※● | | ● | ※専門含む | | 0 | 0 | 2 | 2 | 2 | 2 | |
| | | 文化社会 | | 3 | | *● | ● | ● | ● | | | | | | | ● | | ● | | | 1 | 1 | 2 | 1 | 1 | 1 | |
| | | 生活環境 | | 3 | | *● | ● | ● | ● | | | | | | | ※● | | ● | ※専門含む | | 1 | 0 | 2 | 2 | 1 | 1 | |
| 神戸医療未来 | 人間社会 | 未来社会 | | 2・3 | *● | ● | ● | ● | | ● | 12/17 2/11 | 11/21~12/10 1/23~2/4 | | | | | | ● | | | | | △ | △ | △ | △ | *修了(見込)者。専願。出願時にエントリーシート。面談は原則オンライン |
| | | 健康スポーツコミュニケーション | | 2・3 | *● | ● | ● | ● | | ● | | | | | | | | ● | | | 15 | 13 | △ | △ | △ | △ | |
| | | 経営データビジネス | | 2・3 | *● | ● | ● | ● | | ● | | | | | | | | ● | | | | | △ | △ | △ | △ | |
| 神戸海星女学院 | 現代人間 | 英語観光 | | 3 | | ● | ● | ● | ● | | 11/27 1/22 | 11/17~11/22 1/6~1/17 | | | | | ● | | | | 1 | 1 | 5 | 4 | △ | △ | R6より募集停止 |
| 神戸学院 | 法 | 法律 | | 2・3 | ● | ● | ● | ● | | ● | 12/10 2/10 | 11/14~11/24 1/12~1/19 | 英 | | | | ● | ● | | | 9(1) | 4(1) | 3(0) | 2(0) | 7(0) | 5(0) | 法学部2年次は30単位以上で短大1年以上在籍(見込)者も可。別途指定校推薦実施で( )外数 |
| | 経済 | 経済 | | 3 | | ● | ● | ● | ● | *● | | | | | | | | | 英語又は小論文 | | 11(1) | 1(1) | 6(1) | 3(1) | 5(2) | 3(2) | *修業年限4年以上。別途指定校推薦実施で( )外数 |
| | 経営 | 経営 | | 2・3 | | ● | ● | ● | ● | *● | | | 英 | | | | ● | ● | | | 12(2) | 2(2) | 4(1) | 1(1) | 2(4) | 0(4) | *修業年限4年以上は3年次、2年以上は2・3年次。別途指定校推薦実施で( )外数 |
| | 人文 | 人文 | | 2・3 | | ● | ● | ● | ● | *● | | | 英 | | | | ● | ● | | | 8 | 8 | 0(1) | 0(1) | 2(1) | 2(1) | *修業年限4年以上は3年次、2年以上は2・3年次。3年次は修業年限4年以上。2年次は2年以上。別途指定校推薦実施で( )外数 |

| 大学名 | 学部 | 学科 | 専攻・コース | 編入年次 | 大1 | 大2 | 学士 | 短大 | 高専 | 専門 | 試験日 | 出願期間 | 外国語筆記 | 外部試験 | 専門科目 | 小論文 | 面接 | 口頭試問 | 専門科目以外の科目 | その他の注意事項 | R3志願者 | R3合格者 | R4志願者 | R4合格者 | R5志願者 | R5合格者 | 備考 (特に記載がない場合は、大学在学生3年次は62単位以上、2年次は31単位以上取得見込み) |
|---|---|---|---|---|---|---|---|---|---|---|---|---|---|---|---|---|---|---|---|---|---|---|---|---|---|---|---|
| | 現代社会 | 現代社会 | | 2 | ● | ● | ● | ● | ● | | 12/10 | 11/14~11/24 | | | | ● | ● | | | | 1 | 0 | 3 | 3 | 3 | 3 | 2年次は30単位以上で短大1年以上在籍(見込)者も可 |
| | | 社会防災 | | 2 | ● | ● | ● | ● | ● | | | | | | | ● | ● | | | | 1 | 1 | 0 | 0 | 1 | 1 | |
| | 総合リハビリテーション | 社会リハビリテーション | | 1 | ● | | | | | | | | 英 | | | ● | ● | | | | 0 | 0 | 0 | 0 | 0 | 0 | 大学在学者24単位以上 |
| | 栄養 | 栄養 | | 1・2 | | ● | ● | ● | ● | | | | 英 | | | ● | ● | | | | 0 | 0 | 0 | 0 | 1 | 0 | 管理栄養学専攻は1年次のみ |
| | 薬 | 薬 | | 2・3 | | | | ● | | ● | | | 英 | *● | | | ● | | *物理化学・有機化学・生命科学 | 左記は2年次、3年次は英語なし | 1 | 1 | 1 | 0 | 0 | 0 | 3年次編入希望者に対し2年次編入の許可をすることがある |
| | グローバルコミュニケーション | グローバルコミュニケーション | 英語 | 2 | | | ● | ● | ● | ● | | | 英 | | | ● | ● | | | | 5 | 0 | 2 | 0 | 0 | 0 | |
| | | | 中国語 | 2 | | | ● | ● | ● | ● | | | 英 | | | ● | ● | | | | 0 | 0 | 0 | 0 | 0 | 0 | |
| 神戸芸術工科 | 芸術工科 | 環境デザイン | | 2・3 | ● | ● | ● | ● | ● | ● | 11/26 3/4 | 10/7~10/20 1/10~1/23 | | | | | ● | | 表現力試験(持参作品) | | 10 | 9 | 12 | 10 | 8 | 6 | 大学在学者2年次30単位以上(短大に1年以上在学者も可)、選考により入学年次決定。まんが表現学科は原則2年次編入 |
| | | プロダクト・インテリアデザイン | | 2・3 | ● | ● | ● | ● | ● | ● | | | | | | | ● | | | | 0 | 0 | 3 | 3 | 2 | 1 | |
| | | ビジュアルデザイン | | 2・3 | ● | ● | ● | ● | ● | ● | | | | | | | ● | | | | 4 | 4 | 7 | 7 | 11 | 6 | |
| | | 映像表現 | | 2・3 | ● | ● | ● | ● | ● | ● | | | | | | | ● | | | | 5 | 1 | 3 | 3 | 1 | 1 | |
| | | まんが表現 | | 2・3 | ● | ● | ● | ● | ● | ● | | | | | | | ● | | | | 0 | 0 | 5 | 5 | 3 | 3 | |
| | | ファッションデザイン | | 2・3 | ● | ● | ● | ● | ● | ● | | | | | | | ● | | | | 0 | 0 | 2 | 2 | 3 | 2 | |
| | | アートクラフト | | 2・3 | ● | ● | ● | ● | ● | ● | | | | | | | ● | | | | 3 | 3 | 2 | 0 | 0 | 0 | |
| 神戸国際 | 経済 | 経済経営 | | 2・3 | ● | ● | ● | ● | ● | ● | 12/18 1/31 | 11/24~12/8 1/6~1/19 | | | | ● | ● | | | | △ | △ | △ | △ | △ | △ | 大学在学者2年次30単位以上、3年次60単位以上 |
| | | 国際文化ビジネス観光 | | 2・3 | ● | ● | ● | ● | ● | ● | | | | | | ● | ● | | | | △ | △ | △ | △ | △ | △ | |
| 神戸松蔭女子学院 | 文 | 英語 | | 3 | ● | ● | ● | ● | ● | ● | 10/29 | 9/26~10/14 | 英 | | | | ● | | | | 1(0) | 1(0) | 2(1) | 2(1) | 2(0) | 2(0) | 別途社会人編入実施で( )外数 |
| | | 日本語日本文化 | | 3 | ● | ● | ● | ● | ● | ● | | | | | | ● | ● | | | | −(2) | −(2) | 1(0) | 1(0) | −(2) | −(2) | |
| | 人間科 | 心理 | | 3 | ● | ● | ● | ● | ● | ● | | | | | | ※● | ● | | ※専門含む | | − | − | 4(0) | 2(0) | 0(0) | 0(0) | |
| | | 都市生活 | | 3 | ● | ● | ● | ● | ● | ● | | | | | | ※● | ● | | ※専門含む | | 1 | 1 | 1(0) | 1(0) | 0(0) | 0(0) | |
| | | ファッション・ハウジングデザイン | | 3 | ● | ● | ● | ● | ● | ● | | | | | | ※● | *● | | ※専門含む | *作品審査含む | − | − | −(1) | −(1) | 0(0) | 0(0) | |
| 神戸女学院 | 音楽 | 音楽 | | 3 | *● | ● | ● | ● | ● | ● | 11/18.19 | 10/17~10/28 | | | | ● | ● | | 実技 | | 0 | 0 | 1 | 1 | 1 | 1 | *修了(見込)者。大学在学者64単位以上 |
| 神戸女子 | 文 | 教育 | | 3 | ● | ● | ● | ● | ● | ● | 10/15 | 9/14~9/29 | 英 | | | ● | ● | | 小論文は学科関連 | 出身校の成績を審査する | 1(3) | 1(3) | 1 | 1 | 1 | 0 | 要事前相談。合格状況に第2志望合格者含む。( )は内編で外数 |
| | | 日本語日本文 | | 2・3 | ● | ● | ● | ● | ● | ● | | | | | | ● | ● | | | | 0 | 0 | 0 | 0 | 1 | 1 | |
| | | 英語英米文 | | 2・3 | ● | ● | ● | ● | ● | ● | | | | | | ● | ● | | | | 1 | 1 | 1 | 1 | 2 | 2 | |
| | | 国際教養 | | 2・3 | ● | ● | ● | ● | ● | ● | | | | | | ● | ● | | | | 1(1) | 1(1) | 0 | 0 | 2 | 2 | |
| | | 史 | | 2・3 | ● | ● | ● | ● | ● | ● | | | | | | ● | ● | | | | 1 | 1 | 0 | 0 | 0 | 0 | |
| | 家政 | 家政 | | 2・3 | ● | ● | ● | ● | ● | ● | | | | | | ● | ● | | 小論文は学科関連 | | 0 | 0 | 1 | 1 | 1 | 1 | |
| | | 管理栄養士養成 | | 3 | ● | ● | ● | ● | ● | ● | | | 英 | | ● | | ● | | 生物・化学 | | 2(4) | 0(4) | 4 | 3 | 2 | 0 | |
| | 健康福祉 | 社会福祉 | | 2・3 | ● | ● | ● | ● | ● | ● | | | | | | ● | ● | | 小論文は学科関連 | | 0 | 0 | 1 | 1 | 1 | 0 | |
| | | 健康スポーツ栄養 | | 2・3 | ● | ● | ● | ● | ● | ● | | | | | | ● | ● | | | | − | − | 0 | 0 | 1 | 1 | |
| 神戸親和 | 文 | 国際文化 | | 3 | ● | ● | ● | ● | ● | ● | 10/1 2/18 | 9/19~9/26 2/1~2/13 | | | | ● | ● | | 学士は専門に代えて小論文 | | 0 | 0 | 0 | 0 | 0 | 0 | 別途学士編入(書・小・面)実施で合格状況は全編入計 |
| | | 心理 | | 3 | ● | ● | ● | ● | ● | ● | | | | | | ● | ● | | | | 1 | 1 | 2 | 2 | 1 | 1 | |
| | 発達教育 | 児童教育 | | 3 | ● | ● | ● | ● | ● | ● | | | | | | ● | ● | | | | 0 | 0 | 0 | 0 | 0 | 0 | |
| | | ジュニアスポーツ教育 | | 3 | ● | ● | ● | ● | ● | ● | | | | | | ● | ● | | | | 0 | 0 | 2 | 2 | 0 | 0 | |
| 神戸常盤 | 保健科 | 看護 | | | | | | | | | | | | | | | | | | | 2 | 2 | − | − | − | − | R3で募集終了 |

| 大学名 | 学部 | 学科 | 専攻・コース | 編入年次 | 大1 | 大2 | 学士 | 短大 | 高専 | 専門 | 試験日 | 出願期間 | 外国語筆記 | 外部試験 | 専門科目 | 小論文 | 面接 | 口頭試問 | 専門科目以外の科目 | その他の注意事項 | R3志願者 | R3合格者 | R4志願者 | R4合格者 | R5志願者 | R5合格者 | 備考 |
|---|---|---|---|---|---|---|---|---|---|---|---|---|---|---|---|---|---|---|---|---|---|---|---|---|---|---|---|
| 園田学園女子 | 人間健康 | 総合健康 | | 2・3 | ● | ● | ● | ● | ● | ● | 11/6 2/14 | 10/12~10/28 1/18~2/7 | | | | ● | ● | | | | 0 | 0 | 1 | 1 | 2 | 2 | |
| | | 食物栄養 | | 2・3 | ● | ● | ● | ● | | ● | | | | | | ● | ● | | | | 1 | 1 | 0 | 0 | 1 | 1 | 食物栄養学科は欠員募集で栄養士養成課程修了(見込)者 |
| | 人間教育 | 児童教育 | | 2・3 | ● | ● | ● | ● | ● | ● | | | | | | ● | ● | | | | 4(1) | 4(1) | 0(4) | 0(4) | 0(4) | 0(4) | 合格状況( )は指定校で外数 |
| 姫路 | 教育 | こども未来 | | 3 | | ● | ● | ● | ● | | 11/12 2/11 | 9/29~11/1 12/8~2/1 | | | | ● | ● | | | | 4 | 4 | 4 | 4 | 4 | 4 | R6より受験科目変更有 |
| 姫路獨協 | 人間社会 | 現代法律 | | 2・3 | ● | ● | ● | ● | | ● | 12/10 2/18 | 11/14~11/30 1/23~2/8 | | | ● | | ● | | | | 1 | 1 | 2 | 2 | 0 | 0 | 3次次は現代法律と産業経営で60単位以上で、全学科外国語規定あり。専門士は3年次 |
| | | 産業経営 | | 2・3 | ● | ● | ● | | | ● | | | | | ● | | ● | | | | 1 | 0 | 0 | 0 | 0 | 0 | |
| | | 国際言語文化 | | 2・3 | ● | ● | ● | | | ● | | | | | | ● | ● | | | | 1 | 1 | 0 | 0 | 0 | 0 | |
| | 医療保健 | 理学療法 | | 2~4 | | ● | ● | ● | | ● | | | | | ● | | ● | | | | 0 | 0 | 0 | 0 | 0 | 0 | 短大1年在学者可。3・4年次は同系で履修年数・認定単位数の規定あり |
| | | 作業療法 | | 2~4 | | ● | ● | ● | | ● | | | | | ● | | ● | | | | 0 | 0 | 0 | 0 | 0 | 0 | |
| | | 言語聴覚療法 | | 2~4 | | ● | ● | ● | | ● | | | | | ● | | ● | | | | 0 | 0 | 0 | 0 | 0 | 0 | |
| | | 臨床工 | | 2~4 | | ● | ● | ● | | ● | | | | | ● | | ● | | | | 0 | 0 | 0 | 0 | 0 | 0 | 同系のみ。短大1年在学者可。3・4年次は国家資格取得<見込>者、3年次は関連指定国家資格取得<見込>者も可で認定単位数の規定あり |
| | 薬 | 医療薬 | | 2~4 | ● | ● | ● | ● | ● | ●* | 12/10 2/9 | 11/14~11/30 1/6~1/30 | | | | | ● | | 化学 | | 6 | 6 | 3 | 3 | 6 | 6 | 短大1年在学者可。4年制の薬学部卒業(見込)者のみ。*印は修業年限4年以上で2年次 |
| 兵庫 | 健康科 | 栄養マネジメント | | | | | | | | | 10/16 12/17 2/4 | 9/1~10/6 11/21~12/9 12/24~1/26 | | | | | | | | | 0(3) | 0(3) | — | — | — | — | 栄養士免許取得(見込)者、( )は指定校で外数 |
| | 生涯福祉 | こども福祉 | | | | | | | | | | | | | | | | | | | 0 | 0 | | | — | — | 保育士資格及び幼稚園教諭二種免許取得(見込)者 |
| | | 社会福祉 | | 3 | | | ● | ● | ● | | | | | | | ● | ● | | | | | | | | 0 | 0 | |
| | 現代ビジネス | 現代ビジネス | | | | | | | | | | | | | | | ● | ● | | | | 1 | 1 | | | | | |
| 武庫川女子 | 音楽 | 演奏 | | 3 | | | ● | ● | ● | | 12/3 | 11/7~11/15 | | | | | ● | | 実技 | | 0 | 0 | 0 | 0 | 0 | 0 | 音楽専門の学部・学科等出身者 |
| | 食物栄養科 | 食物栄養 | | 3 | | | ● | ● | ● | | 9/8 | 6/28~7/7 | | | | ● | ● | | | | 1(20) | 1(9) | 2(13) | 1(9) | 4(3) | 4(2) | 栄養士養成施設出身で栄養士免許取得(見込)者。( )は内編外数 |
| | | 食創造科 | | 3 | | | ● | ● | ● | | | | | 英 | | ● | ● | | | | — | — | 0(3) | 0(2) | 0(2) | 0(2) | |
| 流通科学 | 商 | 経営 | | 2・3 | *● | ● | ● | ● | ● | ● | 11/19 3/10 | 10/25~11/7 2/6~2/28 | | | | ● | ● | | | | — | — | — | — | 1 | 1 | *修了(見込)者。合格状況は留学生除く。( )は指定校で外数 |
| | | マーケティング | | 2・3 | *● | ● | ● | ● | ● | ● | | | | | | ● | ● | | | | 2(3) | 1(3) | 6 | 4 | 1 | 1 | |
| | 人間社会 | 人間社会 | | 2・3 | *● | ● | ● | ● | ● | ● | | | | | | ● | ● | | | | — | — | — | — | 3 | 3 | |
| | | 観光 | | 2・3 | *● | ● | ● | ● | ● | ● | | | | | | ● | ● | | | | 1 | 0 | 1 | 1 | | | |
| 帝塚山 | 文 | 日本文化 | | 3 | | ● | ● | ● | ● | | 10/8 2/16 | 9/19~9/30 1/26~2/8 | | | | | ● | | | | — | — | △ | △ | △ | △ | 別途社会人編入実施 |
| | 経済経営 | 経済経営 | | 3 | | ● | ● | ● | ● | | | | | | | | ● | | | | — | — | △ | △ | △ | △ | |
| | 法 | 法 | | 3 | | ● | ● | ● | ● | | | | | | | | ● | | | | — | — | △ | △ | △ | △ | |
| | 現代生活 | 食物栄養 | | 3 | | ● | ● | ● | ● | | | | | | | | ● | | | | — | — | △ | △ | △ | △ | |
| | | 居住空間デザイン | | 3 | | ● | ● | ● | ● | | | | | | | | ● | | | | | | △ | △ | — | — | |
| | 教育 | こども教育 | | 3 | | ● | ● | ● | ● | | | | | | | | ● | | | | | | △ | | △ | | |
| 天理 | 人間 | 宗教 | | 3 | | ● | ● | ● | ● | | 11/17 | 10/25~11/7 | | | | ● | ● | | | | 1 | 1 | — | — | 0 | 0 | |
| | | 人間関係 | | 3 | | ● | ● | ● | ● | | | | | | | ● | ● | | | | 1 | 1 | 1 | 0 | 4 | 3 | |
| | 文 | 国文学国語 | | 3 | | ● | ● | ● | ● | | | | | | | ● | ● | | | | 0 | 0 | 1 | 1 | 0 | | |
| | | 歴史文化 | | 3 | | ● | ● | ● | ● | | | | | | | ● | ● | | | | 0 | 0 | | | | | |
| | 国際 | 外国語 | 英米語 | 3 | | ● | ● | ● | ● | | | | | | | ● | ● | | | | 1 | 1 | 0 | 0 | 0 | 0 | |
| | | | 中国語 | 3 | | ● | ● | ● | ● | | | | | | | ● | ● | | | | 0 | 0 | 0 | 0 | 2 | 2 | |
| | | | 韓国・朝鮮語 | 3 | | ● | ● | ● | ● | | | | | | | ● | ● | | | | 0 | 0 | 0 | 0 | 3 | 3 | |
| | | | スペイン語・ブラジルポルトガル語 | 3 | | ● | ● | ● | ● | | | | | | | ● | ● | | | | 1 | 1 | 0 | 0 | | | |
| | | | 地域文化 | 3 | | ● | ● | ● | ● | | | | | | | ● | ● | | | | 2 | 2 | 1 | 1 | | | |
| | 体育 | 体育 | | 3 | | ● | ● | ● | ● | | | | | | | ● | ● | | ※競技成績 | | 2 | 2 | 3 | 3 | 2 | 2 | |

| 大学名 | 学部 | 学科 | 専攻・コース | 編入年次 | 大1 | 大2 | 学士 | 短大 | 高専 | 専門 | 試験日 | 出願期間 | 外国語筆記 | 外部試験 | 専門科目 | 小論文 | 面接 | 口頭試問 | 専門科目以外の科目 | その他の注意事項 | R3志願者 | R3合格者 | R4志願者 | R4合格者 | R5志願者 | R5合格者 | 備考（特に記載がない場合は、大学在学生3年次は62単位以上、2年次は31単位以上取得見込み） |
|---|---|---|---|---|---|---|---|---|---|---|---|---|---|---|---|---|---|---|---|---|---|---|---|---|---|---|---|
| 奈良 | 文 | 国文 | | 3 | | ● | ● | ● | ● | ● | 11/19 | 10/31~11/9 | | | | ● | | ● | | | 0 | 0 | 0 | 0 | 0(0) | 0(0) | 別途社会人編入実施で( )外数 |
| | | 史 | | 3 | | ● | ● | ● | ● | ● | | | | | ● | | | ● | | | 1 | 0 | 0 | 0 | 0(1) | 0(1) | |
| | | 地理 | | 3 | | ● | ● | ● | ● | ● | | | 英 | | ● | | | ● | | | 0 | 0 | 0 | 0 | 0(0) | 0(0) | |
| | | 文化財 | | 3 | | ● | ● | ● | ● | ● | | | 英 | | ● | | | ● | | | 2(1) | 2(0) | 2 | 0 | 1 | 1 | |
| | 社会 | 心理 | | 3 | | ● | ● | ● | ● | ● | | | | | | ● | | ● | | | 1 | 1 | 1 | 1 | 0(1) | 0(1) | |
| | | 総合社会 | | 3 | | ● | ● | ● | ● | ● | | | | | | ● | | ● | | | 0 | 0 | 0 | 0 | 0(0) | 0(0) | |
| 奈良学園 | 人間教育 | 人間教育 | | 3 | | | | | | | 9/24 2/19 | 9/1~9/14 2/3~2/13 | | | | | ● | ● | 一般教養基礎テスト | | 0(0) | 0(0) | 0(0) | 0(0) | 0(0) | 0(0) | 大学在学者60単位以上。事前審査で出願可否認定。合格状況( )は指定校で外数 |
| 高野山 | 文 | 密教 | | 3 | | ● | ● | ● | ● | ● | 12/4 2/4 3/22 | 11/4~11/21 1/10~1/25 3/3~3/15 | | | | | | ● | 事前課題 | | 10 | 10 | 20 | 20 | 62 | 61 | 大学在学者52単位以上。短大62単位以上。別途社会人編入実施で実績に含む |
| 岡山学院 | 人間生活 | 食物栄養 | | 3 | | ● | ● | ● | ● | ● | 8/6 9/3 10/1 12/10 2/6 | 7/14~8/3 8/18~8/31 9/15~9/28 12/1~12/8 1/27~2/2 | | | | ● | | | | | △ | △ | △ | △ | △ | △ | |
| 岡山商科 | 法 | 法 | | 2·3 | ● | ● | ● | ● | ● | ● | 11/19 2/24 | 11/1~11/8 2/1~2/15 | 英 | | ※● | | | ● | ※希望学科に関わる内容 | | △ | △ | △ | △ | △ | △ | 大学在学者2年次は語学2単位を含む32単位以上。大学在学者要出願承諾書。別途社会人編入実施 |
| | 経済 | 経済 | | 2·3 | ● | ● | ● | ● | ● | ● | | | 英 | | ※● | | | ● | | | △ | △ | △ | △ | △ | △ | |
| | 経営 | 経営 | | 2·3 | ● | ● | ● | ● | ● | ● | | | 英 | | ※● | | | ● | | | △ | △ | △ | △ | △ | △ | |
| | | 商 | | 2·3 | ● | ● | ● | ● | ● | ● | | | 英 | | ※● | | | ● | | | △ | △ | △ | △ | △ | △ | |
| 岡山理科 | 理 | 応用数 | | 3 | | ● | ● | | | | 10/1 2/18 | 9/1~9/13 1/24~2/4 | | | | | | ● | | | 0 | 0 | 0 | 0 | 0 | 0 | 要事前相談。専門士は学科により出身者分野の規定あり。臨床工学専攻は、3年制短大又は専門学校出身者で臨床工学技士の資格取得又は国家試験受験資格取得(見込)者のみ。建築学科は主に建築分野を学んだ者のみ |
| | | 化 | | 2·3 | ● | ● | ● | | | | | | | | | | | ● | | | 0 | 0 | 0 | 0 | 0 | 0 | |
| | | 応用物理 | 物理科学 | 2·3 | ● | ● | ● | | | | | | | | | | | ● | | | 0 | 0 | 0 | 0 | 0 | 0 | |
| | | | 臨床工学 | 2·3 | ● | ● | ● | | | | | | | | | | | ● | | | 0 | 0 | 0 | 0 | 3 | 3 | |
| | | 基礎理 | | 2·3 | ● | ● | ● | | | | | | | | | | | ● | | | 0 | 0 | 0 | 0 | 0 | 0 | |
| | | 生物化 | | 3 | | ● | ● | | | | | | | | | | | ● | | | 0 | 0 | 0 | 0 | 0 | 0 | |
| | | 臨床生命科 | | 3 | | ● | ● | ● | ● | ● | | | | | | | | ● | | | 0 | 0 | 0 | 0 | 1 | 1 | |
| | | 動物 | | 2·3 | ● | ● | ● | | | | | | | | | | | ● | | | 0 | 0 | 0 | 0 | 0 | 0 | |
| | 工 | バイオ・応用化 | | 3 | | ● | ● | | | | | | | | | | ● | | | | 0 | 0 | 0 | 0 | 0 | 0 | |
| | | 機械システム工 | | 2·3 | ● | ● | ● | | | | | | | | | | | ● | | | 0 | 0 | 0 | 0 | 4 | 4 | |
| | | 電気電子システム | | 2 | ● | ● | ● | | | | | | | | | | | ● | | | 0 | 0 | 0 | 0 | 3 | 3 | |
| | | 情報工 | | | | | | | | | | | | | | | | | | | 0 | 0 | 0 | 0 | — | — | |
| | | 知能機械工 | | 2·3 | ● | ● | ● | ● | ● | ● | | | | | | | | ● | | | 0 | 0 | 0 | 0 | 4 | 2 | |
| | | 生命医療工 | | 2·3 | ● | ● | ● | ● | ● | ● | | | | | | | | ● | | | 0 | 0 | 0 | 0 | 2 | 2 | |
| | | 建築 | | 3 | | ● | ● | ● | ● | ● | | | | | | ● | ● | | | | 0 | 0 | 6 | 6 | 5 | 4 | |
| | | 工学プロジェクト | | 3 | | | | ● | ● | ● | | | | | | | | ● | | | 0 | 0 | 1 | 1 | 0 | 0 | |
| | 総合情報 | 情報科 | | | | | | | | | | | | | | | | | | | 0 | 0 | 0 | 0 | — | — | |
| | 教育 | 初等教育 | | 2·3 | ● | ● | ● | | | | | | | | | | | ● | | | 0 | 0 | 0 | 0 | 0 | 0 | |
| | | 中等教育 | | 2·3 | ● | ● | ● | ● | ● | ● | | | | | | | | ● | | | 0 | 0 | 0 | 0 | 1 | 1 | |
| | 経営 | 経営 | | | | | | | | | | | | | | | | | | | 0 | 0 | 0 | 0 | — | — | |
| | 獣医 | 獣医保健看護 | | | | | | | | | | | | | | | | | | | 0 | 0 | 0 | 0 | — | — | |
| 川崎医療福祉 | 医療福祉 | 医療福祉 | | 3 | | ● | ● | ● | ● | ● | 9/6 | 8/19~8/26 | | | | | ● | | 小論文又は専門分野における基礎的知識を問うもの 健康体育は加えて運動適性検査 | | 3 | 3 | 4 | 3 | 1 | 1 | 定員に満たない場合2次募集実施で、10月に実施の有無を決定。臨床栄養学科は臨床栄養士の養成課程の指定養成学校出身(見込)者 |
| | | 臨床心理 | | 3 | | ● | ● | ● | ● | ● | | | | | | | ● | | | | 4 | 4 | 0 | 1 | 0 | 1 | |
| | | 子ども医療福祉 | | 3 | | ● | ● | ● | ● | ● | | | | | | | ● | | | | 0 | 0 | 0 | 0 | 0 | 0 | |
| | 医療技術 | 健康体育 | | 3 | | ● | ● | ● | ● | ● | | | | | | | ● | | | | 4 | 3 | 0 | 0 | 0 | 0 | |
| | | 臨床栄養 | | 3 | | ● | ● | ● | ● | ● | | | | | | | ● | | | | 0 | 0 | 0 | 0 | 0 | 0 | |
| | 医療福祉マネジメント | 医療福祉経営 | | 3 | | ● | ● | ● | ● | ● | | | | | | | ● | | | | 0 | 0 | 0 | 0 | 0 | 0 | |
| | | 医療秘書 | | 3 | | ● | ● | ● | ● | ● | | | | | | | ● | | | | 1 | 1 | 0 | 0 | 0 | 0 | |
| | | 医療福祉デザイン | | 3 | | ● | ● | ● | ● | ● | | | | | | ※● | | | ※作品持参 | | 0 | 0 | 1 | 1 | 0 | 0 | |
| | | 医療情報 | | 3 | | ● | ● | ● | ● | ● | | | | | | | ● | | | | 1 | 1 | 0 | 0 | 0 | 0 | |

| 大学名 | 学部 | 学科 | 専攻・コース | 編入年次 | 大1 | 大2 | 学士 | 短大 | 高専 | 専門 | 試験日 | 出願期間 | 外国語筆記 | 外部試験 | 専門科目 | 小論文 | 面接 | 口頭試問 | 専門科目以外の科目 | その他の注意事項 | R3志願者 | R3合格者 | R4志願者 | R4合格者 | R5志願者 | R5合格者 | 備考 |
|---|---|---|---|---|---|---|---|---|---|---|---|---|---|---|---|---|---|---|---|---|---|---|---|---|---|---|---|
| 環太平洋 | 次世代教育 | こども発達 | | 3 | | ● | ● | ● | ● | ● | 9/24 11/19 2/4 3/17 | 9/5~9/16 11/1~11/11 1/16~1/27 3/3~3/10 | | | | ● | ● | | 一般教養 | | 0 | 0 | △ | △ | 1 | 1 | |
| | 経済経営 | 現代経営 | | 3 | | ● | ● | ● | ● | ● | 3/17 | 3/3~3/10 | | | | ● | ● | | | | 1 | 1 | △ | | 0 | 0 | |
| 吉備国際 | 社会科 | 経営社会 | | 3 | | *● | ● | ● | ● | ● | 12/17 2/18 | 11/25~12/9 1/23~2/10 | | | | ※● | ● | | ※学部に関連した課題 | | 1 | 1 | 0 | 0 | 0 | 0 | *修了(見込)者 |
| | 農 | 地域創成農 | | 3 | | | ● | ● | ● | ● | | | | | | ● | ● | | *看護師免許取得者は免除 | | 0 | 0 | 0 | 0 | 0 | 0 | |
| | 保健医療福祉 | 看護 | | 3 | | | ● | ● | | ● | | | | | ※● | *● | | ● | 免除 | | 5(2) | 5(2) | 15(2) | 14(2) | 12(4) | 6(4) | 看護系(専修学校は3年課程)出身者のみ( )は系列校で外 |
| 倉敷芸術科学 | 芸術 | デザイン芸術 | | 3 | *● | | *● | ● | ● | ● | 11/20 2/24 | 11/1~11/9 2/6~2/14 | | | | | | ● | 作品持参 | | 2 | 1 | 4 | 4 | 0 | 0 | *修了(見込者)者 |
| | | メディア映像 | | 3 | | *● | ● | ● | ● | ● | | | | | | | | ● | | | 0 | 0 | 0 | 0 | 0 | 0 | |
| | 生命科 | 生命科 | | 2·3 | | *● | ● | ● | ● | ● | | | | | | ● | | | | | 0 | 0 | 0 | 0 | — | — | |
| | | 生命医科 | | 2 | | *● | ● | ● | ● | ● | | | | | | ● | | | | | — | — | — | — | 0 | 0 | |
| | | 健康科 | 健康科学 | | | | | | | | | | | | | ● | ● | | | | 2 | 2 | 0 | 0 | — | — | |
| | | | 鍼灸 | | | | | | | | | | | | | ● | ● | | | | — | — | 0 | 0 | — | — | |
| | | 動物生命科 | | 3 | | *● | ● | ● | ● | ● | | | | | | ● | ● | | | | 0 | 0 | 0 | 0 | 0 | 0 | |
| | 危機管理 | 危機管理 | | 2 | | *● | ● | ● | ● | ● | | | | | | ● | ● | | | | 1 | 1 | 0 | 0 | 0 | 0 | |
| くらしき作陽 | 音楽 | 音楽 | | 3 | | ● | ● | ● | ● | ● | 12/17 2/2 3/14 | 12/1~12/9 1/10~1/20 2/21~3/2 | | | | | ● | *● | 和声学・副科ピアノ(ピアノ志望専修除く)・実技(注)邦楽は実・面 | *グループ面接 | 10 | 10 | 13 | 12 | 8 | 8 | 非音楽系出身者と教育文化コース志願者、高専出身者は要問合せ。音楽系出身者は主科目・面。左記は非音楽系出身者の試験科目で専修により異なる |
| | 食文化 | 栄養 | | 3 | | | ● | ● | ● | | 9/17 11/12 2/1 3/14 | 9/1~9/8 10/24~11/2 1/10~1/20 2/21~3/2 | | | | ● | ● | | | | 10 | 10 | 4 | 3 | 2 | 2 | 原則栄養士免許取得(見込)者。要事前相談 |
| | | 現代食文化 | | 3 | | | ● | ● | ● | | 2/1 3/14 | 1/10~1/20 2/21~3/2 | | | | | ● | | | | 0 | 0 | 1 | 1 | 1 | 0 | 要事前相談 |
| | 子ども教育 | 子ども教育 | | 3 | | | | ● | ● | | | | | | | ● | ● | | | | 5 | 5 | 4 | 4 | 1 | 1 | 要事前相談 |
| 山陽学園 | 総合人間 | 生活心理 | | | | | | | | | 11/19 2/23 | 11/1~11/10 2/6~2/14 | | | | ● | ● | | | | 4 | 4 | 2 | 1 | — | — | *修了(見込)者。大学在学者60単位以上。別途社会人編入制度あり |
| | | 言語文化 | | 3 | | *● | ● | ● | ● | | | | | | | ● | ● | | | | 8 | 4 | 0 | 0 | 3 | 3 | |
| | 看護 | 看護 | | 3 | | | ● | ● | | ● | | | | | | ● | ● | | 数学 | | 1 | 1 | 1 | 1 | 2 | 2 | 別途社会人編入制度あり。看護師資格取得(見込)者 |
| 就実 | 人文科 | 表現文化 | | 2·3 | ● | | ● | ● | | | 9/25 2/27 | 9/1~9/9 2/9~2/17 | | | | | ● | | 国語 | | △ | △ | △ | △ | △ | △ | 別途社会人特待生編入実施。要事前相談 |
| | | 実践英語 | | 2·3 | ● | | ● | ● | | | | | 英 | | | | ● | | | | △ | △ | △ | △ | △ | △ | |
| | | 総合歴史 | | 2·3 | ● | | ● | ● | ● | | | | | | ※● | | | | ※日本史・西洋史・東洋史から2 | | △ | △ | △ | △ | △ | △ | |
| | 教育 | 初等教育 | | 2·3 | ● | | ● | ● | ● | | | | | | | ● | ● | | | | △ | △ | △ | △ | △ | △ | 別途社会人特待生編入実施。初等教育学科3年次は幼稚園又は小学校教諭免許又は二種免許取得(見込)者。要事前相談。R5は3年次への転入学実施なし |
| | | 教育心理 | | 3 | ● | | ● | | | ● | | | | | | ● | ● | | | | △ | △ | △ | △ | △ | △ | |
| | 経営 | 経営 | | 2 | ● | | ● | ● | ● | | | | | ● | | ● | ● | | TOEIC等 | | △ | △ | △ | △ | △ | △ | 大学在学者2年次は、外国語8単位以上含む24単位以上。要事前相談 |
| | 薬 | 薬 | | 2~4 | ● | | ● | | ● | | | | 英 | | | | | | 化学・生物 | | △ | △ | △ | △ | △ | △ | 大学在学者2年次は外国語6単位含む36単位以上。3・4年次は薬学部出身者。3年次は80単位以上、4年次は120単位以上。要事前相談 |
| 中国学園 | 現代生活 | 人間栄養 | | 3 | ● | | ● | ● | ● | | 9/24 3/4 | 9/1~9/8 2/6~2/22 | | | | ● | ● | | | | 5 | 5 | 1 | 1 | 1 | 1 | 合格状況に指定校含む。栄養士養成校出身以外は要事前確認 |
| | 子ども | 子ども | | 3 | ● | | ● | ● | ● | | | | | | | ● | ● | | | | 0 | 0 | 3 | 3 | 1 | 0 | 合格状況に指定校含む |
| | 国際教養 | 国際教養 | | 3 | ● | | ● | ● | | | | | | | | ● | ● | | | | 0 | 0 | 0 | 0 | 0 | 0 | |

| 大学名 | 学部 | 学科 | 専攻・コース | 編入年次 | 大1 | 大2 | 学士 | 短大 | 高専 | 専門 | 試験日 | 出願期間 | 外国語筆記 | 外部試験 | 専門科目 | 小論文 | 面接 | 口頭試問 | 専門科目以外の科目 | その他の注意事項 | R3志願者 | R3合格者 | R4志願者 | R4合格者 | R5志願者 | R5合格者 | 備考 特に記載がない場合は、大学在学生3年次は62単位以上、2年次は31単位以上取得見込み |
|---|---|---|---|---|---|---|---|---|---|---|---|---|---|---|---|---|---|---|---|---|---|---|---|---|---|---|---|
| ノートルダム清心女子 | 文 | 英語英文 | | 3 | | ● | ● | ● | | | 10/15 | 9/1～9/15 | 英 | | ● | | ● | | | | △ | △ | △ | △ | 0 | 0 | 短大卒と同等以上も可。別途社会人編入・学士入試（一般と同じ）実施 |
| | | 日本語日本文 | | 3 | | ● | ● | ● | | | | | 英 | | ● | | ● | | | | △ | | | | 0 | 0 | |
| | | 現代社会 | | 3 | | ● | ● | ● | | | | | 英 | | ● | | ● | | | | △ | △ | △ | △ | 0 | 0 | |
| | 人間生活 | 人間生活 | | 3 | | ● | ● | ● | | | | | 英 | | | ● | ● | | | | △ | △ | △ | △ | 0 | 0 | |
| | | 児童 | | 3 | | ● | ● | ● | | | | | 英 | | ※● | ● | ● | | ※発達に関する内容を含む | | △ | △ | △ | △ | 1 | 0 | |
| 美作 | 生活科 | 児童 | | 3 | | ● | ● | ● | ● | ● | 7/16 9/9 | 7/7～7/14 8/29～9/7 | | | | ● | ● | | | | 2 | 1 | 2 | 2 | 1 | 1 | 同系列が望ましい。合格状況は全編入計 |
| | | 社会福祉 | | 3 | | ● | ● | ● | ● | ● | 12/11 | 11/28～12/7 | | | | ● | ● | | | | 1 | 1 | 0 | 0 | 2 | 1 | 合格状況は全編入計 |
| | | 食物 | | 3 | | | | ● | ● | ● | 7/16 9/9 | 7/7～7/14 8/29～9/7 | | | | ● | ● | | | | 8 | 5 | 3 | 2 | 6 | 5 | 栄養士免許取得（見込）者。合格状況は全編入計 |
| エリザベト音楽 | 音楽 | 音楽文化 | 音楽文化 | 3 | | * | ● | ● | | ● | 12/2. 12/3 2/7. 2/8 3/14. 3/15 | 11/4～11/10 1/10～1/19 2/13～2/22 | | | | | | ● | 作品提出・電子オルガン・小論・実技から1 | | 1 | 0 | 0 | 0 | 1 | 1 | 音楽学科出身者のみ。*修了（見込）者。別途指定校推薦実施で合格状況に含む |
| | | | 幼児音楽教育 | 3 | | ● | ● | ● | | ● | | | | | | | ● | ● | 実技 | | 0 | 0 | 0 | 0 | 0 | 0 | 幼稚園教諭二種免許取得（見込）者は十分な単位の取得が認められる者。別途指定校推薦実施で合格状況に含む |
| | | 演奏 | | 3 | | * | ● | ● | | | | | | | | | ● | ● | 実技 | | 4 | 3 | 1 | 1 | 1 | 1 | 音楽部又は音楽学科出身者のみ。*修了（見込）者。別途指定校推薦実施で合格状況に含む |
| 比治山 | 現代文化 | 言語文化 | | 3 | ● | ● | ● | ● | ● | | 10/8 3/9 | 9/20～10/3 2/15～2/28 | | | | ● | ● | | | | 6 | 5 | | | 2 | 2 | |
| | | マスコミュニケーション | | 3 | | ● | ● | ● | ● | ● | | | | | | | ● | ● | | | | 0 | 0 | | | 2 | 2 | |
| | | 社会臨床心理 | | 3 | | ● | ● | ● | ● | ● | | | | | | | ● | ● | | | | 3 | 3 | 5 | 5 | 0 | 0 | |
| | | 子ども発達教育 | | 3 | | ● | ● | ● | ● | ● | | | | | | | ● | ● | | | | 0 | 0 | | | 3 | 3 | 中学校・栄養又は幼稚園教諭二種免許取得（見込）者 |
| | 健康栄養 | 管理栄養 | | 3 | | ● | ● | ● | ● | ● | | | | | | ● | ● | | | | 1 | 1 | 1 | 1 | 2 | 2 | 管理栄養士養成施設の専門課程に2年以上在学（見込）者又は栄養士免許取得者 |
| 広島経済 | 経済 | 経済 | | 2・3 | | ● | ● | ● | ● | ● | 3/3 | 2/15～2/24 | 英 | | | ● | ● | | | 要事前審査 | 1 | 1 | 0 | 0 | | | 要事前審査。大学在学者認定20～50単位までは2年次、51～60単位までは3年次 |
| | 経営 | 経営 | | 2・3 | | ● | ● | ● | ● | ● | | | 英 | | | ● | ● | | | | 0 | 0 | 0 | 0 | | | |
| | | スポーツ経営 | | 2・3 | | ● | ● | ● | ● | ● | | | 英 | | | ● | ● | | | | 0 | 0 | 0 | 0 | 1 | 1 | |
| | メディアビジネス | ビジネス情報 | | 2・3 | | ● | ● | ● | ● | ● | | | 英 | | | ● | ● | | | | 2 | 0 | 0 | 0 | | | |
| | | メディアビジネス | | 2・3 | | ● | ● | ● | ● | ● | | | 英 | | | ● | ● | | | | 0 | 0 | 0 | 0 | | | |
| 広島工業 | 工 | 電子情報工 | | 2・3 | | ● | ● | ● | ● | ● | 12/17 | 11/26～12/7 | 英 | | | | ※● | | 数学 | ※作品持参も可 | 0 | 0 | 0 | 0 | 0(0) | 0(0) | 要事前審査。別途高専推薦編入（書・面）及び学士編入（書・面）実施で合格状況に含む。（ ）は系列校で外数 |
| | | 電気システム工 | | 2・3 | | ● | ● | ● | ● | ● | | | 英 | | | | ※● | | | | 0(4) | 0(4) | 0(2) | 0(2) | 0(4) | 0(4) | |
| | | 機械システム工 | | 2・3 | | ● | ● | ● | ● | ● | | | 英 | | | | ※● | | | | 0(4) | 0(4) | 0(3) | 0(3) | 0(2) | 0(2) | |
| | | 知能機械工 | | 2・3 | | ● | ● | ● | ● | ● | | | 英 | | | | ※● | | | | 1(2) | 1(2) | 0(2) | 0(2) | 0(0) | 0(0) | |
| | | 環境土木工 | | 2・3 | | ● | ● | ● | ● | ● | | | 英 | | | | ※● | | | | 0(2) | 0(2) | 0(3) | 0(3) | 0(3) | 0(3) | |
| | | 建築工 | | 2・3 | | ● | ● | ● | ● | ● | | | 英 | | | | ※● | | | | 1(2) | 0(2) | 0(2) | 0(2) | 0(4) | 0(4) | |
| | 情報 | 情報工 | | 2・3 | | ● | ● | ● | ● | ● | | | 英 | | | | ● | | | | 0 | 0 | 0(3) | 0(3) | 0(1) | 0(1) | |
| | | 情報コミュニケーション | | 2・3 | | ● | ● | ● | ● | ● | | | 英 | | | | ● | | | | 0(2) | 0(2) | 0 | 0 | 0(0) | 0(0) | |
| | 環境 | 建築デザイン | | 2・3 | | ● | ● | ● | ● | ● | | | 英 | | | | ※● | | | | 0 | 0 | 0 | 0 | 0(0) | 0(0) | |
| | | 地球環境 | | 2・3 | | ● | ● | ● | ● | ● | | | 英 | | | | ● | | | | 0 | 0 | 0 | 0 | 0(0) | 0(0) | |
| | 生命 | 生体医工 | | 2・3 | | ● | ● | ● | ● | ● | | | 英 | | | | ● | | | | 0 | 0 | 0 | 0 | 0 | 0 | 要事前審査 |
| | | 食品生命科 | | 2・3 | | ● | ● | ● | ● | ● | | | 英 | | | | ※● | | | | 0 | 0 | 0 | 0 | 0 | 0 | 要事前審査。別途高専推薦編入（書・面）及び学士編入（書・面）実施で合格状況に含む |

| 大学名 | 学部 | 学科 | 専攻・コース | 編入年次 | 大1 | 大2 | 学士 | 短大 | 高専 | 専門 | 試験日 | 出願期間 | 外国語筆記 | 外部試験 | 専門科目 | 小論文 | 面接 | 口頭試問 | 専門科目以外の科目 | その他の注意事項 | R3志願者 | R3合格者 | R4志願者 | R4合格者 | R5志願者 | R5合格者 | 備考 |
|---|---|---|---|---|---|---|---|---|---|---|---|---|---|---|---|---|---|---|---|---|---|---|---|---|---|---|---|
| 広島国際 | 健康科 | 医療経営 |  | 2・3 |  | ● | ● | ● | ● |  | 11/19 2/6 | 10/17~11/7 1/6~1/19 |  |  |  |  | ● |  |  |  | 0 | 0 | 1 | 1 | 0 | 0 | 特に記載がない場合は、大学在学3年次は62単位以上、2年次は31単位以上取得見込み |
|  |  | 医療福祉 | 医療福祉学 | 2 |  | ● | ● | ● | ● |  |  |  |  |  |  |  | ● |  |  |  | 2 | 2 | 0 | 0 | 0 | 0 | 改組のためR6より募集停止 |
|  |  | 心理 |  | 2・3 |  | ● | ● | ● | ● |  |  |  |  |  |  |  | ● |  |  |  | 4 | 3 | 1 | 1 | 0 | 0 | 条件により事前相談 |
|  | 看護 | 看護 |  | 3 |  |  | ● | ● |  | *● |  |  |  |  |  |  | ● |  |  |  | 1 | 0 | 0 | 0 | 2 | 0 | 看護系で国家試験合格者又は受験資格取得(見込)者のみ。*修業年限3年以上 |
| 広島修道 | 商 | 商 |  | 3 |  | ● | ● | ● | ● | ● | 1/7 | 12/13~12/21 | 英 |  |  | ● | ● |  |  |  | △ | △ | △ | △ | △ | △ | 別途学士編入実施(一般と同じ)で合格状況に含む |
|  |  | 経営 |  | 3 |  | ● | ● | ● | ● | ● |  |  | 英 |  |  | ● | ● |  |  |  | △ | △ | △ | △ | △ | △ |  |
|  | 人文 | 人間関係 | 社会学 | 3 |  | ● | ● | ● | ● | ● | 3/3 | 2/16~2/24 | 英 |  |  | ● | ● |  |  |  | △ | △ | △ | △ | △ | △ |  |
|  |  | 教育 |  | 3 |  | ● | ● | ● | ● | ● |  |  | 英 |  |  | ● | ● |  |  |  | △ | △ | △ | △ | △ | △ |  |
|  |  | 英語英文 |  | 3 |  | ● | ● | ● | ● | ● |  |  | 英 |  |  | ● | ● |  |  |  | △ | △ | △ | △ | △ | △ |  |
|  | 法 | 法律 |  | 3 |  | ● | ● | ● | ● | ● |  |  | 英 |  |  | ● | ● |  |  |  | △ | △ | △ | △ | △ | △ |  |
|  | 経済科 | 現代経済 |  | 3 |  | ● | ● | ● | ● | ● |  |  | 英 | ● |  | ● | ● |  |  |  | △ | △ | △ | △ | △ | △ |  |
|  |  | 経済情報 |  | 3 |  | ● | ● | ● | ● | ● |  |  | 英 |  |  |  | ● |  | 数学 |  | △ | △ | △ | △ | △ | △ |  |
|  | 人間環境 | 人間環境 |  | 3 |  | ● | ● | ● | ● | ● |  |  | 英 |  |  |  | ● |  |  |  | △ | △ | △ | △ | △ | △ |  |
| 広島女学院 | 人文 | 国際英語 |  | 3 |  | ● | ● | ● | ● | ● | 12/18 3/5 | 12/1~12/12 2/16~2/28 |  |  |  |  | ● |  |  |  | 0 | 0 | 0 | 0 | 1 | 1 | 専門士は同系列出身者。別途社会人特別枠あり |
|  | 人間生活 | 管理栄養 |  | 3 |  | ● | ● | ● | ● | ● |  |  |  |  |  |  | ● |  |  |  | 0 | 0 | − | − | 1 | 1 | 専門士は同系列出身者。別途社会人特別枠あり |
|  |  | 児童教育 |  | 3 |  | ● | ● | ● | ● | ● |  |  |  |  |  |  | ● |  |  |  | 0 | 0 | 0 | 0 | 0 | 0 | 保育士資格及び幼稚園教諭二種免許取得(見込)者。専門士は同系列出身者。別途社会人特別枠あり |
| 広島都市学園 | 子ども教育 | 子ども教育 |  | 3 | ● | ● | ● | ● | ● |  | 11/19 2/4 | 10/3~11/14 1/4~1/27 |  |  |  |  | ● |  |  |  | 1 | 1 | 1 | 1 | 1 | 1 | 要事前問合せ |
| 広島文化学園 | 人間健康 | スポーツ健康福祉 |  | 2 | ● | ● | ● | ● | ● |  | 12/18 2/1 | 12/1~12/12 1/5~1/24 |  |  |  | ● | ● |  |  |  | 0 | 0 | 2 | 2 | 0 | 0 | 専門士は整合性のある課程。別途社会人編入実施で合格状況に含む |
|  | 学芸 | 子ども |  | 3 | ● | ● | ● | ● | ● |  |  |  |  |  |  |  | ● |  |  |  | 1 | 1 | 0 | 0 | 0 | 0 |  |
|  |  | 音楽 |  |  |  |  |  |  |  |  |  |  |  |  |  |  |  |  | 実技 |  | 1 | 1 | − | − | − | − | 専門士は同系のみ。別途社会人編入実施で合格状況に含む |
|  | 看護 | 看護 |  | 2・3 | *● |  | ● | ● |  |  |  |  |  |  |  |  | ● |  |  |  | 5 | 4 | 0 | 0 | 4 | 3 | 看護師免許又は国家試験受験資格取得(見込)者、2年次は看護系以外も可、要事前相談。*2年次のみで62単位以上。別途社会人編入実施で合格状況に含む |
| 広島文教 | 人間科 | 人間福祉 |  | 3 | ● | ● | ● | ● | ● |  | 2/24 | 2/6~2/13 |  |  |  | ※● | ● |  | ※志望学科に関わるテーマ |  | 0 | 0 | △ | △ | △ | △ | 別途社会人編入実施 |
|  |  | 心理 |  | 3 | ● | ● | ● | ● | ● |  |  |  |  |  |  | ※● | ● |  | ※志望学科に関わるテーマ |  | 2 | 0 | △ | △ | △ | △ |  |
|  | グローバルコミュニケーション | グローバルコミュニケーション |  | 3 | ● | ● | ● | ● | ● |  |  |  | 英 |  |  |  | ● |  |  |  | 0 | 0 | △ | △ | △ | △ |  |
| 福山 | 経済 | 国際経済 |  | 3 | *● | ● | ● | ● | ● | ● | 11/30 | 11/4~11/8 |  |  |  | ● | ● |  |  |  | 0 | 0 | 1 | 1 | △ | △ | *大学在学者要転入学承認書 |
|  |  | 税務会計 |  | 3 | *● | ● | ● | ● | ● | ● |  |  |  |  |  | ● | ● |  |  |  | 0 | 0 | 0 | 0 | 0 | 0 |  |
|  | 工 | スマートシステム |  | 2・3 | *● | ● | ● | ● | ● | ● | 9/6 11/29 | 8/16~8/26 11/2~11/17 |  |  |  |  |  | ● |  |  | △ | △ | 0 | 0 | △ | △ | 大学在学者、59単位以上で出願時点で47単位以上。単位認定により年次決定。*大学在学者要転入学承認書。転入学はⅡ期のみ実施 |
|  |  | 建築 |  | 2 | *● | ● | ● | ● | ● | ● |  |  |  |  |  |  | ● |  |  |  | △ | △ | − | − | △ | − |  |
|  |  | 情報工 |  | 3 | *● | ● | ● | ● | ● | ● |  |  |  |  |  |  |  | ● |  |  | △ | △ | 0 | 0 | △ | △ |  |
|  |  | 機械システム工 |  | 2・3 | *● | ● | ● | ● | ● | ● |  |  |  |  |  |  | ● |  |  |  | △ | △ | 0 | 0 | △ | △ |  |
|  | 生命工 | 生物工 |  | 2・3 |  | ● | ● | ● | ● | ● | 9/6 | 8/16~8/26 |  |  |  |  |  | ● |  |  | △ | △ | 0 | 0 | △ | △ | 単位認定により年次決定 |
|  |  | 生命栄養科 | 管理栄養士養成 | 2・3 |  | ● | ● | ● | ● | ● | 9/6 11/29 | 8/16~8/26 11/2~11/17 |  |  |  | ● | ● |  | 左記は第1期で第2期は専・面 |  | △ | △ | 1 | 1 | △ | △ |  |
|  | 人間文化 | メディア映像 |  |  |  | ● | ● | ● | ● | ● |  |  |  |  |  |  | ● |  |  |  | △ | △ | 2 | 1 | − | − |  |
|  | 薬 | 薬 |  | 2~4 | ● | ● | ● |  |  |  | 12/2 | 11/4~11/18 |  |  |  |  | ● |  |  |  | 0 | 0 | 0 | 0 | 0 | △ | 薬学部在学者のみで1年以上在籍(見込)者は2年次、2年以上在籍(見込)者は3年次、3年以上在籍(見込)者は4年次、要事前相談 |
| 福山平成 | 経営 | 経営 |  | 2・3 | ● | ● | ● | ● | ● |  | 10/7 2/6 | 9/8~9/22 1/5~1/13 |  |  |  |  | ● |  |  |  | 0 | 0 | 0 | 0 | 0 | 0 | 合格状況に指定校等含む |
|  | 福祉健康 | 福祉 |  | 2・3 | ● | ● | ● | ● | ● |  |  |  |  |  |  |  | ● |  |  |  | 1 | 1 | 0 | 0 | 0 | 0 |  |
|  |  | こども |  | 2・3 | ● | ● | ● | ● | ● |  |  |  |  |  |  |  | ● |  |  |  |  |  |  |  |  |  |  |
|  |  | 健康スポーツ科 |  | 2・3 | ● | ● | ● | ● | ● |  |  |  |  |  |  | ● | ● |  |  |  | 1 | 1 | 0 | 0 | 0 | 0 |  |

| 大学名 | 学部 | 学科 | 専攻・コース | 編入年次 | 大1 | 大2 | 学士 | 短大 | 高専 | 専門 | 試験日 | 出願期間 | 外国語筆記 | 外部試験 | 専門科目 | 小論文 | 面接 | 口頭試問 | 専門科目以外の科目 | その他の注意事項 | R3志願者 | R3合格者 | R4志願者 | R4合格者 | R5志願者 | R5合格者 | 備考 |
|---|---|---|---|---|---|---|---|---|---|---|---|---|---|---|---|---|---|---|---|---|---|---|---|---|---|---|---|
| 安田女子 | 文 | 日本文 | | 3 | | ● | ● | ● | ● | ● | 11/12 | 10/21~11/4 | 英 | | | | ● | | 国語 | | 2 | 1 | 0 | 0 | 0 | 0 | 専門士は同系列出身者(出願前に要問合せ、審査あり)。( )は内編で外数 |
| | | 書道 | | 3 | | ● | ● | ● | ● | ● | | | 英 | | | | ● | | | 実技(作品提出) | 0 | 0 | 0 | 0 | 0 | 0 | |
| | | 英語英米文 | | 3 | | ● | ● | ● | ● | ● | | | 英 | | | | ● | | | | 0 | 0 | 1 | 1 | 0 | 0 | |
| | 教育 | 児童教育 | | 3 | | ● | ● | ● | ● | ● | | | 英 | | | | ● | | | | 1(1) | 0(1) | 1 | 0 | 0 | 0 | |
| | 心理 | 現代心理 | | 3 | | ● | ● | ● | ● | ● | | | 英 | | | | ● | | | | 0 | 0 | 1 | 1 | 0 | 0 | |
| | | ビジネス心理 | | 3 | | ● | ● | ● | ● | ● | | | 英 | | | | ● | | | | 0 | 0 | 0 | 0 | 2 | 2 | |
| | 現代ビジネス | 現代ビジネス | | 3 | | ● | ● | ● | ● | ● | | | 英 | | | | ● | | | | 2 | 1 | 1 | 1 | 0 | 0 | |
| | | 国際観光ビジネス | | 3 | | ● | ● | ● | ● | ● | | | 英 | | | | ● | | | | 0 | 0 | 0 | 0 | 0 | 0 | |
| | | 公共経営 | | 3 | | ● | ● | ● | ● | ● | | | 英 | | | | ● | | | | | | | | 0 | 0 | |
| | 家政 | 生活デザイン | | 3 | | ● | ● | ● | ● | ● | | | 英 | | | | ● | | | | 2 | 1 | 0 | 0 | 1 | 1 | |
| | 薬 | 薬 | | 3・4 | | ● | ● | | | | | | | | | | | ● | | | 2 | 1 | — | — | — | — | 定員に余裕がある場合実施で要出願資格審査。薬学部又は同等の内容を持つ学部で3年次は2年以上在学62単位、4年次は3年以上在学93単位以上 |
| 宇部フロンティア | 心理 | 心理 | | 3 | | ● | ● | ● | ● | ● | 11/19 3/11 | 11/1~11/9 2/7~2/24 | | | | ● | ● | | | | 0 | 0 | △ | △ | 2 | 2 | |
| | 人間健康 | 看護 | | 3 | | | | ● | | | 11/19 2/4 3/11 | 11/1~11/9 1/5~1/19 2/7~2/24 | | | | ● | ● | | | | 0 | 0 | △ | △ | 3 | 3 | 看護師養成課程卒業(見込)者のみで事前相談必須 |
| 至誠館 | 現代社会 | 現代社会 | | 3 | | ● | ● | ● | ● | ● | 11/26 2/18 | 11/8~11/18 1/31~2/10 | | | | ● | ● | | | | 0 | 0 | 0 | 0 | 0 | 0 | |
| 東亜 | 人間科 | 心理臨床・子ども | | 3 | | ● | ● | ● | ● | ● | 11/19 2/1 | 11/1~11/11 1/6~1/20 | | | | ● | ● | | | | 3 | 2 | 0 | 0 | | | 2年次希望者は要問合せ。別途総合型編入実施(エントリー→小論・面談→出願の順で別日程)で合格状況に含む |
| | | 国際交流 | | 3 | | ● | ● | ● | ● | ● | | | | | | ● | ● | | | | 18 | 18 | 4 | 4 | | | |
| | | スポーツ健康 | | 3 | | ● | ● | ● | ● | ● | | | | | | ● | ● | | | | 0 | 0 | 1 | 1 | | | |
| | 医療 | 医療工 | | 3 | | ● | ● | ● | ● | ● | | | | | | ● | ● | | | | 0 | 0 | 0 | 0 | | | |
| | | 健康栄養 | | 3 | | ● | ● | ● | ● | ● | | | | | | ● | ● | | | | 2 | 2 | 1 | 1 | 19 | 15 | |
| | 芸術 | アート・デザイン | | 3 | | ● | ● | ● | ● | ● | | | | | | | ● | | | 小論又はデッサン | 1 | 1 | 1 | 1 | | | 2年次希望者は要問合せ。別途総合型編入実施で合格状況に含む |
| | | トータルビューティ | | 3 | | ● | | | | ● | | | | | | | ● | | | | 0 | 0 | 0 | 0 | | | 美容師養成施設出身(見込)者。2年次希望者は要問合せ。別途総合型編入実施で合格状況に含む |
| 梅光学院 | 文 | 人文 | 日本語・日本文化 | 3 | | ● | ● | ● | ● | ● | 1/28 | 1/5~1/20 | | | | ● | ● | | | | 0 | 0 | 0 | 0 | 0 | 0 | 要(在学)大学の許可。別途社会人編入実施。国際教養専攻のR3は旧専攻(日本語・日本文化専攻)での実績 |
| | | | 英語コミュニケーション | 3 | | ● | ● | ● | ● | ● | | | | | | ● | ※● | | ※英語含む | | | | | | | | |
| | | | 国際ビジネスコミュニケーション | 3 | | ● | ● | ● | ● | ● | | | | | | ● | ※● | | ※英語含む | | | | | | | | |
| | | | 東アジア言語文化 | 3 | | ● | ● | ● | ● | ● | | | | | | ● | ※● | | ※中又は韓含む | | | | | | | | |
| | 子ども | 子ども未来 | 児童教育 | 3 | | ● | ● | ● | ● | ● | | | | | | ● | ● | | | | 0 | 0 | 1 | 1 | 0 | 0 | 要(在学)大学の許可。別途社会人編入実施 |
| | | | 幼児保育 | 3 | | ● | ● | ● | ● | ● | | | | | | ● | ● | | | | | | 1 | 0 | | | |
| 山口学芸 | 教育 | 教育 | 初等幼児教育 | 3 | | | ● | ● | ● | | 11/12 | 11/1~11/7 | | | | ※● | ● | | ※教育・保育に関する内容 | | 4 | 4 | 2 | 2 | 1 | 1 | 幼稚園・小学校教諭一種又は二種免許状又は保育士資格取得(見込)者。R6より出願資格に変更有 |
| 四国 | 文 | 日本文* | | 3 | | ● | ● | ● | ● | ● | 7/23 12/10 3/18 | 6/20~7/11 11/11~12/2 3/2~3/13 | | | ● | | ● | | | | △ | △ | △ | △ | △ | △ | *学科にて別途専願制の芸術分野特別編入実施で具体的要件あり |
| | | 書道文化* | | 3 | | ● | ● | ● | ● | ● | | | | | | | ● | | 実技 | | △ | △ | △ | △ | △ | △ | |
| | | 国際文化 | | 3 | | ● | ● | ● | ● | ● | | | 英 | | | | ● | | | | △ | △ | △ | △ | △ | △ | |
| | 経営情報 | 経営情報 | | 3 | | ● | ● | ● | ● | ● | | | | | | ※● | ● | | ※経営・経済・財政・行政等 | | △ | △ | △ | △ | △ | △ | |
| | | メディア情報 | | 3 | | ● | ● | ● | ● | ● | | | | | ● | | ● | | | | △ | △ | △ | △ | △ | △ | |

備考欄注記：特に記載がない場合は、大学在学生3年次は62単位以上、2年次は31単位以上取得見込み

| 大学名 | 学部 | 学科 | 専攻・コース | 編入年次 | 大1 | 大2 | 学士 | 短大 | 高専 | 専門 | 試験日 | 出願期間 | 外国語筆記 | 外部試験 | 専門科目 | 小論文 | 面接 | 口頭試問 | 専門科目以外の科目 | その他の注意事項 | R3志願者 | R3合格者 | R4志願者 | R4合格者 | R5志願者 | R5合格者 | 備考 |
|---|---|---|---|---|---|---|---|---|---|---|---|---|---|---|---|---|---|---|---|---|---|---|---|---|---|---|---|
| | 生活科学 | 人間生活科* | | 3 | ● | ● | ● | ● | ● | | | | | | | ※● | ● | | ※小論文又はデザイン実技 | | △ | △ | △ | △ | △ | △ | |
| | | 管理栄養士養成課程 | | 3 | ● | ● | ● | ● | ● | | | | | | | ※● | ● | | ※栄養・食物 | | | | | | | | |
| | | 児童 | | 3 | ● | ● | ● | ● | ● | | | | | | | ※● | ● | | ※教育・保 | | △ | △ | △ | △ | △ | △ | |
| | 看護 | 看護 | | 3 | ● | | | *● | | *● | | | ● | | | | ● | | | | △ | | | | | | 大学在学者所定の単位以上。*看護系出身のみ。*看護師国家試験受験資格取得(見込)者 |
| 徳島文理 | 人間生活 | 食物栄養 | | 3 | ● | ● | ● | ● | ● | | 7/17 9/25 3/5 | 6/20~7/11 11/11~12/2 3/2~3/13 | | | | ● | ● | | 小論文は専門に関するもの | | 3 | 3 | △ | △ | 1 | 1 | 定員に余裕のある場合のみ募集のため実施の有無は要問合せ。大学在学者要受験承認書。別途秋季編入実施。合格状況は全編入計(秋季含む)。食物栄養、人間生活は要事前相談。人間生活、口腔保健は要年次相談 |
| | | 児童 | | 3 | ● | ● | ● | ● | ● | | | | | | | ● | ● | | | | 0 | 0 | △ | △ | 1 | 1 | |
| | | 心理 | | 3 | ● | ● | ● | ● | ● | | | | | | | ● | ● | | | | 2 | 2 | △ | △ | 2 | 2 | |
| | | メディアデザイン | | 3 | ● | ● | ● | ● | ● | | | | | | | ● | ● | | | | 1 | 1 | △ | △ | 2 | 2 | |
| | | 建築デザイン | | 3 | ● | ● | ● | ● | ● | | | | | | | ● | ● | | | | 0 | 0 | △ | △ | 0 | 0 | |
| | | 人間生活 | | 2・3 | ● | ● | ● | ● | ● | | | | | | | ● | ● | | | | 3 | 3 | △ | △ | 2 | 2 | |
| | 保健福祉 | 口腔保健 | | 2・3 | ● | ● | ● | ● | ● | | | | | | | ● | ● | | | | 1 | 1 | △ | △ | 0 | 0 | |
| | | 人間福祉 | | 3 | ● | ● | ● | ● | ● | | | | | | | ● | ● | | | | 1 | 0 | △ | △ | 1 | 1 | |
| | 総合政策 | 総合政策 | | 2・3 | ● | ● | ● | ● | ● | | | | | | | ● | ● | | | | 1 | 1 | △ | △ | 5 | 5 | |
| | 音楽 | 音楽 | | 3 | ● | ● | ● | ● | ● | | | | | | | | ● | | 実技 | | 1 | 1 | △ | △ | 3 | 3 | |
| | 理工 | ナノ物質工 | | 3 | ● | ● | ● | ● | ● | | | | | | | ● | ● | | 小論文は専門に関するもの | | 0 | 0 | △ | △ | 2 | 2 | |
| | | 機械創造工 | | 3 | ● | ● | ● | ● | ● | | | | | | | ● | ● | | | | 1 | 1 | △ | △ | 2 | 2 | |
| | | 電子情報工 | | 3 | ● | ● | ● | ● | ● | | | | | | | ● | ● | | | | 0 | 0 | △ | △ | 1 | 1 | |
| | 文 | 文化財 | | 3 | ● | ● | ● | ● | ● | | | | | | | ● | ● | | | | 0 | 0 | △ | △ | 0 | 0 | |
| | | 日本文 | | 3 | ● | ● | ● | ● | ● | | | | | | | ● | ● | | | | 1 | 0 | △ | △ | 0 | 0 | |
| | | 英語英米文化 | | 3 | ● | ● | ● | ● | ● | | | | | | | ● | ● | | | | 1 | 1 | △ | △ | 2 | 2 | |
| | 薬 | 薬 | | 2~4 | | ● | ● | | ● | | | | | | | | | ● | 化学・生物 | | 3 | 2 | △ | △ | 4 | 4 | 定員に余裕のある場合のみ募集のため実施の有無は要問合せ。大学在学者2・3年次は医療系学部2年次修了(見込)者。4年次は薬学部3年次修了(見込)者。高専は工業系。別途秋季編入実施。合格状況は全編入計(秋季含む) |
| | 香川薬 | 薬 | | 2~4 | *● | *● | *● | ● | ● | *● | | | | | | | | ● | | | 2 | 2 | △ | △ | 4 | 3 | 定員に余裕のある場合のみ募集のため実施の有無は要問合せ。*2・3年次は医療系・理科系学部、工業系高専、工業・農業・医療・衛生系専門出身者。4年次は薬学部に3年以上93単位以上。別途秋季編入実施。合格状況は全編入計(秋季含む) |
| 四国学院 | 文 | 人文 | | 3 | | ● | ● | ● | | ● | 12/17 2/4 | 11/28~12/12 12/23~1/25 | | | | | ● | ● | | | 0 | 0 | | | 2 | 1 | 大学在学者52単位以上 |
| | 社会福祉 | 社会福祉 | | 3 | | ● | ● | ● | | ● | | | | | | | ● | ● | | | 0 | 0 | 1 | 0 | 0 | 0 | |
| | 社会 | カルチュラル・マネジメント | | 3 | | ● | ● | ● | | ● | | | | | | | ● | ● | | | 1 | 0 | 2 | 1 | 1 | 1 | |
| 高松 | 発達科 | 子ども発達 | | 2・3 | ● | | | | | | 11/12 2/4 | 10/24~11/4 12/19~1/20 | | | | | ● | ● | | | 0 | 0 | 0 | 0 | 2 | 2 | 短大1年在学者も可。別途専願編入実施(書・面)。子ども発達学科は要事前審査。合格状況に留学生含む |
| | 経営 | 経営 | | 2・3 | ● | | | | | | | | | | | | ● | ● | | | 3 | 3 | 1 | 1 | 4 | 4 | |
| 聖カタリナ | 人間健康福祉 | 社会福祉 | 社会福祉 | 3 | | ● | ● | ● | | ● | 10/22 2/23 | 9/26~10/17 1/30~2/13 | | | | | ● | ● | | | 4 | 4 | 1(3) | 1(3) | 0(2) | 0(2) | 大学在学者及び在職者は要出願応認書。( )は提携校・指定校推薦で外数、R3は含む |
| | | 人間社会 | | 3 | | ● | ● | ● | | ● | | | | | | | ● | ● | | | 1 | 1 | 1(0) | 1(0) | 3(0) | 3(0) | |
| | | 健康スポーツ | | 3 | | ● | ● | ● | | ● | | | | | | | ● | ● | | | 2 | 2 | 0(0) | 0(0) | 1(1) | 1(1) | |

| 大学名 | 学部 | 学科 | 専攻・コース | 編入年次 | 大1 | 大2 | 学士 | 短大 | 高専 | 専門 | 試験日 | 出願期間 | 外国語筆記 | 外部試験 | 専門科目 | 小論文 | 面接 | 口頭試問 | 専門科目以外の科目 | その他の注意事項 | R3志願者 | R3合格者 | R4志願者 | R4合格者 | R5志願者 | R5合格者 | 備考(特に記載がない場合は、大学在学生3年次は62単位以上、2年次は31単位以上取得見込み) |
|---|---|---|---|---|---|---|---|---|---|---|---|---|---|---|---|---|---|---|---|---|---|---|---|---|---|---|---|
| 松山 | 経済 | 経済 | | 3 | * | ● | ● | ● | ● | ● | 11/26 | 11/1~11/11 | ● | ● | | | ● | | | TOEICで具体的な基準あり | 1(6) | 0(4) | 0(2) | △(△) | 0(2) | 0(1) | 大学在学者62単位(外国語規定あり)以上。*修了(見込)者。単位取得状況で年次決定。大学在者要出願承諾書。別途公募推薦(書・小・面)実施で( )外数 |
| | 経営 | 経営 | | 3 | * | ● | ● | ● | ● | ● | | | ● | ● | | | ● | | | | 1(8) | 0(4) | 0(2) | △(△) | 0(2) | 0(1) | |
| | 人文 | 英語英米文 | | 3 | ● | ● | ● | ● | ● | ● | 11/27 | 11/1~11/11 | ● | ● | | | ● | | | | 0 | 0 | 1 | △ | 1 | 0 | |
| | | 社会 | | 3 | * | ● | ● | ● | ● | ● | | | ● | | | | ● | | | | 0 | 0 | 1 | △ | 1 | 1 | |
| | 法 | 法 | | 3 | * | ● | ● | ● | ● | ● | | | ● | | | | ● | | | | 0(3) | 0(3) | 0(6) | △(△) | 2(4) | 1(4) | |
| | 薬 | 医療薬 | | 1~4 | ● | ● | ● | ● | ● | | 11/27 2/9 | 11/1~11/11 1/5~1/27 | | | | | ● | ● | | | 0 | 0 | 2 | △ | 0 | 0 | *修了(見込)者。単位修得状況で年次決定 |
| 松山東雲女子 | 人文科 | 心理子ども | 子ども | 3 | ● | ● | ● | ● | ● | | 11/19 12/17 | 11/1~11/11 12/1~12/12 | | | | | ● | | | | △ | △ | 3 | 3 | △ | △ | 2年次は欠員募集で要問合せ。別途社会人編入実施 |
| | | | 心理福祉 | 3 | ● | ● | ● | ● | ● | | 2/1 3/2 | 1/5~1/24 2/6~2/20 | | | | | ● | | | | △ | △ | 1 | 1 | △ | △ | |
| 九州栄養福祉 | 食物栄養 | 食物栄養 | 管理栄養士 | 3 | | | | ● | ● | | 10/8 12/17 | 9/26~10/1 12/5~12/10 | | | ● | | ● | | | | 16 | 10 | 10 | 4 | 11 | 7 | 栄養士又は管理栄養士養成施設指定校出身(見込)で栄養士免許取得(見込)者 |
| 九州共立 | 経済 | 経済・経営 | | 2・3 | ● | ● | ● | ● | ● | | 2/5 3/2 | 1/6~1/27 2/10~2/24 | | | | ※● | ● | | ※専門 | | 14 | 13 | △ | △ | △ | △ | 単位取得状況で編入年次決定 合格状況に指定校含む |
| | スポーツ | スポーツ | | 2・3 | ● | ● | ● | ● | ● | | 2/5 | 1/6~1/27 | | | | ※● | ● | | 体力テスト ※専門 | | 1 | 0 | △ | △ | △ | △ | |
| 九州産業 | 国際文化 | 国際文化 | | 3 | * | ● | ● | ● | ● | ● | 1/21 | 1/6~1/12 | | | | | ● | ● | | | 1 | 1 | 1 | 1 | 6 | 6 | *修了(見込)者。要事前単位読替申請。別途公募推薦編入(書・面・自己アピール文)、社会人編入実施。合格状況は全編入計 |
| | | 日本文化 | | 3 | * | ● | ● | ● | ● | ● | | | | | | | ● | ● | | | 2 | 0 | 1 | 1 | 1 | 0 | |
| | 人間科 | 臨床心理 | | 3 | * | ● | ● | ● | ● | ● | | | | | | | ● | ● | | | 0 | 0 | 1 | 1 | 0 | 0 | |
| | | 子ども教育 | | 3 | * | ● | ● | ● | ● | ● | | | | | | | ● | ● | | | 0 | 0 | 2 | 0 | 3 | 2 | |
| | | スポーツ健康科 | | 3 | * | ● | ● | ● | ● | ● | | | | | | | ● | ● | | | 1 | 0 | 0 | 0 | 2 | 2 | |
| | 経済 | 経済 | | 3 | * | ● | ● | ● | ● | ● | | | | | | | ● | ● | | | 6 | 0 | 1 | 1 | 2 | 0 | |
| | 商 | 経営・流通 | | 3 | * | ● | ● | ● | ● | ● | | | | | | | ● | ● | | | 5 | 3 | 17 | 7 | 8 | 2 | |
| | 地域共創 | 観光 | | 3 | * | ● | ● | ● | ● | ● | | | | | | | ● | ● | | | 2 | 0 | 2 | 1 | 1 | 1 | |
| | | 地域づくり | | 3 | * | ● | ● | ● | ● | ● | | | | | | | ● | ● | | | 3 | 2 | 1 | 1 | 2 | 2 | |
| | 理工 | 情報科 | | 3 | * | ● | ● | ● | ● | ● | | | | | | | | ● | 数学 | | 15 | 7 | 22 | 5 | 19 | 8 | *修了(見込)者。要事前単位読替申請。別途公募推薦編入(書・口頭試問含む面接・自己アピール文)、社会人編入実施。合格状況は全編入計 |
| | | 機械工 | | 3 | * | ● | ● | ● | ● | ● | | | | | | | | ● | 数学 | | 0 | 0 | 0 | 0 | 0 | 0 | |
| | | 電気工 | | 3 | * | ● | ● | ● | ● | ● | | | | | | | | ● | 数学 | | 0 | 0 | 0 | 0 | 0 | 0 | |
| | 生命科 | 生命科 | | 3 | * | ● | ● | ● | ● | ● | | | | | | | | ● | | | 1 | 1 | 0 | 0 | 0 | 0 | |
| | 建築都市工 | 建築 | | 3 | * | ● | ● | ● | ● | ● | | | | | | | | ● | | | 1 | 0 | 4 | 3 | 1 | 0 | |
| | | 住居・インテリア | | 3 | * | ● | ● | ● | ● | ● | | | | | | | | ● | | | 2 | 0 | 2 | 1 | 0 | 0 | |
| | | 都市デザイン工 | | 3 | * | ● | ● | ● | ● | ● | | | | | | | | ● | | | 0 | 0 | 0 | 0 | 0 | 0 | |
| | 芸術 | 芸術表現 | | 3 | * | ● | ● | ● | ● | ● | | | | | | | ● | | 実技又は小論文 | | 2 | 2 | 3 | 3 | 9 | 6 | *修了(見込)者。要事前単位読替申請で単位取得状況で2年になることがある。別途短大学長推薦全学部で公募推薦編入(芸術学部は書・面<作品持参>)、社会人編入実施。合格状況は全編入計 |
| | | 写真・映像メディア | | 3 | * | ● | ● | ● | ● | ● | | | | | | | ● | | | | 4 | 3 | 5 | 5 | 4 | 3 | |
| | | ビジュアルデザイン | | 3 | * | ● | ● | ● | ● | ● | | | | | | | ● | | | | 1 | 1 | 1 | 1 | 4 | 1 | |
| | | 生活環境デザイン | | 3 | | ● | ● | ● | ● | ● | | | | | | | ● | | | | 5 | 4 | 3 | 3 | 4 | 3 | |
| | | ソーシャルデザイン | | 3 | | ● | ● | ● | ● | ● | | | | | | | ● | | | | 2 | 2 | 4 | 4 | 6 | 4 | |
| 九州情報 | 経営情報 | 経営情報 | | 3 | | ● | ● | ● | ● | | 9/15 2/28 | 9/1~9/7 2/13~2/17 | | | | ● | ※● | | ※プレゼン含む | | △ | △ | △ | △ | △ | △ | |
| | | 情報ネットワーク | | 3 | | ● | ● | ● | ● | | | | | | | ● | ※● | | | | △ | △ | △ | △ | △ | △ | |
| 九州女子 | 家政 | 人間生活 | | 3 | | ● | ● | ● | ● | | 11/16 2/4 | 11/1~11/10 1/6~1/27 | | | | | ● | ● | | | 2 | 2 | 2 | 2 | 2 | 2 | *栄養士又は管理栄養士養成施設出身で専願者。別途社会人編入実施で合格状況に含む |
| | | 栄養 | | 3 | * | ● | * | ● | * | ● | | | | | | | ● | ● | | | 2 | 2 | 5 | 5 | 3 | 3 | |
| | 人間科 | 人間発達 | 人間発達学 | 3 | | ● | ● | ● | ● | | | | | | | | ● | ● | | | 2 | 2 | 3 | 2 | 4 | 4 | |
| | | | 人間基礎学 | 3 | | ● | ● | ● | ● | | | | | | | | ● | ● | | | 3 | 3 | 0 | 0 | 3 | 3 | |
| 久留米 | 文 | 心理 | | 3 | * | ● | ● | ● | ● | ● | 2/3 | 1/4~1/11 | 英 | | | | ● | ● | | | 0 | 0 | 1 | 0 | 1 | 1 | *修了(見込)者。合格状況に指定校推薦含む |
| | | 情報社会 | | 3 | * | ● | ● | ● | ● | ● | | | 英 | | | | ● | ● | | | 0 | 0 | 0 | 0 | 0 | 0 | |
| | | 国際文化 | | 3 | * | ● | ● | ● | ● | ● | | | 英 | | | | ● | ● | | | 0 | 0 | 4 | 4 | 1 | 1 | |
| | | 社会福祉 | | 3 | * | ● | ● | ● | ● | ● | | | 英 | | | | ● | ● | | | 1 | 0 | 1 | 1 | 1 | 1 | |

全国編入試験データ一覧　■私立　四国～九州・沖縄

| 大学名 | 学部 | 学科 | 専攻・コース | 編入年次 | 大1 | 大2 | 学士 | 短大 | 高専 | 専門 | 試験日 | 出願期間 | 外国語筆記 | 外部試験 | 専門科目 | 小論文 | 面接 | 口頭試問 | 専門科目以外の科目 | その他の注意事項 | R3志願者 | R3合格者 | R4志願者 | R4合格者 | R5志願者 | R5合格者 | 備考（特に記載がない場合は、大学在学生3年次は62単位以上、2年次は31単位以上取得見込み） |
|---|---|---|---|---|---|---|---|---|---|---|---|---|---|---|---|---|---|---|---|---|---|---|---|---|---|---|---|
| | 法 | 法律 | | 3 | | *• | • | • | • | • | | | | | | | | • | 英語・憲法・小論文から2 | | 5 | 2 | 3 | 2 | 2 | 2 | *修了(見込)者。別途学士入学(書・小・面)・社会人編入実施で合格状況に含む。合格状況に指定校推薦含む |
| | | 国際政治 | | 3 | | *• | • | • | • | • | | | | | | | • | | | | 0 | 0 | 1 | 1 | 0 | 0 | |
| | 経済 | 経済 | | 3 | | *• | • | • | • | • | | | | | | | • | • | | | 8 | 3 | 7 | 5 | 4 | 4 | *修了(見込)者。合格状況に指定校推薦含む |
| | | 文化経済 | | 3 | | *• | • | • | • | • | | | | | | | • | • | | | 3 | 3 | 9 | 4 | 2 | 2 | |
| | 商 | 商 | | 3 | | *• | • | • | • | • | | | | | | | • | • | | | 8 | 4 | 6 | 3 | 6 | 6 | |
| 久留米工業 | 工 | 機械システム工 | | 3 | | • | • | • | • | • | 12/19 2/17 | 11/15~12/1 1/26~2/9 | | | | | • | | プレゼン | | 0 | 0 | 1 | 1 | 3 | 3 | |
| | | 交通機械工 | | 3 | | • | • | • | • | • | | | | | | | • | | | | 3 | 3 | 1 | 1 | 1 | 1 | |
| | | 建築・設備工 | | 3 | | • | • | • | • | • | | | | | | | • | | | | 0 | 0 | 2 | 1 | 0 | 0 | |
| | | 情報ネットワーク工 | | 3 | | • | • | • | • | • | | | | | | | • | | | | 6 | 4 | 4 | 4 | 8 | 6 | |
| 西南学院 | 神 | 神 | | 2 | | *• | • | | | | | 10/19 | 9/21~9/28 | 英 | | ※• | | | • | ※専門 | | 2 | 1 | 2 | 2 | 0 | 0 | 大学在学者2年次32単位以上、3年次62単位以上。*修了(見込)別途学士入学実施ですべて左記に同じ、合格状況に含む。R4・R5は文学部の募集なし |
| | | | | 3 | | • | • | • | • | • | | | 英 | • | | | | • | | | 1 | 0 | 1 | 1 | 0 | 0 | |
| | 文 | 英文 | | 3 | | *• | • | • | • | • | | | | | | | | | | | 0 | 0 | — | — | — | — | |
| | | 外国語 | 英語 | 3 | | *• | • | • | • | • | | | | | | | | | | | 0 | 0 | — | — | — | — | |
| | | | フランス語 | | | | | | | | | | | | | | | | | | 0 | 0 | — | — | — | — | |
| | 商 | 商 | | 3 | | *• | • | • | • | • | | | | • | • | | | | 専門は2科目選択 | TOEIC他 | 0 | 0 | 0 | 0 | 0 | 0 | |
| | | 経営 | | 3 | | *• | • | • | • | • | | | | • | • | | | | | | 1 | 1 | 4 | 1 | 2 | 0 | |
| | 経済 | 経済 | | 3 | | *• | • | • | • | • | | | | • | • | | | | | | 2 | 0 | 5 | 0 | 2 | 1 | |
| | | 国際経済 | | 3 | | *• | • | • | • | • | | | | • | • | | | | | | 0 | 0 | 2 | 1 | 0 | 0 | |
| | 法 | 法律 | | 3 | | *• | • | • | • | • | | | | • | • | | | | | TOEIC他 法学検定試験受験者は績提出 | 1 | 0 | 0 | 0 | 2 | 1 | |
| | | 国際関係法 | | 3 | | *• | • | • | • | • | | | | • | • | | | | | | 0 | 0 | 0 | 0 | 0 | 0 | |
| | 人間科 | 児童教育 | | 3 | | *• | • | • | • | • | | | | • | • | | | | | TOEIC他 | 0 | 0 | 1 | 1 | 0 | 0 | |
| | | 社会福祉 | | 3 | | *• | • | • | • | • | | | | • | • | | | | | | 4 | 3 | 2 | 2 | 1 | 1 | |
| | | 心理 | | 3 | | *• | • | • | • | • | | | | • | • | | | | | | 0 | 0 | 1 | 0 | 0 | 0 | |
| | 国際文化 | 国際文化 | | 3 | | *• | • | • | • | • | | | | • | • | | | | | | 1 | 0 | 0 | 0 | 1 | 0 | |
| 西南女学院 | 人文 | 英語 | | 3 | | *• | • | • | • | • | 12/10 ※ | 11/10~12/1 12/19~2/15 | | | | | • | | | | 1 | 0 | 0 | 0 | 1 | 1 | *修了(見込)者。※後期試験の日程は大学が指定する日。専願者のみ。栄養学科は栄養士養成施設出身、栄養士免許取得(見込)者で専願者 |
| | | 観光文化 | | | | *• | • | • | • | • | | | | | | | • | | | | — | — | — | — | 1 | 1 | |
| | 保健福祉 | 栄養 | | 3 | | *• | • | • | | | | | | | | | • | | | | 4 | 0 | 2 | 2 | 1 | 1 | |
| 第一薬科 | 薬 | 薬 | | 2~4 | • | • | • | | | | 12/17 2/25 | 11/28~12/9 2/6~2/17 | | | • | | | • | 専門は年次により異なる問題 | | 3 | 3 | 4 | 3 | 1 | 1 | *4年制薬学部卒(見込)者。6年生薬学部に3年以上在学し、所定の単位を修得(見込)も可 |
| | | 漢方薬 | | 2~4 | • | • | • | | | | | | | | • | | | • | | | 1 | 0 | 0 | 0 | 0 | 0 | |
| 筑紫女学園 | 文 | 日本語・日本文 | | 3 | | *• | • | • | • | • | 10/16 2/14 | 10/3~10/11 2/1~2/8 | | • | | | • | | 面接は自己PR含む | | 2 | 1 | 1 | 1 | 2 | 2 | *修了(見込)者。大学在学者60単位以上 |
| | | 英語 | | 3 | | *• | • | • | • | • | | | 英 | | | | | ※• | ※英語含む | | 1 | 1 | 1 | 1 | 1 | 1 | |
| | | アジア文化 | | 3 | | *• | • | • | • | • | | | | | | | ※• | • | ※専門に関するもの | | 0 | 0 | 2 | 2 | 0 | 0 | |
| | 現代社会 | 現代社会 | | 3 | | *• | • | • | • | • | | | | | | | • | | | | 0 | 0 | 2 | 3 | 3 | 3 | |
| | 人間科 | 人間科 | | 3 | | *• | • | • | • | • | | | | | | | • | • | | | 2 | 2 | 3 | 3 | 5 | 4 | |
| 中村学園 | 栄養科 | 栄養科 | | 3 | | • | • | • | • | • | 10/22 | 9/21~10/6 | 英 | | | | • | | | | 27(3) | 13(3) | 21 | 18 | 18 | 16 | 大学在学者要学長承諾書。栄養士又は管理栄養士養成施設指定校出身者。()は内編・指定校外数R4・R5は含む |
| | | フード・マネジメント | | 3 | | • | • | • | • | • | | | | | | | ※• | • | ※食品科学系又は食品ビジネス系 | TOEIC等で加点あり | 2(2) | 1(2) | 3 | 3 | 8 | 6 | 大学在学者要学長承諾書。()は内編・指定校外数。R4・R5は含む |
| | 教育 | 児童幼児教育 | | 3 | | • | • | • | • | • | | | | | | | • | | 一般教養 | | 11(4) | 5(4) | 12 | 8 | 9 | 9 | |
| | 流通科 | 流通科 | | 3 | | • | • | • | • | • | | | | | | | • | • | | | 23(4) | 16(4) | 47 | 21 | 30 | 24 | |

| 大学名 | 学部 | 学科 | 専攻・コース | 編入年次 | 大1 | 大2 | 学士 | 短大 | 高専 | 専門 | 試験日 | 出願期間 | 外国語筆記 | 外部試験 | 専門科目 | 小論文 | 面接 | 口頭試問 | 専門科目以外の科目 | その他の注意事項 | R3志願者 | R3合格者 | R4志願者 | R4合格者 | R5志願者 | R5合格者 | 備考（特に記載がない場合は、大学在学生3年次は62単位以上、2年次は31単位以上取得見込み） |
|---|---|---|---|---|---|---|---|---|---|---|---|---|---|---|---|---|---|---|---|---|---|---|---|---|---|---|---|
| 西日本工業 | 工 | 総合システム工 | 機械工学系 | 2·3 | ● | ● | ● | ● | ● | ● | 2/5 | 1/6~1/16 | 英 | | | | | ● | 数学 | | 1 | 0 | 0 | 0 | 2 | 1 | 3年次は出願可能な具体的な対応学科あり。短大1年在学者も受験可。別途公募推薦編入（書・小・面〈口頭試問含む〉）・社会人編入実施で（ ）外数 |
| | | | 電気情報工学系 | 2·3 | ● | ● | ● | ● | ● | ● | | | 英 | | | | | ● | | | 0 | 0 | 4(1) | 2(1) | 0 | 0 | |
| | | | 土木工学系 | 2·3 | ● | ● | ● | ● | ● | ● | | | 英 | | | | | ● | | | 0 | 0 | 0 | 0 | 0 | 0 | |
| | デザイン | 建築 | | 2·3 | ● | ● | ● | ● | ● | ● | | | 英 | | | | | ● | | | 0 | 0 | 0 | 0 | 0(1) | 0(1) | |
| | | 情報デザイ | | 2·3 | ● | ● | ● | ● | ● | ● | | | 英 | | | | | ● | | | 3(1) | 2(1) | 4 | 2 | 1(2) | 1(2) | |
| 日本経済 | 経済 | 経済 | | 2·3 | ● | * | ● | ● | ● | ● | 随時 | 総合型:9/1~3/24 | | | | | ● | | | | 3 | 3 | △ | 4 | 4 | 2 | *修了(見込)者。大学在学者2年次30単位以上（短大1年在学者も可）、3年次60単位以上 |
| | | 商 | | 2·3 | ● | * | ● | ● | ● | ● | | | | | | | ● | | | | | | | | | | |
| | | 健康スポーツ経営 | | 2·3 | ● | * | ● | ● | ● | ● | | | | | | | ● | | | | | | | | | | |
| | 経営 | 経営 | | 2·3 | ● | * | ● | ● | ● | ● | | | | | | | ● | | | | | | | | | | |
| | | グローバルビジネス | | 2·3 | ● | * | ● | ● | ● | ● | | | | | | | ※● | | ※自己アピール(英語)含む | | 2 | 2 | △ | 4 | 9 | 8 | |
| | | 芸創プロデュース | | 2·3 | ● | * | ● | ● | ● | ● | | | | | | | ● | | | | 3 | 3 | | | | | |
| 福岡 | 人文 | 文化 | | 3 | | ● | ● | ● | ● | | 3/2 | 2/8~2/15 | 英 | | | | ● | | 哲・社会・心理から1 | | 3 | 1 | 0 | 0 | 1 | 0 | |
| | | 歴史 | | 3 | | ● | ● | ● | ● | | | | 英 | | ● | | ● | | | | 1(0) | 0(0) | 0(1) | 0(1) | 0(1) | 0(1) | |
| | | 日本語日本文 | | 3 | | ● | ● | ● | ● | | | | 選 | | ● | | ● | | 選:英・独・仏から1 | | 1 | 1 | 1 | 0 | 0 | 0 | |
| | | 教育・臨床心理 | | 3 | | ● | ● | ● | ● | | | | 英 | | | ● | ● | | | | 0 | 0 | 5 | 0 | 1 | 0 | |
| | | 英語 | | 3 | | ● | ● | ● | ● | | | | ※英 | | | | ● | | 哲・歴史・社会・心理・ | ※リスニング含む | 3 | 0 | 3 | 0 | 0 | 0 | |
| | | ドイツ語 | | 3 | | ● | ● | ● | ● | | | | 独 | | | | ● | | 英・独・仏から専攻語を除き1 | | 0 | 0 | 0 | 0 | 0 | 0 | |
| | | フランス語 | | 3 | | ● | ● | ● | ● | | | | 仏 | | | | ● | | | | 0 | 0 | 0 | 0 | 0 | 0 | |
| | | 東アジア地域言語 | 中国 | 3 | | ● | ● | ● | ● | | | | 中 | | | ● | ● | | | | 2 | 1 | 1 | 1 | 1 | 1 | |
| | | | 韓国 | 3 | | ● | ● | ● | ● | | | | 朝 | | | ● | ● | | | | | | | | | | |
| | 法 | 法律 | | 3 | | ● | ● | ● | ● | | | | 英 | | | ● | ● | | | | 5 | 3 | 8 | 2 | 1 | 0 | |
| | | 経営法 | | 3 | | ● | ● | ● | ● | | | | 英 | | | ● | ● | | | | 0 | 0 | 1 | 1 | 0 | 0 | |
| | 経済 | 経済 | | 3 | | ● | ● | ● | ● | | | | 英 | ● | | | ● | | | | 4 | 1 | 4 | 2 | 1 | 0 | |
| | | 産業経済 | | 3 | | ● | ● | ● | ● | | | | 英 | | | | ● | | | | 3 | 2 | 11 | 5 | 4 | 1 | |
| | 商 | 商 | | 3 | | ● | ● | ● | ● | | | | 英 | ● | | | ● | | | | 0 | 0 | 1 | 1 | 0 | 0 | |
| | | 経営 | | 3 | | ● | ● | ● | ● | | | | 英 | | | | ● | | | | 0 | 0 | 1 | 0 | 1(1) | 1(0) | |
| | | 貿易 | | 3 | | ● | ● | ● | ● | | | | 英 | | | | ● | | | | 0 | 0 | 0 | 0 | 1 | 1 | |
| | 商(Ⅱ) | 商 | | 3 | | ● | ● | ● | ● | | | | 英 | | | | ● | | | | 0 | 0 | 6 | 2 | 4 | 2 | |
| | 理 | 応用数 | | 3 | | ● | ● | ● | ● | | | | 英 | | | | ● | | 数学 | | 0 | 0 | 1 | 1 | 0 | 0 | |
| | | 社会数理・情報インスティテュート | | 3 | | ● | ● | ● | ● | | | | 英 | | | ● | ● | | 数学 | | 1 | 1 | 0 | 0 | 0 | 0 | |
| | | 物理科 | | 3 | | ● | ● | ● | ● | | | | 英 | | | | ● | | 数、物 | | 0 | 0 | 0 | 0 | 0 | 0 | 大学在学者は70単位以上。別途学士入学実施で、要事前問合せ |
| | | 化 | | 3 | | ● | ● | ● | ● | | | | 英 | | | | ● | | 数、化 | | 0 | 0 | 0 | 0 | 0 | 0 | |
| | | ナノサイエンス・インスティテュート | | 3 | | ● | ● | ● | ● | | | | 英 | | | | ● | | 数、物又は化 | | 0 | 0 | 0 | 0 | 0 | 0 | |
| | | 地球圏科 | | 3 | | ● | ● | ● | ● | | | | 英 | | | | ● | | 数、物・化・生・地から1 | | 0 | 0 | 0 | 0 | 2 | 0 | |
| | 工 | 機械工 | | 3 | | ● | ● | ● | ● | | | | 選 | | | | ● | | 数、物 | | 1 | 1 | 1 | 0 | 2 | 1 | 大学在学者は60単位以上。別途学士入学実施で、要事前問合せ |
| | | 電気工 | | 3 | | ● | ● | ● | ● | | | | 選 | | | | ● | | 数 選:英又は独 | | 1 | 1 | 1 | 0 | 0 | 1 | |
| | | 電子情報工 | | 3 | | ● | ● | ● | ● | | | | 選 | | | | ● | | | | 3 | 0 | 1 | 0 | 2 | 0 | |
| | | 化学システム工 | | 3 | | ● | ● | ● | ● | | | | 選 | | | | ● | | 数、化 選:英又は独 | | 0 | 0 | 0 | 0 | 0 | 0 | |
| | | 社会デザイン工 | | 3 | | ● | ● | ● | ● | | | | 選 | | | | ● | | 数、物 選:英又は | | 0 | 0 | 0 | 0 | 0 | 0 | |
| | | 建築 | | 3 | | ● | ● | ● | ● | | | | 選 | | | | ● | | 独 | | 0 | 0 | 0 | 0 | 0 | 0 | |

| 大学名 | 学部 | 学科 | 専攻・コース | 編入年次 | 大1 | 大2 | 学士 | 短大 | 高専 | 専門 | 試験日 | 出願期間 | 外国語筆記 | 外部試験 | 専門科目 | 小論文 | 面接 | 口頭試問 | 専門科目以外の科目 | その他の注意事項 | R3志願者 | R3合格者 | R4志願者 | R4合格者 | R5志願者 | R5合格者 | 備考 |
|---|---|---|---|---|---|---|---|---|---|---|---|---|---|---|---|---|---|---|---|---|---|---|---|---|---|---|---|
|  | スポーツ科 | スポーツ科 |  | 3 | ● | ● | ● | ● | ● |  |  |  | 英 |  | ● |  | ● |  | 体育実技 |  | 1 | 0 | 0 | 0 | 0 | 0 | 大学在学者は65単位以上。別途学士入学実施で( )外数 |
|  |  | 健康運動科 |  | 3 | ● | ● | ● | ● | ● |  |  |  | 英 |  | ● |  | ● |  |  |  | 0 | 0 | 0 | 0 | 0(1) | 0(1) |  |
| 福岡工業 | 工 | 電子情報 |  | 3 | ● | ● | ● | ● | ● |  | 9/2 | 8/21~8/27 |  |  | ● |  | ● |  | 数学 |  | 0 | 0 | 0 | 0 | 1 | 0 | 72単位以上 |
|  |  | 生命環境化 |  | 3 | ● | ● | ● | ● |  |  |  |  |  |  |  |  | ● |  | 数学、化・物・生から2 |  | 0 | 0 | 1 | 1 | 0 | 0 |  |
|  |  | 知能機械工 |  | 3 | ● | ● | ● | ● |  |  |  |  |  |  | ● |  | ● |  | 数学 |  | 0 | 0 | 0 | 0 | 0 | 0 | 68単位以上 |
|  |  | 電気工 |  | 3 | ● | ● | ● | ● |  |  |  |  |  |  | ● |  | ● |  | 数学 |  | 0 | 0 | 1 | 0 | 0 | 0 |  |
|  | 情報工 | 情報工 |  | 3 | ● | ● | ● | ● |  |  |  |  |  |  | ● |  | ● |  | 数学 |  | 26 | 10 | 22 | 7 | 18 | 9 | 64単位以上 |
|  |  | 情報通信工 |  | 3 | ● | ● | ● | ● |  |  |  |  |  |  | ● |  | ● |  |  |  | 5 | 4 | 3 | 2 | 7 | 2 |  |
|  |  | 情報システム工 |  | 3 | ● | ● | ● | ● |  |  |  |  |  |  | ● |  | ● |  |  |  | 2 | 2 | 6 | 3 | 7 | 3 |  |
|  |  | システムマネジメント |  | 3 | ● | ● | ● | ● |  |  |  |  |  |  | ● |  | ● |  |  |  | 6 | 4 | 5 | 4 | 7 | 4 |  |
|  | 社会環境 | 社会環境 |  | 3 | ● | ● | ● | ● |  |  | 9/2 1/27 | 8/21~8/27 |  |  |  | ● | ● |  |  |  | 17 | 10 | 18 | 6 | 10 | 5 |  |
| 福岡歯科 | 口腔歯 | 口腔歯 |  | 2 |  | *● | ● | ● | ● | ● | 11/5 1/22 3/18 | 10/3~11/2 12/19~1/18 3/6~3/15 |  |  |  | ● | ● |  | 総合力テスト |  | △ | △ | 2 | 2 | △ | △ | *修了(見込)者 |
| 福岡女学院 | 人文 | 現代文化 |  | 3 | ● | ● | ● | ● | ● |  | 12/17 2/25 | 11/28~12/8 2/1~2/15 |  |  |  |  | ● |  | ※英文を読み日本語でまとめる | *英語による | 0(2) | 0(2) | 5(3) | 4(3) | 2(0) | 1(0) | 別途社会人編入実施で実績に含む。( )は指定校推薦で外数 |
|  |  | メディア・コミュニケーション |  | 3 | ● | ● | ● | ● | ● |  |  |  |  |  |  |  | ● |  |  |  | 1(0) | 1(0) | 3(1) | 0(1) | 1(0) | 1(0) |  |
|  |  | 言語芸術 |  | 3 | ● | ● | ● | ● | ● |  |  |  |  |  |  | ※● | ● |  |  |  | 2(0) | 1(0) | 2(4) | 1(4) | 1(3) | 1(3) |  |
|  | 人間関係 | 心理 |  | 3 | ● | ● | ● | ● | ● |  |  |  |  |  |  |  | ● |  |  |  | 0(1) | 0(1) | 3(5) | 2(5) | 3(1) | 3(1) |  |
|  |  | 子ども発達 |  | 3 | ● | ● | ● | ● | ● |  |  |  |  |  |  |  | ● |  |  |  | 1(2) | 0(2) | 2(2) | 2(2) | 2(2) | 2(1) |  |
|  | 国際キャリア | 国際英語 |  | 3 | ● | ● | ● | ● | ● |  |  |  |  |  |  | ※● | *● |  |  |  | 0(0) | 0(0) | 3(2) | 3(2) | 0(1) | 0(1) |  |
|  |  | 国際キャリア |  | 3 | ● | ● | ● | ● | ● |  |  |  |  |  |  | ※● | *● |  |  |  | 1(3) | 1(3) | 1(3) | 1(3) | 2(0) | 1(0) |  |
| 西九州 | 健康福祉 | 社会福祉 |  | 3 | ● | ● | ● | ● | ● |  | 9/10 12/17 | 8/25~8/31 11/28~12/9 |  |  |  |  | ● |  |  |  | 3 | 3 | 0 | 0 | 3 | 3 | 別途学校推薦(書・面)、総合型(書・プレゼン)編入実施 |
|  | 子ども | 子ども |  | 3 | ● | ● | ● | ● | ● |  |  |  |  |  |  |  | ● |  |  |  | 4 | 4 | 2 | 1 | 1 | 1 | 別途総合型(書・プレゼン)編入実施 |
| 活水女子 | 国際文化 | 日本文化 |  | 3 | ● | ● | ● | ● | ● |  | 11/5 2/18 | 10/7~10/21 1/20~2/3 |  |  |  |  | ● |  |  |  | 0 | 0 | 0 | 0 | 0 | 0 | 別途社会人編入実施 |
|  |  | 英語 |  | 3 | ● | ● | ● | ● | ● |  |  |  |  |  |  |  | ● |  |  |  | — | — | — | — | 0 | 0 |  |
|  | 音楽 | 音楽 |  | 3 |  | *● | *● | ● | ● |  |  |  |  |  | ● |  |  |  | 実技・ソルフェージュ1(音楽文化コースは課題作文と面接) | 左記受験資格・選考方法は非音楽系出身者。音楽系は*印資格者のみで実・面(音楽文化コースは、課題作文・面)。別途社会人編入実施 | 0 | 0 | 0 | 0 | 0 | 0 |  |
|  | 健康生活 | 生活デザイン |  |  | ● | ● | ● | ● | ● |  |  |  |  |  |  |  |  |  |  |  | 0 | 0 | — | — | 0 | 0 | 別途社会人編入実施 |
|  |  | 子ども |  | 3 | ● | ● | ● | ● | ● |  |  |  |  |  |  |  | ● |  |  |  | 0 | 0 | 0 | 0 | 0 | 0 |  |
|  |  | 食生活健康 |  | 3 | ● | ● | ● | ● | ● |  |  |  |  |  |  |  | ● |  |  |  | 0(1) | 0(1) | 2 | 2 | 0 | 0 | 子ども学科及び食生活健康学科は栄養士取得(見込)者又は保育士資格取得(見込)者。別途社会人編入実施で( )外数 |
| 鎮西学院 | 現代社会 | 社会福祉 |  | 2・3 | ● | ● | ● | ● | ● |  | 9/30 11/4 12/3 | 9/1~9/21 10/10~10/26 |  |  |  |  | ● |  | 課題作文 |  | 1 | 1 | △ | △ | △ | △ | 大学在学者2年次24単位、3年次64単位以上。総合型選抜として実施。左記出願日程はエントリー期間で、面接実施後出願、別途社会人編入実施(総合型)で合格状況に含む |
|  |  | 経済政策 |  | 2・3 | ● | ● | ● | ● | ● |  | 1/20 3/14 3/24 | 11/7~11/25 1/1~1/12 2/20~3/9 |  |  |  |  | ● |  |  |  |  |  | △ | △ | △ | △ |  |
|  |  | 外国語 |  | 2・3 | ● | ● | ● | ● | ● |  |  | 3/1~3/22 |  |  |  |  | ● |  |  |  | 0 | 0 | △ | △ | △ | △ |  |
| 長崎外国語 | 外国語 | 現代英語 |  | 3 |  | *● | ● | ● | ● |  | 11/12 2/1 3/7 | 11/1~11/7 1/6~1/23 2/16~2/28 |  |  |  |  |  | ※● | 専修語翻訳試験 ※外国語試験含むが外部スコアで免除可 |  | 3 | 3 | 2 | 2 | 1 | 1 | *修了(見込)者。適性・外国語学習状況等で2年次になることがある |
|  |  | 国際コミュニケーション |  | 3 |  | *● | ● | ● | ● |  |  |  |  |  |  |  |  | ※● |  |  | 0 | 0 | 14 | 13 | 8 | 8 |  |

| 大学名 | 学部 | 学科 | 専攻・コース | 編入年次 | 大1 | 大2 | 学士 | 短大 | 高専 | 専門 | 試験日 | 出願期間 | 外国語筆記 | 外部試験 | 専門科目 | 小論文 | 面接 | 口頭試問 | 専門科目以外の科目 | その他の注意事項 | R3志願者 | R3合格者 | R4志願者 | R4合格者 | R5志願者 | R5合格者 | 備考（特に記載がない場合は、大学在学3年次は62単位以上、2年次は31単位以上取得見込み） |
|---|---|---|---|---|---|---|---|---|---|---|---|---|---|---|---|---|---|---|---|---|---|---|---|---|---|---|---|
| 長崎国際 | 人間社会 | 国際観光 | | 2・3 | ● | ● | ● | ● | ● | ● | 11/23 12/23 | 11/1~11/14 12/5~12/16 | | | | ※● | ● | | ※専門 | | 2 | 2 | 8 | 7 | 14 | 14 | 欠員募集。別途秋季編入学募集で内容は要問合せ |
| | | 社会福祉 | | 2・3 | ● | ● | ● | ● | ● | ● | 2/4 3/4 | 1/4~1/20 2/13~2/24 | | | | ※● | ● | | | | 1 | 1 | 4 | 4 | 3 | 3 | 欠員募集 |
| | 健康管理 | 健康栄養 | | 3 | | ● | ● | ● | ● | ● | | | | | ● | | | ● | | IV期は実施なし | 9 | 9 | 3 | 3 | 6 | 5 | IV期は実施なし |
| | 薬 | 薬 | | 2 | ● | | | ● | ● | | 3/4 | 2/13~2/24 | | | | | ● | ● | 化学、生物又は物理 | | 0 | 0 | — | — | 1 | 1 | 大学在学者45単位以上。要事前相談。2年次は出身系統に指定あり。非喫煙者 |
| | | | | 3 | *● | *● | | | | | | | | | | | ● | ● | | | 1 | 1 | 4 | 3 | 1 | 1 | *薬学部に2年以上在学し86.5単位以上。要事前相談。非喫煙者 |
| | | | | 4 | *● | *● | | | | | 12/23 3/4 | 12/5~12/16 2/13~2/24 | | | | | ● | ● | | | 3 | 1 | 1 | 0 | 3 | 2 | *薬学部に3年以上在学し124単位以上。要事前相談。非喫煙者 |
| 長崎純心 | 人文 | 文化コミュニケーション | | 2・3 | ● | ● | ● | ● | ● | | 9/17 1/7 | 9/1~9/9 12/12~12/21 | | | | ● | ● | | | | 0 | 0 | 0 | 0 | 0 | 0 | 大学在学者2年次35単位以上、3年次70単位以上 |
| | | 地域包括支援 | | 2・3 | ● | ● | ● | ● | ● | | | | | | | ● | ● | | | | 4 | 3 | 2 | 2 | 1 | 1 | 大学在学者2年次35単位以上、3年次70単位以上。介護福祉士の各養成課程の履修不可 |
| | | こども教育保育 | | 2 | ● | ● | ● | ● | ● | | | | | | | ● | ● | | | | — | — | 1 | 0 | 0 | 0 | 大学在学者2年次35単位以上 |
| 長崎総合科学 | 工 | 工 | 船舶工学 | 2・3 | ● | ● | ● | ● | ● | | 11/20 12/11 2/4 | 9/1~10/31 11/1~11/18 12/1~1/11 | | | | | ● | | 筆記試験を実施する場合がある | | 2 | 1 | △ | △ | 1 | 1 | |
| | | | 機械工学 | 2・3 | ● | ● | ● | ● | ● | | | | | | | | ● | | | | | | △ | △ | 0 | 0 | |
| | | | 建築学 | 2・3 | ● | ● | ● | ● | ● | | | | | | | | ● | | | | | | △ | △ | 0 | 0 | |
| | | | 電気電子工学 | 2・3 | ● | ● | ● | ● | ● | | | | | | | | ● | | | | | | △ | △ | 1 | 1 | |
| | | | 医療工学 | 2・3 | ● | ● | ● | ● | ● | | | | | | | | ● | | | | | | △ | △ | 2 | 2 | |
| | | | | 4 | | | ● | ● | | | | | | | | | ● | | | | 0 | 0 | △ | △ | 0 | 0 | 3年制以上の専修学校で臨床工学技士の資格取得(見込)者 |
| | 総合情報 | 総合情報 | 知能情報 | 2・3 | ● | ● | ● | ● | ● | | | | | | | | ● | | | | 2 | 2 | △ | △ | 0 | 0 | |
| | | | マネジメント工学 | 2・3 | ● | ● | ● | ● | ● | | | | | | | | ● | | | | | | △ | △ | 1 | 1 | |
| | | | 生命環境工学 | 2・3 | ● | ● | ● | ● | ● | | | | | | | | ● | | | | | | △ | △ | 1 | 1 | |
| 九州ルーテル学院 | 人文 | 人文 | キャリア・イングリッシュ | 3 | *● | ● | ● | ● | ● | | 12/3 | 11/15~11/24 | | | | ● | ● | | | *修了(見込)者 | 4 | 1 | 4 | 3 | 3 | 3 | |
| | | | 心理臨床 | 3 | *● | ● | ● | ● | ● | | | | | | | ● | ● | | | | 0 | 0 | 1 | 1 | 1 | 1 | |
| 熊本学園 | 商 | 商 | | 2・3 | ● | ● | ● | ● | ● | | 3/7 | 2/13~2/21 | | | | ● | ● | | | | 7 | 7 | 0 | 0 | 8 | 6 | 大学在学者2年次20単位以上、3年次62単位以上 |
| | | ホスピタリティ・マネジメント | | 2・3 | ● | ● | ● | ● | ● | | | | | | | ● | ● | | | | 2 | 2 | 0 | 0 | 1 | 1 | |
| | 経済 | 経済 | | 2・3 | ● | ● | ● | ● | ● | | | | | | | ● | ● | | | | 1 | 0 | 1 | 1 | 1 | 1 | |
| | | リーガルエコノミクス | | 2・3 | ● | ● | ● | ● | ● | | | | | | | ● | ● | | | | 1 | 0 | 1 | 1 | 0 | 0 | |
| | 外国語 | 英米 | | 2・3 | ● | ● | ● | ● | ● | | | | | ● | | | ● | | | | 2 | 2 | 0 | 0 | 0 | 0 | |
| | | 東アジア | | 2・3 | ● | ● | ● | ● | ● | | | | | ● | | | ● | | | | 1 | 0 | — | — | — | — | |
| | 社会福祉 | 社会福祉 | | 2・3 | ● | ● | ● | ● | ● | *● | | | | | | ● | ● | | | | 1 | 0 | 2 | 2 | 0 | 0 | 大学在学者2年次20単位以上、3年次62単位以上。*社会福祉学科(一部)専門士は医療・保健・福祉系で国家資格(保育士含む)を有する者のみ |
| | | 福祉環境 | | 2・3 | ● | ● | ● | ● | ● | | | | | | | ● | ● | | | | 0 | 0 | 0 | 0 | 0 | 0 | 大学在学者2年次20単位以上、3年次62単位以上 |
| | | ライフ・ウェルネス | | 2・3 | ● | ● | ● | ● | ● | | | | | | | ● | ● | | | | 3 | 2 | 1 | 1 | 0 | 0 | |
| | 社会福祉(Ⅱ) | 社会福祉 | | 2・3 | ● | ● | ● | ● | ● | | | | | | | ● | ● | | | | 1 | 1 | 0 | 0 | 0 | 0 | |
| 尚絅 | 現代文化 | 文化コミュニケーション | | 2・3 | *● | ● | ● | ● | ● | | 2/11 3/6 | 1/16~1/30 2/20~2/28 | | | | ● | ● | | | | 1 | 1 | 2 | 2 | △ | △ | 女子のみ。*修了(見込)者。年次は要問合せ。合格状況に内編含む |
| | 生活科 | 栄養科 | | 3 | *● | ● | ● | | ● | | 12/17 | 12/1~12/9 | | | ● | | ● | | | | 7 | 6 | 7 | 6 | △ | △ | 女子のみ。*修了(見込)者。年次は要問合せ。合格状況に内編含む。栄養士養成施設出身、栄養士免許取得(見込)者 |

| 大学名 | 学部 | 学科 | 専攻・コース | 編入年次 | 大1 | 大2 | 学士 | 短大 | 高専 | 専門 | 試験日 | 出願期間 | 外国語筆記 | 外部試験 | 専門科目 | 小論文 | 面接 | 口頭試問 | 専門科目以外の科目 | その他の注意事項 | R3志願者 | R3合格者 | R4志願者 | R4合格者 | R5志願者 | R5合格者 | 備考 |
|---|---|---|---|---|---|---|---|---|---|---|---|---|---|---|---|---|---|---|---|---|---|---|---|---|---|---|---|
| 崇城 | 工 | 機械工 | | 3 | | ● | ● | ● | ● | ● | 10/28 12/16 | 9/26~10/3 11/14~11/21 | | | | | | ● | 必要に応じて筆記試験を実施することがある | | − | − | 0 | 0 | 0 | 0 | 欠員募集。修得単位状況により2年次となることがある |
| | | ナノサイエンス | | 3 | | ● | ● | ● | ● | | | | | | ● | | | ● | | | 1 | 1 | 0 | 0 | 0 | 0 | |
| | | 建築 | | 3 | | ● | ● | ● | ● | ● | | | | | | | | ● | | | − | − | 0 | 0 | 0 | 0 | |
| | | 宇宙航空システム工 | | 3 | | ● | ● | ● | ● | | | | | | | | | ● | | | 0 | 0 | 0 | 0 | 0 | 0 | |
| | 情報 | 情報 | | 3 | | ● | ● | ● | ● | ● | | | | | | | | ● | | | − | − | − | − | − | − | |
| | 生物生命 | 応用微生物工 | | 3 | | ● | ● | ● | ● | | | | | | | | ● | | | | − | − | − | − | − | − | |
| | | 応用生命科 | | 3 | | ● | ● | ● | ● | | | | | | | | ● | | | | − | − | 1 | 1 | 0 | 0 | |
| | 芸術 | 美術 | | 3 | | ● | ● | ● | ● | | | | | | | | ● | | | | 0 | 0 | 0 | 0 | 0 | 0 | |
| | | デザイン | | 3 | | ● | ● | ● | ● | | | | | | | | ● | | | | − | − | − | − | − | − | |
| 平成音楽 | 音楽 | 音楽 | | 2・3 | ● | ● | ● | ● | ● | ● | 11/25 2/7 3/23 | 11/4~11/11 1/10~1/23 3/6~3/15 | | | | | | ● | 実技・コースにより専門科目・副科ピアノ等 | | 1 | 1 | 7 | 7 | 1 | 1 | 短大・高専卒(見込)者は3年次。大学在学者及び在勤者、要受験許可書 |
| | | こども | | 2・3 | ● | ● | ● | ● | ● | ● | | | | | | ● | ● | | 実技 | | 0 | 0 | 1 | 1 | 1 | 1 | |
| 日本文理 | 工 | 航空宇宙工 | | 2・3 | | ● | ● | ● | ● | | 11/19 12/17 2/15 | 10/11~10/21 11/14~11/25 1/16~1/26 | | | | ● | ● | | | | △ | △ | △ | △ | △ | △ | 最終出身校又は在学大学の在学期間及び単位取得状況により編入年次決定。R3は情報メディアは3年次のみ |
| | | 機電気工 | | 2・3 | | ● | ● | ● | ● | | | | | | | ● | ● | | | | △ | △ | △ | △ | △ | △ | |
| | | 情報メディア | | | | | | | | | | | | | | | | | | | △ | △ | △ | △ | △ | △ | |
| | 経営経済 | 経営経済 | | 2・3 | | ● | ● | ● | ● | | | | | | | ● | ● | | | | △ | △ | △ | △ | △ | △ | |
| 別府 | 文 | 国際言語・文化 | 日本語・日本文学 | 3 | | ● | ● | ● | ● | | 11/19 3/2 | 11/1~11/10 2/13~2/24 | | | | | ● | | | | | | | | | | 合格状況( )は指定校推薦で外数 |
| | | | 英語・英米文学 | 3 | | ● | ● | ● | ● | | | | 英 | | | | ● | | | | 4 | 4 | 6(2) | 3(2) | 2 | 2 | |
| | | | 芸術表現 | 3 | | ● | ● | ● | ● | | | | | | | | ● | | 実技又は小論文 | | | | | | | | |
| | | 史学・文化財 | | 3 | | ● | ● | ● | ● | | | | | | | | ● | | | | 0 | 0 | 0 | 0 | 0 | 0 | |
| | | 人間関係 | | 3 | | ● | ● | ● | ● | | | | | | | | ● | | | | 3 | 3 | 1 | 0 | 0 | 0 | |
| | 国際経営 | 国際経営 | | 3 | | ● | ● | ● | ● | | | | | | | ● | ● | | | | 3 | 1 | 4 | 4 | 6 | 3 | |
| | 食物栄養科 | 食物栄養 | | 3 | | ● | ● | ● | ● | | | | | | ● | | ● | | | | 4 | 4 | 3(2) | 3(2) | 2 | 2 | |
| | | 発酵食品 | | 3 | | ● | ● | ● | ● | | | | | | | | ● | | | | 0 | 0 | 0 | 0 | 0 | 0 | |
| 立命館アジア太平洋 | 国際経営 | 国際経営 | | 2・3 | ● | ● | ● | ● | ● | ● | 10/22又は10/23 1/21 | 9/1~9/14 12/1~12/14 | | | | ● | | | 1次は書類審査。2次はオンライン面接。TOEIC等で具体的基準あり | | 5 | 1 | 6 | 6 | 6 | 5 | 大学在学者2年次30単位以上、3年次60単位以上。2次試験受験前に再度出願必要。別途9月入学試験実施。 |
| | アジア太平洋 | アジア太平洋 | | 2・3 | ● | ● | ● | ● | ● | ● | | | | | | ● | | ● | | | 3 | 1 | 7 | 6 | 3 | 3 | 大学在学者2年次30単位以上、3年次60単位以上 |
| 九州保健福祉 | 社会福祉 | スポーツ健康福祉 | | 3 | | *● | ● | ● | | ● | 12/17 2/18 | 11/25~12/9 1/24~2/10 | | | | | ※● | | ※学部に関連した課題 | | 1 | 1 | 0 | 0 | 0 | 0 | *修了(見込)者。合格状況に指定校推薦含む |
| | | 臨床福祉 | | 3 | | *● | ● | ● | | ● | | | | | | | ※● | | | | 1 | 1 | 0 | 0 | 0 | 1 | |
| | 薬 | 薬 | | 2 | | *● | ● | *● | | | | | | | | | ● | | 生物・化学 | | 0 | 0 | 1 | 1 | 1 | 1 | *医療系・理科系学部出身者。要事前連絡 |
| | | | | 4 | | | *● | | | | | | | | | ● | ● | | 生物・化学 | | 1 | 1 | 1 | 1 | 1 | 1 | *4年制薬学部薬学科(同等学科可)。要事前連絡。R4は定員枠外で3年次編入として実施 |
| 南九州 | 環境園芸 | 環境園芸 | | 2・3 | | ● | ● | ● | ● | | 11/20 | 10/24~11/10 | | | | ● | ● | | | | 2 | 1 | 0 | 0 | △ | △ | *出身系列に規定あり。事前相談で編入年次決定 |
| | 健康栄養 | 食品開発科 | | 2・3 | | ● | ● | ● | ● | | | | | | | ● | ● | | | | 1 | 1 | 0 | 0 | △ | △ | |
| | | 管理栄養 | | 2 | | *● | *● | *● | | *● | | | | | | | ● | ● | | | 0 | 0 | 0 | 0 | △ | △ | |
| | 人間発達 | 子ども教育 | | 2・3 | | ● | ● | ● | ● | | | | | | | | ● | | | | 0 | 0 | 1 | 1 | △ | △ | |

| 大学名 | 学部 | 学科 | 専攻・コース | 編入年次 | 大1 | 大2 | 学士 | 短大 | 高専 | 専門 | 試験日 | 出願期間 | 外国語筆記 | 外部試験 | 専門科目 | 小論文 | 面接 | 口頭試問 | 専門科目以外の科目 | その他の注意事項 | R3志願者 | R3合格者 | R4志願者 | R4合格者 | R5志願者 | R5合格者 | 備考 |
|---|---|---|---|---|---|---|---|---|---|---|---|---|---|---|---|---|---|---|---|---|---|---|---|---|---|---|---|
| | | | | | | | | | | | | | | | | | | | | | | | | | | | 特に記載がない場合は、大学在学生3年次は62単位以上、2年次は31単位以上取得見込み |
| 宮崎国際 | 国際教養 | 比較文化 | | 3 | | *● | ● | ● | ● | ● | 11/19 | 11/1~11/11 | | *● | | | | ※● | | *TOEIC(IP)。TOEICほか規定以上提出で免除 ※英語を含む | 1 | 1 | 0 | 0 | 0 | 0 | *修了(見込)者。履修科目の総合評定2.0以上。秋入学(6月試験)もあり |
| | 教育 | 児童教育 | | 3 | | *● | ● | ● | ● | ● | | | | | | | ● | | | | 0 | 0 | 0 | 0 | 0 | 0 | |
| 宮崎産業経営 | 法 | 法律 | | 2・3 | ● | ● | ● | ● | ● | ● | 12/1 3/2 | 11/7~11/16 2/13~2/26 | | | | ● | ● | | | | 1 | 1 | 0 | 0 | 1 | 0 | 大学在学者2年次28単位以上 |
| | 経営 | 経営 | | 2・3 | ● | ● | ● | ● | ● | ● | | | | | | ● | ● | | | | 1 | 1 | 0 | 0 | 0 | 0 | |
| 鹿児島国際 | 経済 | 経済 | | 2・3 | ● | ● | ● | ● | ● | ● | 11/26 | 11/7~11/17 | 英 | | | ● | ● | | | | 1 | 1 | △ | △ | △ | △ | 別途学士(書・小・面)、社会人編入実施で合格状況に含む |
| | | 経営 | | 2・3 | ● | ● | ● | ● | ● | ● | | | 英 | | | ● | ● | | | | 0 | 0 | △ | △ | △ | △ | |
| | 福祉社会 | 社会福祉 | | 2・3 | ● | ● | ● | ● | ● | ● | | | 英 | | | ● | ● | | | | 0 | 0 | △ | △ | △ | △ | |
| | | 児童 | | 2・3 | ● | ● | ● | ● | ● | ● | | | 英 | | | ● | ● | | | | 3 | 3 | △ | △ | △ | △ | |
| | 国際文化 | 国際文化 | | 2・3 | ● | ● | ● | ● | ● | ● | | | 英 | | | ● | ● | | | | 2 | 2 | △ | △ | △ | △ | 別途学士(書・小・面)、社会人編入実施で合格状況に含む |
| | | 音楽 | | 2・3 | ● | ● | ● | ● | ● | ● | | | | | | | | | 実技 | | 0 | 0 | △ | △ | △ | △ | 音楽系出身のみ。別途学士(書・面・実)実施で合格状況に含む |
| 鹿児島純心 | 人間教育 | 教育・心理 | | 2・3 | ● | ● | ● | ● | ● | ● | 11/17 2/8 3/16 | 11/1~11/10 1/10~1/26 3/6~3/10 | | | | ● | ● | | | | 6(1) | 4(1) | 6(1) | 6(1) | 8(0) | 7(0) | ( )は内編で外数2年次は短大1年在籍で可。要事前確認 |
| | 看護栄養 | 健康栄養 | | 3 | | ● | ● | ● | | | | | | | | | ● | ● | | | 7(3) | 4(3) | 10(3) | 8(3) | 5(3) | 4(3) | |
| 志學館 | 人間関係 | 心理臨床 | | 2・3 | ● | ● | ● | ● | ● | ● | 10/22 2/17 | 9/15~10/14 1/23~2/9 | | | ※● | | ● | | ※各学科の課題 | 大学在学者は所定の単位修得(見込)者 | △ | △ | △ | △ | △ | △ | |
| | | 人間文化 | | 2・3 | ● | ● | ● | ● | ● | ● | | | | | ※● | | ● | | | | △ | △ | △ | △ | △ | △ | |
| | 法 | 法律 | | 2・3 | ● | ● | ● | ● | ● | ● | | | | | ※● | | ● | | | | △ | △ | △ | △ | △ | △ | |
| | | 法ビジネス | | 2・3 | ● | ● | ● | ● | ● | ● | | | | | ※● | | ● | | | | △ | △ | △ | △ | △ | △ | |
| 第一工科 | 航空工 | 航空工 | | 2・3 | ● | ● | ● | ● | ● | ● | 10/1 10/22 | 9/1~9/22 10/3~10/14 | | | | | ● | | エントリーカード | 大学在学者2年次30単位以上(短大1年在学者も可)。3年次60単位以上。航空操縦学専攻は受験不可 | △ | △ | △ | △ | △ | △ | |
| | 工 | 情報電子システム工 | | 2・3 | ● | ● | ● | ● | ● | ● | 11/26 12/17 | 11/7~11/18 11/28~12/9 | | | | | ● | | | | △ | △ | △ | △ | △ | △ | |
| | | 機械システム工 | | 2・3 | ● | ● | ● | ● | ● | ● | 2/18 3/15 3/25 | 1/16~2/9 2/20~3/9 3/13~3/22 | | | | | ● | | | | △ | △ | △ | △ | △ | △ | |
| | | 環境エネルギー工 | | 2・3 | ● | ● | ● | ● | ● | ● | | | | | | | ● | | | | △ | △ | △ | △ | △ | △ | |
| | | 建築デザイン | | 2・3 | ● | ● | ● | ● | ● | ● | | | | | | | ● | | | | △ | △ | △ | △ | △ | △ | |
| 沖縄 | 経法商 | 経法商 | | 2・3 | ● | ● | ● | ● | ● | ● | 2/4~6 2/25、2/26 | 1/10~1/19 2/6~2/15 | | | | ● | ● | | | | 30 | 22 | 39 | 31 | 21 | 15 | 大学在学者2年次28単位以上(短大1年在学者も可)。3年次56単位以上。合格状況に推薦・総合型選抜(書・面)。3年志望2年次合格者、社会人編入を含む。合格者数欄は入学者数 |
| | 人文 | 福祉文化 | 社会福祉 | 2・3 | ● | ● | ● | ● | ● | ● | | | | | | ● | ● | | | | | | | | | | |
| | | | 健康スポーツ福祉 | 2・3 | ● | ● | ● | ● | ● | ● | | | | | | ● | ● | | | | | | | | | | |
| | | 国際コミュニケーション | | 2・3 | ● | ● | ● | ● | ● | ● | | | | | | ● | ● | | | | | | | | | | |
| | | こども文化 | | 2・3 | ● | ● | ● | ● | ● | ● | | | | | | ● | ● | | 国語・英語 | | | | | | | | |
| | 健康栄養 | 管理栄養 | | 3 | | ● | ● | ● | | | | | | | | ● | ● | | | | | | | | | | |
| 沖縄キリスト教学院 | 人文 | 英語コミュニケーション | | 2・3 | ● | ● | ● | ● | | ● | 11/26 2/4 3/7 | 11/1~11/8 1/4~1/20 2/17~2/27 | 英 | | | ● | ● | | | | 13 | 13 | 8 | 8 | 9 | 9 | 大学在学者2年次30単位以上、3年次60単位以上。2年次編入は欠員がある場合のみ。合格状況に指定校・内編含む。別途10月入学有(8月試験)。要事前相談 |

| 大学名 | 学部 | 学科 | 専攻・コース | 編入年次 | 大1 | 大2 | 学士 | 短大 | 高専 | 専門 | 試験日 | 出願期間 | 外国語筆記 | 外部試験 | 専門科目 | 小論文 | 面接 | 口頭試問 | 専門科目以外の科目 | その他の注意事項 | R3志願者 | R3合格者 | R4志願者 | R4合格者 | R5志願者 | R5合格者 | 備考 特に記載がない場合は、大学在学生3年次は62単位以上、2年次は31単位以上取得見込み |
|---|---|---|---|---|---|---|---|---|---|---|---|---|---|---|---|---|---|---|---|---|---|---|---|---|---|---|---|
| 沖縄国際 | 法 | 法律 | | 2・3 | ● | ● | ● | ● | ● | ● | 12/2 2/1 | 10/24~10/27 12/19~12/22 | | | ● | | ● | | | | 0 | 0 | 7 | 6 | 2 | 2 | 大学在学者2年次30単位以上、3年次60単位以上。要事前相談。合格状況は2・3年次計。指定校推薦含む。心理カウンセリング専攻受験者で公認心理師受験資格取得希望者は2年次のみ |
| | | 地域行政 | | 2・3 | ● | ● | ● | ● | ● | | | | | | ● | | ● | | | | 2 | 2 | 1 | 1 | 2 | 2 | |
| | 経済 | 経済 | | 2・3 | ● | ● | ● | ● | ● | | | | | | ※● | | ● | | | ※後期は専門なし | 5 | 2 | 3 | 0 | 2 | 1 | |
| | | 地域環境政策 | | 2・3 | ● | ● | ● | ● | ● | | | | | | ● | | ● | | | | 8 | 6 | 3 | 3 | 0 | 0 | |
| | 産業情報 | 企業システム | | 2・3 | ● | ● | ● | ● | ● | | | | | | ● | | ● | | | | 14 | 9 | 14 | 6 | 11 | 5 | |
| | | 産業情報 | | 2・3 | ● | ● | ● | ● | ● | | | | | | ● | | ● | | | | 6 | 5 | 8 | 6 | 6 | 3 | |
| | 総合文化 | 日本文化 | | 2・3 | ● | ● | ● | ● | ● | | | | | | ● | | ● | | | | 3 | 2 | 2 | 2 | 0 | 0 | |
| | | 英米言語文化 | | 2・3 | ● | ● | ● | ● | ● | | | | | | ● | | ● | | | | 12 | 7 | 14 | 11 | 9 | 9 | |
| | | 社会文化 | | 2・3 | ● | ● | ● | ● | ● | | | | | | ● | | ● | | | | 3 | 3 | 4 | 4 | 1 | 1 | |
| | 人間福祉 | 社会福祉 | | 2・3 | ● | ● | ● | ● | ● | | | | | | ● | | ● | | | | 4 | 4 | 6 | 6 | 4 | 2 | |
| | | | 心理カウンセリング | 2・3 | ● | ● | ● | ● | ● | | | | | | | | ● | | | | 5 | 4 | 10 | 6 | 1 | 0 | |

## ··· DATA 02 の見方 ···

| | |
|---|---|
| 数字···· | 編入定員または令和 6 年度募集人員 |
| ◎····· | 若干名で毎年募集またはここ数年実施あり |
| ○····· | 内部編入／併設短大・系列専門学校からの編入<br>／指定校編入のみの実施 |
| △＋···· | 欠員募集で令和 6 年度実施予定 |
| △♯···· | 欠員募集で令和 6 年度実施予定なし |
| △※···· | 欠員募集で令和 6 年度実施未定 |
| ▲····· | 令和 5 年度増設学科 |
| ▲＋···· | 令和 5 年度増設学科で令和 6 年度実施予定または<br>令和 4 年度増設学科で令和 5 年度実施 |
| ▲♯···· | 令和 5 年度増設学科で令和 6 年度実施予定なし |
| ▲※···· | 令和 5 年度増設学科で令和 6 年度実施未定 |
| ●····· | 学士編入実施でここ数年実施あり |
| ●＋···· | 学士編入の欠員募集で令和 6 年度実施予定 |
| ●♯···· | 令和 6 年度実施予定なし |
| □····· | 内部学士編入 |
| ■····· | 条件付き学士編入 |
| ☆····· | 社会人編入のみ実施 |
| ★····· | 高専出身者のみ受入れ |

- 国公立大学の実施状況は DATA 01 に記載しています。
- 令和 6 年度（R5.4 〜 R6.3 実施）の私立大学編入試験実施状況を上記の記号で記載しています。
- 欠員募集でも、定期的に実施している学科は◎、年度で実施の異なる学科は△、として記載しています。
- 学群・学類は学部・学科表記に準ずる名称として記載しています。

## Column 1

| 大学名 | | |
|---|---|---|
| 学部名 | 学科名(コース) | 実施状況 |
| **育英館大** | | |
| 情報メディア | 情報メディア | ◎ |
| **札幌大** | | |
| 地域共創 | 人間社会 | ◎ |
| **札幌大谷大** | | |
| 芸術 | 音楽 | ◎ |
| | 美術 | ◎ |
| 社会 | 地域社会 | ◎ |
| **札幌学院大** | | |
| 経済経営 | 経済 | △# |
| | 経営 | △# |
| 人文 | 人間科 | ◎ |
| | 英語英米文 | △# |
| | 子ども発達 | ◎ |
| 心理 | 臨床心理 | △# |
| 法 | 法律 | ◎ |
| **札幌国際大** | | |
| 人文 | 国際教養 | ◎ |
| | 現代文化 | ▲# |
| | 心理 | ◎ |
| 観光 | 観光ビジネス | ◎ |
| スポーツ人間 | スポーツビジネス | ◎ |
| | スポーツ指導 | ◎ |
| **札幌保健医療大** | | |
| 保健医療 | 看護 | × |
| | 栄養 | 10 |
| **星槎道都大** | | |
| 経営 | 経営 | ◎ |
| 社会福祉 | 社会福祉 | ◎ |
| 美術 | デザイン | ◎ |
| | 建築 | ◎ |
| **天使大** | | |
| 看護栄養 | 看護 | × |
| | 栄養 | × |
| **日本医療大** | | |
| 保健医療 | 看護 | × |
| | リハビリテーション | × |
| | 診療放射線 | × |
| | 臨床検査 | × |
| | 臨床工 | × |
| 総合福祉 | 介護福祉マネジメント | × |
| | ソーシャルワーク | × |
| **日本赤十字北海道看護大** | | |
| 看護 | 看護 | × |
| **函館大** | | |
| 商 | 商 | ◎ |
| **藤女子大** | | |
| 文 | 英語文化 | ◎ |
| | 日本語・日本文 | ◎ |
| | 文化総合 | ◎ |
| 人間生活 | 人間生活 | ◎ |
| | 食物栄養 | △+ |

## Column 2

| 大学名 | | |
|---|---|---|
| 学部名 | 学科名(コース) | 実施状況 |
| | 子ども教育 | △+ |
| **北翔大** | | |
| 生涯スポーツ | スポーツ教育 | 10 |
| | 健康福祉 | 5 |
| 教育文化 | 教育 | 10 |
| | 芸術 | 5 |
| | 心理カウンセリング | 5 |
| **北星学園大** | | |
| 文 | 英文 | 3 |
| | 心理・応用コミュニケーション | 3 |
| 経済 | 経済 | 2 |
| | 経営情報 | 3 |
| | 経済法 | 3 |
| 社会福祉 | 社会福祉 | ◎ |
| | 心理 | 3 |
| | 福祉計画 | 4 |
| | 福祉臨床 | 4 |
| **北洋大** | | |
| 国際文化 | キャリア創造 | ◎ |
| **北海学園大** | | |
| 経済 | 経済 | ◎ |
| | 地域経済 | ◎ |
| 経営 | 経営 | ◎ |
| | 経営情報 | ◎ |
| 法 | 法律 | 20 |
| | 政治 | 10 |
| 人文 | 日本文化 | ◎ |
| | 英米文化 | ◎ |
| 工 | 社会環境工 | ◎ |
| | 建築 | △+ |
| | 電子情報工 | ◎ |
| | 生命工 | ◎ |
| 経済2部 | 経済 | ◎ |
| | 地域経済 | ◎ |
| 経営2部 | 経営 | ◎ |
| 法2部 | 法律 | ◎ |
| | 政治 | ◎ |
| 人文2部 | 日本文化 | ◎ |
| | 英米文化 | ◎ |
| **北海商科大** | | |
| 商 | 商 | × |
| | 観光産業 | × |
| **北海道医療大** | | |
| 薬 | 薬 | 9 |
| 歯 | 歯 | ◎ |
| 看護福祉 | 看護 | × |
| | 福祉マネジメント | 10 |
| 心理科 | 臨床心理 | × |
| リハビリテーション科 | 理学療法 | × |
| | 作業療法 | × |
| | 言語聴覚療法 | × |
| 医療技術 | 臨床検査 | △# |

## Column 3

| 大学名 | | |
|---|---|---|
| 学部名 | 学科名(コース) | 実施状況 |
| **北海道科学大** | | |
| 工 | 機械工 | ◎ |
| | 情報工 | × |
| | 電気電子工 | ◎ |
| | 建築 | ◎ |
| | 都市環境 | ◎ |
| 保健医療 | 看護 | × |
| | 理学療法 | × |
| | 義肢装具 | × |
| | 臨床工 | × |
| | 診療放射線 | × |
| 未来デザイン | 人間社会 | ◎ |
| | メディアデザイン | △# |
| 薬 | 薬 | × |
| **北海道情報大** | | |
| 経営情報 | 先端経営 | 5 |
| | システム情報 | 5 |
| 医療情報 | 医療情報 | × |
| 情報メディア | 情報メディア | 10 |
| **北海道千歳リハビリテーション大** | | |
| 健康科 | リハビリテーション | × |
| **北海道文教大** | | |
| 国際 | 国際教養 | △+ |
| | 国際コミュニケーション | △+ |
| 人間科 | 健康栄養 | △+ |
| | こども発達 | × |
| 医療保健科 | 看護 | × |
| | リハビリテーション | × |
| **酪農学園大** | | |
| 農食環境学群 | 循環農学類 | ◎ |
| | 食と健康学類 | ◎ |
| | 環境共生学類 | ◎ |
| 獣医学群 | 獣医学類 | × |
| | 獣医保健看護学類 | × |
| **青森大** | | |
| 総合経営 | 経営 | ◎ |
| 社会 | 社会 | ◎ |
| ソフトウェア情報 | ソフトウェア情報 | ◎ |
| 薬 | 薬 | ◎ |
| **青森中央学院大** | | |
| 経営法 | 経営法 | 8 |
| 看護 | 看護 | × |
| **柴田学園大** | | |
| 生活創生 | 健康栄養 | × |
| | こども発達 | △+ |
| | フードマネジメント | × |
| **八戸学院大** | | |
| 地域経営 | 地域経営 | ◎ |
| 健康医療 | 人間健康 | ◎ |
| | 看護 | × |
| **八戸工業大** | | |
| 工 | 工 | ◎ |

| 大学名 | | | |
|---|---|---|---|
| 学部名 | 学科名(コース) | | 実施状況 |
| 感性デザイン | 感性デザイン | | △＋ |

**弘前医療福祉大**

| 学部名 | 学科名(コース) | 実施状況 |
|---|---|---|
| 保健 | 看護 | × |
| | 医療技術 | × |

**弘前学院大**

| 学部名 | 学科名(コース) | 実施状況 |
|---|---|---|
| 文 | 英語・英米文 | ◎ |
| | 日本語・日本文 | ◎ |
| 社会福祉 | 社会福祉 | ◎ |
| 看護 | 看護 | ◎ |

**岩手医科大**

| 学部名 | 学科名(コース) | 実施状況 |
|---|---|---|
| 医 | 医 | ● |
| 歯 | 歯 | ◎ |
| 薬 | 薬 | × |
| 看護 | 看護 | 5 |

**岩手保健医療大**

| 学部名 | 学科名(コース) | 実施状況 |
|---|---|---|
| 看護 | 看護 | × |

**富士大**

| 学部名 | 学科名(コース) | 実施状況 |
|---|---|---|
| 経済 | 経済 | ◎ |
| | 経営法 | ◎ |

**盛岡大**

| 学部名 | 学科名(コース) | 実施状況 |
|---|---|---|
| 文 | 英語文化 | ◎ |
| | 日本文 | ◎ |
| | 社会文化 | ◎ |
| | 児童教育(児童教育) | ◎ |
| | 児童教育(保育・幼児教育) | × |
| 栄養科 | 栄養科 | △＋ |

**石巻専修大**

| 学部名 | 学科名(コース) | 実施状況 |
|---|---|---|
| 理工 | 生物科 | ◎ |
| | 機械工 | ◎ |
| | 情報電子工 | ◎ |
| 経営 | 経営 | ◎ |
| | 情報マネジメント | △＋ |
| 人間 | 人間文化 | ◎ |
| | 人間教育 | ◎ |

**尚絅学院大**

| 学部名 | 学科名(コース) | 実施状況 |
|---|---|---|
| 人文社会 | 人文社会 | 4 |
| 心理・教育 | 心理 | 2 |
| | 子ども | 2 |
| | 学校教育 | 2 |
| 健康栄養 | 健康栄養 | × |

**仙台大**

| 学部名 | 学科名(コース) | 実施状況 |
|---|---|---|
| 体育 | 体育 | 10 |
| | 健康福祉 | 20 |
| | スポーツ栄養 | 8 |
| | 現代武道 | 10 |
| | スポーツ情報マスメディア | × |
| | 子ども運動教育 | × |

**仙台白百合女子大**

| 学部名 | 学科名(コース) | 実施状況 |
|---|---|---|
| 人間 | 子ども教育 | × |
| | 心理福祉 | 6 |
| | 健康栄養 | 14 |
| | グローバル・スタディーズ | 6 |

| 大学名 | | |
|---|---|---|
| 学部名 | 学科名(コース) | 実施状況 |

**東北医科薬科大**

| 学部名 | 学科名(コース) | 実施状況 |
|---|---|---|
| 医 | 医 | × |
| 薬 | 薬 | × |
| | 生命薬科 | × |

**東北学院大**

| 学部名 | 学科名(コース) | 実施状況 |
|---|---|---|
| 文 | 英文 | 12 |
| | 総合人文 | 2 |
| | 歴史 | 3 |
| | 教育 | × |
| 経済 | 経済 | 9 |
| | 共生社会経済 | 3 |
| 経営 | 経営 | 8 |
| 法 | 法律 | 6 |
| 工 | 機械知能工 | 6 |
| | 電気電子工 | 6 |
| | 環境建設工 | 5 |
| 地域総合 | 地域コミュニティ | × |
| | 政策デザイン | × |
| 情報 | データサイエンス | × |
| 人間科 | 心理行動科 | × |
| 国際 | 国際教養 | × |
| 教養 | 人間科 | × |
| | 言語文化 | × |
| | 情報科 | × |
| | 地域構想 | × |

**東北工業大**

| 学部名 | 学科名(コース) | 実施状況 |
|---|---|---|
| 工 | 電気電子工 | ◎ |
| | 情報通信工 | ◎ |
| | 都市マネジメント | ◎ |
| | 環境応用化 | ◎ |
| 建築 | 建築 | ◎ |
| ライフデザイン | 産業デザイン | ◎ |
| | 生活デザイン | ◎ |
| | 経営コミュニケーション | ◎ |

**東北生活文化大**

| 学部名 | 学科名(コース) | 実施状況 |
|---|---|---|
| 家政 | 家政(服飾文化) | ◎ |
| | 家政(健康栄養学) | 2 |
| 美術 | 美術表現 | |

**東北福祉大**

| 学部名 | 学科名(コース) | 実施状況 |
|---|---|---|
| 総合福祉 | 社会福祉 | ◎ |
| | 福祉心理 | ◎ |
| | 福祉行政 | ◎ |
| 総合マネジメント | 産業福祉マネジメント | ◎ |
| | 情報福祉マネジメント | ◎ |
| 教育 | 教育 | ◎ |
| 健康科 | 保健看護 | × |
| | 医療経営管理 | ◎ |
| | リハビリテーション | × |

**東北文化学園大**

| 学部名 | 学科名(コース) | 実施状況 |
|---|---|---|
| 医療福祉 | リハビリテーション | × |
| | 看護 | × |
| 現代社会 | 現代社会 | 4 |

| 大学名 | | |
|---|---|---|
| 学部名 | 学科名(コース) | 実施状況 |
| 経営法 | 経営法 | 2 |
| 工 | 知能情報システム | 2 |
| | 建築環境 | 2 |
| | 臨床工 | × |

**宮城学院女子大**

| 学部名 | 学科名(コース) | 実施状況 |
|---|---|---|
| 現代ビジネス | 現代ビジネス | ◎ |
| 教育 | 教育 | × |
| 生活科 | 食品栄養 | × |
| | 生活文化デザイン | ◎ |
| 学芸 | 日本文 | ◎ |
| | 英文 | ◎ |
| | 人間文化 | ◎ |
| | 心理行動科 | ◎ |
| | 音楽 | ◎ |

**秋田看護福祉大**

| 学部名 | 学科名(コース) | 実施状況 |
|---|---|---|
| 看護福祉 | 看護 | × |
| | 医療福祉 | ◎ |

**日本赤十字秋田看護大**

| 学部名 | 学科名(コース) | 実施状況 |
|---|---|---|
| 看護 | 看護 | × |

**ノースアジア大**

| 学部名 | 学科名(コース) | 実施状況 |
|---|---|---|
| 経済 | 経済 | ◎ |
| 法 | 法律 | ◎ |
| | 国際 | ◎ |

**東北芸術工科大**

| 学部名 | 学科名(コース) | 実施状況 |
|---|---|---|
| 芸術 | 文化財保存修復 | ◎ |
| | 歴史遺産 | ◎ |
| | 美術 | ◎ |
| | 工芸デザイン | ◎ |
| | 文芸 | ◎ |
| デザイン工 | プロダクトデザイン | ◎ |
| | 建築・環境デザイン | ◎ |
| | グラフィックデザイン | ◎ |
| | 映像 | ◎ |
| | 企画構想 | ◎ |
| | コミュニティデザイン | ◎ |

**東北公益文科大**

| 学部名 | 学科名(コース) | 実施状況 |
|---|---|---|
| 公益 | 公益 | 10 |

**東北文教大**

| 学部名 | 学科名(コース) | 実施状況 |
|---|---|---|
| 人間科 | 人間関係 | 5 |
| | 子ども教育 | 5 |

**医療創生大**

| 学部名 | 学科名(コース) | 実施状況 |
|---|---|---|
| 薬 | 薬 | ◎ |
| 看護 | 看護 | × |
| 健康医療科 | 作業療法 | △＋ |
| | 理学療法 | △＃ |
| 心理 | 臨床心理 | △＋ |

**奥羽大**

| 学部名 | 学科名(コース) | 実施状況 |
|---|---|---|
| 歯 | 歯 | ◎ |
| 薬 | 薬 | ◎ |

**郡山女子大**

| 学部名 | 学科名(コース) | 実施状況 |
|---|---|---|
| 家政 | 生活科 | 10 |
| | 食物栄養 | 10 |

| 大学名 | | | |
|---|---|---|---|
| 学部名 | 学科名(コース) | | 実施状況 |
| **東日本国際大** | | | |
| 経済経営 | 経済経営 | | ◎ |
| 健康福祉 | 社会福祉 | | ◎ |
| **福島学院大** | | | |
| 福祉 | 福祉心理 | | ◎ |
| | こども | | △# |
| **茨城キリスト教大** | | | |
| 文 | 文化交流 | | 5 |
| | 現代英語 | | 10 |
| | 児童教育(児童教育) | | 10 |
| | 児童教育(幼児保育) | | 10 |
| 生活科 | 心理福祉 | | 5 |
| | 食物健康科 | | × |
| 経営 | 経営 | | 5 |
| 看護 | 看護 | | × |
| **筑波学院大** | | | |
| 経営情報 | ビジネスデザイン | | ◎ |
| **つくば国際大** | | | |
| 医療保健 | 理学療法 | | × |
| | 看護 | | × |
| | 保健栄養 | | × |
| | 診療放射線 | | × |
| | 臨床検査 | | × |
| | 医療技術 | | × |
| **常磐大** | | | |
| 人間科 | 心理 | | △# |
| | 教育 | | 4 |
| | 現代社会 | | × |
| | コミュニケーション | | △+ |
| | 健康栄養 | | △# |
| 総合政策 | 経営 | | × |
| | 法律行政 | | △# |
| | 総合政策 | | × |
| 看護 | 看護 | | × |
| **日本ウェルネススポーツ大** | | | |
| スポーツプロモーション | スポーツプロモーション | | 5 |
| **流通経済大** | | | |
| 経済 | 経済 | | ◎ |
| | 経営 | | ◎ |
| 社会 | 社会 | | ◎ |
| | 国際観光 | | 20 |
| 流通情報 | 流通情報 | | ◎ |
| 法 | ビジネス法 | | 10 |
| | 自治行政 | | 10 |
| スポーツ健康科 | スポーツ健康科 | | ◎ |
| | スポーツコミュニケーション | | ◎ |
| **足利大** | | | |
| 工 | 創生工 | | ◎ |
| 看護 | 看護 | | × |
| **宇都宮共和大** | | | |
| シティライフ | シティライフ | | × |
| 子ども生活 | 子ども生活 | | × |

| 大学名 | | | |
|---|---|---|---|
| 学部名 | 学科名(コース) | | 実施状況 |
| **国際医療福祉大** | | | |
| 保健医療 | 看護 | | × |
| | 理学療法 | | × |
| | 作業療法 | | × |
| | 言語聴覚 | | × |
| | 視機能療法 | | × |
| | 放射線・情報科 | | × |
| 医療福祉 | 医療福祉・マネジメント | | △# |
| 薬 | 薬 | | × |
| 医 | 医 | | × |
| 成田看護 | 看護 | | × |
| 成田保健医療 | 理学療法 | | × |
| | 作業療法 | | × |
| | 言語聴覚 | | × |
| | 医学検査 | | × |
| | 放射線・情報科 | | △# |
| 小田原保健医療 | 看護 | | × |
| | 理学療法 | | × |
| | 作業療法 | | × |
| 福岡保健医療 | 理学療法 | | × |
| | 作業療法 | | × |
| | 言語聴覚 | | × |
| | 医学検査 | | × |
| | 看護 | | × |
| 心理・医療福祉マネジメント | 心理 | | × |
| | 医療マネジメント | | × |
| 福岡薬 | 薬 | | △# |
| **作新学院大** | | | |
| 経営 | 経営 | | ◎ |
| | スポーツマネジメント | | ◎ |
| 人間文化 | 発達教育 | | ◎ |
| | 心理コミュニケーション | | ◎ |
| **自治医科大** | | | |
| 医 | 医 | | × |
| 看護 | 看護 | | × |
| **獨協医科大** | | | |
| 医 | 医（1年次） | | △# |
| 看護 | 看護 | | 10 |
| **白鷗大** | | | |
| 法 | 法律 | | × |
| 経営 | 経営 | | × |
| 教育 | 発達科 | | × |
| **文星芸術大** | | | |
| 美術 | 美術 | | 4 |
| **育英大** | | | |
| 教育 | 教育(児童教育) | | △+ |
| | 教育(スポーツ教育) | | × |
| **関東学園大** | | | |
| 経済 | 経済 | | 20 |
| | 経営 | | 20 |
| **共愛学園前橋国際大** | | | |

| 大学名 | | | |
|---|---|---|---|
| 学部名 | 学科名(コース) | | 実施状況 |
| | 国際社会 | | ○ |
| **桐生大** | | | |
| 医療保険 | 看護 | | ◎ |
| | 栄養 | | 3 |
| **群馬医療福祉大** | | | |
| 社会福祉 | 社会福祉(社会福祉) | | 40 |
| | 社会福祉(子ども) | | ◎ |
| 看護 | 看護 | | × |
| リハビリテーション | リハビリテーション | | × |
| 医療技術 | 医療技術 | | △# |
| **群馬パース大** | | | |
| 看護 | 看護 | | × |
| 医療技術 | 検査技術 | | × |
| | 放射線 | | × |
| | 臨床工 | | × |
| リハビリテーション | 作業療法 | | × |
| | 言語聴覚 | | × |
| | 理学療法 | | × |
| **上武大** | | | |
| ビジネス情報 | 国際ビジネス | | ◎ |
| | スポーツ健康マネジメント(スポーツマネジメント、スポーツトレーナー) | | ◎ |
| | スポーツ健康マネジメント(柔道整復師・救急救命士) | | × |
| 看護 | 看護 | | × |
| **高崎健康福祉大** | | | |
| 健康福祉 | 医療情報 | | × |
| | 社会福祉 | | △# |
| | 健康栄養 | | △# |
| 保健医療 | 看護 | | × |
| | 理学療法 | | × |
| 薬 | 薬 | | × |
| 人間発達 | 子ども教育 | | × |
| 農 | 生物生産 | | △+ |
| **高崎商科大** | | | |
| 商 | 経営 | | ◎ |
| | 会計 | | ◎ |
| **浦和大** | | | |
| 社会 | 総合福祉 | | ◎ |
| | 現代社会 | | △# |
| こども | こども | | × |
| | 学校教育 | | × |
| **共栄大** | | | |
| 教育 | 教育 | | × |
| 国際経営 | 国際経営 | | × |
| **埼玉医科大** | | | |
| 医 | 医 | | × |
| 保健医療 | 看護 | | 10 |
| | 臨床検査 | | × |
| | 臨床工 | | ◎ |
| | 理学療法 | | × |
| **埼玉学園大** | | | |
| 人間 | 人間文化 | | 3 |

| 大学名 | | |
|---|---|---|
| 学部名 | 学科名(コース) | 実施状況 |
| | 子ども発達 | 3 |
| | 心理 | × |
| 経済経営 | 経済経営 | 4 |
| **埼玉工業大** | | |
| 工 | 機械工 | ◎ |
| | 生命環境化 | ◎ |
| | 情報システム | ◎ |
| 人間社会 | 情報社会 | ◎ |
| | 心理 | ◎ |
| **十文字学園女子大** | | |
| 人間生活 | 食物栄養 | × |
| | 食品開発 | △# |
| | 健康栄養 | 5 |
| | 人間福祉 | △# |
| 教育人文 | 幼児教育 | △# |
| | 児童教育 | △# |
| | 心理 | △# |
| | 文芸文化 | 5 |
| 社会情報デザイン | 社会情報デザイン | △# |
| **城西大** | | |
| 経済 | 経済 | ◎ |
| 現代政策 | 社会経済システム | ◎ |
| 経営 | マネジメント総合 | ◎ |
| 理 | 数 | ◎ |
| | 化 | ◎ |
| 薬 | 薬 | △+ |
| | 薬科 | △+ |
| | 医療栄養 | △+ |
| **尚美学園大** | | |
| 芸術情報 | 情報表現 | 10 |
| | 音楽表現 | 20 |
| | 音楽応用 | 10 |
| | 舞台表現 | 10 |
| 総合政策 | 総合政策 | ◎ |
| スポーツマネジメント | スポーツマネジメント | △+ |
| **女子栄養大** | | |
| 栄養 | 実践栄養 | 5 |
| | 保健栄養(保健養護) | 5 |
| | 保健栄養(栄養科学) | × |
| | 食文化栄養 | 8 |
| **駿河台大** | | |
| 法 | 法律 | 5 |
| 経済経営 | 経済経営 | 25 |
| メディア情報 | メディア情報 | 15 |
| スポーツ科 | スポーツ科 | × |
| 心理 | 心理 | 5 |
| **聖学院大** | | |
| 政治経済 | 政治経済 | ◎ |
| 人文 | 欧米文化 | ◎ |
| | 日本文化 | ◎ |
| | 子ども教育 | ◎ |
| 心理福祉 | 心理福祉 | 20 |
| **西武文理大** | | |

| 大学名 | | |
|---|---|---|
| 学部名 | 学科名(コース) | 実施状況 |
| サービス経営 | サービス経営 | 15 |
| | 健康福祉マネジメント | × |
| 看護 | 看護 | ●+ |
| **東京国際大** | | |
| 商 | 商 | ◎ |
| | 経営 | ◎ |
| 経済 | 経済 | ◎ |
| 言語コミュニケーション | 英語コミュニケーション | ◎ |
| 国際関係 | 国際関係 | ◎ |
| | 国際メディア | ◎ |
| 人間社会 | 福祉心理 | ◎ |
| | 人間スポーツ | ◎ |
| | スポーツ科 | ◎ |
| 医療健康 | 理学療法 | △# |
| **東都大** | | |
| ヒューマンケア | 看護 | × |
| 管理栄養 | 管理栄養 | △+ |
| 幕張ヒューマンケア | 看護 | × |
| | 健康科 | 4 |
| | 理学療法 | △# |
| | 臨床工 | △# |
| 沼津ヒューマンケア | 看護 | △# |
| **東邦音楽大** | | |
| 音楽 | 音楽 | 10 |
| **獨協大** | | |
| 外国語 | ドイツ語 | ◎ |
| | 英語 | ◎ |
| | フランス語 | ◎ |
| | 交流文化 | ◎ |
| 国際教養 | 言語文化 | ◎ |
| 経済 | 経済 | ◎ |
| | 経営 | ◎ |
| | 国際環境経済 | ◎ |
| 法 | 法律 | ◎ |
| | 国際関係法 | ◎ |
| | 総合政策 | ◎ |
| **日本医療科学大** | | |
| 保健医療 | 診療放射線 | × |
| | リハビリテーション | × |
| | 看護 | × |
| | 臨床工 | × |
| | 臨床検査 | × |
| **日本工業大(R6学科新設)** | | |
| 基幹工 | 機械工 | △+ |
| | 電気電子通信工 | △+ |
| | 応用化 | △+ |
| 先進工 | ロボティクス | △+ |
| | 情報メディア工 | △+ |
| | データサイエンス | △+ |
| 建築 | 建築(建築、生活環境デザイ | △+ |
| **日本保健医療大** | | |
| 保健医療 | 看護 | × |

| 大学名 | | |
|---|---|---|
| 学部名 | 学科名(コース) | 実施状況 |
| | 理学療法 | × |
| **日本薬科大** | | |
| 薬 | 薬 | △+ |
| | 医療ビジネス薬科 | △+ |
| **人間総合科学大** | | |
| 人間科 | 心身健康科(通教) | 500 |
| | 〈看護教員養成〉 | 40 |
| | ヘルスフードサイエンス | × |
| | 健康栄養 | × |
| 保健医療 | 看護 | × |
| | リハビリテーション | × |
| **文教大** | | |
| 教育 | 学校教育課程 | × |
| | 発達教育課程 | × |
| 人間科 | 人間科 | ◎ |
| | 臨床心理 | ☆ |
| | 心理 | × |
| 文 | 日本語日本文 | ◎ |
| | 英米語英米文 | ◎ |
| | 中国語中国文 | ◎ |
| | 外国語 | × |
| 情報 | 情報システム | △+ |
| | 情報社会 | △+ |
| | メディア表現 | △+ |
| 国際 | 国際理解 | ◎ |
| | 国際観光 | ◎ |
| 健康栄養 | 管理栄養 | × |
| 経営 | 経営 | × |
| **平成国際大** | | |
| 法 | 法 | ◎ |
| スポーツ健康 | スポーツ健康 | ◎ |
| **武蔵野学院大** | | |
| 国際コミュニケーション | 国際コミュニケーション | 2 |
| **ものつくり大** | | |
| 技能工芸 | 情報メカトロニクス | △+ |
| | 建設 | ◎ |
| **愛国学園大** | | |
| 人間文化 | 人間文化 | ◎ |
| **植草学園大** | | |
| 発達教育 | 発達支援教育 | ◎ |
| 保健医療 | リハビリテーション | △+ |
| **江戸川大** | | |
| 社会 | 人間心理 | △# |
| | 現代社会 | ◎ |
| | 経営社会 | △+ |
| メディアコミュニケーション | マス・コミュニケーション | ◎ |
| | 情報文化 | ◎ |
| | こどもコミュニケーション | ◎ |
| **開智国際大** | | |
| 教育 | 教育 | × |
| 国際教養 | 国際教養 | × |
| **亀田医療大** | | |

| 大学名 | | |
|---|---|---|
| 学部名 | 学科名(コース) | 実施状況 |
| 看護 | 看護 | × |

### 川村学園女子大

| 学部名 | 学科名(コース) | 実施状況 |
|---|---|---|
| 文 | 国際英語 | ◎ |
| | 史 | ◎ |
| | 心理 | ◎ |
| | 日本文化 | ◎ |
| 教育 | 幼児教育 | ◎ |
| | 児童教育 | ◎ |
| 生活創造 | 生活文化 | ◎ |
| | 観光文化 | ◎ |

### 神田外語大

| 学部名 | 学科名(コース) | 実施状況 |
|---|---|---|
| 外国語 | 英米語 | ◎ |
| | アジア言語 | ○ |
| | イベロアメリカ言語 | ○ |
| | 国際コミュニケーション(国際コミュニケーション) | ◎ |
| | 国際コミュニケーション(国際ビジネスキャリア) | ◎ |
| グローバル・リベラルアーツ | グローバル・リベラルアーツ | ○ |

### 敬愛大

| 学部名 | 学科名(コース) | 実施状況 |
|---|---|---|
| 経済 | 経済 | 2 |
| | 経営 | 2 |
| 国際 | 国際 | 2 |
| 教育 | こども教育 | 2 |

### 国際武道大

| 学部名 | 学科名(コース) | 実施状況 |
|---|---|---|
| 体育 | 武道 | △# |
| | 体育 | △# |

### 三育学院大

| 学部名 | 学科名(コース) | 実施状況 |
|---|---|---|
| 看護 | 看護 | × |

### 秀明大

| 学部名 | 学科名(コース) | 実施状況 |
|---|---|---|
| 総合経営 | 企業経営 | × |
| 英語情報マネジメント | 英語情報マネジメント | × |
| 学校教師 | 中等教育教員養成課程 | × |
| 観光ビジネス | 観光ビジネス | × |
| 看護 | 看護 | × |

### 淑徳大

| 学部名 | 学科名(コース) | 実施状況 |
|---|---|---|
| 総合福祉 | 社会福祉 | ◎ |
| | 実践心理 | △# |
| | 教育福祉 | × |
| 教育 | こども教育 | ◎ |
| 看護栄養 | 看護 | × |
| | 栄養 | × |
| コミュニティ政策 | コミュニティ政策 | △# |
| 経営 | 経営 | ◎ |
| | 観光経営 | ◎ |
| 人文 | 表現 | × |
| | 歴史 | × |
| | 人間科 | × |
| 地域創生 | 地域創生 | × |

### 城西国際大

| 学部名 | 学科名(コース) | 実施状況 |
|---|---|---|
| 国際人文 | 国際文化 | △# |
| | 国際交流 | 10 |
| 観光 | 観光 | △+ |
| 経営情報 | 総合経営 | 20 |
| メディア | メディア情報 | 20 |
| 薬 | 医療薬 | 20 |
| 福祉総合 | 福祉総合 | ◎ |
| | 理学療法 | × |
| 看護 | 看護 | × |

### 聖徳大

| 学部名 | 学科名(コース) | 実施状況 |
|---|---|---|
| 児童 | 児童 | × |
| 教育 | 児童 | 2 |
| | 教育 | 1 |
| 心理・福祉 | 心理 | 2 |
| | 社会福祉 | 5 |
| 文 | 文 | 6 |
| 人間栄養 | 人間栄養 | 5 |
| 音楽 | 音楽 | 2 |
| 看護 | 看護 | × |
| 教育(夜間主) | 児童 | 1 |
| | 教育 | 1 |

### 清和大

| 学部名 | 学科名(コース) | 実施状況 |
|---|---|---|
| 法 | 法律(法学) | ◎ |
| | 法律(情報と法、スポーツ法) | × |

### 千葉科学大

| 学部名 | 学科名(コース) | 実施状況 |
|---|---|---|
| 薬 | 薬 | ◎ |
| 危機管理 | 危機管理 | ◎ |
| | 保健医療 | △+ |
| | 航空技術危機管理 | ◎ |
| | 航空技術危機管理(パイロット) | × |
| | 動物危機管理 | ◎ |
| 看護 | 看護 | × |

### 千葉経済大

| 学部名 | 学科名(コース) | 実施状況 |
|---|---|---|
| 経済 | 経済 | ◎ |
| | 経営 | ◎ |

### 千葉工業大

| 学部名 | 学科名(コース) | 実施状況 |
|---|---|---|
| 工 | 機械工 | ◎ |
| | 機械電子創成工 | ◎ |
| | 先端材料工 | ◎ |
| | 電気電子工 | ◎ |
| | 情報通信システム工 | ◎ |
| | 応用化 | ◎ |
| 創造工 | 建築 | ◎ |
| | 都市環境工 | ◎ |
| | デザイン科 | ◎ |
| 先進工 | 未来ロボティクス | ◎ |
| | 生命科 | ◎ |
| | 知能メディア工 | ◎ |
| 情報科 | 情報工 | ◎ |
| | 情報ネットワーク | ◎ |
| 社会システム科 | 経営情報科 | ◎ |
| | プロジェクトマネジメント | ◎ |
| | 金融・経営リスク科 | ◎ |

### 千葉商科大

| 学部名 | 学科名(コース) | 実施状況 |
|---|---|---|
| 政策情報 | 政策情報 | ◎ |
| 商経 | 商 | ◎ |
| | 経済 | ◎ |
| | 経営 | ◎ |
| サービス創造 | サービス創造 | × |
| 人間社会 | 人間社会 | × |
| 国際教養 | 国際教養 | × |

### 中央学院大

| 学部名 | 学科名(コース) | 実施状況 |
|---|---|---|
| 商 | 商 | ◎ |
| 法 | 法 | ◎ |
| 現代教養 | 現代教養 | ◎ |

### 東京基督教大

| 学部名 | 学科名(コース) | 実施状況 |
|---|---|---|
| 神 | 総合神 | 14 |

### 東京情報大

| 学部名 | 学科名(コース) | 実施状況 |
|---|---|---|
| 総合情報 | 総合情報 | 10 |
| 看護 | 看護 | × |

### 明海大

| 学部名 | 学科名(コース) | 実施状況 |
|---|---|---|
| 歯 | 歯 | × |
| 保健医療 | 口腔保健 | △+ |
| 外国語 | 日本語 | ◎ |
| | 英米語 | ◎ |
| | 中国語 | ◎ |
| 経済 | 経済 | ◎ |
| 不動産 | 不動産 | ◎ |
| ホスピタリティ・ツーリズム | ホスピタリティ・ツーリズム | ◎ |

### 了徳寺大

| 学部名 | 学科名(コース) | 実施状況 |
|---|---|---|
| 健康科 | 看護 | × |
| | 理学療法 | × |
| | 整復医療・トレーナー | △# |

### 麗澤大

| 学部名 | 学科名(コース) | 実施状況 |
|---|---|---|
| 国際 | 国際 | △+ |
| | グローバルビジネス | △+ |
| 外国語 | 外国語 | ◎ |
| 経済 | 経済 | ◎ |
| | 経営 | ◎ |

### 和洋女子大

| 学部名 | 学科名(コース) | 実施状況 |
|---|---|---|
| 人文 | 日本文学文化 | × |
| | 心理 | × |
| | こども発達 | × |
| 国際 | 英語コミュニケーション | △# |
| | 国際 | △# |
| 家政 | 服飾造形 | × |
| | 健康栄養 | × |
| | 家政福祉 | × |
| 看護 | 看護 | × |

### 青山学院大

| 学部名 | 学科名(コース) | 実施状況 |
|---|---|---|
| 文 | 英米文 | ◎● |
| | フランス文 | ◎● |
| | 日本文 | ◎● |
| | 史 | ◎● |

| 大学名 | | |
| --- | --- | --- |
| 学部名 | 学科名(コース) | 実施状況 |
| | 比較芸術 | × |
| 教育人間科 | 教育 | ◎ |
| | 心理 | ◎ |
| 経済 | 経済 | × |
| | 現代経済デザイン | × |
| 法 | 法 | △# |
| | ヒューマンライツ | × |
| 経営 | 経営 | × |
| | マーケティング | × |
| 国際政治経済 | 国際政治 | × |
| | 国際経済 | × |
| | 国際コミュニケーション | × |
| 総合文化政策 | 総合文化政策 | × |
| 社会情報 | 社会情報 | × |
| 理工 | 物理科 | △# |
| | 数理サイエンス | △# |
| | 化学・生命科 | × |
| | 機械創造工 | × |
| | 電気電子工 | × |
| | 経営システム工 | × |
| | 情報テクノロジー | × |
| 地球社会共生 | 地球社会共生 | × |
| コミュニティ人間科 | コミュニティ人間科 | △# |

**亜細亜大**

| 学部名 | 学科名(コース) | 実施状況 |
| --- | --- | --- |
| 経営 | 経営 | ◎ |
| | ホスピタリティ・マネジメント | × |
| | データサイエンス | × |
| 経済 | 経済 | ◎ |
| 法 | 法律 | ◎ |
| 国際関係 | 国際関係 | ◎ |
| | 多文化コミュニケーション | △+ |
| 都市創造 | 都市創造 | ◎ |

**跡見学園女子大**

| 学部名 | 学科名(コース) | 実施状況 |
| --- | --- | --- |
| 文 | 人文 | △+ |
| | 現代文化表現 | ◎ |
| | コミュニケーション文化 | ◎ |
| 心理 | 臨床心理 | × |
| マネジメント | マネジメント | △+ |
| | 生活環境マネジメント | ◎ |
| 観光コミュニティ | 観光デザイン | △+ |
| | コミュニティデザイン | △+ |

**桜美林大**

| 学部名 | 学科名(コース) | 実施状況 |
| --- | --- | --- |
| リベラルアーツ | 人文 | ◎ |
| | 社会 | ◎ |
| | 自然 | ◎ |
| ビジネスマネジメント | ビジネスマネジメント | ◎ |
| | アビエーションマネジメント | ◎ |
| グローバル・コミュニケーション | グローバル・コミュニケーション | ◎ |
| 航空・マネジメント | 航空・マネジメント | × |
| 健康福祉 | 社会福祉 | ◎ |
| | 精神保健福祉 | ◎ |

| 大学名 | | |
| --- | --- | --- |
| 学部名 | 学科名(コース) | 実施状況 |
| | 健康科 | ◎ |
| | 保育 | × |
| | スポーツ科 | × |
| | 実践心理 | × |
| 芸術文化 | 演劇・ダンス | ◎ |
| | 音楽 | ◎ |
| | ビジュアル・アーツ | ◎+ |
| 教育探求科 | | ☆ |

**大妻女子大**

| 学部名 | 学科名(コース) | 実施状況 |
| --- | --- | --- |
| 家政 | 被服 | ◎ |
| | 食物(食物学) | △# |
| | 食物(管理栄養士) | × |
| | 児童(児童学) | × |
| | 児童(児童教育) | ◎ |
| | ライフデザイン | ◎ |
| 文 | 日本文 | ◎ |
| | 英語英文 | ◎ |
| | コミュニケーション文化 | ◎ |
| 社会情報 | 社会情報 | ◎ |
| 人間関係 | 人間関係 | ◎ |
| | 人間福祉 | ◎ |
| 比較文化 | 比較文化 | ◎ |

**嘉悦大**

| 学部名 | 学科名(コース) | 実施状況 |
| --- | --- | --- |
| 経営経済 | 経営経済 | ◎ |

**学習院大**

| 学部名 | 学科名(コース) | 実施状況 |
| --- | --- | --- |
| 法 | 法 | ● |
| | 政治 | ● |
| 経済 | 経済 | ● |
| | 経営 | ● |
| 文 | 哲 | △# |
| | 史 | △+ |
| | 日本語日本文 | △# |
| | 英語英米文化 | △# |
| | ドイツ語圏文化 | △# |
| | フランス語圏文化 | △# |
| | 心理 | △# |
| | 教育 | × |
| 理 | 物理 | ★● |
| | 化 | ★● |
| | 数 | ★● |
| | 生命科 | × |
| 国際社会科 | 国際社会科 | × |

**学習院女子大**

| 学部名 | 学科名(コース) | 実施状況 |
| --- | --- | --- |
| 国際文化交流 | 日本文化 | 5 |
| | 国際コミュニケーション | 5 |
| | 英語コミュニケーション | × |

**北里大**

| 学部名 | 学科名(コース) | 実施状況 |
| --- | --- | --- |
| 薬 | 薬 | ◎ |
| | 生命創薬科 | ◎ |
| 獣医 | 獣医 | ● |
| | 動物資源科 | × |
| | 生物環境科 | × |
| 医 | 医 | ● |

| 大学名 | | |
| --- | --- | --- |
| 学部名 | 学科名(コース) | 実施状況 |
| 理 | 物理 | × |
| | 化 | × |
| | 生物科 | × |
| 医療衛生 | 保健衛生 | 5 |
| | 医療検査 | |
| | 医療工(臨床工学) | 1 |
| | 医療工(診療放射線技術科学) | △# |
| | リハビリテーション(理学療法学) | × |
| | リハビリテーション(作業療法学) | 11 |
| | リハビリテーション(言語聴覚療法学) | △# |
| | リハビリテーション(視覚機能療法学) | 2 |
| 海洋生命科 | 海洋生命科 | × |
| 看護 | 看護 | × |
| 未来工 | データサイエンス | × |

**共立女子大**

| 学部名 | 学科名(コース) | 実施状況 |
| --- | --- | --- |
| 家政 | 被服 | ◎ |
| | 食物栄養(食物学) | ◎ |
| | 食物栄養(管理栄養士) | × |
| | 児童 | × |
| 建築 | デザイン | ◎ |
| 文芸 | 文芸 | ◎ |
| 国際 | 国際 | ◎ |
| 看護 | 看護 | × |
| ビジネス | ビジネス | △# |

**杏林大**

| 学部名 | 学科名(コース) | 実施状況 |
| --- | --- | --- |
| 医 | 医 | × |
| 保健 | 臨床工 | × |
| | 診療放射線技術 | × |
| | 臨床検査技術 | × |
| | 救急救命 | × |
| | 看護 | × |
| | 健康福祉 | × |
| | 臨床心理 | × |
| | リハビリテーション | × |
| 外国語 | 英語 | 3 |
| | 中国語 | 1 |
| | 観光交流文化 | 2 |
| 総合政策 | 総合政策 | 3 |
| | 企業経営 | 1 |

**国立音楽大**

| 学部名 | 学科名(コース) | 実施状況 |
| --- | --- | --- |
| 音楽 | 演奏・創作 | ◎ |
| | 音楽文化教育 | ◎ |

**慶應義塾大**

| 学部名 | 学科名(コース) | 実施状況 |
| --- | --- | --- |
| 文 | 人文社会(17専攻) | □ |
| 経済 | 経済 | □ |
| 法 | 法律 | □ |
| | 政治 | □ |
| 商 | 商 | □ |
| 医 | 医 | □ |
| 理工 | 機械工 | □ |
| | 電気情報工 | □ |

## 大学名

| 学部名 | 学科名(コース) | 実施状況 |
|---|---|---|
| | 応用化 | □ |
| | 物理情報工 | □ |
| | 管理工 | □ |
| | 数理科 | □ |
| | 物理 | □ |
| | 化 | □ |
| | システムデザイン工 | □ |
| | 情報工 | □ |
| | 生命情報 | □ |
| 総合政策 | 総合政策 | □ |
| 環境情報 | 環境情報 | □ |
| 看護医療 | 看護 | ● |
| 薬 | 薬 | × |
| | 薬科 | × |

### 恵泉女学園大

| 学部名 | 学科名(コース) | 実施状況 |
|---|---|---|
| 人文 | 日本語日本文化 | × |
| | 英語コミュニケーション | × |
| 人間社会 | 国際社会 | × |
| | 社会園芸 | × |

### 工学院大

| 学部名 | 学科名(コース) | 実施状況 |
|---|---|---|
| 先進工 | 生命化 | ◎ |
| | 応用化 | ◎ |
| | 環境化 | ◎ |
| | 応用物理 | ◎ |
| | 機械理工(機械理工学) | ◎ |
| | 機械理工(航空理工学) | × |
| 工 | 機械工 | ◎ |
| | 機械システム工 | ◎ |
| | 電気電子工 | ◎ |
| 建築 | まちづくり | ◎ |
| | 建築 | ◎ |
| | 建築デザイン | ◎ |
| 情報 | 情報通信工 | ◎ |
| | コンピュータ科 | ◎ |
| | 情報デザイン | ◎ |
| | 情報科 | ◎ |

### 國學院大

| 学部名 | 学科名(コース) | 実施状況 |
|---|---|---|
| 文 | 日本文 | ◎ |
| | 中国文 | ◎ |
| | 外国語文化 | ◎ |
| | 史 | ◎ |
| | 哲 | ◎ |
| 神道文化 | 神道文化 | ◎ |
| 法 | 法律(法律) | ◎ |
| | 法律(法律専門職、政治) | × |
| 経済 | 経済 | ◎ |
| | 経営 | ◎ |
| 人間開発 | 初等教育 | × |
| | 健康体育 | × |
| | 子ども支援 | × |
| 神道文化フレックスA(夜間主) | 神道文化 | ◎ |
| 観光 | 観光まちづくり | △# |

### 国際基督教大

## 大学名

| 学部名 | 学科名(コース) | 実施状況 |
|---|---|---|
| 教養 | アーツ・サイエンス | ◎ |

### 国士舘大

| 学部名 | 学科名(コース) | 実施状況 |
|---|---|---|
| 政経 | 政治行政 | ◎ |
| | 経済 | ◎ |
| 体育 | 体育 | ◎ |
| | 武道 | ◎ |
| | スポーツ医科 | ◎ |
| | こどもスポーツ教育 | ◎ |
| 理工 | 理工 | ◎ |
| 法 | 法律 | ◎ |
| | 現代ビジネス法 | ◎ |
| 文 | 教育 | ◎ |
| | 史学地理 | ◎ |
| | 文 | ◎ |
| 21世紀アジア | 21世紀アジア | ◎ |
| 経営 | 経営 | △+ |

### こども教育宝仙大

| 学部名 | 学科名(コース) | 実施状況 |
|---|---|---|
| こども教育 | 幼児教育 | ◎ |

### 駒澤大

| 学部名 | 学科名(コース) | 実施状況 |
|---|---|---|
| 仏教 | 禅 | ◎ |
| | 仏教 | ◎ |
| 文 | 国文 | ◎ |
| | 英米文 | ◎ |
| | 地理 | ◎ |
| | 歴史 | ◎ |
| | 社会 | ◎ |
| | 心理 | ◎ |
| 経済 | 経済 | ◎ |
| | 商 | ◎ |
| | 現代応用経済 | ◎ |
| 法 | 法律 | ◎ |
| | 政治 | ◎ |
| 法(フレックスB) | 法律 | ◎ |
| 経営 | 経営 | ◎ |
| | 市場戦略 | ◎ |
| グローバル・メディアスタディーズ | グローバル・メディア | ◎ |
| 医療健康科 | 診療放射線技術科 | ◎ |

### 駒沢女子大

| 学部名 | 学科名(コース) | 実施状況 |
|---|---|---|
| 人間総合 | 人間文化 | 20 |
| | 観光文化 | 10 |
| | 心理 | × |
| | 住空間デザイン | △# |
| 人間健康 | 健康栄養 | × |
| 看護 | 看護 | × |

### 産業能率大

| 学部名 | 学科名(コース) | 実施状況 |
|---|---|---|
| 情報マネジメント | 現代マネジメント | ○ |
| | 現代マネジメント(通教) | 300 |
| 経営 | 経営 | ○ |
| | マーケティング | ○ |

### 実践女子大

| 学部名 | 学科名(コース) | 実施状況 |
|---|---|---|
| 文 | 国文 | 3 |
| | 英文 | 3 |
| | 美学美術史 | ◎ |

## 大学名

| 学部名 | 学科名(コース) | 実施状況 |
|---|---|---|
| 人間社会 | 人間社会 | × |
| | 現代社会 | × |
| 生活科 | 食生活科(管理栄養士) | × |
| | 食生活科(食物科学、健康栄養) | △# |
| | 生活環境 | ◎ |
| | 生活文化(生活心理) | ◎ |
| | 生活文化(幼児保育) | △# |
| | 現代生活 | △# |

### 芝浦工業大

| 学部名 | 学科名(コース) | 実施状況 |
|---|---|---|
| 工 | 機械工 | × |
| | 機械機能工 | ●#△# |
| | 材料工 | ●#△# |
| | 応用化 | × |
| | 電気工 | ●#△# |
| | 情報通信工 | ●#△# |
| | 電子工 | × |
| | 情報工 | ●#△# |
| | 土木工 | ●#△# |
| | 先進国際課程 | × |
| システム理工 | 電子情報システム | ●#△# |
| | 機械制御システム | ●#△# |
| | 環境システム | ●#△# |
| | 生命科 | ●#△# |
| | 数理科 | ●#△# |
| デザイン工 | デザイン工 | × |
| 建築 | 建築 | × |

### 順天堂大

| 学部名 | 学科名(コース) | 実施状況 |
|---|---|---|
| 医 | 医 | × |
| スポーツ健康科 | スポーツ健康科 | △# |
| | 健康 | △# |
| 医療看護 | 看護 | × |
| 保健看護 | 看護 | × |
| 国際教養 | 国際教養 | × |
| 保健医療 | 理学療法 | △# |
| | 診療放射線 | △# |
| 医療科 | 臨床検査 | △# |
| | 臨床工 | △# |
| 健康データサイエンス | 健康データサイエンス | × |

### 上智大

| 学部名 | 学科名(コース) | 実施状況 |
|---|---|---|
| 神 | 神 | ◎ |
| 文 | 哲 | ◎ |
| | 史 | △+ |
| | 国文 | ◎ |
| | 英文 | ◎ |
| | ドイツ文 | ◎ |
| | フランス文 | ◎ |
| | 新聞 | ◎ |
| 総合人間科 | 教育 | ◎ |
| | 心理 | ◎ |
| | 社会 | ◎ |
| | 社会福祉 | ◎ |
| | 看護 | × |
| 法 | 法律 | ◎ |

## Column 1

| 大学名 | | |
|---|---|---|
| **学部名** | **学科名(コース)** | **実施状況** |
| | 国際関係法 | ◎ |
| | 地球環境法 | ◎ |
| 経済 | 経済 | ◎ |
| | 経営 | ◎ |
| 外国語 | 英語 | ◎ |
| | ドイツ語 | ◎ |
| | フランス語 | ◎ |
| | イスパニア語 | ◎ |
| | ロシア語 | ◎ |
| | ポルトガル語 | ◎ |
| 国際教養 | 国際教養 | ◎ |
| 理工 | 物質生命理工 | ◎ |
| | 機能創造理工 | ◎ |
| | 情報理工 | ◎ |
| 総合グローバル | 総合グローバル | ◎ |

**昭和大**

| 学部名 | 学科名(コース) | 実施状況 |
|---|---|---|
| 医 | 医 | × |
| 歯 | 歯 | ◎ |
| 薬 | 薬 | × |
| 保健医療 | 看護 | 10 |
| | 理学療法 | × |
| | 作業療法 | × |

**昭和女子大**

| 学部名 | 学科名(コース) | 実施状況 |
|---|---|---|
| 人間文化 | 日本語日本文 | ◎ |
| | 歴史文化 | ◎ |
| 人間社会 | 心理 | ◎ |
| | 福祉社会 | ◎ |
| | 現代教養 | ◎ |
| | 初等教育 | ◎ |
| 環境デザイン | 環境デザイン | ◎ |
| 食健康 | 管理栄養 | × |
| | 健康デザイン | 5 |
| | 食安全マネジメント | △＋ |
| グローバルビジネス | ビジネスデザイン | ◎ |
| | 会計ファイナンス | △＋ |
| 国際 | 英語コミュニケーション | ◎ |
| | 国際 | ◎ |

**昭和薬科大**

| 学部名 | 学科名(コース) | 実施状況 |
|---|---|---|
| 薬 | 薬 | × |

**白梅学園大**

| 学部名 | 学科名(コース) | 実施状況 |
|---|---|---|
| 子ども | 子ども | 5 |
| | 発達臨床 | 5 |
| | 家族・地域支援 | 5 |

**白百合女子大**

| 学部名 | 学科名(コース) | 実施状況 |
|---|---|---|
| 文 | 国語国文 | ◎ |
| | フランス語フランス文 | ◎ |
| | 英語英文 | ◎ |
| 人間総合 | 児童文化 | ◎ |
| | 発達心理 | ◎ |
| | 初等教育 | ◎ |

**杉野服飾大**

| 学部名 | 学科名(コース) | 実施状況 |
|---|---|---|
| 服飾 | 服飾 | 15 |
| | 服飾表現 | × |

**成蹊大**

## Column 2

| 大学名 | | |
|---|---|---|
| **学部名** | **学科名(コース)** | **実施状況** |
| 経済 | 経済数理 | × |
| | 現代経済 | × |
| 経営 | 総合経営 | × |
| 法 | 法律 | × |
| | 政治 | × |
| 文 | 英語英米文 | × |
| | 日本文 | × |
| | 国際文化 | × |
| | 現代社会 | × |
| 理工 | 理工 | × |

**成城大**

| 学部名 | 学科名(コース) | 実施状況 |
|---|---|---|
| 経済 | 経済 | × |
| | 経営 | × |
| 文芸 | 国文 | ● |
| | 英文 | ● |
| | 芸術 | ● |
| | 文化史 | ● |
| | マスコミュニケーション | ● |
| | ヨーロッパ文化 | ● |
| 法 | 法律 | ● |
| 社会イノベーション | 政策イノベーション | × |
| | 心理社会 | × |

**聖心女子大**

| 学部名 | 学科名(コース) | 実施状況 |
|---|---|---|
| 現代教養 | 英語文化コミュニケーション | 6 |
| | 日本語日本文 | 6 |
| | 哲 | 4 |
| | 史学 | 2 |
| | 人間関係 | 2 |
| | 国際交流 | 2 |
| | 心理 | 4 |
| | 教育(教育学) | 4 |
| | 教育(初等教育学) | × |

**清泉女子大**

| 学部名 | 学科名(コース) | 実施状況 |
|---|---|---|
| 文 | 日本語日本文 | ◎ |
| | 英語英文 | ◎ |
| | スペイン語スペイン文 | ◎ |
| | 文化史 | ◎ |
| | 地球市民 | ◎ |

**聖路加国際大**

| 学部名 | 学科名(コース) | 実施状況 |
|---|---|---|
| 看護 | 看護 | ● |

**専修大**

| 学部名 | 学科名(コース) | 実施状況 |
|---|---|---|
| 経済 | 現代経済 | △＋ |
| | 生活環境経済 | △＋ |
| | 国際経済 | ◎ |
| 法 | 法律 | ● |
| | 政治 | ● |
| 経営 | 経営 | × |
| | ビジネスデザイン | △# |
| 商 | マーケティング | ◎ |
| | 会計 | ◎ |
| 文 | 日本文学文化 | ◎ |
| | 英語英米文 | ◎ |

## Column 3

| 大学名 | | |
|---|---|---|
| **学部名** | **学科名(コース)** | **実施状況** |
| | 哲 | ◎ |
| | 歴史 | ◎ |
| | 環境地理 | ◎ |
| | ジャーナリズム | ◎ |
| 人間科 | 心理 | ◎ |
| | 社会 | ◎ |
| 国際コミュニケーション | 日本語 | △# |
| | 異文化コミュニケーション | △# |
| ネットワーク情報 | ネットワーク情報 | × |

**創価大**

| 学部名 | 学科名(コース) | 実施状況 |
|---|---|---|
| 経済 | 経済 | ◎ |
| 経営 | 経営 | ◎ |
| 法 | 法律 | ◎ |
| 文 | 人間(下記以外) | ◎ |
| | 人間(社会福祉) | × |
| | 人間(通信教育) | × |
| 教育 | 教育 | ◎ |
| | 児童教育 | ◎ |
| 国際教養 | 国際教養 | × |
| 理工 | 情報システム工 | ◎ |
| | 共生創造理工 | ◎ |
| 看護 | 看護 | × |

**大正大**

| 学部名 | 学科名(コース) | 実施状況 |
|---|---|---|
| 地域創生 | 地域創生 | × |
| 心理社会 | 人間科 | 2 |
| | 臨床心理 | 2 |
| 文 | 日本文 | 2 |
| | 人文 | 2 |
| | 歴史 | 2 |
| 表現 | 表現文化 | △# |
| 仏教 | 仏教 | 33 |
| 社会共生 | 公共政策 | △# |
| | 社会福祉 | 2 |

**大東文化大**

| 学部名 | 学科名(コース) | 実施状況 |
|---|---|---|
| 文 | 日本文 | ◎ |
| | 中国文 | ◎ |
| | 英米文 | ◎ |
| | 教育 | ◎ |
| | 書道 | △# |
| | 歴史文化 | △# |
| 経済 | 社会経済 | ◎ |
| | 現代経済 | ◎ |
| 外国語 | 中国語 | ◎ |
| | 英語 | ◎ |
| | 日本語 | ◎ |
| 法 | 法律 | ◎ |
| | 政治 | ◎ |
| 国際関係 | 国際関係 | ◎ |
| | 国際文化 | ◎ |
| 経営 | 経営 | ◎ |
| スポーツ・健康科 | スポーツ科 | ◎ |

| 大学名 学部名 | 学科名(コース) | 実施状況 |
|---|---|---|
| | 健康科 | △# |
| | 看護 | × |
| 社会 | 社会 | ◎ |
| **高千穂大** | | |
| 商 | 商 | × |
| 経営 | 経営(起業・事業承継除く) | × |
| 人間科 | 人間科 | × |
| **拓殖大** | | |
| 商 | 経営 | ◎ |
| | 国際ビジネス | ◎ |
| | 会計 | ◎ |
| 政経 | 法律政治 | ◎ |
| | 経済 | ◎ |
| 外国語 | 英米語 | ◎ |
| | 中国語 | ◎ |
| | スペイン語 | ◎ |
| | 国際日本語 | △+ |
| 国際 | 国際 | ◎ |
| 工 | 機械システム工 | ◎ |
| | 電子システム工 | ◎ |
| | 情報工 | ◎ |
| | デザイン | ◎ |
| **多摩大** | | |
| 経営情報 | 経営情報 | 3 |
| | 事業構想 | 2 |
| グローバルスタディーズ | グローバルスタディーズ | 5 |
| **玉川大** | | |
| 教育 | 教育(保健体育) | × |
| | 教育(上記以外) | ◎ |
| | 乳幼児発達 | × |
| 芸術 | 音楽 | ◎ |
| | アート・デザイン | × |
| | 演劇・舞踊 | × |
| 文 | 国語教育 | ◎ |
| | 英語教育 | ◎ |
| リベラルアーツ | リベラルアーツ | × |
| 経営 | 国際経営 | × |
| 農 | 生産農 | ◎ |
| | 理科教員養成プログラム | × |
| | 環境農 | ◎ |
| | 先端食農 | ◎ |
| 工 | 情報通信工 | ◎ |
| | ソフトウェアサイエンス | × |
| | マネジメントサイエンス | × |
| | エンジニアリングデザイン | ◎ |
| | 数学教員養成 | × |
| | デザインサイエンス | × |
| 観光 | 観光 | × |
| **多摩美術大** | | |
| 美術 | 絵画 | ◎ |
| | 彫刻 | ◎ |

| 大学名 学部名 | 学科名(コース) | 実施状況 |
|---|---|---|
| | 工芸 | ◎ |
| | グラフィックデザイン | ◎ |
| | 生産デザイン | ◎ |
| | 環境デザイン | ◎ |
| | 情報デザイン | ◎ |
| | 芸術 | ◎ |
| | 統合デザイン | ◎ |
| | 演劇舞踊デザイン | ◎ |
| **中央大** | | |
| 法 | 法律 | ◎ |
| | 国際企業関係法 | ◎ |
| | 政治 | ◎ |
| 経済 | 経済 | ◎ |
| | 経済情報システム | ◎ |
| | 国際経済 | ◎ |
| | 公共・環境経済 | ◎ |
| 商 | 経営 | × |
| | 会計 | × |
| | 国際マーケティング | ▲ |
| | 金融 | × |
| | 経営(フレックスPlus1) | × |
| | 会計(フレックスPlus1) | × |
| | 国際マーケティング(フレックス | × |
| | 金融(フレックスPlus1) | × |
| 理工 | 数 | ★● |
| | 物理 | ★● |
| | 都市環境 | ★● |
| | 精密機械工 | ★● |
| | 電気電子情報通信工 | ★● |
| | 応用化 | ★● |
| | ビッグデータサイエンス工 | ★● |
| | 情報工 | ★● |
| | 生命科 | ★● |
| | 人間総合理工 | × |
| 文 | 人文社会 | ● |
| 総合政策 | 政策科 | × |
| | 国際政策文化 | × |
| 国際経営 | 国際経営 | △# |
| 国際情報 | 国際情報 | △# |
| **津田塾大** | | |
| 学芸 | 英語英文 | ◎ |
| | 国際関係 | ◎ |
| | 多文化・国際協力 | △# |
| | 数 | ◎ |
| | 情報科 | × |
| 総合政策 | 総合政策 | × |
| **帝京大** | | |
| 医 | 医 | × |
| 医療技術 | 視能矯正 | × |
| | 看護 | × |
| | 診療放射線 | × |

| 大学名 学部名 | 学科名(コース) | 実施状況 |
|---|---|---|
| | 臨床検査 | × |
| | スポーツ医療 | × |
| | 柔道整復 | × |
| 薬 | 薬 | × |
| 経済 | 経済 | 20 |
| | 国際経済 | 3 |
| | 地域経済 | 10 |
| | 経営 | 30 |
| | 観光経営 | 5 |
| 法 | 法律 | 3 |
| | 政治 | 3 |
| 文 | 日本文化 | 5 |
| | 史 | 3 |
| | 社会 | 3 |
| | 心理 | 3 |
| 外国語 | 外国語 | 7 |
| | 国際日本 | ▲ |
| 教育 | 教育文化 | 30 |
| | 初等教育 | 5 |
| 理工 | 機械・精密システム工 | ◎ |
| | 航空宇宙工 | ◎ |
| | 情報電子工 | ◎ |
| | バイオサイエンス | ◎ |
| 福岡医療技術 | 理学療法 | × |
| | 作業療法 | × |
| | 看護 | × |
| | 診療放射線 | × |
| | 医療技術 | × |
| **帝京科学大** | | |
| 生命環境 | 生命科 | 10 |
| | アニマルサイエンス | 5 |
| | 自然環境 | 5 |
| 医療科 | 医療福祉 | 10 |
| | 理学療法 | × |
| | 作業療法 | × |
| | 柔道整復 | × |
| | 東京理学療法 | × |
| | 東京柔道整復 | × |
| | 看護 | × |
| 教育人間科 | こども | 5 |
| | 幼児保育 | × |
| | 学校教育 | × |
| **帝京平成大** | | |
| 薬 | 薬 | × |
| 人文社会 | 児童 | × |
| | 人間文化 | × |
| | 経営 | × |
| | 観光経営 | × |
| ヒューマンケア | 看護 | × |
| | 鍼灸 | 1 |
| | 柔道整復 | 1 |

| 大学名 | | | |
|---|---|---|---|
| 学部名 | 学科名(コース) | | 実施状況 |
| 健康メディカル | 健康栄養 | | 2 |
| | 心理 | | × |
| | 作業療法 | | × |
| | 言語聴覚 | | × |
| | 理学療法 | | × |
| | 医療科 | | × |
| 健康医療スポーツ | リハビリテーション | | × |
| | 柔道整復 | | × |
| | 医療スポーツ | | × |
| | 看護 | | × |

## デジタルハリウッド大

| 学部名 | 学科名(コース) | 実施状況 |
|---|---|---|
| デジタルコミュニケーション | デジタルコンテンツ | 10 |

## 東海大

| 学部名 | 学科名(コース) | 実施状況 |
|---|---|---|
| 文 | 文明 | ◎ |
| | 歴史 | ◎ |
| | 日本文 | ◎ |
| | 英語文化コミュニケーション | ◎ |
| 文化社会 | アジア | △+ |
| | ヨーロッパ・アメリカ | △+ |
| | 北欧 | △+ |
| | 文芸創作 | △+ |
| | 広報メディア | △+ |
| | 心理・社会 | △+ |
| 政治経済 | 政治 | ◎ |
| | 経済 | ◎ |
| 経営 | 経営 | ◎ |
| 法 | 法律 | ◎ |
| 教養 | 人間環境 | ◎ |
| | 芸術 | ◎ |
| 児童教育 | 児童教育 | ◎ |
| 体育 | 体育 | ◎ |
| | 競技スポーツ | ◎ |
| | 武道 | ◎ |
| | 生涯スポーツ | ◎ |
| | スポーツ・レジャーマネジメント | ◎ |
| 健康 | 健康マネジメント | ◎ |
| 理 | 数 | ◎ |
| | 情報数理 | ◎ |
| | 物理 | ◎ |
| | 化 | ◎ |
| 情報理工 | 情報科 | ◎ |
| | コンピュータ応用工 | ◎ |
| | 情報メディア | ◎ |
| 建築都市 | 建築 | ◎ |
| | 土木工 | ◎ |
| 工 | 応用化 | ◎ |
| | 機械工 | ◎ |
| | 機械システム工 | ◎ |
| | 航空宇宙(航空宇宙学) | ◎ |
| | 航空宇宙(航空操縦学) | × |
| | 医工 | ◎ |
| | 生物工 | ◎ |
| | 電気電子工 | ◎ |
| 観光 | 観光 | ◎ |
| 情報通信 | 情報通信 | ◎ |
| 人文 | 人文 | ◎ |
| 海洋 | 海洋理工 | ◎ |
| | 水産 | ◎ |
| | 海洋生物 | ◎ |
| 文理融合 | 経営 | ◎ |
| | 地域社会 | ◎ |
| | 人間情報工 | ◎ |
| 農 | 農 | ◎ |
| | 動物科 | ◎ |
| | 食生命科 | ◎ |
| 国際文化 | 地域創造 | ◎ |
| | 国際コミュニケーション | ◎ |
| 生物 | 生物 | ◎ |
| | 海洋生物科 | ◎ |
| 医 | 医 | × |
| | 看護 | △# |
| 国際 | 国際 | △+ |

## 東京有明医療大

| 学部名 | 学科名(コース) | 実施状況 |
|---|---|---|
| 保健医療 | 鍼灸 | ◎ |
| | 柔道整復 | ◎ |
| 看護 | 看護 | × |

## 東京医科大

| 学部名 | 学科名(コース) | 実施状況 |
|---|---|---|
| 医 | 医 | × |
| | 看護 | × |

## 東京医療学院大

| 学部名 | 学科名(コース) | 実施状況 |
|---|---|---|
| 保健医療 | 看護 | × |
| | リハビリテーション | × |

## 東京医療保健大

| 学部名 | 学科名(コース) | 実施状況 |
|---|---|---|
| 医療保健 | 看護 | × |
| | 医療栄養 | × |
| | 医療情報 | × |
| 東が丘看護 | 看護 | × |
| 立川看護 | 看護 | × |
| 千葉看護 | 看護 | × |
| 和歌山看護 | 看護 | × |

## 東京音楽大

| 学部名 | 学科名(コース) | 実施状況 |
|---|---|---|
| 音楽 | 音楽 | ◎ |

## 東京家政大

| 学部名 | 学科名(コース) | 実施状況 |
|---|---|---|
| 児童 | 児童 | × |
| | 初等教育 | × |
| 栄養 | 栄養 | × |
| | 管理栄養 | × |
| 家政 | 環境教育 | × |
| | 服飾美術 | ◎ |
| | 造形表現 | × |
| 人文 | 英語コミュニケーション | ◎ |
| | 心理カウンセリング | × |
| | 教育福祉 | × |

## 大学名（続き）

| 学部名 | 学科名(コース) | 実施状況 |
|---|---|---|
| 健康科 | 看護 | × |
| | リハビリテーション | × |
| 子ども | 子ども支援 | △+ |

## 東京家政学院大

| 学部名 | 学科名(コース) | 実施状況 |
|---|---|---|
| 現代生活 | 現代家政 | 5 |
| | 生活デザイン | 10 |
| | 食物 | ◎ |
| | 児童 | 5 |
| 人間栄養 | 人間栄養 | △+ |

## 東京経済大

| 学部名 | 学科名(コース) | 実施状況 |
|---|---|---|
| 経済 | 経済 | ◎ |
| | 国際経済 | ◎ |
| 経営 | 経営 | ◎ |
| | 流通マーケティング | 15 |
| コミュニケーション | メディア社会 | ◎ |
| | 国際コミュニケーション | × |
| 現代法 | 現代法 | 5 |
| | キャリアデザインプログラム | × |

## 東京工科大

| 学部名 | 学科名(コース) | 実施状況 |
|---|---|---|
| メディア | メディア | 29 |
| 応用生物 | 応用生物 | 24 |
| コンピュータサイエンス | コンピュータサイエンス | 30 |
| 工 | 機械工 | 5 |
| | 電気電子工 | 5 |
| | 応用化 | 3 |
| デザイン | デザイン | × |
| 医療保健 | 看護 | × |
| | 臨床工 | × |
| | リハビリテーション | × |
| | 臨床検査 | × |

## 東京工芸大

| 学部名 | 学科名(コース) | 実施状況 |
|---|---|---|
| 工 | 工(情報、建築) | △# |
| | 工(機械、電気電子.化学・材料) | △+ |
| 芸術 | 写真 | ◎ |
| | 映像 | △# |
| | デザイン | △# |
| | インタラクティブメディア | ◎ |
| | アニメーション | △+ |
| | ゲーム | ◎ |
| | マンガ | △# |

## 東京歯科大

| 学部名 | 学科名(コース) | 実施状況 |
|---|---|---|
| 歯 | 歯 | ◎ |

## 東京慈恵会医科大

| 学部名 | 学科名(コース) | 実施状況 |
|---|---|---|
| 医 | 医 | × |
| | 看護 | × |

## 東京純心大

| 学部名 | 学科名(コース) | 実施状況 |
|---|---|---|
| 看護 | 看護 | △+ |

## 東京女子大

| 学部名 | 学科名(コース) | 実施状況 |
|---|---|---|
| 現代教養 | 国際英語 | ◎ |
| | 人文 | △+ |
| | 国際社会 | ◎ |
| | 心理・コミュニケーション | △+ |

| 大学名 | | | |
|---|---|---|---|
| 学部名 | 学科名(コース) | | 実施状況 |
| | 数理科 | | ◎ |
| **東京女子医科大** | | | |
| 医 | 医 | | × |
| 看護 | 看護 | | × |
| **東京女子体育大** | | | |
| 体育 | 体育 | | 40 |
| **東京神学大** | | | |
| 神 | 神 | | 18 |
| **東京聖栄大** | | | |
| 健康栄養 | 管理栄養 | | × |
| | 食品 | | ◎ |
| **東京成徳大** | | | |
| 国際 | 国際 | | × |
| 応用心理 | 臨床心理 | | × |
| | 健康・スポーツ心理 | | 1 |
| 子ども | 子ども | | 5 |
| 経営 | 経営 | | 2 |
| **東京造形大** | | | |
| 造形 | デザイン | | 14 |
| | 美術 | | 5 |
| **東京通信大** | | | |
| 情報マネジメント | 情報マネジメント(通信教育) | | 300 |
| 人間福祉 | 人間福祉(通信教育) | | 200 |
| **東京電機大** | | | |
| システムデザイン工 | 情報システム工 | | × |
| | デザイン工 | | × |
| 未来科 | 建築 | | ◎ |
| | 情報メディア | | ◎ |
| | ロボット・メカトロニクス | | ◎ |
| 工 | 電気電子工 | | △+ |
| | 電子システム工 | | ◎ |
| | 応用化 | | ◎ |
| | 機械工 | | △+ |
| | 先端機械工 | | ◎ |
| | 情報通信工 | | △+ |
| 工二部 | 電気電子工 | | |
| | 機械工 | | |
| | 情報通信工 | | |
| 理工 | 理工 | | |
| 情報環境 | 情報環境 | | × |
| **東京都市大** | | | |
| 理工 | 機械工 | | ◎ |
| | 機械システム工 | | ◎ |
| | 電気電子通信工 | | ◎ |
| | 医用工 | | ◎ |
| | 応用化 | | ◎ |
| | 原子力安全工 | | ◎ |
| | 自然科 | | △+ |
| 建築都市デザイン | 建築 | | △+ |
| | 都市工 | | △+ |
| 情報工 | 情報科 | | ◎ |
| | 知能情報工 | | △+ |

| 大学名 | | | |
|---|---|---|---|
| 学部名 | 学科名(コース) | | 実施状況 |
| 環境 | 環境創生 | | ◎ |
| | 環境経営システム | | ◎ |
| メディア情報 | 社会メディア | | ◎ |
| | 情報システム | | ◎ |
| デザイン・データ科 | デザイン・データ科 | | △# |
| 都市生活 | 都市生活 | | ◎ |
| 人間科 | 人間 | | △+ |
| **東京農業大** | | | |
| 農 | 農 | | ◎ |
| | 動物科 | | ◎ |
| | 生物資源開発 | | △+ |
| | デザイン農 | | △+ |
| 応用生物科 | 農芸化 | | ◎ |
| | 醸造科 | | ◎ |
| | 食品安全健康 | | ◎ |
| | 栄養科 | | ◎ |
| 生命科 | バイオサイエンス | | ◎ |
| | 分子生命化 | | ◎ |
| | 分子微生物 | | ◎ |
| 地域環境科 | 森林総合科 | | ◎ |
| | 生産環境工 | | ◎ |
| | 造園科 | | ◎ |
| | 地域創成科 | | ◎ |
| 国際食料情報 | 国際農業開発 | | ◎ |
| | 食料環境経済 | | ◎ |
| | アグリビジネス | | ◎ |
| 生物産業 | 北方圏農 | | ◎ |
| | 海洋水産 | | ◎ |
| | 食香粧化 | | ◎ |
| | 自然資源経営 | | ◎ |
| **東京福祉大** | | | |
| 社会福祉 | 社会福祉 | | 16 |
| 保育児童 | 保育児童 | | 35 |
| 心理 | 心理 | | 15 |
| 教育 | 教育 | | 30 |
| **東京富士大** | | | |
| 経営 | 経営 | | ◎ |
| | イベントプロデュース | | ◎ |
| **東京未来大** | | | |
| こども心理 | こども心理 | | × |
| | こども心理(通信教育) | | 300 |
| モチベーション行動科 | モチベーション行動科 | | ◎ |
| | モチベーション行動科(通信教 | | 20 |
| **東京薬科大** | | | |
| 薬 | 医療薬 | | × |
| | 医療薬物薬 | | × |
| | 医療衛生薬 | | × |
| 生命科 | 分子生命科 | | 1 |
| | 応用生命科 | | 1 |
| | 生命医科 | | 1 |
| **東京理科大** | | | |
| 理 | 数 | | × |

| 大学名 | | | |
|---|---|---|---|
| 学部名 | 学科名(コース) | | 実施状況 |
| | 物理 | | × |
| | 化 | | × |
| | 応用数 | | × |
| | 応用物理 | | × |
| | 応用化 | | × |
| 工 | 建築 | | ◎ |
| | 建築(夜間) | | × |
| | 工業化 | | ◎ |
| | 電気工 | | ◎ |
| | 情報工 | | ◎ |
| | 機械工 | | ◎ |
| 薬 | 薬 | | × |
| | 生命創薬科 | | × |
| 創域理工 | 数理科 | | × |
| | 先端数理 | | × |
| | 情報計算 | | × |
| | 生命生物 | | × |
| | 建築 | | × |
| | 先端化 | | × |
| | 電気電子情報工 | | × |
| | 経営システム工 | | × |
| | 航空宇宙工 | | × |
| | 社会基盤工 | | × |
| 先進工 | 電子システム工 | | × |
| | マテリアル創成工 | | × |
| | 生命システム工 | | × |
| 物理工 | 機能デザイン | | × |
| 経営 | 経営 | | × |
| | ビジネスエコノミクス | | × |
| | 国際デザイン経営 | | × |
| 理2部 | 数 | | ◎ |
| | 物理 | | ◎ |
| | 化 | | ◎ |
| **東邦大** | | | |
| 医 | 医 | | × |
| 看護 | 看護 | | × |
| 薬 | 薬 | | △+ |
| 理 | 化 | | × |
| | 生物 | | × |
| | 生物分子科 | | × |
| | 物理 | | × |
| | 情報科 | | × |
| | 生命圏環境科 | | × |
| 健康科 | 看護 | | × |
| **桐朋学園大** | | | |
| 音楽 | 音楽(下記以外) | | ◎ |
| | 音楽(作曲、古楽器) | | ◎ |
| **東洋大** | | | |
| 文 | 哲 | | ◎ |
| | 東洋思想文化 | | ◎ |
| | 日本文学文化 | | ◎ |

## 大学名

| 学部名 | 学科名(コース) | 実施状況 |
| --- | --- | --- |
|  | 英米文 | ◎ |
|  | 国際文化コミュニケーション | △＋ |
|  | 史 | ◎ |
|  | 教育(人間発達) | ◎ |
|  | 教育(初等教育) | × |
| 経済 | 経済 | ◎ |
|  | 国際経済 | ◎ |
|  | 総合政策 | ◎ |
| 経営 | 経営 | × |
|  | マーケティング | × |
|  | 会計ファイナンス | × |
| 法 | 法律 | ◎ |
|  | 企業法 | ◎ |
| 社会 | 社会 | ◎ |
|  | 国際社会 | △＃ |
|  | メディアコミュニケーション | ◎ |
|  | 社会心理 | ◎ |
| 理工 | 機械工 | ◎ |
|  | 生体医工 | ◎ |
|  | 電気電子情報工 | ◎ |
|  | 応用化 | ◎ |
|  | 都市環境デザイン | ◎ |
|  | 建築 | ◎ |
| 国際 | グローバル・イノベーション | △＋ |
|  | 国際地域 | × |
| 国際観光 | 国際観光 | × |
| 生命科 | 生命科 | △＋ |
|  | 応用生物科 | △＋ |
| 食環境科 | 食環境科 | △＋ |
|  | 健康栄養 | × |
| 情報連携 | 情報連携 | ◎ |
| 総合情報 | 総合情報 | ◎ |
| 福祉社会デザイン | 社会福祉 | △＃ |
|  | 子ども支援 | △＃ |
|  | 人間環境デザイン | △＃ |
| 健康・スポーツ科 | 健康スポーツ | △＃ |
|  | 栄養科学 | △＃ |
| 文2部 | 東洋思想文化 | ◎ |
|  | 日本文学文化 | ◎ |
|  | 教育 | ◎ |
| 経済2部 | 経済 | ◎ |
| 経営2部 | 経営 | ☆ |
| 法2部 | 法律 | ◎ |
| 社会2部 | 社会 | ◎ |
| 国際2部 | 国際地域 | × |

### 東洋学園大

| 学部名 | 学科名(コース) | 実施状況 |
| --- | --- | --- |
| 現代経営 | 現代経営 | 35 |
| 人間科 | 人間科 | 20 |
| グローバルコミュニケーション | グローバルコミュニケーション | 10 |
|  | 英語コミュニケーション | 10 |

### 二松学舎大

## 大学名

| 学部名 | 学科名(コース) | 実施状況 |
| --- | --- | --- |
| 文 | 国文 | ◎ |
|  | 中国文 | ◎ |
|  | 都市文化デザイン | × |
|  | 歴史文化 | × |
| 国際政治経済 | 国際政治経済 | ◎ |
|  | 国際経営 | × |

### 日本大

| 学部名 | 学科名(コース) | 実施状況 |
| --- | --- | --- |
| 法 | 法律(総合法コースのみ) | △＋ |
|  | 政治経済 | ◎ |
|  | 新聞 | ◎ |
|  | 経営法 | ◎ |
|  | 公共政策 | ◎ |
| 文理 | 哲 | ◎ |
|  | 史 | ◎ |
|  | 国文 | ◎ |
|  | 中国語中国文化 | ◎ |
|  | 英文 | ◎ |
|  | ドイツ文 | ◎ |
|  | 社会 | ◎ |
|  | 社会福祉 | ◎ |
|  | 教育 | ◎ |
|  | 体育 | ◎ |
|  | 心理 | ◎ |
|  | 地理 | ◎ |
|  | 地球科 | ◎ |
|  | 数 | ◎ |
|  | 情報科 | ◎ |
|  | 物理 | ◎ |
|  | 生命科 | ◎ |
|  | 化 | ◎ |
| 経済 | 経済(国際以外) | ◎ |
|  | 経済(国際) | × |
|  | 産業経営 | ◎ |
|  | 金融公共経済 | ◎ |
| 商 | 商業 | ◎ |
|  | 経営 | ◎ |
|  | 会計 | ◎ |
| 芸術 | 写真 | ◎ |
|  | 映画 | ◎ |
|  | 美術 | ◎ |
|  | 音楽 | ◎ |
|  | 文芸 | ◎ |
|  | 演劇 | ◎ |
|  | 放送 | ◎ |
|  | デザイン | ◎ |
| 国際関係 | 国際総合政策 | ◎ |
|  | 国際教養 | ◎ |
| 危機管理 | 危機管理 | ◎ |
| スポーツ科 | 競技スポーツ | ◎ |
| 理工 | 土木工 | ◎ |
|  | 交通システム工 | ◎ |

## 大学名

| 学部名 | 学科名(コース) | 実施状況 |
| --- | --- | --- |
|  | 建築 | ◎ |
|  | 海洋建築工 | ◎ |
|  | まちづくり工 | ◎ |
|  | 機械工 | ◎ |
|  | 精密機械工 | ◎ |
|  | 航空宇宙工 | ◎ |
|  | 電気工 | ◎ |
|  | 電子工 | ◎ |
|  | 応用情報工 | ◎ |
|  | 物質応用化 | ◎ |
|  | 物理 | ◎ |
|  | 数 | ◎ |
| 生産工 | 機械工 | ◎ |
|  | 電気電子工 | ◎ |
|  | 土木工 | ◎ |
|  | 建築工 | ◎ |
|  | 応用分子化 | ◎ |
|  | マネジメント工 | ◎ |
|  | 数理情報工 | ◎ |
|  | 環境安全工 | ◎ |
|  | 創生デザイン | ◎ |
| 工 | 土木工 | ◎ |
|  | 建築 | ◎ |
|  | 機械工 | ◎ |
|  | 電気電子工 | ◎ |
|  | 生命応用化 | ◎ |
|  | 情報工 | ◎ |
| 医 | 医 | × |
| 歯 | 歯 | 2 |
| 松戸歯 | 歯 | ◎ |
| 薬 | 薬 | ◎ |
| 生物資源科 | バイオサイエンス | ◎ |
|  | 獣医 | ◎ |
|  | 獣医保健看護 | ◎ |
|  | 動物 | ◎ |
|  | 食品ビジネス | ◎ |
|  | 森林 | ◎ |
|  | 海洋生物 | ◎ |
|  | 環境 | ◎ |
|  | アグリサイエンス | ◎ |
|  | 食品開発 | ◎ |
|  | 食品ビジネス | ◎ |
|  | 国際共生 | ◎ |
| 法2部 | 法律 | ◎ |

### 日本医科大

| 学部名 | 学科名(コース) | 実施状況 |
| --- | --- | --- |
| 医 | 医 | × |

### 日本歯科大

| 学部名 | 学科名(コース) | 実施状況 |
| --- | --- | --- |
| 生命歯 | 生命歯 | ◎ |
| 新潟生命歯 | 生命歯 | ◎ |

### 日本社会事業大

| 学部名 | 学科名(コース) | 実施状況 |
| --- | --- | --- |
| 社会福祉 | 福祉計画 | 10 |

| 大学名 | | |
|---|---|---|
| 学部名 | 学科名(コース) | 実施状況 |
| | 福祉援助 | 10 |
| **日本獣医生命科学大** | | |
| 獣医 | 獣医 | × |
| | 獣医保健看護 | × |
| 応用生命科 | 動物科 | × |
| | 食品科 | △+ |
| **日本女子大** | | |
| 家政 | 児童 | △# |
| | 食物 | △# |
| | 住居 | × |
| | 被服 | △# |
| | 家政経済 | △# |
| 文 | 日本文 | △+ |
| | 英文 | △+ |
| | 史 | △# |
| 人間社会 | 現代社会 | △# |
| | 社会福祉 | △# |
| | 教育 | △# |
| | 心理 | △# |
| 理 | 数物情報科 | △# |
| | 化学生物科 | △+ |
| **日本女子体育大** | | |
| 体育 | スポーツ科 | △+ |
| | ダンス | △# |
| | 健康スポーツ | △+ |
| | 子ども運動 | △# |
| **日本赤十字看護大** | | |
| 看護 | 看護 | 10 |
| さいたま看護 | 看護 | △# |
| **日本体育大** | | |
| 体育 | 体育 | × |
| | 健康 | × |
| スポーツマネジメント | スポーツマネジメント | △# |
| | スポーツライフマネジメント | △# |
| スポーツ文化 | 武道教育 | △# |
| | スポーツ国際 | △# |
| 児童スポーツ教育 | 児童スポーツ教育 | △+ |
| 保健医療 | 整復医療 | △# |
| | 救急医療 | △# |
| **日本文化大** | | |
| 法 | 法 | × |
| **ビジネス・ブレークスルー大** | | |
| 経営(通信教育) | グローバル経営 | 30 |
| | ITソリューション | 20 |
| **文化学園大** | | |
| 服装 | ファッションクリエイション | 20 |
| | ファッション社会 | 10 |
| 造形 | デザイン・造形 | △+ |
| | 建築・インテリア | △+ |
| 国際文化 | 国際文化・観光 | ◎ |
| | 国際ファッション文化 | ◎ |
| **文京学院大** | | |

| 大学名 | | |
|---|---|---|
| 学部名 | 学科名(コース) | 実施状況 |
| 外国語 | 英語コミュニケーション | ◎ |
| 経営 | 経営コミュニケーション | ◎ |
| | マーケティング・デザイン | × |
| 人間 | コミュニケーション社会 | ◎ |
| | 児童発達 | ◎ |
| | 人間福祉 | ◎ |
| | 心理 | ◎ |
| 保健医療技術 | 理学療法 | × |
| | 作業療法 | × |
| | 臨床検査 | × |
| | 看護 | × |
| **法政大** | | |
| 法 | 法律 | ◎ |
| | 政治 | ◎ |
| | 国際政治 | ◎ |
| 文 | 哲 | ◎ |
| | 日本文(文学、言語) | ◎ |
| | 日本文(文芸) | × |
| | 英文 | ◎ |
| | 史 | ◎ |
| | 地理 | ◎ |
| | 心理 | ◎ |
| 経済 | 経済 | × |
| | 国際経済 | × |
| | 現代ビジネス | × |
| 社会 | 社会政策科 | △+ |
| | 社会 | △+ |
| | メディア社会 | △+ |
| 経営 | 経営 | ◎ |
| | 経営戦略 | ◎ |
| | 市場経営 | ◎ |
| 国際文化 | 国際文化 | × |
| 人間環境 | 人間環境 | ☆ |
| 現代福祉 | 福祉コミュニティ | ◎ |
| | 臨床心理 | ◎ |
| キャリアデザイン | キャリアデザイン | ◎ |
| デザイン工 | 建築 | × |
| | 都市環境デザイン工 | × |
| | システムデザイン | × |
| グローバル教養 | グローバル教養 | × |
| スポーツ健康 | スポーツ健康 | △+ |
| 情報科 | コンピュータ科 | × |
| | ディジタルメディア | × |
| 理工 | 機械工 | △+ |
| | 電気電子工 | △+ |
| | 応用情報工 | △+ |
| | 経営システム工 | △+ |
| | 創生科 | △+ |
| 生命科 | 生命機能 | △# |
| | 環境応用化 | △# |
| | 応用植物科 | △# |

| 大学名 | | |
|---|---|---|
| 学部名 | 学科名(コース) | 実施状況 |
| **星薬科大** | | |
| 薬 | 薬 | × |
| | 創薬科 | × |
| **武蔵大** | | |
| 経済 | 経済 | △+● |
| | 経営 | △+● |
| | 金融 | △+● |
| 人文 | 英語英米文化 | ◎● |
| | ヨーロッパ文化 | ◎● |
| | 日本・東アジア文化 | ◎● |
| 社会 | 社会 | ◎● |
| | メディア社会 | ◎● |
| 国際教養 | 国際教養 | △# |
| **武蔵野大** | | |
| アントレプレナーシップ | アントレプレナーシップ | △# |
| データサイエンス | データサイエンス | △# |
| 経営 | 経営 | △# |
| | 会計ガバナンス | × |
| 法 | 法律 | × |
| | 政治 | × |
| 経済 | 経済 | × |
| 文 | 日本文学文化 | × |
| グローバル | グローバル・コミュニケーション | × |
| | 日本語コミュニケーション | × |
| | グローバルビジネス | × |
| 人間科 | 人間科 | × |
| | 社会福祉 | × |
| 教育 | 教育 | △# |
| | 幼児教育 | △# |
| 工 | サステナビリティ | × |
| | 数理工 | × |
| | 建築デザイン | × |
| 薬 | 薬 | × |
| 看護 | 看護 | × |
| **武蔵野音楽大** | | |
| 音楽 | 演奏(器楽) | ◎ |
| | 演奏(声楽) | ◎ |
| | 演奏(ヴィルトゥオーゾ) | × |
| | 音楽総合(作曲) | ◎ |
| | 音楽総合(音楽学) | × |
| | 音楽総合(音楽教育) | ◎ |
| | 音楽総合(アートマネジメント) | × |
| **武蔵野美術大** | | |
| 造形 | 日本画 | ◎ |
| | 油絵(油絵) | 6 |
| | 油絵(版画) | ◎ |
| | 彫刻 | ◎ |
| | 視覚伝達デザイン | 4 |
| | 工芸工業デザイン | 4 |
| | 空間演出デザイン | 4 |
| | 建築 | 3 |
| | 基礎デザイン | 3 |

## Column 1

| 大学名 | | | |
|---|---|---|---|
| 学部名 | 学科名(コース) | | 実施状況 |
| | 芸術文化 | | 3 |
| | デザイン情報 | | ◎ |
| 造形構想 | クリエイティブイノベーション | | △+ |
| | 映像 | | 4 |

### 明治大

| 学部名 | 学科名(コース) | 実施状況 |
|---|---|---|
| 法 | 法律 | × |
| 商 | 商 | × |
| 政治経済 | 政治 | × |
| | 経済 | × |
| | 地域行政 | × |
| 文 | 文(日本文学) | △+●# |
| | 文(英米文学) | ◎●# |
| | 文(ドイツ文学) | ◎●+ |
| | 文(フランス文学) | ◎●# |
| | 文(演劇学) | ◎●+ |
| | 文(文芸メディア) | ◎●+ |
| | 史学地理(日本史学) | △+●+ |
| | 史学地理(アジア史) | △#●+ |
| | 史学地理(西洋史学) | ◎●# |
| | 史学地理(考古学) | ◎●+ |
| | 史学地理(地理学) | ◎●# |
| | 心理社会(臨床心理学) | ◎ |
| | 心理社会(現代社会学) | ◎ |
| | 心理社会(哲学) | ◎ |
| 経営 | 経営 | × |
| | 会計 | × |
| | 公共経営 | × |
| 農 | 農 | × |
| | 農芸化 | × |
| | 生命科 | × |
| | 食料環境政策 | × |
| 情報コミュニケーション | 情報コミュニケーション | ◎ |
| 国際日本 | 国際日本 | ◎ |
| 理工 | 電気電子生命 | × |
| | 機械工 | × |
| | 機械情報工 | × |
| | 建築 | × |
| | 応用化 | × |
| | 情報科 | × |
| | 数 | × |
| | 物理 | × |
| 総合数理 | 現象数理 | × |
| | 先端メディアサイエンス | × |
| | ネットワークデザイン | × |

### 明治学院大

| 学部名 | 学科名(コース) | 実施状況 |
|---|---|---|
| 文 | 英文 | ◎ |
| | フランス文 | ◎ |
| | 芸術 | ◎ |
| 経済 | 経済 | ◎ |
| | 経営 | × |
| | 国際経営 | × |

## Column 2

| 大学名 | | |
|---|---|---|
| 学部名 | 学科名(コース) | 実施状況 |
| 社会 | 社会 | ◎ |
| | 社会福祉 | ◎ |
| 法 | 法律 | ◎ |
| | 消費情報環境法 | ◎ |
| | グローバル法 | × |
| | 政治 | ◎ |
| 国際 | 国際 | ◎ |
| | 国際キャリア | △# |
| 心理 | 心理 | × |
| | 教育発達 | × |

### 明治薬科大

| 学部名 | 学科名(コース) | 実施状況 |
|---|---|---|
| 薬 | 薬 | ◎ |
| | 生命創薬科 | ◎ |

### 明星大

| 学部名 | 学科名(コース) | 実施状況 |
|---|---|---|
| 心理 | 心理 | × |
| 教育 | 教育 | △# |
| 人文 | 国際コミュニケーション | △+ |
| | 日本文化 | △# |
| | 人間社会 | △# |
| | 福祉実践 | △+ |
| 理工 | 総合理工 | △# |
| 建築 | 建築 | △# |
| 経済 | 経済 | △+ |
| 情報 | 情報 | △# |
| 経営 | 経営 | △# |
| デザイン | デザイン | △# |
| | データサイエンス学環 | △# |

### 目白大

| 学部名 | 学科名(コース) | 実施状況 |
|---|---|---|
| 保健医療 | 理学療法 | × |
| | 作業療法 | × |
| | 言語聴覚 | × |
| 看護 | 看護 | × |
| 心理 | 心理カウンセリング | △# |
| 人間 | 人間福祉 | 10 |
| | 子ども | 10 |
| | 児童教育 | ◎ |
| 社会 | 社会情報 | 5 |
| | 地域社会 | 5 |
| メディア | メディア | × |
| 経営 | 経営 | 5 |
| 外国語 | 英米語 | 5 |
| | 中国語 | ◎ |
| | 韓国語 | ◎ |
| | 日本語・日本語教育 | ◎ |

### ヤマザキ動物看護大

| 学部名 | 学科名(コース) | 実施状況 |
|---|---|---|
| 動物看護 | 動物看護 | × |
| | 動物人間関係 | ▲# |

### 立教大

| 学部名 | 学科名(コース) | 実施状況 |
|---|---|---|
| 文 | キリスト教 | □ |
| | 文 | □ |
| | 史 | □ |
| | 教育 | □ |

## Column 3

| 大学名 | | |
|---|---|---|
| 学部名 | 学科名(コース) | 実施状況 |
| 異文化コミュニケーション | 異文化コミュニケーション | × |
| 経済 | 経済 | × |
| | 経済政策 | × |
| | 会計ファイナンス | × |
| 経営 | 経営 | × |
| | 国際経営 | × |
| 理 | 数 | × |
| | 物理 | × |
| | 化 | × |
| | 生命理 | × |
| 社会 | 社会 | × |
| | 現代文化 | × |
| | メディア社会 | × |
| 法 | 法 | × |
| | 政治 | × |
| | 国際ビジネス法 | × |
| 観光 | 観光 | × |
| | 交流文化 | × |
| コミュニティ福祉 | 福祉 | × |
| | コミュニティ政策 | × |
| | スポーツウエルネス | × |
| 現代心理 | 心理 | × |
| | 映像身体 | × |
| GLAP | グローバル・リベラルアーツ・プログラム | × |
| スポーツウェルネス | スポーツウェルネス | × |

### 立正大

| 学部名 | 学科名(コース) | 実施状況 |
|---|---|---|
| 心理 | 臨床心理 | ◎ |
| | 対人・社会心理 | ◎ |
| 法 | 法 | ◎ |
| 経営 | 経営 | ◎ |
| 経済 | 経済 | ◎ |
| 文 | 哲 | ◎ |
| | 史 | ◎ |
| | 社会 | ◎ |
| | 文 | ◎ |
| 仏教 | 仏教 | ◎ |
| | 宗 | ◎ |
| データサイエンス | データサイエンス | ▲+ |
| 地球環境科 | 環境システム | ◎ |
| | 地理 | ◎ |
| 社会福祉 | 社会福祉 | ◎ |
| | 子ども教育福祉 | × |

### ルーテル学院大

| 学部名 | 学科名(コース) | 実施状況 |
|---|---|---|
| 総合人間 | 人間福祉心理 | 20 |

### 和光大

| 学部名 | 学科名(コース) | 実施状況 |
|---|---|---|
| 現代人間 | 心理教育(心理) | ◎ |
| | 心理教育(子ども教育、子ども教育〈保育〉) | × |
| | 人間科 | △+ |
| 表現 | 総合文化 | ◎ |
| | 芸術 | ◎ |

| 大学名 | | | |
|---|---|---|---|
| 学部名 | 学科名(コース) | | 実施状況 |
| 経済経営 | 経済 | | ◎ |
| | 経営 | | ◎ |
| **早稲田大** | | | |
| 政治経済 | 政治 | | ● |
| | 経済 | | ● |
| | 国際政治経済 | | ● |
| 法 | 法 | | ● |
| 文化構想 | 文化構想 | | × |
| 文 | 文(哲学) | | × |
| | 文(東洋哲学) | | ● |
| | 文(心理学、社会学) | | × |
| | 文(教育学、日本語日本文 | | × |
| | 文(中国語中国文学) | | ● |
| | 文(英文学) | | ● |
| | 文(フランス語フランス文学、ドイツ語ドイツ文学、ロシア語ロシア文 | | ● |
| | 文(演劇映像) | | × |
| | 文(美術史) | | × |
| | 文(日本史) | | × |
| | 文(アジア史、西洋史) | | ● |
| | 文(考古学) | | × |
| | 文(中東・イスラーム研究) | | × |
| 教育 | 教育〈教育学〉 | | ● |
| | 教育〈生涯教育学〉 | | × |
| | 教育〈教育心理学〉 | | ● |
| | 教育(初等教育学) | | ●# |
| | 国語国文 | | ● |
| | 英語英文 | | × |
| | 社会 | | × |
| | 理 | | ● |
| | 数 | | × |
| | 複合文化 | | × |
| 商 | 商 | | × |
| 基幹理工 | 数 | | ●◎ |
| | 応用数理 | | ●◎ |
| | 機械科学・航空宇宙 | | ● |
| | 情報理工 | | ● |
| | 情報通信 | | ● |
| | 電子物理システム | | ●◎ |
| | 表現工 | | × |
| 創造理工 | 建築 | | ● |
| | 総合機械工 | | ● |
| | 経営システム工 | | ● |
| | 社会環境工 | | ● |
| | 環境資源工 | | ● |
| 先進理工 | 物理 | | ●★ |
| | 応用物理 | | ●★ |
| | 化学・生命化 | | ● |
| | 応用化 | | ● |
| | 生命医科 | | ● |
| | 電気・情報生命工 | | ● |
| 社会科 | 社会科 | | × |

| 大学名 | | | |
|---|---|---|---|
| 学部名 | 学科名(コース) | | 実施状況 |
| 国際教養 | 国際教養 | | × |
| 人間科 | 人間環境科 | | × |
| | 健康福祉科 | | × |
| | 人間情報科 | | × |
| スポーツ科 | スポーツ科 | | ● |
| **麻布大** | | | |
| 獣医 | 獣医 | | × |
| | 動物応用科 | | ● |
| 生命・環境科 | 臨床検査技術 | | ◎ |
| | 食品生命科 | | ◎ |
| | 環境科 | | ◎ |
| **神奈川大** | | | |
| 法 | 法律 | | ◎ |
| | 自治行政 | | ◎ |
| 経済 | 経済 | | ◎ |
| | 現代ビジネス | | ◎ |
| 経営 | 国際経営 | | ◎ |
| 外国語 | 英語英文 | | ◎ |
| | スペイン語 | | ◎ |
| | 中国語 | | ◎ |
| 国際日本 | 国際文化交流 | | △＋ |
| | 日本文化 | | △＋ |
| | 歴史民俗 | | △＋ |
| 人間科 | 人間科 | | ◎ |
| 理 | 理 | | ◎ |
| 工 | 機械工 | | ◎ |
| | 電気電子情報工 | | ◎ |
| | 経営工 | | ◎ |
| | 応用物理 | | △＋ |
| 建築 | 建築 | | △＋ |
| 化学生命 | 応用化学 | | △＋ |
| | 生命機能 | | △＋ |
| **神奈川工科大** | | | |
| 工 | 機械工 | | △# |
| | 電気電子情報工 | | △# |
| | 応用化 | | ◎ |
| 創造工 | 自動車システム開発工 | | ◎ |
| | ロボットメカトロニクス | | △# |
| | ホームエレクトロニクス開発 | | △# |
| 応用バイオ科 | 応用バイオ科 | | ◎ |
| 情報 | 情報工 | | △# |
| | 情報ネットワーク・コミュニケーション | | △# |
| | 情報メディア | | △# |
| 健康医療科 | 看護 | | × |
| | 臨床工 | | △# |
| | 管理栄養 | | △# |
| **神奈川歯科大** | | | |
| 歯 | 歯 | | △＋ |
| **鎌倉女子大** | | | |
| 家政 | 家政保健 | | ◎ |
| | 管理栄養 | | × |
| 児童 | 児童 | | ◎ |

| 大学名 | | | |
|---|---|---|---|
| 学部名 | 学科名(コース) | | 実施状況 |
| | こども心理 | | ◎ |
| 教育 | 教育 | | 20 |
| **関東学院大** | | | |
| 国際文化 | 英語文化 | | 3 |
| | 比較文化 | | 3 |
| 社会 | 現代社会 | | 2 |
| 経済 | 経済 | | 3 |
| 経営 | 経営 | | 3 |
| 法 | 法 | | 2 |
| | 地域創生 | | 2 |
| 理工 | 理工 | | 14 |
| 建築・環境 | 建築・環境 | | 2 |
| 人間共生 | コミュニケーション | | 2 |
| | 共生デザイン | | 2 |
| 教育 | こども発達 | | × |
| 栄養 | 管理栄養 | | × |
| 看護 | 看護 | | × |
| **相模女子大** | | | |
| 学芸 | 日本語日本文 | | 5 |
| | 英語文化コミュニケーション | | 5 |
| | 子ども教育 | | 7 |
| | メディア情報 | | 5 |
| | 生活デザイン | | 5 |
| 人間社会 | 社会マネジメント | | 10 |
| | 人間心理 | | 10 |
| 栄養科 | 健康栄養 | | 8 |
| | 管理栄養 | | 10 |
| **松蔭大** | | | |
| 経営文化 | 経営法 | | 2 |
| | ビジネスマネジメント | | 2 |
| コミュニケーション文化 | 異文化コミュニケーション | | 2 |
| | 日本文化コミュニケーション | | 2 |
| | 生活心理 | | 2 |
| | 子ども | | 2 |
| 観光メディア文化 | 観光文化 | | 2 |
| | メディア情報文化 | | 2 |
| 看護 | 看護 | | × |
| **湘南医療大** | | | |
| 保健医療 | 看護 | | △# |
| | リハビリテーション | | × |
| 薬 | 医療薬 | | ◎ |
| **湘南鎌倉医療大** | | | |
| 看護 | 看護 | | × |
| **湘南工科大** | | | |
| 工 | 機械工 | | ◎ |
| | 電気電子工 | | ◎ |
| | 総合デザイン | | ◎ |
| | 人間環境 | | ◎ |
| 情報 | 情報 | | △# |
| **昭和音楽大** | | | |
| 音楽 | 音楽芸術表現 | | 15 |
| | 音楽芸術運営 | | 5 |

| 大学名 | | |
|---|---|---|
| 学部名 | 学科名(コース) | 実施状況 |
| **女子美術大** | | |
| 芸術 | 美術 | 14 |
| | デザイン・工芸 | 16 |
| | アート・デザイン表現 | 10 |
| | 共創デザイン | △# |
| **星槎大** | | |
| 共生科 | 共生科(通信教育) | × |
| **聖マリアンナ医科大** | | |
| 医 | 医 | × |
| **洗足学園音楽大** | | |
| 音楽 | 音楽 | 5 |
| **鶴見大** | | |
| 文 | 日本文 | ◎ |
| | 英語英米文 | ◎ |
| | 文化財 | ◎ |
| | ドキュメンテーション | ◎ |
| 歯 | 歯 | ●◎ |
| **田園調布学園大** | | |
| 人間福祉 | 社会福祉(社会福祉) | 10 |
| | 社会福祉(介護福祉) | × |
| | 共生社会 | △# |
| 子ども未来 | 子ども未来 | × |
| | 心理福祉 | 5 |
| 人間科 | 心理 | 5 |
| **桐蔭横浜大** | | |
| 法 | 法律 | 10 |
| 医用工 | 生命医工 | △+ |
| | 臨床工 | △+ |
| スポーツ科 | スポーツ教育 | ◎ |
| | スポーツ健康科 | ◎ |
| **東洋英和女学院大** | | |
| 人間科 | 人間科 | ◎ |
| | 保育子ども | ◎ |
| 国際社会 | 国際社会 | ◎ |
| | 国際コミュニケーション | ◎ |
| **日本映画大** | | |
| 映画 | 映画 | ◎ |
| **フェリス女学院大** | | |
| 文 | 英語英米文 | ◎ |
| | 日本語日本文 | ◎ |
| | コミュニケーション | ◎ |
| 国際交流 | 国際交流 | 4 |
| 音楽 | 音楽芸術 | ◎ |
| **八洲学園大** | | |
| 生涯学習(通教) | 生涯学習 | 400 |
| **横浜商科大** | | |
| 商 | 商 | 10 |
| | 観光マネジメント | × |
| | 経営情報 | △# |
| **横浜創英大** | | |
| 看護 | 看護 | × |
| こども教育 | 幼児教育 | × |

| 大学名 | | |
|---|---|---|
| 学部名 | 学科名(コース) | 実施状況 |
| **横浜美術大** | | |
| 美術 | 美術・デザイン | 2 |
| **横浜薬科大** | | |
| 薬 | 健康薬 | × |
| | 漢方薬 | × |
| | 臨床薬 | × |
| | 薬科 | × |
| **敬和学園大** | | |
| 人文 | 国際文化 | ◎ |
| | 英語文化コミュニケーション | ◎ |
| | 共生社会 | ◎ |
| **長岡大** | | |
| 経済経営 | 経済経営 | ◎ |
| **長岡崇徳大** | | |
| 看護 | 看護 | × |
| **新潟医療福祉大** | | |
| リハビリテーション | 理学療法 | × |
| | 作業療法 | × |
| | 言語聴覚 | × |
| | 義肢装具自立支援 | × |
| | 鍼灸健康 | × |
| 医療技術 | 臨床技術 | × |
| | 視機能科 | × |
| | 救急救命 | × |
| | 診療放射線 | × |
| 健康科 | 健康栄養 | × |
| | 健康スポーツ | 5 |
| 看護 | 看護 | 3 |
| 社会福祉 | 社会福祉 | 5 |
| 医療経営管理 | 医療情報管理 | 5 |
| **新潟経営大** | | |
| 経営情報 | 経営情報 | 15 |
| | スポーツマネジメント | 5 |
| **新潟工科大** | | |
| 工 | 工 | 2 |
| **新潟国際情報大** | | |
| 経営情報 | 経営 | × |
| | 情報システム | × |
| 国際 | 国際文化 | ◎ |
| **新潟産業大** | | |
| 経済 | 経済経営 | ◎ |
| 経済(通教) | 経済経営 | △# |
| | 文化経済 | ◎ |
| **新潟食料農業大** | | |
| 食料産業 | 食料産業 | ◎ |
| **新潟青陵大** | | |
| 看護 | 看護 | × |
| 福祉心理子ども | 社会福祉(下記以外) | × |
| | 社会福祉(ソーシャルワーク) | 5 |
| | 臨床心理 | 5 |
| | 子ども発達 | |
| **新潟薬科大** | | |

| 大学名 | | |
|---|---|---|
| 学部名 | 学科名(コース) | 実施状況 |
| 薬 | 薬 | △+ |
| 応用生命科 | 応用生命科 | △+ |
| | 生命産業創造 | △+ |
| 医療技術 | 臨床検査 | × |
| 看護 | 看護 | × |
| **新潟リハビリテーション大** | | |
| 医療 | リハビリテーション | ◎ |
| **高岡法科大** | | |
| 法 | 法 | ◎ |
| **富山国際大** | | |
| 現代社会 | 現代社会 | 5 |
| 子ども育成 | 子ども育成 | 5 |
| **金沢医科大** | | |
| 医 | 医 | × |
| 看護 | 看護 | × |
| **金沢学院大** | | |
| 文 | 文 | 8 |
| | 教育 | 5 |
| 経済 | 経済 | 5 |
| | 経営 | 5 |
| 経済情報 | 経済情報 | △+ |
| スポーツ科 | スポーツ科 | 10 |
| 芸術 | 芸術 | 7 |
| 栄養 | 栄養 | 5 |
| 教育 | 教育 | 5 |
| **金沢工業大** | | |
| 工 | 機械工 | ◎ |
| | 航空システム工 | ◎ |
| | ロボティクス | ◎ |
| | 電気電子工 | ◎ |
| | 情報工 | ◎ |
| | 環境土木工 | ◎ |
| 情報フロンティア | メディア情報 | ◎ |
| | 経営情報 | ◎ |
| | 心理科 | ◎ |
| 建築 | 建築 | ◎ |
| バイオ・化 | 応用化 | ◎ |
| | 応用バイオ | ◎ |
| **金沢星稜大** | | |
| 経済 | 経済 | △+ |
| | 経営 | △+ |
| 人間科 | スポーツ | △+ |
| | こども | △+ |
| 人文 | 国際文化 | △+ |
| **金城大** | | |
| 人間社会科 | 社会福祉 | 5 |
| | 子ども教育保育 | 5 |
| 医療健康 | 理学療法 | × |
| | 作業療法 | × |
| 看護 | 看護 | × |
| **北陸大** | | |
| 薬 | 薬 | ◎ |

## 大学名

| 学部名 | 学科名(コース) | 実施状況 |
|---|---|---|
| 医療保健 | 医療技術 | × |
| 国際コミュニケーション | 国際コミュニケーション | 40 |
| | 心理社会 | ▲# |
| 経済経営 | マネジメント | 108 |

### 北陸学院大

| 学部名 | 学科名(コース) | 実施状況 |
|---|---|---|
| 健康科学 | 栄養 | 32 |
| 社会 | 社会 | △+ |
| 教育 | こども教育 | △+ |
| | 初等中等教育 | × |

### 仁愛大

| 学部名 | 学科名(コース) | 実施状況 |
|---|---|---|
| 人間 | 心理 | 2 |
| | コミュニケーション | 2 |
| 人間生活 | 健康栄養 | 2 |
| | 子ども教育 | × |

### 福井医療大

| 学部名 | 学科名(コース) | 実施状況 |
|---|---|---|
| 保健医療 | リハビリテーション | × |
| | 看護 | × |

### 福井工業大

| 学部名 | 学科名(コース) | 実施状況 |
|---|---|---|
| 工 | 電気電子情報工 | ◎ |
| | 機械工 | ◎ |
| | 建築土木工 | ◎ |
| | 原子力技術応用工 | ◎ |
| 環境情報 | 環境食品応用化 | ◎ |
| | デザイン | ◎ |
| スポーツ健康科 | スポーツ健康科 | ◎ |
| 経営情報 | 経営情報 | × |

### 健康科学大

| 学部名 | 学科名(コース) | 実施状況 |
|---|---|---|
| 健康科 | リハビリテーション | × |
| | 人間コミュニケーション | △+ |
| 看護 | 看護 | × |

### 身延山大

| 学部名 | 学科名(コース) | 実施状況 |
|---|---|---|
| 仏教 | 仏教 | ◎ |

### 山梨英和大

| 学部名 | 学科名(コース) | 実施状況 |
|---|---|---|
| 人間文化 | 人間文化 | 10 |

### 山梨学院大

| 学部名 | 学科名(コース) | 実施状況 |
|---|---|---|
| 法 | 法 | △# |
| 経営 | 経営 | △# |
| 健康栄養 | 管理栄養 | 10 |
| 国際リベラルアーツ | 国際リベラルアーツ | × |
| スポーツ科 | スポーツ科 | × |

### 佐久大

| 学部名 | 学科名(コース) | 実施状況 |
|---|---|---|
| 人間福祉 | 人間福祉 | 10 |
| 看護 | 看護 | × |

### 清泉女学院大

| 学部名 | 学科名(コース) | 実施状況 |
|---|---|---|
| 人間 | 心理コミュニケーション | ◎ |
| | 文化 | ◎ |
| 看護 | 看護 | △# |

### 長野保健医療大

| 学部名 | 学科名(コース) | 実施状況 |
|---|---|---|
| 保健科 | リハビリテーション | × |
| 看護 | 看護 | △# |

### 松本大

| 学部名 | 学科名(コース) | 実施状況 |
|---|---|---|
| 総合経営 | 総合経営 | 5 |

## 大学名

| 学部名 | 学科名(コース) | 実施状況 |
|---|---|---|
| | 観光ホスピタリティ | 5 |
| 人間健康 | 健康栄養 | 5 |
| | スポーツ健康 | 5 |
| 教育 | 学校教育 | × |

### 松本看護大

| 学部名 | 学科名(コース) | 実施状況 |
|---|---|---|
| 看護 | 看護 | △# |

### 松本歯科大

| 学部名 | 学科名(コース) | 実施状況 |
|---|---|---|
| 歯 | 歯 | ◎ |

### 朝日大

| 学部名 | 学科名(コース) | 実施状況 |
|---|---|---|
| 法 | 法 | △# |
| 経営 | 経営 | △# |
| 歯 | 歯 | ◎ |
| 保健医療 | 看護 | × |
| | 健康スポーツ科 | × |

### 岐阜医療科学大

| 学部名 | 学科名(コース) | 実施状況 |
|---|---|---|
| 保健科 | 臨床検査 | ●+ |
| | 放射線技術 | ●+ |
| 看護 | 看護 | ●+ |
| 薬 | 薬 | ●+ |

### 岐阜協立大

| 学部名 | 学科名(コース) | 実施状況 |
|---|---|---|
| 経済 | 経営 | △+ |
| | 公共政策 | △+ |
| 経営 | 経営情報 | △+ |
| | スポーツ経営 | △+ |
| 看護 | 看護 | △# |

### 岐阜女子大

| 学部名 | 学科名(コース) | 実施状況 |
|---|---|---|
| 家政 | 健康栄養 | ◎ |
| | 生活科 | ◎ |
| 文化創造 | 文化創造 | ◎ |

### 岐阜聖徳学園大

| 学部名 | 学科名(コース) | 実施状況 |
|---|---|---|
| 教育 | 学校教育 | × |
| 外国語 | 外国語 | △+ |
| 経済情報 | 経済情報 | △# |
| 看護 | 看護 | × |

### 岐阜保健大

| 学部名 | 学科名(コース) | 実施状況 |
|---|---|---|
| 看護 | 看護 | × |
| リハビリテーション | 理学療法 | × |
| | 作業療法 | × |

### 中京学院大

| 学部名 | 学科名(コース) | 実施状況 |
|---|---|---|
| 経営 | 経営 | 5 |
| 看護 | 看護 | × |

### 中部学院大

| 学部名 | 学科名(コース) | 実施状況 |
|---|---|---|
| 人間福祉 | 人間福祉 | 15 |
| 教育 | 子ども教育 | 10 |
| 看護リハビリテーション | 理学療法 | × |
| | 看護 | × |
| スポーツ健康科 | スポーツ健康科 | × |

### 東海学院大

| 学部名 | 学科名(コース) | 実施状況 |
|---|---|---|
| 人間関係 | 心理 | ◎ |
| | 子ども発達 | ◎ |
| 健康福祉 | 管理栄養 | ◎ |
| | 総合福祉 | ◎ |

## 大学名

### 静岡英和学院大

| 学部名 | 学科名(コース) | 実施状況 |
|---|---|---|
| 人間社会 | 人間社会 | 10 |
| | コミュニティ福祉 | ◎ |

### 静岡産業大

| 学部名 | 学科名(コース) | 実施状況 |
|---|---|---|
| 経営 | 経営 | ◎ |
| | 心理経営 | ◎ |
| スポーツ科 | スポーツ科 | △+ |

### 静岡福祉大

| 学部名 | 学科名(コース) | 実施状況 |
|---|---|---|
| 社会福祉 | 福祉心理 | 4 |
| | 健康福祉 | 4 |
| 子ども | 子ども | × |

### 静岡理工科大

| 学部名 | 学科名(コース) | 実施状況 |
|---|---|---|
| 理工 | 機械工 | 2 |
| | 電気電子工 | 2 |
| | 物質生命科 | 1 |
| | 建築 | 1 |
| | 土木工 | 1 |
| 情報 | コンピュータシステム | 2 |
| | 情報デザイン | 2 |

### 聖隷クリストファー大

| 学部名 | 学科名(コース) | 実施状況 |
|---|---|---|
| 看護 | 看護 | × |
| 社会福祉 | 社会福祉 | 10 |
| リハビリテーション | 理学療法 | × |
| | 作業療法 | × |
| | 言語聴覚 | × |
| 国際教育 | 子ども教育 | × |

### 常葉大

| 学部名 | 学科名(コース) | 実施状況 |
|---|---|---|
| 教育 | 初等教育 | × |
| | 生涯学習 | △+ |
| | 心理教育 | × |
| 外国語 | 英米語 | × |
| | グローバルコミュニケーション | × |
| 造形 | 造形 | × |
| 法 | 法律 | × |
| 健康科 | 看護 | × |
| | 静岡理学療法 | × |
| 健康プロデュース | 健康栄養 | ◎ |
| | こども健康 | ◎ |
| | 心身マネジメント | △+ |
| | 健康鍼灸 | △+ |
| | 健康柔道整復 | △+ |
| 保健医療 | 理学療法 | × |
| | 作業療法 | × |
| 経営 | 経営 | △# |
| 社会環境 | 社会環境 | ◎ |
| 保育 | 保育 | △+ |

### 浜松学院大

| 学部名 | 学科名(コース) | 実施状況 |
|---|---|---|
| 現代コミュニケーション | 地域共創 | ◎ |
| | 子どもコミュニケーション | ◎ |

### 愛知大

| 学部名 | 学科名(コース) | 実施状況 |
|---|---|---|
| 法 | 法 | ◎ |
| 経済 | 経済 | ◎ |

## 大学名

| 学部名 | 学科名(コース) | 実施状況 |
|---|---|---|
| 経営 | 経営 | ◎ |
| | 会計ファイナンス | ◎ |
| 現代中国 | 現代中国 | ◎ |
| 国際コミュニケーション | 英語 | ◎ |
| | 国際教養 | ◎ |
| 文 | 歴史地理 | △+ |
| | 日本語日本文 | △+ |
| | 心理 | △+ |
| | 人文社会 | ◎ |
| 地域政策 | 地域政策 | ◎ |

### 愛知医科大

| 学部名 | 学科名(コース) | 実施状況 |
|---|---|---|
| 医 | 医 | × |
| 看護 | 看護 | × |

### 愛知学院大

| 学部名 | 学科名(コース) | 実施状況 |
|---|---|---|
| 文 | 歴史 | 2 |
| | 日本文化 | 2 |
| | 英語英米文化 | 2 |
| | グローバル英語 | 2 |
| | 宗教文化 | 2 |
| 心理 | 心理 | 2 |
| 健康科 | 健康科 | 2 |
| | 健康栄養 | × |
| 商 | 商 | 2 |
| 経営 | 経営 | 2 |
| 経済 | 経済 | 2 |
| 法 | 法律 | 2 |
| | 現代社会法 | 2 |
| 総合政策 | 総合政策 | 2 |
| 薬 | 医療薬 | △# |
| 歯 | 歯 | △+ |

### 愛知学泉大

| 学部名 | 学科名(コース) | 実施状況 |
|---|---|---|
| 家政 | ライフスタイル | △+ |
| | 管理栄養 | △+ |
| | こどもの生活 | △+ |

### 愛知工科大

| 学部名 | 学科名(コース) | 実施状況 |
|---|---|---|
| 工 | 機械システム工 | ◎ |
| | 電子ロボット工 | △+ |
| | 情報メディア | ◎ |

### 愛知工業大

| 学部名 | 学科名(コース) | 実施状況 |
|---|---|---|
| 工 | 電気 | ◎ |
| | 応用化 | ◎ |
| | 機械 | ◎ |
| | 土木工 | ◎ |
| | 建築 | ◎ |
| 経営 | 経営 | ◎ |
| 情報科 | 情報科 | ◎ |

### 愛知産業大

| 学部名 | 学科名(コース) | 実施状況 |
|---|---|---|
| 造形 | 建築 | 5 |
| | スマートデザイン | 5 |
| 経営 | 総合経営 | 5 |

### 愛知淑徳大

| 学部名 | 学科名(コース) | 実施状況 |
|---|---|---|
| 文 | 国文 | ◎ |
| | 総合英語 | ◎ |
| | 教育 | ◎ |
| 人間情報 | 人間情報 | △+ |
| 心理 | 心理 | ◎ |
| 創造表現 | 創造表現 | ◎ |
| 健康医療科 | 医療貢献(言語聴覚学) | × |
| | 医療貢献(視覚科学) | △+ |
| | スポーツ・健康医科 | △+ |
| | 健康栄養 | × |
| 福祉貢献 | 福祉貢献(社会福祉) | ◎ |
| | 福祉貢献(子ども福祉) | × |
| 交流文化 | 交流文化 | ◎ |
| ビジネス | ビジネス | △+ |
| グローバルコミュニケーション | グローバルコミュニケーション | ◎ |

### 愛知東邦大

| 学部名 | 学科名(コース) | 実施状況 |
|---|---|---|
| 経営 | 地域ビジネス | △# |
| | 国際ビジネス | 4 |
| 人間健康 | 人間健康 | △+ |
| 教育 | 子ども発達 | ◎ |

### 愛知文教大

| 学部名 | 学科名(コース) | 実施状況 |
|---|---|---|
| 人文 | 人文 | 4 |

### 愛知みずほ大

| 学部名 | 学科名(コース) | 実施状況 |
|---|---|---|
| 人間科 | 心身健康科 | 10 |

### 一宮研伸大

| 学部名 | 学科名(コース) | 実施状況 |
|---|---|---|
| 看護 | 看護(看護師課程) | 5 |
| | 看護(助産師課程) | 1 |

### 桜花学園大

| 学部名 | 学科名(コース) | 実施状況 |
|---|---|---|
| 学芸 | 英語 | 5 |
| 保育 | 保育 | 2 |
| | 国際教養こども | 3 |

### 岡崎女子大

| 学部名 | 学科名(コース) | 実施状況 |
|---|---|---|
| 子ども教育 | 子ども教育 | ◎ |

### 金城学院大

| 学部名 | 学科名(コース) | 実施状況 |
|---|---|---|
| 文 | 日本語日本文化 | ◎ |
| | 英語英米文化 | ◎ |
| | 外国語コミュニケーション | ◎ |
| | 音楽芸術 | ◎ |
| 生活環境 | 生活マネジメント | ◎ |
| | 環境デザイン | ◎ |
| | 食環境栄養 | × |
| 国際情報 | 国際情報 | 10 |
| 人間科 | 現代こども教育 | △# |
| | 多元心理 | 5 |
| | コミュニティ福祉 | 5 |
| 薬 | 薬 | ◎ |
| 看護 | 看護 | △# |

### 至学館大

| 学部名 | 学科名(コース) | 実施状況 |
|---|---|---|
| 健康科 | 体育科 | ◎ |
| | 健康スポーツ科 | 30 |
| | 栄養科 | △+ |
| | こども健康・教育 | △+ |

### 修文大

| 学部名 | 学科名(コース) | 実施状況 |
|---|---|---|
| 健康栄養 | 管理栄養 | × |
| 看護 | 看護 | × |
| 医療科 | 臨床検査 | △# |

### 椙山女学園大

| 学部名 | 学科名(コース) | 実施状況 |
|---|---|---|
| 生活科 | 管理栄養 | × |
| | 生活環境デザイン | 4 |
| 国際コミュニケーション | 国際言語コミュニケーション | 10 |
| | 表現文化 | 10 |
| 人間関係 | 人間関係 | 2 |
| | 心理 | 5 |
| 文化情報 | 文化情報 | 2 |
| | メディア情報 | 2 |
| 現代マネジメント | 現代マネジメント | × |
| 教育 | 子ども発達(保育・初等教) | × |
| | 子ども発達(初等中等教) | 5 |
| 看護 | 看護 | × |

### 星城大

| 学部名 | 学科名(コース) | 実施状況 |
|---|---|---|
| 経営 | 経営 | ◎ |
| リハビリテーション | リハビリテーション | × |

### 大同大

| 学部名 | 学科名(コース) | 実施状況 |
|---|---|---|
| 工 | 機械工 | ◎ |
| | 機械システム工 | ◎ |
| | 電気電子工 | ◎ |
| | 建築 | ◎ |
| 情報 | 情報システム | ◎ |
| | 情報デザイン | ◎ |
| | 総合情報 | ◎ |

### 中京大

| 学部名 | 学科名(コース) | 実施状況 |
|---|---|---|
| 国際 | 国際 | △# |
| | 言語文化 | △# |
| 文 | 歴史文化 | × |
| | 日本文 | △+ |
| | 言語表現 | × |
| 心理 | 心理 | ◎ |
| 法 | 法律 | ◎ |
| 経済 | 経済 | ◎ |
| 経営 | 経営 | ◎ |
| 総合政策 | 総合政策 | ◎ |
| 現代社会 | 現代社会(社会、コミュニティ、社会福祉) | ◎ |
| | 現代社会(国際文化) | × |
| 工 | 機械システム工 | × |
| | 電気電子工 | × |
| | 情報工 | × |
| | メディア工 | × |
| スポーツ科 | スポーツマネジメント | △# |
| | スポーツ健康科 | △# |
| | トレーナー | △# |
| | 競技スポーツ科 | △# |
| | スポーツ教育 | △# |

### 中部大

| 大学名 学部名 | 学科名(コース) | 実施状況 |
|---|---|---|
| 工 | 機械工 | 2 |
| | 都市建設工 | 2 |
| | ロボット理工 | 2 |
| | 宇宙電子システム | 2 |
| | 建築 | 2 |
| | 応用化 | 2 |
| | 情報工 | 2 |
| | 電気電子システム工 | 2 |
| 経営情報 | 経営総合 | 6 |
| 国際関係 | 国際 | 5 |
| 人文 | 日本語日本文化 | 2 |
| | 英語英米文化 | 2 |
| | コミュニケーション | 2 |
| | 心理 | 2 |
| | 歴史地理 | 2 |
| 応用生物 | 応用生物化 | 2 |
| | 環境生物科 | 2 |
| | 食品栄養科(食品栄養科) | 2 |
| | 食品栄養科(管理栄養科) | × |
| 生命健康科 | 生命医科 | × |
| | 保健看護 | × |
| | 理学療法 | × |
| | 作業療法 | × |
| | 臨床工 | × |
| | スポーツ保健医療 | × |
| 現代教育 | 幼児教育 | 2 |
| | 現代教育(現代教育) | 2 |
| | 現代教育(中等教育国語数学) | × |
| 理工 | 数理・物理サイエンス | ▲# |
| | AIロボティックス | ▲# |
| | 宇宙航空 | ▲# |

**東海学園大**

| 学部名 | 学科名(コース) | 実施状況 |
|---|---|---|
| 経営 | 経営 | 5 |
| 人文 | 人文 | 2 |
| 心理 | 心理 | 2 |
| 教育 | 教育 | 5 |
| スポーツ健康科 | スポーツ健康科 | 5 |
| 健康栄養 | 健康栄養 | × |

**同朋大**

| 学部名 | 学科名(コース) | 実施状況 |
|---|---|---|
| 社会福祉 | 社会福祉 | ◎ |
| 文 | 人文 | ◎ |
| | 仏教 | ◎ |

**豊田工業大**

| 学部名 | 学科名(コース) | 実施状況 |
|---|---|---|
| 工 | 先端工学基礎 | ☆ |

**豊橋創造大**

| 学部名 | 学科名(コース) | 実施状況 |
|---|---|---|
| 保健医療 | 理学療法 | × |
| | 看護 | × |
| 経営 | 経営 | 4 |

**名古屋音楽大**

| 学部名 | 学科名(コース) | 実施状況 |
|---|---|---|
| 音楽 | 音楽 | ◎ |

**名古屋外国語大**

| 学部名 | 学科名(コース) | 実施状況 |
|---|---|---|
| 外国語 | 英米語 | × |
| | フランス語 | × |
| | 中国語 | × |
| 世界教養 | 世界教養 | × |
| | 国際日本 | × |
| 現代国際 | 現代英語 | × |
| | 国際教養 | × |
| | グローバルビジネス | × |
| 世界共生 | 世界共生 | × |

**名古屋学院大**

| 学部名 | 学科名(コース) | 実施状況 |
|---|---|---|
| 経済 | 経済 | ◎ |
| 現代社会 | 現代社会 | ◎ |
| 商 | 商 | ◎ |
| | 経営情報 | ◎ |
| 法 | 法 | ◎ |
| 外国語 | 英米語 | ◎ |
| 国際文化 | 国際文化 | ◎ |
| スポーツ健康 | スポーツ健康 | ◎ |
| | こどもスポーツ教育 | ◎ |
| リハビリテーション | 理学療法 | × |

**名古屋学芸大**

| 学部名 | 学科名(コース) | 実施状況 |
|---|---|---|
| 管理栄養 | 管理栄養 | × |
| ヒューマンケア | 子どもケア(子どもケア) | ◎ |
| | 子どもケア(幼児保育・児童発達教育) | × |
| メディア造形 | 映像メディア | ◎ |
| | デザイン | ◎ |
| | ファッション造形 | ◎ |
| 看護 | 看護 | × |

**名古屋経済大**

| 学部名 | 学科名(コース) | 実施状況 |
|---|---|---|
| 経済 | 現代経済 | △# |
| 経営 | 経営 | △# |
| 法 | ビジネス法 | △# |
| 人間生活科 | 教育保育 | ◎ |
| | 管理栄養 | ◎ |

**名古屋芸術大**

| 学部名 | 学科名(コース) | 実施状況 |
|---|---|---|
| 芸術 | 芸術(音楽) | 15 |
| | 芸術(舞台芸術) | △+ |
| | 芸術(美術) | 10 |
| | 芸術(デザイン) | 10 |
| | 芸術(芸術教養) | △+ |
| 教育 | 子ども | 10 |

**名古屋産業大**

| 学部名 | 学科名(コース) | 実施状況 |
|---|---|---|
| 現代ビジネス | 現代ビジネス | 5 |
| | 経営専門職 | △# |

**名古屋商科大**

| 学部名 | 学科名(コース) | 実施状況 |
|---|---|---|
| 経済 | 経済 | ◎ |
| | 総合政策 | ◎ |
| 経営 | 経営 | ◎ |
| | 経営情報 | ◎ |
| 商 | マーケティング | ◎ |
| | 会計 | ◎ |
| 経営管理課程 | | △# |
| 国際 | 英語 | ◎ |
| | 国際 | ◎ |

**名古屋女子大**

| 学部名 | 学科名(コース) | 実施状況 |
|---|---|---|
| 医療科 | 理学療法 | × |
| | 作業療法 | × |
| 健康科 | 看護 | △ |
| | 健康栄養 | △ |
| 家政 | 生活環境 | ○ |
| 児童教育 | 児童教育 | ○ |

**名古屋造形大**

| 学部名 | 学科名(コース) | 実施状況 |
|---|---|---|
| 造形 | 造形 | ◎ |

**名古屋文理大**

| 学部名 | 学科名(コース) | 実施状況 |
|---|---|---|
| 健康生活 | 健康栄養 | 2 |
| | フードビジネス | △+ |
| 情報メディア | 情報メディア | 2 |

**名古屋柳城女子大**

| 学部名 | 学科名(コース) | 実施状況 |
|---|---|---|
| こども | こども | △+ |

**南山大**

| 学部名 | 学科名(コース) | 実施状況 |
|---|---|---|
| 人文 | キリスト教 | ◎ |
| | 人類文化 | ◎ |
| | 心理人間 | ◎ |
| | 日本文化 | ◎ |
| 外国語 | 英米 | ◎ |
| | スペイン・ラテンアメリカ | ◎ |
| | フランス | ◎ |
| | ドイツ | ◎ |
| | アジア | ◎ |
| 経済 | 経済 | ◎ |
| 経営 | 経営 | ◎ |
| 法 | 法律 | ◎ |
| 総合政策 | 総合政策 | ◎ |
| 理工 | ソフトウェア工 | ◎ |
| | データサイエンス | △+ |
| | 電子情報工 | △+ |
| | 機械システム工 | △+ |
| 国際教養 | 国際教養 | ◎ |

**日本赤十字豊田看護大**

| 学部名 | 学科名(コース) | 実施状況 |
|---|---|---|
| 看護 | 看護 | × |

**日本福祉大**

| 学部名 | 学科名(コース) | 実施状況 |
|---|---|---|
| 社会福祉 | 社会福祉(行政) | 2 |
| | 社会福祉(子ども) | 4 |
| | 社会福祉(医療) | 7 |
| | 社会福祉(人間福祉) | 7 |
| 経済 | 経済 | ◎ |
| 健康科 | 福祉工 | ◎ |
| | リハビリテーション | × |
| 教育・心理 | 子ども発達 | △# |
| | 心理 | △# |
| 国際 | 国際 | ◎ |
| 看護 | 看護 | × |

| 大学名 | | |
|---|---|---|
| 学部名 | 学科名(コース) | 実施状況 |
| スポーツ科 | スポーツ科 | △+ |
| **人間環境大** | | |
| 心理 | 心理 | × |
|  | 犯罪心理 | × |
| 環境科 | フィールド生態 | × |
|  | 環境データサイエンス | × |
| 総合心理 | 総合心理 | × |
| 看護 | 看護 | × |
| 松山看護 | 看護 | × |
| **藤田医科大** | | |
| 医 | 医 | × |
| 医療科 | 医療検査 | × |
|  | 放射線 | × |
| 保健衛生 | 看護 | × |
|  | リハビリテーション | × |
| **名城大** | | |
| 法 | 法 | ◎ |
| 経営 | 経営 | ◎ |
|  | 国際経営 | ◎ |
| 経済 | 経済 | ◎ |
|  | 産業社会 | ◎ |
| 外国語 | 国際英語 | × |
| 人間 | 人間 | ◎ |
| 都市情報 | 都市情報 | ◎ |
| 情報工 | 情報工 | ▲+ |
| 理工 | 数 | ◎ |
| 情報工 | 情報工 | ◎ |
| 理工 | 電気電子工 | ◎ |
|  | 材料機能工 | ◎ |
|  | 応用化 | ◎ |
|  | 機械工 | ◎ |
|  | 交通機械工 | ◎ |
|  | メカトロニクス工 | ◎ |
|  | 社会基盤デザイン工 | ◎ |
|  | 環境創造工 | △+ |
|  | 建築 | ◎ |
| 農 | 生物資源 | ◎ |
|  | 応用生物化 | ◎ |
|  | 生物環境科 | ◎ |
| 薬 | 薬 | × |
| **皇學館大** | | |
| 文 | 神道 | △+ |
|  | 国文 | △+ |
|  | 国史 | ◎ |
|  | コミュニケーション | △+ |
| 教育 | 教育 | × |
| 現代日本社会 | 現代日本社会 | △+ |
| **鈴鹿大** | | |
| 国際地域 | 国際地域 | 10 |
| こども教育 | こども教育(こども教育) | 3 |
|  | こども教育(養護教育学) | 2 |
| **鈴鹿医療科学大** | | |
| 保健衛生 | 放射線技術科 | × |

| 大学名 | | |
|---|---|---|
| 学部名 | 学科名(コース) | 実施状況 |
|  | 医療栄養 | × |
|  | 臨床検査 | × |
|  | リハビリテーション(作業療法学) | △+ |
|  | リハビリテーション(理学療法学) | △# |
|  | 医療福祉(医療福祉学) | ◎ |
|  | 医療福祉(臨床心理学) | △+ |
|  | 鍼灸サイエンス | △+ |
|  | 救急救命 | △# |
| 医用工 | 臨床工 | △+ |
|  | 医療健康データサイエンス | △+ |
| 薬 | 薬 | △+ |
| 看護 | 看護 | △+ |
| **四日市大** | | |
| 総合政策 | 総合政策 | ◎ |
| 環境情報 | 環境情報 | ◎ |
| **四日市看護医療大** | | |
| 看護医療 | 看護 | × |
|  | 臨床検査 | △# |
| **成安造形大** | | |
| 芸術 | 芸術 | 4 |
| **聖泉大** | | |
| 人間 | 人間心理 | ◎ |
| 看護 | 看護 | × |
| **長浜バイオ大** | | |
| バイオサイエンス | フロンティアバイオサイエンス | 4 |
|  | アニマルバイオサイエンス | × |
|  | メディカルバイオサイエンス | △# |
| **びわこ学院大** | | |
| 教育福祉 | 子ども | 10 |
|  | スポーツ教育 | 5 |
| **びわこ成蹊スポーツ大** | | |
| スポーツ | スポーツ | × |
| **大谷大** | | |
| 国際 | 国際文化 | ▲# |
| 文 | 真宗 | ◎ |
|  | 仏教 | ◎ |
|  | 哲 | ◎ |
|  | 歴史 | ◎ |
|  | 文学 | △+ |
|  | 国際文化(英語コミュニケーション) | × |
|  | 国際文化(欧米文化、アジア文化) | △# |
| 社会 | コミュニティデザイン(地域政策) | △+ |
|  | コミュニティデザイン(社会福祉) | △# |
|  | 現代社会 | △+ |
| 教育 | 教育 | × |
| **京都医療科学大** | | |
| 医療科 | 放射線技術 | × |
| **京都外国語大** | | |
| 外国語 | 英米語 | 60 |
|  | スペイン語 | ◎ |
|  | フランス語 | ◎ |
|  | ドイツ語 | ◎ |

| 大学名 | | |
|---|---|---|
| 学部名 | 学科名(コース) | 実施状況 |
|  | ブラジルポルトガル語 | ◎ |
|  | 中国語 | 5 |
|  | 日本語 | 5 |
|  | イタリア語 | ◎ |
|  | ロシア語 | △# |
| 国際貢献 | グローバルスタディーズ | 10 |
|  | グローバル観光 | 20 |
| **京都華頂大** | | |
| 現代家政 | 現代家政 | ◎ |
|  | 食物栄養 | × |
| **京都看護大** | | |
| 看護 | 看護 | 10 |
| **京都芸術大** | | |
| 芸術 | 美術工芸 | ◎ |
|  | キャラクターデザイン | ◎ |
|  | 情報デザイン | ◎ |
|  | プロダクトデザイン | ◎ |
|  | 空間演出デザイン | ◎ |
|  | 環境デザイン | ◎ |
|  | 映画 | ◎ |
|  | 舞台芸術 | ◎ |
|  | 文芸表現 | ◎ |
|  | アートプロデュース | ◎ |
|  | こども芸術 | ◎ |
|  | 歴史遺産 | ◎ |
| **京都光華女子大** | | |
| こども教育 | こども教育 | △+ |
| 健康科 | 心理 | ◎ |
|  | 健康栄養(健康スポーツ栄養) | ◎ |
|  | 健康栄養(管理栄養士) | × |
| 福祉リハビリ | 福祉リハビリ | △+ |
|  | 看護 | △+ |
| キャリア形成 | キャリア形成 | △+ |
|  | 人間健康 | ▲+ |
| **京都産業大** | | |
| 経済 | 経済 | 15 |
| 経営 | マネジメント | 15 |
| 法 | 法律 | 10 |
|  | 法政策 | 5 |
| 現代社会 | 現代社会 | △+ |
|  | 健康スポーツ社会 | △+ |
| 国際関係 | 国際関係 | △# |
| 外国語 | 英語 | ◎ |
|  | ヨーロッパ言語 | ◎ |
|  | アジア言語 | ◎ |
| 文化 | 京都文化 | ◎ |
|  | 国際文化 | ◎ |
| 理 | 数理科 | ◎ |
|  | 物理科 | ◎ |
|  | 宇宙物理・気象 | × |
| 情報理工 | 情報理工 | ◎ |
| 生命科 | 先端生命科 | △# |
|  | 産業生命科 | △# |
| **京都女子大** | | |

| 大学名 | | |
|---|---|---|
| 学部名 | 学科名(コース) | 実施状況 |
| 文 | 国文 | ◎ |
| | 英文 | ◎ |
| | 史 | ◎ |
| 発達教育 | 教育 | ◎ |
| | 心理 | △＋ |
| | 児童 | × |
| 家政 | 食物栄養 | × |
| | 生活造形 | ◎ |
| 現代社会 | 現代社会 | ◎ |
| 法 | 法 | △＋ |
| データサイエンス | データサイエンス | × |
| **京都精華大** | | |
| 国際文化 | 人文 | △＋ |
| | グローバルスタディーズ | △＋ |
| メディア表現 | メディア表現 | △＋ |
| 芸術 | 造形 | △＋ |
| デザイン | イラスト | △＋ |
| | ビジュアルデザイン | ◎ |
| | プロダクトデザイン | ◎ |
| | 建築 | ◎ |
| マンガ | マンガ | ◎ |
| | アニメーション | × |
| **京都先端科学大** | | |
| 経済経営 | 経済 | × |
| | 経営 | × |
| 人文 | 歴史文化 | × |
| | 心理 | × |
| バイオ環境 | バイオサイエンス | × |
| | バイオ環境デザイン | × |
| | 食農 | × |
| 健康医療 | 看護 | × |
| | 言語聴覚 | × |
| | 健康スポーツ | × |
| 工 | 機械電気システム工 | △＃ |
| **京都橘大** | | |
| 国際英語 | 国際英語 | × |
| 文 | 日本語日本文 | ◎ |
| | 歴史 | ◎ |
| | 歴史遺産 | ◎ |
| 発達教育 | 児童教育 | × |
| 経済 | 経済 | ◎ |
| 経営 | 経営 | ◎ |
| 工 | 情報工 | ◎ |
| | 建築デザイン | ◎ |
| 看護 | 看護 | × |
| 健康科 | 理学療法 | × |
| | 作業療法 | × |
| | 救急救命 | × |
| | 臨床検査 | × |
| 総合心理 | 総合心理 | × |
| **京都ノートルダム女子大** | | |
| 国際言語文化 | 英語英文 | △＋ |
| | 国際日本文化 | △＋ |
| 現代人間 | 生活環境 | △＋ |

| 大学名 | | |
|---|---|---|
| 学部名 | 学科名(コース) | 実施状況 |
| | 心理 | ◎ |
| | こども教育(下記以外) | ◎ |
| | こども教育(幼稚園教員・保育士) | × |
| 社会情報課程 | | × |
| **京都美術工芸大** | | |
| 芸術 | デザイン・工芸 | ◎ |
| 建築 | 建築 | △＋ |
| **京都文教大** | | |
| 総合社会 | 総合社会 | ◎ |
| 臨床心理 | 臨床心理 | ◎ |
| こども教育 | こども教育 | ○ |
| **京都薬科大** | | |
| 薬 | 薬 | × |
| **嵯峨美術大** | | |
| 芸術 | 造形 | 5 |
| | デザイン | 5 |
| **種智院大** | | |
| 人文 | 仏教 | ◎ |
| | 社会福祉 | ◎ |
| **同志社大** | | |
| 神 | 神 | ◎ |
| 文 | 英文 | ◎ |
| | 哲 | ◎ |
| | 美学芸術 | ◎ |
| | 文化史 | ◎ |
| | 国文 | ◎ |
| 社会 | 社会 | △＃ |
| | 社会福祉 | △＃ |
| | メディア | △＃ |
| | 産業関係 | △＃ |
| | 教育文化 | ◎ |
| 法 | 法律 | △＋ |
| | 政治 | △＃ |
| 経済 | 経済 | × |
| 商 | 商 | ◎ |
| 政策 | 政策 | × |
| 文化情報 | 文化情報 | ◎ |
| 理工 | インテリジェント情報工 | ◎ |
| | 情報システムデザイン | ◎ |
| | 電気工 | ◎ |
| | 電子工 | ◎ |
| | 機械システム工 | ◎ |
| | 機械理工 | △＋ |
| | 機能分子・生命化 | ◎ |
| | 化学システム創成工 | ◎ |
| | 環境システム | ◎ |
| | 数理システム | ◎ |
| 生命医科 | 医工 | △＋ |
| | 医情報 | △＋ |
| | 医生命システム | × |
| スポーツ健康科 | スポーツ健康科 | △＋ |
| 心理 | 心理 | × |
| グローバルコミュニケーション | グローバルコミュニケーション | × |

| 大学名 | | |
|---|---|---|
| 学部名 | 学科名(コース) | 実施状況 |
| グローバル地域文化 | グローバル地域文化 | × |
| **同志社女子大** | | |
| 学芸 | 音楽 | × |
| | メディア創造 | × |
| | 国際教養 | × |
| 現代社会 | 社会システム | × |
| | 現代こども | × |
| 薬 | 医療薬 | × |
| 看護 | 看護 | × |
| 表象文化 | 英語英文 | △＋ |
| | 日本語日本文 | × |
| 生活科 | 人間生活 | × |
| | 食物栄養科 | × |
| **花園大** | | |
| 文 | 仏教 | ◎ |
| | 日本史 | ◎ |
| 社会福祉 | 社会福祉 | ◎ |
| | 臨床心理 | ◎ |
| | 児童福祉 | × |
| **佛教大** | | |
| 仏教 | 仏教 | ◎ |
| 文 | 日本文 | ◎ |
| | 中国 | ◎ |
| | 英米 | ◎ |
| 歴史 | 歴史 | ◎ |
| | 歴史文化 | ◎ |
| 教育 | 教育 | ◎ |
| | 幼児教育 | × |
| | 臨床心理 | × |
| 社会 | 現代社会 | ◎ |
| | 公共政策 | ◎ |
| 社会福祉 | 社会福祉 | ◎ |
| 保健医療技術 | 理学療法 | × |
| | 作業療法 | × |
| | 看護 | × |
| **平安女学院大** | | |
| 国際観光 | 国際観光 | ◎ |
| 子ども教育 | 子ども教育 | ◎ |
| **明治国際医療大** | | |
| 鍼灸 | 鍼灸 | ◎ |
| 保健医療 | 救急救命 | × |
| | 柔道整復 | △＋ |
| 看護 | 看護 | 5 |
| **立命館大** | | |
| 法 | 法 | × |
| 産業社会 | 現代社会 | × |
| 国際関係 | 国際関係 | × |
| | アメリカ大学国際連携 | × |
| 政策科 | 政策科 | × |
| 文 | 人文 | × |
| 映像 | 映像 | × |

## 大学名

| 学部名 | 学科名(コース) | 実施状況 |
|---|---|---|
| 経済 | 経済 | × |
| 経営 | 国際経営 | × |
|  | 経営 | × |
| 総合心理 | 総合心理 | × |
| スポーツ健康科 | スポーツ健康科 | × |
| 食マネジメント | 食マネジメント | × |
| 理工 | 数理科 | × |
|  | 物理科 | 1 |
|  | 電気電子工 | 2 |
|  | 電子情報工 | 2 |
|  | 機械工 | 2 |
|  | ロボティクス | 2 |
|  | 環境都市工 | 2 |
|  | 建築都市デザイン | × |
| 情報理工 | 情報理工 | × |
| 生命科 | 応用化 | × |
|  | 生物工 | × |
|  | 生命情報 | × |
|  | 生命医科 | × |
| 薬 | 薬 | × |
|  | 創薬科 | × |
| グローバル教養 | グローバル教養 | △ |

### 龍谷大

| 学部名 | 学科名(コース) | 実施状況 |
|---|---|---|
| 文 | 真宗 | 6 |
|  | 仏教 | 5 |
|  | 哲(哲学) | 2 |
|  | 哲(教育学) | 2 |
|  | 臨床心理 | 2 |
|  | 歴史(日本史学) | 3 |
|  | 歴史(東洋史学) | 2 |
|  | 歴史(仏教史学) | 2 |
|  | 歴史(文化遺産学) | 2 |
|  | 日本語日本文 | 2 |
|  | 英語英米文 | 2 |
| 経済 | 現代経済 | 7 |
|  | 国際経済 | 5 |
| 経営 | 経営 | 5 |
| 法 | 法律 | 5 |
| 政策 | 政策 | 5 |
| 国際 | 国際文化 | 20 |
|  | グローバルスタディーズ | 10 |
| 先端理工 | 数理・情報科 | 2 |
|  | 知能情報メディア | 2 |
|  | 電子情報通信 | 2 |
|  | 機械工学・ロボティクス | 2 |
|  | 応用化 | 2 |
|  | 環境生態工 | 2 |
| 社会 | 社会 | 5 |
|  | コミュニティマネジメント | 3 |
|  | 現代福祉 | 30 |
| 農 | 生命科 | 8 |

## 大学名

| 学部名 | 学科名(コース) | 実施状況 |
|---|---|---|
|  | 農学科 | 9 |
|  | 食品栄養 | 4 |
|  | 食料農業システム | 9 |

### 藍野大

| 学部名 | 学科名(コース) | 実施状況 |
|---|---|---|
| 医療保健 | 看護 | × |
|  | 理学療法 | × |
|  | 作業療法 | × |
|  | 臨床工 | × |

### 追手門学院大

| 学部名 | 学科名(コース) | 実施状況 |
|---|---|---|
| 法 | 法律 |  |
| 文 | 人文 | 5 |
| 国際 | 国際 | 5 |
| 経済 | 経済 | 10 |
| 経営 | 経営 | 7 |
| 社会 | 社会 | 7 |
| 心理 | 心理 | 10 |
| 地域創造 | 地域創造 | × |

### 大阪青山大

| 学部名 | 学科名(コース) | 実施状況 |
|---|---|---|
| 健康科 | 健康栄養 | △# |
|  | 看護 | × |
| 子ども教育 | 子ども教育 | 10 |

### 大阪医科薬科大

| 学部名 | 学科名(コース) | 実施状況 |
|---|---|---|
| 医 | 医 | × |
| 看護 | 看護 | × |
| 薬 | 薬 | × |

### 大阪大谷大

| 学部名 | 学科名(コース) | 実施状況 |
|---|---|---|
| 文 | 日本語日本文 | ◎ |
|  | 歴史文化 | ◎ |
| 教育 | 教育 | ◎ |
| 人間社会 | 人間社会 | ◎ |
|  | スポーツ健康 | ◎ |
| 薬 | 薬 | △+ |

### 大阪音楽大

| 学部名 | 学科名(コース) | 実施状況 |
|---|---|---|
| 音楽 | 音楽 | 10 |

### 大阪学院大

| 学部名 | 学科名(コース) | 実施状況 |
|---|---|---|
| 商 | 商 | ◎ |
| 経営 | 経営 | ◎ |
|  | ホスピタリティ経営 | ◎ |
| 経済 | 経済 | ◎ |
| 法 | 法 | ◎ |
| 外国語 | 英語 | ◎ |
| 国際 | 国際 | ◎ |
| 情報 | 情報 | ◎ |

### 大阪河﨑リハビリテーション大

| 学部名 | 学科名(コース) | 実施状況 |
|---|---|---|
| リハビリテーション | リハビリテーション | ◎ |

### 大阪観光大

| 学部名 | 学科名(コース) | 実施状況 |
|---|---|---|
| 観光 | 観光 | 15 |

### 大阪経済大

| 学部名 | 学科名(コース) | 実施状況 |
|---|---|---|
| 経済 | 経済 | ◎ |
| 経営 | 経営 | ◎ |
| 情報社会 | 情報社会 | ◎ |
| 人間科 | 人間科 | ◎ |

## 大学名

| 学部名 | 学科名(コース) | 実施状況 |
|---|---|---|
| 経営2部 | 経営 | ◎ |

### 大阪経済法科大

| 学部名 | 学科名(コース) | 実施状況 |
|---|---|---|
| 国際 | 国際 | ◎ |
| 経営 | 経営 | △+ |
| 経済 | 経済 | ◎ |
| 法 | 法律 | ◎ |

### 大阪芸術大

| 学部名 | 学科名(コース) | 実施状況 |
|---|---|---|
| 芸術 | アートサイエンス | ◎ |
|  | 美術 | ◎ |
|  | デザイン | ◎ |
|  | 工芸 | ◎ |
|  | 写真 | ◎ |
|  | 建築 | ◎ |
|  | 映像 | ◎ |
|  | キャラクター造形 | ◎ |
|  | 文芸 | ◎ |
|  | 放送 | ◎ |
|  | 芸術計画 | ◎ |
|  | 舞台芸術 | ◎ |
|  | 音楽 | ◎ |
|  | 演奏 | ◎ |
|  | 初等芸術教育 | ◎ |

### 大阪工業大

| 学部名 | 学科名(コース) | 実施状況 |
|---|---|---|
| 工 | 都市デザイン工 | 5 |
|  | 建築 | 5 |
|  | 機械工 | 5 |
|  | 電気電子システム工 | 5 |
|  | 電子情報システム工 | 5 |
|  | 応用化 | 5 |
|  | 環境工 | 5 |
|  | 生命工 | 5 |
| ロボティクス&デザイン工 | ロボット工 | 5 |
|  | システムデザイン工 | 5 |
|  | 空間デザイン | 5 |
| 情報科 | データサイエンス | ▲# |
|  | 情報知能 | 5 |
|  | 情報システム | 5 |
|  | 情報メディア | 5 |
|  | ネットワークデザイン | 5 |
| 知的財産 | 知的財産 | 10 |

### 大阪国際大

| 学部名 | 学科名(コース) | 実施状況 |
|---|---|---|
| 経営経済 | 経営 | ◎ |
|  | 経済 | ◎ |
| 国際教養 | 国際コミュニケーション | ◎ |
|  | 国際観光 | ◎ |
| 人間科 | 心理コミュニケーション | ◎ |
|  | 人間健康科 | ◎ |
|  | スポーツ行動 | ◎ |

### 大阪産業大

| 学部名 | 学科名(コース) | 実施状況 |
|---|---|---|
| 国際 | 国際 | 2 |
| スポーツ健康 | スポーツ健康 | 2 |

| 大学名 | | | |
|---|---|---|---|
| 学部名 | 学科名(コース) | | 実施状況 |
| 経営 | 経営 | | 5 |
| | 商 | | 5 |
| 経済 | 経済 | | 5 |
| | 国際経済 | | 5 |
| デザイン工 | 情報システム | | 2 |
| | 建築・環境デザイン | | 2 |
| | 環境理工 | | 2 |
| 工 | 機械工 | | 2 |
| | 交通機械工 | | 2 |
| | 都市創造工 | | 2 |
| | 電子情報通信工 | | 2 |

**大阪歯科大**

| 学部名 | 学科名(コース) | 実施状況 |
|---|---|---|
| 歯 | 歯 | ◎ |
| 医療保健 | 口腔保健 | △+ |
| | 口腔工 | △+ |

**大阪樟蔭女子大**

| 学部名 | 学科名(コース) | 実施状況 |
|---|---|---|
| 学芸 | 国文 | ◎ |
| | 国際英語 | △# |
| | 心理 | ◎ |
| | ライフプランニング | ◎ |
| | 化粧ファッション | △# |
| 児童教育 | 児童教育 | ◎ |
| 健康栄養 | 健康栄養 | × |

**大阪商業大**

| 学部名 | 学科名(コース) | 実施状況 |
|---|---|---|
| 経済 | 経済 | ◎ |
| 総合経営 | 経営 | ◎ |
| | 商 | ◎ |
| 公共 | 公共 | ◎ |

**大阪女学院大**

| 学部名 | 学科名(コース) | 実施状況 |
|---|---|---|
| 国際・英語 | 国際・英語 | ◎ |

**大阪信愛学院大**

| 学部名 | 学科名(コース) | 実施状況 |
|---|---|---|
| 教育 | 教育 | △+ |
| 看護 | 看護 | × |

**大阪成蹊大**

| 学部名 | 学科名(コース) | 実施状況 |
|---|---|---|
| 経営 | 経営 | 10 |
| | スポーツマネジメント | 1 |
| 国際観光 | 国際観光 | 2 |
| 芸術 | 造形芸術 | 7 |
| 教育 | 教育(初等教育) | 5 |
| | 教育(中等教育) | △# |
| データサイエンス | データサイエンス | △# |
| 看護 | 看護 | △# |

**大阪総合保育大**

| 学部名 | 学科名(コース) | 実施状況 |
|---|---|---|
| 児童保育 | 児童保育 | 25 |
| | 乳児保育 | 5 |

**大阪体育大**

| 学部名 | 学科名(コース) | 実施状況 |
|---|---|---|
| 体育 | スポーツ教育 | × |
| | 健康・スポーツマネジメント | × |
| 教育 | 教育 | × |

**大阪電気通信大**

| 学部名 | 学科名(コース) | 実施状況 |
|---|---|---|
| 工 | 電気電子工 | △# |
| | 電子機械工 | △# |

| 大学名 | | |
|---|---|---|
| 学部名 | 学科名(コース) | 実施状況 |
| | 機械工 | △# |
| | 基礎理工 | △# |
| | 環境科 | △# |
| | 建築 | △# |
| 情報通信工 | 情報工 | △# |
| | 通信工 | △# |
| 医療健康科 | 医療科 | ◎ |
| | 理学療法 | × |
| | 健康スポーツ科 | ◎ |
| 総合情報 | デジタルゲーム | ◎ |
| | ゲーム&メディア | △# |
| | 情報 | △# |

**大阪人間科学大**

| 学部名 | 学科名(コース) | 実施状況 |
|---|---|---|
| 心理 | 心理 | △+ |
| 人間科 | 社会福祉 | ◎ |
| | 医療福祉 | × |
| | 子ども教育 | △+ |
| 保健医療 | 理学療法 | △# |
| | 作業療法 | △# |
| | 言語聴覚 | △# |

**大阪物療大**

| 学部名 | 学科名(コース) | 実施状況 |
|---|---|---|
| 保健医療 | 診療放射線技術 | × |

**大阪保健医療大**

| 学部名 | 学科名(コース) | 実施状況 |
|---|---|---|
| 保健医療 | リハビリテーション | × |

**大阪行岡医療大**

| 学部名 | 学科名(コース) | 実施状況 |
|---|---|---|
| 医療 | 理学療法 | × |

**関西大**

| 学部名 | 学科名(コース) | 実施状況 |
|---|---|---|
| 法 | 法学政治 | ◎ |
| 文 | 総合人文(下記以外) | ◎ |
| | 総合人文(初等教育、心理) | × |
| 経済 | 経済 | × |
| 商 | 商 | ◎ |
| 社会 | 社会 | ◎ |
| 政策創造 | 政策 | ◎ |
| | 国際アジア | △+ |
| 外国語 | 外国語 | × |
| 総合情報 | 総合情報 | 10 |
| システム理工 | 数 | ◎ |
| | 物理・応用物理 | ◎ |
| | 機械工 | ◎ |
| | 電気電子情報工 | ◎ |
| 環境都市工 | 建築 | ◎ |
| | 都市システム工 | ◎ |
| | エネルギー・環境・化学工 | ◎ |
| 化学生命工 | 化学・物質工 | ◎ |
| | 生命・生物工 | ◎ |
| 社会安全 | 安全マネジメント | × |
| 人間健康 | 人間健康 | × |

**関西医科大**

| 学部名 | 学科名(コース) | 実施状況 |
|---|---|---|
| 医 | 医 | × |
| 看護 | 看護 | × |
| リハビリテーション | 理学療法 | × |

| 大学名 | | |
|---|---|---|
| 学部名 | 学科名(コース) | 実施状況 |
| | 作業療法 | × |

**関西医療大**

| 学部名 | 学科名(コース) | 実施状況 |
|---|---|---|
| 保健医療 | はり灸・スポーツトレーナー | × |
| | 理学療法 | × |
| | 作業療法 | × |
| | ヘルスプロモーション整復 | × |
| | 臨床検査 | × |
| 保健看護 | 保健看護 | × |

**関西外国語大**

| 学部名 | 学科名(コース) | 実施状況 |
|---|---|---|
| 外国語 | 英米語 | 200 |
| | 英語・デジタルコミュニケーション | × |
| | スペイン語 | 20 |
| 英語キャリア | 英語キャリア | × |
| 英語国際 | 英語国際 | 75 |
| 国際共生 | 国際共生 | × |

**関西福祉科学大**

| 学部名 | 学科名(コース) | 実施状況 |
|---|---|---|
| 社会福祉 | 社会福祉 | 20 |
| 心理科 | 心理科 | 10 |
| 教育 | 教育 | × |
| 健康福祉 | 健康科 | 10 |
| | 福祉栄養 | 5 |
| 保健医療 | リハビリテーション | × |

**近畿大**

| 学部名 | 学科名(コース) | 実施状況 |
|---|---|---|
| 情報 | 情報 | 5 |
| 国際 | 国際 | × |
| 法 | 法律 | 10 |
| 経済 | (全学科) | 10 |
| 経営 | 経営 | 15 |
| | 商 | 15 |
| | 会計 | 10 |
| | キャリア・マネジメント | 10 |
| 理工 | 理 | 3 |
| | 生命科 | 3 |
| | 応用化 | 3 |
| | 機械工 | 3 |
| | 電気電子通信工 | 3 |
| | 社会環境工 | 3 |
| | エネルギー物質 | 3 |
| 建築 | 建築 | 3 |
| 薬 | 医療薬 | × |
| | 創薬科 | 3 |
| 文芸 | 文 | 3 |
| | 芸術 | 3 |
| | 文化・歴史 | 3 |
| | 文化デザイン | 3 |
| 総合社会 | 総合社会(社会・マスメディア | 3 |
| | 総合社会(心理系) | 3 |
| | 総合社会(環境・まちづくり系) | 3 |
| 農 | 農業生産科 | 3 |
| | 水産 | 3 |
| | 応用生命化 | 3 |

| 大学名 学部名 | 学科名(コース) | 実施状況 |
|---|---|---|
| | 食品栄養 | △# |
| | 環境管理 | 3 |
| | 生物機能科 | 3 |
| 生物理工 | 生物工 | 3 |
| | 遺伝子工 | 3 |
| | 食品安全工 | 3 |
| | 生命情報工 | 3 |
| | 人間環境ﾃﾞｻﾞｲﾝ工 | 3 |
| | 医用工 | × |
| 医 | 医 | × |
| 工 | 化学生命工 | 3 |
| | 機械工 | 3 |
| | ﾛﾎﾞﾃｨｸｽ | 3 |
| | 電子情報工 | 3 |
| | 情報 | 3 |
| | 建築 | 3 |
| 産業理工 | 生物環境化 | 5 |
| | 電気電子工 | 5 |
| | 建築・ﾃﾞｻﾞｲﾝ | 5 |
| | 情報 | 5 |
| | 経営ﾋﾞｼﾞﾈｽ | 5 |
| **滋慶医療科学大** | | |
| 医療科 | 臨床工 | 45 |
| **四條畷学園大** | | |
| ﾘﾊﾋﾞﾘﾃｰｼｮﾝ | ﾘﾊﾋﾞﾘﾃｰｼｮﾝ | × |
| 看護 | 看護 | × |
| **四天王寺大** | | |
| 人文社会 | 日本 | △+ |
| | 国際ｷｬﾘｱ | △+ |
| | 社会 | △+ |
| | 人間福祉 | △+ |
| 教育 | 教育 | 4 |
| 経営 | 経営 | △+ |
| 看護 | 看護 | △# |
| **摂南大** | | |
| 法 | 法律 | 5 |
| 国際 | 国際 | 5 |
| 経済 | 経済 | 4 |
| 経営 | 経営 | 6 |
| 理工 | 生命科 | 5 |
| | 住環境ﾃﾞｻﾞｲﾝ | 5 |
| | 建築 | 5 |
| | 都市環境工 | 5 |
| | 機械工 | 5 |
| | 電気電子工 | 5 |
| 薬 | 薬 | × |
| 看護 | 看護 | × |
| 農 | 農業生産 | × |
| | 応用生物科 | × |
| | 食品栄養 | × |
| | 食農ﾋﾞｼﾞﾈｽ | × |

| 大学名 学部名 | 学科名(コース) | 実施状況 |
|---|---|---|
| 現代社会 | 現代社会 | × |
| **千里金蘭大** | | |
| 看護 | 看護 | × |
| 栄養 | 栄養 | △+ |
| 教育 | 教育 | △+ |
| **相愛大** | | |
| 音楽 | 音楽 | ◎ |
| 人文 | 人文 | 10 |
| 人間発達 | 子ども発達 | ◎ |
| | 発達栄養 | ◎ |
| **太成学院大** | | |
| 人間 | 子ども発達 | 2 |
| | 健康ｽﾎﾟｰﾂ | 4 |
| | 心理ｶｳﾝｾﾘﾝｸﾞ | 2 |
| 経営 | 現代ﾋﾞｼﾞﾈｽ | △# |
| 看護 | 看護 | × |
| **宝塚大** | | |
| 東京ﾒﾃﾞｨｱ芸術 | ﾒﾃﾞｨｱ芸術 | ◎ |
| 看護 | 看護 | × |
| **帝塚山学院大** | | |
| ﾘﾍﾞﾗﾙｱｰﾂ | ﾘﾍﾞﾗﾙｱｰﾂ | ◎ |
| 人間科 | 心理 | ◎ |
| | 食物栄養(健康実践栄養 | ◎ |
| | 食物栄養(管理栄養士) | × |
| **常磐会学園大** | | |
| 国際こども教育 | 国際こども教育 | 4 |
| **梅花女子大** | | |
| 文化表現 | 情報ﾒﾃﾞｨｱ | ◎ |
| | 日本文化 | ◎ |
| | 国際英語 | ◎ |
| 心理こども | こども教育 | × |
| | 心理 | ◎ |
| 食文化 | 食文化 | ◎ |
| | 管理栄養 | × |
| 看護保健 | 看護 | × |
| | 口腔保健 | × |
| **羽衣国際大** | | |
| 現代社会 | 現代社会 | 2 |
| | 放送・ﾒﾃﾞｨｱ映像 | ◎ |
| 人間生活 | 人間生活 | 1 |
| | 食物栄養 | 6 |
| **阪南大** | | |
| 国際ｺﾐｭﾆｹｰｼｮﾝ | 国際ｺﾐｭﾆｹｰｼｮﾝ | ◎ |
| 国際観光 | 国際観光 | ◎ |
| 経済 | 経済 | ◎ |
| 流通 | 流通 | ◎ |
| 経営情報 | 経営情報 | ◎ |
| **東大阪大** | | |
| こども | こども | 7 |
| | 国際教養こども | 3 |
| **桃山学院大** | | |
| 経営 | 経営 | ◎ |

| 大学名 学部名 | 学科名(コース) | 実施状況 |
|---|---|---|
| 経済 | 経済 | ◎ |
| 社会 | 社会 | ◎ |
| | ｿｰｼｬﾙﾃﾞｻﾞｲﾝ | △+ |
| 国際教養 | 英語･国際文化 | ◎ |
| 法 | 法律 | ◎ |
| ﾋﾞｼﾞﾈｽﾃﾞｻﾞｲﾝ | ﾋﾞｼﾞﾈｽﾃﾞｻﾞｲﾝ | △+ |
| **桃山学院教育大** | | |
| 人間教育 | 人間教育(下記以外) | △# |
| | 人間教育(幼児保育) | △+ |
| **森ノ宮医療大** | | |
| 看護 | 看護 | △# |
| 総合ﾘﾊﾋﾞﾘﾃｰｼｮﾝ | 理学療法 | △# |
| | 作業療法 | △# |
| 医療技術 | 臨床検査 | △# |
| | 臨床工 | △# |
| | 診療放射線 | △# |
| | 鍼灸 | △# |
| **大和大** | | |
| 教育 | 教育(初等幼児教育) | △# |
| | 教育(上記以外) | × |
| 保健医療 | 看護 | × |
| | 総合ﾘﾊﾋﾞﾘﾃｰｼｮﾝ | 10 |
| 政治経済 | 政治・政策 | △# |
| | 経済経営 | × |
| 理工 | 理工 | △# |
| 社会 | 社会 | △# |
| 情報 | 情報 | △# |
| **芦屋大** | | |
| 臨床教育 | 教育 | ◎ |
| | 児童教育 | ◎ |
| 経営教育 | 経営教育 | ◎ |
| **大手前大** | | |
| 現代社会 | 現代社会 | 4 |
| 国際日本 | 国際日本 | 4 |
| 建築&芸術 | 建築&芸術 | 4 |
| 健康栄養 | 管理栄養 | 16 |
| 国際看護 | 看護 | △# |
| 経営 | 経営 | 2 |
| **関西看護医療大** | | |
| 看護 | 看護 | × |
| **関西国際大** | | |
| 国際ｺﾐｭﾆｹｰｼｮﾝ | 英語ｺﾐｭﾆｹｰｼｮﾝ | △+ |
| | 観光 | △+ |
| 社会 | 社会 | △+ |
| 心理 | 心理 | △+ |
| 教育 | 教育福祉(こども学) | × |
| | 教育福祉(福祉学) | ◎ |
| 経営 | 経営 | 20 |
| 保健医療 | 看護 | × |
| **関西福祉大** | | |
| 社会福祉 | 社会福祉 | × |
| 教育 | 児童教育 | × |

## 大学名

| 学部名 | 学科名(コース) | 実施状況 |
|---|---|---|
| | 保健教育 | × |
| 看護 | 看護 | × |
| **関西学院大** | | |
| 神 | 神(キリスト教伝導者) | ◎ |
| 文 | 文化歴史 | △# |
| | 総合心理科 | × |
| | 文学言語 | △# |
| 社会 | 社会 | × |
| 人間福祉 | 社会福祉 | × |
| | 社会起業 | × |
| | 人間科 | × |
| 法 | 法律 | △# |
| | 政治 | × |
| 経済 | | △# |
| 商 | | × |
| 国際 | 国際 | × |
| 教育 | 教育(幼児教育) | × |
| | 教育(初等教育) | ◎ |
| | 教育(教育科) | ◎ |
| 総合政策 | 総合政策 | △# |
| | メディア情報 | × |
| | 都市政策 | × |
| | 国際政策 | △# |
| 理 | 数理科 | △# |
| | 物理・宇宙 | △# |
| | 化 | △# |
| 工 | 物質工 | △# |
| | 電気電子応用工 | △# |
| | 情報工 | △# |
| | 知能・機械工 | △# |
| 生命環境 | 生物科 | △# |
| | 生命医科 | △# |
| | 環境応用化 | △# |
| 建築 | 建築 | △# |
| **甲子園大** | | |
| 栄養 | 栄養 | ◎ |
| | 食創造 | ◎ |
| 心理 | 現代応用心理 | ◎ |
| **甲南大** | | |
| 文 | 日本語日本文 | × |
| | 英語英米文 | × |
| | 社会 | × |
| | 人間科 | × |
| | 歴史文化 | × |
| 理工 | 物理 | ◎ |
| | 生物 | ◎ |
| | 機能分子化 | ◎ |
| 経済 | 経済 | ◎ |
| 法 | 法 | ◎ |
| 経営 | 経営 | △# |
| 知能情報 | 知能情報 | △# |

## 大学名

| 学部名 | 学科名(コース) | 実施状況 |
|---|---|---|
| フロンティアサイエンス | 生命化 | ◎ |
| マネジメント創造 | マネジメント創造 | × |
| **甲南女子大** | | |
| 文 | 日本語日本文化 | ◎ |
| | メディア表現 | ◎ |
| 国際 | 国際英語 | △+ |
| | 多文化コミュニケーション | ◎ |
| 人間科 | 心理 | ◎ |
| | 総合子ども | ◎ |
| | 文化社会 | ◎ |
| | 生活環境 | ◎ |
| 看護リハビリテーション | 看護 | × |
| | 理学療法 | × |
| 医療栄養 | 医療栄養 | × |
| **神戸医療未来大** | | |
| 人間社会 | 未来社会 | ◎ |
| 健康スポーツ | 健康スポーツコミュニケーション | ◎ |
| 人間社会 | 経営データビジネス | ◎ |
| **神戸海星女学院大** | | |
| 現代人間 | 英語観光 | × |
| | 心理こども | × |
| **神戸学院大** | | |
| 法 | 法律 | 4 |
| 経済 | 経済 | 4 |
| 経営 | 経営 | 4 |
| 人文 | 人文 | 4 |
| 現代社会 | 現代社会 | ◎ |
| | 社会防災 | ◎ |
| グローバルコミュニケーション | グローバルコミュニケーション | △+ |
| 心理 | 心理 | × |
| 総合リハビリテーション | 理学療法 | × |
| | 作業療法 | × |
| | 社会リハビリテーション | × |
| 栄養 | 栄養 | × |
| 薬 | 薬 | ◎ |
| **神戸芸術工科大** | | |
| 芸術工 | 環境デザイン | ◎ |
| | プロダクト・インテリアデザイン | ◎ |
| | ビジュアルデザイン | ◎ |
| | 映像表現 | ◎ |
| | まんが表現 | ◎ |
| | ファッションデザイン | ◎ |
| | アート・クラフト | ◎ |
| **神戸国際大** | | |
| 経済 | 経済経営 | ◎ |
| | 国際文化ビジネス・観光 | ◎ |
| リハビリテーション | 理学療法 | × |
| **神戸松蔭女子学院大** | | |
| 教育 | 教育 | △# |
| 文 | 英語(英語プロフェッショナル) | △+ |
| | 英語(グローバルコミュニケーション) | ◎ |
| | 日本語日本文化 | △+ |

## 大学名

| 学部名 | 学科名(コース) | 実施状況 |
|---|---|---|
| 人間科 | 心理 | △+ |
| | 都市生活(都市生活) | △+ |
| | 都市生活(食ビジネス) | ◎ |
| | 食物栄養 | × |
| | ファッションハウジングデザイン | △# |
| **神戸女学院大** | | |
| 文 | 英文 | × |
| | 総合文化 | × |
| 音楽 | 音楽(下記以外) | 1 |
| | 音楽(舞踊) | × |
| 人間科 | 心理・行動科 | × |
| | 環境・バイオサイエンス | × |
| **神戸女子大** | | |
| 文 | 日本語日本文 | ◎ |
| | 英語英米文 | ◎ |
| | 国際教養 | ◎ |
| | 史 | ◎ |
| | 教育 | ◎ |
| 心理 | 心理 | × |
| 家政 | 家政 | ◎ |
| | 管理栄養士養成課程 | ◎ |
| 健康福祉 | 社会福祉 | ◎ |
| | 健康スポーツ栄養 | ○ |
| 看護 | 看護 | × |
| **神戸親和大** | | |
| 文 | 国際文化 | ◎ |
| | 心理 | ◎ |
| 教育 | 児童教育 | ○ |
| | スポーツ教育 | ○ |
| **神戸常盤大** | | |
| 保健科 | 医療検査 | × |
| | 看護 | × |
| | 診療放射線 | × |
| | 口腔保健 | × |
| 教育 | こども教育 | × |
| **神戸薬科大** | | |
| 薬 | 薬 | × |
| **園田学園女子大** | | |
| 人間健康 | 総合健康 | ◎ |
| | 人間看護 | × |
| | 食物栄養 | ◎ |
| 人間教育 | 児童教育 | ○ |
| 経営 | ビジネス | ○ |
| **宝塚医療大** | | |
| 保健医療 | 理学療法 | × |
| | 柔道整復 | × |
| | 鍼灸 | × |
| | 口腔保健 | × |
| 和歌山保健医療 | リハビリテーション | △# |
| | 看護 | × |
| **姫路大** | | |
| 看護 | 看護 | × |

| 大学名 | | |
|---|---|---|
| 学部名 | 学科名(コース) | 実施状況 |
| 教育 | こども未来 | 10 |
| **姫路獨協大** | | |
| 人間社会 | 国際言語文化 | ◎ |
| | 現代法律 | ◎ |
| | 産業経営 | ◎ |
| 医療保健 | 理学療法 | △+ |
| | 作業療法 | △+ |
| | 言語聴覚療法 | △+ |
| | 臨床工 | ◎ |
| 薬 | 医療薬 | ◎ |
| 看護 | 看護 | △+ |
| **兵庫大** | | |
| 現代ビジネス | 現代ビジネス | 2 |
| 健康科 | 栄養マネジメント | 5 |
| | 健康システム | × |
| 看護 | 看護 | × |
| 生涯福祉 | 社会福祉 | 5 |
| | 教育 | × |
| | こども福祉 | 5 |
| **兵庫医科大** | | |
| 医 | 医 | × |
| 薬 | 医療薬 | × |
| 看護 | 看護 | × |
| リハビリテーション | 理学療法 | × |
| | 作業療法 | × |
| **武庫川女子大** | | |
| 文 | 日本語日本文 | △# |
| | 英語グローバル | △# |
| | 心理・社会福祉 | △# |
| 教育 | 教育 | 25 |
| 心理・社会福祉 | 心理 | △# |
| | 社会福祉 | △# |
| 健康・スポーツ科 | 健康・スポーツ科 | △# |
| | スポーツマネジメント | △# |
| 生活環境 | 生活環境 | 20 |
| | 情報メディア | × |
| 食物栄養科 | 食物栄養 | 10 |
| | 食創造科 | 5 |
| 建築 | 建築 | △# |
| | 景観建築 | △# |
| 音楽 | 演奏 | △# |
| | 応用音楽 | × |
| 薬 | 薬 | × |
| | 健康生命薬科 | × |
| 看護 | 看護 | × |
| 経営 | 経営 | △# |
| 社会情報課程 | 社会情報 | △# |
| **流通科学大** | | |
| 商 | 経営 | △+ |
| | マーケティング | ◎ |
| 経済 | 経済 | △+ |
| | 経済情報 | △+ |

| 大学名 | | |
|---|---|---|
| 学部名 | 学科名(コース) | 実施状況 |
| 人間社会 | 人間社会 | △+ |
| | 観光 | ◎ |
| | 人間健康 | △+ |
| **畿央大** | | |
| 健康科 | 理学療法 | × |
| | 健康栄養 | × |
| | 人間環境デザイン | × |
| | 看護医療 | × |
| 教育 | 現代教育 | × |
| **帝塚山大** | | |
| 文 | 日本文化 | △+ |
| 経済経営 | 経済経営 | △+ |
| 法 | 法 | △+ |
| 現代生活 | 食物栄養 | △+ |
| | 居住空間デザイン | △# |
| 教育 | こども教育 | △+ |
| 心理 | 心理 | △# |
| **天理大** | | |
| 人間 | 宗教 | △+ |
| | 人間関係 | △+ |
| 文 | 国文学国語 | △+ |
| | 歴史文化 | △+ |
| 国際 | 外国語 | △+ |
| | 地域文化 | △+ |
| 体育 | 体育 | △+ |
| 医療 | 看護 | × |
| | 臨床検査 | × |
| **天理医療大** | | |
| 医療 | 看護 | × |
| | 臨床検査 | × |
| **奈良大** | | |
| 文 | 国文 | ◎ |
| | 史 | ◎ |
| | 地理 | ◎ |
| | 文化財 | ◎ |
| 社会 | 心理 | ◎ |
| | 総合社会 | ◎ |
| **奈良学園大** | | |
| 人間教育 | 人間教育 | ◎ |
| 保健医療 | 看護 | × |
| | リハビリテーション | × |
| **高野山大** | | |
| 文 | 密教 | ◎ |
| | 教育 | × |
| **和歌山信愛大** | | |
| 教育 | 子ども教育 | △# |
| **鳥取看護大** | | |
| 看護 | 看護 | × |
| **岡山学院大** | | |
| 人間生活 | 食物栄養 | ◎ |
| **岡山商科大** | | |
| 法 | 法 | ◎ |

| 大学名 | | |
|---|---|---|
| 学部名 | 学科名(コース) | 実施状況 |
| 経済 | 経済 | ◎ |
| 経営 | 経営 | ◎ |
| | 商 | ◎ |
| **岡山理科大** | | |
| 理 | 応用数 | △+ |
| | 化 | △+ |
| | 物理 | △+ |
| | 基礎理 | △+ |
| | 臨床生命科 | △+ |
| | 動物 | △+ |
| 工 | 機械システム工 | △+ |
| | 電気電子システム | △+ |
| | 情報工 | △+ |
| | 応用化 | △+ |
| | 生命医療工 | △+ |
| | 建築 | 5 |
| 情報理工 | 情報理工 | △+ |
| 生命科 | 生物科 | △+ |
| 生物地球 | 生物地球 | △# |
| 教育 | 初等教育 | △+ |
| | 中等教育 | △+ |
| 経営 | 経営 | × |
| 獣医 | 獣医 | × |
| | 獣医保健看護 | × |
| アクティブラーナーズ | | △+ |
| **川崎医科大** | | |
| 医 | 医 | × |
| **川崎医療福祉大** | | |
| 医療福祉 | 医療福祉 | 10 |
| | 臨床心理 | 5 |
| | 子ども医療福祉 | 2 |
| 保健看護 | 保健看護 | × |
| リハビリテーション | 理学療法 | × |
| | 作業療法 | × |
| | 言語聴覚療法 | × |
| | 視能療法 | × |
| 医療技術 | 臨床栄養 | 3 |
| | 健康体育 | 3 |
| | 臨床工 | × |
| | 臨床検査 | × |
| | 診療放射線技術 | × |
| 医療福祉マネジメント | 医療福祉経営 | 2 |
| | 医療情報 | 3 |
| | 医療秘書 | 2 |
| | 医療福祉デザイン | 2 |
| **環太平洋大** | | |
| 体育 | 体育 | × |
| | 健康科 | × |
| 次世代教育 | こども発達 | ◎ |
| | 教育経営 | × |
| | 教育経営(通信教育) | 340 |

## 大学名

| 学部名 | 学科名(コース) | 実施状況 |
| --- | --- | --- |
| 経済経営 | 現代経営(現代経営) | 50 |
|  | 現代経営(グローバルビジネス) | × |

### 吉備国際大

| 学部名 | 学科名(コース) | 実施状況 |
| --- | --- | --- |
| 社会科 | 経営社会 | 2 |
|  | スポーツ社会 | × |
| 保健医療福祉 | 看護 | 10 |
|  | 理学療法 | × |
|  | 作業療法 | × |
| 心理 | 心理 | × |
| 農 | 地域創成農 | 2 |
|  | 醸造 | × |
| 外国語 | 外国 | × |
| アニメーション文化 | アニメーション文化 | × |

### 倉敷芸術科学大

| 学部名 | 学科名(コース) | 実施状況 |
| --- | --- | --- |
| 芸術 | デザイン芸術 | ◎ |
|  | メディア映像 | △# |
| 生命科 | 生命科 | ◎ |
|  | 生命医科 | ○ |
|  | 動物生命科 | ○ |
|  | 健康科 | × |

### くらしき作陽大

| 学部名 | 学科名(コース) | 実施状況 |
| --- | --- | --- |
| 音楽 | 音楽 | 20 |
| 食文化 | 栄養 | 16 |
|  | 現代食文化 | ◎ |
| 子ども教育 | 子ども教育 | 7 |

### 山陽学園大

| 学部名 | 学科名(コース) | 実施状況 |
| --- | --- | --- |
| 総合人間 | ビジネス心理 | 5 |
|  | 言語文化 | 5 |
| 地域マネジメント | 地域マネジメント | × |
| 看護 | 看護 | 4 |

### 就実大

| 学部名 | 学科名(コース) | 実施状況 |
| --- | --- | --- |
| 人文科 | 表現文化 | ◎ |
|  | 実践英語 | ◎ |
|  | 総合歴史 | ◎ |
| 教育 | 初等教育 | 5 |
|  | 教育心理 | ◎ |
| 経営 | 経営 | ◎ |
| 薬 | 薬 | ◎ |

### 中国学園大

| 学部名 | 学科名(コース) | 実施状況 |
| --- | --- | --- |
| 現代生活 | 人間栄養 | 4 |
| 子ども | 子ども | 5 |
| 国際教養 | 国際教養 | 5 |

### ノートルダム清心女子大

| 学部名 | 学科名(コース) | 実施状況 |
| --- | --- | --- |
| 文 | 英語英文 | ◎ |
|  | 日本語日本文 | ◎ |
|  | 現代社会 | ◎ |
| 人間生活 | 人間生活 | ◎ |
|  | 児童 | ◎ |
|  | 食品栄養 | × |

### 美作大

| 学部名 | 学科名(コース) | 実施状況 |
| --- | --- | --- |
| 生活科 | 食物 | 5 |
|  | 児童 | 3 |

## 大学名

| 学部名 | 学科名(コース) | 実施状況 |
| --- | --- | --- |
|  | 社会福祉 | 3 |

### エリザベト音楽大

| 学部名 | 学科名(コース) | 実施状況 |
| --- | --- | --- |
| 音楽 | 音楽文化 | ◎ |
|  | 演奏 | ◎ |

### 日本赤十字広島看護大

| 学部名 | 学科名(コース) | 実施状況 |
| --- | --- | --- |
| 看護 | 看護 | × |

### 比治山大

| 学部名 | 学科名(コース) | 実施状況 |
| --- | --- | --- |
| 現代文化 | 言語文化 | 5 |
|  | マスコミュニケーション | 3 |
|  | 社会臨床心理 | 5 |
|  | 子ども発達教育 | 10 |
| 健康栄養 | 管理栄養 | 5 |

### 広島経済大

| 学部名 | 学科名(コース) | 実施状況 |
| --- | --- | --- |
| 経済 | 経済 | ◎ |
| 経営 | 経営 | △+ |
|  | スポーツ経営 | △+ |
| メディアビジネス | ビジネス情報 | △+ |
|  | メディアビジネス | △+ |

### 広島工業大

| 学部名 | 学科名(コース) | 実施状況 |
| --- | --- | --- |
| 工 | 電子情報工 | ◎ |
|  | 電気システム工 | ◎ |
|  | 機械システム工 | ◎ |
|  | 知能機械工 | ◎ |
|  | 環境土木工 | ◎ |
|  | 建築工 | ◎ |
| 情報 | 情報工 | ◎ |
|  | 情報コミュニケーション | △+ |
| 環境 | 建築デザイン | ◎ |
|  | 地球環境 | ◎ |
| 生命 | 生体医工 | △+ |
|  | 食品生命科 | ◎ |

### 広島国際大

| 学部名 | 学科名(コース) | 実施状況 |
| --- | --- | --- |
| 保健医療 | 診療放射線 | × |
|  | 医療技術 | × |
|  | 救急救命 | △# |
| 総合リハビリテーション | リハビリテーション | × |
| 健康スポーツ | 健康スポーツ | △# |
| 健康科 | 心理 | △+ |
|  | 医療栄養 | △# |
|  | 医療経営 | △+ |
|  | 医療福祉 | ●# |
| 看護 | 看護 | 10 |
| 薬 | 薬 | × |

### 広島修道大

| 学部名 | 学科名(コース) | 実施状況 |
| --- | --- | --- |
| 商 | 商 | ◎● |
|  | 経営 | ◎● |
| 人文 | 人間関係 | ◎● |
|  | 教育 | ◎● |
|  | 英語英文 | △+● |
| 法 | 法律 | ◎● |
| 経済科 | 現代経済 | ◎● |
|  | 経済情報 | ◎● |

## 大学名

| 学部名 | 学科名(コース) | 実施状況 |
| --- | --- | --- |
| 人間環境 | 人間環境 | ◎● |
| 健康科 | 心理 | × |
|  | 健康栄養 | × |
| 国際コミュニティ | 国際政治 | × |
|  | 地域行政 | × |

### 広島女学院大

| 学部名 | 学科名(コース) | 実施状況 |
| --- | --- | --- |
| 人文 | 国際英語 | △+ |
|  | 日本文化 | △+ |
| 人間生活 | 生活デザイン | △+ |
|  | 管理栄養 | △+ |
|  | 児童教育 | △+ |

### 広島都市学園大

| 学部名 | 学科名(コース) | 実施状況 |
| --- | --- | --- |
| 健康科 | 看護 | × |
|  | リハビリテーション | × |
| 子ども教育 | 子ども教育 | 4 |

### 広島文化学園大

| 学部名 | 学科名(コース) | 実施状況 |
| --- | --- | --- |
| 人間健康 | スポーツ健康福祉 | 5 |
| 看護 | 看護 | 8 |
| 学芸 | 子ども | 5 |
|  | 音楽 | △# |

### 広島文教大

| 学部名 | 学科名(コース) | 実施状況 |
| --- | --- | --- |
| 教育 | 教育 | △# |
| 人間科 | 人間福祉 | 20 |
|  | 心理 | 10 |
|  | グローバルコミュニケーション | 5 |
|  | 人間栄養 | × |

### 福山大

| 学部名 | 学科名(コース) | 実施状況 |
| --- | --- | --- |
| 経済 | 経済 | △+ |
|  | 国際経済 | ◎ |
|  | 税務会計 | ◎ |
| 人間文化 | 人間文化 | △# |
|  | 心理 | × |
|  | メディア・映像 | ◎ |
| 工 | スマートシステム | ◎ |
|  | 建築 | △+ |
|  | 情報工 | △+ |
|  | 機械システム工 | ◎ |
| 生命工 | 生物工 | △+ |
|  | 海洋生物科 | × |
|  | 生命栄養科 | ◎ |
| 薬 | 薬 | ◎ |

### 福山平成大

| 学部名 | 学科名(コース) | 実施状況 |
| --- | --- | --- |
| 経営 | 経営 | ◎ |
| 福祉健康 | 福祉 | ◎ |
|  | こども | ◎ |
|  | 健康スポーツ科 | △+ |
| 看護 | 看護 | × |

### 安田女子大

| 学部名 | 学科名(コース) | 実施状況 |
| --- | --- | --- |
| 文 | 日本文 | 1 |
|  | 書道 | 1 |
|  | 英語英米文 | 2 |
| 教育 | 児童教育 | 3 |

| 大学名 | | |
|---|---|---|
| 学部名 | 学科名(コース) | 実施状況 |
| 心理 | 現代心理 | 1 |
| | ビジネス心理 | 1 |
| 現代ビジネス | 現代ビジネス | 1 |
| | 国際観光ビジネス | 1 |
| | 公共経営 | 1 |
| 家政 | 生活デザイン | 2 |
| | 管理栄養 | × |
| | 造形デザイン | × |
| 薬 | 薬 | 4 |
| 看護 | 看護 | × |

**宇部フロンティア大**

| 学部名 | 学科名(コース) | 実施状況 |
|---|---|---|
| 心理 | 心理 | △＋ |
| 看護 | 看護 | 5 |

**至誠館大**

| 学部名 | 学科名(コース) | 実施状況 |
|---|---|---|
| 現代社会 | 現代社会 | 10 |

**東亜大**

| 学部名 | 学科名(コース) | 実施状況 |
|---|---|---|
| 人間科 | 心理臨床・子ども | ◎ |
| | 国際交流 | ◎ |
| | スポーツ健康 | ◎ |
| 医療 | 医療工 | ◎ |
| | 健康栄養 | ◎ |
| 芸術 | アート・デザイン | ◎ |
| | トータルビューティ | ◎ |

**梅光学院大**

| 学部名 | 学科名(コース) | 実施状況 |
|---|---|---|
| 文 | 人文 | 12 |
| 子ども | 子ども未来 | 5 |

**山口学芸大**

| 学部名 | 学科名(コース) | 実施状況 |
|---|---|---|
| 教育 | 教育 | 10 |

**四国大**

| 学部名 | 学科名(コース) | 実施状況 |
|---|---|---|
| 文 | 日本文 | 2 |
| | 書道文化 | 2 |
| | 国際文化 | 2 |
| 経営情報 | 経営情報 | 5 |
| | メディア情報 | 4 |
| 生活科 | 人間生活科 | 2 |
| | 管理栄養士養成課程 | 5 |
| | 健康栄養 | 4 |
| | 児童 | 2 |
| 看護 | 看護 | 4 |

**徳島文理大**

| 学部名 | 学科名(コース) | 実施状況 |
|---|---|---|
| 薬 | 薬 | ◎ |
| 人間生活 | 食物栄養 | ◎ |
| | 児童 | ◎ |
| | 心理 | ◎ |
| | メディアデザイン | ◎ |
| | 建築デザイン | ◎ |
| | 人間生活 | ◎ |
| 保健福祉 | 口腔保健 | ◎ |
| | 人間福祉 | ◎ |
| | 看護 | × |
| | 理学療法 | × |
| | 診療放射線 | × |

| 大学名 | | |
|---|---|---|
| 学部名 | 学科名(コース) | 実施状況 |
| | 臨床工 | × |
| 総合政策 | 総合政策 | ◎ |
| 音楽 | 音楽 | ◎ |
| 香川薬 | 薬 | ◎ |
| 理工 | ナノ物質工 | ◎ |
| | 機械創造工 | ◎ |
| | 電子情報工 | ◎ |
| 文 | 文化財 | ◎ |
| | 日本文 | ◎ |
| | 英語英米文化 | ◎ |

**四国学院大**

| 学部名 | 学科名(コース) | 実施状況 |
|---|---|---|
| 文 | 人文 | ◎ |
| 社会福祉 | 社会福祉 | ◎ |
| 社会 | カルチュラル・マネジメント | ◎ |

**高松大**

| 学部名 | 学科名(コース) | 実施状況 |
|---|---|---|
| 発達科 | 子ども発達 | 4 |
| 経営 | 経営 | 4 |

**聖カタリナ大**

| 学部名 | 学科名(コース) | 実施状況 |
|---|---|---|
| 人間健康福祉 | 社会福祉(社会福祉) | 2 |
| | 社会福祉(介護福祉) | × |
| | 人間社会 | 2 |
| | 健康スポーツ | 2 |
| | 看護 | × |

**松山大**

| 学部名 | 学科名(コース) | 実施状況 |
|---|---|---|
| 経済 | 経済 | ◎ |
| 経営 | 経営 | ◎ |
| 人文 | 英語英米文 | ◎ |
| | 社会 | ◎ |
| 法 | 法 | ◎ |
| 薬 | 医療薬 | ◎ |

**松山東雲女子大**

| 学部名 | 学科名(コース) | 実施状況 |
|---|---|---|
| 人文科 | 心理子ども | 10 |

**高知学園大**

| 学部名 | 学科名(コース) | 実施状況 |
|---|---|---|
| 健康科 | 管理栄養 | △ |
| | 臨床検査 | △ |

**九州栄養福祉大**

| 学部名 | 学科名(コース) | 実施状況 |
|---|---|---|
| 食物栄養 | 食物栄養 | 10 |
| リハビリテーション | 理学療法 | × |
| | 作業療法 | × |

**九州共立大**

| 学部名 | 学科名(コース) | 実施状況 |
|---|---|---|
| 経済 | 経済・経営 | ◎ |
| | 地域創造 | △＃ |
| スポーツ | スポーツ | ◎ |

**九州国際大**

| 学部名 | 学科名(コース) | 実施状況 |
|---|---|---|
| 法 | 法律 | × |
| 現代ビジネス | 地域経済 | × |
| | 国際社会 | × |

**九州産業大**

| 学部名 | 学科名(コース) | 実施状況 |
|---|---|---|
| 国際文化 | 国際文化 | ◎ |
| | 日本文化 | ◎ |
| 人間科 | 臨床心理 | ◎ |
| | 子ども教育 | ◎ |

| 大学名 | | |
|---|---|---|
| 学部名 | 学科名(コース) | 実施状況 |
| | スポーツ健康科 | ◎ |
| 経済 | 経済 | △＋ |
| 商 | 経営・流通 | ◎ |
| 地域共創 | 観光 | ◎ |
| | 地域づくり | ◎ |
| 理工 | 情報科 | ◎ |
| | 機械工 | ◎ |
| | 電気工 | ◎ |
| 生命科 | 生命科 | ◎ |
| 建築都市工 | 建築 | ◎ |
| | 住居・インテリア | ◎ |
| | 都市デザイン工 | ◎ |
| 芸術 | 芸術表現 | ◎ |
| | 写真・映像メディア | ◎ |
| | ビジュアルデザイン | ◎ |
| | 生活環境デザイン | ◎ |
| | ソーシャルデザイン | ◎ |

**九州情報大**

| 学部名 | 学科名(コース) | 実施状況 |
|---|---|---|
| 経営情報 | 経営情報 | ◎ |
| | 情報ネットワーク | ◎ |

**九州女子大**

| 学部名 | 学科名(コース) | 実施状況 |
|---|---|---|
| 家政 | 生活デザイン | ◎ |
| | 栄養 | △＋ |
| 人間科 | 児童・幼児教育 | ◎ |
| | 心理・文化 | 40 |

**久留米大**

| 学部名 | 学科名(コース) | 実施状況 |
|---|---|---|
| 文 | 心理 | 1 |
| | 情報社会 | 1 |
| | 国際文化(国際文化) | 1 |
| | 国際文化(英語コミュニケーション) | 1 |
| | 社会福祉 | 1 |
| 法 | 法律 | 4 |
| | 国際政治 | ◎ |
| 経済 | 経済 | 2 |
| | 文化経済 | 2 |
| 商 | 商 | ◎ |
| 医 | 医 | × |
| | 看護 | × |
| 人間健康 | 総合子ども | × |
| | スポーツ医科 | × |

**久留米工業大**

| 学部名 | 学科名(コース) | 実施状況 |
|---|---|---|
| 工 | 機械システム工 | 4 |
| | 交通機械工 | 8 |
| | 建築・設備工 | 4 |
| | 情報ネットワーク工 | 4 |
| | 教育創造工 | × |

**サイバー大**

| 学部名 | 学科名(コース) | 実施状況 |
|---|---|---|
| IT総合 | IT総合(通信教育) | 330 |
| | 世界遺産(通信教育) | × |

**産業医科大**

| 学部名 | 学科名(コース) | 実施状況 |
|---|---|---|
| 医 | 医 | × |
| 産業保健 | 看護 | × |

| 大学名 | | |
| --- | --- | --- |
| 学部名 | 学科名(コース) | 実施状況 |
| | 産業衛生科 | × |
| **純真学園大** | | |
| 保健医療 | 看護 | × |
| | 放射線技術科 | × |
| | 検査科 | × |
| | 医療工 | × |
| **西南学院大** | | |
| 神 | 神 | ◎ |
| 外国語 | 外国語 | △# |
| 商 | 商 | ◎ |
| | 経営 | ◎ |
| 経済 | 経済 | ◎ |
| | 国際経済 | ◎ |
| 法 | 法律 | ◎ |
| | 国際関係法 | ◎ |
| 人間科 | 児童教育 | ◎ |
| | 社会福祉 | ◎ |
| | 心理 | ◎ |
| 国際文化 | 国際文化 | ◎ |
| **西南女学院大** | | |
| 保健福祉 | 看護 | × |
| | 福祉 | × |
| | 栄養 | △# |
| 人文 | 英語 | 10 |
| | 観光文化 | 10 |
| **聖マリア学院大** | | |
| 看護 | 看護 | × |
| **第一薬科大** | | |
| 薬 | 薬 | △+ |
| | 漢方薬 | △+ |
| 看護 | 看護 | △# |
| **筑紫女学園大** | | |
| 文 | 日本語・日本文 | 3 |
| | 英語 | 2 |
| | アジア文化 | 3 |
| 人間科 | 人間科 | ◎ |
| 現代社会 | 現代社会 | ◎ |
| **中村学園大** | | |
| 栄養科 | 栄養科 | 20 |
| | フード・マネジメント | 10 |
| 教育 | 児童幼児教育 | 10 |
| 流通科 | 流通科 | 20 |
| **西日本工業大** | | |
| 工 | 総合システム工 | 6 |
| デザイン | 建築 | 2 |
| | 情報デザイン | 2 |
| **日本経済大** | | |
| 経済 | 経済 | ◎ |
| | 商 | ◎ |
| | 健康スポーツ経営 | ◎ |
| 経営 | 経営 | ◎ |
| | グローバルビジネス | ◎ |

| 大学名 | | |
| --- | --- | --- |
| 学部名 | 学科名(コース) | 実施状況 |
| | 芸創プロデュース | △+ |
| **日本赤十字九州国際看護大** | | |
| 看護 | 看護 | × |
| **福岡大** | | |
| 人文 | 文化 | ◎ |
| | 歴史 | ◎ |
| | 日本語日本文 | ◎ |
| | 教育・臨床心理 | ◎ |
| | 英語 | ◎ |
| | ドイツ語 | ◎ |
| | フランス語 | ◎ |
| | 東アジア地域言語 | ◎ |
| 法 | 法律 | ◎ |
| | 経営法 | ◎ |
| 経済 | 経済 | ◎ |
| | 産業経済 | ◎ |
| 商 | 商 | ◎ |
| | 経営 | ◎ |
| | 貿易 | ◎ |
| 商2部 | 商 | ◎ |
| 理 | 応用数 | ◎ |
| | 社会数理・情報インスティテュート | ◎ |
| | 物理科 | ◎ |
| | ナノサイエンス・インスティテュート | ◎ |
| | 化 | ◎ |
| | 地球圏科 | ◎ |
| 工 | 機械工 | ◎ |
| | 電気工 | ◎ |
| | 電子情報工 | ◎ |
| | 化学システム工 | ◎ |
| | 社会デザイン工 | ◎ |
| | 建築 | ◎ |
| 医 | 医 | × |
| | 看護 | × |
| 薬 | 薬 | × |
| スポーツ科 | スポーツ科 | ◎ |
| | 健康運動科 | ◎ |
| **福岡看護大** | | |
| 看護 | 看護 | × |
| **福岡工業大** | | |
| 工 | 電子情報工 | ◎ |
| | 生命環境化 | ◎ |
| | 知能機械工 | ◎ |
| | 電気工 | ◎ |
| 情報工 | 情報工 | ◎ |
| | 情報通信工 | ◎ |
| | 情報システム工 | ◎ |
| | システムマネジメント | ◎ |
| 社会環境 | 社会環境 | 30 |
| **福岡国際医療福祉大** | | |
| 医療 | 理学療法 | △# |
| | 作業療法 | △# |

| 大学名 | | |
| --- | --- | --- |
| 学部名 | 学科名(コース) | 実施状況 |
| | 視能訓練 | △# |
| 看護 | 看護 | ▲# |
| **福岡歯科大** | | |
| 口腔歯 | 口腔歯 | 10 |
| **福岡女学院大** | | |
| 人文 | 現代文化 | 5 |
| | 言語芸術 | 2 |
| | メディア・コミュニケーション | 2 |
| 人間関係 | 心理 | 4 |
| | 子ども発達 | 4 |
| 国際キャリア | 国際英語 | 2 |
| | 国際キャリア | 3 |
| **福岡女学院看護大** | | |
| 看護 | 看護 | × |
| **令和健康科学大** | | |
| 看護 | 看護 | ▲ |
| リハビリテーション | 理学療法 | ▲ |
| | 作業療法 | ▲ |
| **西九州大** | | |
| 健康栄養 | 健康栄養 | × |
| 健康福祉 | 社会福祉 | 10 |
| | スポーツ健康福祉 | × |
| リハビリテーション | リハビリテーション | × |
| 看護 | 看護 | × |
| 子ども | 子ども | 10 |
| | 心理カウンセリング | × |
| **活水女子大** | | |
| 国際文化 | 英語 | ○ |
| | 日本文化 | ○ |
| 音楽 | 音楽 | ◎ |
| 健康生活 | 食生活健康 | ◎ |
| | 生活デザイン | × |
| | 子ども | ◎ |
| 看護 | 看護 | × |
| **鎮西学院大** | | |
| 現代社会 | 経済政策 | 3 |
| | 社会福祉 | 5 |
| | 外国語 | 2 |
| **長崎外国語大** | | |
| 外国語 | 現代英語 | ◎ |
| | 国際コミュニケーション | 15 |
| **長崎国際大** | | |
| 人間社会 | 国際観光 | 30 |
| | 社会福祉 | ◎ |
| 健康管理 | 健康栄養 | 10 |
| 薬 | 薬 | △+ |
| **長崎純心大** | | |
| 人文 | 地域包括支援 | ◎ |
| | 文化コミュニケーション | ◎ |
| | こども教育保育 | ◎ |
| **長崎総合科学大** | | |
| 工 | 工 | ◎ |

| 大学名 | | |
|---|---|---|
| 学部名 | 学科名(コース) | 実施状況 |
| 総合情報 | 総合情報 | ◎ |

**九州看護福祉大**

| 学部名 | 学科名(コース) | 実施状況 |
|---|---|---|
| 看護福祉 | 看護 | × |
| | 社会福祉 | × |
| | リハビリテーション | × |
| | 鍼灸スポーツ | × |
| | 口腔保健 | × |

**九州ルーテル学院大**

| 学部名 | 学科名(コース) | 実施状況 |
|---|---|---|
| 人文 | 人文 | ◎ |
| | こども | × |
| | 心理臨床 | ◎ |

**熊本学園大**

| 学部名 | 学科名(コース) | 実施状況 |
|---|---|---|
| 商 | 商 | ◎ |
| | ホスピタリティ・マネジメント | ◎ |
| 経済 | 経済 | ◎ |
| | リーガルエコノミクス | ◎ |
| 外国語 | 英米 | ◎ |
| | 東アジア | × |
| 社会福祉 | 社会福祉 | ◎ |
| | 福祉環境 | × |
| | 子ども家庭福祉 | × |
| | ライフ・ウェルネス | ◎ |
| 社会福祉2部 | 社会福祉 | ◎ |

**熊本保健科学大**

| 学部名 | 学科名(コース) | 実施状況 |
|---|---|---|
| 保健科 | 医学検査 | × |
| | 看護 | × |
| | リハビリテーション | × |

**尚絅大**

| 学部名 | 学科名(コース) | 実施状況 |
|---|---|---|
| 現代文化 | 文化コミュニケーション | ◎ |
| 生活科 | 栄養科 | 10 |
| こども教育 | こども教育 | × |

**崇城大**

| 学部名 | 学科名(コース) | 実施状況 |
|---|---|---|
| 工 | 機械工 | △＋ |
| | ナノサイエンス | ◎ |
| | 建築 | △＋ |
| | 宇宙航空システム工 | ◎ |
| 情報 | 情報 | △＃ |
| 生物生命 | 応用微生物工 | △＋ |
| | 応用生命科 | △＋ |
| 芸術 | 美術 | ◎ |
| | デザイン | △＃ |
| 薬 | 薬 | × |

**平成音楽大**

| 学部名 | 学科名(コース) | 実施状況 |
|---|---|---|
| 音楽 | 音楽 | ◎ |
| | こども | ◎ |

**日本文理大**

| 学部名 | 学科名(コース) | 実施状況 |
|---|---|---|
| 工 | 機械電気工 | ◎ |
| | 航空宇宙工 | ◎ |
| | 情報メディア | △＃ |
| | 建築 | △＃ |
| 経営経済 | 経営経済 | ◎ |
| 保健医療 | 保健医療 | × |

| 大学名 | | |
|---|---|---|
| 学部名 | 学科名(コース) | 実施状況 |

**別府大**

| 学部名 | 学科名(コース) | 実施状況 |
|---|---|---|
| 文 | 国際言語・文化 | ◎ |
| | 史学・文化財 | ◎ |
| | 人間関係 | ◎ |
| 国際経営 | 国際経営 | ◎ |
| 食物栄養科 | 食物栄養 | 7 |
| | 発酵食品 | ◎ |

**立命館アジア太平洋大**

| 学部名 | 学科名(コース) | 実施状況 |
|---|---|---|
| アジア太平洋 | アジア太平洋 | ◎ |
| 国際経営 | 国際経営 | ◎ |
| サステイナビリティ観光 | サステイナビリティ観光 | × |

**九州保健福祉大**

| 学部名 | 学科名(コース) | 実施状況 |
|---|---|---|
| 社会福祉 | スポーツ健康福祉 | 2 |
| | 臨床福祉 | 2 |
| 臨床心理 | 臨床心理 | △＃ |
| 薬 | 薬 | 6 |
| | 動物生命薬科 | × |
| 生命医科 | 生命医科 | × |

**南九州大**

| 学部名 | 学科名(コース) | 実施状況 |
|---|---|---|
| 環境園芸 | 環境園芸 | ◎ |
| 健康栄養 | 管理栄養 | △＋ |
| | 食品開発科 | ◎ |
| 人間発達 | 子ども教育 | ◎ |

**宮崎国際大**

| 学部名 | 学科名(コース) | 実施状況 |
|---|---|---|
| 国際教養 | 比較文化 | ◎ |
| 教育 | 児童教育 | ◎ |

**宮崎産業経営大**

| 学部名 | 学科名(コース) | 実施状況 |
|---|---|---|
| 法 | 法律 | ◎ |
| 経営 | 経営 | ◎ |

**鹿児島国際大**

| 学部名 | 学科名(コース) | 実施状況 |
|---|---|---|
| 経済 | 経済 | ◎ |
| | 経営 | ◎ |
| 福祉社会 | 社会福祉 | ◎ |
| | 児童 | ◎ |
| 国際文化 | 国際文化 | ◎ |
| | 音楽 | ◎ |
| 看護 | 看護 | × |

**鹿児島純心大**

| 学部名 | 学科名(コース) | 実施状況 |
|---|---|---|
| 人間教育 | 教育・心理 | △＋ |
| 看護栄養 | 看護 | × |
| | 健康栄養 | 8 |

**志學館大**

| 学部名 | 学科名(コース) | 実施状況 |
|---|---|---|
| 人間関係 | 心理臨床 | 3 |
| | 人間文化 | 2 |
| 法 | 法律 | 3 |
| | 法ビジネス | 2 |

**第一工科大**

| 学部名 | 学科名(コース) | 実施状況 |
|---|---|---|
| 航空工 | 航空工 | ◎ |
| 工 | 情報電子システム工 | ◎ |
| | 機械システム工 | ◎ |
| | 環境エネルギー工 | ▲＋ |
| | 建築デザイン | ◎ |

| 大学名 | | |
|---|---|---|
| 学部名 | 学科名(コース) | 実施状況 |

**沖縄大**

| 学部名 | 学科名(コース) | 実施状況 |
|---|---|---|
| 経法商 | 経法商 | 5 |
| 人文 | 国際コミュニケーション | 3 |
| | 福祉文化(社会福祉) | 6 |
| | 福祉文化(健康スポーツ福祉) | ◎ |
| | こども文化 | 3 |
| 健康栄養 | 管理栄養 | △＋ |

**沖縄キリスト教学院大**

| 学部名 | 学科名(コース) | 実施状況 |
|---|---|---|
| 人文 | 英語コミュニケーション | 15 |

**沖縄国際大**

| 学部名 | 学科名(コース) | 実施状況 |
|---|---|---|
| 法 | 法律 | 3 |
| | 地域行政 | 3 |
| 経済 | 経済 | 5 |
| | 地域環境政策 | 5 |
| 産業情報 | 企業システム | 5 |
| | 産業情報 | 5 |
| 総合文化 | 日本文化 | 6 |
| | 英米言語文化 | 18 |
| | 社会文化 | 6 |
| | 人間福祉(社会福祉) | 8 |
| | 人間福祉(心理カウンセリング) | 4 |

**か**

索引

索引

索引

索引

### 学校法人羽場学園 専修学校中央ゼミナール

　57年前に現在の大学編入コースの前身となる転部科を設置し、39年前にステップアップサポート部として本格的に大学編入の受験指導を始める。英語講座、小論文講座、専門論文講座、TOEIC対策講座などの定番講座のほか、オンライン講座や大学別直前対策講座、通信添削による受験対策、学習指導スタッフによる受験指導など、時代のニーズに合った受験対策をいち早くそろえ、これまで数千人の合格者を輩出してきた。50年以上蓄積したノウハウと情報とで、大学編入学を目指す学生から社会人まで、一人ひとりの要望に応える。

【中央ゼミナール連絡先】
〒166-8542 東京都杉並区高円寺南4-45-10
tel 03-3316-9595　fax 03-3314-7587
https://www.chuo-seminar.ac.jp
e-mail　sus02@chuo-seminar.ac.jp

# まるわかり！　大学編入データブック
## 〈2024-2025年度版〉

2023年11月20日　第1刷発行

編集・発行　学校法人　羽場学園
　　　　　　専修学校　中央ゼミナール

〒166-8542　東京都杉並区高円寺南4-45-10
TEL 03(3316)9595
https://www.chuo-seminar.ac.jp/

発売　オクムラ書店

［本店］〒162-0816　東京都新宿区白銀町1-15-102
［企画］〒231-0007　神奈川県横浜市中区弁天通3-39-407
TEL 03-3263-9994　FAX03-3263-6624
http://okumurabooks.com/

印刷・製本　株式会社HOKUTO

978-4-86053-145-4 C2037